读懂投资 先知未来

舵手证券图书
www.duoshou108.com

大咖智慧
THE GREAT WISDOM IN TRADING

成长陪跑
THE PERMANENT SUPPORTS FROM US

复合增长
COMPOUND GROWTH IN WEALTH

一站式视频学习训练平台
WWW.DUOSHOU108.COM

期货品种精析系列讲义

原油期货交易的24堂精品课
顶级交易员的分析框架
（上册）

魏强斌◎著

山西出版传媒集团
山西人民出版社

图书在版编目（CIP）数据

原油期货交易的24堂精品课：顶级交易员的分析框架 / 魏强斌著. -- 太原：山西人民出版社，2017.8
ISBN 978-7-203-10016-4

Ⅰ．①原… Ⅱ．①魏… Ⅲ．①原油－石油市场－期货交易－基本知识 Ⅳ．①F746.41

中国版本图书馆CIP数据核字(2017)第129704号

原油期货交易的24堂精品课：顶级交易员的分析框架

著　　者：	魏强斌
责任编辑：	孙　琳
复　　审：	贺　权
终　　审：	员荣亮

出版者：	山西出版传媒集团·山西人民出版社
地　　址：	太原市建设南路21号
邮　　编：	030012
发行营销：	0351-4922220　4955996　4956039　4922127（传真）
天猫官网：	http://sxrmcbs.tmall.com　电话：0351-4922159
E-mail：	sxskcb@163.com　发行部
	sxskcb@126.com　总编室
网　　址：	www.sxskcb.com
经销者：	山西出版传媒集团·山西人民出版社
承印厂：	大厂回族自治县德诚印务有限公司

开　　本：	710mm×1000mm　1/16
印　　张：	30.5
字　　数：	655千字
印　　数：	1—5000册
版　　次：	2017年8月第1版
印　　次：	2017年8月第1次印刷
书　　号：	ISBN 978-7-203-10016-4
定　　价：	118.00元（全两册）

如有印装质量问题请与本社联系调换

导　言

成为伟大交易者的秘密

- 伟大并非偶然！
- 常人的失败在于期望用同样的方法达到不一样的效果！
- 如果辨别不正确的说法是件很容易的事，那么就不会存在这么多的伪真理了。

金融交易是全世界最自由的职业，每个交易者都可以为自己量身定做一套盈利模式。从市场中"提取"金钱的具体方式各异，而这却是金融市场最令人神往之处。但是，正如大千世界的诡异多变由少数几条定律支配一样，仅有的"圣杯"也为众多伟大的交易者所朝拜。我们就来一一细数其中的最伟大代表吧。

作为技术交易的代表性人物——理查德·丹尼斯闻名于世，他以区区2000美元的资本累计了高达10亿美元的利润，而且持续了十数年的交易时间。更令人惊奇的是他以技术分析方法进行商品期货买卖，也就是以价格作为分析的核心。但是，理查德·丹尼斯的伟大远不止于此，这就好比亚历山大的伟大远不止于建立地跨欧亚非的大帝国一样，丹尼斯的"海龟计划"使得目前世界排名前十的CTA基金经理有六位是其门徒。"海龟交易法"从此名扬天下，纵横环球数十载，今天中国内地也刮起了一股"海龟交易法"的超级风暴。其实，海龟交易的核心在于两点：一是"周规则"蕴含的趋势交易思想；二是资金管理和风险控制中蕴含的机械和系统交易思想。所谓"周规则"(Weeks Rules)简单而言就是价格突破N周内高点做多（低点做空）的简单规则，"突破而作"（Trading as Breaking）彰显的就是趋势跟踪交易（Trend following Trading）。深入下去，"周规则"其实是一个交易系统，其中首先体现了"系统交易"的原则,其次则是体现了"机械交易"的原则。对于这两个原则,我们暂不深入,让我们看看更令人惊奇的事实。

巴菲特和索罗斯是基本面交易最伟大的代表。前者2007年再次登上首富的宝座,能够时隔多年后二次登榜,实力自不待言,后者则被誉为"全世界唯一拥有独立外交政策的平民",两位大师能够"登榜首"和"上尊号"基本上都源于他们的巨额财富。从根本上讲是卓越的金融投资才能使得他们能够"坐拥天下"。巴菲特刚踏入投资大门就被信息论巨擘认定是未来的世界首富,因为这位学界巨擘认为巴菲特对概率论的实践实在是无人能出其右,巴菲特的媳妇更是将巴菲特的投资秘诀和盘托出,其中不难看出巴菲特系统交易思维的"强悍"程度,套用一句时下流行的口头禅"很好很强大",恐怕连那些以定量著称的技术投机客都要俯首称臣。巴菲特自称85%的思想受传于本杰明·格雷厄姆的教诲,而此君则是一个以会计精算式思维进行投资的代表,其中需要的概率性思维和系统性思维不需多言便可以看出九分!巴菲特精于桥牌,比尔·盖茨是其搭档,桥牌运动需要的是严密的概率思维,也就是系统思维,怪不得巴菲特首先在牌桌上征服了信息论巨擘,然后则征服了整个金融世界。以此看来,巴菲特在金融王国的"加冕"早在桥牌游戏中就已经显出端倪。

索罗斯的著作一大箩筐,以《金融炼金术》最为出名,其中他尝试构建一个投机的系统。他师承卡尔·波普和哈耶克,两者都认为人的认知天生存在缺陷,所以索罗斯认为情绪和有限理性导致了市场的"盛衰周期",而要成为一个伟大的交易者则需要避免受到此种缺陷的影响,并且进而利用这些波动。索罗斯力图构建一个系统的交易框架,其中以卡尔·波普的哲学和哈耶克的经济学思想为基础,"反身性"是这个系统的核心所在。

还可以举出太多以系统交易和机械交易为原则的金融大师们,比如伯恩斯坦(短线交易大师)、比尔·威廉姆(混沌交易大师),等等,太多了实在无法一一述及。

那么,从抽象的角度来讲,我们为什么要迈向系统交易和机械交易的道路呢?请让我们给你几条显而易见的理由吧!

第一,人的认知和行为极其容易受到市场和参与群体的影响,当你处于其中超过5分钟时,你将受到环境的催眠,此后你的决策将受到非理性因素的影响,你的行为将被外界接管。而机械交易和系统交易可以极大避免这种情况的发生。

第二,任何交易都是由行情分析和仓位管理构成的,其中涉及的不仅仅是进场,

还涉及出场，而出场则涉及盈利状态下的出场和亏损下的出场，进场和出场之间还涉及加仓和减仓等问题，这些涉及多次决策，在短线交易中更是如此。复杂和高频率的决策任务使得带有情绪且精力有限的人脑无法胜任。疲惫和焦虑下的决策会导致失误，对此想必是每个外汇和黄金短线客都深有体会的。系统交易和机械交易可以流程化地反复管理这些过程，省去了不少心力成本。

第三，人的决策行为随意性较强，更为重要的是每次交易中使用的策略都有某种程度上的不一致，这使得绩效很难评价，因为不清楚 N 次交易中特定因素的作用到底如何。由于交易绩效很难评价，所以也就谈不上提高。这也是国内很多炒股者十年无长进的根本原因。任何交易技术和策略的评价都要基于足够多的交易样本，而随意决策下的交易则无法做到这点，因为每次交易其实都运用了存在某些差异的策略，样本实际上来自于不同的总体，无法用于统计分析。而机械交易和系统交易由于每次使用的策略一致，这样得到的样本也能用于绩效统计，所以很快就能发现问题。比如，一个交易者很可能在 1、2、3……21 次交易中，混杂使用了 A、B、C、D 四种策略，21 次交易下来，他无法对四种策略的效率做出有效评价，因为这 21 次交易中四种策略的使用程度并不一致。而机械和系统交易则完全可以解决这一问题。所以，要想客观评价交易策略的绩效，更快提高交易水平，应该以系统交易和机械交易为原则。

第四，目前金融市场飞速发展，股票、外汇、黄金、商品期货、股指期货、利率期货，还有期权等品种不断翻出新花样，这使得交易机会大量涌现，如果仅仅依靠人的随机决策能力来把握市场机会无异于杯水车薪。而且大型基金的不断涌现，使得单靠基金经理临场判断的压力和风险大大提高。机械交易和系统交易借助编程技术"上位"已成为这个时代的既定趋势。况且，期权类衍生品根本离不开系统交易和机械交易，因为其中牵涉大量的数理模型运用，靠人工是应付不了的。

中国人相信人脑胜过电脑，这绝对没有错，但也没有完全对。毕竟人脑的功能在于创造性地解决新问题，而且人脑的特点在于容易受到情绪和最近经验的影响。在现代的金融交易中，交易者的主要作用不是盯盘和执行交易，这些都是交易系统的责任，交易者的主要作用是设计交易系统，定期统计交易系统的绩效，并做出改进。这一流程利用了人的创造性和机器的一致性。交易者的成功，离不开灵机一动，也离不开严守纪律。当交易者参与交易执行时，纪律成了最大问题；当既有交易系统，又让后来者放弃思考时，创新成了最大问题。但是，如果让交易者和交易系统各司其职，则需要的仅仅是从市场中提取利润！

（作为内地最早的机械交易和系统交易的倡导者，希望我们策划出版的书籍能够为你带来最快的进步，当然金融市场没有白拿的利润，长期的生存不可能夹杂任何的侥幸，请一定努力！）高超的技能、完善的心智、卓越的眼光、坚忍的意志、广博的知识，这些都是一个至高无上交易者应该具备的素质。请允许我们助你跻身于这个世纪最伟大交易者的行列！

Introduction

Secret to become a great trader!

- Greatness does not derive from mere luck!
- The reason that an ordinary man fails is that he hopes to achieve different outcome using the same old way!
- There would not be so plenty fake truths if it was an easy thing to distinguish correct sayings from incorrect ones.

Financial trading is the freest occupation in the world, for every trader can develop a set of profit-making methods tailored exclusively for himself. There are various specific methods of soliciting money from market; while this is the very reason that why financial market is so fascinating. However, just like the ever-changing world is indeed dictated by a few rules, the only "Holy Grail" is worshipped by numerous great traders as well. In the following, we will examine the greatest representatives among them one by one.

As a representative of Techincal Trading, Richard Dannis is known worldwide. He has accumulated a profit as staggering as 1 billion dollar while the cost was merely 2000 bucks! He has been a trader for more than a decade. The inspiring thing about him is that he conducted commodity futures trading with a technical analysis method which in essence is price acting as the core of such analysis. Nevertheless, the greatness of Richard Dannis is far beyond this which is like the greatness of Alexander was more than the great empire across both Europe and Asia built by him. Thanks to his "Turtle Plan", 6 out of the world top 10 CTA fund managers are his adherents. And the Turtle Trading Method is frantically well-known ever since for a couple of decades. Today in mainland China, a storm of "Turtle Trading Method" is sweeping across the entire country. The core of Turtle Trading Method lies in two factors: first: the philosophy of trendy trading implied in "Weeks' Rules"; second, the philosophy of mechanical trading and systematic trading implied in fund management and risk control. The so-called "Weeks' Rules" can be simplified as simples rules that going long at high and short at low within N weeks since price breakthrough. While Trading as breaking illustrates trend following trading. If we go deeper, we will find that "Weeks' Rules" is a trading system in nature. It tells us the principle of systematic trading and the principle of mechanical trading. Well, let's just put these two principles aside and look at some amazing facts in the first place.

The greatest representatives of fundamental investment and speculation are undoubtedly Warren Buffett and George Soros. The former claimed the title of richest man in the world in 2007 again. You can imagine how powerful he is; the latter is accredited as "the only civilian who has independent diplomatic policies in the world". The two masters win these glamorous titles because of their possession of enormous wealth. In essence, it is due to unparalleled financial trading that makes them admired by the whole world. fresh with his feet in the field of investment, Buffett was regarded by the guru of Information Theory as the richest man in the future world for this guru considered that the practice by Buffett of Probability Theory is unparallel by anyone; Buffett'wife even made his investment secrets public. It is not hard to see that the trading system of Buffett is really powerful that even those technical speculators famous for quantity theory have to bow before him. Buffet said himself that 85% of his ideas are inherited from Benjamin Graham who is a representative of investing in a accountant's actuarial method which requires probability and systematic thinking. The interesting thing is that Buffett is a good player of bridge and his partner is Bill Gates! Playing bridge requires mentality of strict probability which is systematic thinking, no wonder that Buffett conquered the guru of Information Theory on bridge table and then conquered the whole financial world. From these facts we can see that even in his early plays of bridge, Buffett had shown his ambition to become king of the financial world.

Soros has written a large bucket of books among which the most famous is The Alchemy of Finance. In this book he tried to build a system of speculation. His teachers are Karl

Popper and Hayek. The two thought that human perception has some inherent flaws, so their students Soros consequently deems that emotion and limited rationality lead to "Boom and Burst Cycles" of market; while if a man wants to become a great trader, he must overcome influences of such flaws and furthermore take advantage of them. Soros tried to build a systematic framework for trading based on economic ideas of Hayek and philosophic thoughts of Karl Popper. Reflexivity is the very core of this system.

I may still tell you so many financial gurus taking systematic trading and mechanical trading as their principles, for instance, Bernstein (master of short line trading), Bill Williams (master of Chaos Trading), etc. Too many. Let's just forget about them.

Well, from the abstract perspective, why shall we take the road to systematic trading and mechanical trading? Please let me show you some very obvious reasons.

First. A man's perception and action are easily affected by market and participating groups. When you are staying in market or a group for more than 5 minutes, you will be hypnotized by ambient setting and ever since that your decisions will be affected by irrational elements.

Second. Any trading is composed of situation analysis and account management. It involves not only entrance but exit which may be either exit at profit or exit at a loss, and there are problems such as selling out and buying in. all these require multiple decision-makings, particularly in short line trading. Complicated and frequent decision-making is beyond the average brain of emotional and busy people. I bet every short line player of forex or gold knows it well that decision-making in fatigue and anxiety usually leads to failure. Well, systematic trading and machanical trading are able to manage these procedures repeatedly in a process and thus can save lots of time and energy.

Third. People make decisions in a quite casual manner. A more important factor is that people use different strategies in varying degrees in trading. This makes it difficult to evaluate the performance of such trading because in that way you will not know how much a specific factor plays in the N tradings. And the player can not improve his skills consequently. This is the very reason that many domestic retail investors make no progress at all for many years. Evaluation of trading techniques and strategies shall be based on plenty enough trading samples while it's simply impossible for tradings casually made for every trading adopts a variant strategy and samples accordingly derive from a different totality which can not be used for calculating and analysis. On the contrary, systematic trading and mechanical trading adopt the same strategy every time so they have applicable samples for performance evaluation and it's easier to pinpoint problems, for instance, a player may in first, second……twenty-first tradings used strategies A,B,C,D. he himself could not make effective evaluation of each strategy for he used them in varying degrees in these tradings, but systematic trading and mechanical trading can shoot this trouble completely. Therefore, if you want to evaluate your trading strategies rationally and make quicker progress, you have to take systematic trading and mechanical trading as principles.

Fourth. Currently the financial market is developing at a staggering speed. Stock, forex, gold, commodity, index futures, interest rate futures, options, etc, everything new is coming out. So many opportunities! Well, if we just rely on human mind in grasping these opportunities, it is absolutely not enough. The emergence of large-scale funds makes the risk of personal judgment of fund managers pretty high. Take it easy, anyway, because we now have mechanical trading and systematic trading which has become an irrevocable trend of this age. Furthermore, derivatives such as options can not live without systematic trading and mechanical trading for it involves usage of large amount of mathematic and physical models which are simply beyond the reach of human strength.

Chinese people believe that human mind is superior to computer. Well, this is not wrong, but it is not completely right either. The greatness of human mind is its creativity; while its weakness is that it's vulnerable to emotion and past experiences. In modern financial trading, the main function of a trader is not looking at the board and executing deals—these are the responsibilities of the trading system—instead, his main function is to design the trading system and examine the performance of it and make according improvements. This process unifies human creativity and mechanical uniformity. The success of a trader is derived from tow factors: smart idea and discipline. When the trader is executing deals, discipline becomes a problem; when existing trading system makes newcomers give up thinking, creativity becomes dead. If, we let the trader and the trading system do their respective jobs well, what we need to do is soliciting profit from market only!

As the earliest Trading Ideas Provider who advocates mechanical trading and systematic trading in the mainland, we hope that our books will bring real progress to you. Of course, there is no free lunch. Long-term existence does not merely rely on luck. Please make some efforts! Superb skill, perfect mind, excellent eyesight, strong will, rich knowledge——all these are merits that a great trader shall have to command. Finally, please allow us to help you squeeze into the queue of the greatest traders of this century!

前　言

商品之母！一切商品交易者的起点

　　美国前国务卿基辛格与清朝的曾国藩都堪称是"中兴之臣"。越南战争从1959年持续到1975年，五任美国总统牵涉其中，美国从一个债权国变成债务国，美元霸权摇摇欲坠。基辛格通过与沙特谈判，让原油以美元贸易和结算，进而在整个石油输出国组织中扩大了美元的垄断地位。石油美元代替黄金美元，美元霸权起死回生，加上地缘战略收缩，与中国交好，美国霸权重启升势。

　　石油美元是美元霸权的根基，谁动了这个根基谁倒霉。伊朗的巴列维、伊拉克的萨达姆都是犯了美国的大忌，美国自然不肯放过他们。1977年，伊朗的巴列维国王与德法等西欧国家签订了价格稳定的长期供油协议，并且要求伊朗将财政盈余存入欧洲大陆的银行系统，这笔钱可以作为投资基金投资于发展中国家，同时欧洲准备成立单一货币区，两个操作结合起来，相当于伊朗出口原油的收入最终会流回到这个货币区，并且以这种货币的形式进行投资，最终就会演变成伊朗直接接受这种货币为原油出口结算。这无疑是在动摇美元的地位，最终巴列维国王被美国策动的政变赶跑了。不过，政变的结果最后也大大超出了美国的控制能力，因为政变上台的霍梅尼并不想成为美国的傀儡，因此他吸取了前任的教训，利用伊朗中下层人民的支持赶走了美国人。

　　另外一个企图动摇美元的石油基础的人是萨达姆，这个人趁着伊朗政变的机会，入侵伊朗，两伊战争爆发。后来战局越来越不利于伊拉克，结束两伊战争之后，萨达姆仗着自己立了大功和此前美国的支持，入侵了科威特。但是，很快就被收拾了一番。2000年，萨达姆宣布伊拉克原油出口将以欧元结算，这一下就捅了美国的要害,于是后来美国找了个借口把萨达姆给彻底打败了。

原油不仅仅是原油,基辛格有一句话现在被广泛引用——"倘若你控制了石油,你就控制了所有国家;倘若你控制了粮食,你就控制了所有人;倘若你控制了货币,你就控制了整个世界。"美国得天独厚的地理条件加上转基因技术,使得美国农业占据了全球主要农产品贸易的半壁江山,粮食美元让美元霸权更加坚固。

基辛格谋划了一局很大的棋,通过石油和粮食与美元绑定,加上 IMF 和 SWIFT 系统控制了全球货币体系;通过强大的军队控制了全球贸易的主要通道;互联网的中枢在美国的控制之下。资金流、贸易流和信息流都在美国的主导之下,而这一切都是基辛格的大战略奠定的,美国从摇摇欲坠中重新称霸,基辛格扭转了乾坤。

历史告诉了我们石油/原油有多么重要,金融市场则会直观地告诉我们原油有多大的影响力。从农产品、工业品到股市、债市、汇市,原油的影响无处不在。原油是现代经济的血液,因此与股市关系程度很高,况且能源股往往是指数的权重板块。原油价格与通胀关系密切,而通胀对债券价格影响很大。原油价格导致原油出口国和进口国的国际收支剧烈变化,这自然会影响到外汇市场。

原油与商品的关系那就更加密切了,农产品可以制作生物燃料,而生物燃料的产量与原油价格密切相关,农产品的生产离不开化肥和农药,而这些离不开原油。农产品的运输也离不开原油。工业品与原油的关系就不用多说了。因此,做商品交易的人必定要研究两个因素:第一是美元;第二是原油。不管你做什么商品期货,你都必须下大功夫来研究原油的走势。

原油是商品之母,黄金是货币之母。我对这两个品种的研究和交易超过15年,形成了自己的分析框架,不光自己基于这个框架进行研究和交易,也基于这个框架来培训原油和贵金属交易员。

本教程讲的是原油,所有的商品交易员都应该认真研究原油,因为这是一切商品交易的起点。不懂原油,就做不好商品期货交易!

原油的方方面面太多,技术面的东西我就不详细展开了,因为这些东西大家都在讲,你绝不缺乏相应的资料。技术面的东西有没有用?肯定有用。不过,你看下在原油市场上积累大笔财富的那些对冲基金和独立投资人,他们的研究对象是什么,他们的研究过程是什么,技术分析只占很小一部分,甚至根本不考虑。讲原油交易的书不少,要么是概念科普类的,要么是"技术神器"类的,但凡做过一两年原油交易的人对此只能一笑置之。要从原油市场上持续挣到利润,绝不是靠什么神奇的技术指标，如果你能用几个指标就把市场战胜了，那么战争也同样可以用几个指标就打赢了，但现实要残酷复杂得多，因为当你用指标能够打败对手时，对手也会提高，也会适应，也会进化，最终没有一个死板机械的东西可以一劳永逸地成为你的提款机。

一分耕耘，一分收获，只有你全身心地投入到原油价格影响因素的系统研究之中，你才能持续赢得大部分的胜利。我们要静下心来，专心致志地沉浸在原油的分析过程中，心无旁骛，最终定能水到渠成。成功交易是系统研究的副产品，你记住这句话，就不会那么浮躁了，就不会妄想用现象去预测现象，用几个指标和线条将市场的运动一览无余。

绝而定，静而治，安而尊，举错而不变者，圣王之道也。

魏强斌

2016 年 8 月 28 日

目 录

上 册

导　言　成为伟大交易者的秘密 ·· 1

Introduction　Secret to become a great trader! ···················· 5

前　言　商品之母！一切商品交易者的起点 ································ 1

第一课　一切交易成功的起点——客观思考的要旨和方法 ·············· 1

原油市场上的博弈者众多，聪明的参与者都会尽量"形人而我无形"，尽量追求信息不对称优势。聪明玩家会尽量隐藏自己的行踪和动向，因此我们只能通过众多线索来推断。

第二课　格局——原油的两重属性 ··· 21

要想在原油市场上获取利润，必然要具有相对优势，你比其他玩家更厉害吗？厉害在什么地方？撇开那些过于抽象和空洞的老话，就自己的经验和对周围成功交易者的观察而言，能不能从根子上吃透一个品种的方方面面是真正的关键。技术分析水平的高低绝不是区分高手与韭菜的关键，这点我可以拍着胸脯向你保证。无论是郑商所的炒单高手，还是江浙一带的趋势交易大户，都不是纯粹的技术指标粉丝。

第三课　三大驱动力量：FED、OPEC 和 G4 ······························ 35

虽然我们全面的分析是必要的，但是其中肯定有少数几个重点关注点。换句话说，能不能通过一两条线索将整个框架串起来，关注这一两条线索，但是可以让我的思维在整个框架上驰骋。所谓"放之则弥六合，卷之则退藏于密。"在这个基础上，我具体研究了分析框架落地的途径，那就是找到 3 个左右的关键驱动因素，每天就以关注这些因素为主，这些因素有变化就放到分析框架中去考虑，就是说将"关键棋子"放到"棋盘"中去考虑。

第四课　美元与原油的资产属性 ·················· 51

商品期货属于中微观品种，而金融期货和外汇则属于宏观品种，前者更接近商品属性，而后者更接近资产属性。我们洞察原油可以先从商品属性入手，也可以先从资产属性入手，然后再兼顾另外一者。从现实的角度出发，我个人推荐先从资产属性入手，再研究商品属性。

第五课　产业链与原油的商品属性（1）：上游的分析 ············ 65

随着北美页岩油气成为原油的边际供给者，其对原油价格区间高点和低点的影响力越来越大，因此 Rig Count 成了我们分析原油供给的一个最佳入手点。分析原油供给，不是看库存，因为库存大多数情况下往往是一种主动投资或者被动投资，当原油价格上涨的时候，库存往往成为需求，补库存成了主要操作，而原油价格下跌的时候，库存则变成了供给，去库存成了主要操作，因此上游和下游是先行指标，而中游往往是一个油价的滞后指标。所以，不能将库存单纯看成是供给力量。

第六课　原油地缘政治学 ·························· 83

根据近五百年的全球地缘政治现实推导出一个理想化的地缘政治分析模型，我们称之为"地缘政治金字塔"。以这个金字塔作为推演沙盘，我们可以分析过去，现在和未来的全球重大地缘事件和背后的战略。这个金字塔是由 5 个等边三角形嵌套构成，能够熟练地运用这个地缘政治金字塔，就能够很好地把握国际地缘政治脉络和动向，从而在原油中长期投资中占得先机。

第七课　原油供给的国别分析要点：基于地理和政经的角度 ········ 105

加拿大的主要产油区在"阿尔伯特省"和"萨斯客彻温省"，这两个地区如果出现什么天灾人祸，危及原油生产，那么油价肯定会有相应的反应，比如 2016 年 5 月这个地方发生森林大火影响到了原油生产，从而同其他因素一起推升了国际油价。

第八课　页岩油气革命 ·························· 161

原油产业链格局已经或者说正在发生深刻的变化，以前我们分析上游／供给的时候是以 OPEC 为中心，但是现在北美页岩油是一个新的主导因素，因为原油的阶段性波动往往与北美页岩油气富有弹性的供给有关。原油的商品属性有两个根本性的格局变化：第一是上游除了 OPEC 要还有重点关注北美页岩油；第二是下游除了中国需求还要重点关注印度需求。新一轮

大宗商品的大牛市能不能来，重点看欧亚大陆中部和南亚次大陆。

第九课　原油题材投机的典型驱动事件：战争与罢工 ……………… 171

最近几十年的战争主要通过两个方面影响原油价格：第一个方面是战争或许会牵涉到石油美元国家抛售美国国债，这样会导致美元贬值，如果美国牵涉其中，则会导致美国赤字上升和陷入不安全状态，由此也会导致美元贬值。第二个方面是战争会影响原油产业链上的特定环节，特别是供给，这样战争就会作用于原油的商品属性，进而影响到原油价格。在上述两个情况下，战争会作用于原油的资产属性，继而影响到原油价格。

第十课　产业链与原油的商品属性（2）：中游的分析——库存和运输… 187

原油库存的主要数据有 EIA 原油库存数据、API 原油库存数据、OECD 原油库存数据、IEA 原油库存数据、OPEC 原油库存数据、库欣库存数据、中国原油储备数据等，这些数据是由不同的机构主体发布的，其中最为常用的是 EIA 原油库存数据、API 原油库存数据、库欣库存数据，这三个数据都是美国的相关机构发布的，对于原油市场的短期波动影响很大，也是原油交易者定期关注的数据。我们介绍原油库存，主要就是讲这三个数据。

第十一课　产业链与原油的商品属性（2）：中游的分析——价差……… 229

WTI-Brent 价差是全球能源研究机构和交易员都非常关注的一个指标。影响 WTI-Brent 价差的因素有原油品质差异、库欣库存变化、地缘政治变化、自然灾害、经济景气程度、美元、投机力量、非洲、欧洲与北美原油产量差异，等等。

下　册

第十二课　产业链与原油的商品属性（3）：下游的分析………………… 243

印度的发展水平与中国相比还有很大差距，即便在这种情况下它的原油进口也占了 10.11%。印度是一个拥有 12.5 亿人口的大国，但是石油和天然气储量仅占世界储量的 0.3% 和 0.7%。由于本土能源资源储存和产量严重不足，对海外依赖度很高。印度本国权威机构预测到 2030 年，印度 90% 的石油和天然气将来源于国外。而国际权威机构 IEA 则预测，从 2014 年到 2040 年印度原油需求的增量将大于中国。

第十三课　原油走势的季节性 ·· 259

　　如果价格往往反季节性，则说明有大行情，而大行情的方向就是与季节性相反。淡季走强，往往表明基本面非常强劲，趋势往上，做多机会；淡季走软，往往表明基本面非常疲弱，趋势往下，做空机会。异常值是非常重要的信号，我经常强调"异常背后必有重大真相"，反季节性走势就是异常值，是非常宝贵的信号。

第十四课　原油金融市场的心理分析（1）：持仓与共识预期 ············ 271

　　COT数据分析的第一个要点是原油非商业净多头与原油价格走势之间存在非常强大的正相关性；第二个要点是非报告净多头往往跟随非商业净多头运动，这表明散户的投机资金往往与主力投机资产的动向一致而且前者追随后者；第三个要点是商业净多头与非商业净多头是反向变化的，因为商业头寸以套保为主，而非商业头寸以投机为主，套保和投机互为主要对手盘；第四个要点是非商业净多头的进入历史高值区域则容易构筑顶部，非商业净多头进入历史低值区域则容易构筑底部。

第十五课　原油金融市场的心理分析（2）：风险偏好与跨市场分析 ······ 285

　　如果美国是相对低息货币，那么美元走强，往往与避险需求有关，这个时候风险厌恶情绪高涨，这个风险厌恶情绪如果是经济不稳定引发的，那么意味着原油的下游也会受到负面冲击。这就是两个属性都利空原油走势：一方面，避险需求使得美元走强，进而通过资产属性使得原油走弱；另一方面，避险需求与全球或者主要经济体经济不稳定有关，这就使得下游负面冲击通过商品属性使得原油走弱。

第十六课　原油与黄金 ··· 303

　　黄金与原油都是"母亲"，黄金是货币之母，原油是商品之母，黄金与虚拟经济关系密切，原油与实体经济关系密切。不过，现在能照出虚拟经济泡沫的恰恰是黄金，能够反映出实体经济不振的恰恰是原油。用纸币来衡量资产的价格往往不准确，因为纸币本身容易超发，而纸币一旦泛滥必然引发资产价格重估，所有大类资产都会涨价。但是，如果你换做黄金作为价值尺度来衡量各类资产的价格，就会发现不会那么吓人，还是比较平稳的。简而言之，黄金是资产泡沫的"照妖镜"。

第十七课　原油与外汇市场 ·· 317

　　至于如何利用汇率来预判原油价格走势，简而言之就是将汇率看作各国经济晴雨表，而不同国家位于原油产业链不同环节，特定汇率可以对应特定的原油产业链环节，特定的汇率表明产业链特定环节单的健康程度

第十八课　原油与商品期货 ································· 333

为什么原油可以作为判断其他大宗商品走势的基石？第一，原油也是"非美资产"，美元通过资产属性也影响了原油的价格，因此油价体现了美元走势的预期。其他大宗商品很多也是以美元计价，或者是其上游产品以美元计价。第二，其他大宗商品的生产、加工、运输过程中几乎离不开原油的提炼物。第三，某些大宗商品或者是它们的提炼物是原油的替代品，比如制造生物燃料的大豆、白糖等。第四，大宗商品特别是工业品主要受到经济周期的影响，而原油作为经济运行的基础自然也深受经济周期的影响。

第十九课　原油与证券市场 ································· 355

收益率曲线具体怎么用到研判原油走势上？第一，收益率曲线如果近乎水平状或者短期利率甚至高于长期利率，那么原油见顶可能性大增；第二，收益率曲线如果因为远端上升而变得陡峭，那么原油见底可能性大增。排名前三的原油消费国和进口国的收益率曲线反映了未来原油的下游需求端的情况。另外，美国的收益率曲线也非常重要，因为它既是原油消费大国，同时美元走势也受到收益率曲线的影响，而美元则会通过资产属性影响原油价格。

第二十课　对手盘：重量级玩家 ····························· 371

当他们发表看法时，我们要问为什么他有这样的观点？背后的逻辑和证据是什么？他的意图是什么？他是想要找接盘侠？还是想要驱动市场朝着对自己头寸有利的方向继续前进，又或者是只是为了表达自己的观点？当他们采取某种行动时，我们要探究他这样的原因是什么？要解答上述问题，光靠猜测和内幕消息是行不通的。我们要结合当时的产业链背景和美元走势去理解他们的言行。

第二十一课　原油市场行为研究（1）：宏观波动二元性 ··········· 381

大家应该习惯于"技术分析"的叫法了，但是这个叫法容易让人误导，产生一种"科学技术"的幻觉，仿佛这是一门"技术含量高"的"能力"和"学问"。但是，多年交易成败得失的经验表明技术分析吧并非"技术"，而是一门混合着经验与迷信的"金融巫术"。巫术并非贬义，也不是褒义，而是实证性的描述。现代科学就来源于"巫术"，巫师是最早的知识分子和科学家。技术分析的价值和纰漏不断得到行为金融学家和交易者们的批

判和完善。为了不被"技术"二字误导,我更愿意称其为"行为分析"。"行为"只是表明市场被我所观察到的动作,所见而非所想,尽量去除主观的看法。

第二十二课　原油市场行为研究（2）：点位 ································ 401

回调点位有很多,但是常用的是 0.383、0.5 和 0.618。再进一步简化则以 0.382 到 0.618 的区域作为支撑区域,看原油价格是否能够在此区域内出现看涨反转 K 线。反弹点位有很多,但是常用的是 0.383、0.5 和 0.618。再进一步简化则以 0.382 到 0.618 的区域作为阻力区域,看原油价格是否能够在此区域内出现看跌反转 K 线。

第二十三课　原油市场行为研究（3）：态 ···································· 413

形态分析过于纷繁复杂,单单就 K 线形态而言就存在上百种的模式,不光是初学者,即使是入行多年的老手也认不得其中的大部分模式。很多采用 K 线形态进行行情分析的交易者向我诉说了他们最为头疼的问题:由于记不清楚众多的形态,所以无法在行情走势中准确识别出它们。如何解决这一问题呢?毕竟,高效地记忆和识别形态模式对于交易者提高交易效率而言非常关键,化繁为简的同时还能够不降低效率无疑是每个交易者对新形态分析技术的希望所在。敛散模式也许可以在那某种程度上满足交易者的这一愿望。

第二十四课　原油分析的三部曲与交易的执行 ································ 425

技术分析书籍将人引入了一个"死循环",让很多人耗费多年的光阴而无法得到实质性的提高,让很多人越做交易越没有信心。因为纯技术分析如果不加上仓位管理是不可能持续获利的,而纯技术分析加上仓位管理后就面临一个"反比曲线",这个反比曲线就制约了你的高度,你沿着边际改善方向一前进一段时间后会觉得报酬率太低,以至于期望值可能为负,然后你又会沿着改善方向而去努力,一段时间后你发现胜算率实在是太低了……在一条既定的反比曲线上你就这样反反复复地努力,但是都被困在原地,这就是"轮回"。要跳出"轮回"就要"觉悟轮回",而"跃升图"给了我们工具。

第一课

一切交易成功的起点——客观思考的要旨和方法

为了在复杂的世界里面自由翱翔,你需要将注意力从短期事件上面移开,看到更长期的行为和系统内在构造,不要被表象所迷惑。

——唐奈勒·H. 梅多斯(Donella H.Meadows)

确定真正要量化什么,几乎是所有科学研究和决策的起点。

——道格拉斯·W. 哈伯德(Douglas W.Hubbard)

计利以听,乃为其势,以佐其外。势者,因利制权也。

——孙武子

当新信息与之前的观点不相符的时候,分析者应该对这种意外给予足够的重视。

——肯尼斯·A. 波斯纳(Kenneth A.Posner)

> 能够战胜对手取决于相对占优的决策思路。

本书主要讲原油交易的基本面和心理面分析，但是为了完整也会谈到行为面分析。不过要正确地认识和运用上述知识和理论框架还需要我们有一个恰当的心态，或者说思考方法。**如果我们没有正确的思考方法，就算怀揣最好的理论也无济于事。**

交易的本质是博弈。博弈取胜的关键在于决策过程的相对有效性，也就是相较于对手而言我们的思维过程有多少的有效性。我来讲一个真实的例子，我有两位朋友同时在伦敦做铜的交易，当然这是投机交易，而非套保。其中一位我们暂且称之为A君，另外一位则是B君。两人其实是同一位前辈带出来的学徒，当然他们算是这位前辈比较优秀的学生。其他那些师兄弟基本已经不在这个行当了，最多是一些从事非交易的外围工作，比如经纪人之类的。尽管两人系出同门，而且是在差不多相同的时间段内进行学习和实践的，据我所知两人接受的学习内容和分析框架是非常近似的，但是绩效却有天壤之别。在伦敦这个国际金融中心跻身为正式的交易员表明两人的智商都不低，同时两人当年的出国成绩也相差无几，这表明两人智商水平是差不多的。**那么，究竟有什么不同导致了他们交易绩效上的重大差别呢？**

> 从结果的差异追溯原因可以为我们前行提供更好的指南。

我们在毫无情绪和压力干扰下能够高效地运用理性思维，这个时候就能很好地运用理论框架进行分析。A君的情绪波动较小，有时候给旁人以木讷的感觉，而B君喜欢社会交往，热衷于夜店活动，虽然精力旺盛，但是身体并未处于最佳状态，自然情绪波动也相对较大。虽然他们两人智商差不多，运用的理论和掌握的知识水平也差不多，但是却因为情绪的扰动程度存在差异，而表现出明显的业绩差异。在我正式探讨和分析他们两人的绩效差异时，B君已经对交易萌生了退意，因为他认为每天阅读研究员提交的分析报告是一件苦差事，**更好的生活应该是丰富多彩和灯红酒绿的。**

> 优秀的交易者必然是长期专注的，而专注必然要求隔离一切干扰。再聪明的人如果与注意力障碍或者多动症沾边的话，也会极大影响其潜力的发挥。

身在高处不胜寒，交易是一门孤独者的事业，一旦我们

无法静下心来,那么基本上可以说败局已定,退出只是早晚的事情。如若无人之境,这是你心无旁骛地研究对手和格局时需要保持的状态,这不是一句大而不当的空话,因为我会在本课当中具体地说明如何在分析和交易中做到这一点。

情绪的本质是为了我们能够更安全地生存和繁殖下去,任何情绪都是为了竞争有限的资源以便实现"基因表达最大化"的根本目标(图1-1)。当你妒忌的时候,其实是基因要求你采取行动避免资源被强者抢走或者占有;当你看到美女和帅哥开始不由自主地追求时,其实是因为与颜值更高的人结合可以让后代更具"性竞争资源"和基因复制优势;当你愤怒的时候,其实是在调动一切身体能量,同时向潜在利益争夺者发出警告信号。**情绪的本质是基因的存在和复制意愿!**

经济学的前提是自利的人,其实还可以更进一步,即"经济学的前提是追求最大化表达的基因"。

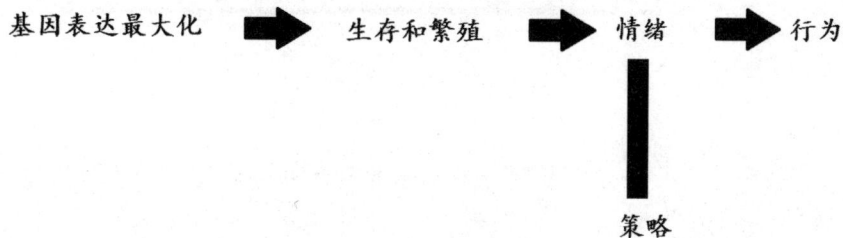

图1-1 情绪的本质

情绪是几百万年以来人类在漫长的进化过程中形成的一种生存和繁衍机制,但是工业革命和信息革命的急速发展,使得我们在原始丛林中进化出来的本能并不适应急速变化的现代环境,而金融市场正是现代环境的代表之一。

情绪代表了一系列应对环境和格局的策略,策略的有效性是有前提的,一旦错配必然导致不利的结局。情绪/策略与情景之间的错配,我们定义为非理性。所谓非理性就是没用因具体情景和对手的变化而变化,理性带来利润,非理性带来亏损。

非理性行为是因为情绪让我们采取了或者说执着于无法有效应对具体情形和对手的策略。无论是原油期货交易还是其他任何类型的行为,我们都面临这一个关键的问题。非理性同时带来了风险和机会,因为当我在博弈中处于非理性状态的时候,风险就放大了,机会就变小了,这是对我而言。如果对手恰好处于理性状态,那么在我这里放大的风险就成了他获利的机会(图1-2)。

对手

	非理性	理性
我 非理性	有机会 有风险	有风险 无机会
我 理性	有机会 无风险	无机会 无风险

图1-2 机会和风险的分布

> 资源是稀缺的,并且基于实力和理性程度进行分配!

原油期货交易是非常激烈的博弈,除了美国国债市场之外,恐怕原油交易的参与者是最具实力的,这里面有许多激动人心的历史事件。现代经济完全建立在原油提供的能源基础之上。原油影响了农业、工业,甚至第三产业。原油就是玩家们争夺的最重要经济资源,空气也许是必需的,但是现在却并不相对稀缺。原油交易要取胜,关键是先立于不败之地,而后求胜,不可胜在己,可胜在敌。自己要理性起来,同时抓住其他玩家非理性的机会,**这就是一切交易成败的根源。**

交易成败源于我们利用"理性/非理性的不对称分布"带来的"风险/机会的不对称分布",那么"理性/非理性的不对称分布"的根源是什么呢?如果理性是A,那么非理性就是非A,两者之和应该等于1。我们只要搞清楚了非理性的根源,必然搞清楚理性的根源,最终就能搞清楚两者不对称分布的根源(图1-3)。

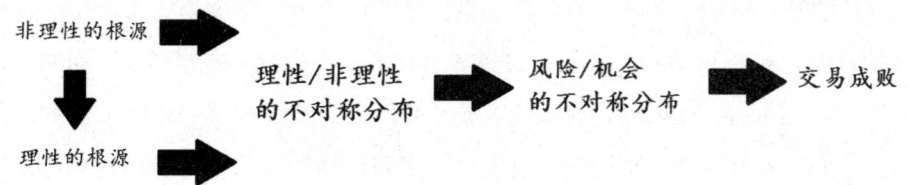

图 1-3 非理性与交易成败

非理性的主要来源有哪些？大脑中什么东西在误导我？你能回答这两个问题吗？为什么这两个问题比本教程后面那些直接与原油分析和交易有关的内容更为重要？如果说分析和交易的具体框架和技巧是应用软件的话，那么理性与否关系到操作系统的正常运转。为什么做交易这么难？为什么学了很多具体的策略和技巧还是很难赚到钱？因为你只是关注了应用软件层面的问题，忽略了**操作系统本身的效率**（图 1-4）。前面讲的 A 君和 B 君，两人都装了"伦铜分析和交易思维软件 2.0"，但是 A 君是将应用软件装在"X 操作系统 3.0"上，而 B 君则将同款软件装在了"X 操作系统 1.0"上。

为什么少部分人做大多数事情都能够取得高于一般水平的绩效呢？其实是因为他的"操作系统"效率高于一般人，而非具体的技能上有天赋。

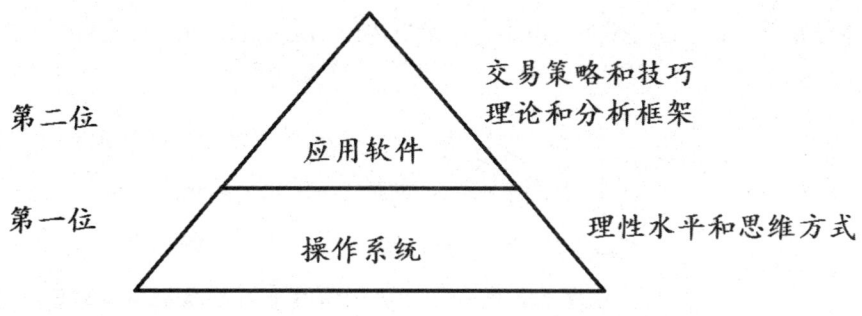

图 1-4 交易员的"操作系统"与"应用软件"

如果某种交易策略和框架在某人手中持续盈利，而在你那里却显得绩效不佳，那么问题往往不在运用软件上，而在操作系统的人上。原油如何去分析和交易，我们要讲 24 堂课，只有第一课是讲"操作系统"的，但却是最为重要的，很多人交易为什么一直无法突破盈利的门槛，那是因为他们没有迈过我们这堂课提到的这个门槛。

讲具体分析思维，具体交易技巧，具体基本面框架，你能不能真正用好还得看操作系统。Garbage in, Garbage out（垃圾进，垃圾出）有时候并非现实问题的关键，当出现 Essentials in , Garbage out（精华进，垃圾出）的时候反而是最重要的信号。为什么这样说呢？首先，垃圾进，垃圾出，表明你的操作系统可能不是问题所在，但是精华进，垃圾出，则表明你的操作系统肯定有问题。信息好，不是真的好，运用程序好，也不是真的好，操作系统好才能带来彻底的绩效提升。记住，根本性的变革在于变革你的系统！变革你的思维系统，变革你所处的社会系统（图1-5）！修修补补往往于事无补！

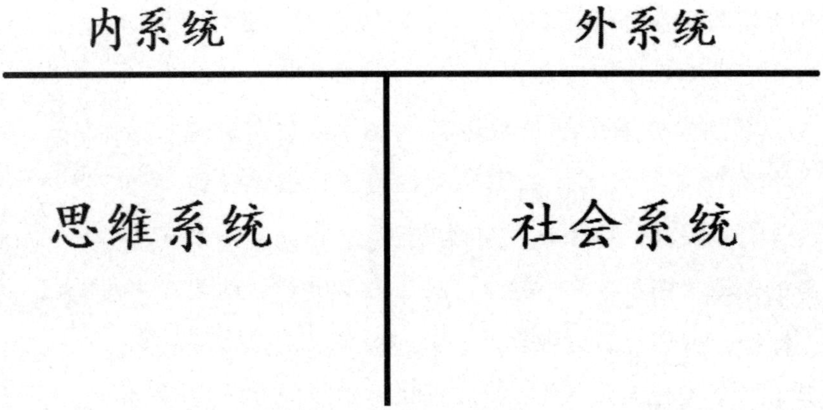

```
    内系统            外系统
  思维系统          社会系统
```

图1-5　内系统与外系统

回到细节中来，回到"如何做到"这个落地的问题中来。交易当中非理性的主要来源具体有哪些？

> 结合背景看问题，而不是孤立地看，我们平时评论某人某事的时候，往往习惯于就事论事，理性的方式是结合大背景来看。

第一，真空环境当中评价基本面消息。基本面是一个整体，不是单独只看某一个因素。虽然每个阶段有一个主导因素，或者说主要矛盾，但是我们是在整体全面的基础上确定单一因素作为主导的。**基本面绝不是道听途说地拿着某篇文章的结论作为进出场指南。**

第二，旧闻当新闻。旧闻是已经发酵了文章，生命力已过大半，除非是重大基本面变化，否则往往成为"绞索"。旧闻基本体现在了此前的价格走势中，新闻才能驱动价格的当下和未来走势。

第三，倾向效应。什么是"倾向效应"？那就是"截短利润，让亏损奔腾"。赚一点就跑，亏了就一直套着，这就是典型的倾向效应。这种仓位管理模式是人类的天性，长期下来收益期望值必然为负。

第四，基本面因素影响大小和持续度误判。短期影响当做长期影响，比如本来是一次性利多题材结果当成持续利多题材。

第五，采取与大众高度一致的做法和看法，导致持仓极端值出现。原油期货市场上当COT持仓出现极端值的时候，**调整都容易出现。**

> 第十四课的心理分析当中我们会具体介绍这方面的内容和技巧。

第六，趋势和修正走势以及日内杂波走势混淆。不能区分转势和回撤。交易为什么不好做，因为里面有各种误导走势，让你分不清趋势，幻象纷呈，让你看不清实相！

那么，在交易过程中我们如何具体应对上述非理性因素和行为呢？在十数年的职业交易生涯中，我逐步形成了一张"商品市场快速分析清单"，其中包括22个问题，当你进行行情分析的时候可以通过这张表来校准你的分析和交易思维。这个清单是针对商品期货的，原油也在其中，对于其他类型的交易标的也有借鉴价值。当然，对于倾向效应，最关键在于遵守客观而机械的仓位管理纪律。

商品市场快速分析清单 V3.0

1. 目前市场主题/题材是什么？
2. 价格对此主题/题材吸收程度（有无利空不跌，利多不涨的情况）？
3. 情况还能更糟糕/更好么？
4. 资金还能继续在空头/多头上增加仓位么？
5. 市场有哪些参与者，支持他们市场观点的理由是什么，实力如何？
6. 同点位基本面情况（更好/更坏）？
7. 价格区间上限和下限的基本面情况？
8. 与我观点相反的观点和信息是什么？理由是什么？
9. 价格向上推进或者向下推进，基本面能够跟上？
10. 市场走势与分析是否相符？原因是什么？
11. 市场间有什么背离和异常？原因是什么？
12. 假设现在价格水平反映了内在价值，那么一个新的冲击将会导致价格往哪个方向运动？（临界点）

13. 假设现在价格水平持续一段时间,则产业链各个环节能否正常运行下去?（转折点）

14. 未来市场转折的可能主题和题材是什么?

15. 基本面有无重大变化?

16. 有无分析/报告没有看到的盲点?

17. 异于同行的观点是什么？理由?

18. 创新高/新低的原因是什么？是否是重大基本面变化导致的?

19. 大众有无盲点?

20. 有什么可能误导我?

21. 新变量可能是什么?

22. 我是有了结论找证据,还是为了结论找证据?

下面我们对上述 22 个思维校准问题进行介绍。

> 阶段性的主要矛盾！

第一个问题是"目前市场主题/题材是什么"？投机与投资的区别在于我们是否关注市场情绪本身的驱动力,做投资的时候我们关注标的本身持续价值,以及市场情绪是否让价格显著偏离价值,对于市场情绪本身的机理并不在意。但是,对于投机者而言,因为直接从价格波动本身获利,而市场情绪会显著影响价格波动,因此搞清楚市场情绪的大致走向,对于投机客而言非常重要。什么主导了情绪和市场观点的阶段性变化呢？**这就是目前市场的主题和题材。**

很多时候,我们在做交易的时候,会因为太多的信息而无法整合出一个鲜明的观点,因此会感觉到对市场未来走势吃不准,把握不住。但是当我们通过这一问题校准自己思维的时候,我们就能够很快将市场走势的脉络搞清楚,有一种对行情走势成竹在胸的感觉。如果交易员没有养成通过这一问题校准自己思维的习惯,那么交易做起来是非常痛苦的,有一段时间我也非常迷茫,感觉天天花了很长的时间阅读各种报告,进行各种分析,但是却抓不到市场的来龙去脉,抓不住关键,累了一天下来却更无头绪。这个问题可以帮助你快速回到抓主要矛盾的正确思路上来,在原油分析当中这个问题的校准功效显著。

也许你看了许多交易方面的书籍和大量的网络文章,但是仍旧感到突破不了盈亏平衡点的门槛，感觉懂得了很多东西，但是却不知道如何综合去运用，只能机械地组合起来死板地去运用。这个难题需要分别从分析与仓位管理两个阶段去解决，我们这里只谈分析阶段的解决办法。当你因为学了太多的技巧而困惑时，你可以让所有这些技巧为一个工作服务，那就是找出"目前市场主题/题材是什么"这个问题的答案。无论你是看了什么新闻，读了什么研报，别人提供了什么消息，市场情绪如何，价格和指标出现了什么形态，你只需要关注从这些零碎的信息当中能够得出的关于上述问题的答案。

第二个问题是"价格对此主题/题材吸收程度（有无利空不跌，利多不涨的情况）"。为什么大众容易成为接盘侠？关键在于没有去思考价格是否已经对市面上的观点进行了充分的吸收。当一种观点或者情绪已经盛行一段时间，而且价格也在这段时间内有了相向而行的表现，这个时候价格其实缺乏进一步发展的动力，但是大众却因为广为人知的观点而接了最后一棒。利空出来了价格不跌，如果此前价格已经下跌了，那么这很可能就是利空其实已经被价格完全吸收了的表现（图1-6和图1-7）；利多出来了价格不涨，如果此前价格已经上涨了，那么这很可能就是利多其实已经被价格完全吸收了（图1-8和图1-9）。

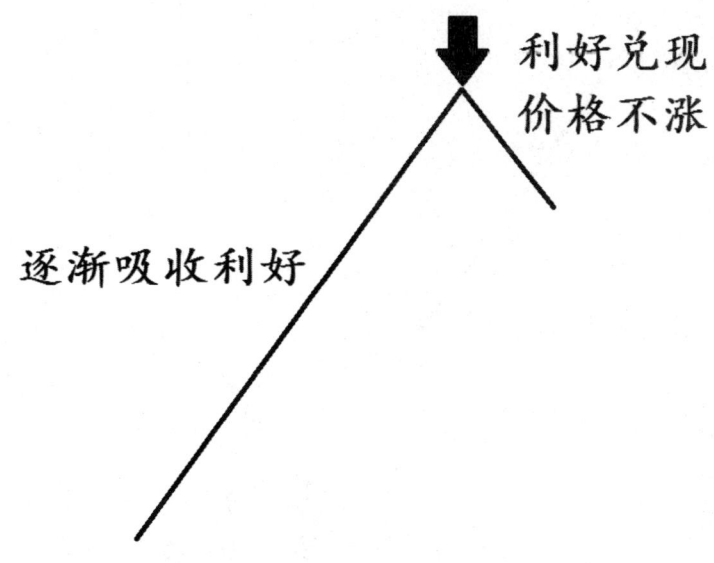

图1-6　利多不涨

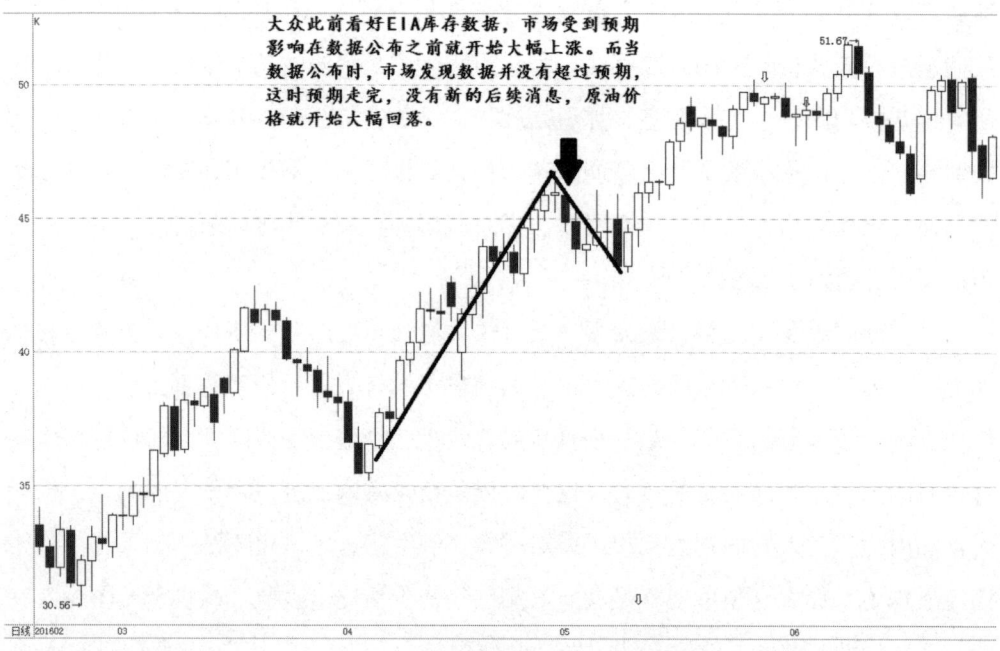

图 1-7　EIA 库存利好兑现后价格显著回落数日

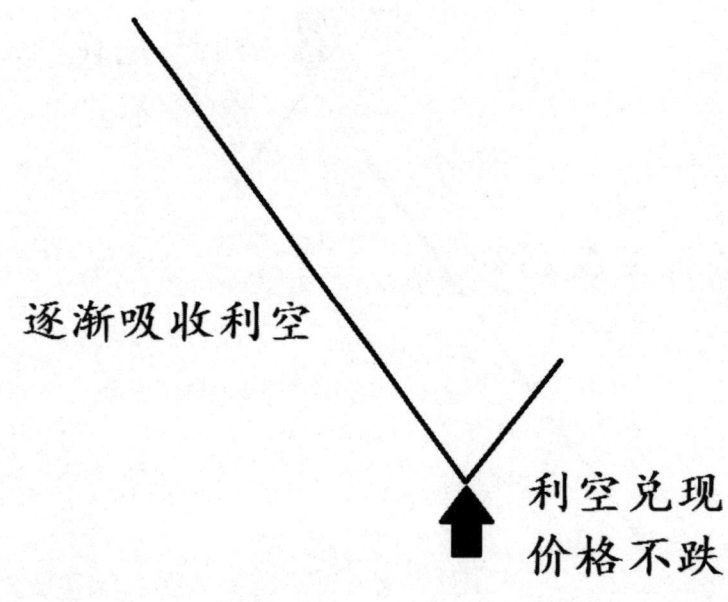

图 1-8　利空不跌

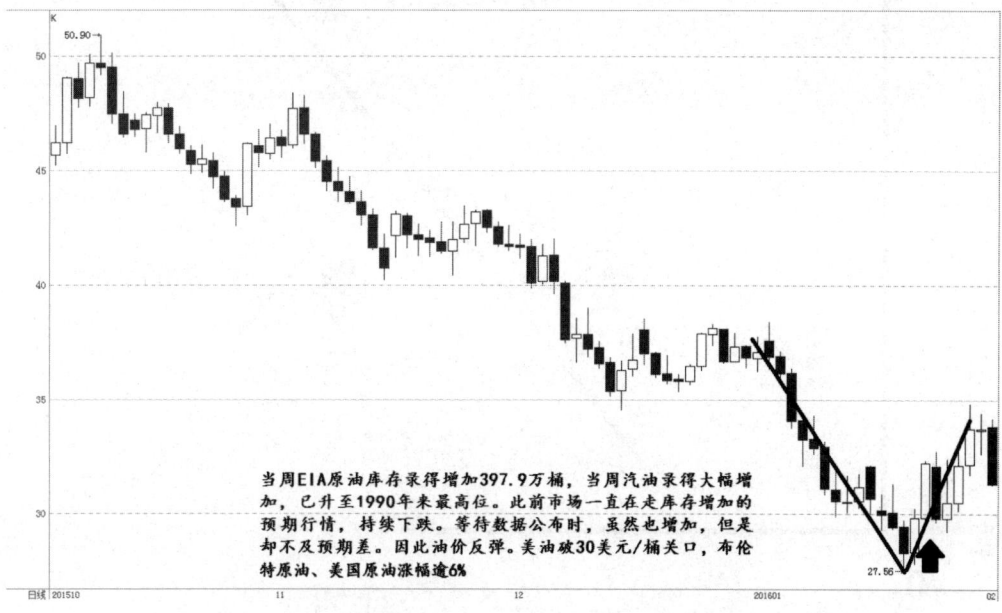

图 1-9 EIA 库存利空兑现后价格显著反弹数日

题材是有生命力的，原油市场上有众多题材频繁登场，大题材可以驱动价格形成波段甚至趋势，小题材则往往导致日内波动，或者一日游行情。我们切不可在价格已经对题材吸收了很长一段时间之后才在媒体的鼓吹下介入。

高手都是善于观察价格对于消息的反应的，目的之一在于确认价格对消息的实际吸收程度。而市场上大多数的接盘侠则往往不去观察这一点，而是让自己任由媒体影响而随大流，**结果往往是题材烂透了的时候才介入。**

> 消息本身利空还是利多并不重要，重要的是价格吸收的程度如何。

第三个问题是"情况还能更糟糕/更好么"？行情什么时候到头？当基本面不能有潜在的新利好驱动的话，大资金也不敢继续加码。相反情况下，当基本面不能有潜在的新利空驱动的话，大资金也不敢继续加码（图1-10）。很多交易者总是在市场最乐观的时候做多，其实他可以反问一句——"情况还能更好吗"？其实答案往往是"已经好的不能更好了"。

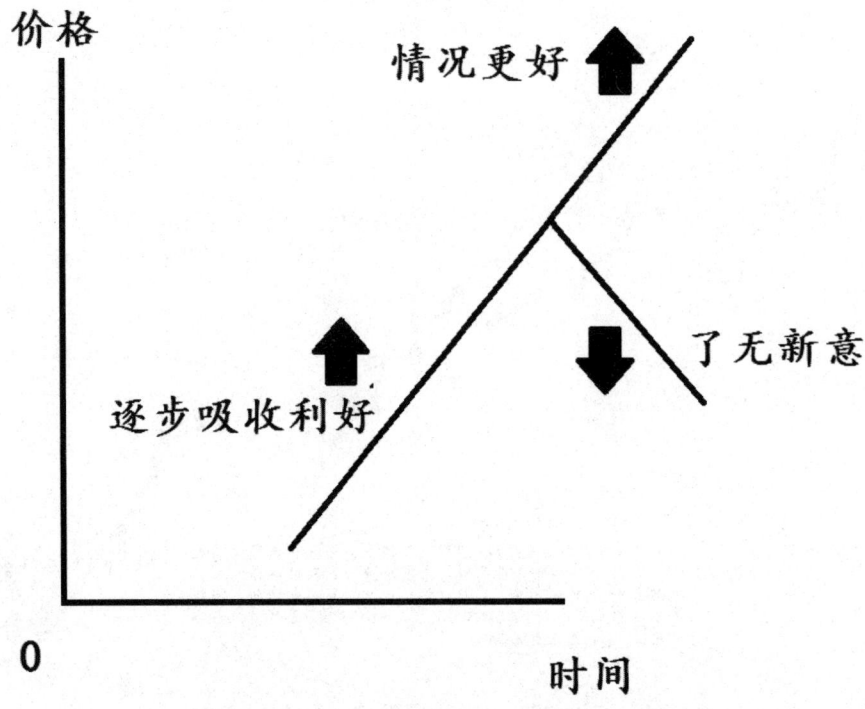

图 1-10 上涨之后的两种情况

> 原油 COT 报告分析策略将在第十四课传授。

第四个问题是"资金还能继续在空头/多头上增加仓位么"？在有些情况下虽然基本面还能继续更好或者更差，但是市场资金却可能已经难以继续加码了，这个时候就表现了持仓的极端值，原油期货 COT 报告出现极端值的时候，**往往表明需要修正来重新聚集趋势力量**。

> 有人的地方就有玩家，有两个玩家的地方就有博弈。

第五个问题是"市场有哪些参与者，支持他们市场观点的理由是什么，实力如何"？原油市场上的博弈者众多，聪明的参与者都会尽量"形人而我无形"，**尽量追求信息不对称优势**。聪明玩家会尽量隐藏自己的行踪和动向，因此我们只能通过众多线索来推断。比如，俄罗斯在东乌克兰的强势应对让美国无法在军事上回应。再想想当年苏联解体与原油价格的关系，那么我们可以推断原油市场上某类大玩家可能会利用手中的力量来引导原油价格显著下跌并维持在低位以便打击俄罗斯的经济（图 1-11 到图 1-15）。当然，我这里简化了很多其他逻辑链条。

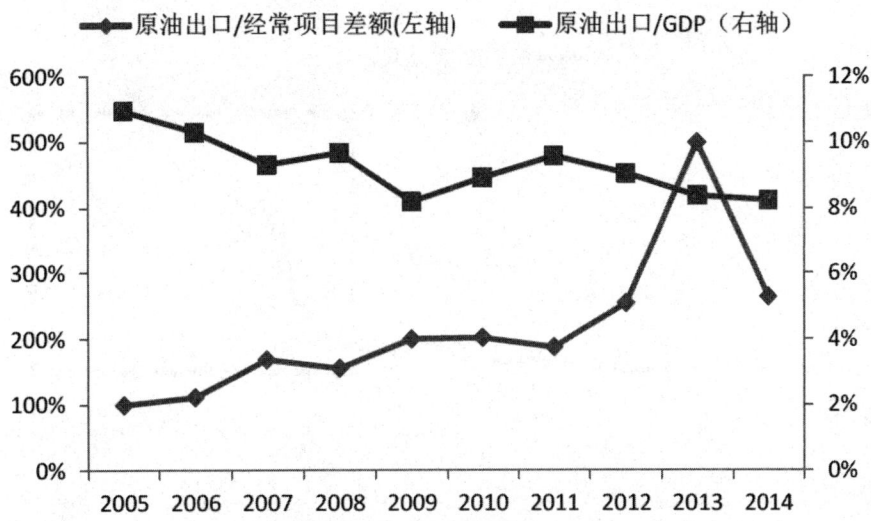

图1-11　俄罗斯经济中原油出口占比

数据来源：国金证券研究所　李立峰　郭彬　袁雯婷

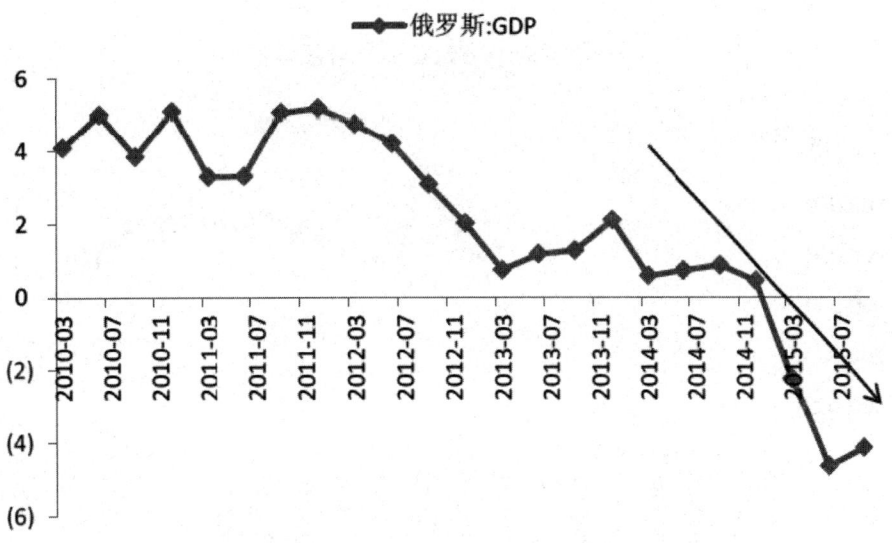

图1-12　俄罗斯经济15年起陷入负增长

数据来源：国金证券研究所　李立峰　郭彬　袁雯婷

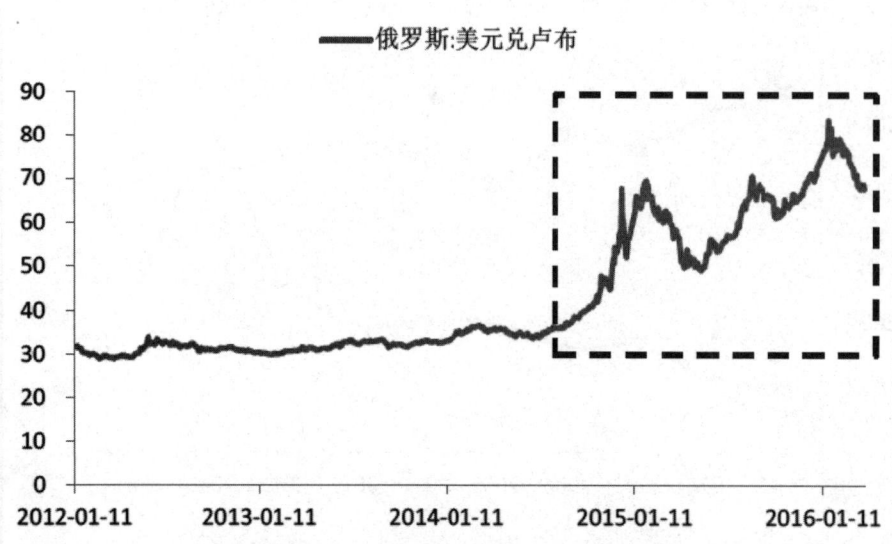

图1-13 2014年油价下跌后卢布迅速贬值

数据来源：国金证券研究所 李立峰 郭彬 袁雯婷

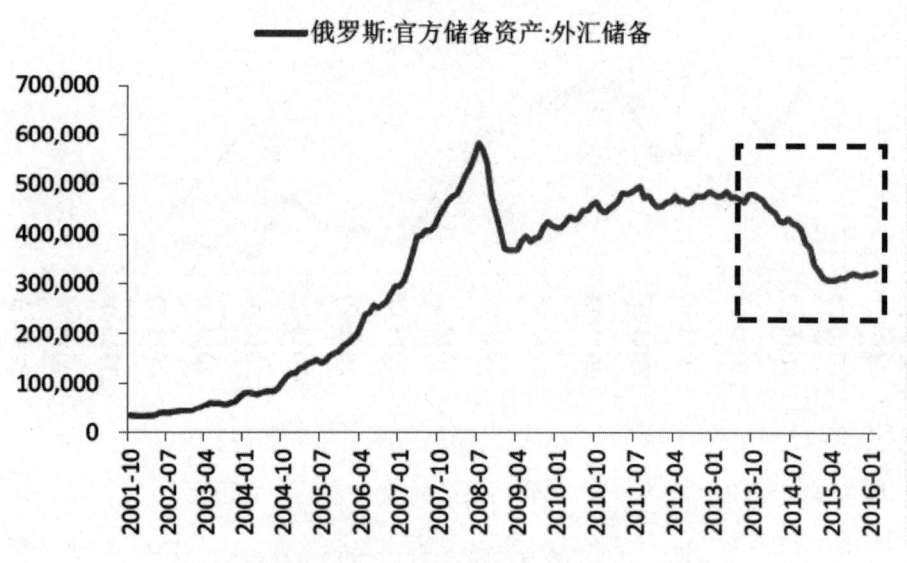

图1-14 俄罗斯外汇储备下降（单位：百万美元）

数据来源：国金证券研究所 李立峰 郭彬 袁雯婷

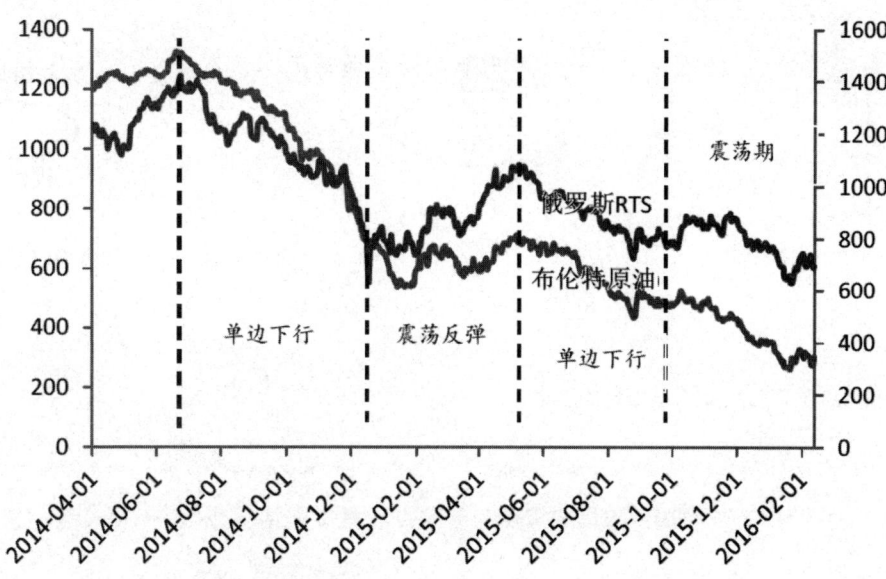

图 1-15　俄罗斯股市 RTS 指数趋势与布伦特原油基本同步下跌

数据来源：国金证券研究所　李立峰　郭彬　袁雯婷

第六个问题是"同点位基本面情况（更好／更坏）？"当价格准备或者已经向上突破前期高点构筑的阻力时，你怎么判断突破是否有效？技术面永远只能等待突破自己来确认，通过各种技术参数来过滤虚假突破，**但实际效果如何，做过交易的人应该很清楚**。同样，当价格准备或者已经向下跌破前期低点构筑的支撑时，你怎么判断向下突破是否有效呢？我们可以先搞清楚前期高点或者低点附近的基本面情况是怎样，然后搞清楚现在的基本面情况，两相比较就能大概知道价格是不是能够就此打住，还是继续前行（图 1-16）。

> 重要高点和低点是主要参照点。重要高点和低点的历史基本面是参照系数。

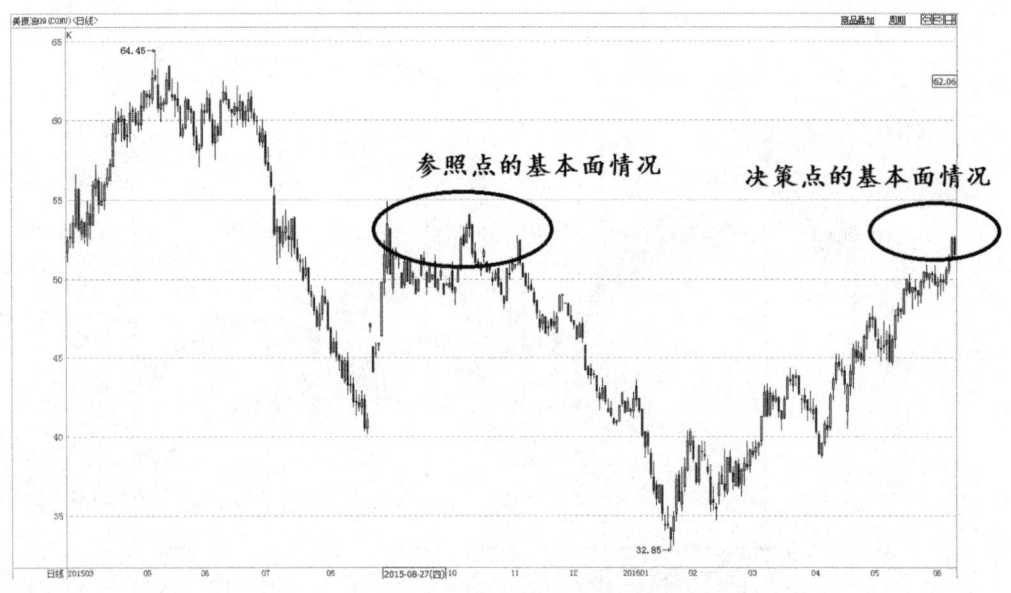

图 1-16　决策点与参照点的基本面情况比较

第七个问题是"价格区间上限和下限的基本面情况"。这个问题其实与第六个问题有点重叠，但是并不完全。第六个问题是价格位于某个关键点位时用来判断能否真正突破或者突破是否有效的，而本问则当价格在区间内盘整的时候用来判断突破盘整需要怎样的条件，并且等待和捕捉这种条件的发生。

第八个问题是"与我观点相反的观点和信息是什么？理由？"任何一笔交易都有两方，而这两个对手盘的观点是相反的。当然，或许做多一方和做空一方其实都认为趋势向上，但是做多一方是刚开始建立头寸，而做空一方虽然认为趋势向上但是马上将面临调整。即便这种双方趋势看涨的特例下，多方至少是长期看多的，而空方至少是短期看空的，两者因而成了对手盘。由此可见，参与交易的任何一方都有自己或多或少的理由，而非完全靠蒙。因此当我们对自己的判断非常有信心的时候，对方何尝不是如此。在这种情况下，我们真的非常有必要倾听和思考一下相反的观点。原油市场上随时都有看多和看空的观点，我们不是简单地坚持看多或者看空，而是要想方设法看看双方的观点和逻辑过程。如果我们已经先入为主地形成了某种判断，那么更需要琢磨下相反的观点了。**最宝贵的意见不是与你相同的，而是与你相反的；最宝贵的信息不是证实你的观点的，而是与你的观点相悖的。**

> 不了解利益相关方，就不能决策和行动。

第九个问题是"价格向上推进或者向下推进，基本面能够跟上？"这个问题用来判断是否存在价格走势修正的可能性。通俗来讲，乖离率大了之后，价格必然修正，这是技术上的看法，具体什么时候修正很难说，超卖之后继续超卖，超买之后继续超买，**指标钝化了**。其实，我们还可以结合基本面来看价格走势，价格快速上涨的时候我们要琢磨下后续的利多还有大空间，下一个利多是不是近期就会浮出水平，概率有多高。如果刚好有一个大利多才兑现，而眼下没有什么潜在利好接力，则价格修正的可能性极大。

> 基本面是燃料，行情是火箭。

第十个问题是"市场走势与分析是否相符？原因？"没有复盘就没有进步，市场走势与分析不是相符，相符是因为自己判断正确。还是因为碰巧遇到其他预期之外的因素，不相符是什么原因，是偶然的还是必然的，**以后怎么改进？**

> 复盘带来进步！

第十一个问题是"市场间有什么背离和异常么？原因是什么？"原油市场与股票市场，与国债市场，与黄金市场，与美元市场都有着密切的关系。比如，一般情况下原油市场与美元市场呈现反比走势，那么如果突然某一天或者某几天原油价格与美元指数同向变化，这就是异常，这就是背离，这个信号对于**把握未来的市场走势就非常重要**。

> 异常之后必有重大信息。

第十二个问题是"假设现在价格水平反映了内在价值，那么一个新的冲击将会导致价格往哪个方向运动？（临界点）"有时候市场有太多信息和判断，当一个新的基本面出来的时候，也许就无法很好地搞清楚到底会对市场产生什么方向的影响。这个时候我们可以假设价格已经完全吸收了其他所有旧闻，也就是说在目前的价格点位上供求是平衡的，然后你再设想这个新的基本面作为一个边际变量将如何推动市场的变化。

第十三个问题是"假设现在价格水平持续一段时间，则产业链各个环节能否正常运行下去？（转折点）"原油价格非常高的时候，什么情况下构筑顶部，原油价格非常低的时原油具有二重属性，第一重属性是商品属性，这是原油基本的属性；第二重属性是资产属性，这是原油衍生的属性。第二课会讲这个问题，这是全书的核心所在。

候，什么情况下构筑底部。原油的顶部往往是因为需求承受不了了，产业链下游不行了，利润为负，这个市场原油就容易见顶（图1-17和图1-18）。原油的底部则往往是因为产业链上游，也就是原油本身的开采和生产不行了。当然，这只从原油的商品属性进行了分析，没有关注原油的资产属性，**后者对于原油走势的影响更大。**

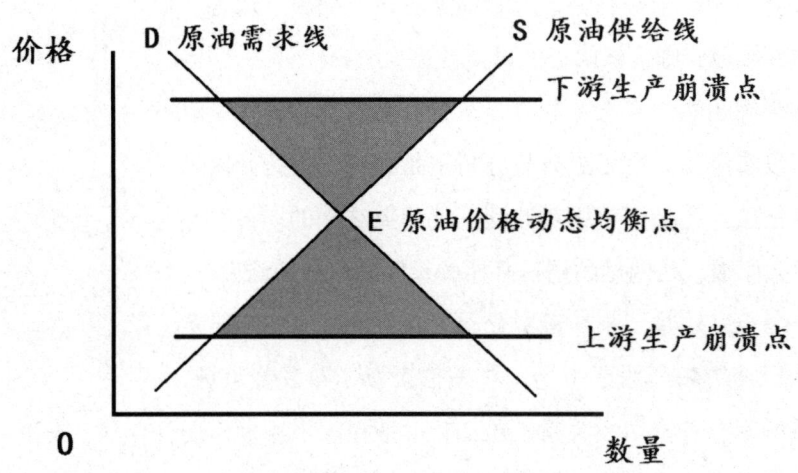

图1-17　上下游产业链的生产崩溃点模型

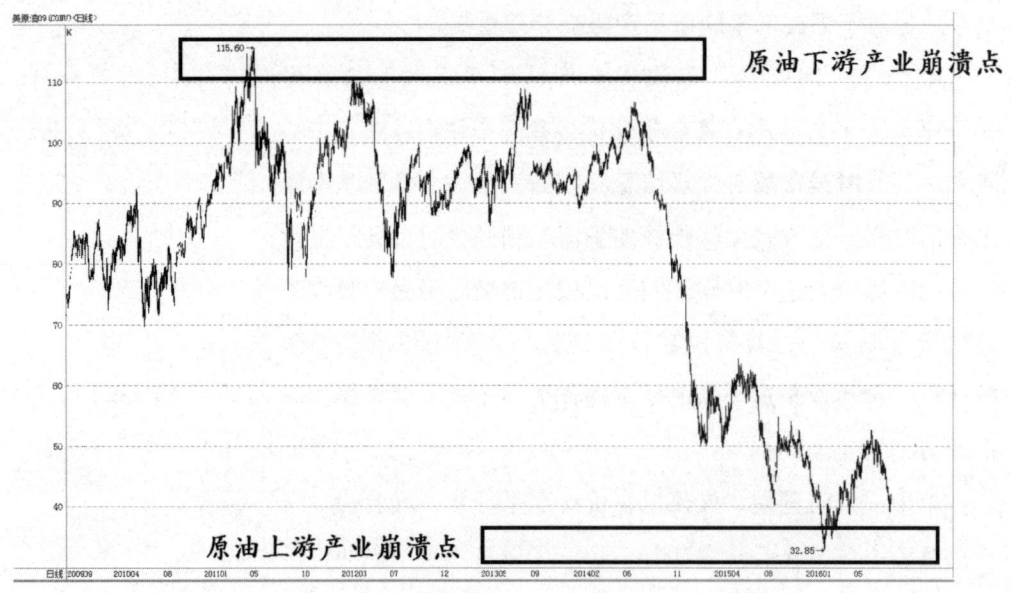

图1-18　原油价格高低点与上下游产业链崩溃点

第十四个问题是"未来市场转折的可能主题和题材是什么?"有时候我们抓住了一波趋势,或者说等待一波趋势,这个时候问这个问题就可以帮助我们快速校准思维。

第十五个问题是"基本面有无重大变化?"趋势源自基本面重大变化,通过这个问题可以校准我们的趋势思维。

第十六个问题是"有无分析/报告没有看到的盲点?"很多报告看起来都是有理有据,但是我们不能被牵着鼻子走,通过这个问题可以校准我们在阅读研报和分析文章时的思维状态。

> 同行就是对手盘,异于同行的观点可能帮助我们寻找对手盘的盲点,而盲点就是利润的源泉。对手的盲点可以带来"风险和机会的不对称分布"。

第十七个问题是"异于同行的观点是什么?理由?"不同于大多数人的观点更值得我们去花时间研究,虽然未必正确,但**一旦正确可以带来大额的利润**。

第十八问题是"创新高/新低的原因是什么?是否是重大基本面变化导致的?"价格出现新高和新低相当于是技术面/行为面的异动,而异动是非常有价值的信息,要发掘其中的价值就需要搞清楚背后的原因。

第十九个问题是"大众有无盲点?"大众的盲点是利润的源泉,实业如此,金融也是如此。在《外汇短线交易的24堂精品课》当中我们正式地提出了这个立论,不知道大家是否深入琢磨其中的门道。为什么大众的盲点是利润,大众的盲点有哪些形式,我们如何去把握这些盲点?在原油期货等金融交易当中,大众盲点的常见形式有哪些呢?本书后面的章节会逐步展开,简而言之大众在原油相关的一些基本面和心理因素上会出现习惯性的盲点,比如重视地缘政治事件、忽略经济景气,等等。

第二十个问题是"有什么可能误导我?"我们时刻处于有限的思维之中,因此误导无处不在。一个完全不被误导的交易者恐怕要不了一个月就能赚取全球的财富,因此理性是弥足珍贵的,哪怕一个月的理性也**足以让你拥有整个世界**。绝对理性的人在这个世界上是不存在的,除了那些觉悟了宇宙整体本质的修行者。通过这一问题我们可以校准自己的思维,这就实行了一个动态平衡,虽然我们绝对意义上是不理性的,但是我们不断围绕理性前行。

> 常人之败,在于失察——失去对自我的觉察。

第二十一个问题是"新变量可能是什么?"超大行情或者趋势往往是新变量引发的,BAT三巨头抓住了技术新变量,趁势而上。未来国际经济的新变量就是印度,虽然其劳动参与率不高，土地制度也是极大阻碍，但是世界经济却不得不考虑这一新变量。未来20年的商品市场是不是需要将印度作为一个重要的新变量来考虑呢？

第二十二个问题是"我是有了结论找证据，还是为了结论找证据？"人类都有一个倾向，那就是努力寻找和扭曲证据来证明自己先入为主的结论。做交易的时候，我也很难避免这种冲动，但是会尽量减少其危害，通过拉长分析时间，多分析相反观点，做大趋势可以规避这种冲动。

上述22个交易者思维校准问题是我多年来实践总结完善出来的，可以极大地提高你"操作系统"的效率，结合一些具体的技巧可以让你登堂入室，打破技能增长的天花板。

《黄金短线交易的24堂精品课》一书当中我们专门介绍了EFT技术，每天坚持三遍就可以有效舒缓情绪。

最后，我们要谈一下如何觉察到自己处于非理性的状态，当我们在分析或者判断时候如果有情绪感受，特别是"浓烈"的感受，那么我们往往就处于非理性当中，这个时候不管你用了多少高效的分析技巧都无法抵消非理性状态带来的系统性干扰。觉察情绪，**可以让你选择在理性的状态下思考**。情绪与身体密切相关，通过觉察身体，你就能觉察到情绪是否干扰到你的理性思考过程。

| 第二课 |

格局——原油的两重属性

欲战,审地形以立胜也。

——曹操

你必须了解游戏规则,然后你还必须比所有其他人玩得好。

——阿尔伯特·爱因斯坦(Albert Einstein)

如果你不清楚舞台和演员,那么就无法成功。

——斯蒂芬妮·万斯(Stephanie Vance)

人们在解决问题的时候往往会忽略掉开始时最关键的步骤:问正确的问题以及分离出问题涉及的不同利益群体。

——布鲁斯·B. 梅斯基塔(Bruce.B.Mesquita)

格局和对手谁更重要?

第一课我们整理了"内格局",从本课开始我们将围绕"外格局"展开,这也是本教程的学习者更为关心的方面。理性的交易者会同时关注自己和市场。心智状态是"操作系统"和"内格局",而市场则是"外格局",**是我们参与的博弈格局**(图2-1)。

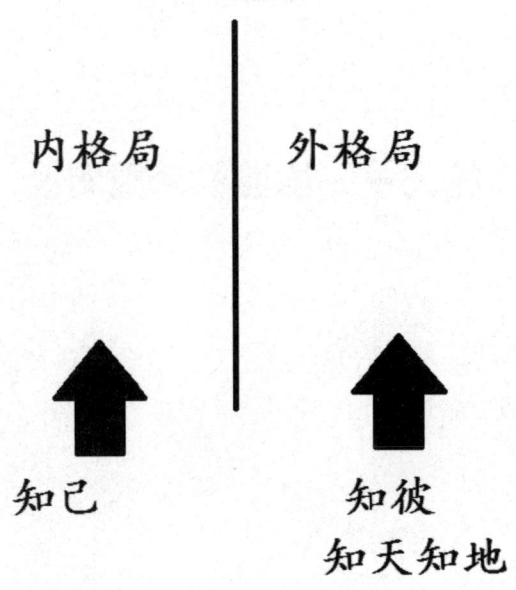

图 2-1　内格局和外格局

本教程是专门针对原油交易者的,原油期货价格对现货价格起着引导,甚至主导作用,因此没有所谓纯粹的现货交易者。最近几年中国大陆出现了不少所谓的原油现货交易平台,要么是打擦边球,要么是金融诈骗。在国际市场上,原油涉及的主要金融产品还是标准合约的原油期货,围绕这一标的出现了很多衍生品,但是决定国际原油价格走势的还是期货。

高盛集团2008年5月6日发布研究报告预测,国际市场原油价格有可能在未来半年到两年时间里飙升至每桶150到200美元。2015年第四季度,高盛预测2016年油价将跌到20美元,你去看下历史走势。高盛发布公开报告的人与自营盘的人究竟有没有瓜葛,这个真不好说。

原油期货搞懂了,其他原油衍生品也容易搞懂。"谁是主,谁是从"要搞清楚,越是大的玩家,越是会选择参与原油期货,而不是什么原油衍生品市场。2008年中国几家航空公司因为参与场外的原油衍生品交易而损失惨重(图2-2和表2-1),就是因为没有搞清楚格局问题,因为场外交易大多存在对赌性质,而且无法获得定价权,**衍生品卖出方可以通过在原油期货市场的运作来"坑害"对方**。中国三大航空公司和高盛对赌高峰期是 2007 年到 2009 年，本想对冲油价波动风险套期保值，但忽视高盛同时是国际原油期货的重量级玩家，结果都以惨输收场。东方航空公司 2009 年更因为对赌大败（表 2-2 和图 2-3），导致公司董事长、总经理集体换人。

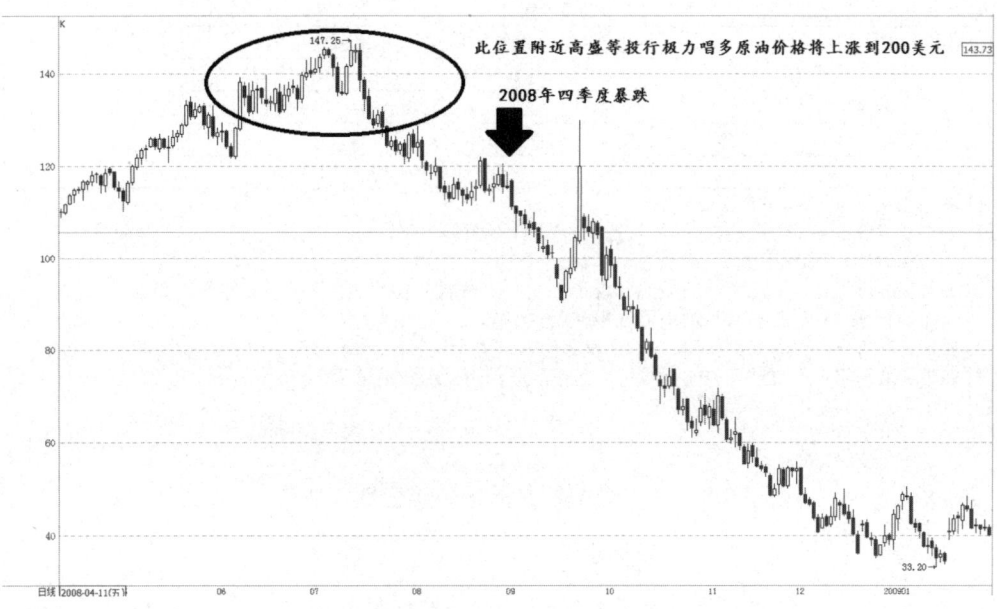

图 2-2　高盛唱多 200 美元之后不久，原油暴跌

数据来源：博易大师

名称	亏损总额	主营亏损额	占比	套保亏损额	占比
中国东方航空	139.28亿元	75.27亿元	54%	64.01亿元	46%
中国国际航空	91.49亿元	16.77亿元	18%	74.72亿元	82%
香港国泰航空	87.6亿港元	79.29亿港元	90.51%	8.31亿港元	9.48%
奥地利航空	4.2亿欧元	3.121亿欧元	74.30%	0.47亿欧元	11.19%
德国汉莎航空公司	盈利12.23亿欧元	盈利13.83亿欧元		1.6亿欧元	
美国达美航空	8.964亿美元	8.314亿半球	92.75%	0.65亿欧元	7.25%
美国西南航空				盈利	
美国航空				盈利	
英国航空				盈利	
澳洲航空				盈利	
新加坡航空				盈利	

表 2-1　全球各主要航空公司 2008 年盈亏情况

数据来源：国际航空运输协会　主要航空公司年报　金石期货　高岩

		高盛集团
看跌期权多头/看涨期权（2）空头/看涨期权（1）多头		高盛集团
看跌期权空头/看涨期权（2）多头/看涨期权（1）空头		东方航空
看涨期权（1）行权价格：	200美元/桶	
看涨期权（2）行权价格：	150美元/桶	
看跌期权行权价格：	62.35美元/桶	
数量：	看跌期权：315,000桶（不准确数）	
	看涨期权（1）：315,000桶（不准确数）	
	看涨期权（2）：85,0000桶（不准确数）	
交割期限	2009年—2011年的某月	
基准价格	纽约商交所该月轻质原油期货交割平均价	

付款：付款日为交割后的5个交易日内
1. 如果基准价格高于看涨期权1的行权价，则东航将给付高盛价格差额部分
   （市场价格－200美元/桶）乘以看涨期权1的数量
2. 如果基准价格介于看涨期权1和2的行权价之间，则高盛将给付东航价格差额部分
   （市场价格－200美元/桶）乘以看涨期权2的数量
3. 如果基准价格介于看涨期权2与看跌期权之间，双方无现金流交换
4. 如果基准价格低于看跌期权的行权价，则东航将给付高盛价格差额部分
   （62.35－市场价）乘以看跌期权的数量

表2-2 模拟的东航场外组合期权协议

数据来源：金石期货 高岩

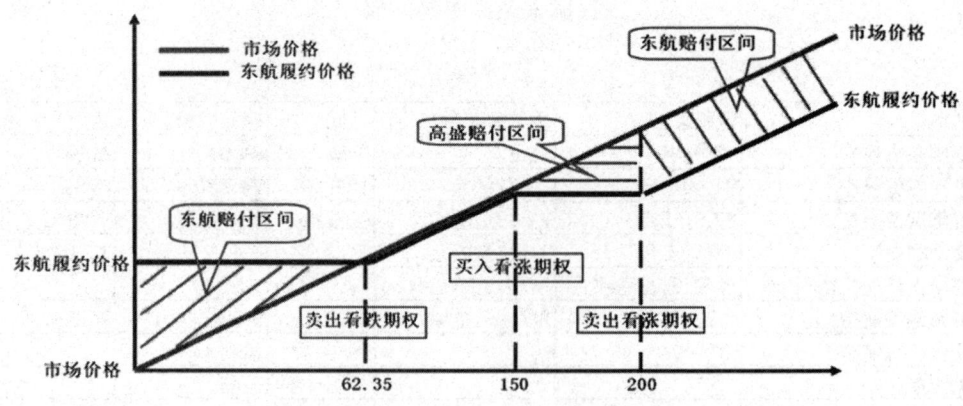

图2-3 模拟的东航场外组合期权示意图

数据来源：金石期货 高岩

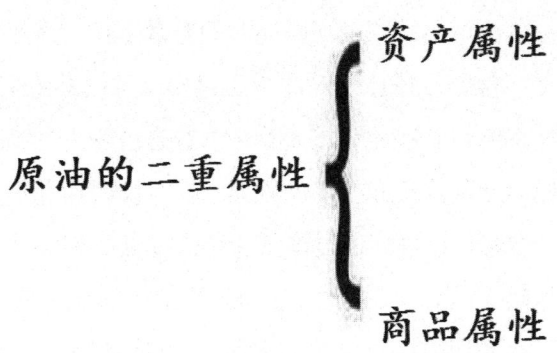

图 2-4　原油二重属性

如何搞懂原油期货？这个问题看起来简单，但恐怕很少有人问过自己，更不用说去认真地思考和解答这个问题。我们不是化工和原油上的产业链专家，因此我们的重点是搞清楚原油价格波动的决定性因素。多年来的交易实践告诉我们——原油的二重属性是分析和预判其价格趋势的关键（图 2-4）。

2005 年夏天的时候认识上海某个财经日报的记者 L 君。他刚从大学毕业不久。金融专业出身的他虽然身在媒体行业但是对金融交易非常感兴趣。那时上海黄金交易所好像还处于筹办阶段，但是他已经迫不及待地通过伦敦市场参与国际黄金的买卖。同时，他也感到原油与经济周期的关系更加密切，所以也时不时地参与国际原油期货的买卖。虽然他是小打小闹类型，但是也做得十分认真，时不时会和我电话沟通，经常一次聊上一两个小时。那时候我做外汇比较多，以负责离岸对冲基金的外汇交易为主，但是像加元、英镑和日元还是与原油价格有密切关系的，所以也比较关注原油走势。在这样的交流和学习当中，我逐渐形成了原油期货的系统分析框架，并且不断完善。

2005 年之前，我对原油的分析还停留在一些局部因素上，比如美国汽油和取暖油消费的季节性规律，中东的地缘政治，等等。那几年才开始逐渐关注中国经济对原油市场的巨大影响。这本讲义最初是在 2008 年次贷危机前后形成的，一直是交易员的内训教程，其实也是我分析原油走势的案头手册和必备指南。在交易和教学的过程中，我不断将新的分析工具与成败经验教训写进这本手册当中。直到 2014 年秋季在贝加尔湖的利斯特维扬卡小住几日时才意识到整个手册的核心是什么，十来年积攒和完善的各类工具和理论最终浮现出了一个统一的框架。

> 常年复盘的结晶就是这本讲义，或者说操作手册。

2015年初开始，除了收市后的复盘和阅读研报之外，我往往会留出两三个小时的时间整理下这么多年来形成的一些文字材料，并且会对此前正式出版的书籍进行修改和完善，将新的经验和教训纳入其中。在这过程中，我最终形成了对原油期货分析和交易的框架，而且随着资金规模的增加我也开始降低杠杆，**通过降低仓位来降低杠杆**。

多年之前给交易员做培训的时候，我注重原油供需和技术走势的分析以及仓位的管理，但最近几年我已经开始围绕原油的二重属性来引导初级交易员理解原油市场。理论框架的建立和最新的实践都是围绕原油二重属性展开的，本书后面的课程基本上就是对二重属性的具体展开。

上述就是我从注重原油供需和技术走势，上升到基于原油二重属性观察一切波动的心路历程。L君曾经跟我说打算进入上海黄金交易所，后来大家因为工作繁忙的缘故也逐渐失去了联系，但是与他的谈话确实打开了我对原油深入研究的大门。今天，任何负责任的交易员和交易员导师都会认同一点——那就是，只有对单个品种的理解做到极致才能真正在市场上取胜，不论你是什么类型的交易者。

要想在原油市场上攫取利润，必然要具有相对优势，你比其他玩家更厉害吗？厉害在什么地方？撇开那些过于抽象和空洞的老话，就自己的经验和对周围成功交易者的观察而言，能不能从根子上吃透一个品种的方方面面是真正的关键。技术分析水平的高低绝不是区分高手与韭菜的关键，这点我可以拍着胸脯向你保证。无论是郑商所的炒单高手，还是江浙一带的趋势交易大户，都不是纯粹的技术指标粉丝。

从根子上吃透原油的方方面面，什么是原油的根子？那就是原油的二重属性。原油的第一重属性是商品属性，这是大家最熟悉的。原油的第二重属性是资产属性，这是大家这十来年，特别是9·11之后随着美联储货币政策不断"超常规"发挥而清晰的。科索沃战争之后，美国连续打了几次大战，黄金与美元的关系逐渐清晰起来。在这个过程中，黄金的三重属性也被我提了出来。在同样的时期内，由于中国入世后不断占据国际贸易的更大份额，出口激增，对原油的进口需要也在激增，自然这就是原油的商品属性。另外，由于美国连年用兵，双赤字扩大，美元的信用降低，加上美联储不断宽松，这就使得**原油的资产属性开始显现**（图2-5）。

> 房地产也是有两重以上属性的。你搞清楚了吗？某些专家老是在房地产问题上走眼，就是忽略了多重属性。同理，如果你忽略了原油的双重属性，也会看走眼。

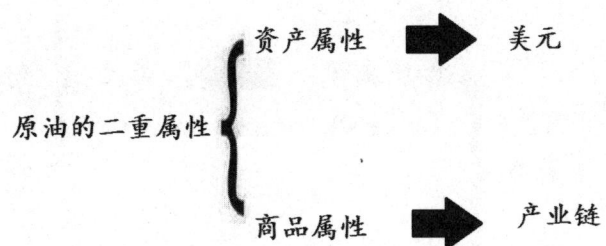

图 2-5 原油二重属性与美元以及产业链的映射关系

国际原油价格主要是布伦特价格和 WTI 价格两个标准，我们要分析和预判的就是这两者的未来趋势。要看清楚未来的趋势，第一是分析原油的商品属性，这决定了原油的中级别趋势，第二是分析原油的资产属性，这决定了原油的大级别趋势（图 2-6）。

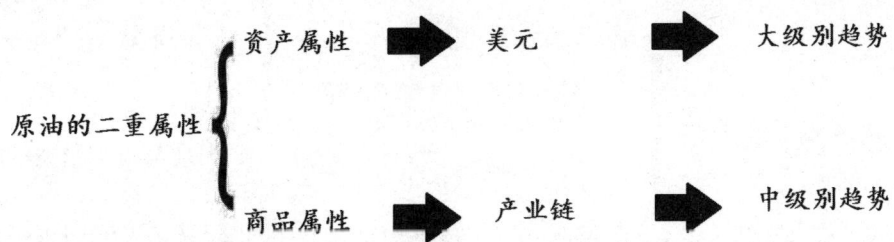

图 2-6 原油二重属性与趋势级别的对应关系

资产属性与美元走势关系密切，美元作为国际货币其实是美国国家信用的体现。美国国力强弱，**美国的避险地位和货币政策都决定了美元的强弱**。原油的资产属性主要从美元角度分析，而分析美元则主要从主权信用，经济周期和信贷周期的角度去剖析（图 2-7），这个方面的内容主要在第四课《美元与原油的资产属性》中详细展开。

> 战争也是一门生意，但是往往是赔本的生意。国家做了赔本的生意，在"生意场"上的信誉度肯定大幅下降，那么打出来的白条也会贬值。可以去看下美元购买力和美元指数两者的走势与美国发动战争之间的关系。

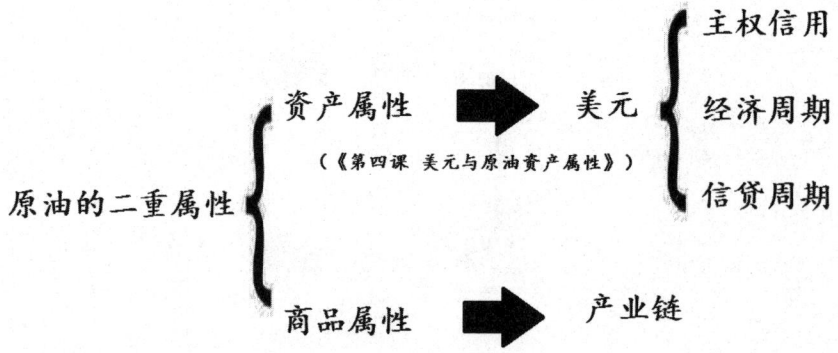

图2-7 原油资产属性与美元

原油的商品属性主要与原油产业链关系密切，产业链可以简单地分为上游的供给，中游的库存以及下游的需求（图2-8）。

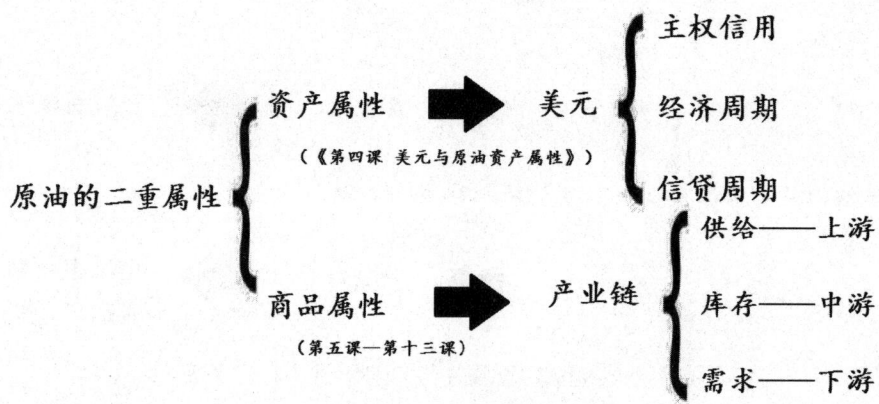

图2-8 原油商品属性与产业链

美国三大利益集团你知道吗？军火商利益集团、原油商利益集团、华尔街—犹太人利益集团。军火商利益集团的代表力量有洛克希德马丁、波音、雷神、通用动力、诺斯洛普、联合科技企业、TWR。美国十大财团中就有五大财团涉及军火领域（如第一花旗银行财团、杜邦财团、梅隆财团、德克萨斯财团、加利福尼亚财团），大发战争财。

产业链上游如何去分析？比如钻井数量（Rig count）数据、油田投资数据、三个海湾地区的国内政治和国际政治、产油区和炼厂的天气、生产成本和利润、供给衰竭点、产油国的财政状况、原油公司资产负债表状况、新能源发展，等等。其中每一个项目下面又有很多子项目，比如产油国的国内政治又涉及内战、动乱和罢工以及利益集团分析，等等（图2-9）。

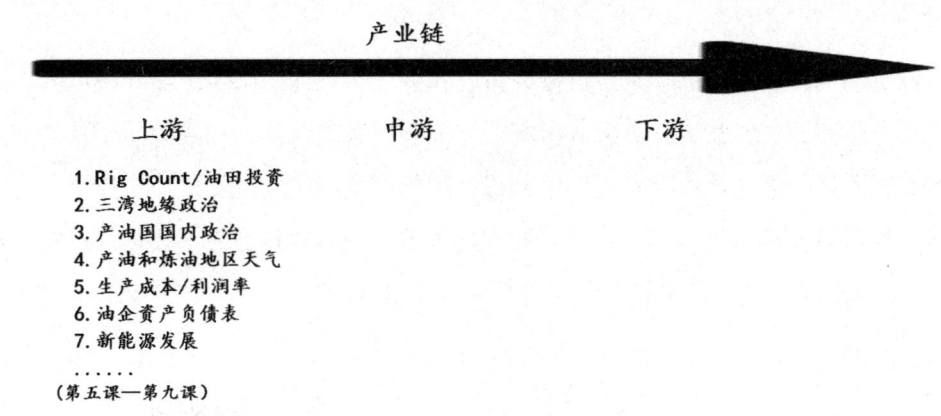

图 2-9　原油产业链上游

产业链中游分析的主要指标主要包括裂解价差、API 库存、API 库存、库欣库存、布—德价差、陆地管道和海上运输状况，等等（图 2-10）。

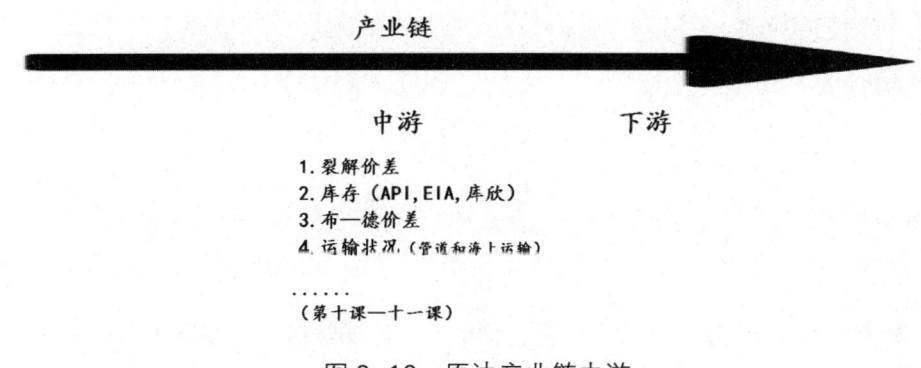

图 2-10　原油产业链中游

产业链下游分析的主要指标包括大国汽车销量、OECD 经济领先指标、中国工业增加值、印度工业增加值、重要经济体所处的经济阶段、季节性规律，等等（图 2-11）。

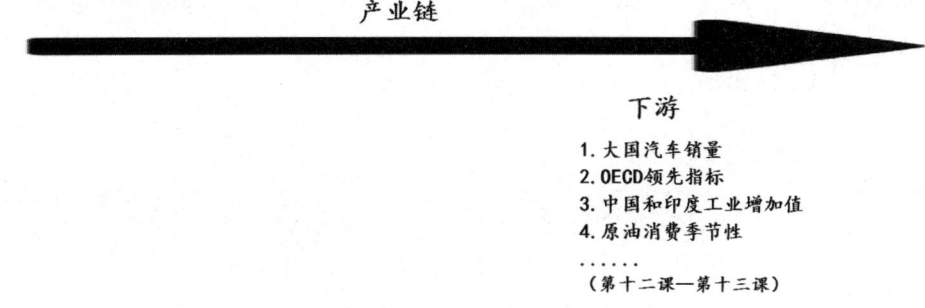

图 2-11　原油产业链下游

原油的商品属性，也就是产业链分析，我会在第五课到第十三课详细展开。为什么没有供需分析？其实，供需分析属于芝加哥学派的风格，我更倾向于从经济过程来分析问题，因此产业链是更好的剖析和预判工具。产业链就是一个格局，产业链的上游可以看成是供给，下游可以看成是需求，当然这只是为了让你好理解，真正的供给和需求发生在产业链的每一个环节（图2-12）。

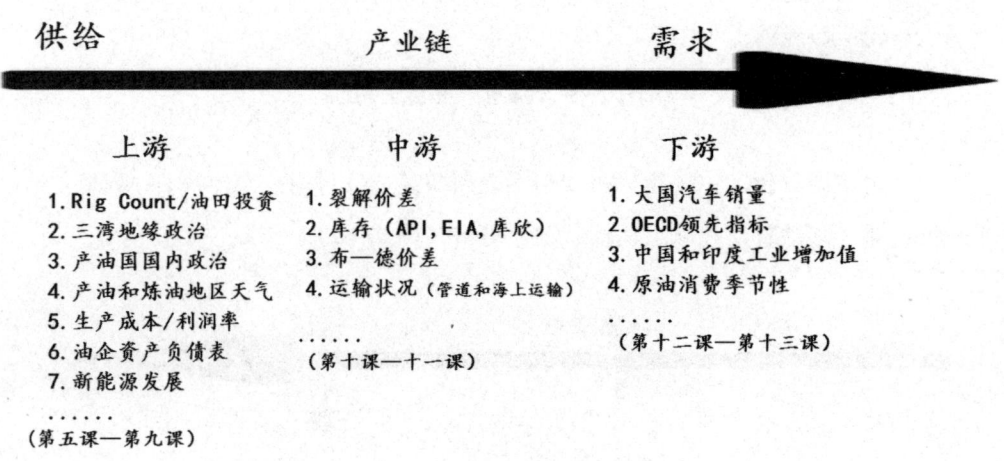

图 2-12　原油供求与产业链的关系

原油的资产属性基于美元来分析，原油的商品属性基于产业链来分析，这对于分析师可能是足够了，但是对于交易者而言，特别是投机客而言，远远不够，因为二重属性只是属性驱动分析的环节，这只不过是分析了格局而已，我们还要分析玩家，这就需要心理分析登场了。

原油的心理分析对象和工具有哪些呢？比如COT报告、共识预期、原油期权、风险情绪指标、市场间资金流动、基差，等等（图2-13）。我会在第十四课到二十课重点讲这方面的问题。

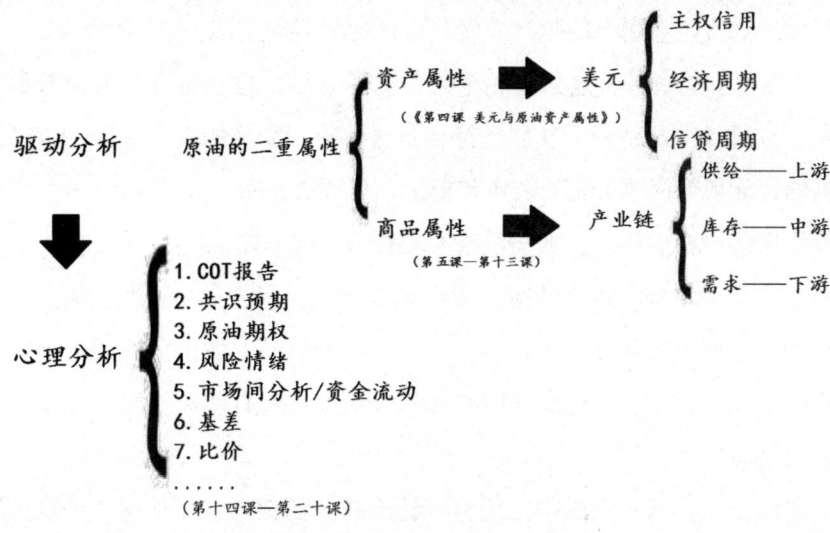

图 2-13 原油的心理分析对象和工具

至于与技术分析相关的内容我放在了本书最后几个章节，具体而言是从第二十一课到二十三课（图 2-14）。可以给大家交个底，技术分析在交易中的价值贡献比重应该不会超过 25%。2009 年长沙的一个聚会当中，当时有不少投机高手和投资高手，有做股票，有做期货，十几个人一致都认为驱动分析和心理分析比纯粹看图表有用。当然，你或许不这么认为，很好！有自己的独立见解，那就至少花一年按照纯技术分析的那套去实践一下。

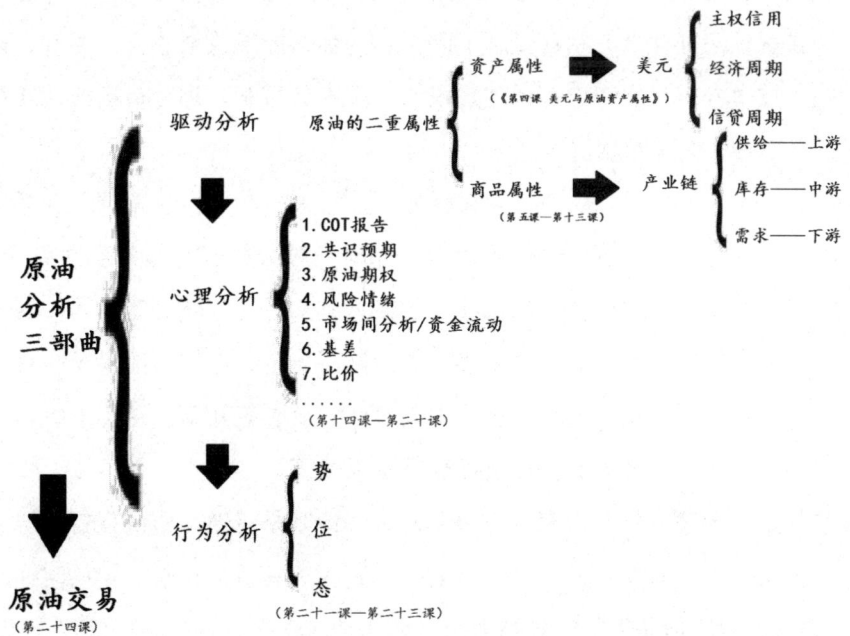

图 2-14 行为分析要素及其在原油分析和交易框架中的位置

如果你计划按照本指南的脉络去展开自己的学习和实践，需要我给你一些建议。很好！不过你也不能盲从，这只是我个人经验的总结，也只是我个人分析和交易原油的指南，你可以在此基础上发展出符合自己特点和需要的更好框架，也可以另起炉灶。当然，如果你借鉴了我的东西和框架，也务必注明。

我要给那些抱着空杯心态来学习这本教程的人如下建议：

第一，多花时间学习本书的第一课到第二十课，因为我相信即便你没有看有关技术分析的那三课也应该懂得不比我差。当然，或许这是我的谦虚说法，如果你比我更谦虚，那么看看行为/技术分析的那三课也肯定大有裨益。特别是你确实是个技术分析的菜鸟的话。

因为喜欢交易，我进入大学之后疯狂地寻找一切指标，似乎从中可以优胜劣汰出杀手锏一样，结果当然是碰了一鼻子灰的。如果你现在也是刚进入交易界的话，我真的希望你能够少走弯路。

第二，牢牢抓住美元和产业链这两个具体核心，没事就琢磨。大家知道开国元帅当中打仗最厉害的那位吗？他有一个习惯，那就是一天到晚都在琢磨墙上的地图，搬个凳子坐在地图前面不断揣摩。你要想成为一个一流的原油交易者也应该有这样的劲头，沉下心去，将格局揣摩透。

第三，交易不仅仅是研究格局，你还得搞清楚其他玩家的想法和动向，这点是绝大多数人所忽略的。做多的人怎么想的？做空的人怎么想的？最普遍的想法是什么？市场共识预期是什么？库存显著下降了，为什么原油价格不涨？等等，诸如此类的问题。技术分析是琢磨愈多，越是没底，基本分析和心理分析则往往相反。技术分析是必需的，但是不能贪多。

> 日志是最好的老师，下水才能学会游泳。

第四，本教程先通读一遍，然后慢慢精读，在旁白处写下自己的心得体会，同时要跟分析和交易的实践结合起来。知行合一是目标，如何做到知行合一就不容易了。看书还不够，实践也不够，你应该写日记，这样才能提高。日记是最好的老师，这个不是套话，试了就知道。这本书的目的是抛砖引玉，**日记可能就是那块玉**。

好了，第一课我告诉了大家"心法"，第二课则是打通大家的任督二脉，接下来就是教大家具体的拳脚功夫了（图2-15）。但是大家千万记住，学的时候一拳是一拳，一脚是一脚，但是练的时候和用的时候你必须让它们与"心法"和"全身气脉"

融贯为一。具体的招式可以变化，可以完善，可以增减，但是"心法"和"周天气脉"不能忘了，不能丢了，不能堵了。

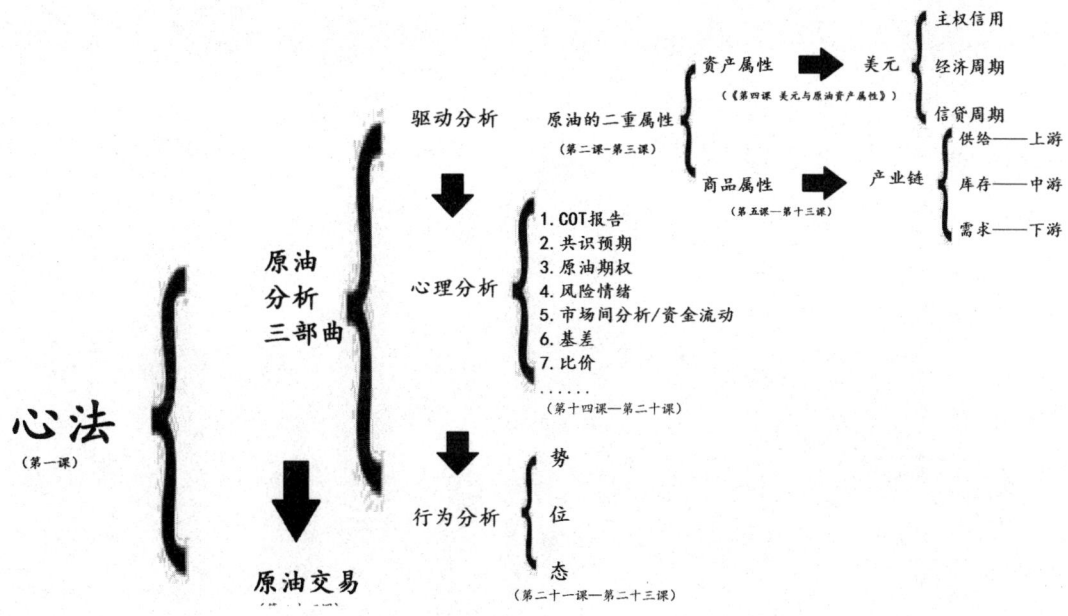

图 2-15　心法和二重属性总领整个框架和运用

第三课

三大驱动力量：FED、OPEC 和 G4

> 不偏之谓中，不易之谓庸；中者，天下之正道，庸者，天下之定理。此篇乃孔门传授心法，子思恐其久而差也，故笔之于书，以授孟子。其书始言一理，中散为万事，末复合为一理。放之则弥六合，卷之则退藏于密。其味无穷，皆实学也。善读者玩索而有德焉，则终身受用之，有不能尽者矣。
>
> ——《中庸》

> 所谓的注意力就是将脑力集中于几个可能的因素或者思路中的一个，使之呈现出清晰、鲜活的面目。焦点集中和聚精会神是注意力的本质。这就意味着若想要有效地处理某些事务就必须放弃其他的一些东西。
>
> ——威廉·詹姆斯（William James）

> 美联储实行持续的低利率政策和信贷扩张，扭曲了市场信号，一方面误导了企业家过多地从事本来无利可图的资本品投资，导致原材料价格和工资大幅度上涨，造成股市泡沫；另一方面，它又误导了消费者增加消费，减少储蓄，使得原本不该借钱的人开始借钱，原本不该买房的人开始买房子，导致了房地产泡沫和不可持续的高消费，但是社会的真实资源并没有增加……
>
> ——穆瑞·罗斯巴德（Murray N.Rothbard）

> 框架如何着手运用，需要从某个点开始。

一个人既要分析又要做交易是非常辛苦的，如果你对交易非常感兴趣，那么这种辛苦更多的是体现在身体上，当然长久下去身体也会影响精神状态。交易员不是简单地下单，下单员不能被定义为交易者，**因此我们这里讲的交易者或者交易员都是要分析行情的那类**。原油市场纷繁复杂，我们在第一课介绍了正确分析和交易的起点，第二课则勾勒了原油分析的框架，接下来自然是对这一框架逐步加以详述了。不过，在这之前我觉得有必要让大家在运用这个框架的时候有的放矢。

2007年夏天，有个上海的铁哥们介绍了自己的一个远方亲戚来当学徒，当然这种学习方式是在网上展开的。这位学徒严格意义上讲应该是业余爱好者，那时候我的交易工作安排得非常满，每天要进行大量的分析和研究，同时我一直继续着多年的习惯——将自己每天分析和交易中的心得和经验记录下来，逐步形成一个体系。说句老实话，带一位业余爱好者我不可能花太多时间，因为我不可能荒废了自己的主业来帮助他的副业，因此我想了一个折中的方法，好听一点就是两全其美的做法。我将自己累积的那套体系交给了他，大概也就花了一两个周末的时间在网上和他沟通了一下。

毕竟，我这套东西是多年摸爬滚打琢磨出来的，而且比很多道听途说的经验要系统得多，因此我认为对方接受了这套东西之后，自然会快速成长。自从我快速将"内功心法"毫无保留传授给对方之后，大概有一个多月没有联系了，那时的想法就是这套方法这么系统，这么科学，不是什么一招半式，也不是什么大杂烩，总比市面上那些东西有干货吧！某个星期六，我忽然想起了朋友的托付，于是我在那位业余交易者的MSN上留了言，询问学习和实践的近况。一两个月学会持续赚钱之道，这是不可能，我只是希望对方多少有些真正入门的感觉，这就好比刚学游泳时第一次能够保持在水面几秒钟的那种感觉。

对方很快回复了我，说的话出乎意料，他说根本不知道如何下手，感觉每天哪有那么多的时间分析那么多的项目啊！当时，我脑袋蒙了，给了对方一个最全面高效的思考框架，但是对方却不知道怎么去使用。一个高效的分析框架如何高效落地？这成了我当时思考最多的问题之一。

我反思自己的成长过程，这个框架是我一点一点完善出来的，所以每一个部分都在我脑海里与成千上万的经验和具体技巧结合，但是对方却没有这个过程，因此对他而言都是大而空的框架而已。为了解决这个问题，必须逐步解释某个部分的详细内容和技巧。

第二个问题则是虽然框架是复杂的，但是有没有什么可以很快上手的地方，有没有什么地方可以让注意力更好地集中？虽然我们全面的分析是必要的，但是其中肯定有少数几个重点关注点。换句话说，能不能通过一两条线索将整个框架串起来，关注这一两条线索，可以让我的思维在整个框架上驰骋。所谓"放之则弥六合，卷之则退藏于密。"

在这个基础上，我具体研究了分析框架落地的途径，那就是找到3个左右的关键驱动因素，每天关注这些因素为主。这些因素有变化就放到分析框架中去考虑，就是说将"关键棋子"放到"棋盘"中去考虑。

原油市场的分析框架我在第二课已经交给大家了。这么多因素除非你有专门的研究团队，否则每天根本关注不过来，就这一品种你都只能跟跟跄跄地去跟踪。假如你是独立交易者或者说你的基金规模不大，你是身兼研究者的身份，那么如何克服这种困境呢？

原油市场上纷繁复杂的事情我们要综合起来看，要放到整体中去看，同时我们要看到若干现实：第一，整体中的各个因素并非时刻都变化，那些没有变化的因素我们就没有必要花时间了；第二，整体中各个因素的影响力是不同的。

基于上述现实，我逐步归纳出了三个最值得关注的因素，第一个因素是FED，也就是美联储；第二因素是OPEC，也就是石油输出国组织，当然非OPEC国家其实也是绕不开的因素；第三个因素是G4，这个词是我提出来的，目的是为了方便提及四个比较重要的经济区域。

或许原油框架让你有点找不着北，没关系，你可以先从关注这三者入手，每天都坚持跟踪和分析这三者的最新动态，然后进行趋势预判。当然，这个三个棋子还是要落到棋盘上的，也就是说FED、OPEC、G4的相关信息要放到前述的原油分析框架中来理解（图3–1）。

> Fedwatch这个词表明了美联储对于金融市场有多么重要，以至于有专门这样一个词来描述。CME专门开辟了一个专栏来提供这一服务，国内财经媒体经常引用其利率预测。美国很多财经媒体和记者经济学人都开设了Fedwatch的专栏。

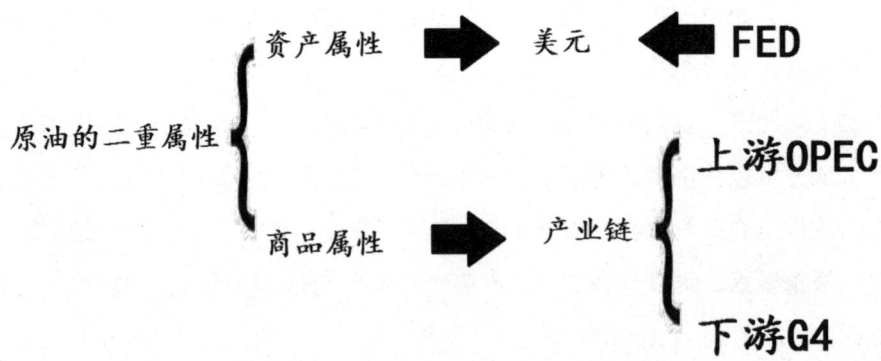

图3-1 三个驱动因素与原油二重属性

FED主要涉及原油的资产属性，OPEC和G4主要涉及原油的商品属性。原油的二重属性很抽象，但是你不懂这个就难以把握原油的趋势，通过上述三个关键因子你就能很好地理解和运用二重属性的概念和框架。

本课主要就是大致介绍下这三个关键因子，首先讲一下FED。FED是Federal Reserve System的英文简称，中文一般简称为"美联储"。其实广义的FED指的是整个美国中央银行系统，狭义的FED则是指联储委员会。整个美联储体系由如下机构组成：

● 决策机构——联邦储备委员会。联邦储备委员会负责制定货币政策，包括规定存款准备率、批准贴现率、对12家联邦银行、会员银行和持股公司进行管理与监督。委员会在货币金融政策上有权独立做出决定，直接向国会负责。联邦储备委员会由7人组成，全部由总统任命，参议院批准，任期14年，每两年离任一人，委员会的主席和副主席由总统从7名委员中任命，任期4年。

● 执行机构——联邦公开市场委员会（FOMC）联邦公开市场委员会主要专门负责公开市场业务的实施，从而指导货币政策的全面贯彻执行。联邦公开市场委员会由12名成员，其中有7名来自联邦储备委员会，5名区域联邦储备银行的行长（其中必须包括纽约联邦储备银行行长，其余各分行轮流参加），而且其主席由联邦储备委员会主席担任。

● 执行机构——12家联邦储备银行。区域性联邦储备银行是按照1913年国会通过的《联邦储备法》，在全国划分12个储备区，每区设立一个联邦储备银行分行。每家区域性储备银行都是一个法人机构，拥有自己的董事会。会员银行是美国的私人银行，除国民银行必须是会员银行外，其余银行是否加入全凭自愿而定。加入联邦储备系统就由该系统为会员银行的私人存款提供担保，但必须缴纳一定数量的存款准备金，对这部分资金，联邦储备系统不付给利息。下面是12家联储银行的分布图（图3-2）。

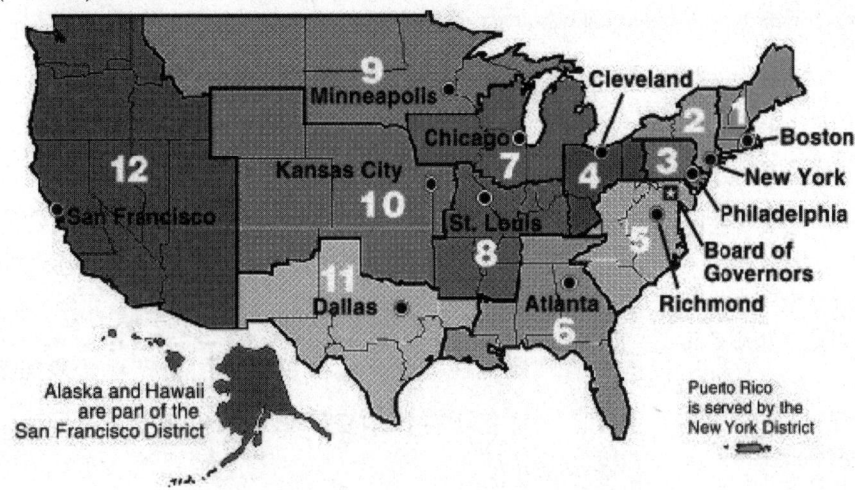

图3-2　12家地方联储银行的分布

由于以原油为主的大宗商品是以美元计价为主，同时美元也是国际贸易和投资的最大支付和结算货币，因此美联储相当于是"全球的央行"。英文好的交易员应该坚持阅读FED的官网www.federalreserve.gov，从中可以得到许多有用的信息，FED的及时动态也可以从上面得到（图3-3）。

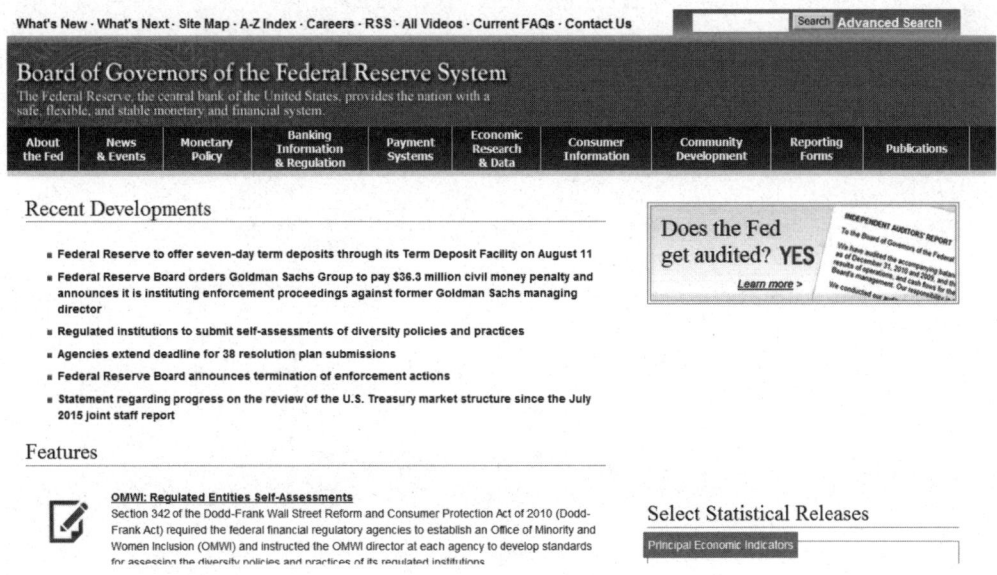

图3-3　美联储官网

美联储的资产负债表和资产负债表总规模走势对于理解美国货币政策的真实变化和趋势是非常有用的，可以参考下面两个网址：

http://www.federalreserve.gov/releases/h41/Current/

http://www.federalreserve.gov/monetarypolicy/bst_recenttrends.htm

第一个网址给出的是“美联储资产负债表明细”(图3–4)，第二个网址给出的是“美联储资产负债表规模”（图3–5）。美联储资产负债表结构变化和总量变化会对全球资产价格产生巨大的影响，当然包括原油。我们强调原油的资产属性，**这个资产属性往往就是因为美联储的资产负债表出现变化引发了全球各类主体的资产负债表再平衡**，进而引起了原油的价格变化。

国内有不少专家在写作“耸人听闻”的预测文章时，喜欢从美国资产负债表找证据，另外他们也经常“借用”圣路易斯地方联储官网的专题文章观点和证据。后面这个官网有很多大胆新颖的见解，并且能够提供坚实的数据支持。

Federal Reserve Statistical Release

H.4.1

Factors Affecting Reserve Balances

Skip to Content

Release Date: August 04, 2016

Release dates | Data Download Program (DDP) | About | Announcements | Technical Q&As

Current release *Other formats:* Screen reader | ASCII | PDF (21 KB)

FEDERAL RESERVE statistical release

H.4.1

Factors Affecting Reserve Balances of Depository Institutions and
Condition Statement of Federal Reserve Banks　　August 4, 2016

1. Factors Affecting Reserve Balances of Depository Institutions
Millions of dollars

Reserve Bank credit, related items, and reserve balances of depository institutions at Federal Reserve Banks	Averages of daily figures Week ended Aug 3, 2016	Change from week ended Jul 27, 2016	Change from week ended Aug 5, 2015	Wednesday Aug 3, 2016
Reserve Bank credit	4,426,102	- 8,855	- 21,509	4,426,769
Securities held outright (1)	4,226,425	- 9,135	- 5,075	4,226,461
U.S. Treasury securities	2,462,830	+ 108	+ 1,272	2,462,865
Bills (2)	0	0	0	0
Notes and bonds, nominal (2)	2,342,204	0	- 4,437	2,342,204
Notes and bonds, inflation-indexed (2)	103,596	0	+ 5,062	103,596
Inflation compensation (3)	17,030	+ 108	+ 647	17,065
Federal agency debt securities (2)	22,492	0	- 12,601	22,492
Mortgage-backed securities (4)	1,741,102	- 9,244	+ 6,253	1,741,104

图3–4　美联储资产负债表明细

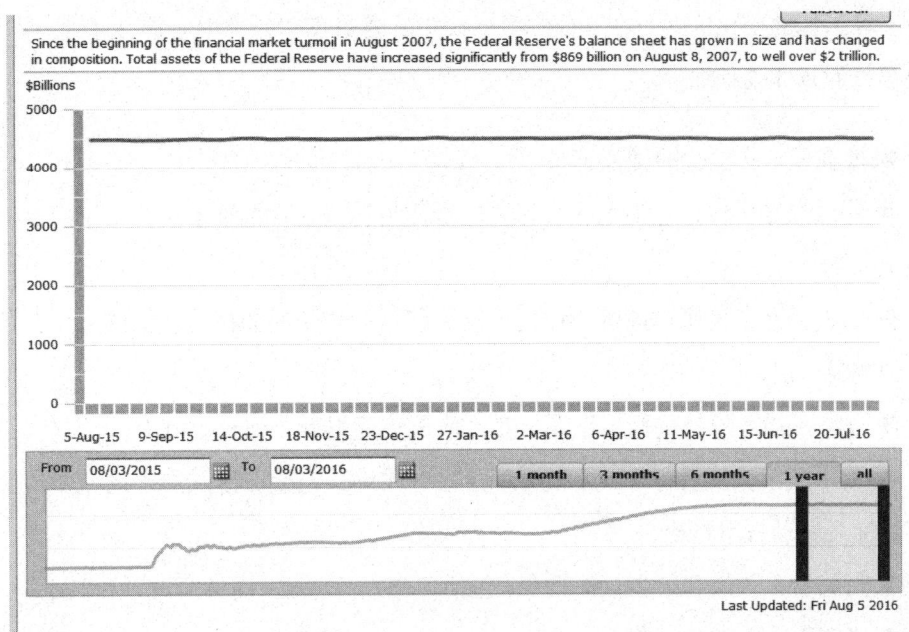

图 3-5　美联储资产负债表规模

另外，我个人也推荐圣路易斯地方联储官网（图 3-6），其中的研究专栏有很多精彩的分析，具体网址 https://research.stlouisfed.org/

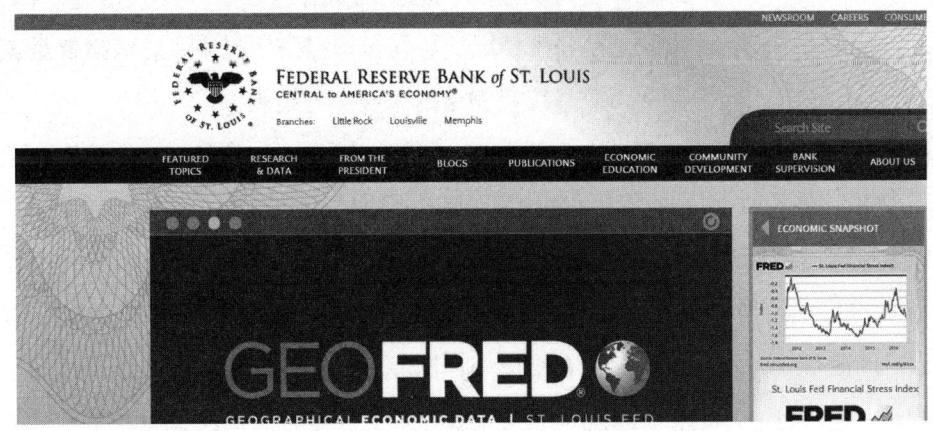

图 3-6　圣路易斯地方联储官网

美联储的重要动向主要有 FOMC、褐皮书以及联储官员的讲话，这些信息一方面会在美联储官网上发布；另外一方面外汇交易相关的网站和软件也会及时推送。

美国联邦公开市场委员会（FOMC）每年召开 8 次例会，一般在 2 月份和 7 月份的会议上，重点分析货币信贷总量的增长情况，预测实际国民生产总值、通货膨胀、就业率等指标的变化区间。在其他 6 次会议中，要对长期的货币信贷目标进行回顾。每次会议的具体议程如下：

- 批准上一次例会的会议记录；
- 外币操作评价，包括上次会议后的操作情况报告、批准上次会议结束后的交易情况；
- 国内公开市场操作评价，包括上次会议后操作情况的报告、批准上次会议结束后的交易情况；
- 经济形势评价，包括工作人员对经济形势的报告、委员会讨论；
- 货币政策长期目标（2月和7月会议）评价，包括工作人员评论、委员会对长期目标及行动方案讨论；
- 当前货币政策和国内政策指令，包括工作人员评述、委员会讨论和制定指令；
- 确定下次会议的日期。

> 褐皮书经常关注油价对通胀的影响，同时褐皮书本身也会影响油价。

而褐皮书（the Beige Book）则为美国联邦储备委员会(FED)每年发布八次的美国经济展望调查报告。取名"褐皮书"系因装订镶边颜色属褐色。该报告包含 12 地区 FED 分行所提出的地区经济情况摘要与全国经济情况摘要。**该报告是美联储货币政策决策例会的重要参考资料。**

褐皮书会对油价产生驱动力，例如 2015 年 1 月 14 日，美国 EIA 原油库存数据并不理想，截至 12 月 2 日当周，美国原油库存增加 540 万桶，远超市场预期。库欣的原油库存也大幅增加 177.6 万桶。此外，当周汽油库存增加 320 万桶，精炼油库存增加 290 万桶，当周炼厂利用率下降 2.9% 至 91%。同时，美国零售销售也不及预期。北京时间凌晨 3 时左右美联储公布褐皮书，国际原油价格突然火箭式蹿升爆发了逼空行情，美原油一小时内飙涨近 3 美元（图3-7）。美联储褐皮书报告指出，美国经济活动在 11 月和 12 月继续扩张；大多数地区经济温和增长，大部分地区的消费者开支继续扩大，零售销售同比温和上升；大部分地区的制造业活动扩张，多数地区经济稳健至温和增长；不同地区的就业均中度增长，诸多行业的薪资涨幅温和扩大；各行业的就业岗位增速适度加快，信贷需求上涨，且质量略有提升。但报告也指出，虽然美国经济状况正在改善，但对原油价格下跌将对美国经济造成的影响感到担心。

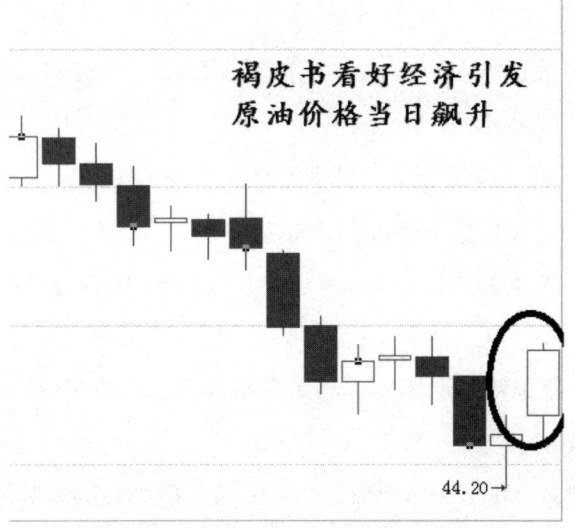

图 3-7 褐皮书利好油价

除了 FOMC 和褐皮书之外，联储官员的个人讲话往往会对原油市场产生显著影响。上述信息主要涉及美联储 FED 的及时动向。在欧美财经界有一批记者以关注和预测美联储的动向出名，他们的评论往往涉及美联储的未来举动，**因此也会对原油市场造成不小的影响**。Business insider 曾经在一篇文章当中列出了六位能够显著影响市场的记者，他们的报道往往与美联储的动向有关，下面列出这六位"大神"的情况：

> 要看到他们的推特，可能需要 VPN 的帮助。

● 罗宾·哈丁（Robin Harding），供职于金融时报（FT），被称为 FT 版的"美联储通讯社"，可以通过推特对他进行关注 @RobinHarding。

● 尼尔·欧文（Neil Irwin），供职于华盛顿邮报（Washington Post），他是一位专栏作者，从 2000 年开始就在 WaPo 做经济相关话题的报道工作。从 2007 年到 2012 年专门负责报道美联储的各种新闻和消息分析，也常常在 Ezra Klein 的政策分析博客 Wonkblog 上面发表意见分析。在推特上也可以对他加关注，@Neil_Irwin。

● 本雅明·阿佩尔巴姆（Binyamin Appelbaum），供职于纽约时报（NYT），具体职位是驻华盛顿专职报道美联储新闻的纽约时报记者。此前，他曾经在多家媒体工作过，比如《佛罗里达时报》、《波士顿环球》、《夏洛特观察》以及《华盛顿邮报》。每次美联储召开新闻发布会，他都会在场。在推特上也可以对他加关注，@BCAppelbaum。

● 史蒂夫·莱斯曼（Steve Liesman），供职于CNBC，他是CNBC的资深财经记者。在推特上关注他，可以 @steveliesman。

● 格瑞格·艾普（Greg Ip），供职于经济学人（The Economist），他是经济学人杂志的美国经济总编，负责对市场和财政政策进行报道，也是如今美联储报道的传奇记者约翰·希尔森拉特（Jon Hilsenrath）的前辈。可以在推特上对他进行关注，@greg_ip。

● 约翰·希尔森拉特（Jon Hilsenrath），供职于华尔街日报（WSJ）。他的头衔是"美联储通讯社（Fedwire）"。

除了上述人之外，我个人经常浏览的一个网址是"TD的美联储观察"（图3-8），具体网址是 http://economistsview.typepad.com/timduy/

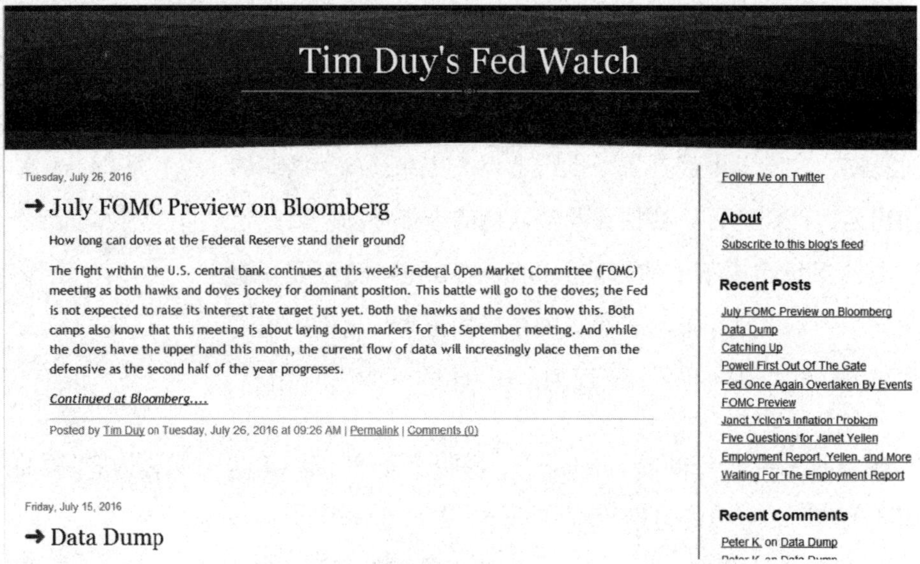

图3-8 TD的美联储观察

很多研究报告和财经文章都会引用美联储利率预期的散点图和利率期货的数据。我告诉大家这个信息是从哪里来的，登入下列网址即可，你可以看到利率调整幅度和概率（图3-9）以及公开市场委员会成员们的利率预期水平（图3-10）。前者根据利率期货得出，后者根据各委员的表态统计得出：

http://www.cmegroup.com/trading/interest-rates/countdown-to-fomc.html

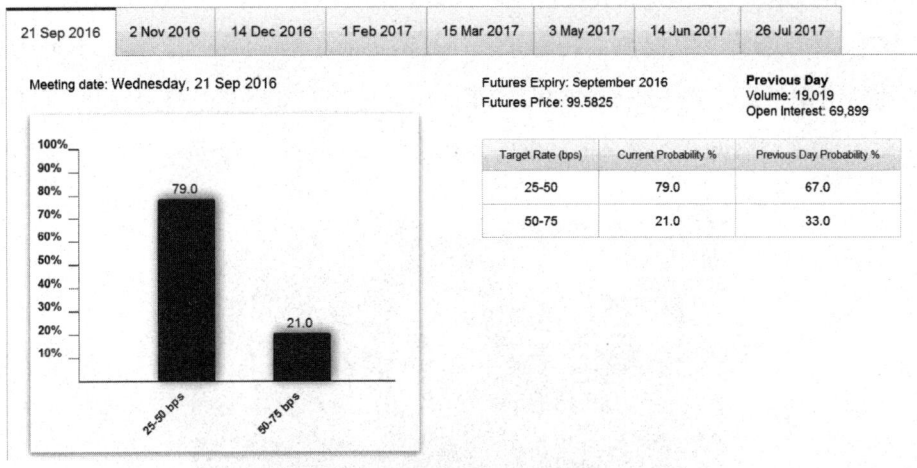

图 3-9　FOMC 会议加息幅度和概率

数据来源：CME

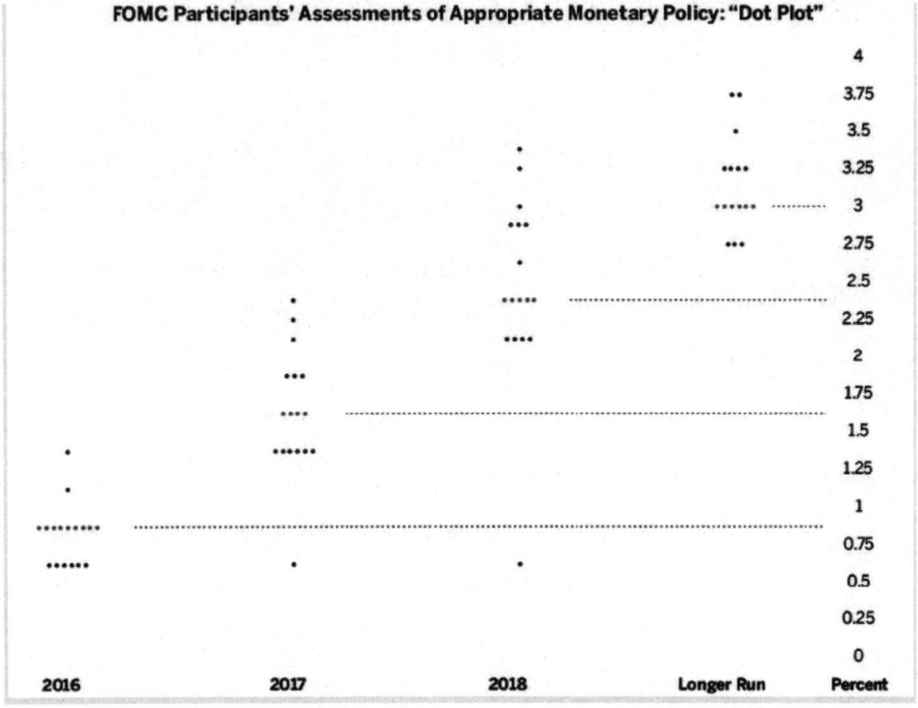

图 3-10　美联储 FOMC 委员的潜在利率政策预期散点图

数据来源：CME

对于 FED 我已经介绍得差不多了，交易者平时从哪些渠道关注 FED 的动向大家应该心中有数了，下面我们接着介绍 OPEC。

OPEC 中文音译为欧佩克，其全称是 Organization of Petroleum Exporting Countries，即石油输出国组织。它于 1960 年 9 月 14 日在伊拉克首都巴格达成立（图 3-11），1962 年 11 月 6 日欧佩克在联合国秘书处备案，成为正式的国际组织。

图 3-11　1960 年 9 月 10 日到 14 日在巴格达举行的第一次 OPEC 会议

来源：OPEC

OPEC 的宗旨是协调和统一成员国的石油政策，维护各自和共同的利益，有 14 个成员国：沙特阿拉伯、伊拉克、伊朗、科威特、阿拉伯联合酋长国、卡塔尔、利比亚、尼日利亚、阿尔及利亚、安哥拉、厄瓜多尔、委内瑞拉、加蓬和印度尼西亚（图 3-12）。

从 1992 年 12 月到 2007 年 10 月，厄瓜多尔终止了成员资格。印度尼西亚在 2009 年终止了其成员资格，然后在 2016 年 1 月恢复。加蓬在 1995 年 1 月终止其会员资格，然后在 2016 年 1 月重新加入。

OPEC 最初的目的只是产油国们为了从西方石油巨头"七姐妹"那里夺取国内原油生产的控制权，但是 20 世纪 70 年初的以巴战争，使得 OPEC 具有了地缘政治博弈的功能。从"七姐妹"到 OPEC 的成立，再到 IEA 的成立，反映了国际能源市场永不落幕的激烈斗争，这些内容我们将在第六课到第九课中详细展开。

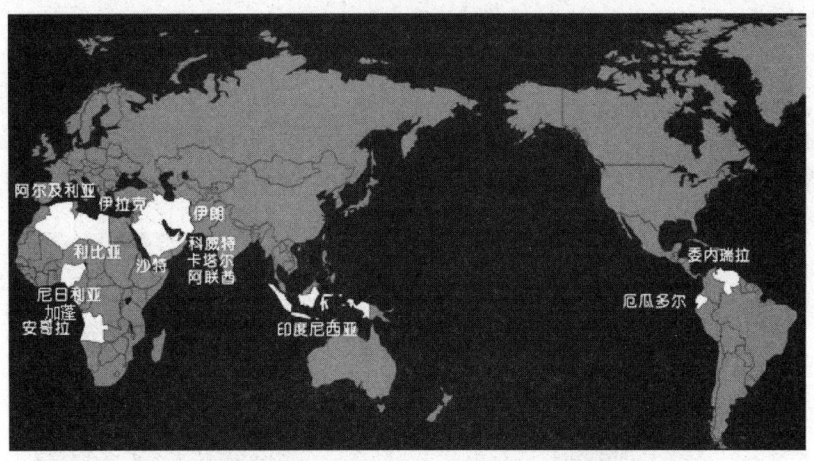

图 3-12 OPEC 成员国的地理分布

OPEC 占据了大部分的原油产量（图 3-13 和图 3-14），当然随着页岩气技术的不断进步，非 OPEC 国家的原油产量还将占据更多份额，比如北美的页岩气。

> 页岩气的分析要看钻井数、独立能源公司的财报、库欣库存等等数据。

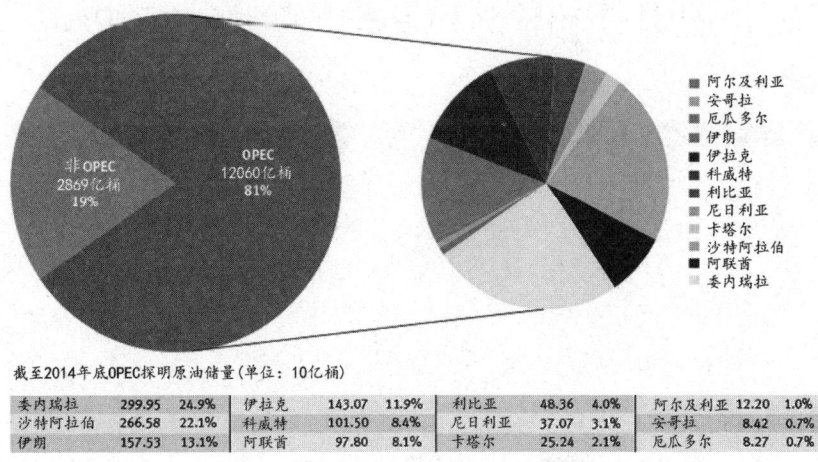

2014年OPEC占世界原油储量的份额

截至2014年底OPEC探明原油储量（单位：10亿桶）

委内瑞拉	299.95 24.9%	伊拉克	143.07 11.9%	利比亚	48.36 4.0%	阿尔及利亚	12.20 1.0%
沙特阿拉伯	266.58 22.1%	科威特	101.50 8.4%	尼日利亚	37.07 3.1%	安哥拉	8.42 0.7%
伊朗	157.53 13.1%	阿联酋	97.80 8.1%	卡塔尔	25.24 2.1%	厄瓜多尔	8.27 0.7%

图 3-13 2014 年 OPEC 所占原油份额

数据来源：OPEC 2015 年度统计报告

已探明的全球原油储量：2005年到2014年累计产量和新增储量

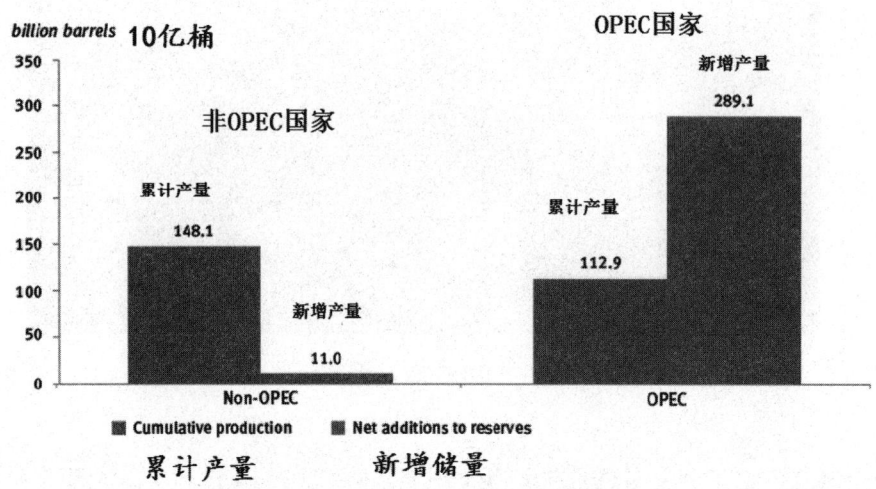

图 3-14　非 OPEC 国家和 OPEC 国家的原油产量和新增储量
数据来源：OPEC 2015 年度统计报告

OPEC 的官网是 www.opec.org，其中的月度原油市场报告是最有影响力的官方报告（图 3-15 到图 3-17），这份报告将详细介绍全球供需和库存变化，并且会详细分析未来的原油价格走势。这份报告主要基于原油的商品属性进行分析。

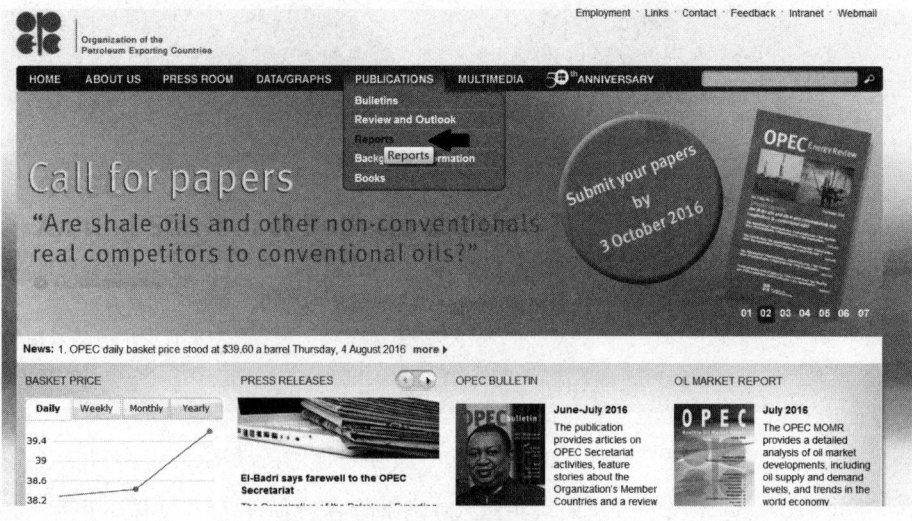

图 3-15　查阅月度原油市场报告（1）

第三课 三大驱动力量：FED、OPEC 和 G4

图 3-16　查阅月度原油市场报告（2）

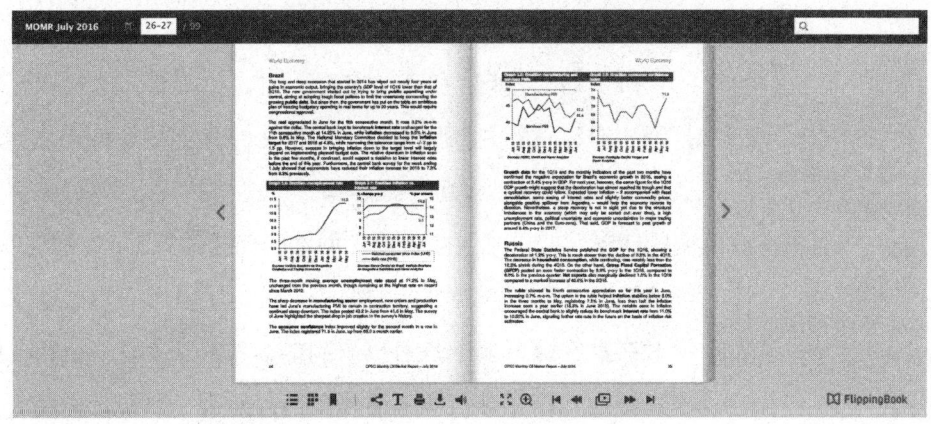

图 3-17　查阅月度原油市场报告（3）

除了这份报告之外，我们还需要关注主要 OPEC 国家政府对原油市场的看法以及 OPEC 会议的动向。可以从官网上的"Press Room"下拉菜单中的"Upcoming Events"栏目获得关于 OPEC 会议的时间表（图 3-18 和图 3-19）。

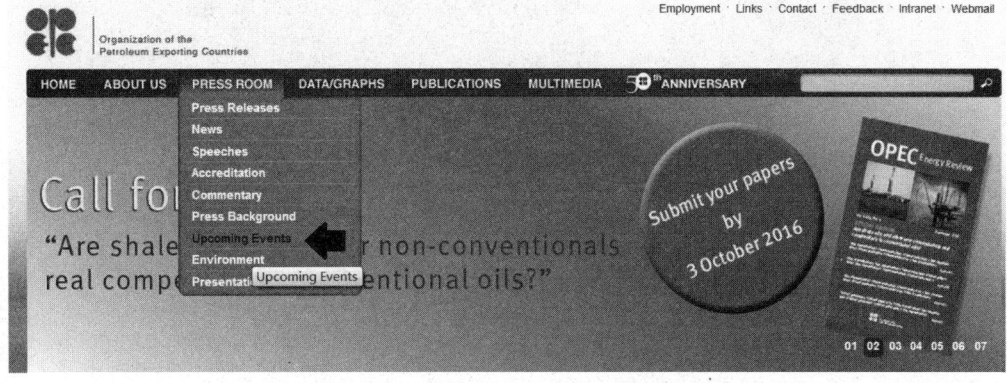

图 3-18　查询 OPEC 会议的时间表（1）

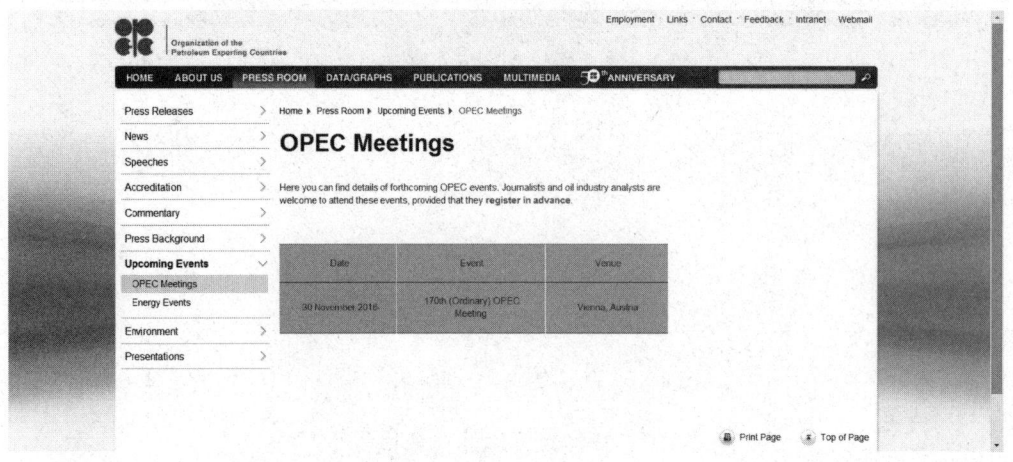

图 3-19　查询 OPEC 会议的时间表（2）

> 印度的数据一般不容易获得，更新频率较低，因此需要看一些稍微专业一点的网站，或者印度的财经网站。

所谓的 G4 就是东亚、南亚、北美和西欧，这四个区域是原油消费的最主要区域（图 3-20），他们的经济变化对原油需求的影响是巨大而深远的。东亚主要指中日韩，南亚主要指印度，北美主要指美国，西欧主要指德英法。G4 的宏观经济情况是我们需要关注的第三个关键驱动因素，**这些信息平时在财经资讯端上是可以看到的**，另外还要看一下相关的深度研报，并且对一些关键数据进行分析，数据趋势性变化更为重要。

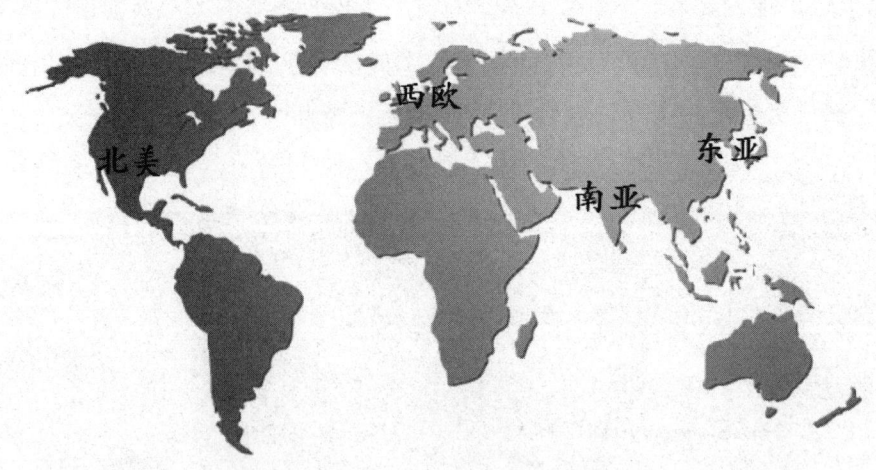

图 3-20　G4 的地理分布

第四课

美元与原油的资产属性

对美元国际地位即将崩溃的语言总是出现在美元贬值时期,今天的情况与历史相比并没有什么区别。过去的历史经验表明在任何时候美元的全球地位在于更为广泛的基础,而不是因为它的价值。

——埃里克·赫莱纳(Eric Helleiner)

当 OPEC 在 1975 年决定只接受美元作为原油支付货币时,美元立即成了全球的储备货币,这也巩固了原油的重要地位。如果我们将 20 世纪五六十年代的布雷顿森林体系当做金本位,那么 20 世纪七八十年代便是原油本位时代。

——阿什拉夫·莱迪(Ashraf Laidi)

从本课开始，我们步入了原油驱动分析的细节。9·11标志着全球化和反全球化的激烈对抗，其实反全球化并非真的反对全球化，而是反对全球化中主权国家实力的不对称扩张。从9·11开始全球化的资本与动荡的区域经济相互作用，原油与区域经济关系密切，与全球资本关系更密切，因此原油呈现出极强的资产和商品二重属性。9·11开始，美国地缘政治不断扩展，美元进入贬值周期，资产属性主导了原油的波动。另外，由于中国加入WTO，全球分工和贸易进一步扩展，**这使得中国需求极大地增强了原油的商品属性**。不过，欧美发达国家民粹主义与凯恩斯主义以及货币主义媾和，使得大量无法被实体经济吸收的过剩流动性到全球追逐收益，而这种收益只能来自于资产价格的变化。投机资本占据了整个人类资本金字塔的顶端，成为全球生态链的顶级猎食者(图4-1)。

> 流动性过剩是因为实体经济收益率下降。

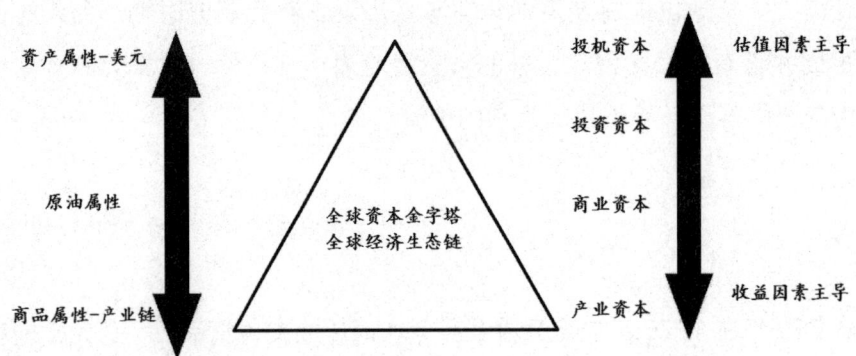

图4-1 原油两重属性与全球资本金字塔

理解原油的二重属性首先应该从资产属性入手，因为资产属性在最近十年对原油的价格有明显的影响。另外，资产属性的影响因素较为单一，主要就是美元，相对商品属性而言更容易上手。

做国外原油期货的时候，认识了W君和K君。W君在新加坡一家大机构里面当原油和能化的分析师。K君则在雷曼的香港分支做分析师，后来这个分支被野村证券收购了。W君毕业于北京的名牌高校，学习与原油产业链相关的知识，算得上是有深厚理工科背景。K君则是毕业于复旦大学世界经济系，应该算是文科背景。两人数学都不错，但是侧重点不同。W君习惯于追踪原油产业链数据，而K君则习惯于查看全球主要经济体的财经数据，特别是美国和美元的相关数据。

按照我这套框架，W 君擅长于从商品属性和产业链去分析原油趋势，而 K 君则擅长从资产属性和美元去**分析原油趋势**。W 君做事严谨，注重细节，往往能够通过产业链各个环节的数据推断出一些原油的阶段性转折点。K 君相对而言习惯于观察重大方向、抓大放小、举重若轻，虽然对波段把握不到位，但是对于大行情从不落下，比如 2014 年年中美元上涨导致的原油暴跌。

> 原油分析容易走向两个极端，要么唯供求，要么唯美元。

W 君和 K 君给他们自己机构带来的绩效应该是不分上下的，当然 W 君的报告数据翔实，逻辑严密，K 君的报告则大气宏观，高瞻远瞩。不过，对于时间紧张的独立交易者而言，K 君的做法值得优先考虑。

产业链涉及的环节重大，数据获取很不方便，也难以做到及时，某些机构大玩家自己往往也参与了现货仓储甚至生产销售环节，这就使得他们更具有信息不对称优势。但是，宏观信息的获取往往是比较对称的，比如经济数据和货币政策，等等。因此，就我的经验而言，**外汇、国债、股指期货等宏观品种要比商品期货更容易避免信息劣势**。

> 股指期货是非常好的广谱投机品种，因为你容易获得及时信息，只要你肯系统分析，不比主力的判断力差。商品就有点不一样了，特别是农产品。

商品期货属于中微观品种，而金融期货和外汇则属于宏观品种，前者更接近商品属性，而后者更接近资产属性。我们洞察原油可以先从商品属性入手，也可以先从资产属性入手，然后再兼顾另外一者。从现实的角度出发，我个人推荐先从资产属性入手，再研究商品属性。第一个原因前面已经提到，那就是资产属性往往与宏观信息相关，相对于商品属性信息上更具有对称性。第二个原因是资产属性主要与美元相关，因素单一，而商品属性则与产业链诸多环节有关，因素众多。第三个原因是资产属性主导原油大级别趋势，而商品属性主导原油中级别趋势。综上所述，大家应该从资产属性入手来研究原油。

原油的资产属性主要与美元有关。我们先展示一下美元与原油的相关性，这是现象层面的。然后在剖析原油与美元相关的根源，这是本质层面的。最后，我们会分析决定美元走势的三大因素（图 4–2）。

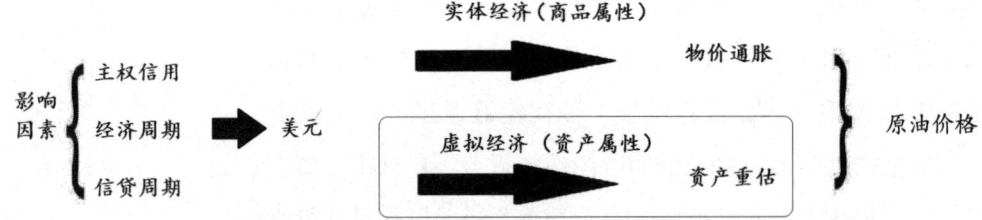

图 4-2　驱动美元的因素与美元作用于原油价格的途径

做原油的人恐怕都会或多或少地关注美元走势，美元指数与原油价格具有整体上负相关性，特别是在最近十几年两者呈现出高度负相关（图 4-3 和图 4-4）。

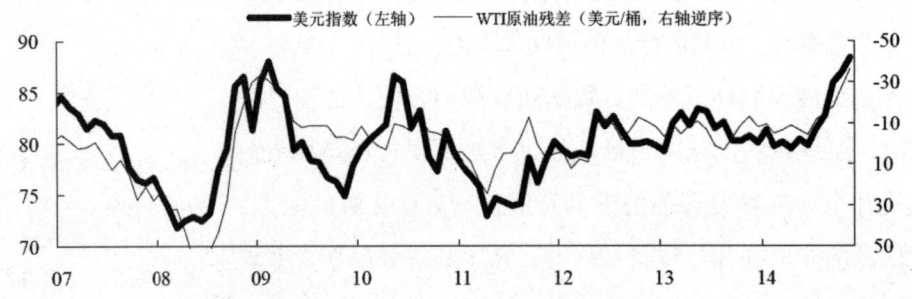

图 4-3　美元指数与油价呈现高度负相关性

数据来源：Bloomberg，莫尼塔公司　王玮

图 4-4　原油价格的高低点与美元指数的高低点

数据来源：StockCharts

但在某些时候也会打破这种显著的正相关性，比如2011年7月到2013年12月美元指数处于上升趋势（图4-5），但是原油价格并未出现单边下跌走势，而是处于剧烈震荡的走势中，为什么会这样呢？根源在于原油的二重属性，从资产属性的角度来讲，美元震荡走强肯定是抑制油价的，虽然原油价格并未出现单边上涨，但是却也并未单边下跌，是什么因素在支撑油价呢？当时中东局势不稳定，**导致利比亚显著减产**（图4-6和图4-7），原油产业链出现了大问题，原油的商品属性支持油价。所以在这一特定阶段，简单从美元指数与原油价格的相关性上来看觉得是异常，其实只是现象层面的。从原因上来讲，原油仍旧处于历史规律之中，那就是油价仍旧受到资产属性和商品属性的共同主导，前者驱动油价向下，后者驱动油价向上，此消彼长自然导致了原油价格处于剧烈震荡之中（图4-8）。

利比亚内战是利比亚在2011年发生的武装冲突，在利比亚国内常称为"2月17日革命"，交战双方为穆阿迈尔·卡扎菲领导的政府和反抗卡扎菲的势力。2011年2月26日，联合国安理会通过首项决议，冻结卡扎菲资产，并把事件交由国际刑事法院处理。3月初，卡扎菲军进攻反对派在东部的据点班加西。3月17日，联合国安理会再度通过决议，授权成员国在利比亚设置禁飞区。8月，反对派在西部发起进攻，夺取首都的黎波里，"全国过渡委员会"逐渐得到国际和联合国承认。

同年10月，卡扎菲被俘身亡，利比亚分崩离析。这次内战的持续时间为2011年2月15日到2011年10月23日。

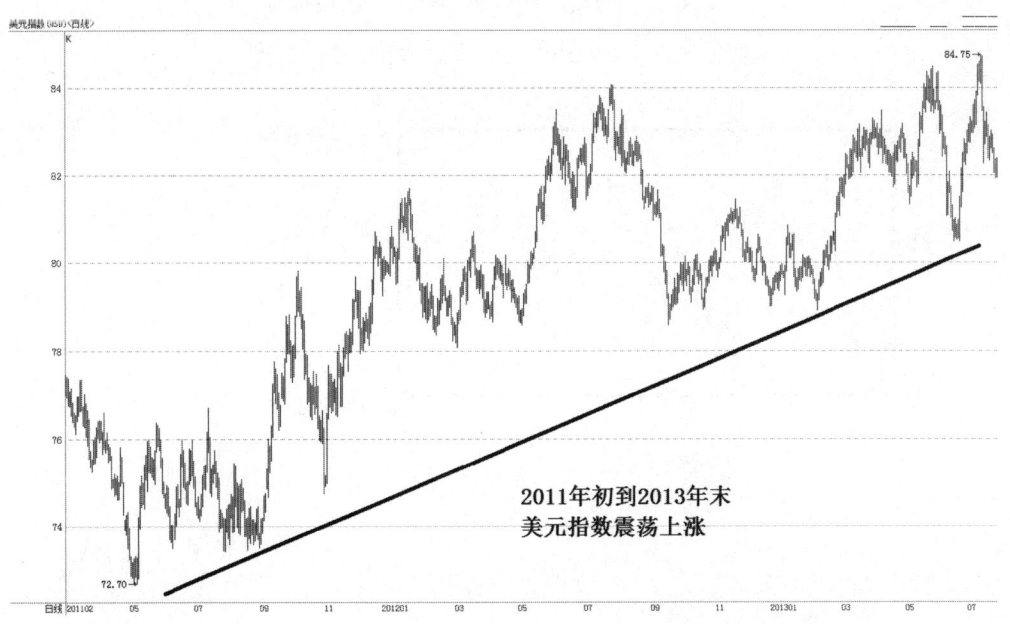

图4-5　2011年初到2013年末美元指数处于上涨趋势

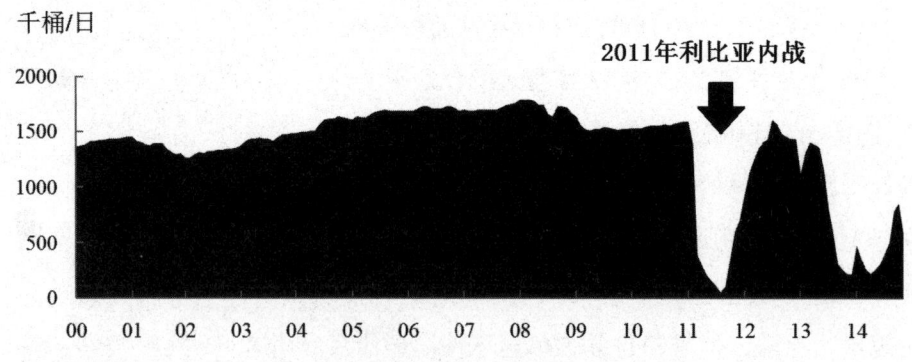

图 4-6 利比亚原油产量

数据来源：Bloomberg，莫尼塔公司　王玮

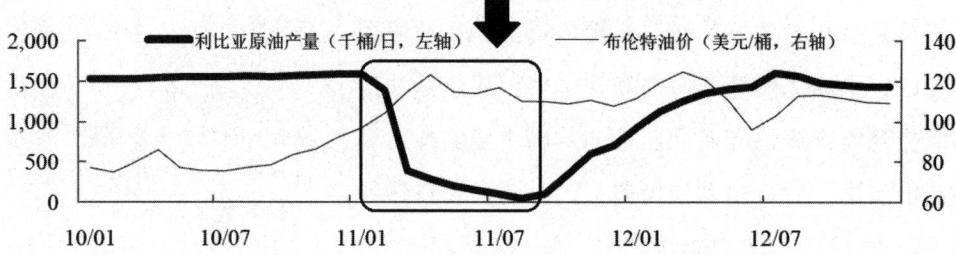

图 4-7 利比亚内战影响推升国际油价

数据来源：Bloomberg，莫尼塔公司　王玮

图 4-8 2011 年初到 2013 年末的原油价格走势

我们继续结合此后的原油价格走势举例说明美元是如何与产业链因素结合起来主导原油价格走势的。2014年6月，美国进入加息周期的预期变得强烈，美元出现了单边暴涨走势（图4-9），同时利比亚内战结束，原油生产和出口显著恢复（图4-10），油价的资产属性和商品属性都处于空头状态，步入下跌趋势，而沙特不愿意减产进一步使得原油价格下跌（图4-11）。无论是资产属性角度还是商品属性角度，原油都处于利空状态，原油价格持续下跌（图4-12）。

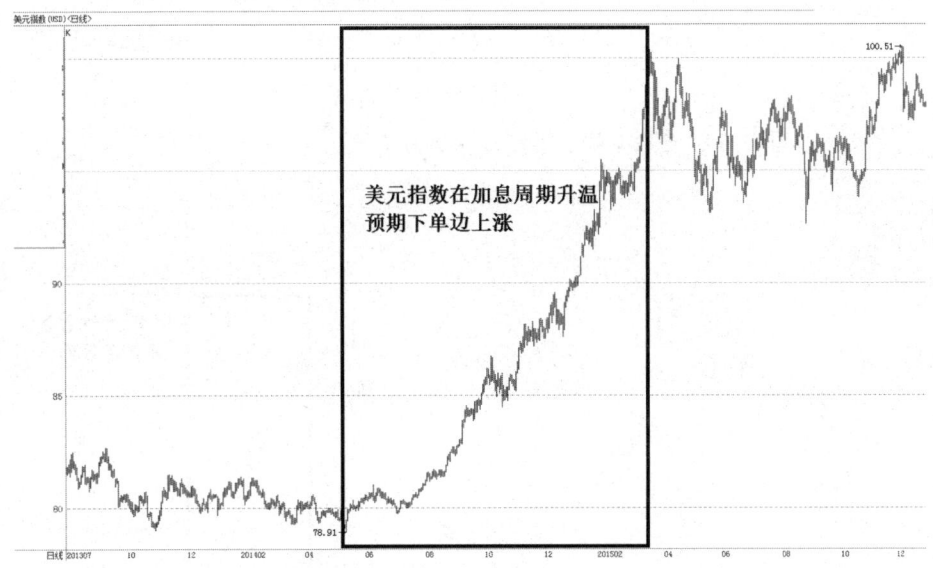

图4-9　美国步入加息周期的预期强烈导致美元升值

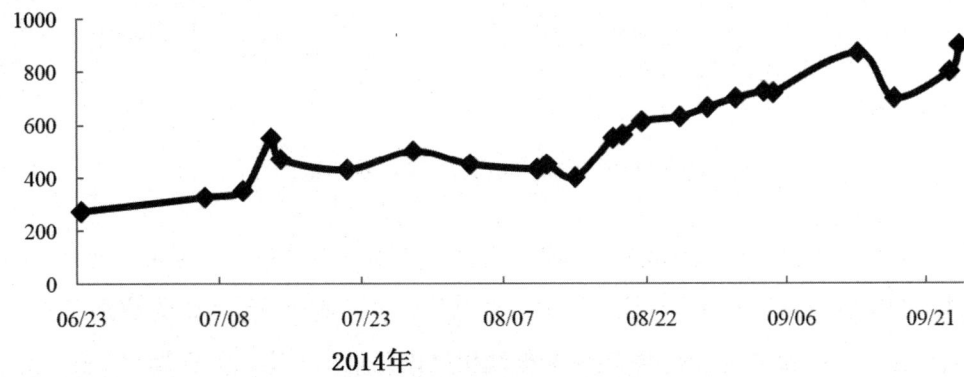

图4-10　利比亚内战结束后原油生产出口恢复

数据来源：Bloomberg，莫尼塔公司　王玮

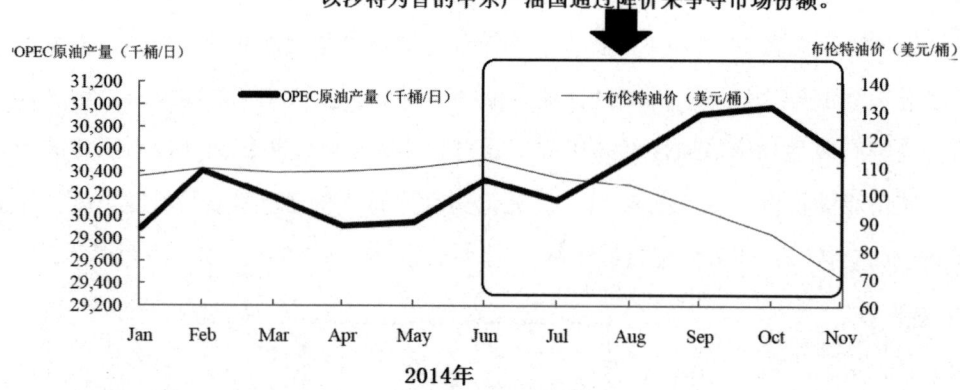

图 4-11　2014 年下半年油价下跌 OPEC 产量不减反增

数据来源：Bloomberg，莫尼塔公司　王玮

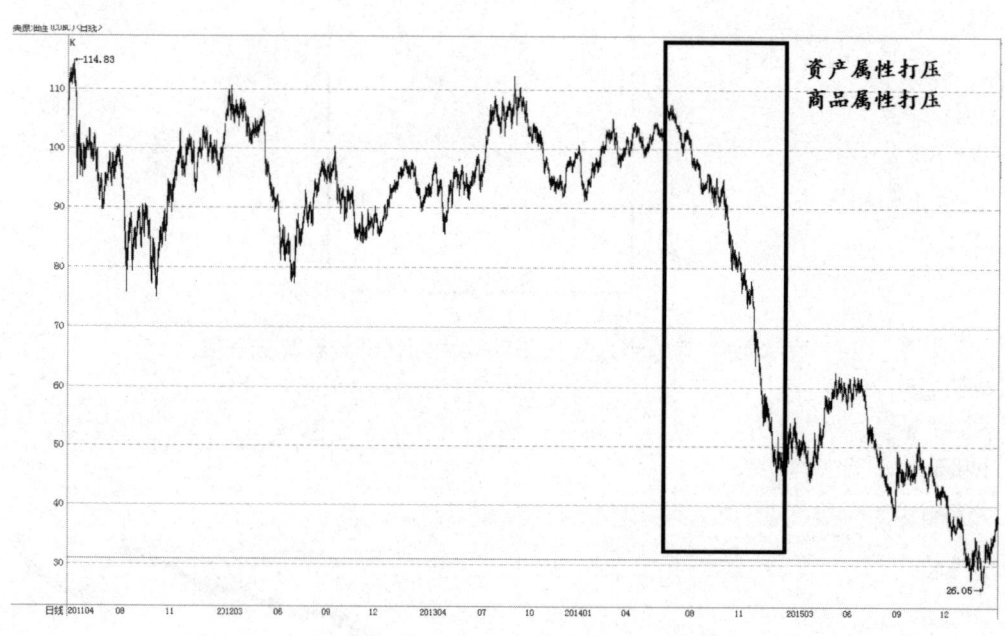

图 4-12　双重利空让原油步入暴跌

此后，对伊朗解除制裁的预期越来越强，而美元维持在高位震荡（图 4-13），这个时候对原油最大的主导因素变成了商品属性，而资产属性可以看成是不变的常数，变量是商品属性，OPEC 不减产叠加伊朗恢复生产和出口的预期，使得原油价格出现新一轮的下跌（图 4-14）。

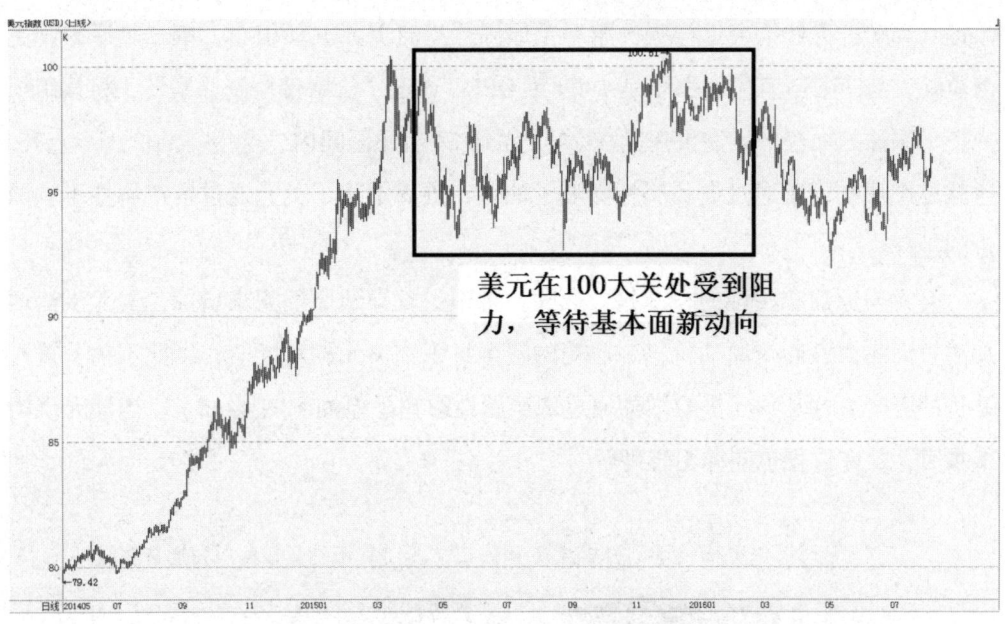

图 4-13 2015 年二季度到年末美元指数在 100 大关下面震荡

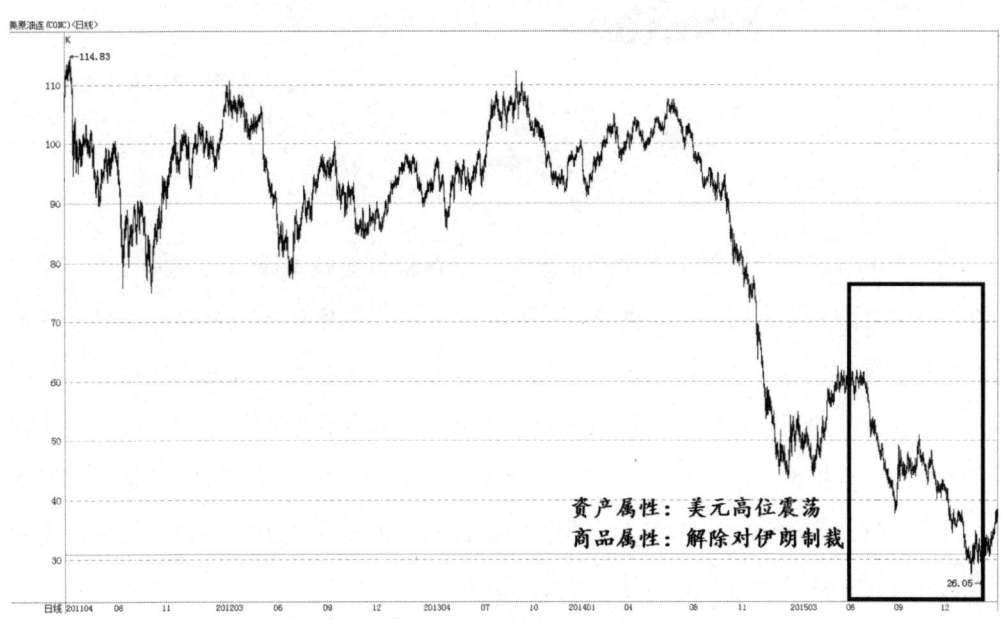

图 4-14 商品属性主导油价下跌

从上面的例子，我们可以发现美元与原油的负相关性主要建立在资产属性上，而原油的商品属性可能会因为非美元因素的冲击而干扰这种负相关性。我们再举一个例子，比如 1998 年 1 月 2 日到 2000 年 12 月 29 日，在这段时期内两者的相关系数是 0.5250，为什么会这样呢？第一个原因是当时美元波动很小，第二个原因则更为重要，与产业链有关，那就是 1999 年 OPEC 通过"价格带控制原则"，将该组织一揽子原油的加权平均油价控制在 22 美元到 28 美元区间内，这使得油价逐步上升，这就是产业链上游通过商品属性影响了油价，进而干扰了美元通过资产属性影响油价的过程。

美元与原油相关性的根源是什么呢？货币幻觉导致原油需求增加，美元供给增加通过商品属性影响原油价格。聪明的资金意识到美元相对贬值，因此重估了美元计价的资产。这是美元供给增加通过资产属性影响了原油（图 4-15）。当美元供给减少时，反向过程也同样不难理解。

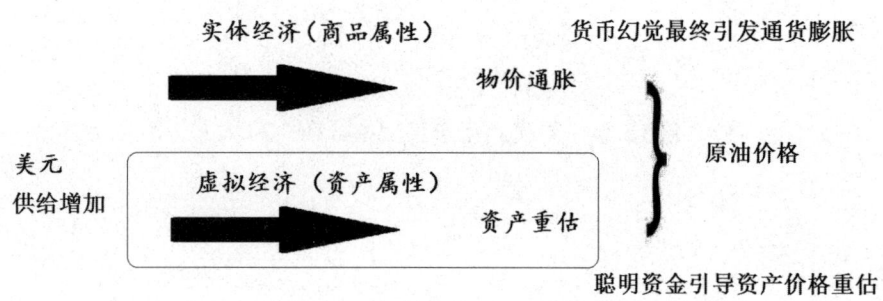

图 4-15　美元与原油相关性的根源

美元影响原油价格的两个途径都涉及一个背景，那就是原油的美元计价。美国利用两次世界大战的机会成为世界头号强国，而英国则因为 1929 年开始的经济危机而不得不终止金本位制。此后随同欧洲一起经历第二次世界大战的再次打击，最终从日不落帝国的王座上跌落。第二次世界大战后，西欧在全球的霸权旁落，美国和苏联抓住机会扩大自己的地盘，但是因为美国控制了全球海权，而海权是全球经济发展的命脉，因此美国更为强大。战后的新体制使得美元成为金本位的标杆，美元凭借美国的强盛国力与黄金绑定，美元的金本位时代形成。

此后美国在越南战争中元气大伤，美元金本位的基础动摇，尼克松和基辛格不得不采取理智的"休生养息"政策，同时被迫放弃金本位制，但是通过与沙特谈判，为其提供军事保护，进而将美元与原油绑定，美元的原油本位制时代形成。美元的原油本位制意味着大量的石油美元出现，也就是原油出口国手中积累了大量的美元，而这些美元为了寻找高收益会在全球游荡，这就是投机资本的重要来源之一。石油美元的出现使得原油与美元的联系更加具体和紧密，同时也使得美国不遗余力地打击那些企图动摇美元原油本位制的力量。

2000年11月，萨达姆领导下的伊拉克改用欧元计价来出口原油，后来的结局是什么大家应该看到了。2006年3月，伊朗建立了以欧元计价的原油交易所，美国此后也一直在找伊朗的麻烦，不是中俄两国站在伊朗身后力挺，恐怕伊朗也难逃战火。叙利亚与伊朗都是什叶派当权的地方，唇亡齿寒的关系，美国在叙利亚不遗余力的活动明显是冲着伊朗去的。

谁敢动美元的原油本位制，谁就是在动摇美国的金融霸权的基础。美国对此必然咬牙切齿，现在美国在页岩油气技术上占据制高点又进一步巩固了美元的原油本位制，加上美国在大宗农产品上的优势，美元基础不得不说非常牢固。当然，美元的霸权直接要靠美国军事实力来捍卫，沙特愿意与美国结盟，是因为美国强大的军事实力，控制了几乎所有重要的全球贸易通道，全球资本流动也要通过美国控制的金融系统。但是，军事实力的根本还是经济实力。

讲到这里，我们自然就应该谈到决定美元走势的三大原因。美元走势具体指的是美元指数的走势，我们经常用到的美元指数是美元与一系列重要货币汇率的加权平均数（图4-16），其中最为重要的是美元兑欧元汇率、美元兑日元汇率和美元兑英镑汇率。

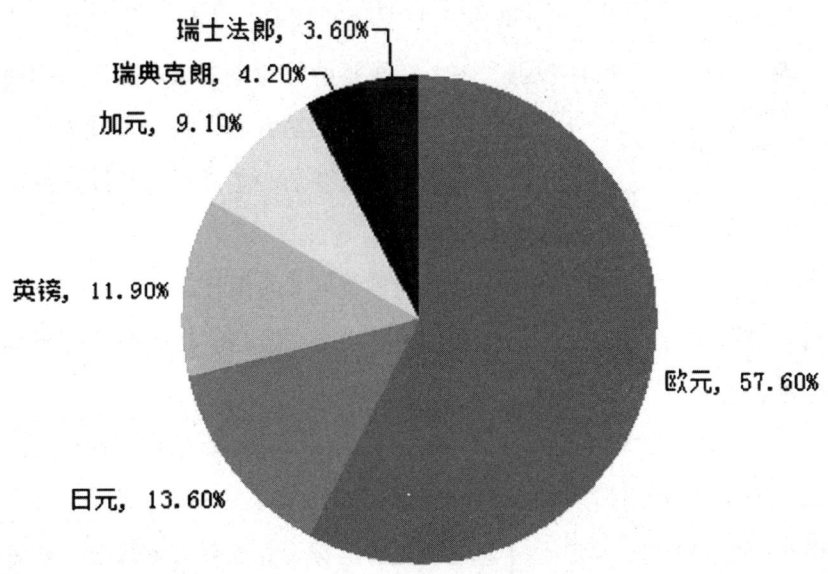

图4-16 美元指数权重构成

数据来源：中信建投证券研究发展部 李树培 黄文涛

决定美元指数走势的三大因素分别是主权信用、经济周期、信贷周期（图 4-17）。准确来讲我们是要比较美国在这三个因素上相对于欧日英三者的强弱，比如美国经济相对于欧元区经济如何，美国主权信用相对于欧元区主权信用如何。

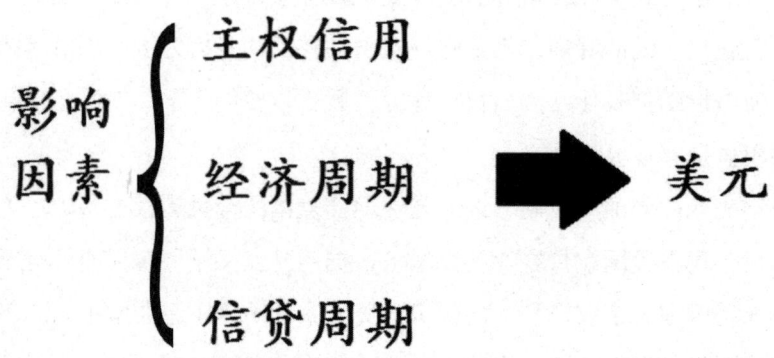

图 4-17　决定美元指数走势的三大因素

> 国债 CDS 可以从彭博上看。
>
> 可以从：http://zh.tradingeconomics.com 查询各国的经济数据。

主权信用怎么看？金融和经济有无系统性风险，有无政治动荡，主权 CDS 走势如何，国债利率是否与他国相比有扩大迹象，与他国有无战争的可能性，等等。

经济周期怎么看？最常见的是看就业数据，比如美国的 ADP 数据，非农就业数据，除此之外 GDP 季度数据，PMI 数据，CPI 等通胀数据也非常重要。这些国别数据，就外汇交易者和贵金属交易者而言是非常熟悉的，大家如果有不明白的地方可以登录一些外汇交易网站或者参考外汇交易方面的书籍。

信贷周期怎么看？主要看各大央行之间货币政策的相对走向，具体就是美联储、日本央行、英国央行和 ECB 之间的相对货币政策，因此信贷周期的分析就主要看 FED 的政策动向。

经济周期与信贷周期其实是密切相关的，两者又与主权信用密切相关。主权信用相对高，则在风险厌恶情绪上升时会引来避险资金流入，但在风险偏好情绪上升时主权信用因素的考虑就会让位于息差，这个时候套息交易就形成了。三者之间的关系是紧密的，它们共同形成了美元指数波动的基本模式，或者说美元指数的周期（图 4-18）。不要认为这些是空洞抽象的理论，行家会知道这些东西到底价值几何，在实践中这些东西很有指导性的，涉及根本的分析方向，直接关系到对行情的把握能力。

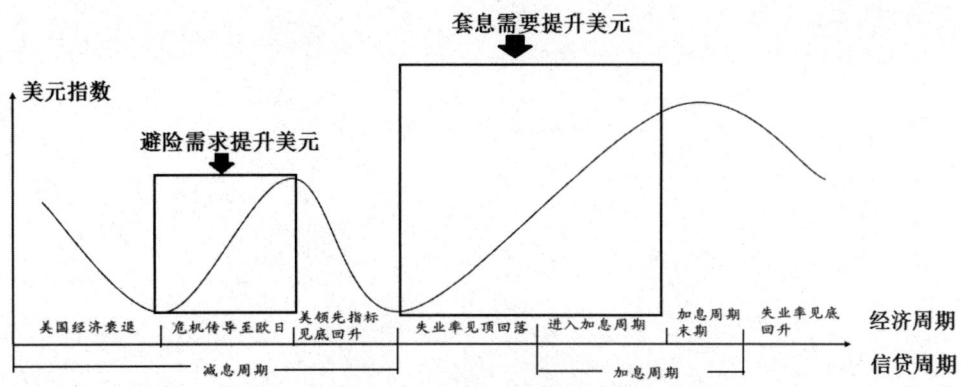

图 4-18　美元指数与经济周期和信贷周期

基本模型来源：国信证券　赵谦

决定美元指数走势的因素有三大类，我们已经扼要地介绍给大家了，重要的是明白原油的资产属性表明了美元的重要影响力，而美元走势的决定因素则涉及专门的分析功底，我们在这里已经将最为核心的东西交给了大家。因为我在另外一本多年操作手册/讲义形成的专著《美元霸权周期：跨市场战略投资的24堂精品课》里面会详细探讨如何分析美元指数，如何利用美元指数，因此就没有必要在这里赘述了。

第五课

产业链与原油的商品属性（1）：上游的分析

要让我们的投资组合不受非理性行为的影响，唯一的解决之道便是建立一套理性的投资程序，将意气用事的可能性降到最低，并且保证在顺境和逆境中都将这套程序坚持下来。

——杰克·埃布林（Jack Ablin）

商品需求具有周期性的特点，而供给侧却往往是缺乏弹性的，存在大量的固定成本，一旦基础设施就绪，商品生产商就会倾向于持续生产，即便商品价格下跌也不会轻易停下来。

——拉斯·特维德（Lars Tvede）

预测原油价格是一个动态的过程，这是一项持续进行中的工作，不同的因素在不同的时间具有不同的重要性，尤其需要强调 OPEC 的影响力。

——迈克尔·S. 罗思曼（Michael S.Rothman）

原油的资产属性我们已经在第四课清晰地介绍了，从中我们明白了两点：第一点，原油的重大趋势取决于美元；第二点，美元的分析需要从三个角度展开。现在我们来看决定原油趋势的第二大因素，这就是产业链的因素。从本课开始一直到第十三课我们都会围绕原油产业链来讲授。

原油产业链错综复杂，我们不是专业搞化工的，因此对于一些与油价关系不大的技术细节只能放弃。为了抓住关键，化繁为简，我们将整个原油产业链分为三个部分：上游、中游和下游。从本课到第九课我们都会重点讲解原油产业链的上游，出发点是满足一个原油交易者的理论和技巧所需，对于与交易关系不大的数据和理论我们不会涉及。

> 原油的供需平衡表可以从 OPEC 的月度报告中获取，另外 IEA 也有类似的报告，大家应该定期浏览这两个机构的官方网站。

谈到上下游，必然谈到供需平衡表。供需平衡表在其他大宗商品上确实可以对趋势行情起到提醒作用，但是在原油上却不那么好用，供需平衡表只能通过共识预期对市场发挥影响，而不是真的主导市场。当然，**讲原油产业链也绕不开供需平衡表。**

那么，站在一个交易者的角度如何高效解读原油产业链呢？讲到这里先讲一段经历。很早我就知道有不少欧美全职交易者喜欢居住在泰国，2012 年我在清迈恰巧遇到了一位这样的同行，杰瑞森，我暂且简称他为 J 君。这位老兄快要四十岁了，从美国来泰国差不多三年了。他习惯于白天半天休息，半天研究，而晚上则在固定的时间进出场。他并非短线交易，而是擅长于中线趋势交易，仓位不重。我们聊了大概两个多小时，他乐于与我分享他在原油市场上的心得。他说无论我们如何去交易原油，其实就是要搞清楚参与其中的四方怎么在构建游戏的背景。原油是一个大的赌场，玩家参与其中一定搞清楚其中的大玩家，这就是 OPEC 和非 OPEC，以及 OECD 和非 OECD。当时，他这样说的时候，我并不以为然，因为这样的话听起来就是废话。

> 现在 OPEC 的官方定期报告基本上也是按照这样的 2×2 框架进行分析的，大家可以下载 OPEC 的月度报告看一下。在前面的课程中我们已经提到了这份报告。

不过，某日进行原油例行分析的时候，**我发现这样的 2×2 划分方法确实可以让我们在理解原油产业链的时候更加容易抓住主要脉络。**后来再仔细一想，其实 OPEC 的月度和年度报告其实也是按照这个思路来写的。页岩油气的发展使得北美成为一个边际供应者，油价上涨会使得原油供给更加快速地增加，而在油价下跌的时候沙特除了考虑收益损失之外，还会考虑到如何借机打击页岩油气业。像北美和俄罗斯这样的非OPEC国家日益成为原油边际供应者，要分析原油产业链的上游可以采用二分法：OPEC和非OPEC（图5-1），我们只要随时关注这两者的原油生产情况和相关政策动向，就可以把握住原油产业链的上游。原油产业链上游和下游的构成，可以看作是两个O——OPEC和OECD和两个非O——非OPEC和非OECD共同组成（图5-2）。

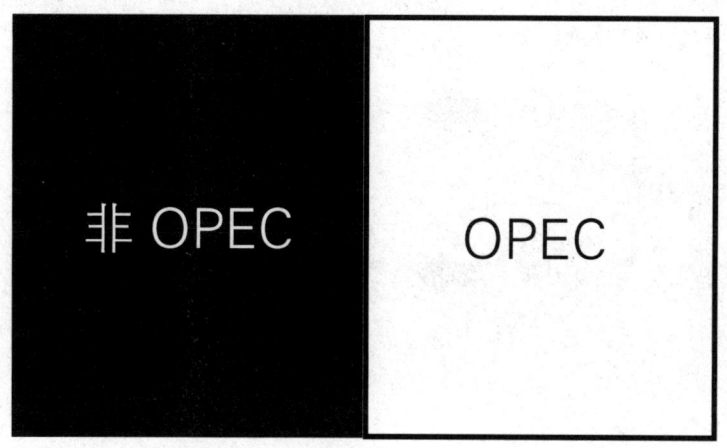

图5-1　原油上游的二分法——OPEC和非OPEC

	2O	2非O
供给端	OPEC	非OPEC
需求端	OECD	非OECD

图5-2　原油产业链/供求侧的2×2矩阵

为了大家始终处于"思考框架中的恰当位置"，我会在介绍新理论和技巧的时候将其置于整体框架之中。刚才我提到了原油产业链，这部分属于原油二重属性中非OPEC产油国里面最重要的是俄罗斯和美国，因为两者都是超级大国，都是重要的地缘政治棋手，同时也是能源生产大国。这两者在原油生产和相关政策上的动向，比如俄罗斯原油产量政策和销售政策变化，美国的页岩油气生产情况，美国的油气出口政策变化等等，都是值得我们关注的，并且要分析背后的深层次原因和影响。

的商品属性，而OPEC和非OPEC产油国则属于供给，也就是原油产业链的上游，其中的OPEC是我们在第三课专门提到的一个驱动力量。在第三课我们还提到了另外一个原油价格驱动力量，那就是G4，这个概念大致与OECD和非OECD主要经济体相对应（图5-3）。关于G4和OECD经济的具体分析我们会在第十二课展开，现在继续讲原油产业链的上游。

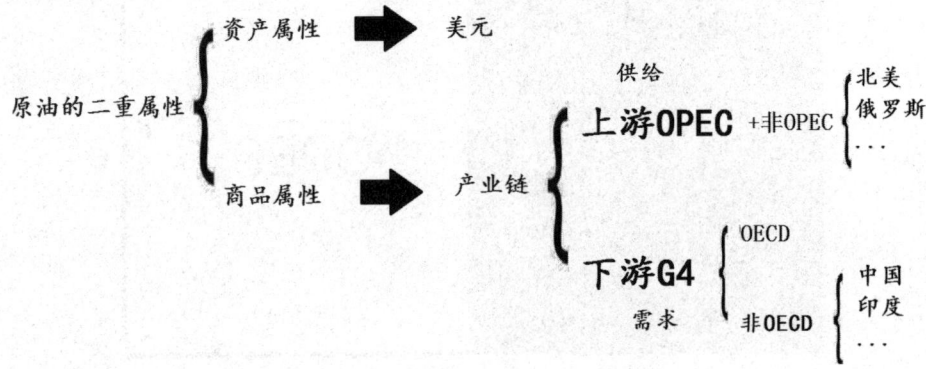

图5-3 "2O和2非O"在原油分析框架中的位置

原油产业链的上游主要是原油的开采和生产，与供给相对应，主要涉及OPEC和非OPEC原油生产国，其中非OPEC最为重要的美国和俄罗斯。如何分析上游，我们列出了一系列的因素（图5-4）。下面我们会逐一讲解，与交易没有直接关系的概念、定义还有历史等诸如此类的内容我们会略去不表。因为我们这本书是交易员的分析和交易教程，不是关于原油历史的书籍，也不是阴谋论的读物。

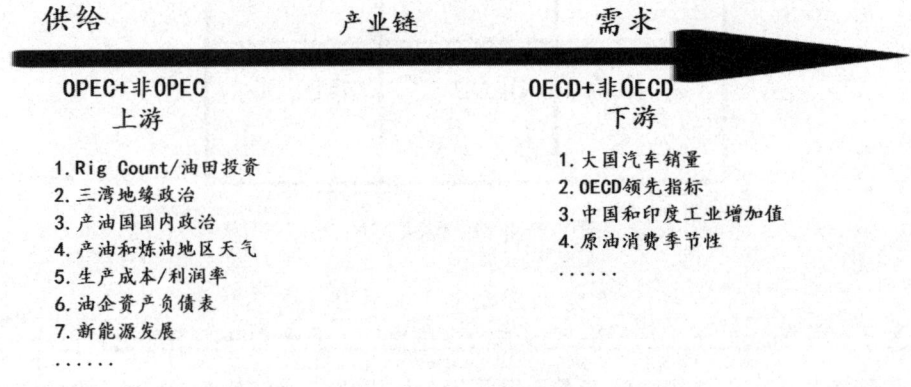

图5-4 原油产业链上下游驱动因素与"2O和2非O"

随着北美页岩油气成为原油的边际供给者，其对原油价格区间高点和低点的影响力越来越大，**因此钻井数量（Rig Count）成了我们分析原油供给的一个最佳入手点**。分析原油供给，不是看库存，因为库存大多数情况下往往是一种主动投资或者被动投资，当原油价格上涨的时候，库存往往成为需求，补库存成了主要操作，而原油价格下跌到时候，库存则变成了供给，去库存成了主要操作，因此上游和下游是先行指标，而中游往往是一个油价的滞后指标。所以，不能将库存单纯看成是供给力量。

分析原油供给不是看 API 公布的库存，那看什么指标比较及时有效呢？钻井数量（Rig Count）是不错的选择，**市场走势也对这个数据比较买账**。钻井数量（Rig Count）是一个石油钻井数目的数据，这个数据是由贝克休斯（Baker Hughes）提供的，从 1944 年开始这就公司就会每周公布一次钻井平台运作统计数据。这家公司其实由两家公司贝克（Baker）和休斯（Hughes）在 1987 年合并成立的，是全球油气服务行业的著名公司。查询这个钻井数据可以从这家公司的官网 www.bakerhughes.com 上获得，进入官网后点击"FOR INVESTORS"下来菜单，然后选择其中的"Rig Count"项目（图 5-5）。

OPEC 的月度报告存在滞后的缺点，而钻机数则及时而且具有前瞻性，是原油上游分析的便捷指标。即便你没有深厚的原油工业背景和广泛的数据来源，也能够从这个数据当中获得洞察力。

很多初学者在最初进入原油期货交易市场的时候，往往沉迷于技术指标，他们很可能会对这段话的观点嗤之以鼻。我想打消你我之间分歧的最好方式应该是在钻井数据公布前后观察原油价格是否存在显著的变化。每周都会公布最新数据，所以每周都有一个解决分歧观点的好时机。

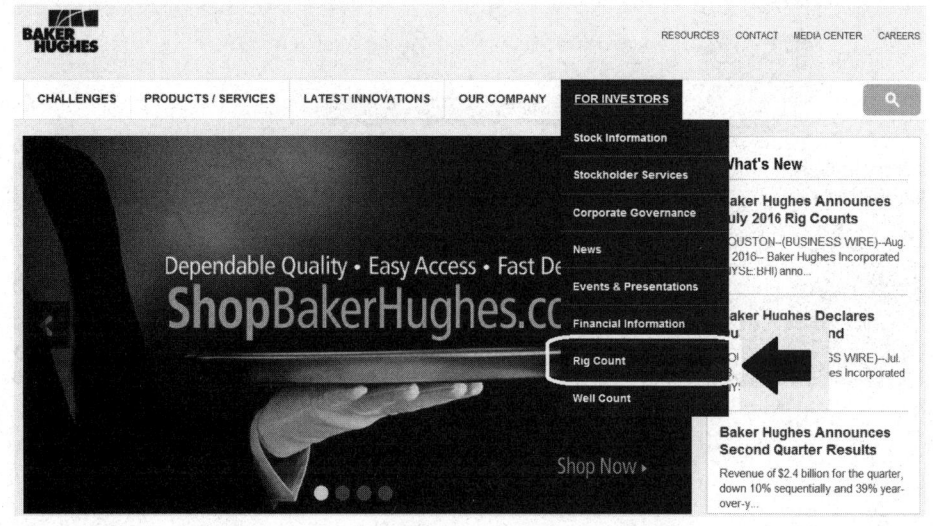

图 5-5　贝克休斯官网上查询"Rig Count"

钻井数量（Rig Count）数据分为两个部分：一个是北美的钻井数变化（North America Rig Count）；一个是国际钻井数变化（International Rig Count）。点击"Rig Count"项目后进入的第一个页面是总览页面（图5-6），左侧栏目中可以选择子项目，也就是"北美的钻井数变化"（图5-7）和"国际钻井数变化"（图5-8）。除了官网上查询这个数据之外，这家油服公司也提供了专门的手机APP来浏览这个数据，你可以直接在手机程序应用商店里面搜索，也可以从 www.bakerhughes.com 获得下载指引。

图 5-6 "Rig Count"总览页面

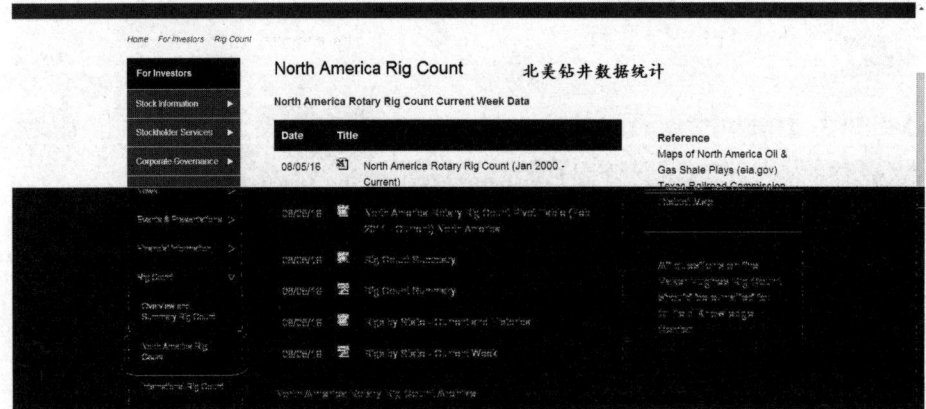

图 5-7 北美的钻井数变化

图 5-8　国际钻井数变化

贝克休斯（Baker Hughes）这个数据领先实际产量变化数月，是原油产业链上游整体动态的风向标，也是原油产量变化的先行指标。原油市场对于这个数据非常重视，实际值与预期值的差异会引发市场的显著波动，其趋势性变化对市场的影响更加巨大。如果能够将这个数据与本课介绍的其他因素相互验证，并且基于我提供的整体分析框架思考，则可以显著提高洞察力。

除了贝克休斯（Baker Hughes）之外，另外有一家 HIS 也提供类似的数据，这是一份名为《IHS Petrodata™ Weekly Rig Count》的定期报告，可以从 www.ihs.com/products/offshore-oil-rig-data.html 阅读这份报告（图 5-9）。这份报告分别对美国墨西哥湾地区（US Gulf of Mexico）、南美地区（South America）、西北欧地区（Northwest Europe）、西非地区（West Africa）、中东地区（Middle East）、东南亚地区（Southeast Asia）和全球范围（Worldwide）钻机数据进行了统计。报告结尾还会附上一张"全球海上钻井数和利用率"走势图（图 5-10）。这份报告每周五更新一次，可以作为贝克休斯（Baker Hughes）报告的补充。

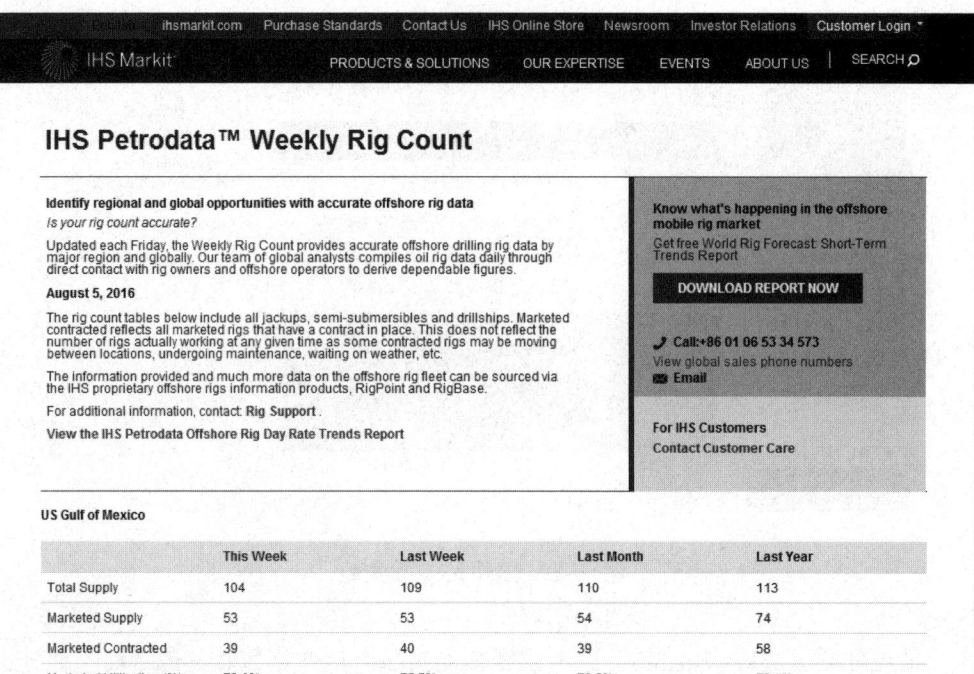

图 5-9　IHS Petrodata™ Weekly Rig Count 报告

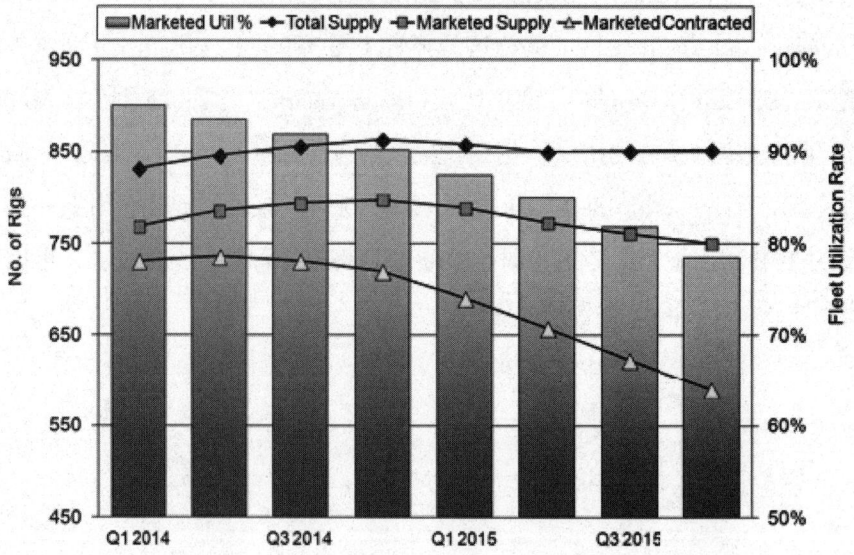

图 5-10　"全球海上钻井数和利用率"走势图

钻井数是一个每周定期公布的数据，也是一个对原油价格会产生显著影响的数据。例如，2016年8月26日，美国石油活跃钻井数持平于上周，预期是钻井数上升，另外也门导弹击中沙特的产油设施，因此原油在钻井数据公布后上涨，但是因为美联储多位高管发表鹰派言论，美元上涨，油价冲高回落（图5-11）。从这个例子可以看出商品属性和资产属性，谁的影响力更大一点。

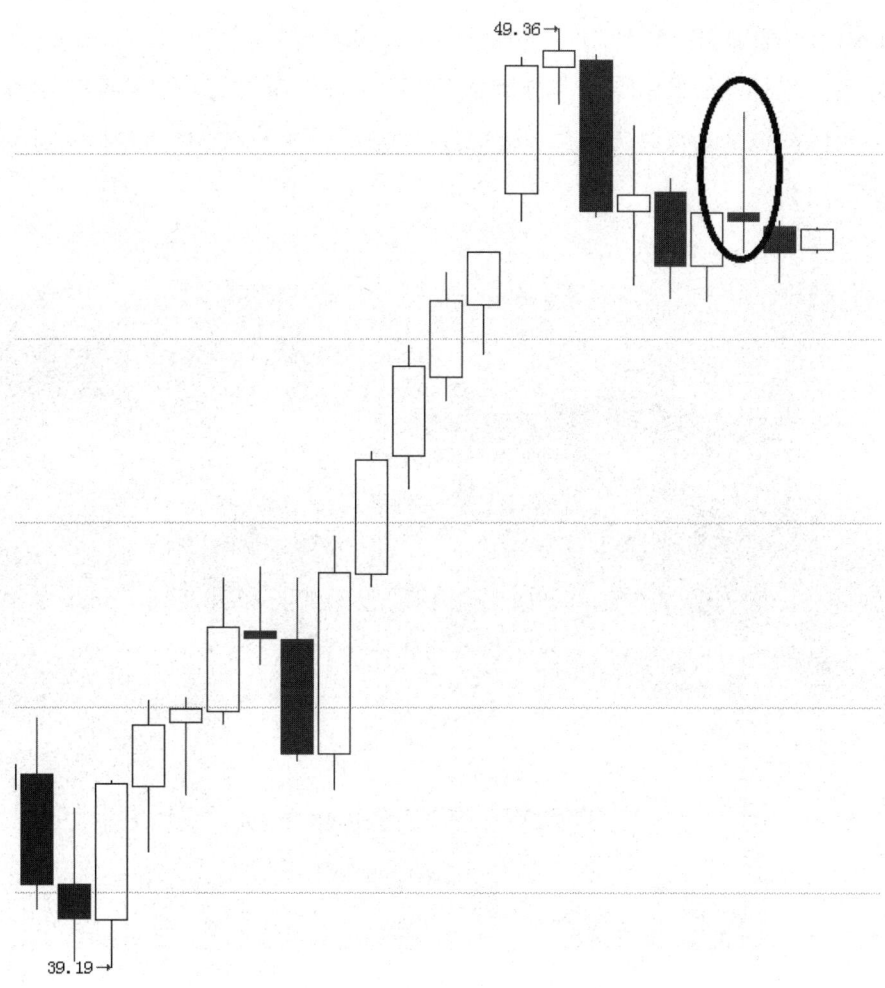

图 5-11　钻井数据利多叠加美元走强让油价冲高回落

在原油产业链上游，还有一个数据我们是可以及时获得的，并且也会对原油价格走势产生显著的影响，这就是产油和炼油地区天气，影响最大的还是北美的飓风，另外则是美国冬天的天气。据 Btu Analytics 和 Seeking Alpha 统计，墨西哥湾地区的一个风暴平均会导致月环比产量损失16.9万桶/日，相当于产量的10%至12%。对于大部分风暴，生产会在次月恢复，但如果风暴在墨西哥湾海岸造成了严重破坏，对石油生产的影响会深远得多（图5-12和图5-13），例如2005年的"卡特里娜"和"丽塔"以及2008年的"艾克"。在"卡特里娜"和"丽塔"肆虐期间，墨西哥湾的产量损失达到89.3万桶/日（65%），具体单个风暴的影响难以估算，因为它们发生的时间间隔只有几周。而在"艾克"期间，墨西哥湾关闭的产能为103万桶/日（80%）。这些风暴过后，当地生产花了三个多月时间才完全恢复。如果剔除"卡特里娜"、"丽塔"和"艾克"这些极端例子，2005—2015年间的被命名风暴只导致当月产量减少7.5万桶/日，即产能的4%至7%（图5-14）。

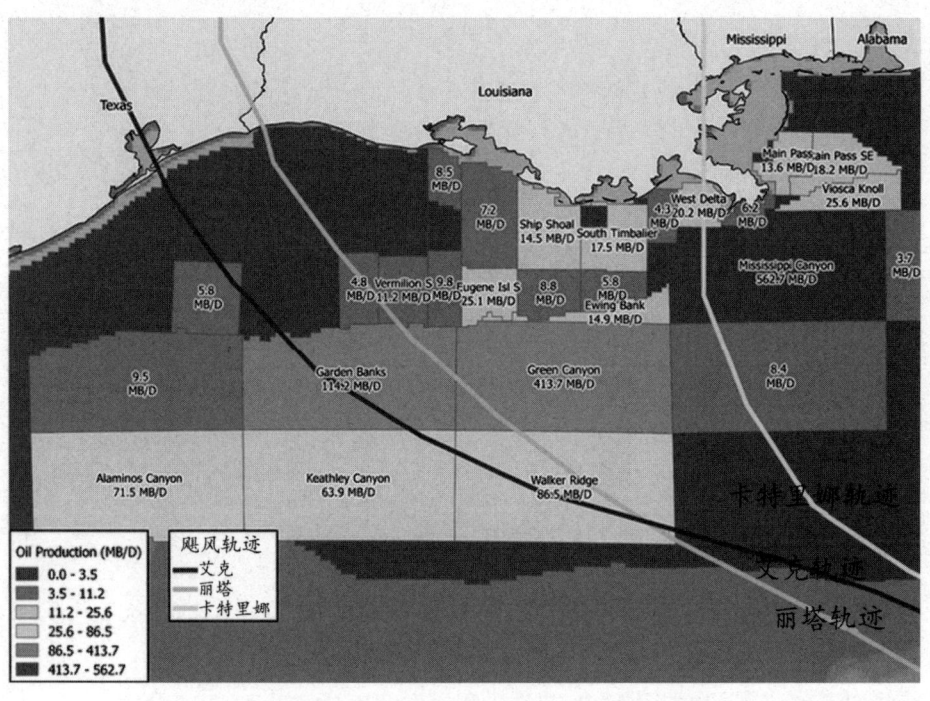

图5-12　三大飓风轨迹和各区域日均产量（百万桶/日）

数据来源：btuanalytics　James Blaney

第五课 / 产业链与原油的商品属性（1）：上游的分析

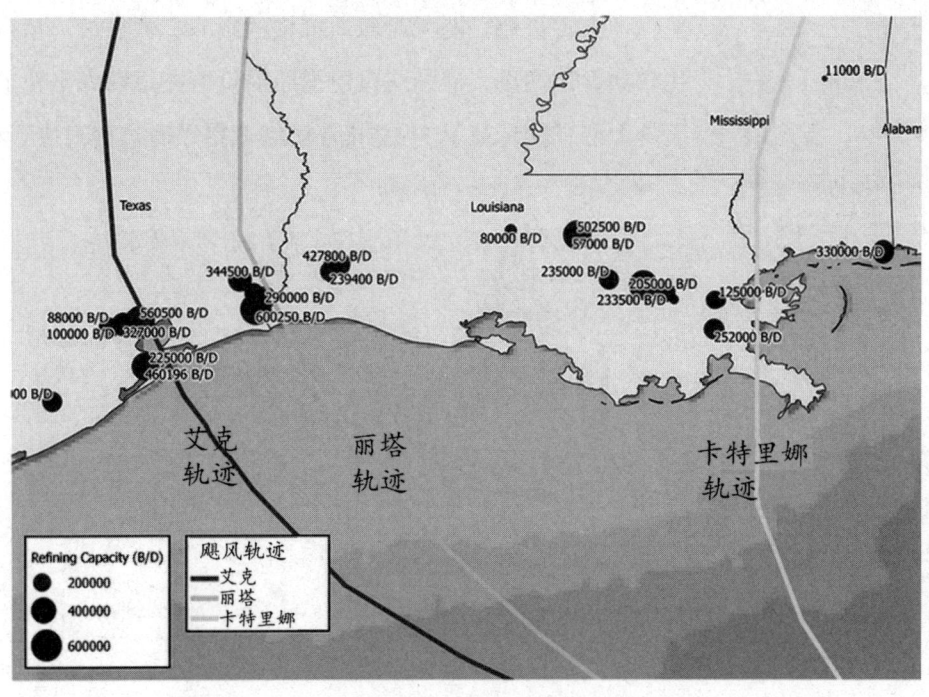

图 5-13　三大飓风轨迹和炼油能力分布（桶/日）

数据来源：btuanalytics　James Blaney

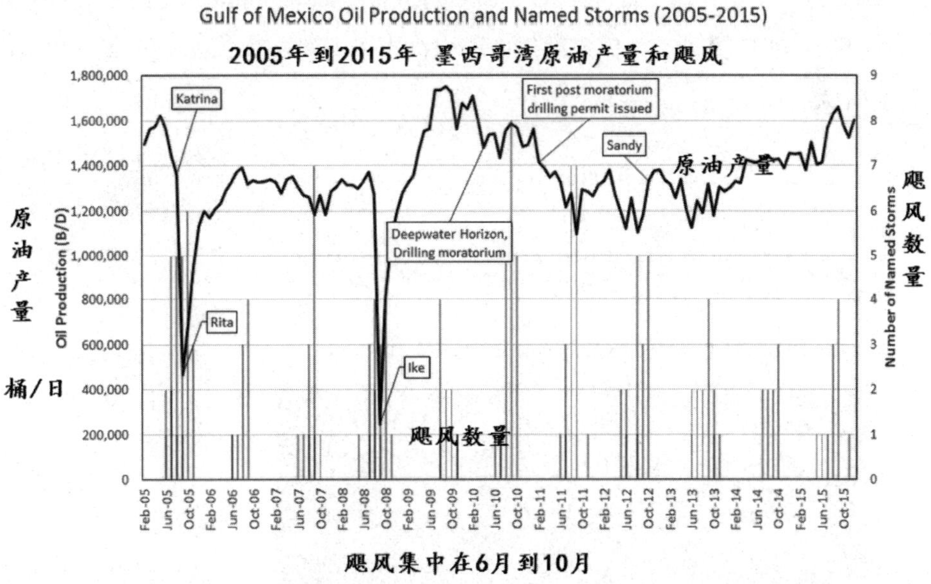

图 5-14　墨西哥湾飓风对原油产量的历史数据

数据来源：btuanalytics　James Blaney

> IEA 抛储的影响，我会在第十课再展开讲。

"卡特里娜"飓风对原油价格的影响非常显著，是一个比较典型的案例，这个飓风使得原油价格在短期内出现了显著的上涨（图5-15），不过IEA抛储使得原油价格很快下跌。

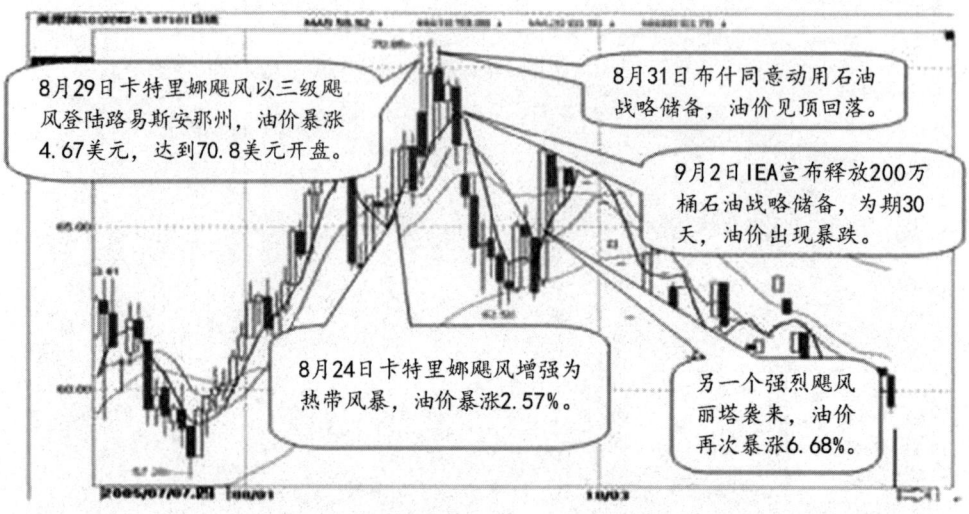

图 5-15 "卡特里娜"飓风与油价

数据来源：南华期货

我们可以从美国 EIA 官网上的 www.eia.gov/special/disruptions/ 查到与实时的飓风信息（图5-16），另外美国国家飓风中心也提供了墨西哥湾的天气信息（图5-17），后者的网址是 www.nhc.noaa.gov

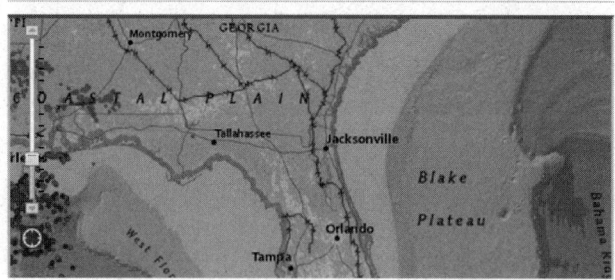

图 5-16 能源设施和实时飓风信息

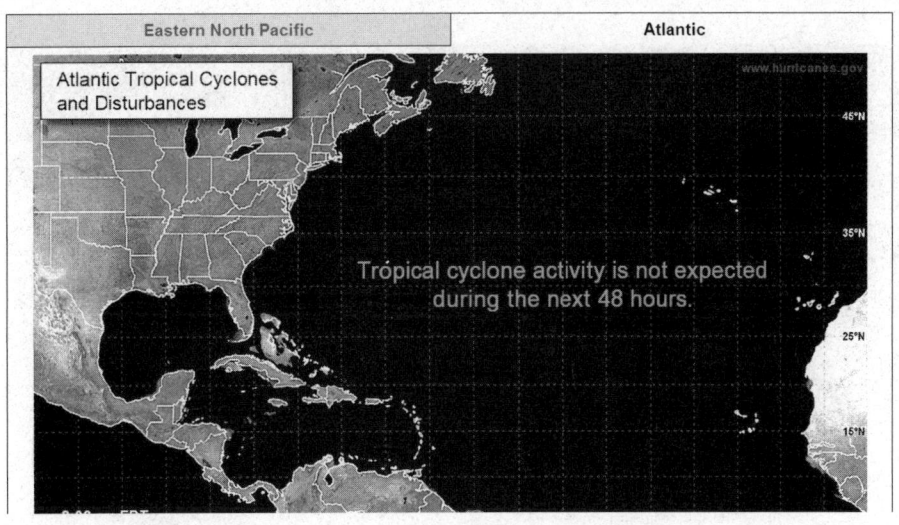

图 5-17　墨西哥湾飓风的预警
数据来源：美国国家飓风中心

第三个可以及时准确获得的上游产业链数据是原油生产企业成本和利润率，因为这决定了原油供给衰竭点。原油价格一旦跌破相对数量原油企业的成本线而且持续一段时间，一旦这些企业套保力度不够或者错失了套保时机，则最终必然是缩减生产甚至破产。一旦大面积减产，那么原油价格就获得了上游环节的支持。如果美元和下游需求不继续利空原油，则原油必然见底回升，这就是 2015 年到 2016 年原油两次显著反弹的根源。那么如何知道这些企业的成本线呢？第一个是 EIA 和 IEA 的定期研究报告，往往会涉及全球各地区原油生产的成本均价数据，另外 EIA 有一个专门的栏目市场与金融 "Markets&Finance" 会发布一些与油气业公司财务相关的分析报告（图 5-18）。另外，雅虎财经也有一个专栏（图 5-19），这个专栏列出了**世界主要能源公司的财务信息和股价走势**，并且下方还相关的新闻，这个专栏的网址是 http://finance.yahoo.com/industries/energy。

http://www.mcdep.com/index.htm 独家提供了一些原油公司财务和估值分析。

图 5-18 Markets&Finance 栏目

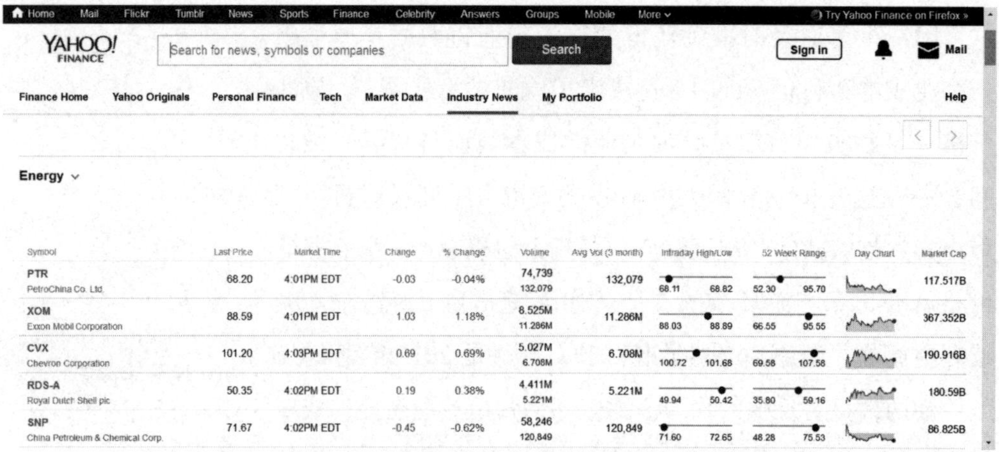

图 5-19 雅虎财经的能源上市公司专栏

总而言之,能源企业的油企资产负债表是我们需要关注的第三个因素,具体有哪些能源企业值得我们关注呢?世界上比较著名的油气巨头都值得我们不定期地追踪(图 5-20),而很容易看到财报的原油企业则有如下几家值得我们定期关注:

第五课 / 产业链与原油的商品属性（1）：上游的分析

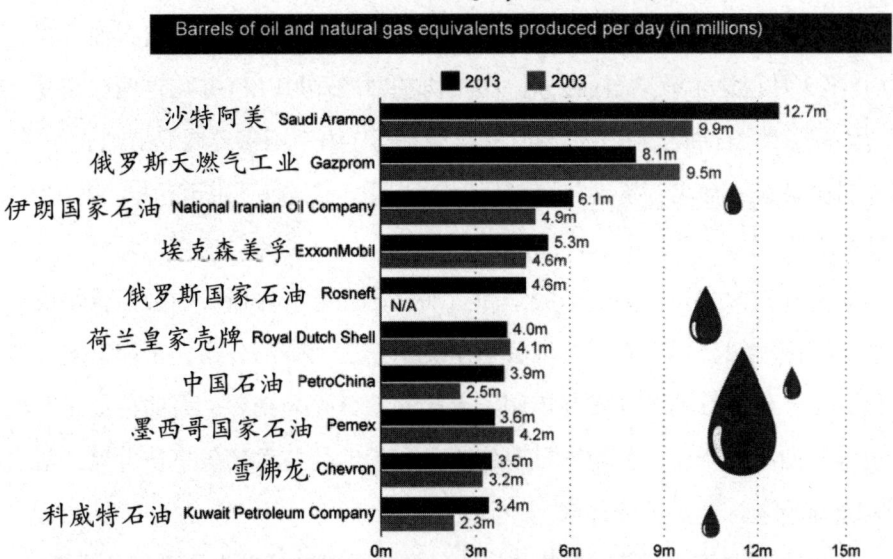

图 5-20　2003 年和 2013 年著名油气公司的油气产量
数据来源：statista

第一，埃克森美孚公司。这是世界最大的非政府石油天然气生产商，总部设在美国得克萨斯州爱文市。在全球拥有生产设施和销售产品，在六大洲从事石油天然气勘探业务；在能源和石化领域的诸多方面位居行业领先地位。埃克森美孚见证了世界石油天然气行业的发展，其历史可以追溯到约翰·洛克菲勒于1882年创建的标准石油公司，至今已经跨越了125年的历程。

第二，英国石油公司。这家公司1909年由威廉·诺克斯·达西创立。BP由前英国石油、阿莫科、阿科和嘉实多等公司整合重组形成，是世界上最大的石油和石化集团公司之一。主要业务是油气勘探开发、炼油、天然气销售和发电、油品零售和运输以及石油化工产品生产和销售。拥有12个下属分公司，在世界70多个国家有业务活动。

第三，荷兰皇家壳牌集团。它是世界第二大石油公司，总部位于荷兰海牙，由荷兰皇家石油与英国的壳牌两家公司合并组成。它是国际上主要的石油、天然气和石油化工的生产商，在30多个国家的50多个炼油厂中拥有权益，同时也是全球最大的汽车燃油和润滑油零售商。它亦为液化天然气行业的先驱，并在融资、管理和经营方面拥有丰富的经验。业务遍及全球145个国家，雇员近12万人，油气产量分别占世界总产量的 3% 和 3.5%。

第四，道达尔石油公司。1998 年 11 月法国道达尔公司与比利时菲纳石油公司合并，及 2000 年 3 月道达尔菲纳石油公司对法国埃尔夫公司 (ELF) 并购这两次交易后的产物。全世界第四大石油及天然气公司，在全球超过 110 个国家开展润滑油业务。2003 年 5 月 7 日全球统一命名为道达尔，总部设在法国巴黎，旗下由道达尔、菲纳、埃尔夫三个品牌组成。

第五，康菲国际石油公司。由美国康纳和石油公司和菲利普斯石油公司合并成立，是综合性的跨国能源公司。康菲石油公司是美国第三大石油公司，全球第五大能源公司。核心业务包括石油的开发与炼制，天然气的开发与销售，石油精细化工的加工与销售等石油相关产业，公司以雄厚的资本和超前的技术储备享誉世界，与 30 多个国家和地区有着广泛的业务往来。

上述几家公司的官网可以不定期浏览，并且可以在财经网站上查询它们的季报，从而判断整个原油产业链上游的景气程度。当能源行业的业绩报表过度好或者过差的时候，往往就是原油价格已经或者即将处于极端边缘的时候。

原油行业是典型的周期行业，处于这个行业的公司不能不受到周期因素的影响。原油的产量受制于产能，而产能受制于投资。这个"投资"是经济学上的投资，而非金融学上的投资，简单讲就是对维持和增加产能的投入。吉姆·罗杰斯擅长利用产能周期捕捉大行情，比如军工行业的产能周期，等等。原油行业投资也存在周期（图 5-21），由此导致了产能周期，进而导致产量周期。因此，分析原油的上游，还需要考虑原油业的投资周期和产能周期，这个可以和能源上市公司的分析结合起来，打通中观和微观。

在分析原油产业链上游时，除了关注上述因素之外，还需要关注如下因素：第一，OPEC 动向，这个可以从财经新闻媒体中得到，同时也要关注 OPEC 的官方网站。第二，非 OPEC 产油国动向。这个主要也是通过财经新闻媒体得到，比如国外的彭博和路透，国内的财新网和华尔街见闻等。大多数外汇网站这方面的信息也比较及时，比如 Dailyfx 和 investing.com 等，另外 IEA 和 EIA 的官方网站也是获取此类消息的便捷方式。第三，油田投资动向。这个属于中长期因素，可以从 OPEC、IEA 和 EIA 的官网获取相关的报告。另外国内一些比较大的期货和证券公司研究所也会不定期分析这方面的信息，比如中信期货、中信建投证券等，钻井数据可以相互佐证。第四，三湾地区地缘政治和产油国国内政治对于原油上游产业链有着重大影响,往往成为行情炒作的基础。专业一些讲就是"事件驱动交易",直观一些讲就是"题材投机"。这方面的内容我们放到后续几课中专门讲解。第五,油气技术新发展和新能源发展也是我们关注的重要变量,具体而言就是页岩油气开采情况等。这个我们会在第八课专门介绍分析技巧和注意因素。

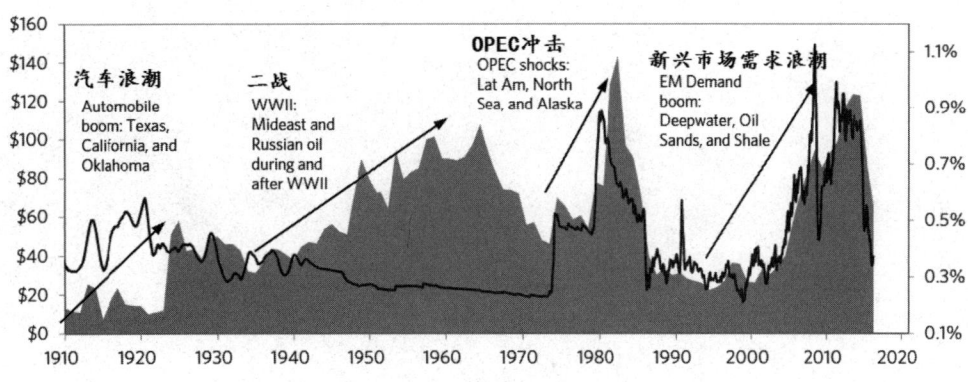

图 5-21　原油行业投资的大周期循环

数据来源：Bridgewater Daily Observations Greg Jensen

第六课

原油地缘政治学

　　冷战时期已经分裂的中东现在变得更加支离破碎了。美国及其盟友发动的阿富汗战争和伊拉克战争充分引发了伊斯兰教内部逊尼派和什叶派的斗争,为伊朗渗入阿拉伯世界提供了机会。

——萧尔·伯纳德(Saul Bernard)

　　美国在发挥全球主导作用时应该认识到政治地理仍是影响国际事务的关键因素。据说拿破仑曾经强调,了解一个国家的地理就懂了这个国家的外交政策。但是我们必须根据实力的现状来调整我们对政治的量重要性的理解。

——兹比格涅夫·布热津斯基(Zbigniew Brzezinski)

地缘政治因素对原油究竟有多大的影响？这一点无须我们来举例证明，大凡对历史和现实略知一二的人都不会否认这一点。

为什么地缘政治因素对原油影响力这么大呢？

第一，原油是一种战略物资，是现代经济运行的基础，穿的衣服上的纤维大部分来自石油化工，农业的农药和化肥来自于石油化工，水陆空交通的燃料来自于石油化工，诸如塑料之类的建材来自于石油化工，因此原油被称为现代经济的血液。

第二，原油的重要出口国大部分位于地缘政治冲突的断裂带。以中东为例，这个地区是宗教冲突区，是民族冲突区，是世界陆权和海权的冲突区等等。以原油为主的能源在全球的分布是不均衡的，而那些能源富集区域往往成为大国战略的焦点区域，也成了相邻国家的争夺区域（图6-1）。

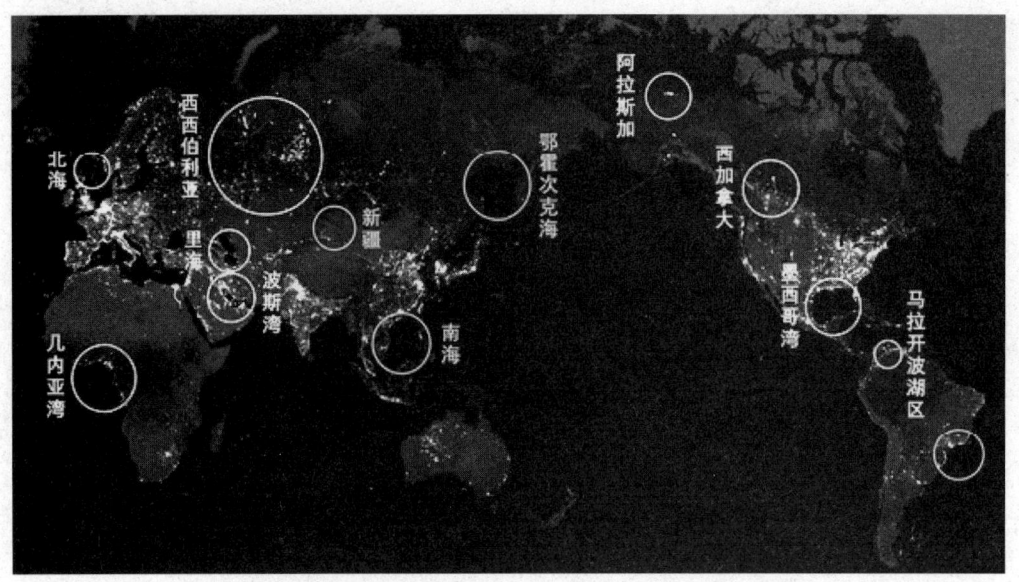

图6-1　全球能源富集区域

数据来源：地球观察团

第三，美国和俄罗斯是油气生产大国，也是超级强国，中国和西欧是油气消费重要经济体，四者都是地缘政治的大操手，因此原油必然成为国家政治战略一个重要的砝码或者软肋。

第四，货币霸权是世界霸权的基础，而货币霸权往往与能源关系密切。美国在第二次世界大战期间发了大财，因为期间美国原油产量占全球总产量的70%，而且他以中立态度向交战双方销售石油。美元先与黄金绑定，然后又与原油绑定，这就是美元霸权之路。

第五，原油陆上管道和海上运输通道往往位于地理上的咽喉要道，这些兵家必争之地在政治和军事考量上至关重要。我们会在第十课专门介绍原油的运输地理问题，本课就对此就不作展开了。

第六，大量的油气田处于国际争端区域，而这些争端往往因为大量的油气资源而变得愈演愈烈。

第七，原油作为现代经济的基础，往往成为国际制裁的战略手段，通过控制原油就可以威胁对方的经济安全，甚至军事安全。而拥有丰富油气资源的一方，则多了一份参与国际政治的筹码。比如，许多敢于叫板美国的国家往往是因为自己拥有丰富的油气资源，比如委内瑞拉。并且，这种底气会随着原油价格的波动而起伏，比如原油价格与俄罗斯以及解体前的苏联的国力盛衰关系密切，简单来讲就是俄罗斯与美国叫板的底气与原油价格密切相关。现在有一种说法称，苏联的解体很大程度上与低迷的原油价格有关。

我已经给了七点理由来说明为什么地缘政治因素对原油价格的影响很大，想必大家也已经有了自己的一点思路。黄金与地缘政治的关系其实相对简单，当某个国家或者地区面临战争或者处于战争时就意味着这个国家的赤字会大幅增加，生产会遭到破坏，政权的稳定性会动摇，而这些最终都会危及该国或者地区的主权信用，一旦预期到主权信用下降，则该国货币的黄金价格就会上涨。但是，原油与地缘政治的关系就错综复杂了，因为原油本身既可能是冲突的肇因，也是斗争的手段，再者冲突也可以影响原油的生产和运输，原油本身是战略物资，也是战略手段，是维护霸权的基础，也是反对霸权的支持。

关于原油的地缘政治已经有不少专著，这方面的话题总是让大家热情不减，其中有严密的推理，有翔实的史料，也有精巧的阴谋论。我在讲这课的时候需要反驳两种对交易者有害的思路，第一种思路就是阴谋论，第二种思路则是西欧—北美中心论。

阴谋论有个四弱点，第一个弱点是将必要条件当做充分条件；第二个弱点是"有罪推定"，忽略相反证据；第三个弱点是忽略了利益相关体的复杂性，将某一团体当做是毫无内部矛盾的理性团体，忽视了利益团体的不稳定性；第四个弱点是忽略了现实的系统性特点，认为某一个体或者群体可以精心设计出极其复杂的环环相扣的博弈过程，忽略了对手的高度可变性。大战略没有阴谋论那么多复杂的环节，但却是现实博弈当中大国之间的真实计划。我们应该琢磨地缘政治中玩家们各自的大战略，而不是事后来为阴谋论"写剧本"。对于交易者而言，阴谋论可以当做小说和大片来看，真正能够帮助我们分析地缘政治走势的还是那些基于博弈论的大战略分析。

交易员在分析地缘政治时要克服的第二个思维习惯是"西欧—北美中心论"，简称"欧美中心论"。多年前看过国内一个知名出版社引进了一本欧洲学者的著作。这个学者在整本书中力图用考古资料和历史数据证明从史前文明开始西方一直领先于东方，而所谓的西方已经将埃及、西亚和中亚包括进去了，所谓的东方似乎就剩下了东亚和南亚。其实，这是一位作者带着偏见在讲述历史。这种基于地域和文明优越感的地理/地缘分析思维很难真正把握全球地缘政治的本质。又比如，当代美国人总是认为他们是"上帝的宠儿"，认为他们的崛起是因为伟大的制度，因为民主。其实稍微将美国历史拉长，认真读一些美国的发展历史就知道，美国不是因为民主而强大，而是因为强大而民主。美国西进运动，加上两次世界大战发战争财，同时庇护纳粹科学团体奠定了今天美国的第一强国的基础。总之，地缘政治是现实主义学派，而非理想主义学派，它崇尚实证分析，而不是规范分析。

下面，我就先从自己理解和运用的角度扼要讲一下地缘政治这门工具学科的内涵和外延。当然，我是从一个交易者的角度来讲述的。

> 不懂地缘政治，就很难搞清楚原油，特别是大国地缘政治格局的扩展与收缩往往会影响黄金的趋势走势。地缘政治事件对原油价格的影响是中短期的，事件背后的战略才是中长期影响的根源。

原油与大国战略息息相关，而地缘政治牵涉的就是大国战略。《孙子兵法》开宗明义的那句话其实讲的是地理对于用兵之道的重要性："兵者，国之大事，生死之地，存亡之道，不可不察也！"纵观《孙子兵法》全书大约有三分之一的篇幅在谈论地理的重要性，所以这里的地和道其实就是讲的地理，地理之于军事譬如呼吸之于生命。**地缘政治就是一门基于地理研究大国战略的学问。**

西方国际政治学将地缘政治学和均势理论作为现实主义的两大流派,中国春秋战国时期的连横合纵战略家们对这两种理论的运用可谓臻于化境,远交近攻作为统一六国的根本战略,无疑将地缘政治发挥到了极致,而三国时代的联吴抗魏无疑是均势策略的最佳注释。

地缘政治的学术血脉,古已有之。但是直到麦金德在《历史的地理枢纽》一书中将地缘政治这门学科奠基,他的学说被认为是陆权的代表;此后马汉发展出了海权。海权和陆权的二元对立是地缘政治的根本。在西方,远有希腊和波斯的对立,近有美国和苏联的对立,希腊和美国是海权的代表,而**波斯和苏联则是陆权的代表**。

> 美日英澳是海权的代表,中国和俄罗斯、德国是陆权的代表。

海权便利了力量集中和机动,陆权则便利了规模经济和蚕食扩展。地缘政治的核心可以用陆权和海权两者的对立统一来表示。一个分析能力超群的黄金交易大师在分析黄金走势的地缘走势因素时,必须站在**全球海权和陆权对立的基础上进行**(图6-2)。

> 丝绸之路是陆权鼎盛的象征。一带一路战略与陆权更紧密,TPP战略与海权更紧密。

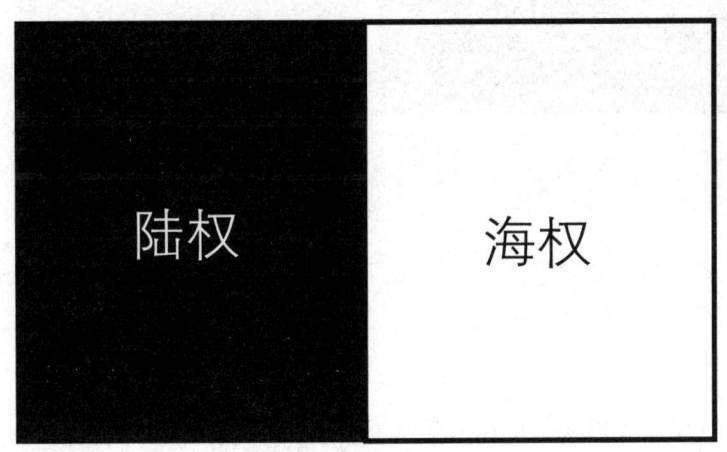

图6-2　陆权和海权

关乎原油中长期趋势的地缘政治因素都是抽象的大国战略,具体的地缘政治事件可能会带来巨大的短暂原油价格变化,事件过后的原油价格走势完全取决于此事件背后隐藏的大国战略。美国在世纪之交发动了欧亚大陆中枢部位的多场战争:科索沃战争、阿富汗战争和伊拉克战争、叙利亚战争等等。这些战争带来的原油价格变动顶多持续数月，但是**原油价格的趋势就是受到美国大战略的影响**。所以，在分析地缘政治时，必须把握事件和战略的二元性，事件是具体的，是载体，而战略则是抽象的，是主题。原油的中长期走势取决于战略，而不是事件。事件的发生会带来原油短期的剧烈波动。这就是原油地缘政治因素分析中的另外一对阴阳所在（图6-3）。

因为美国的大战略必然影响到美元的走势，而美元走势会影响原油走势。美国霸权进入扩展周期阶段时，必然导致赤字持续扩大，而这就会导致美元贬值，而反过来就利多原油。

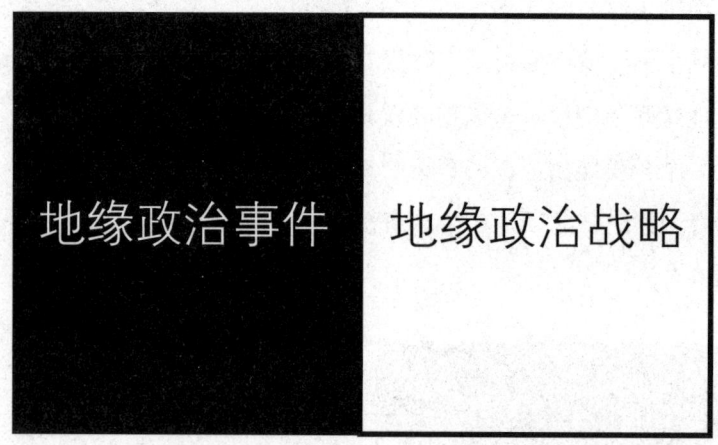

图6-3　地缘政治事件和地缘政治战略

原油地缘政治的分析围绕三个"太极"进行，第一个是"什叶派—逊尼派"，第二个和第三个则是前面已经提到的"海权—陆权"和"地缘政治事件—地缘政治战略"。

什叶派和逊尼派是伊斯兰世界内部两大派系，什叶派以伊朗为龙头，而逊尼派唯沙特马首是瞻，尽管土耳其和埃及也试图成为逊尼派的领袖（图6-4）。中东的地缘政治形势，如果撇开以色列与阿拉伯世界的关系，那么我可以从地缘上将中东看成一个三角形，沙特、伊朗、土耳其各占一个角。

接着我们讲"海权—陆权"二元对立，最后将得出的地缘政治分析框架用于"地缘政治事件"分析，以窥测其后的"地缘政治战略"。如果能够本着这个框架去分析影响原油走势的地缘政治因素，则该因素对原油的趋势影响将一览无遗。

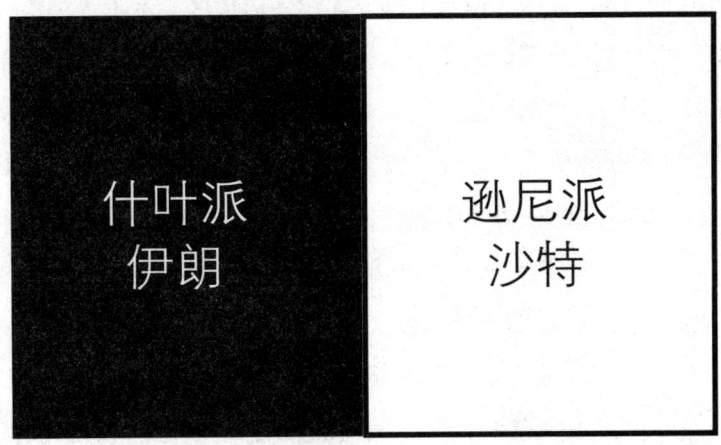

图 6-4　什叶派和逊尼派的对立统一

我们先从"海权—陆权"的二元对立讲起，这就是世界政治和帝国霸权的蓝图所在。图 6-5 是一张世界政区地图，图中我们特意标注了一行字："美日英制衡欧亚大陆图"，可以说这张图将大国战略模型化了。实际上特定的地理位置使得特定的国家不得不采用特定的战略，地理位置决定了大国战略的必然性。该图中大家可以看到欧亚大陆被圈起来了，而日本、英国和美国则用圆圈标注了出来。

我们首先从西欧区域分析。西欧大陆与东亚大陆以及北美大陆一样主体板块都处于北温带，这使得地理资源能够承载规模很大的定居文明，大西洋暖流和地中海的温和气候使得西欧成了农耕文明发源地之一。西欧的传统强国是德法，英国一直是西欧大陆强国崛起的最大障碍。英国对西欧大陆奉行均势政策，通过"拉一派打一派"来维持西欧大陆的均衡态势，通过强大的海军维持西欧大陆无绝对霸主的局面，从而利用了海权的优势。西欧大陆的各国之间相互接壤，犬牙交错，像德法这样的大国往往处于两面甚至多面受敌的状态，在军事扩张上往往不能集中兵力。而英国则可以集中发展海军，英国的地理位置使得其在使用军事力量时更为集中和机动。英国充当了"离岸平衡手"的角色，英国获得了海权。

接着我们再来看东亚区域的日本。日本面对的是东亚大陆，这片大陆受到季风气候的影响，土地肥沃，而且三条东西向的大河贯通大陆板块，治水的需要间接推动了政治整合。日本没有英国那么好的运气，因为日本面对的大陆处于一个高度统一的政权下，在清朝和民国治下，日本像英国一样获得了部分的海权，不过由于拼命地扩展帝国，它触犯了英美等海权国家的利益，最后因过度扩展而倒了下去。

美国处于北美大陆，其南北都是弱国，无论是历史还是未来都不太可能出现陆地接壤的强邻。其东西两面都是大洋，这使得美国相对于整个欧亚大陆而言是一个拥有海权的强国。美国的大战略家，也就是当代海权的领衔人物布热津斯基为维护和扩展美国的全球海权殚精竭虑。美国的立国大战略就是阻止欧亚大陆上霸权的崛起，只有阻碍这样的欧亚统一势力出现，才能使得美国的利益得到保证。在布热津斯基看来，欧亚大陆任何统一势力的出现，都会使得美国这样的海权国家丧失特权和优势。更加统一和和谐的欧亚大陆之于美国，相当于统一和稳定的欧元区之于英国，欧亚大陆的大国之间由于接壤和犬牙交错，所以很容易陷入相互倾轧的纷争，最终丧失贸易带来的规模经济效应。像英美日这类国家相比陆地国家更难分享到大陆规模经济的好处，而且统一的大陆将威胁到这些国家的独立和特权，所以它们习惯于"挑拨大陆国家的关系"，在大陆上保持均势，并让自己处于仲裁者和干涉者的优势地位。

> 为什么英国、澳大利亚和日本要参与南海纷争，因为它们是海权国家，海权是他们利益的根本。印度洋和南海是世界最为重要的海上运输线，他们当然想要维持在这些地方的霸权。

美国的大战略就是避免欧亚大陆出现统一或者一致，要做到这点，就需要在东亚联合日本，在西欧联合英国，在大洋洲联合澳大利亚，在大陆上利用德国牵制法国，利用巴基斯坦牵制印度，利用乌克兰牵制俄罗斯，利用日本、印度和越南牵制中国。无论是东亚还是西欧都需要欧元大陆中部的石油，同时欧亚大陆的规模经济效应要利用起来，就必须保障这一地区的交通安全，美国通过各种政治和军事手段控制这一地区，其大战略就是为了避免欧亚大陆的经济一体化进程和集体安全机制建立。美元是美国发行的"国家股票"，美元的币值取决于美帝国霸权的稳定性，而美帝国霸权的稳定性建立在强大的经济基础上。当美国的大战略有利于美国的霸权稳定和经济发展时，美元币值坚挺，原油的美元价格容易下跌；当美国的大战略产生了相反效果时，美元价格下跌，原油的美元价格就容易上涨。如果美国直接介入到欧亚大陆的政治事务，并且引起过度扩展带来的财政严重赤字，那么美元就会大幅度下跌，如果地缘政治动荡在美国本土出现，那么美元就会暴跌。不过，如果欧亚大陆的地缘政治事件并不直接牵涉美国，对美国安全没有影响，则美元很难有重大波动。将下面这幅世界地图好好地琢磨一遍，我们将深入下去，给出一个更加抽象的地缘政治分析模型。这个模型将"海权—陆权"思想依据全球地缘政治现实进一步复杂化（图6-6）。

第六课 / 原油地缘政治学

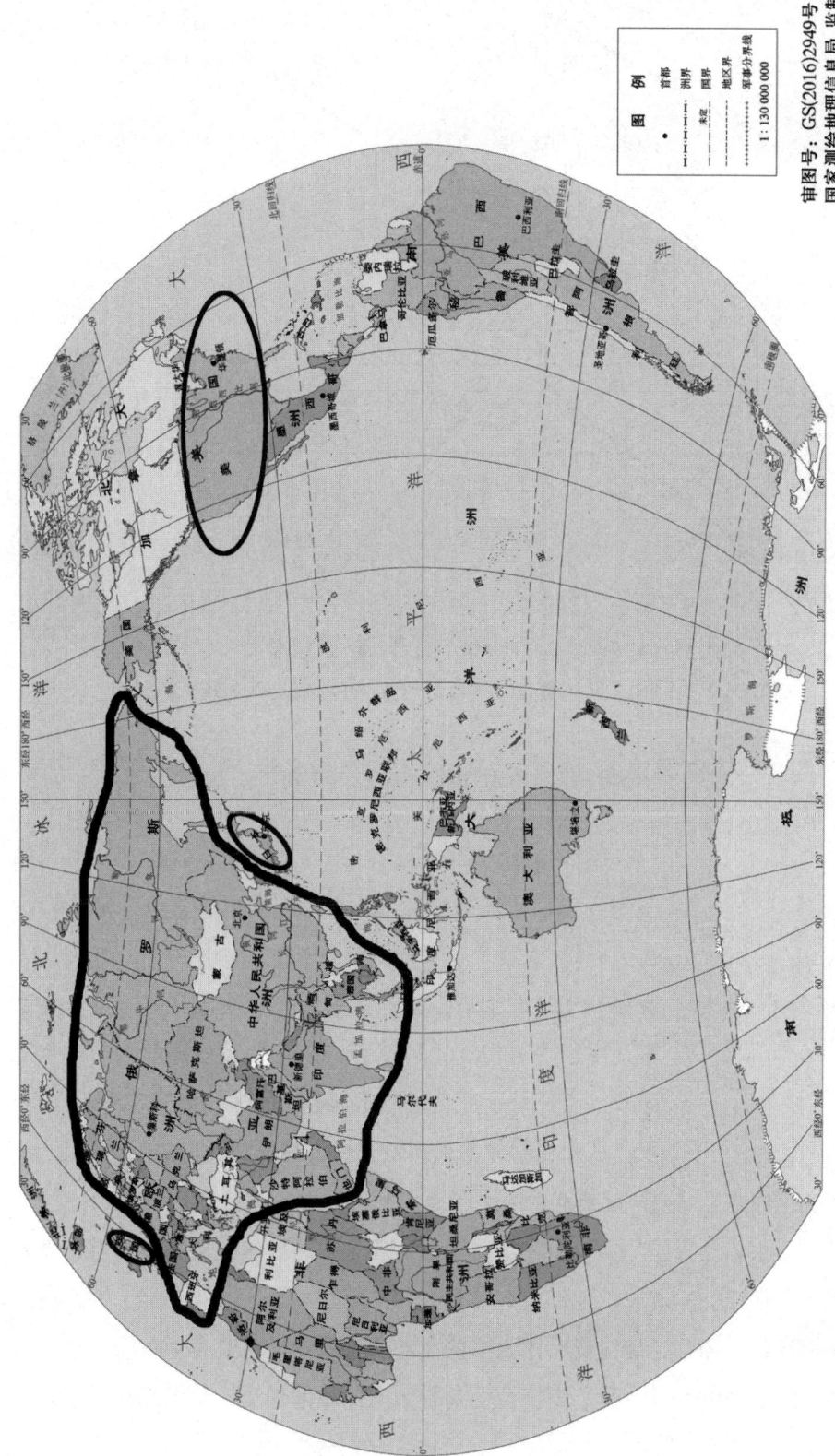

图6-5 代表海权的美日英制衡欧亚大陆的陆权兴起

91

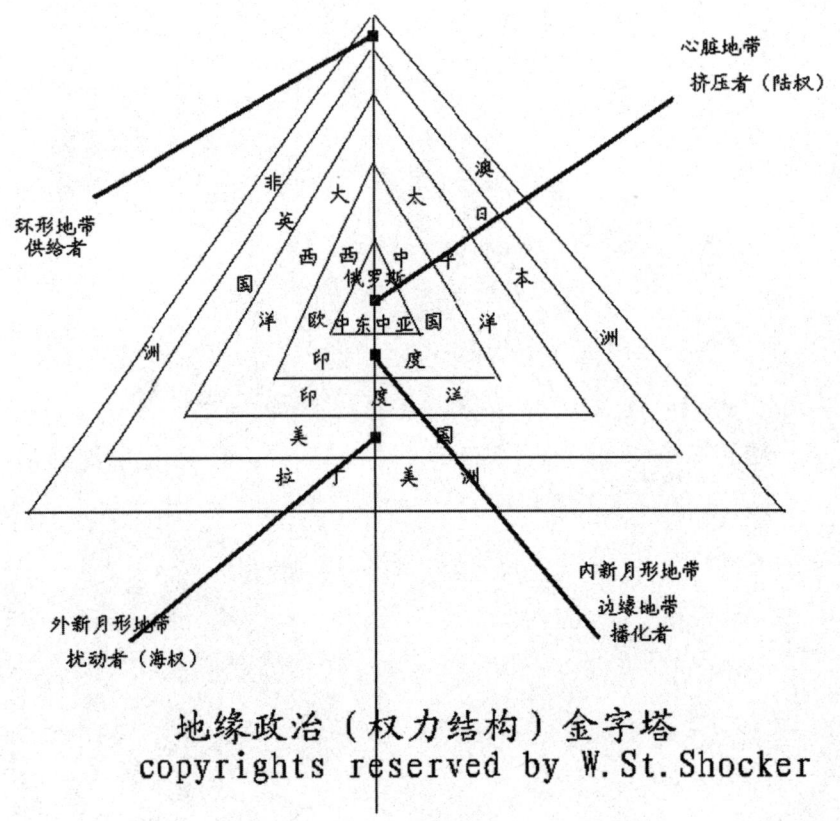

图 6-6 魏强斌的地缘政治金字塔模型

> 要洞察原油的趋势，不仅要懂经济，更要懂得大国政治和国际关系。

图 6-6 是我根据近五百年的全球地缘政治现实得到的一个理想化的地缘政治分析模型，我们称之为"地缘政治金字塔"。以这个金字塔作为推演沙盘，我们可以分析过去、现在和未来的全球重大地缘事件和背后的战略。这个金字塔是由五个等边三角形嵌套构成。能够熟练地运用这个地缘政治金字塔，就能够很好地把握国际地缘政治脉络和动向，从而**在原油中长期投资中占得先机**。

先从金字塔的里面第一层讲起，第一层是俄罗斯、中东和中亚各占据了一个角。这一地区属于大陆性气候为主，游牧经济使得古代这一区域的民族倾向于随着气候变化呈现周期性迁徙的现象，他们要么往东方的东亚季风区入侵和迁徙，要么向南亚的热带季风区入侵和迁徙，要么往西方的西欧温带海洋性气候和地中海气候区入侵和迁徙。忽必烈的大元帝国，阿提拉的匈奴帝国，苏俄的华沙组织都代表了这一地区地缘政治的特点，他们是陆权的代表。他们被定义为"挤压者"。他们时刻挤压着西欧、东亚和南亚的文明。他们奔向出海口，但是又常常止步于海岸线，因为海岸线就是他们帝国力量的极限。他们无法征服那些岛国。他们的力量在东亚、西欧和南亚与海权交汇、抵消。第二个三角形的三个边分别是中国、西欧和印度，这些地方内有陆权挤压，外有海权干扰，是海权和陆权力量交汇的地方，既是海权限制陆权扩张的前线，也是陆权争夺出海口的前沿。东亚隔着太平洋系与日本相望，日本凭着海洋获得了海权优势。当元朝这样的陆权势力扩展到海边时，大洋削弱了陆权的势力，助长了海权的势力。西欧隔着大西洋系与英国相望，英国凭借着海洋获得了海权优势，当拿破仑和希特勒力图征服英国时，海洋帮助了英国。美国隔着太平洋与东亚相望，隔着大西洋与西欧相望，隔着印度洋与印度相望，美国的海权与苏联的陆权交接于西欧，交接于东亚，交接于南亚。西欧、东亚和南亚是文明的孕育地，虽然美国称西欧为旧大陆，但是美国的文化来源于英国，而英国的文化来源于法国。英文里面到处都是模仿法文的痕迹，就跟日文里面到处都是模仿中文的痕迹一样。西欧、东亚和南亚被定义为文明的"播化者"，而美英日则被定义为"扰动者"。日本的海盗袭扰了东亚大陆数百年，军国主义肆虐了数十年，英国也袭扰过西欧大陆，美国则袭扰整个欧亚大陆。他们的出现使得大陆文明得以不断前进，这就是"抗原对抗体的促进作用"。"播化者"千年以来不断向"草原强盗"和"海洋强盗"播散礼教，这就是播化者的特点。虽然播化者往往被挤压征服，被扰动者掠夺，但结果往往是扰动者被播化者同化。

> 第二个三角代表着文明的创造和传播者。

现在还剩下最后一个三角形了，这就是最外围的被称为"供给者"的地带。非洲是英国的外围，拿破仑和希特勒都力图通过非洲制约英国，英国也通过北非、埃及和南非这样的战略地点获取资源。澳洲，广义来讲还包括印度尼西亚，是日本的外围，日本通过这一区域获得重要的战略资源。拉丁美洲，特别是加勒比海地区和亚马孙河谷地区是美国的外围，美国通过这一区域获得重要的战略资源，同时该地区的古巴和委内瑞拉、巴西等是制约美国的关键力量。供给者是扰动者力量的来源，同时也是制约扰动者的关键。国际黄金与美元挂钩，美元的价值挂钩于美国国力，这包括地缘政治势力和经济实力，如果拉丁美洲出现了足以危及美国地缘政治安全的势力，则美元的价值将遭受重大的打击。美国为了预防这一情况的出现，通过胡萝卜加大棒政策以及均势策略确保这一区域的可控，布热津斯基建议美国在这一地区利用阿根廷制约巴西，毕竟巴西是美国后院的最大挑战者。

> 地缘政治就是挤压者，孵化者，扰动者和供给者之间的博弈！

我们利用上述"地缘政治金字塔"来分析全球地缘政治格局时，要注意到美国地缘政治力量的消长与美元币值的关系，**以及与原油价格的关系**。美国扩展其地缘政治势力并不意味着美元走强，美国收缩其地缘政治势力并不意味着美元走弱。过度的扩张，比如越南战争往往导致国力的削弱，从而使得美元价值下降；过度的收缩，比如一战时期后理想主义外交往往使国际利益得不到扩张，从而使得美元价值得不到提升。美元价值的升降必然反映到原油价格上。国家实力要最大化国家利益，就必须恪守"尽量扩大到极限，尽量守住底线"的原则。

"海权—陆权"的二元结构，我们已经通过地缘政治金字塔基本弄清楚了，下面我们结合具体例子讲解"事件—战略"的二元结构在分析中的运用。

我们从20世纪下半叶的国际军事冲突讲起。这些军事冲突的实质都是陆权和海权之间的斗争。斗争的焦点围绕的是对欧亚大陆中部的控制权，也就是我们在地缘政治金字塔中以"中东和西亚"命名的地区。这些地区的冲突与原油价格走势密切相关，而且存在这样的大致规律：美国直接介入这些地区比间接介入这些地区会引起原油更大幅度的波动。

1979年到1989年，苏联为了夺得西亚地区的资源以及进一步威胁中国及抗衡美国在该地区的势力，发动了对阿富汗的入侵。战争初期苏军迅速解决了阿富汗正规军，但之后的游击战使苏联深陷泥潭。阿富汗游击队在美国的暗中支持下给予苏军沉重打击，苏军在付出惨重的人员伤亡及物质损失后不得不撤出阿富汗。在战争初期，苏联的进攻极为有力，这使得美国相对被动，反映出该时段美国为代表的海权对欧亚大陆枢纽地带控制力的下降，因为阿富汗可以为陆权的代表苏联打开通过印度洋的大门，在"印度洋洗战靴"是俄罗斯彼得大帝时期就开始的谋划。苏联的主动入侵，使得美国的地缘政治优势面临解体。但是，随着战事的延长，苏联在山地和部落作战的软肋开始出现，这表明美国的霸权优势开始得到恢复，苏联在边缘地带的扩张与其实力并不相符，这一地区是苏联扩展其力量的极限。由于苏联扩展的极限出现，美国的海权得到保障，所以美元指数走高。

不管是帝俄还是苏俄，他们都积极地为自己的陆权扩张而战，他们继承了匈奴人和蒙古人追求扩张的特点，不断地奔向边缘地带，奔向出海口。而美国则继承了地中海文明时代希腊和大西洋文明英国的海权基因，他们惧怕欧亚大陆任何霸权的兴起，他们享受并维护着海权对陆权的某些优势。在中东和西亚，这两种地缘政治权力发生交汇，由此有了上面的苏联入侵阿富汗，以及此后的两伊战争，美国入侵阿富汗等战事。

两伊战争其实也是美国和苏联两种地缘政治权力斗争的延伸，伊朗背靠苏联的陆权，得到苏联为代表的陆权的支持，而伊拉克则背靠美国的海权，得到美国为代表的海权的支持。

长期以来，两伊存在领土纠纷、民族和教派矛盾。1971年初，双方发生边境冲突。1975年在阿尔及利亚总统布迈丁的斡旋下，两伊签订《国界和睦邻条约》(即《阿尔及尔协定》)，规定了阿拉伯河主航道中心线为界，伊朗同意将克尔曼沙赫省约300平方公里的土地划给伊拉克。两国矛盾有所缓和，但未真正解决。伊朗一直未履行上述承诺。1979年2月，霍梅尼在伊朗执政后，两伊关系急剧恶化。1980年初，伊拉克宣称要废除边界协定，双方边境冲突逐步升级。

两伊战争如成功可以使得伊拉克成为海湾地区的霸主并控制石油贸易。军队内部清洗和美制装备零件严重缺乏都很大地影响了伊朗曾经强大的军力。另外，阿拉伯河地区的伊朗防御也很薄弱。随着政治、宗教的矛盾激化和边界武装冲突的加剧，1980年9月22日，伊拉克利用伊朗支持的对当时伊拉克外长阿齐兹的刺杀企图为借口，抓住机会发动进攻，至此两伊战争就全面爆发了。

> 战争对原油价格的影响我将在第九课详细展开。

两伊战争前后历时7年又11个月，是20世纪最长的战争之一。它是一场名副其实的消耗战，是一场对双方来说都得不偿失、没有胜利者的战争。这场战争前，伊拉克的外汇盈余近400亿美元，战争结束时，它的外债是800亿美元，其中400多亿是欠西方国家和苏联的军火债、300多亿是欠其他阿拉伯国家的贷款。战争中，伊拉克的死亡人数是30万、伤60万，直接损失(包括军费、战争破坏和经济损失)是3 500亿美元。伊朗也欠外债450亿美元，死亡70万、伤110多万，仅德黑兰就有20万妇女失去丈夫；直接损失3000亿美元。战争使两国经济发展至少推迟20至30年。

美国和苏联一方面想借助两伊战争扩大自己的地缘政治影响，同时也不希望自己支持的一方取得该地区的绝对优势，他们所希望的是一个破碎的中东地区，以适合自己扩展海权和陆权。

1990年伊拉克入侵科威特是伊拉克企图获得中东霸权的行为，在苏联解体后，美国要防止的就是新霸权在中东的出现。苏联的解体造成了地区性的力量不平衡，那时伊拉克军事实力在中东除以色列无人能及。科威特有丰富的油田，同时伊拉克需要科威特作为出海口和对外贸易的前沿。

伊科之间有长约120公里的陆地边界，其中盛产石油的沙漠地带未划定边界，伊拉克指控科威特在两伊战争期间蚕食伊拉克领土，在属于伊拉克的地区建立军事哨所和石油设施，还在属于伊拉克的鲁迈拉油田南部盗采了价值24亿美元的石油，科威特认为，鲁迈拉油田南部延伸到科威特境内，应属科威特领土，并要求阿盟组成一个仲裁委员会，根据科伊现有的条约和有关文件划定两国边界。

伊拉克入侵科威特严重危及美国海权，这使得美国对资源的控制力下降，进而威胁美国的霸权稳定。此后联合国的制裁决定和国际社会的普遍反对使得伊拉克的行为受到极大抵制，美国借力国际社会使伊拉克在地区影响力明升暗降，美国对该地区的影响力逐步恢复。

伊拉克的举动使得沙特等海湾国家的安全受到严重威胁，也使海湾地区局势急剧动荡。联合国安理会应科威特政府的要求召开了紧急会议，并通过了660号决议，要求伊拉克立即无条件撤军，恢复科威特合法政府，限期裁军，否则将对其动武。

萨达姆在电台上发表了讲话，表示"决不向美国屈服"。其态度的强硬终于促使美国总统布什签署了代号"沙漠盾牌行动"的作战计划。在实施"沙漠盾牌行动"计划的同时，布什还指令美国驻海湾地区总司令斯瓦茨科夫将军制订了"沙漠风暴行动"计划，第一次海湾战争拉开序幕。在战争之前，国际社会普遍对美国打败伊拉克信心不足。但美国为首的联合国军队很快确立起主导战事进程的优势，美国以维护国际法的名义对该地区加深控制。

克林顿时期，欧元逐步崛起挑战美国的地位，同时俄罗斯不断战略收缩，美国想借助俄罗斯地缘实力的下降将自己的力量扩大到这一区域，完成海权对陆权的威慑，同时打击西欧边缘地带兴起的对美国霸权的挑战。科索沃地处欧洲腹地，是前南斯拉夫的一部分，名副其实的欧洲火药桶，欧洲大国往往利用该地区的民族纷争为自己谋取地缘政治优势。美国打着几个幌子在此地区开战：为了麻痹国际社会和赢得国际社会的支持，美国说这场战争是为了保障人权；为了麻痹欧洲大陆的盟友，美国说这场战争是为了打压俄罗斯的生存空间，扩大西欧的安全地带。但是，科索沃一战使得西欧的稳定性受到影响，欧元下跌，同时俄罗斯的地缘政治优势进一步缩小，美国的地缘控制力进一步深入欧亚大陆内部，对资源的控制力大大地加强。

2001年9月11日的恐怖事件，使得美国获得了一个很好的出兵阿富汗的借口。苏联曾经兵败阿富汗，当时美国是阿富汗的盟友，此时美国趁着俄罗斯的衰落入侵阿富汗，表明了陆权的衰微和海权的崛起。由于苏联曾经在此地失败，所以美国入侵阿富汗使得国际金融界担心美国可能遭遇极大的挫折，不过阿富汗政权表现得不堪一击。

> 奥巴马主导的阿富汗撤兵意味着美国陆上霸权的收缩，但是TPP和亚太再平衡战略则意味着美国试图维护在太平洋的霸权。

美国借着反恐的东风入侵伊拉克，由于科索沃和阿富汗战争的胜利，以及此时伊拉克的内外交困，美国取胜的概率很高，所以这也意味着美国对资源的控制力加强了。不过，随着美国逐步陷入伊拉克内部的局部冲突和人民战争，美国的国力出现了消耗。

以地缘政治金字塔为沙盘对国际地缘政治进行推演，是我们分析原油价格走势的主要工具之一。分析国际油价的地缘政治事件，主要着眼于三个核心区域的政治动荡，如图6-7所示，其中圈注的部分就是我们在分析石油地缘政治时需要关注的地区。我们归纳为"三湾地区"：波斯湾，墨西哥湾和几内亚湾。

> 黄金与大国地缘政治战略关系密切，原油与产油国的地缘政治关系密切，当然也会牵涉到大国地缘政治。

波斯湾是印度洋西北部边缘海，又名阿拉伯湾，通称海湾，位于阿拉伯半岛和伊朗高原之间。西北起阿拉伯河河口，东南至霍尔木兹海峡，长约990公里，宽56～338公里。面积24万平方公里。伊朗一侧水深大部深于80米，阿拉伯半岛一侧一般浅于35米，湾口处最深达110米。湾内有众多岛屿，大都为珊瑚岛。湾底与沿岸为世界上石油蕴藏最多的地区之一。淡水绝大部分来自西北面的阿拉伯河与卡仑河。因蒸发量超过注入量，故西北部盐度（38‰～41‰）仍比东南海口（37‰～38‰）高。西北部水温16℃～32℃，东南部24℃～32℃。自古为海上交通要道。沿海居民从事航海、商业、渔业与采珍珠业者较多。第二次世界大战以后，阿拉伯半岛和伊朗的石油主要经波斯湾外运。沿岸国家有：伊朗、伊拉克、科威特、沙特阿拉伯、巴林、卡塔尔、阿拉伯联合酋长国和阿曼。海湾地区为世界最大石油产地和供应地，已探明石油储量占全世界总储量的一半以上，年产量占全世界总产量的1/3。所产石油，经霍尔木兹海峡运往世界各地。素有"石油宝库"之称。

> 波斯湾是阿拉伯人和波斯人的战略争夺点。

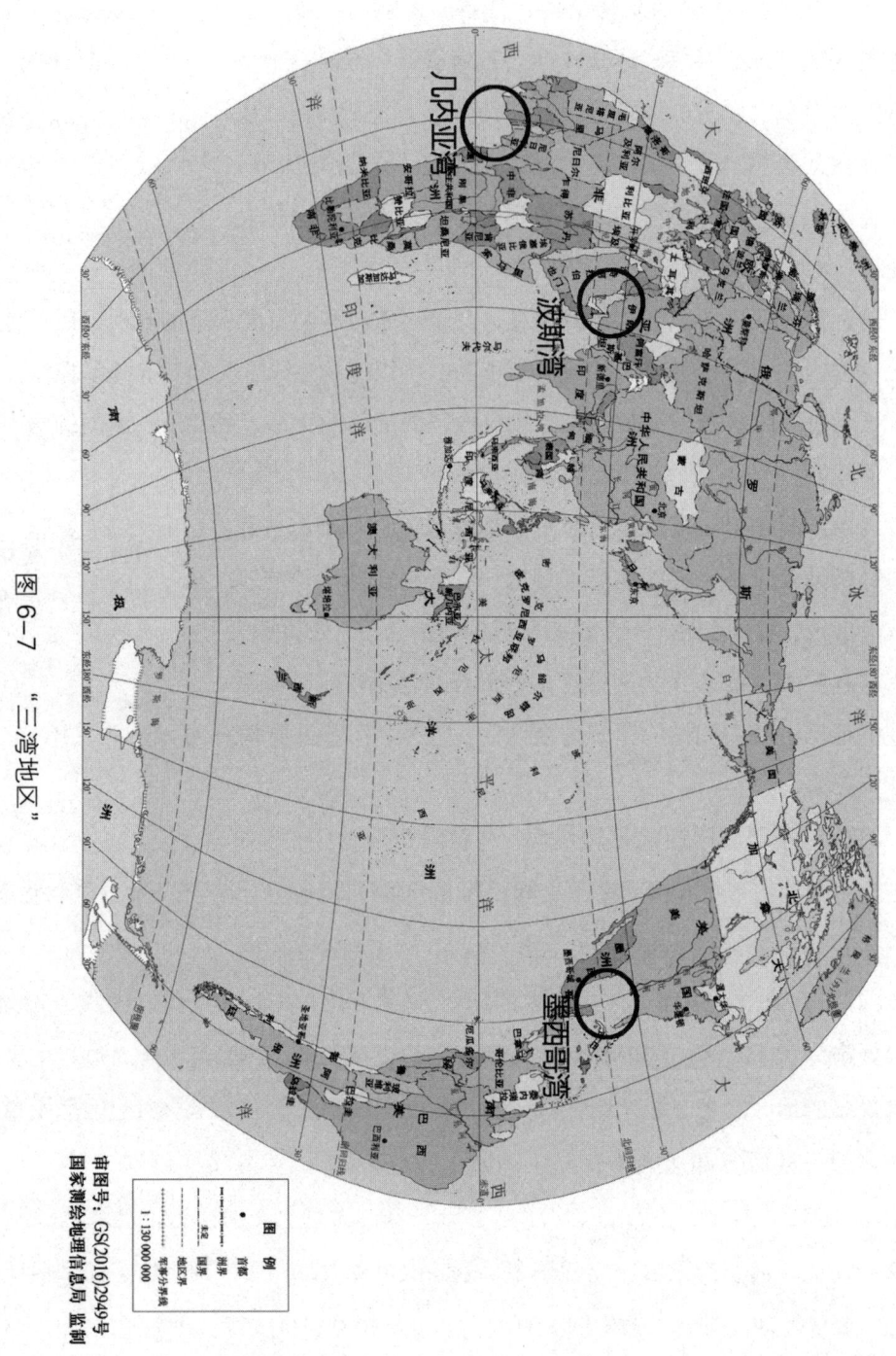

图 6-7 "三湾地区"

波斯湾呈狭长形,西北—东南走向。伊朗沿岸,南段为山地,岸线平直,海岸陡峭;北段为狭长海岸平原,岸线较曲折,多小港湾。阿拉伯半岛沿岸为沙漠,局部有盐沼。

东南端霍尔木兹海峡为海湾咽喉,湾口多岛屿,格什姆、大通布、小通布等岛紧扼湾口,构成海湾天然屏障。

早在公元前20世纪,波斯湾就是巴比伦人的海上贸易通道。此后,相继为亚述人、波斯人、阿拉伯人、土耳其人所控制。自1506年起葡萄牙殖民者侵占海湾达一个世纪。1622年,英国与波斯攻占格什姆岛和霍尔木兹岛。1625年,荷兰进入海湾,继而英国与荷兰在此争夺,从19世纪始英国逐步控制海湾。

第一次世界大战中,英军在此设立军事基地,与在伊拉克的土耳其军队抗衡。第二次世界大战中,海湾是同盟国向苏联提供军用物资的运输线。

战后,随着石油的开发,海湾成了世界强国的觊觎之地,沿岸国家更加注重防务,大力建设军事基地,主要有:伊朗的阿巴斯港、布什尔和霍拉姆沙赫尔海军基地;伊拉克的巴士拉海空军基地、舒艾拜空军基地和乌姆盖斯尔海军基地;沙特阿拉伯的宰赫兰空军基地、朱拜勒和达曼海军基地;阿曼的锡卜空军基地;巴林的朱费尔角海军基地。重要港口有:哈尔克岛、法奥、科威特、塔努拉角、麦纳麦、阿布扎比等。

海湾地区有一条巨大的石油带,具有经济意义和战略意义。是世界上最重要的石油产区,它蕴藏着丰富的石油资源,有"世界油库"之称,其石油蕴藏量占全球的2/3。其中,伊拉克1998年已探明的石油储量达1125亿桶,仅次于沙特,居世界第二位,天然气储量约3.1万亿立方米,占世界总储量的2.4%。具有十分重要的经济意义和战略意义。沙特与也门都位于阿拉伯半岛上,但在1990年5月22日之前也门处于分裂状态,分为南北也门(图6-8),北也门是什叶派聚集区,也是今天胡塞武装的大本营。南也门则是逊尼派的聚集区,今天是政府武装主导,基地组织也控制了部分地区(图6-9)。也门胡塞武装属于什叶派,因此与逊尼派掌权的沙特水火不容,沙特组成联军打击胡塞武装,而胡赛武装也主动攻击沙特。这些冲突有时候会影响原油生产,例如2016年8月26日在美联储官网公布了美联储主席耶伦在杰克逊霍尔年度峰会闭门会议上的演讲内容之后,外媒传来消息称也门的导弹击中了沙特阿美的石油设施,受这两个消息的影响,油价收复此前全部失地,并一度上涨约2%。

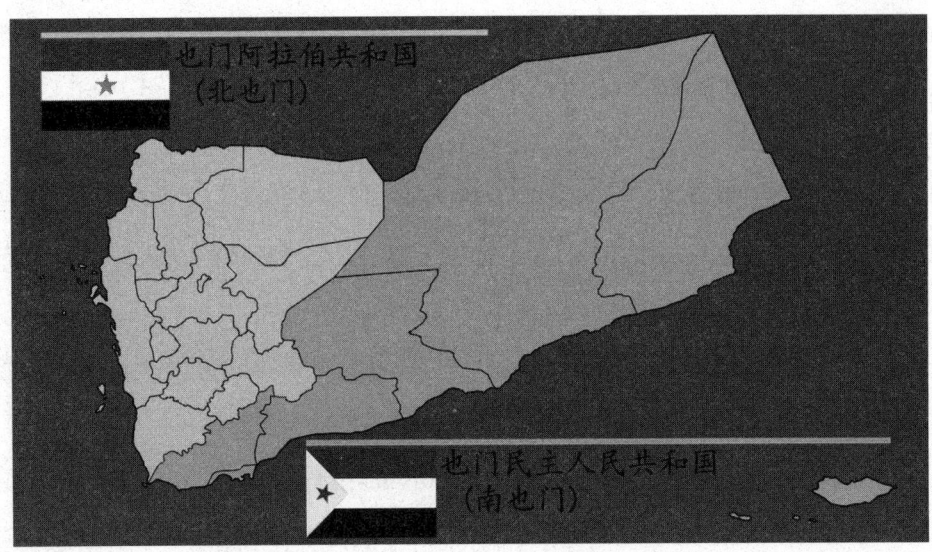

图 6-8 1990 年 5 月 22 日统一之前的南北也门

来源：百度百科

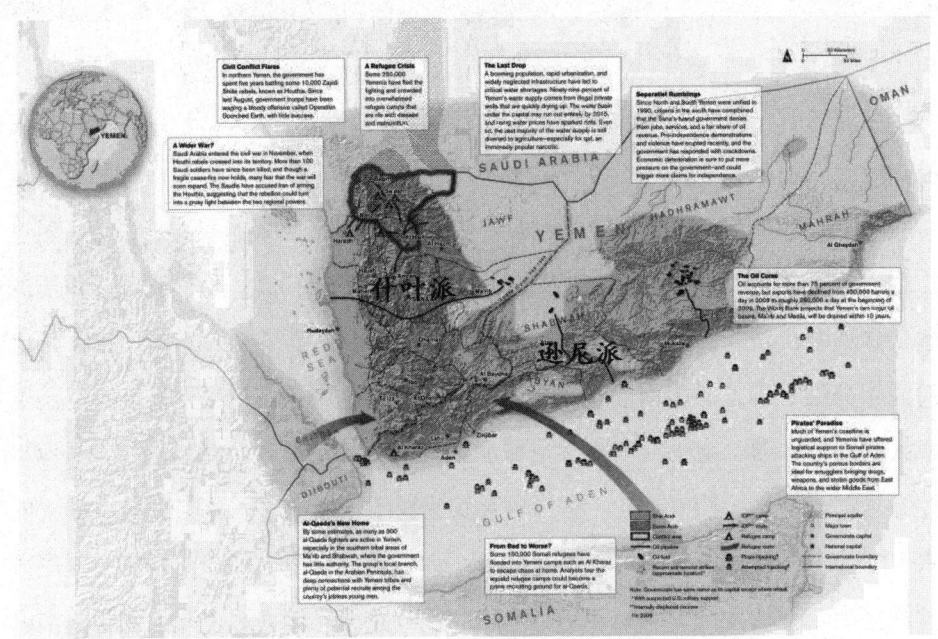

图 6-9 也门什叶派和逊尼派的分布

来源：国外佚名网站

海湾及其周围地区自古以来就是重要的国际通道。西方所需海湾石油的大部分，必须通过海湾唯一的出海航道霍尔木兹海峡运出。如海峡被切断，以美国为代表的西方国家经济将受到致命打击。因此，控制自海湾西岸经霍尔木兹海峡过阿曼湾到阿拉伯海的这条海上东西通道，就成了美国的重要战略目标。

1981年5月，海湾地区一些国家成立了海湾合作委员会（海合会），其成员国包括阿联酋、阿曼、巴林、卡塔尔、科威特和沙特阿拉伯。委员会的宗旨是实现成员国之间在一切领域的协调，加强成员国在各方面的联系、交往和合作，以及推动六国的工业、农业和科学技术的发展。

在北美洲东南部边缘，有一扁圆形的海湾，因濒临墨西哥而得名墨西哥湾。海湾的东部与北部是美国，西岸与南岸是墨西哥，东南方的海上是古巴。墨西哥湾经过佛罗里达海峡进入大西洋；经过尤卡旦海峡与加勒比海相连接。面积约150万平方公里。平均水深约1500米，最深处超过5000米。

海湾沿岸曲折多湾，岸边多沼泽、浅滩和红树林。海底有大陆架、大陆坡和深海平原。北岸有著名的密西西比河流入，把大量泥沙带进海湾，形成了巨大的河口三角洲。在尤卡旦海峡，有一条海槛，位于海面下约1600米深，作为墨西哥湾和加勒比海的分界。

墨西哥湾的浅大陆棚区蕴藏大量的石油和天然气。20世纪40年代以来，这些矿藏已经大量开发，占美国国内需求的很大一部分。近海油井的钻探主要集中在德克萨斯州和路易斯安那州沿岸，以及墨西哥坎佩切湾(Bay of Campeche)的水域。路易斯安那州岸外的大陆棚油井中还提取出硫。德克萨斯州的墨西哥湾沿海平原以及附近海湾和三角洲的浅海中还有大量牡蛎壳，可用作化学工业中碳酸钙的原料和筑路的材料。不过，墨西哥湾经常受到飓风的袭扰，所以其原油开采与天气关系很大。

几内亚湾西非海岸外的大西洋海湾。西起利比里亚的帕尔马斯角，东止加蓬的洛佩斯角。沿岸国家有利比里亚、科特迪瓦、加纳、多哥、贝宁、尼日利亚、喀麦隆、赤道几内亚、加蓬以及湾头的岛国圣多美和普林西比。有沃尔特河、尼日尔河、萨纳加河和奥果韦河等流入。尼日尔河三角洲东西两侧分别有邦尼湾和贝宁湾。

> 西非是法国的势力范围。

邦尼湾及其以南多火山岛，如比奥科岛、圣多美岛、普林西比岛等。大陆架平均宽不到20海里，其西部急剧下降到深4000米的几内亚海盆，最深处达6363米。地处赤道带，有几内亚暖流自西向东流入，气候湿热，水温25℃～26℃。盐度34‰，近岸有尼日尔等大河注入，减为30‰。沿岸多浅滩、潟湖和茂密的红树林。

大陆架上富藏石油，有鲱鱼、沙丁鱼、鲶鱼、龙虾等水产。主要港口有阿比让、阿克拉、洛美、科托努、拉各斯、杜阿拉和利伯维尔等。

2005年8月在尼日利亚首都阿布贾举行的石油区块竞标大会上，韩国石油公司以4.85亿美元的高价中标两个深海区块。一时间，矛盾纷纷浮出水面，几内亚湾成了各种势力的"比武场"。

一是新老势力"对战"。几内亚湾石油储量大（约占世界石油总储量的10%），含硫量少，属于提炼成本低的高品质油，但石油开采基本被西方石油巨头控制。美国智囊机构战略与国际问题研究中心最近指出："几内亚湾是美国外交政策的重中之重。"当有新势力要进入时，像老牌的美国埃克森—美孚和雪佛龙、英荷壳牌以及法国道达尔等石油公司当然要百般阻挠。

"对战"首先体现在竞价上。尼日利亚虽说是非洲第一大产油国，竞标大会也举行过多次，但此前单个石油区块最高价也只有两亿美元。这次，韩国石油公司仅为了拿下编号为323的深海区块，就掏出创纪录的3.1亿美元。

矛盾还体现在竞标程序上。韩国石油公司这次动用了优先否决权。优先否决权是尼政府为鼓励外国公司投资尼炼油、发电等基础设施建设出台的优惠政策，它允许外国公司在竞标大会后一周内以竞标最高价申请购买某区块。老牌欧美石油公司对此表示强烈不满，其中英荷壳牌公司等西方石油巨头已集体提出抗议。

二是新新势力"对战"。美战略与国际问题研究中心在其报告中评价说，尽管几内亚湾石油资源传统上被欧美老牌石油公司把持，但印度、韩国等新势力已开始进入，他们之间的竞争也日趋激烈。

2006年初，尼日利亚南部原油出产丰富的尼日尔三角洲地区产油设施遇袭。当年由于该地区频繁发生袭击产油设施和绑架石油工人事件，尼日利亚的石油产量已从原来的日均250万桶下降了约25%，原油出口下降20%，进而影响国际油价，2006年国际油价上升了近20%。

三是新势力和当地势力"对战"。尼日利亚的产油区向来暴力肆虐，西方石油公司历来都是向当地部族交"保护费"私了。新势力进来后也会面临同样的问题。韩国石油公司刚刚中标，"伊焦监督组织"就提出严重警告，声称不允许其在尼开采石油。尼产油区的其他不少部族也表示，仅与尼政府签署合同是远远不够的。这也从另一方面说明，新势力要想在几内亚湾安身，还有很长的路要走。这个地区的国内冲突与石油开采顺利与否密切相关。

总结而言，要关注波斯湾的国际政治，墨西哥湾的天气和几内亚湾的国内政治，一个原油走势分析家必须主要到这些石油地缘因素。

另外，我们仍旧建议大家将重大的石油事件标注在石油价格走势图上。图6-10就是一个范本。

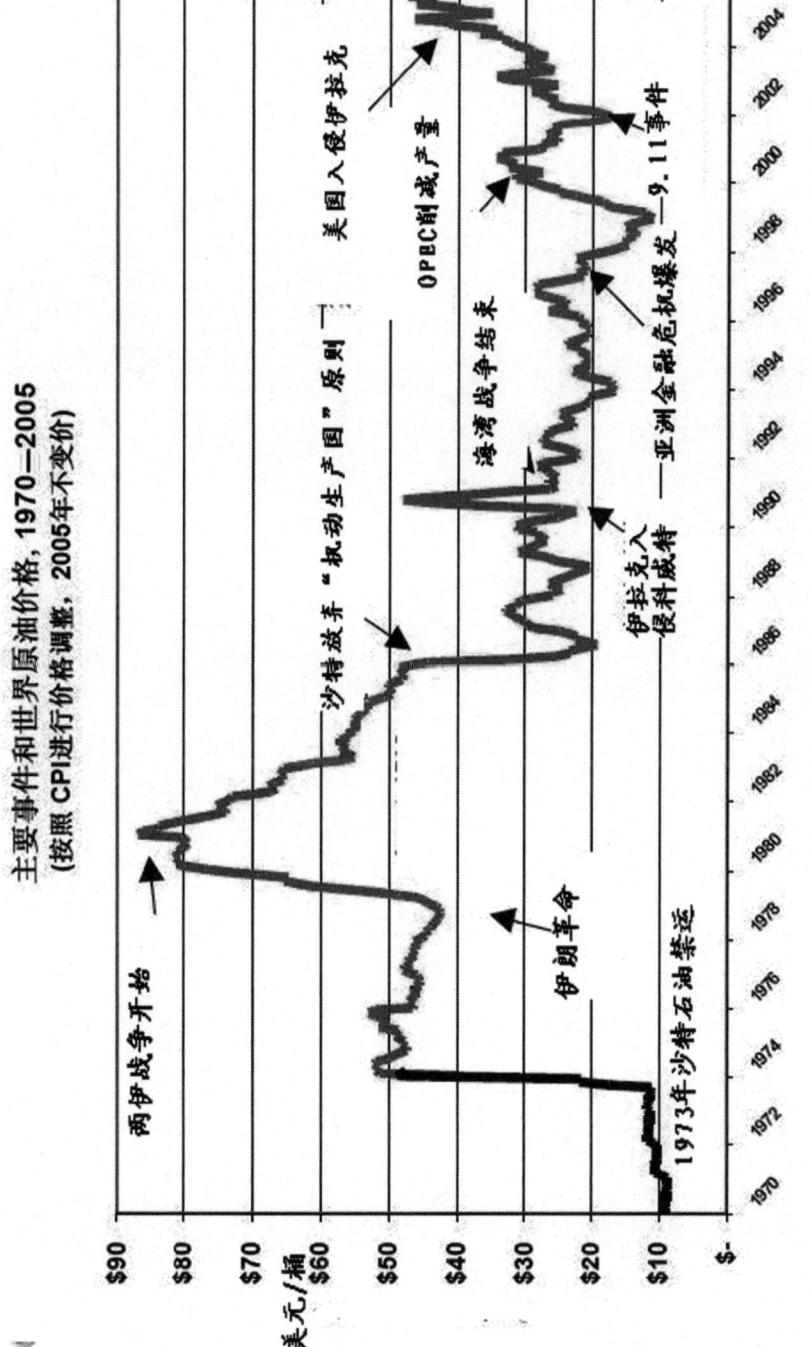

图6-10 重大的石油事件标注在石油价格走势图上

第七课

原油供给的国别分析要点：基于地理和政经的角度

道者，令民与上同意也，可与之死，可与之生，而不畏危也。

——孙武子

一个鼓励行动的群众运动可以唤起失意者的热烈反应。因为失意者将行动视为医治他们烦恼痛苦的良方。行动可以让他们遗忘自我，让他们有一种目的感和价值感。

——埃里克·H. 霍弗（Eric H Hoffer）

萨达姆·侯赛因在1972年将国际石油公司在伊拉克的资产国有化。在伊拉克，石油当然是钱所在，于是他就具备了上台的核心要素——知道钱在哪里。

——布鲁斯·布恩诺·德·梅斯奎塔（Bruce Bueno de Mesquita）

原油生产是在主权控制下展开的,同时地理条件和社会状况也会影响一国的原油生产,在本课当中我们会对重要原油生产国的上述情况进行介绍,力图让交易者在分析原油产业链上游的时候更加深入全面。

首先,我们来看原油储量大国,有两份数据,第一份数据是 EIA 提供的,这是美国的一个能源方面的官方机构,前面我已经多次提到了。这份数据通同时透过柱状图(图 7-1)和地理分布图(图 7-2)来展示,有点可能让大多数人比较意外,那就是委内瑞拉的原油储量是世界第一的。第二份数据是 BP 提供的,这是一家油气企业巨头,这份数据是透过饼状图的方式来展示的(图 7-3)。

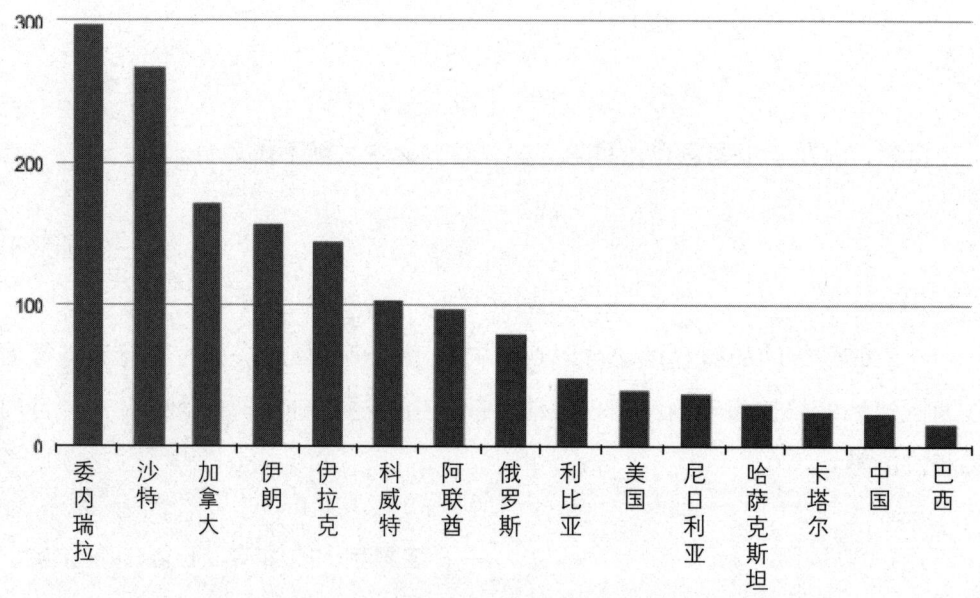

图 7-1　2015 年已探明原油储量的国别数据(单位:10 亿桶)

数据来源:EIA

第七课 / 原油供给的国别分析要点：基于地理和政经的角度

图 7-2　2015 年 已探明原油储量的国别数据（单位：10 亿桶）

数据来源：EIA

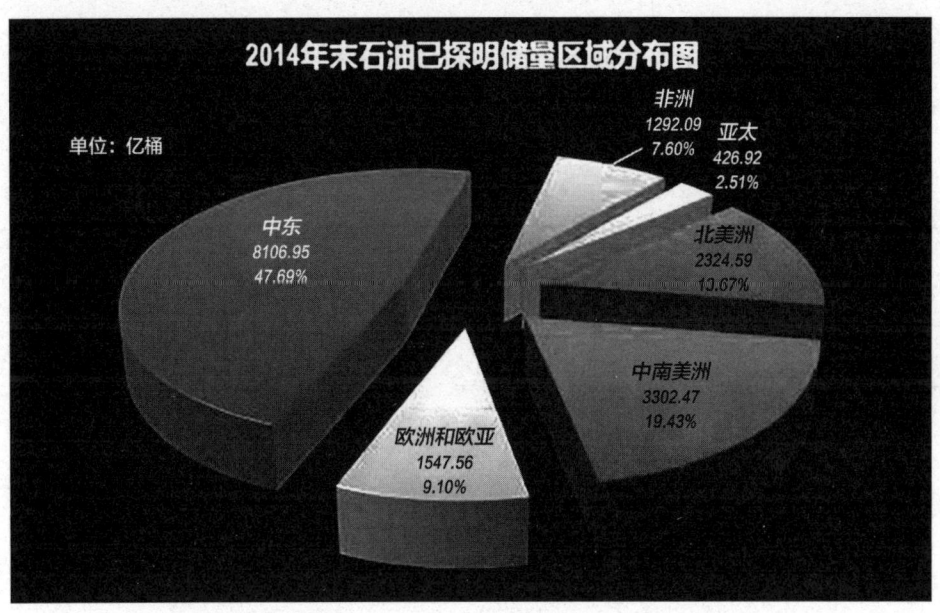

图 7-3　2014 年 已探明原油储量的国别数据饼状图

数据来源：BP 北海居

接着，我们来看原油产量大国数据，这份数据也是通同时透过柱状图（图 7-4）和地理分布图（图 7-5）来展示，需要注意的是 2015 年美国原油产量已经显著超过沙特位居第一了。

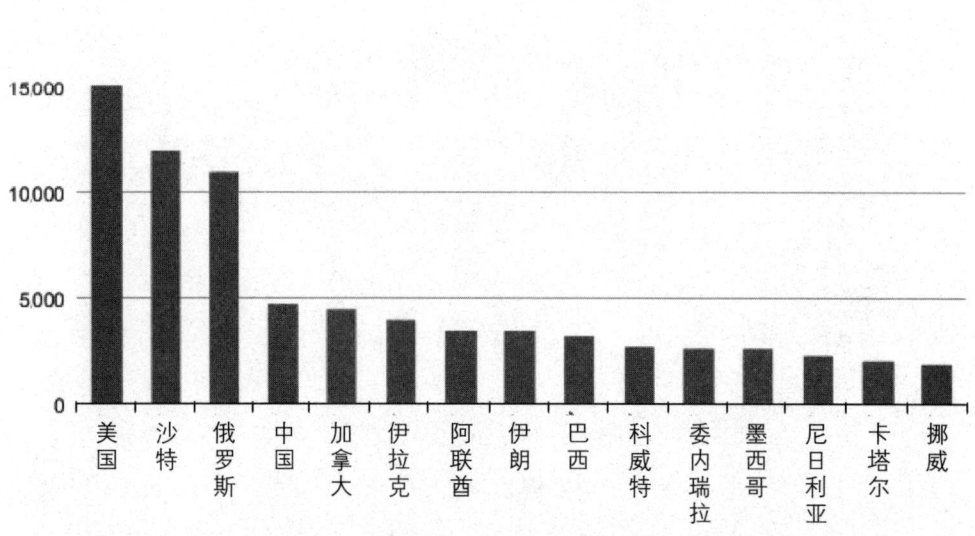

图 7-4　2015 年原油产量的国别数据（单位：1 千桶/日）

数据来源：EIA

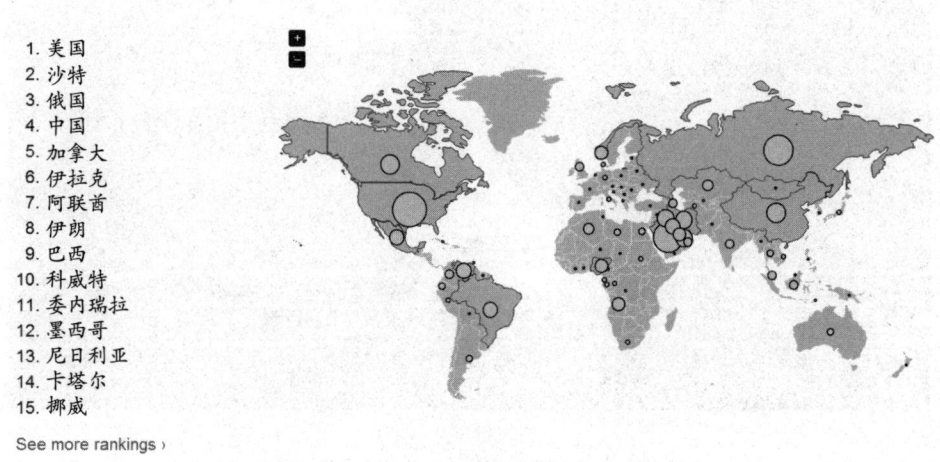

图 7-5　2015 年原油产量的国别数据（单位：1 千桶/日）

数据来源：EIA

虽然天然气是区域性定价市场，但是由于天然气与原油关系密切，所以我们也来看一下天然气的国别数据（图 7-6）。这份数据是 2014 年 BP 提供的，可以发现伊朗已探明储量是最大的，而小国卡塔尔也储量惊人。

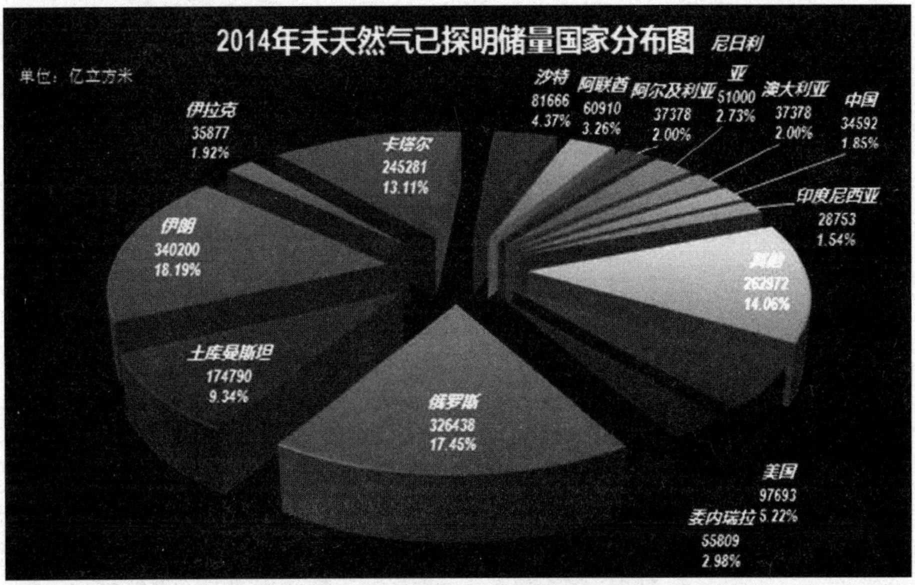

第七课 / 原油供给的国别分析要点：基于地理和政经的角度

图7-6 2014年已探明天然气储量的国别数据饼图

数据来源：BP 北海居

通过上面几组数据，我们已经对世界主要的油气资源国有了直观的认识，下面我们逐一分析原油生产大国的能源生产情况和国内政经情况，给出对原油交易者有用的分析要点和框架。

第一个分析对象是加拿大。加拿大在第二次世界大战时一直在地缘政治上追随英国，到了1982年，英国议会决定给予加拿大完全主权，有权修改自己的宪法，这就是《加拿大法案》。

加拿大从第二次世界大战期间开始在地缘政治上与美国站在一起，形成紧密的盟友关系，北美最大的港口哈利法克斯不冻港作为美国护航舰队出发横渡大西洋的基地。在战争期间，加拿大还为美国提供了通向阿拉斯加的重要陆上交通线。

冷战时期，加拿大靠近北极的部分成了北美防空系统的重要组成部分。不过，随着冷战解体，加拿大开始对这种咄咄逼人的做法保持距离，2005年加拿大时任总理马丁拒绝了加入小布什提出的导弹防御系统。

在经济上，加拿大与美国相互依赖，加拿大向美国出口木材和能源，以及矿产，而美国的消费品生产商则在加拿大扩大市场。1993年的《北美自由贸易协定》将两国的经济和地缘政治力量更加紧密地绑定在一起。

我们来看看加拿大在能源方面的具体数据,第一组数据是"2014年加拿大能源消费类型占比"(图7-7),从中看一看到原油、天然气和水电三分天下,煤炭只占很小的比例。其中,由于页岩油气技术的发展,加拿大原油的生产量越来越大,而消费量却变化不大,这导致加拿大的原油净出口量逐年走高(图7-8)。

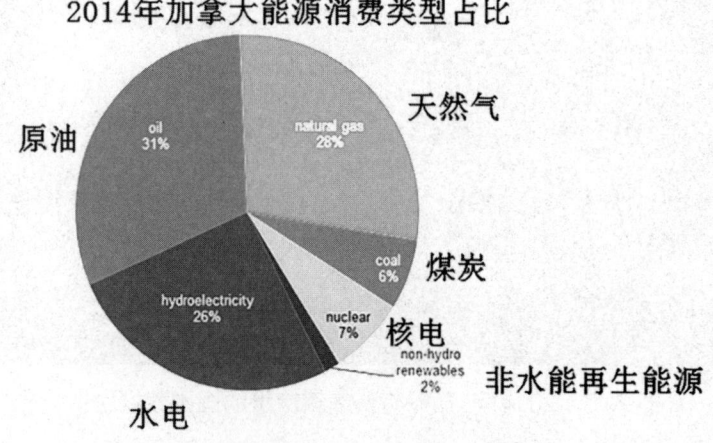

图 7-7　2014 年加拿大能源消费类型占比

数据来源:BP

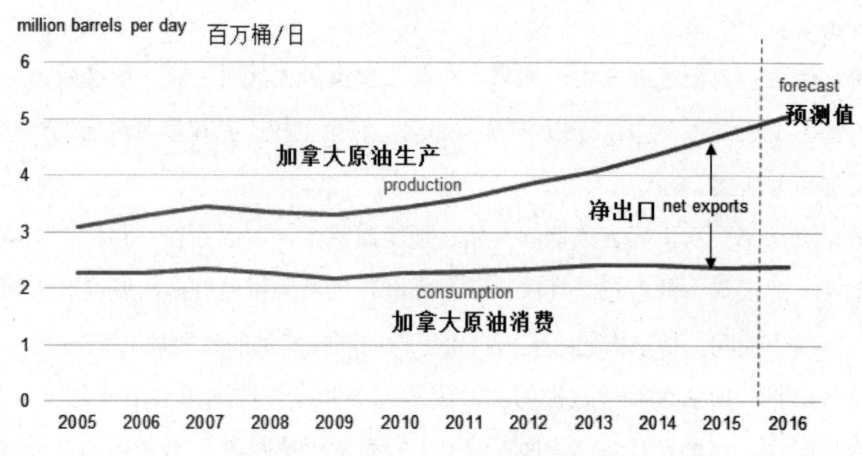

图 7-8　加拿大原油生产、消费和进出口的年度走势

数据来源:EIA

但是,加拿大在干燥天然气方面的产量却是走低的,而消费量却逐年走高(图7-9)。尽管如此,加拿大仍旧是世界第五大干燥天然气生产国(图7-10)。作为

北美非常规油气版图的一部分,加拿大成为继美国之后世界上第二个成功开发页岩气的国家。加拿大页岩气勘探开发取法美国,每个页岩气富集带勘探开发均经历了页岩气富集带评价、资源落实以及经济开采的过程。由于天然气价格低迷,目前加拿大页岩气勘探重点正从干气向富液天然气转变。

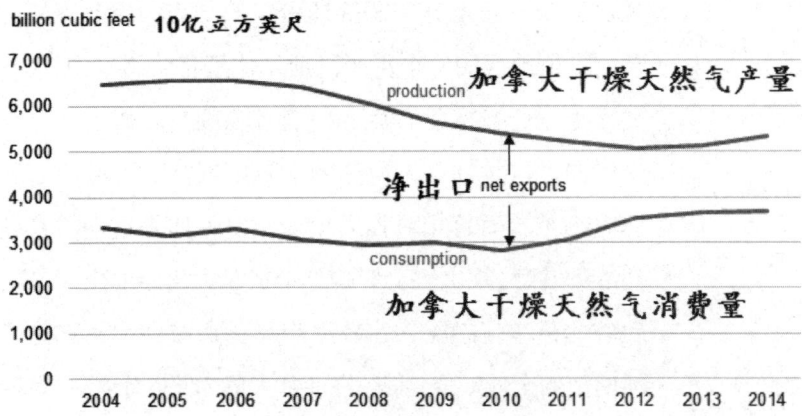

图 7-9　加拿大天然气生产、消费和进出口的年度走势

数据来源:EIA

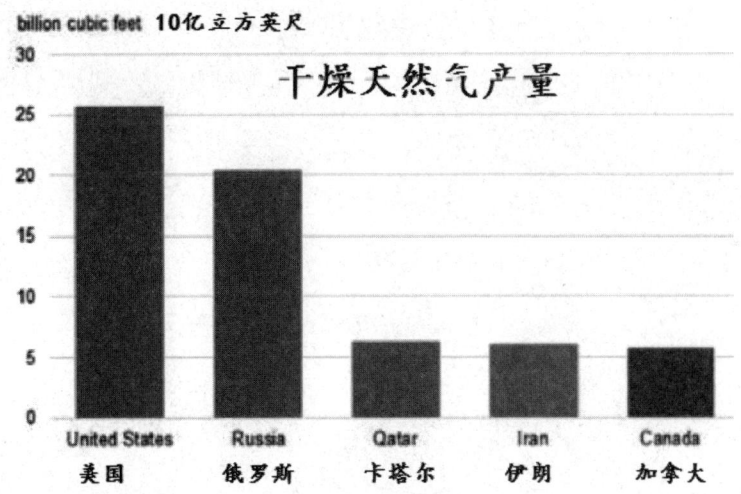

图 7-10　干燥天然气产量国别排名前五

数据来源:EIA

上面介绍了一些数据,但是与分析原油价格走势关系不大,只能说了解下该国原油生产的影响力和地位。下面我们讲一些加拿大原油生产的干货(图 7-11),主

2016年5月发生大火的阿尔伯特是加拿大能源大省，受灾最严重的麦克默里堡是石油重镇，其石油产量占加拿大的1/3。这场大火导致相当于50万桶/日的石油产能被迫搁置，拥有56万桶/日运输能力的Corridor石油管道被迫关闭，拥有14万桶/日运输能力的Polaris石油管道输送明显减少，影响加拿大原油产出大约100万桶/日，相当于全球消费的1%左右。

要是三点：第一点，加拿大的主要产油区在"阿尔伯特省"和"萨斯客彻温省"，这两个地区如果出现什么天灾人祸，危及原油生产，那么油价肯定会有相应的反应，比如2016年5月这个地方发生森林大火影响到了原油生产，从而同**其他因素一起推升了国际油价**。第二点，魁北克地区与加拿大其他地区的一个主要区别是这里将法语作为官方语言，文化上也与盎格鲁撒克逊传统有隔阂，历史上一直存在独立倾向，这是加拿大内部的不稳定因素，比起中东和北非的内部矛盾而言相对程度较轻，但是如果这一因素在特定环境下发酵，那么也会影响整个加拿大的原油生产。第三点，随着北极冰盖融化，北极逐步具备通航能力，这是一条更加便捷的全球航线，而经过加拿大的"西北航道"（图7-12），一直受到俄罗斯和美国的干预，这是三国地缘政治博弈的一个热点。

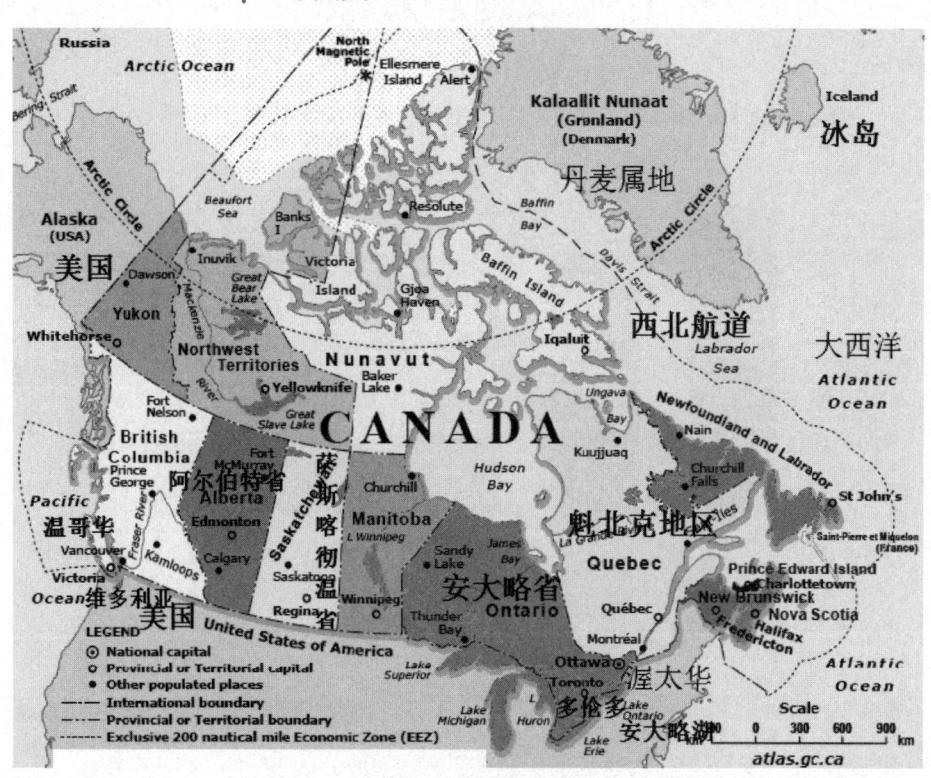

图 7-11　加拿大的主要产油区域和政经中心
数据来源：EIA　CIA

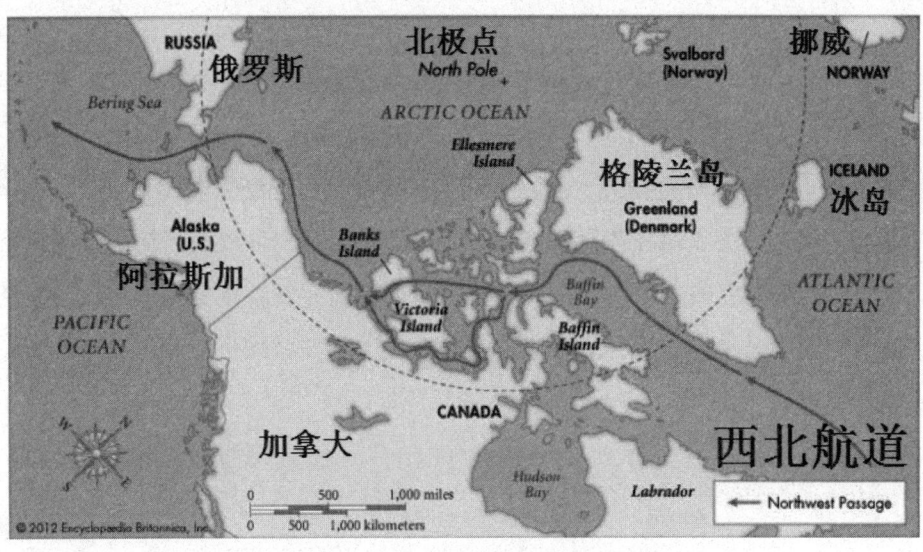

图 7-12 穿越北极地区的西北航道

数据来源：Encyclopedia Britannica Inc

第二个分析对象是美国。页岩油气革命完全改变了美国在全球原油格局中的地位，美元霸主的地位进一步得到了巩固。美国的原油产量激增，以至于美国一些地区的产量已经超过了特定的国家（图 7-13）。

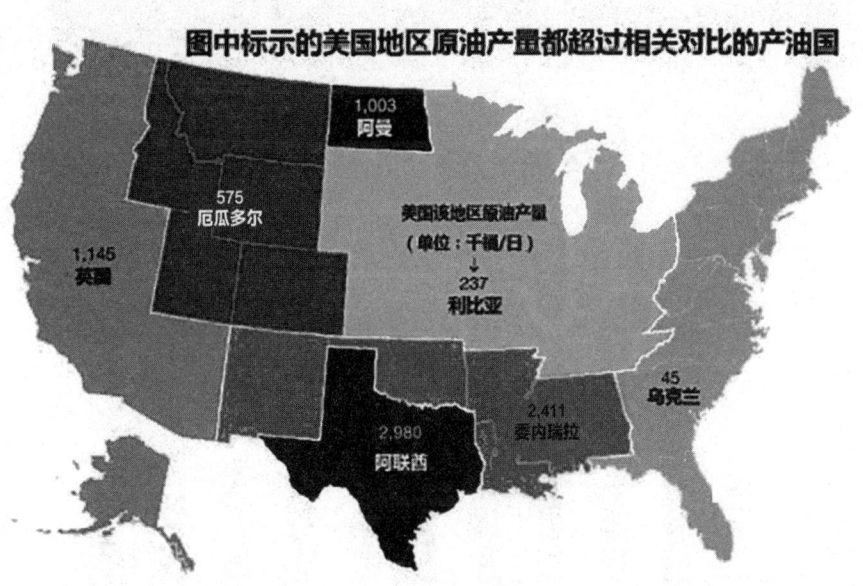

图 7-13 美国各地区原油产量超过了特定的国家（2014 年 4 月数据）

数据来源：EIA 《财富》 华尔街见闻

从美国原油的进口数据也可以佐证上述态势的转化，美国整体的原油进口量是在下降的（图7-14）。墨西哥曾经是美国主要原油来源国，但是美国从墨西哥进口原油的数量在递减（图7-15），而出口到墨西哥的原油和天然气数量都在增加（图7-16和图7-17）。美国油气生产的关键在于页岩油气技术和近海采油政策变化，在第八课我们会详细讲解页岩油气革命的意义，而美国作为页岩油气生产第一大国自然是重点着墨的对象。另外，中下层白人与拉丁裔移民的冲突将在美国国内政治生活中扮演最为重要的角色，而这必然会经由政经途径影响到原油生产和消费，继而长远地影响油价走势。

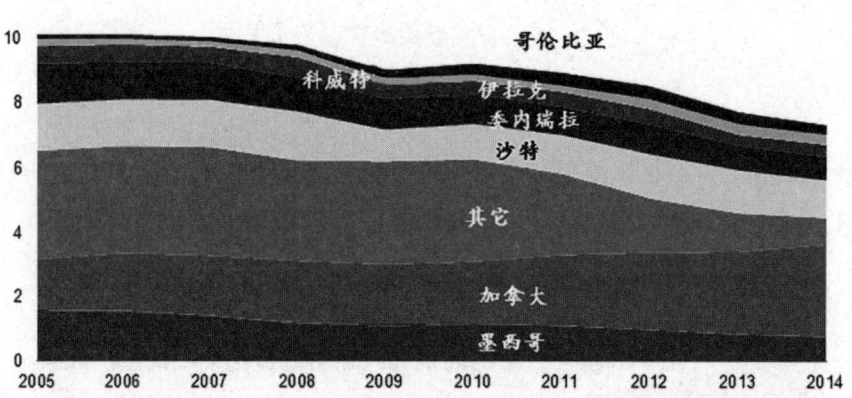

图 7-14　美国原油进口趋势

数据来源：EIA

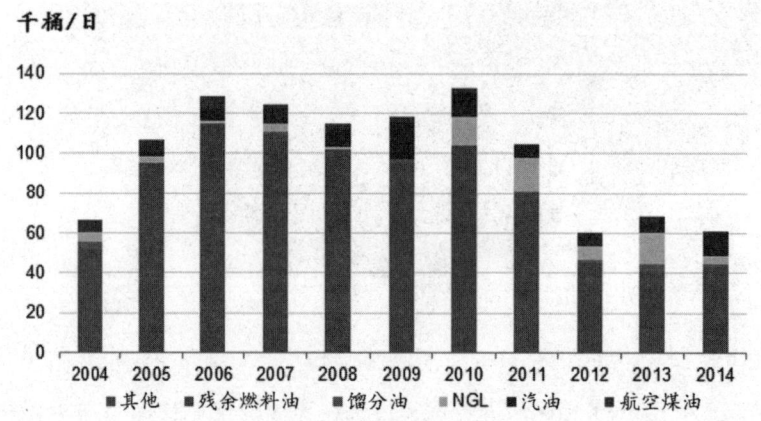

图 7-15　美国从墨西哥进口原油走势

数据来源：EIA

第七课 原油供给的国别分析要点：基于地理和政经的角度

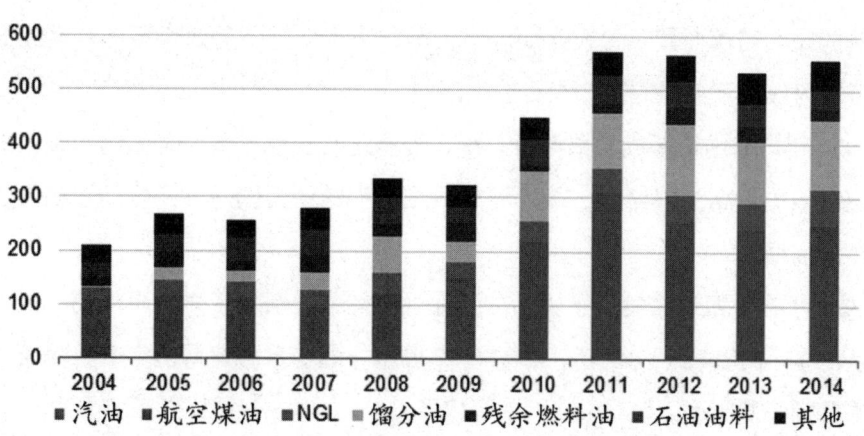

图7-16 美国向墨西哥出口原油走势

数据来源：EIA

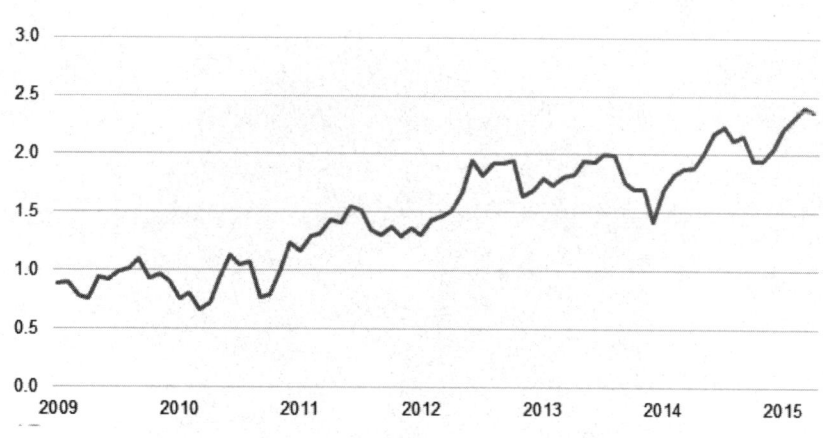

图7-17 美国通过管道向墨西哥出口天然气原油走势

页岩气公司的整体财务状况、墨西哥湾的天气状况、库欣库存、钻井数变化等等因素是我们在分析美国原油变化时需要全盘考虑的，本教程其他部分对这些因素的分析都有介绍，请查阅相关部分。

第三个分析对象是墨西哥。这个国家在文化上是属于拉丁血脉，但是在地缘政治上却与美国紧密相连。1846年到1848年的美墨战争导致美国吞并了墨西哥40%

的国土，并且导致美国持续对墨西哥的国内事务进行干预。

1901年在墨西哥湾的坦皮科发现了原油，一战期间墨西哥的石油产业因为协约国军队的庞大需求而繁荣。在这期间，英美的资本促进了墨西哥石油产业的发展，墨西哥成为仅次于美国的第二大石油生产国。

1934年，卡纳德斯成为墨西哥总统，准备进行土地改革，美墨两国关系的紧张程度创出历史新高。1942年，墨西哥加入二战中的同盟国一方，收到了来自美国的大量经济援助。

1972年在坎佩切湾发现了大片的近海油气储量，引发了墨西哥的第二次石油繁荣，从1973年持续到1982年。1992年签署的《北美自由贸易协定》将美墨两国的关系提升到了新高度。

我们来看墨西哥的原油经济。墨西哥的能源消费构成中，原油和天然气占据了主导地位，而煤炭占比非常小（图7-18）。次贷危机之后，墨西哥的能源消费在下降，原油的消费轻微走低，同时原油的产量在持续下降，原油净出口量几乎保持不变（图7-19）。另外，墨西哥的天然气消费量超过其产量，导致其天然气需要进口（图7-20）。

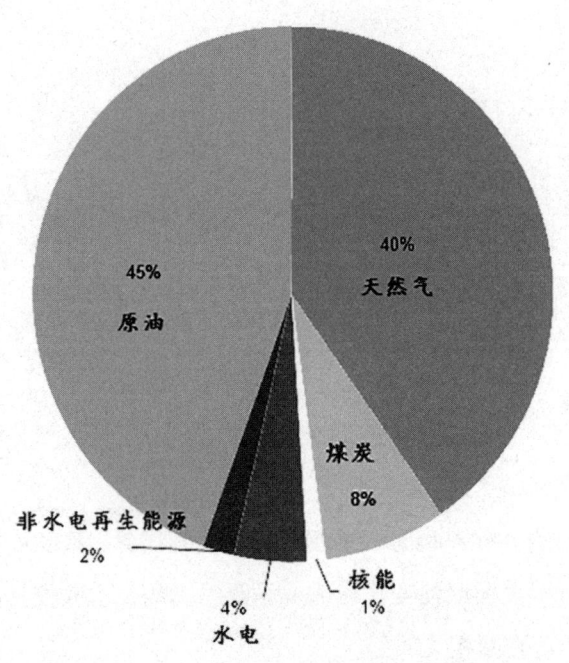

图7-18　2014年墨西哥各类型能源消费占比

数据来源：EIA

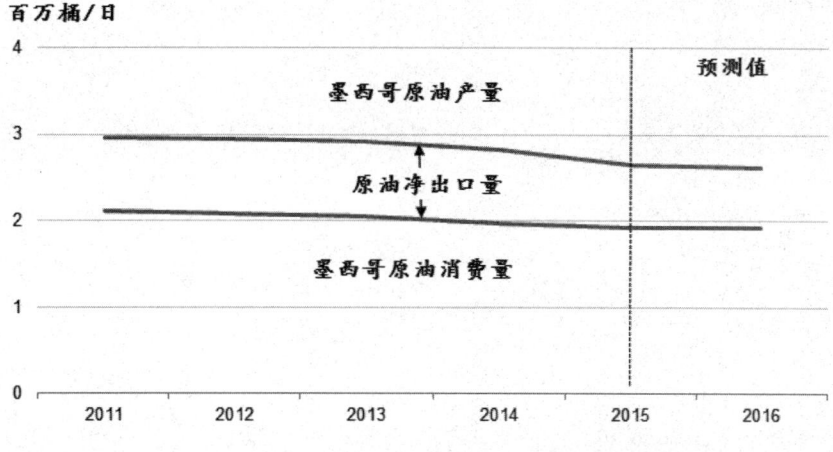

图 7-19　墨西哥的原油产量、消费量和净出口

数据来源：EIA

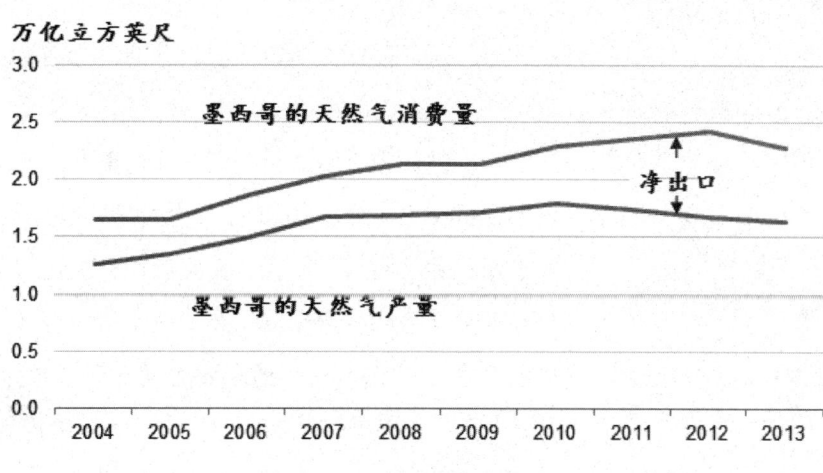

图 7-20　墨西哥的干燥天然气产量、消费量和净出口

数据来源：EIA

墨西哥与美国存在长达3339公里的边界，非法移民、贩毒是两国关系面临的最大挑战之一。墨西哥南部与危地马拉之间的相邻地区在存在分裂主义倾向，这是墨西哥国内不稳定的一个因素（图7-21）。另外，墨西哥国内政局存在两种影响因素，一种是拉丁美洲特有的寡头独裁政治传统，一种是美国出于自身利益考量的干预主义。墨西哥的原油经济必然受到这两种因素的影响，我们在分析该国原油产业的时候必须考虑这些因素。

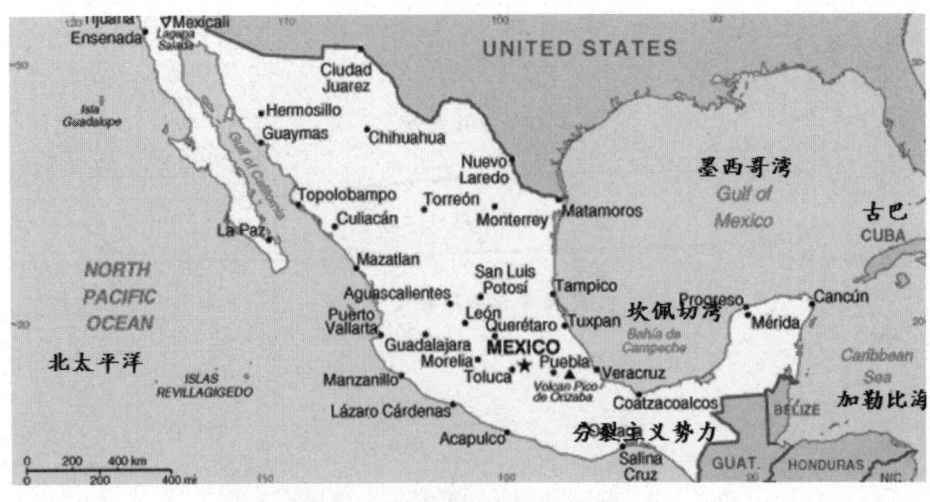

图 7-21 墨西哥的地理情况

数据来源：CIA World Factbook

飓风卡特里娜于 2005 年 8 月中在巴哈马群岛附近生成，在 8 月 24 日增强为飓风后，于佛罗里达州以小型飓风强度登陆。随后数小时，该风暴进入了墨西哥湾，在 8 月 28 日横过该区套流时迅速增强为 5 级飓风。8 月 29 日在密西西比河口登陆时为极大的 3 级飓风。风暴潮为路易斯安那州、密西西比州及亚拉巴马州造成灾难性的破坏。用来分隔庞恰特雷恩湖和路易斯安那州新奥尔良市的防洪堤因风暴潮而决堤，该市八成地方遭洪水淹没。强风吹及内陆地区，阻碍了救援工作。估计卡特里娜造成最少 750 亿美元的经济损失，成为美国史上破坏最大的飓风。这也是自 1928 年奥奇丘比飓风以来，死亡人数最多的美国飓风，至少有 1,836 人丧生。

墨西哥产油区大多位于墨西哥湾，特别是坎佩切湾（图 7-22 和图 7-23），这个海湾最容易受到飓风的影响，因此天气因素是我们关注的重点。前面已经提到了 2005 年 8 月下旬和 9 月，墨西哥湾地区发生"卡特里娜"和"丽塔"飓风。美国矿产资源管理服务局公布的数字表明，遭受飓风袭击前，墨西哥湾地区的原油日产量约为 140 万桶，天然气日产量约为 2.832 亿 m^3。"卡特里娜" 2005 年 8 月 29 日袭击路易斯安那州，造成重大人员伤亡和财产损失，并导致受灾地区石油工业瘫痪，累计损失的原油产量达 1.62 亿桶，天然气产量损失约为 222.146 亿 m^3。统计还显示，"卡特里娜"和"丽塔"飓风共摧毁了墨西哥湾地区 113 处生产平台，破坏了 457 条输送管道。墨西哥湾地区发生的"卡特里娜"和"丽塔"飓风造成 2005 年国际油价连续上涨，纽约市场原油期货价格不断改写历史纪录，8 月突破每桶 70 美元关口。现货交易在 9 月突破 60 美元/桶，之后略有回落。美国国家飓风中心提供及时的相关信息，大家应该保持关注。

第七课 / 原油供给的国别分析要点：基于地理和政经的角度

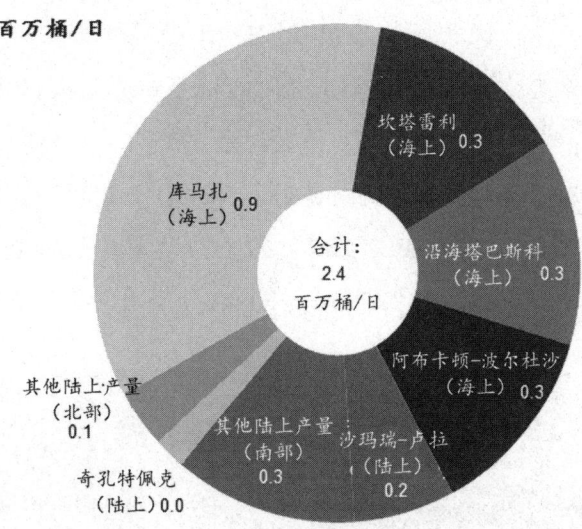

图 7-22　2014 年墨西哥各产油区的产量占比

数据来源：PEMEX

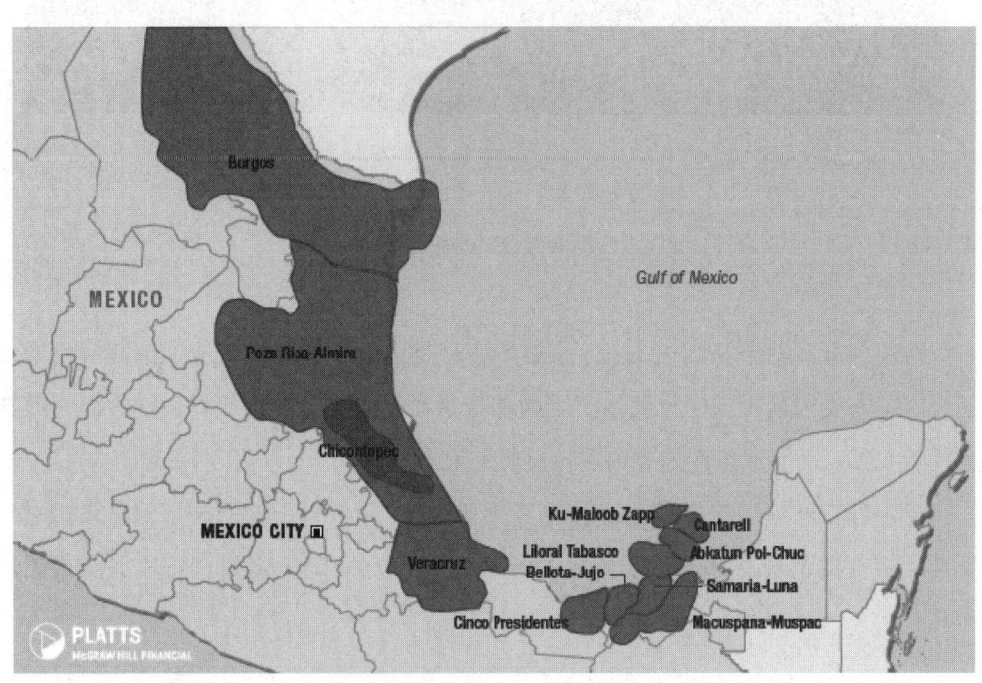

图 7-23　墨西哥的油气田分布区域

数据来源：普氏能源

最后，我们介绍一下墨西哥国有石油公司。墨西哥国家石油公司(PEMEX)是墨西哥政府1938年将控制在美、英等国的17家石油公司收归国有后建立的**一体化国家控股公司**。该公司是1995年综合排名列第6位的石油公司。官方网站是www.pemex.com，可以选择英语版，在名为"INVESTORS"的下拉菜单中可以找到不少有用的信息，比如"Investor Tools"（图7-24）。

> 墨西哥财政预算收入的三分之一来自于国家原油公司Pemex上缴的税收。

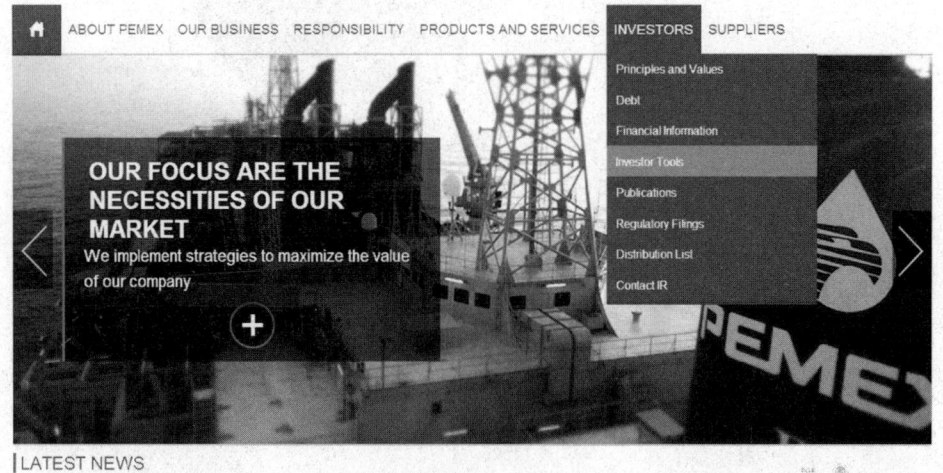

图7-24 墨西哥国家石油公司官网的"投资者工具"

数据来源：PEMEX

第四个分析对象是委内瑞拉，原油产业是委内瑞拉的支柱行业，国际油价的波动可以左右委内瑞拉的国计民生。委内瑞拉是拉丁美洲左翼的旗帜，跟古巴一起扛起反美大旗，而原油生产是委内瑞拉反美的底气所在。

委内瑞拉的原油产量远远超过其消费量(图7-25)，大量的原油用于出口。但是，干燥天然气的消费量却超过了产量（图7-26），在一定上需要进口才能满足国内需要。

第七课 / 原油供给的国别分析要点：基于地理和政经的角度

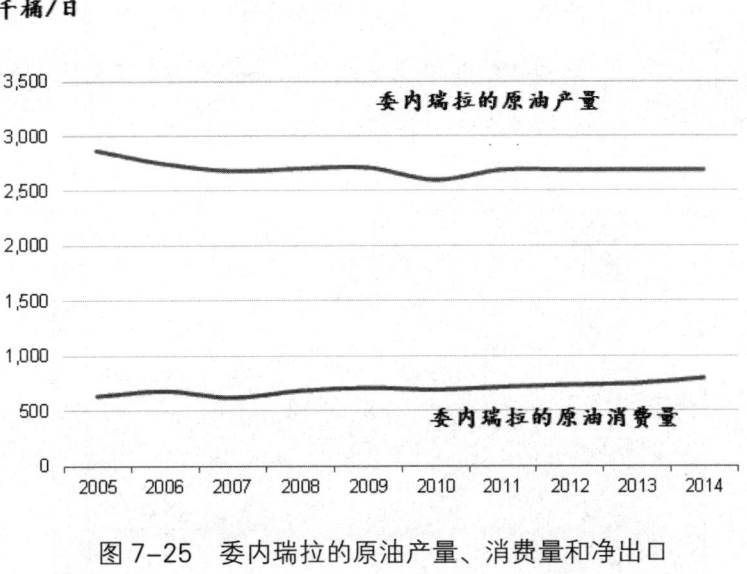

图 7-25　委内瑞拉的原油产量、消费量和净出口

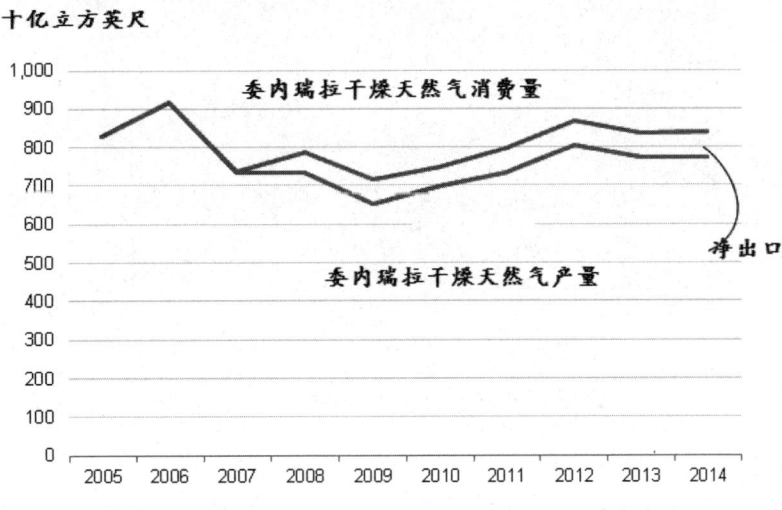

图 7-26　委内瑞拉的干燥天然气原油产量、消费量和净出口

国际政治上，委内瑞拉与美国关系势同水火。另外，它与邻国哥伦比亚存在海上分界线争端。委内瑞拉 90% 的人口居住在临近加勒比海的地区，在奥里诺科河流域和圭亚那高地只有不超过 10% 的人口居住（图 7-27）。委内瑞拉的左翼政府依靠国有化原油公司将收入投入到下层老百姓的福利中，因此拥有广泛政治基础。

委内瑞拉的国内政治对于原油生产影响很大，需要把握住其国内的利益集团动向。	不过，一旦国际油价持续走低，就会给反对派以机会，从而造成国家动荡，进而**危及原油生产和出口**。委内瑞拉的国内政治斗争比较激烈，关注原油产业链上游的分析者和交易者需要定期更新对该国政治形势的认识。

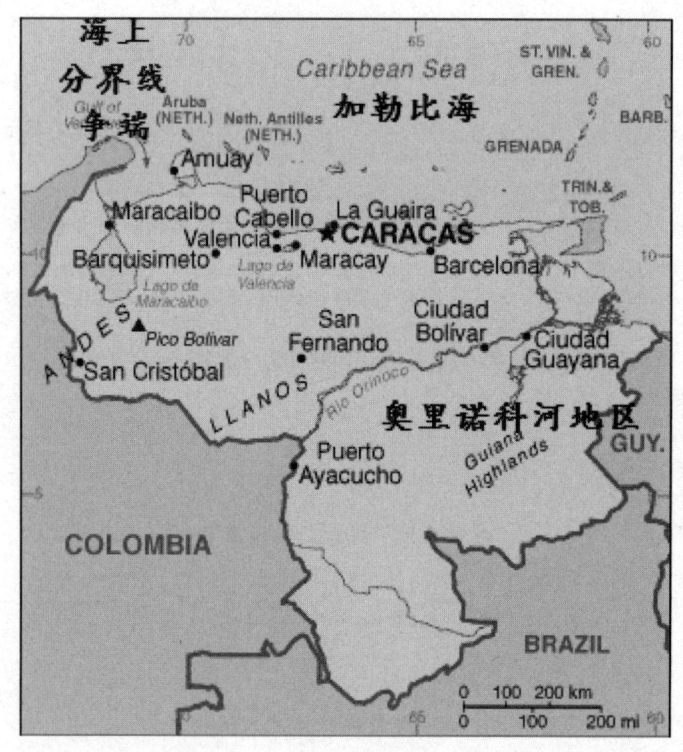

图 7-27　委内瑞拉的地理情况

数据来源：CIA World Factbook

　　委内瑞拉的原油生产潜能很大，因为该国的原油探明储量超过美洲大陆的其他产油国（图 7-28）。如果该国的基础设施进一步完善，政局保持基本稳定，则原有产能可以进一步提升。该国的油田位于整个国家的中北部（图 7-29），该地区的自然灾害和政治动荡会影响到该国原油的产量。

第七课 原油供给的国别分析要点：基于地理和政经的角度

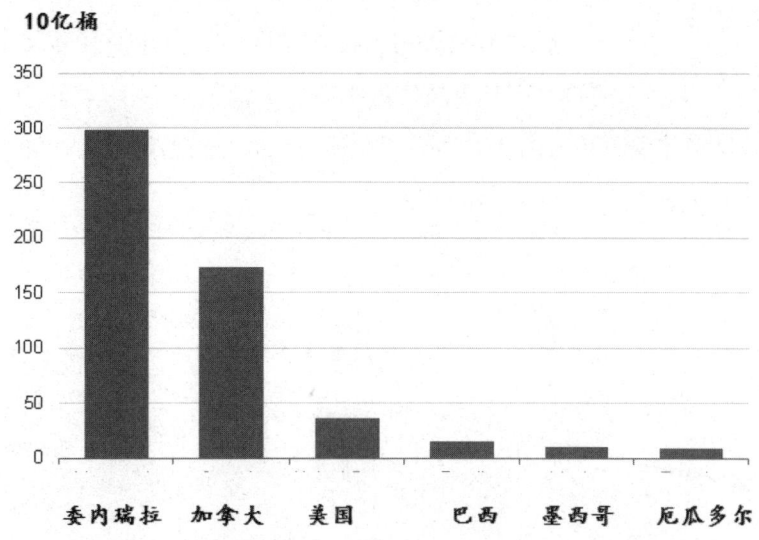

图 7-28　2014 年主要美洲产油国的探明原油储量

数据来源：EIA

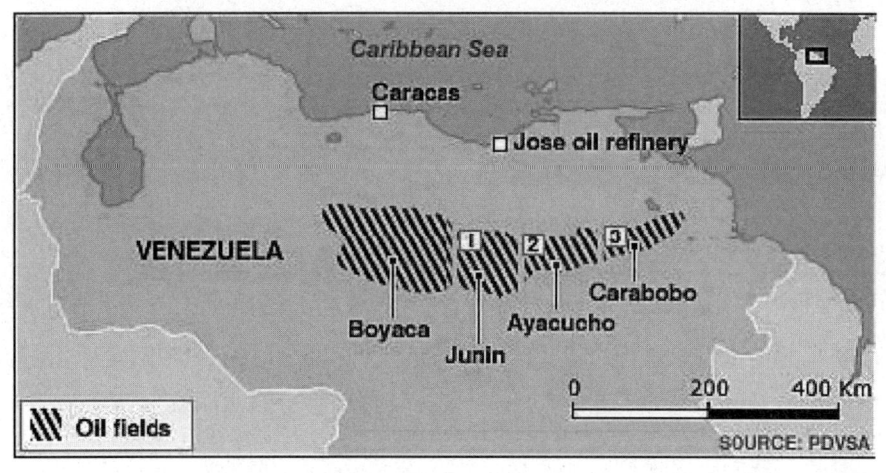

图 7-29　委内瑞拉的主要油田分布

数据来源：PDVSA

第五个分析对象是巴西。巴西是南美洲最大的国家，人口占了南美总人口的一半多。南美大陆的总面积是 604 万平方公里，而巴西占了 330 万平方公里，GDP 也占了南美大陆的超过一半。除了智利和厄瓜多尔之外，南美洲其他国家都与巴西接壤。但是，由于巴西的地理条件，特别是东南沿海的高原山脉屏障，制约了发达地

> 巴西的铁路运输和公路运输都比较差，主要靠航空和水路。

区与其他地区的交通发展，因此巴西国内经济往来并不方便。巴西的油田主要位于东南沿海，如果其基础设施得到完善，则其原油产量将不可小觑。

由于巴西经济体量不小，因此原油消费量很大，同时巴西原油生产能力也不断提高，因此供求处于弱平衡状态（图7-30）。

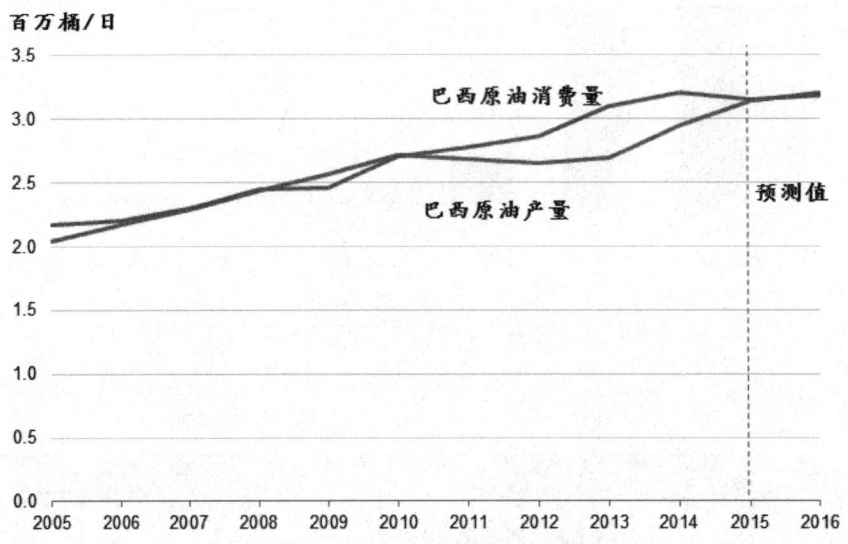

图7-30　巴西原油的产量和消费量
数据来源：EIA

巴西原油主要出口到美国、中国、印度、智利和乌拉圭（图7-31）。巴西通过甘蔗制乙醇的方法来提升能源的自己比例，这使得全球的白糖市场与原油市场更加紧密地形成互动。分析白糖，不能不分析巴西，分析巴西的制糖业，不能不分析原油走势和巴西的生物能源补贴政策。

巴西的天然气消费量逐渐走高，虽然其天然气产量也在不断走高，但始终存在较大的缺口（图7-32）。综合来看，巴西整体的能源生产还不能完全满足其整体需要。

第七课 / 原油供给的国别分析要点：基于地理和政经的角度

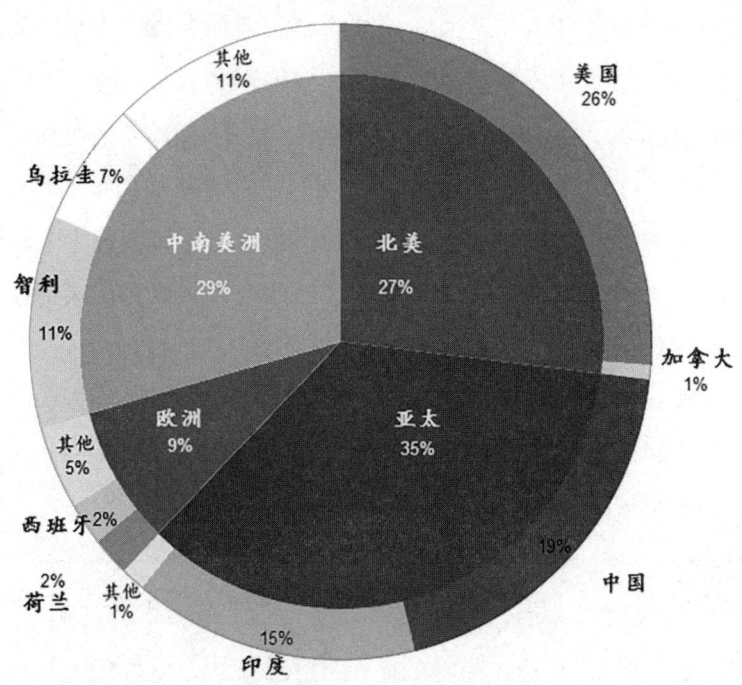

图 7-31　2014 年巴西原油出口分布

数据来源：EIA

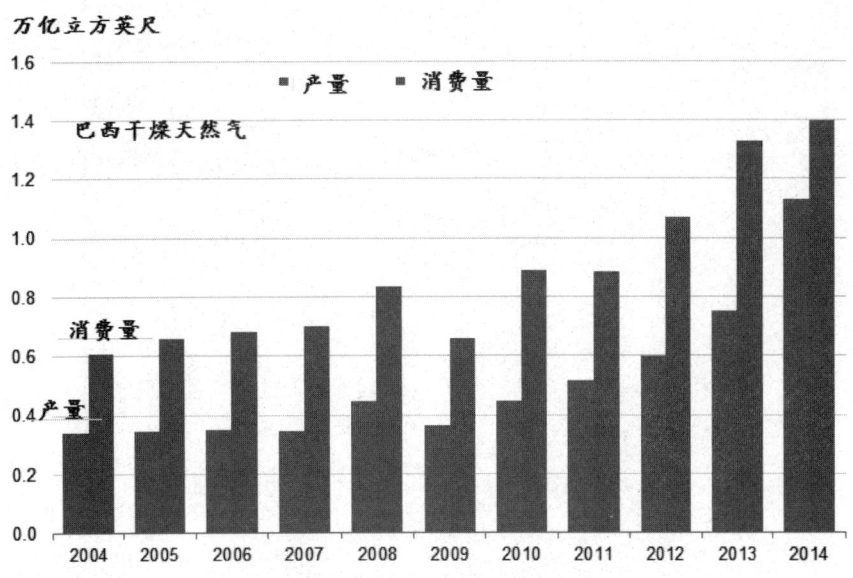

图 7-32　巴西干燥天然气的产量和消费量

数据来源：EIA

巴西是农业大宗商品的主要生产者，比如大豆、蔗糖和咖啡等。因此，在分析白糖和豆类的专著当中还会专门讲到巴西的农业地理和天气，运输以及相关的政策。在这里我们着重谈下原油生产相关的地理知。巴西2006年的时候已经在原油方面基本做到自给自足，在远离东南沿海发现的储量丰富的图皮（Tupi）深水油田以及随后发现的规模更大的近海卡里奥卡油田将为巴西转变成为全球能源强国提供可能，当这类原油最终进入输油管道，则巴西或许将成为仅次于委内瑞拉的南美第二次原油出口国。

巴西的油田主要位于东南海域，而其边界争端主要与乌拉圭有两段边界存在争议，第一段是夸那伊河地区，第二段是夸那伊河和乌拉圭河交汇处的岛屿。巴西的经济中心也位于东南海域，围绕圣保罗和里约热内卢（图7-33）。

图 7-33　巴西的地理位置

数据来源：Central Intelligence Agency, The World Factbook

第七课 原油供给的国别分析要点：基于地理和政经的角度

美洲大陆的主要油气生产国我们已经讲解完毕，下面开始讲解中东和北非地区的主要油气生产国。第二次世界大战中期，全球原油生产的重心从加勒比海地区转移到波斯湾地区。现在似乎原油生产的重心又转向了北美地区，但是中东地区仍旧关系着原油价格的重大波动。

第六个分析对象是沙特。沙特的原油主要出口到亚洲（图7-34），因此印度洋—马六甲—南海一线的运输通道对于沙特原油出口非常重要。随着欧罗斯谋求向东发展抵消兼并克里米亚带来的消极后果，俄罗斯开始加大在亚洲市场的原油销售力度，沙特和俄罗斯争夺亚洲市场的价格战必然成为一段时间的主题。

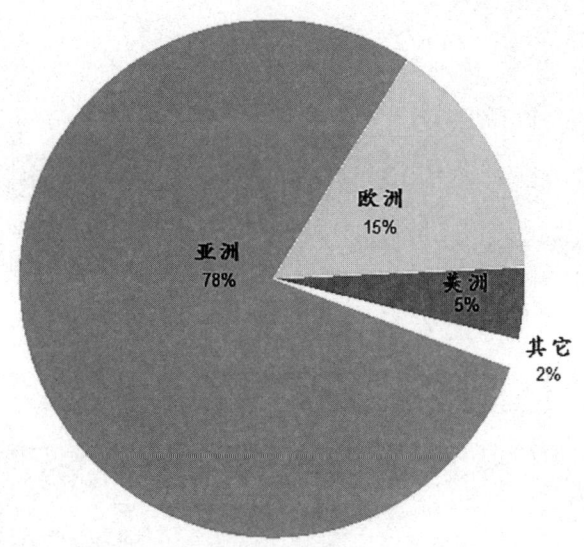

图7-34 2014年沙特原油出口分布

数据来源：EIA

沙特位置位于波斯湾和红海—苏伊士运河之间，南部是也门和阿曼。伊朗支持的也门反对派属于什叶派，这是沙特心头之患。而沙特国内也存在一些什叶派穆斯林，加上贫富差距和极端保守的教义，使得沙特国内矛盾也是非常尖锐的。

利雅得的是沙特的首都，也是经济中心。利雅得位于阿拉伯半岛的中心，这一地区历史上一直处于沙漠部落的控制之下，并未落入奥斯曼帝国之手（图7-35）。

沙特的绝大部分油田分布在波斯湾附近，**主要炼厂分布在东西油气管道两端和红海沿岸中部**（图7-36）。

> 北也门什叶派人数居多，也门胡塞武装是亲伊朗的，因此也门对沙特安全的潜在危险会影响国际油价。

图 7-35 沙特的地理情况

数据来源：Central Intelligence Agency World Factbook

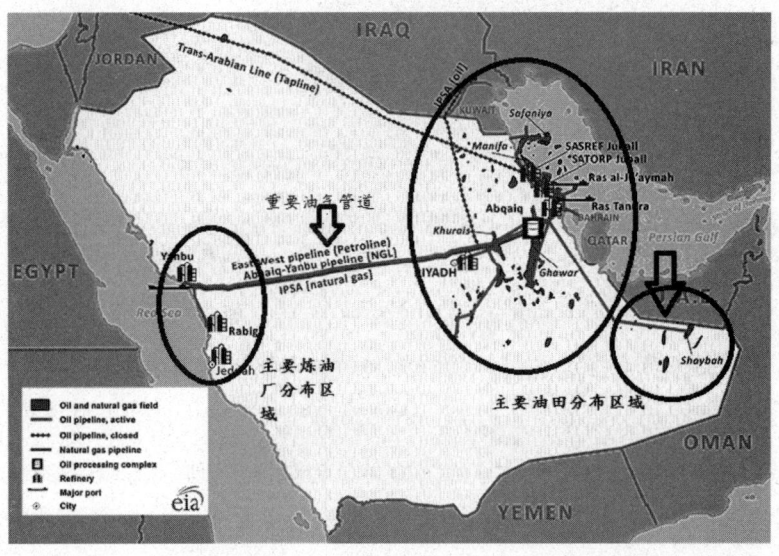

图 7-36 沙特的油田和炼厂分布区域

数据来源：U.S. Energy Information Administration, IHS EDIN

第七课 原油供给的国别分析要点：基于地理和政经的角度

第七个分析对象是伊朗。

伊朗国内的能源消费中，天然气占比最高，其次是原油（图7-37）。自从西方制裁伊朗之后，伊朗的原油生产和出口大幅下降（图7-38和图7-39）。不过，2016年解除对伊朗的制裁后，其原油生产和出口将逐步恢复到以前的水平。

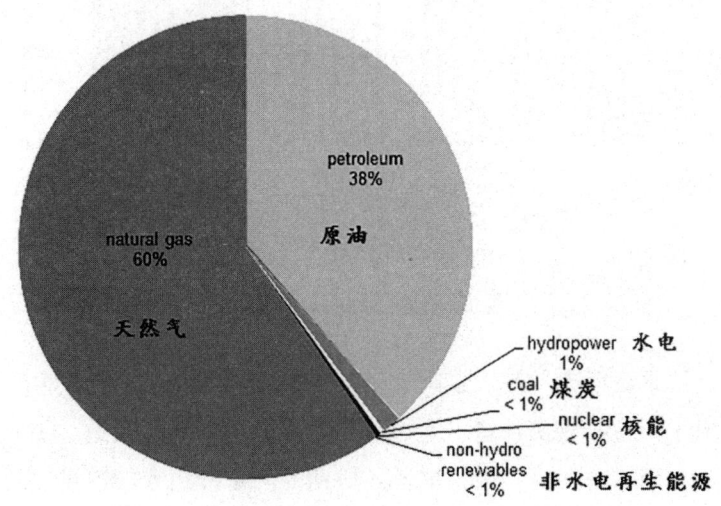

图 7-37　2013年伊朗能源消费类型占比

数据来源：EIA

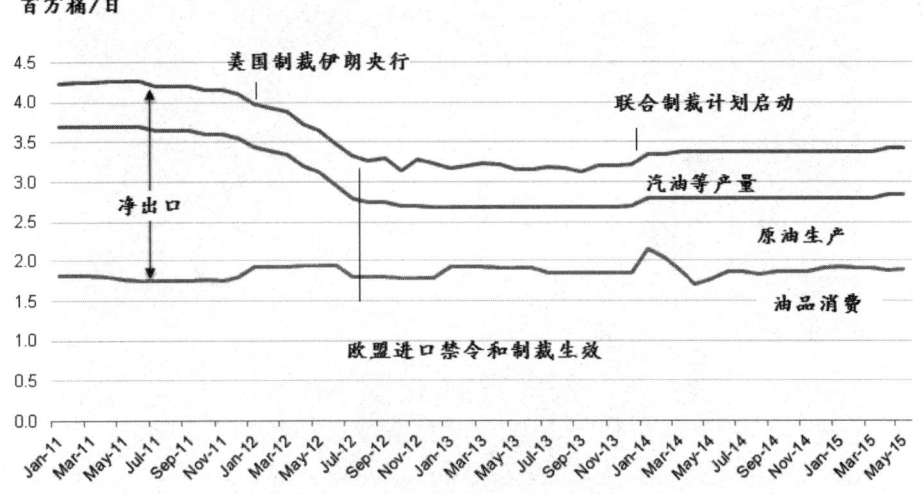

图 7-38　伊朗的原油生产和消费

数据来源：EIA

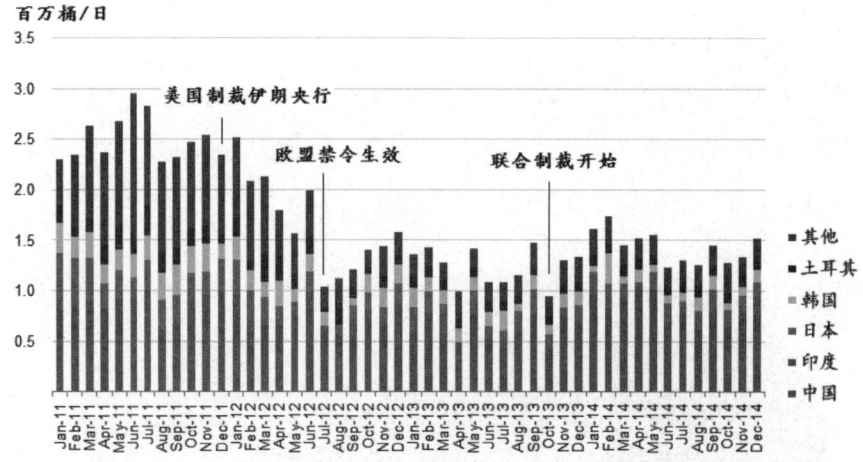

图 7-39　国际制裁中的伊朗原油月度出口数据

数据来源：EIA

伊朗的主要民族是波斯人，其次是阿塞拜疆人，主要居住在临近阿塞拜疆的省份，也就是大不里士所在的省份，这个地方是历史上进入伊朗的通道。伊朗第一大民族和第二大民族之间关系融洽，堪称典范，伊朗的阿塞拜疆人的数量比阿塞拜疆还多。而东边的阿富汗和则与伊朗同属波斯文明（图7-40）。

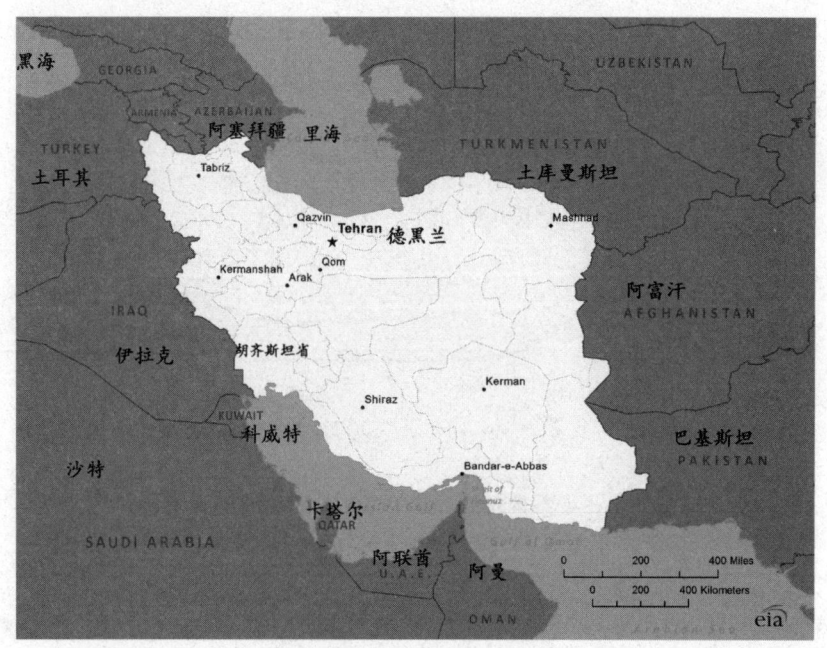

图 7-40　伊朗的地理情况

数据来源：U.S. Energy Information Administration, IHS EDIN

第七课 / 原油供给的国别分析要点：基于地理和政经的角度

伊朗三面环山，中间两个荒漠化盆地。萨达姆经由胡齐斯坦省入侵伊朗，两伊战争爆发。胡齐斯坦省油气资源丰富，与伊拉克接壤，属于美索不达米亚平原的延伸。**伊朗的油气资源集中在波斯湾北岸**（图7-41和图7-42）。

> 伊朗路上油气带与美索不达米亚平原接壤。

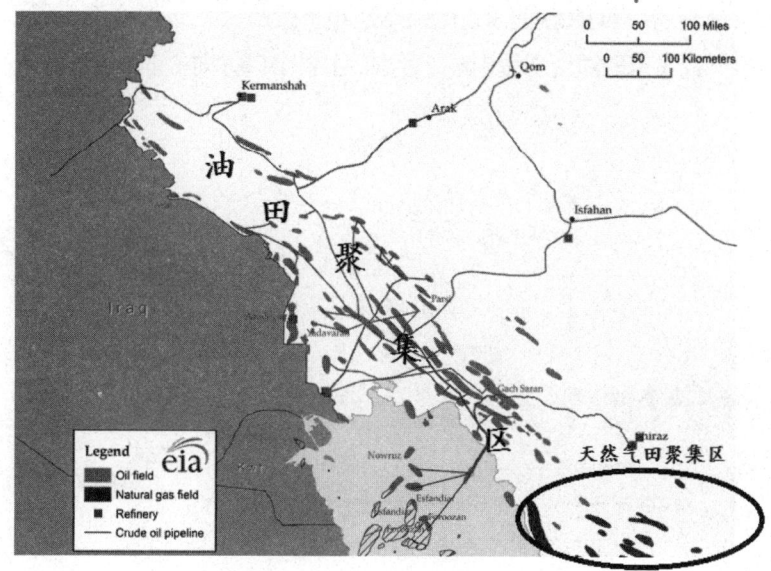

图7-41　伊朗的主要油气田（1）

数据来源：Source：U.S. Energy Information Administration, IHS EDIN

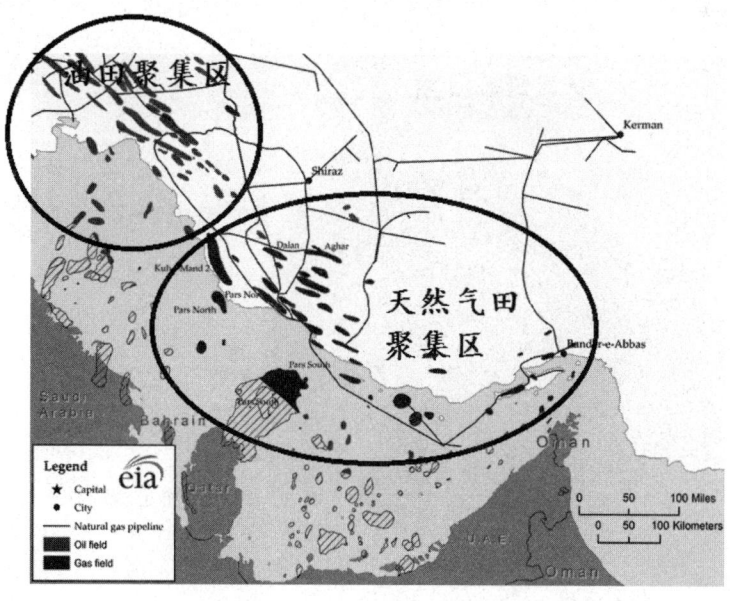

图7-42　伊朗的主要油气田（2）

数据来源：Source：U.S. Energy Information Administration, IHS EDIN

第八个分析对象是伊拉克。伊拉克和叙利亚处于波斯、土耳其和阿拉伯三大势力的交界处，地理位置非常重要。伊拉克的原油生产在1990年到1991年的海湾战争期间，以及2003年的伊拉克战争期间都出现过严重减产（图7-43）。而该国的石油消费却基本上处于缓慢爬升的状态，萨达姆开始想从伊朗身上要块肉，结果没成功，元气大伤，然后又想吞并科威特，再度落空，让伊拉克连年遭受战火，自然经济发展不起来。伊拉克的原油生产量大于原油消费量，出口量大，主要出口方向是亚洲和欧洲（图7-44）。

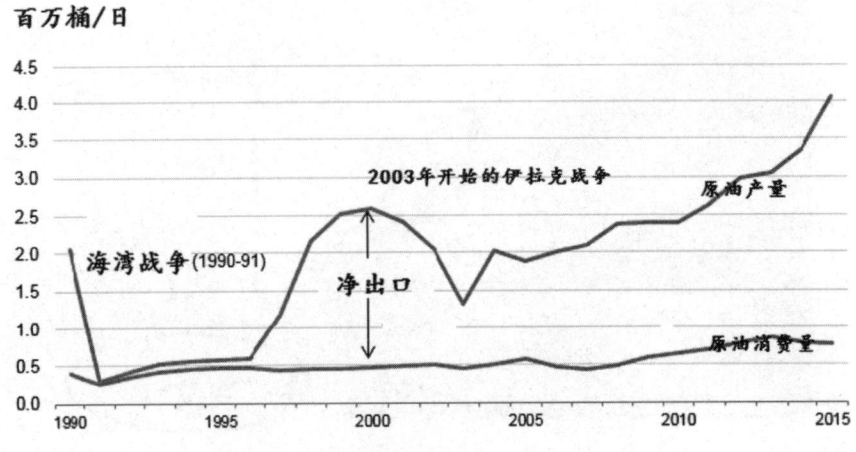

图7-43　伊拉克的原油生产和消费

数据来源：EIA

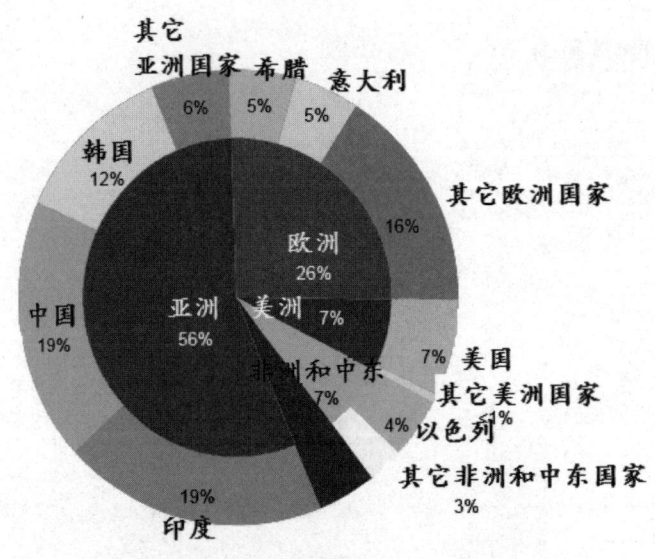

图7-44　伊拉克原油出口分布

数据来源：EIA

伊拉克的油气田主要分布在国土右侧（图7-45），也就是靠近伊朗一侧。萨达姆倒台后，占人口多数的什叶派执掌伊拉克政权，因此与伊朗关系走得很近，加上叙利亚，伊朗成功站稳了中东三角的中心。

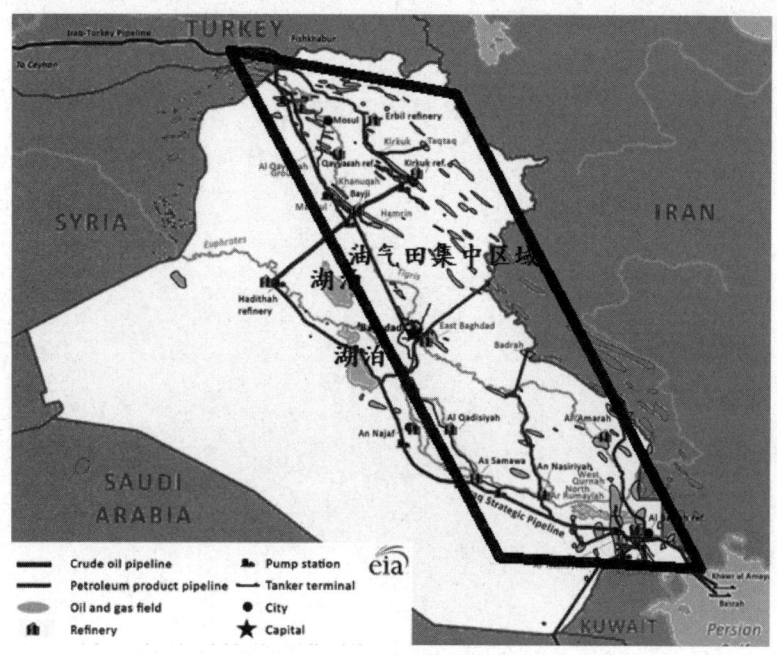

图7-45 伊拉克油气田的地理分布

数据来源：EIA HIS DOE

第九个分析对象是科威特。科威特位波斯湾西北侧，拥有世界第二大的陆地油田。科威特的原油产量远远超过其消费量（图7-46），但是其天然气则需要进口（图7-47）。

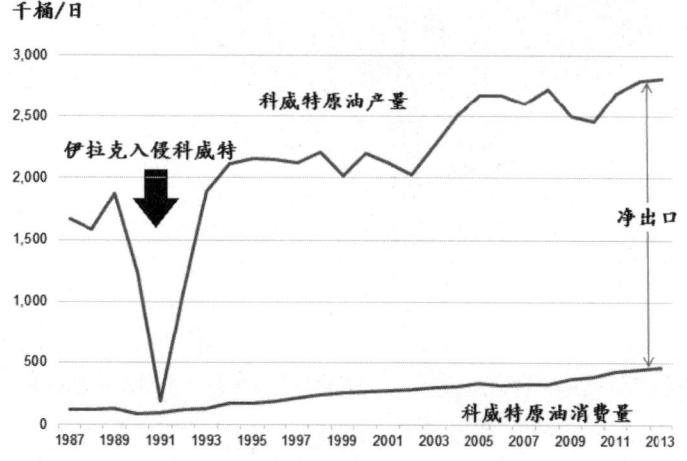

图7-46 科威特原油产量和消费量

数据来源：EIA

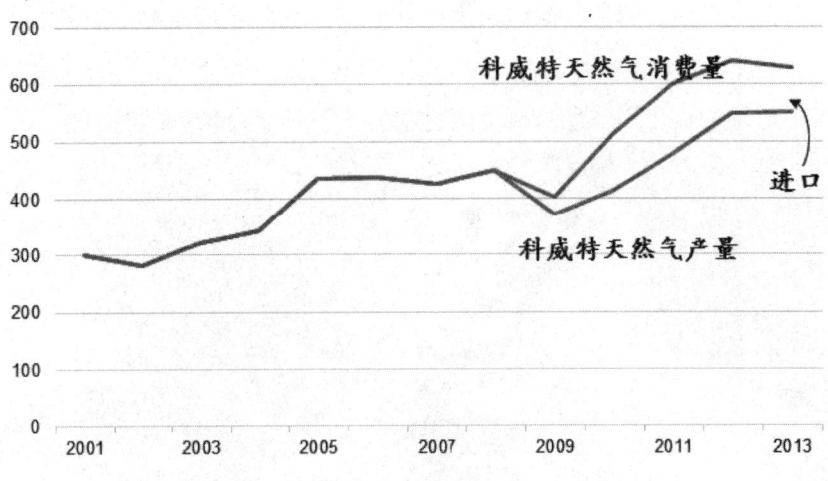

图 7-47　科威特天然气产量和消费量

数据来源：EIA

科威特的原油主要出口到亚太地区，其次是北美地区（图 7-48）。

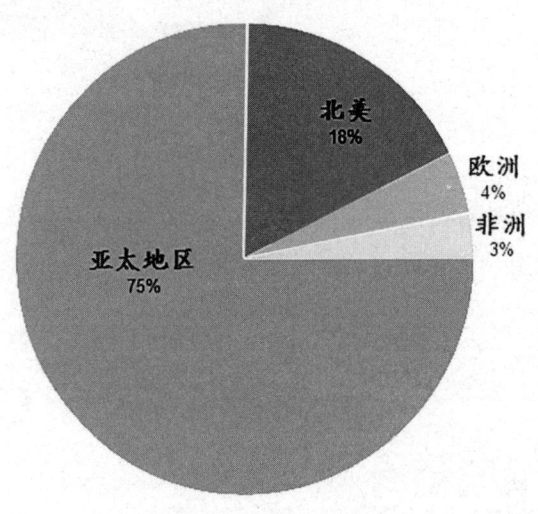

图 7-48　2013 年科威特原油出口分布

数据来源：EIA

科威特与伊拉克和沙特有陆地边界，由于国家较小，因此很难依靠自己的力量保护国土（图 7-49）。同时，该国的原油储量在世界上排名第六（图 7-50），而且全境都布满了储量丰富的油气田（图 7-51），自然又会招他国垂涎。

第七课 原油供给的国别分析要点：基于地理和政经的角度

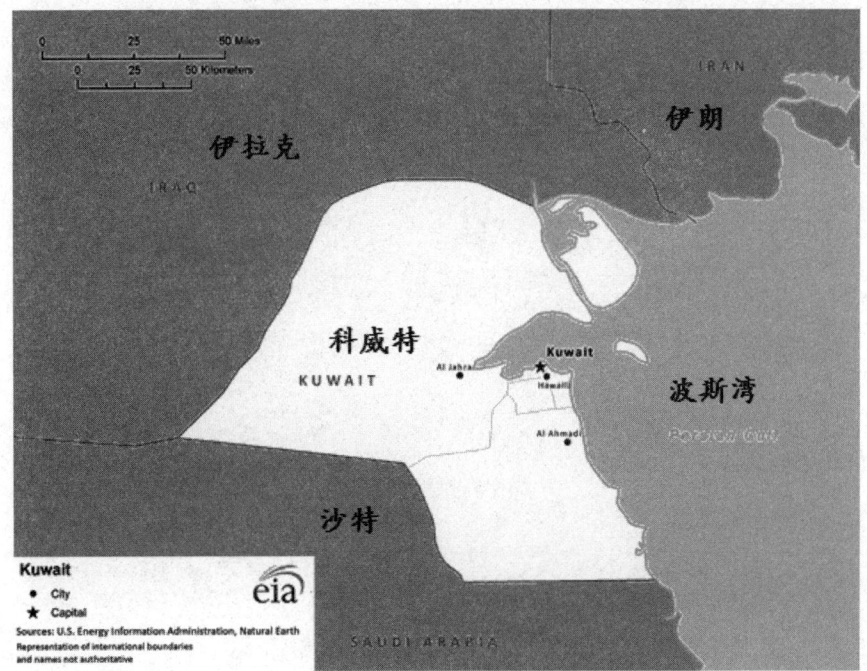

图 7-49　科威特的地理位置

数据来源：EIA

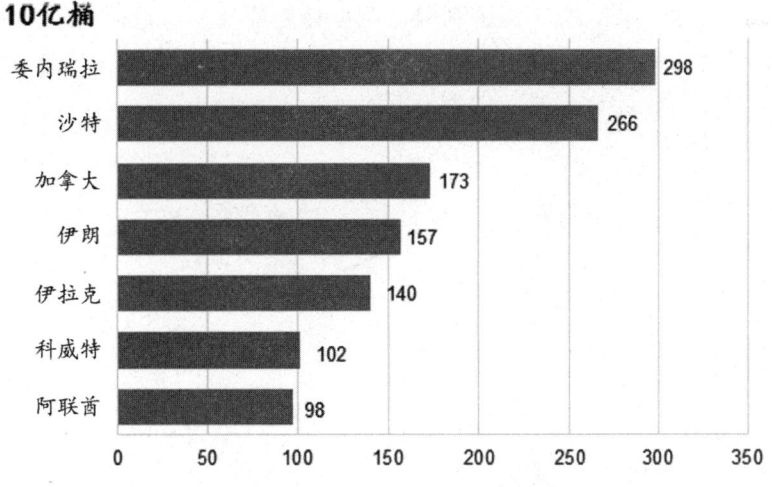

图 7-50　2014 年原油已探明储量国别排行榜

数据来源：EIA

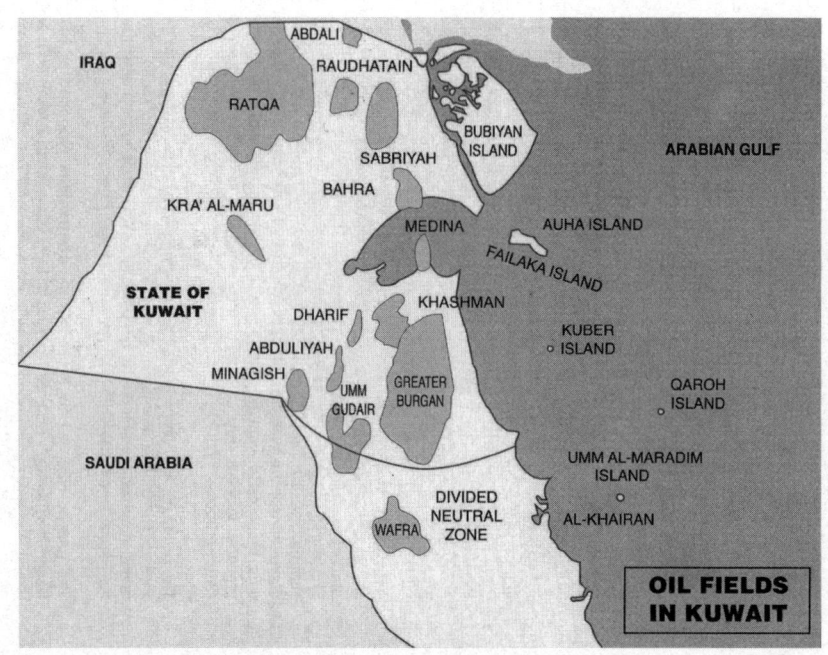

图 7-51 科威特油田分布图
数据来源：Kuwait's Ministry of Oil

> 波斯湾几个小国都是跟着沙特走的小兄弟，经常与伊朗明里暗里较劲，这些冲突会牵动国际油价的神经。

第十个分析对象是阿联酋，阿联酋的阿布扎比和迪拜都在努力成为航空枢纽，而**这正是阿联酋地理位置优势带来的经济利益**。阿联酋的原油产量远远大于其消费量（图7-52），但是其天然气却需要大规模进口（图7-53）。

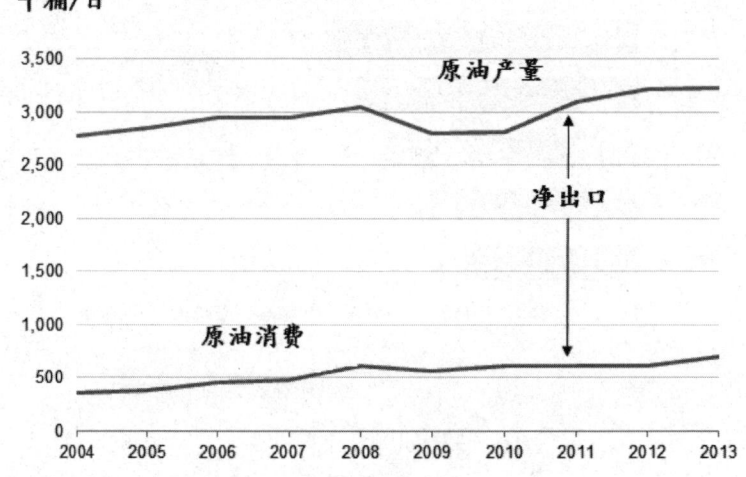

图 7-52 阿联酋原油的生产和消费
数据来源：EIA

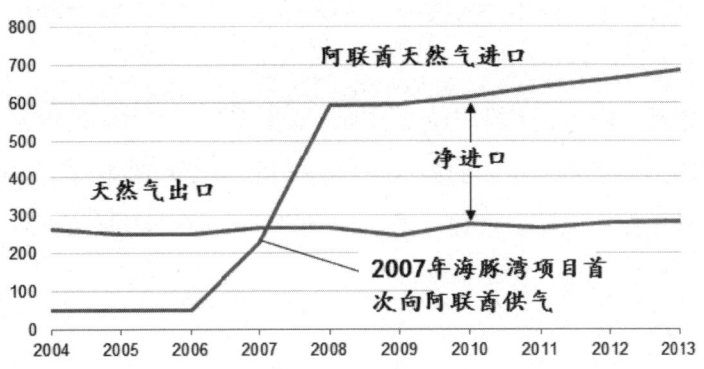

图 7-53　阿联酋天然气进出口

数据来源：EIA

阿联酋的油气田遍布整个国家，其中比较大的油气田集中在鲁维斯和阿布扎比之间的海域当中（图7-54）。

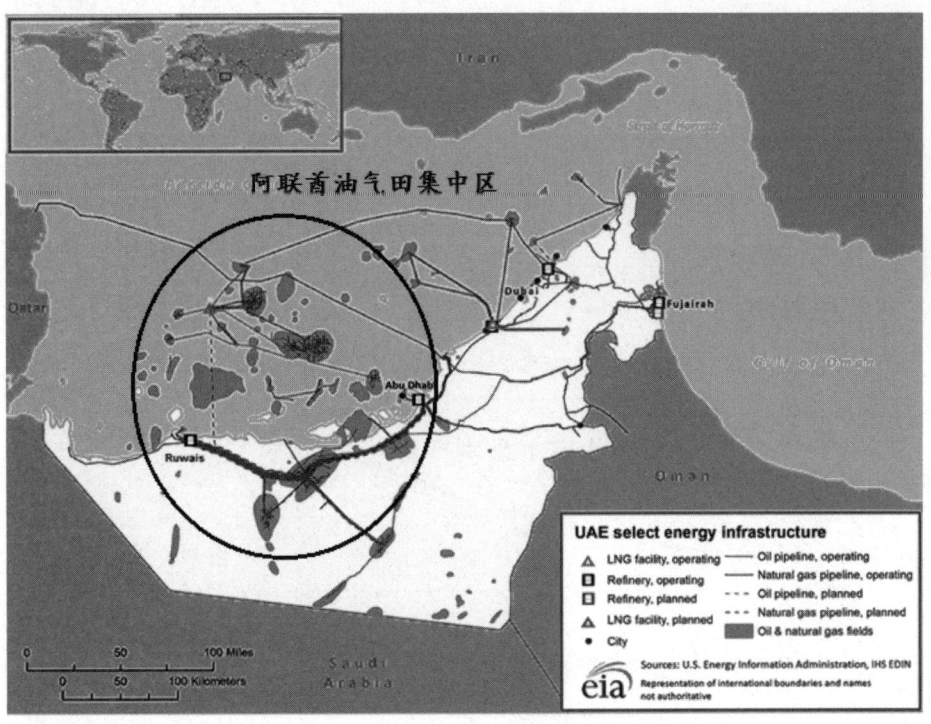

图 7-54　阿联酋油气田集中区

数据来源：EIA

中间插一句，为什么要把地图拿出来分析，因为一旦某个事件发生，你就可以翻看本书，看该事件是否发生在油田产区或者运输通道附近，进而可以判断是否会影响油气生产和运输。

第十一个分析对象是卡塔尔。卡塔尔位于波斯湾靠近霍尔木兹海峡的地方，也是重要的洲际航空枢纽。卡塔尔是重要的原油出口国（图7-55和图7-56），但是其储量和产量相比其他中东产油国并不高（图7-57和图7-58）。但是，卡塔尔的天然气产量却非常高（图7-59），仅次于俄罗斯。

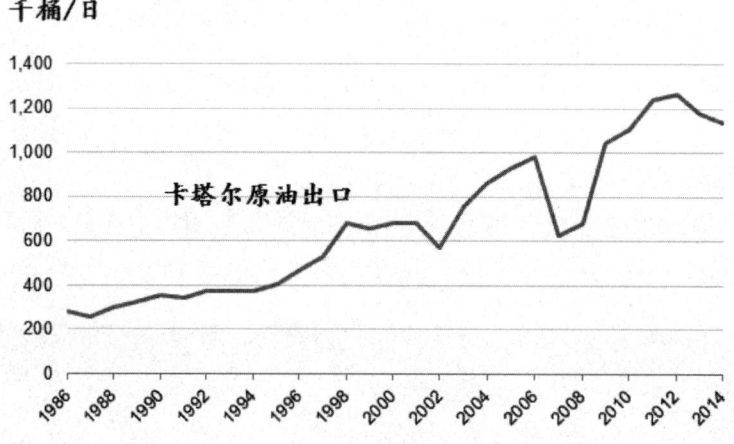

图7-55　卡塔尔原油出口走势

数据来源：EIA

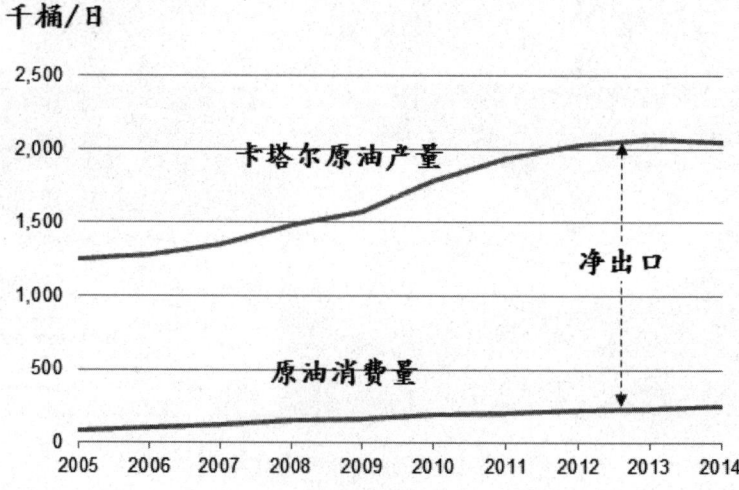

图7-56　卡塔尔原油产量和消费量

数据来源：EIA

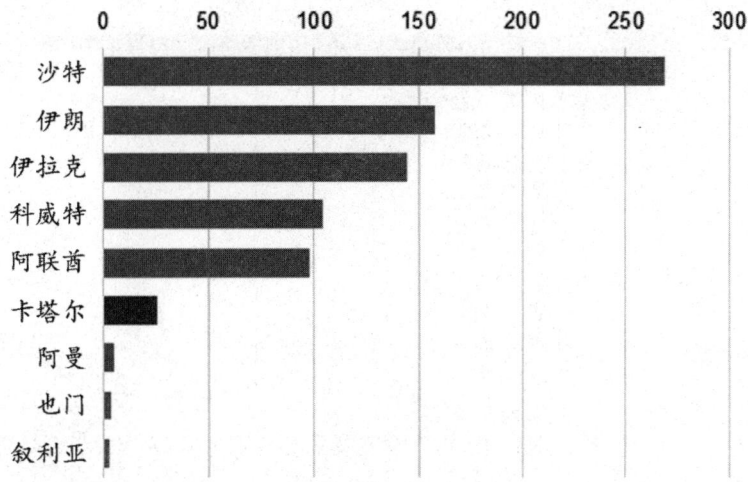

图 7-57　2015 年中东已探明原油储量国别排名

数据来源：EIA

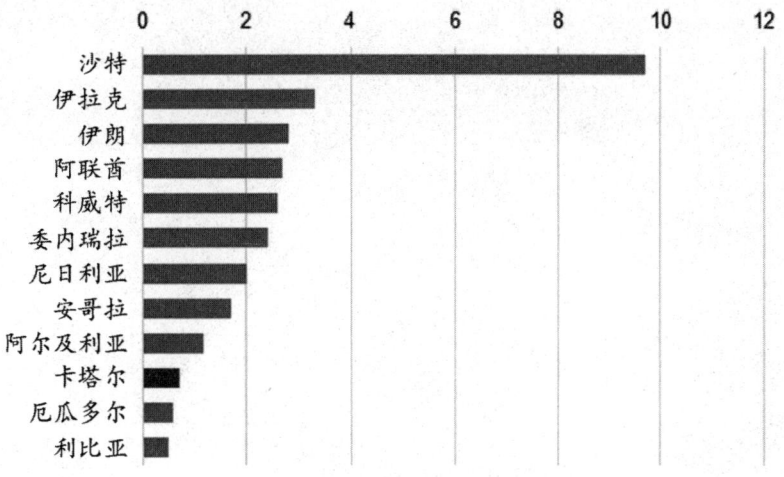

图 7-58　OPEC 原油日产量国别排名

数据来源：EIA

10亿立方英尺

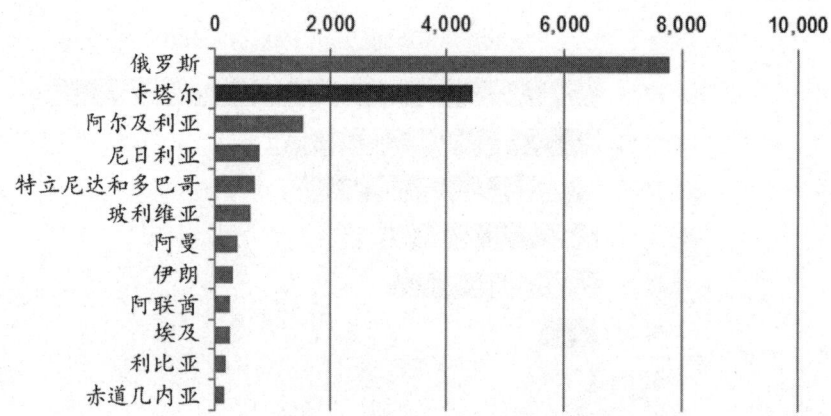

图7-59 天然气输出国论坛2012年成员国产量排名

数据来源：EIA

卡塔尔油气主要分布在海上，而且与伊朗的海上油气田衔接（图7-60）。

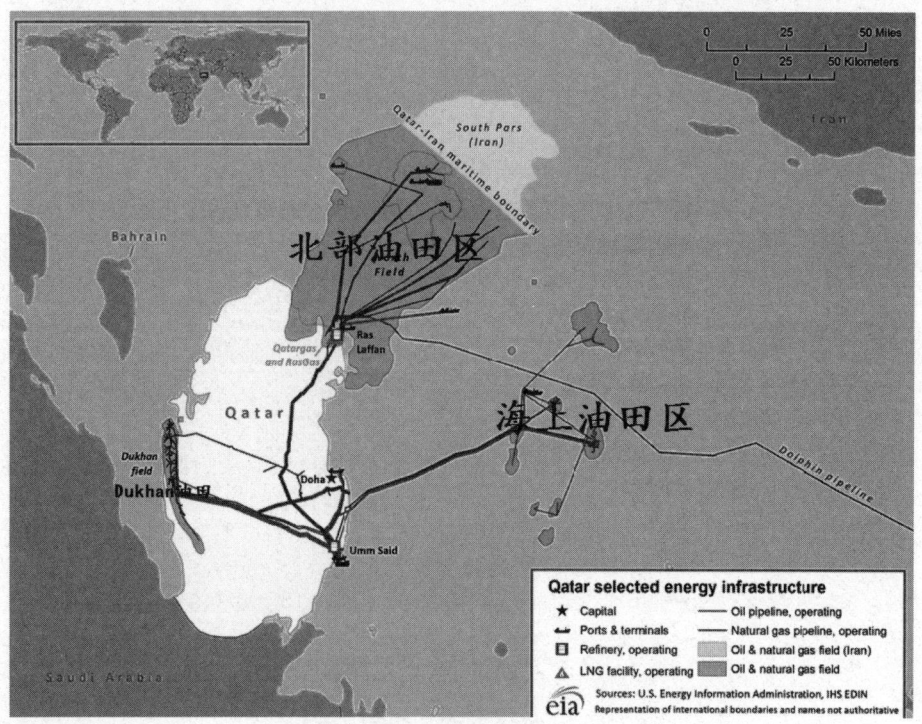

图7-60 卡塔尔油气田分布

数据来源：EIA

第七课 原油供给的国别分析要点：基于地理和政经的角度

非洲的国家经常处于内部动乱之中，这也使得他们的油气生产和出口经常被反叛武装分子所中断。下面，我们分析几个重要的非洲原油生产国。

第十二个分析对象是尼日利亚。石油产业是尼日利亚最重要的经济收入来源。2013年，尼日利亚石油工业产值约占GDP的14.4%。2013年尼日利亚传统的植物和废料占了能源消费的74%，这部分生物能的使用主要用于了自给自足类型用户的取暖和煮饭，主要集中在农村（图7-61）。

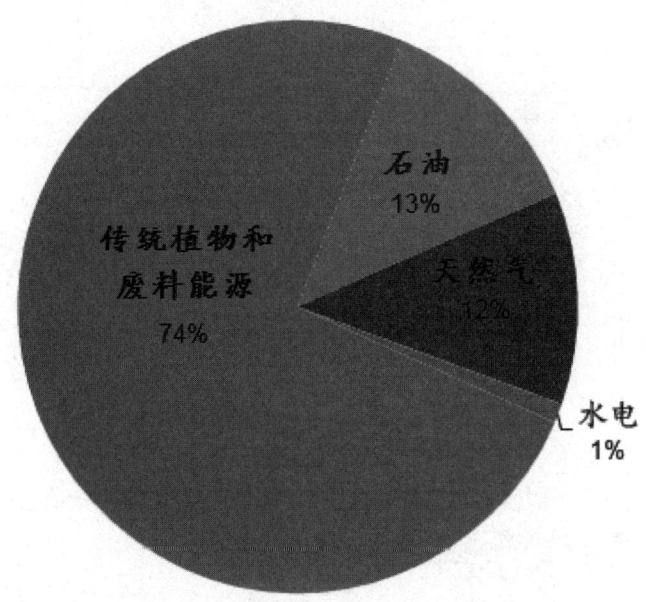

图7-61　2013年尼日利亚的能源消费分布
数据来源：EIA

尼日利亚曾是非洲最大的产油国，拥有非洲大陆上最丰富的天然气资源，同时2015年液态天然气出口量名列世界第四。虽然尽管尼日利亚位于非洲产油国前列，单是尼日利亚的石油生产经常出现供应中断，导致最高可达50万桶/天的计划外停产。尼日利亚的原油和天然气生产都超过自己的能源消费需求，但是其产量却大幅波动（图7-62和图7-63），经常成为国际原油市场的炒作题材。

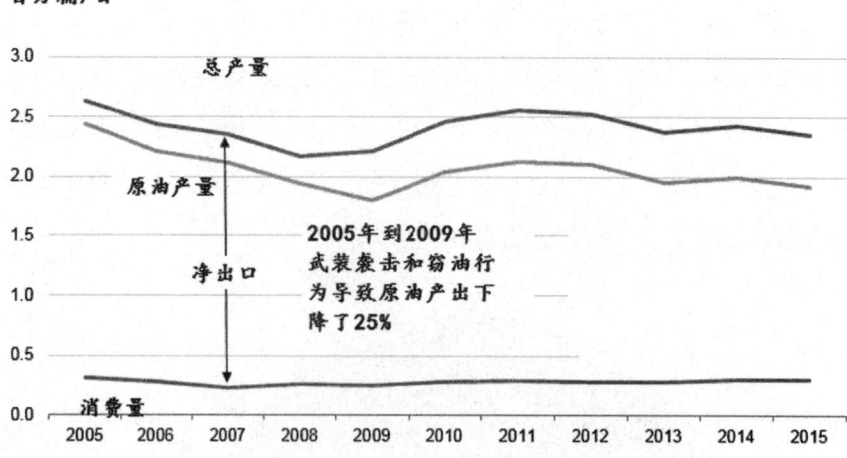

图 7-62　尼日利亚原油产量和消费量

数据来源：EIA

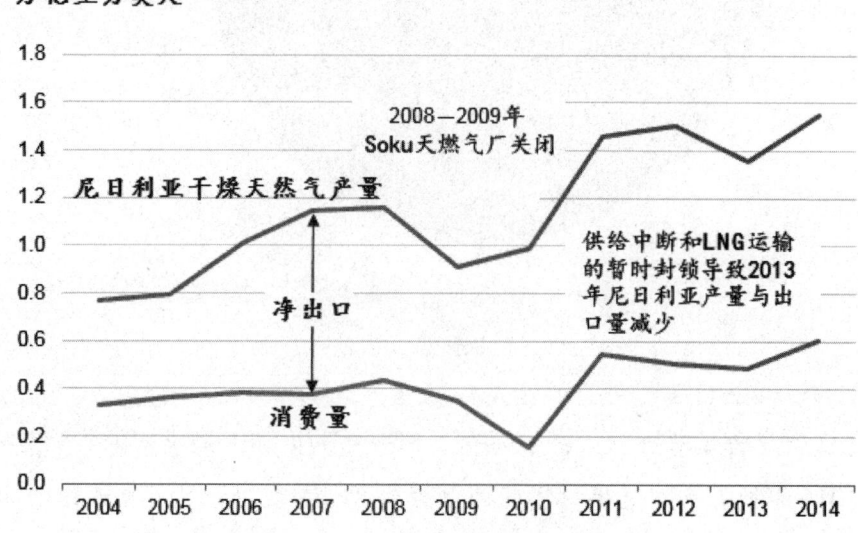

图 7-63　尼日利亚天然气产量和消费量

数据来源：EIA

尼日利亚的原油主要出口到印度和欧洲（图 7-64），其中荷兰和西班牙占了欧洲份额的绝大部分。液态天然气主要出口到日韩、西班牙和墨西哥（图 7-65）。

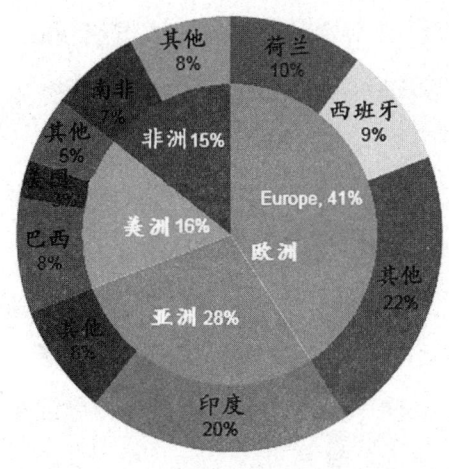

图 7-64　2015 年尼日利亚原油出口分布

数据来源：EIA

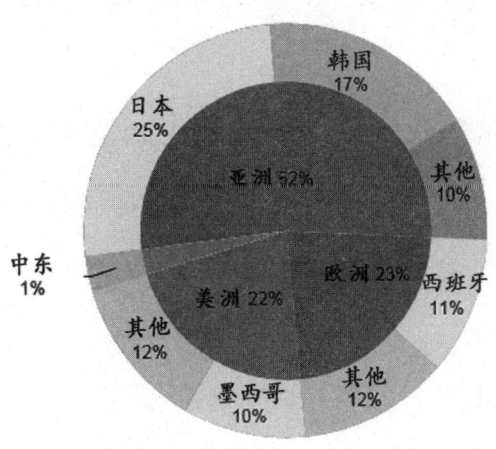

图 7-65　2014 年尼日利亚液态天然气出口分布

数据来源：EIA

尼日利亚处于西非东南部的国家，非洲几内亚湾西岸的顶点，邻国包括西边的贝宁，北边的尼日尔，东北方隔乍得湖与乍得接壤一小段国界，东和东南与喀麦隆毗连，南濒大西洋几内亚湾（图 7-66）。尼日利亚与加蓬在几内亚湾的海上边界存在争端，这里是石油储藏丰富的海域。另外，尼日利亚同喀麦隆在 20 世纪 90 年代为了争夺巴卡西半岛和附近海域而爆发冲突,这附近也藏有丰富的原油资源。

在尼日利亚的北部,盘踞着博科圣地,该组织2002年在尼日利亚麦德古里市成立,2009年他们与政府彻底决裂,经常在尼日利亚北部公共场所制造炸弹袭击。

而在河口三角洲地区,输油管道破坏、绑架、武装接手石油设施等情况非常普遍。而尼日三角洲解放运动组织(MEND)就是参与其中的一个重要组织。2006年初,尼日利亚南部原油出产丰富的尼日尔三角洲地区产油设施遇袭。由于该地区频繁发生袭击产油设施和绑架石油工人事件,尼日利亚的石油产量已从此前的日均250万桶下降了约25%,原油出口下降20%,进而影响国际油价,2006年国际油价上升了近20%。

另外,几内亚湾和西非海域的海盗活动猖獗,经常威胁到该地区的石油行业。这个地区的海盗武装时常占领石油海上平台,从油罐或货船偷油以及从油罐中抽油。

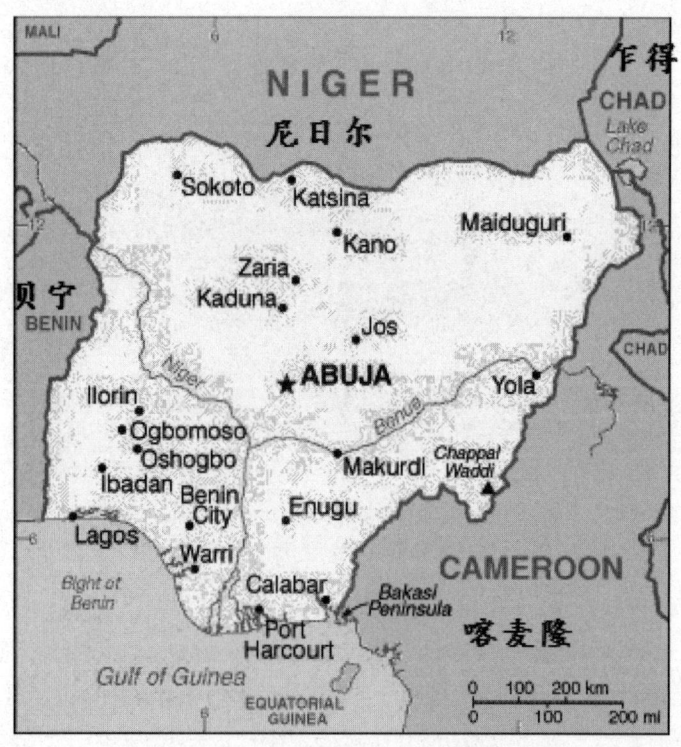

图7-66 尼日利亚的地理情况

数据来源:U.S. Department of State

第十三个分析对象是利比亚,它位于北非,北临地中海,属于马格里布地区,这个地方从罗马时代开始就与欧洲有密切的关系,利比亚的原油主要出口到欧洲(图7-67)。卡扎菲试图联合非洲其他主要国家建立一个最终统一和独立的非洲,这自然触碰到了法美英三国的利益,这就导致了激烈的利比亚内战。利比亚内战中止了持续增长的天然气产量(图7-68),使得经济大规模倒退。

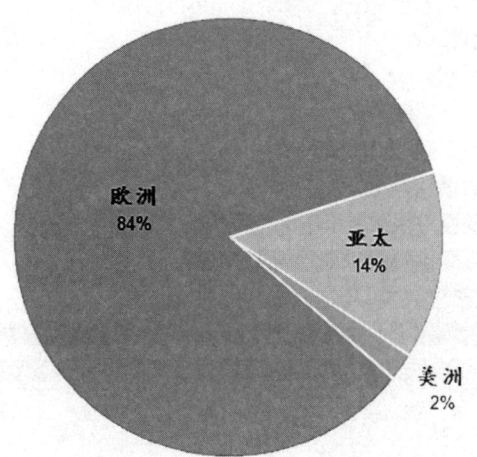

图 7-67　2014 年利比亚原油出口分布

数据来源:EIA

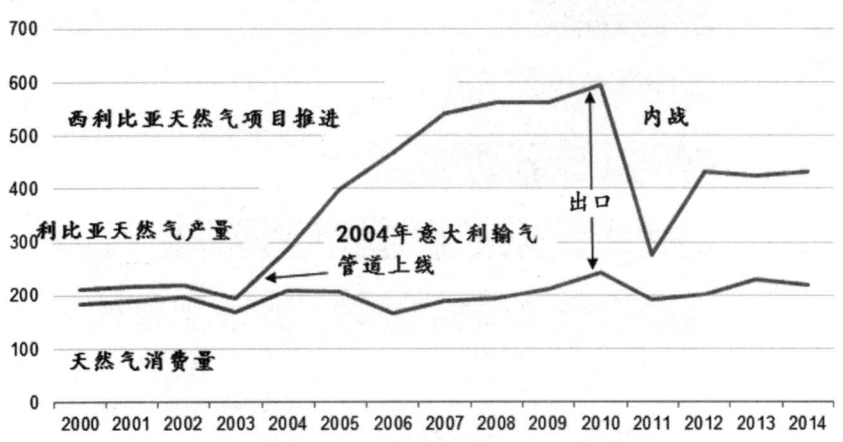

图 7-68　利比亚天然气产量和消费量

数据来源:EIA

利比亚的已探明原油储量位居全球第九（图7-69），已探明天然气储量居非洲大陆第五（图7-70）。利比亚的油气田主要分布在几个盆地，其中以西部和海岸中部的油田最多（图7-71）。外部势力的干预与内部派系的斗争将持续影响利比亚的油气经济，这也是我们分析利比亚原油产量的关键变量。

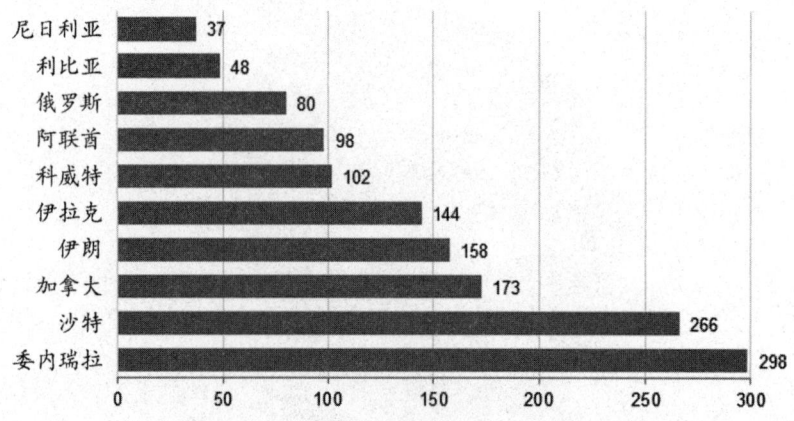

图7-69　世界十大已探明原油储量国

数据来源：EIA

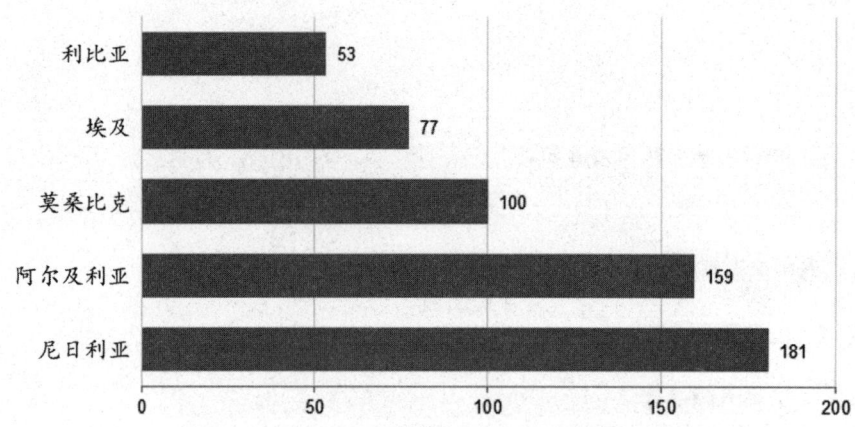

图7-70　非洲已探明天然气储量大国

数据来源：EIA

第七课 原油供给的国别分析要点：基于地理和政经的角度

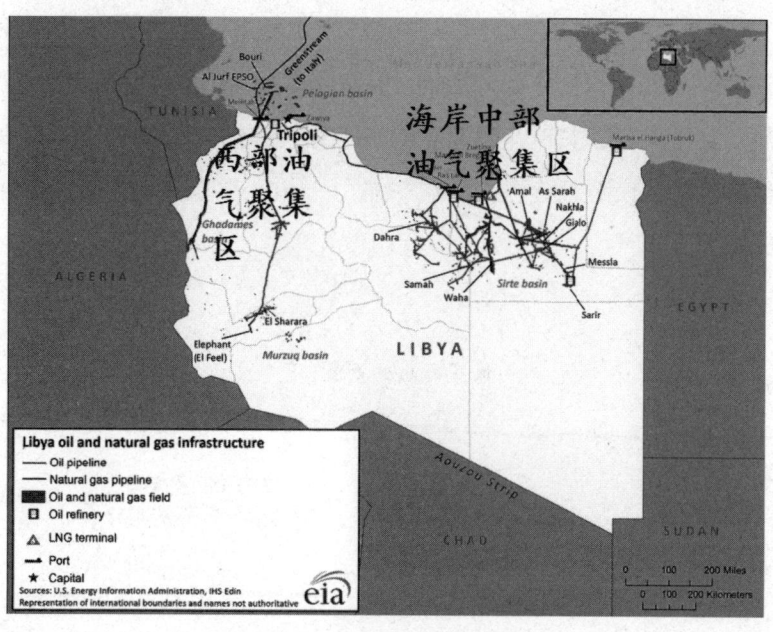

图 7-71　利比亚油气田分布

数据来源：EIA

第十四个分析对象是俄罗斯。俄罗斯自身的能源消费结构中，天然气占了一半，其次是原油和煤炭（图 7-72）。2014 年秋季我曾经从海参崴出发用 1 个月横穿整个俄罗斯，抵达圣彼得堡，给我的感觉是俄罗斯整体环境不错，估计这是大量以天然气作为能源的缘故。

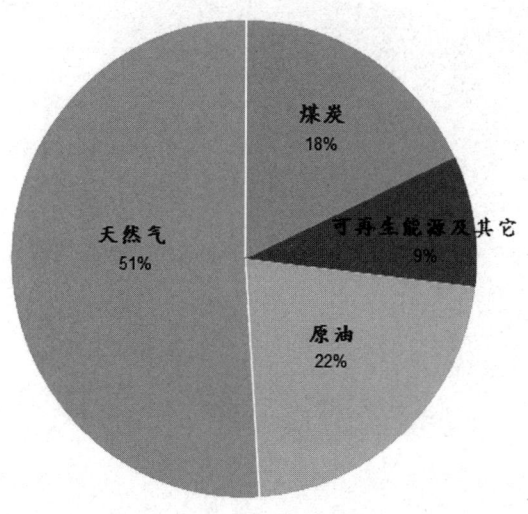

图 7-72　2012 年俄罗斯能源消费结构

数据来源：EIA

俄罗斯的原油产量是其消费量的3倍多，也就是说起产量的2/3都用来出口了（图7-73），主要出口到东亚和欧洲（图7-74）。而俄罗斯的天然气则主要出口到了德国、土耳其、意大利、白俄罗斯和乌克兰等国（图7-75）。最近几年，俄罗斯经常和乌克兰在输气管道上"做文章"，从上述数据就可以推断出哪些是第三方受损者。

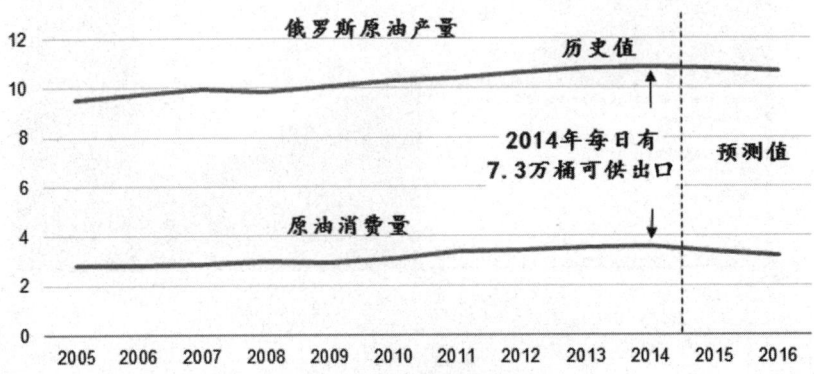

图7-73　俄罗斯原油产量和消费量
数据来源：EIA

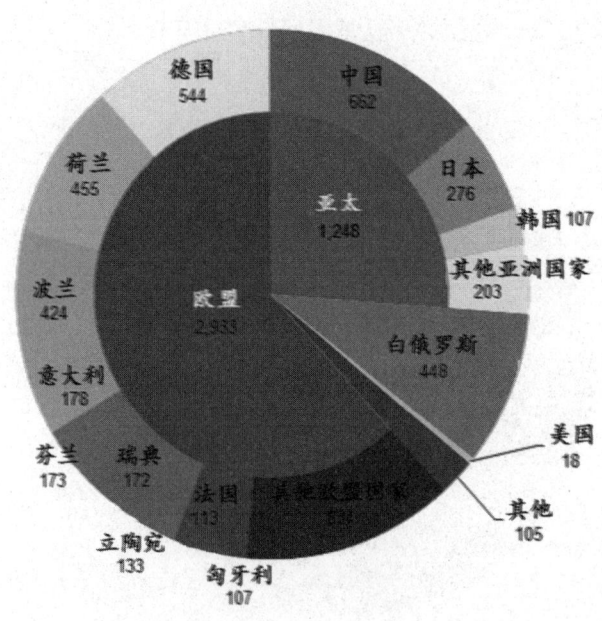

图7-74　2014年俄罗斯原油出口分布
数据来源：EIA

第七课 / 原油供给的国别分析要点：基于地理和政经的角度

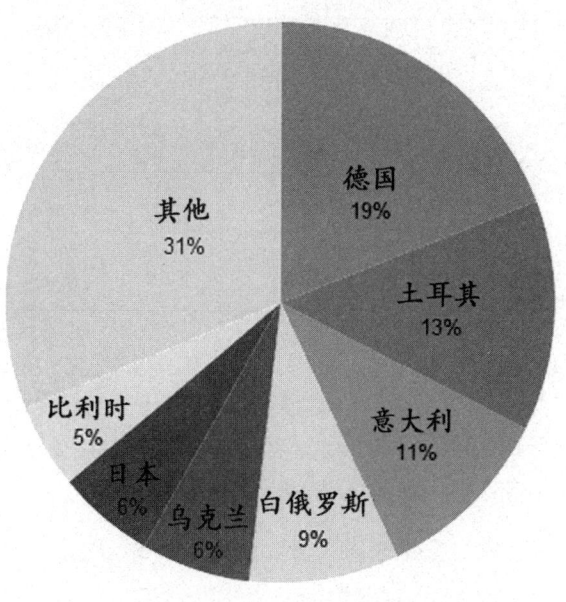

图 7-75　2014 年俄罗斯天然气出口分布

数据来源：EIA

俄罗斯地跨欧亚两洲，位于欧洲东部和亚洲大陆的北部，**其欧洲领土的大部分是东欧平原**。北邻北冰洋，东濒太平洋，西接大西洋，西北临波罗的海、芬兰湾（图7-76）。俄罗斯联邦有三大油气产地：西西伯利亚，伏尔加—乌拉尔斯克，季曼—别切尔斯克。西西伯利亚地区是俄罗斯联邦主要区域，世界最大的油气田。目前70%的俄罗斯原油开采自西西伯利亚，该油气田位于西西伯利亚平原上，跨秋明、鄂木斯克、库尔干斯克、托木斯克及斯维尔德洛夫斯克、车里雅宾斯克、新西伯利亚各州，以及克拉斯诺亚尔斯克和阿尔泰两个区，面积约350万平方公里。另外，俄罗斯的天然气储量居世界第一（图7-77）。

老龄化和荷兰病是俄罗斯经济的最大软肋。

图 7-76　俄罗斯的地理情况

数据来源：CIA, World Factbook

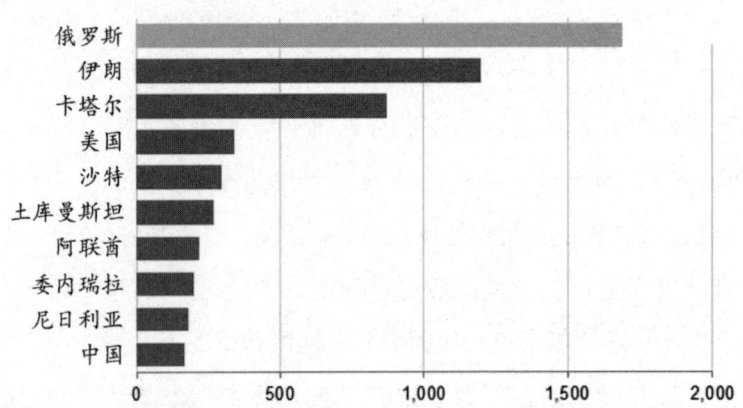

图 7-77　已探明天然气储量估计值国别数据（2015 年 1 月更新）

数据来源：EIA

第十五个分析对象是哈萨克斯坦，哈萨克斯坦的能源消费结构以煤炭为主（图 7-78），这与哈萨克斯坦位于世界煤炭能源带上有关，同时也因为原油是这个国家出口收入的主要来源。哈萨克斯坦原油产量的 1/7 都用来出口了（图 7-79），而天然气则处于供需弱平衡状态（图 7-80），它的天然气主要出口到欧洲（图 7-81）。2015 年，在伊斯坦布尔机场碰到很多哈萨克斯坦人，后来才知道哈萨克斯坦许多好的学校都是土耳其人兴办的，而且哈萨克斯坦人热衷于学习土耳其语，这是因为他

第七课 / 原油供给的国别分析要点：基于地理和政经的角度

们语言上很接近，只不过哈斯克斯坦以俄语的西里尔字母来拼写，而土耳其语以凯末尔改革后的拉丁字母拼写。哈斯克斯坦的人均收入世界排名靠前，应该算得上是中亚的富国，属于中高等收入国家。

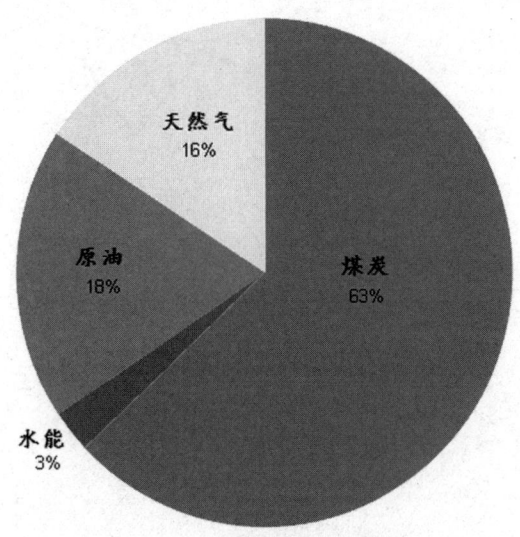

图 7-78　2012 年哈萨克斯坦能源消费结构
数据来源：EIA

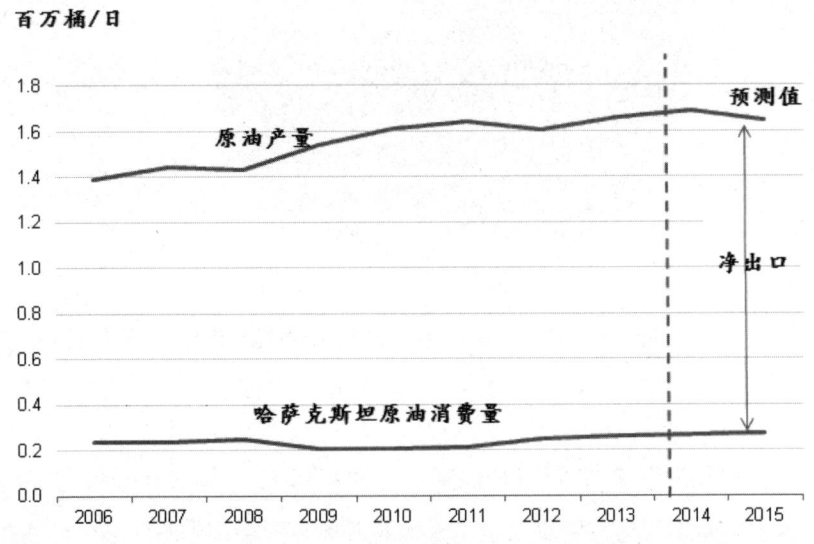

图 7-79　哈萨克斯坦原油产量和消费量
数据来源：EIA

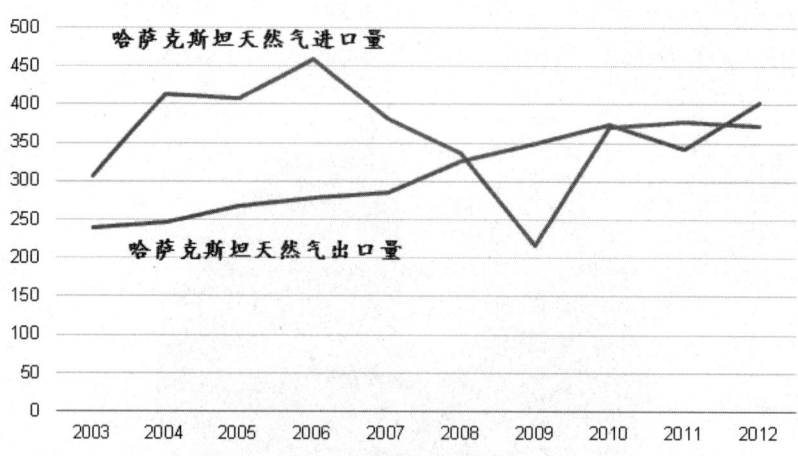

图 7-80　哈萨克斯坦天然气进口量和出口量

数据来源：EIA

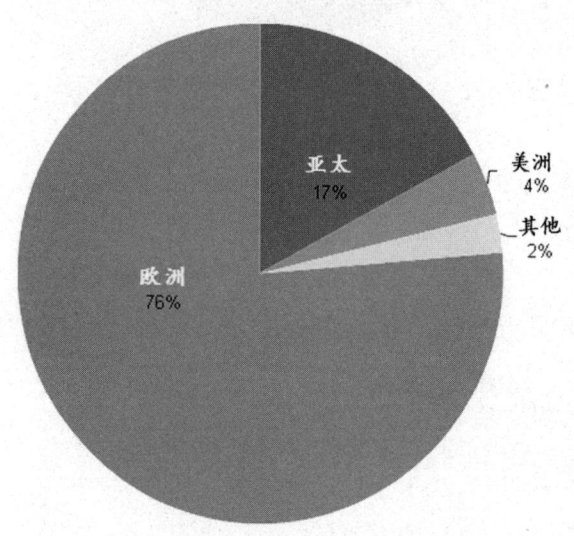

图 7-81　2013 年哈萨克斯坦天然气出口分布

数据来源：EIA

哈萨克斯坦原为苏联加盟共和国之一，在1991年12月16日宣布独立。与俄罗斯、中国、吉尔吉斯斯坦、乌兹别克斯坦、土库曼斯坦等国接壤（图7-82），并与伊朗、阿塞拜疆隔里海相望，国土面积排名世界第九位。16世纪之前，哈萨克斯坦境内生活的是游牧的民族，直到18世纪初期，俄罗斯帝国将哈全境吞并。濒临里海的盆地加上其他盆地是哈萨克斯坦主要的油田所在。

图 7-82 哈萨克斯坦的地理情况

数据来源：CIA, World Factbook

第十六个分析对象是中国。中国的能源消费结构中，煤炭占了绝对主力，其次才是原油（图7-83）。中国原油需求在很大程度上需要进口，加上经济体量大，中国位列九大原油净进口国之首（图7-84）。

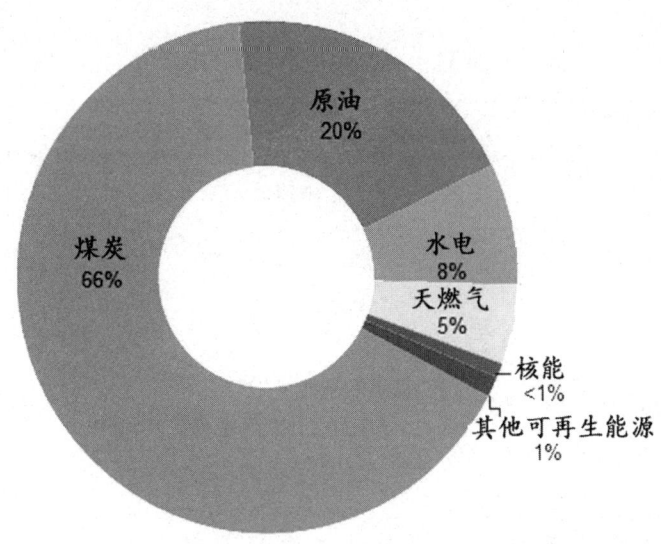

图 7-83 2012年中国能源消费结构

数据来源：EIA

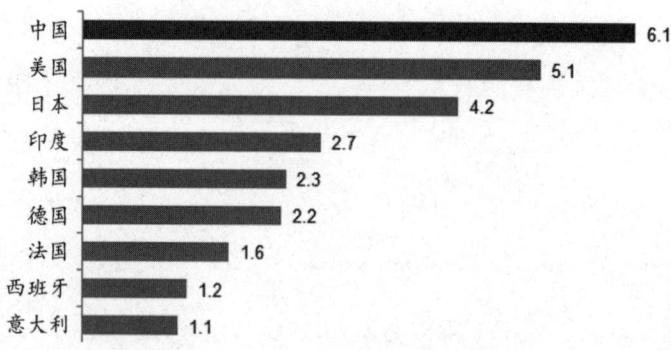

图 7-84　2014 年世界九大能源净进口国

数据来源：EIA

中国的原油消费远大于自身的原油产量（图 7-85），从 1993 年开始中国无法靠自己的原油工业来满足经济发展对能源的需求。中国主要从中东、俄罗斯、安哥拉等地进口石油（图 7-86），而液化气则主要从卡塔尔、澳大利亚、马来西亚和印尼进口（图 7-87）。中国的油气田主要分布在各大盆地（图 7-88）。

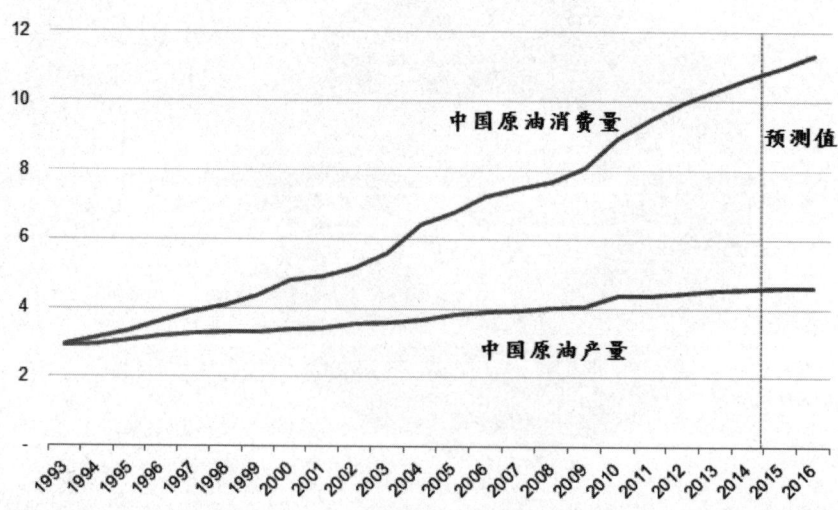

图 7-85　中国原油消费量和产量

数据来源：EIA

第七课 原油供给的国别分析要点：基于地理和政经的角度

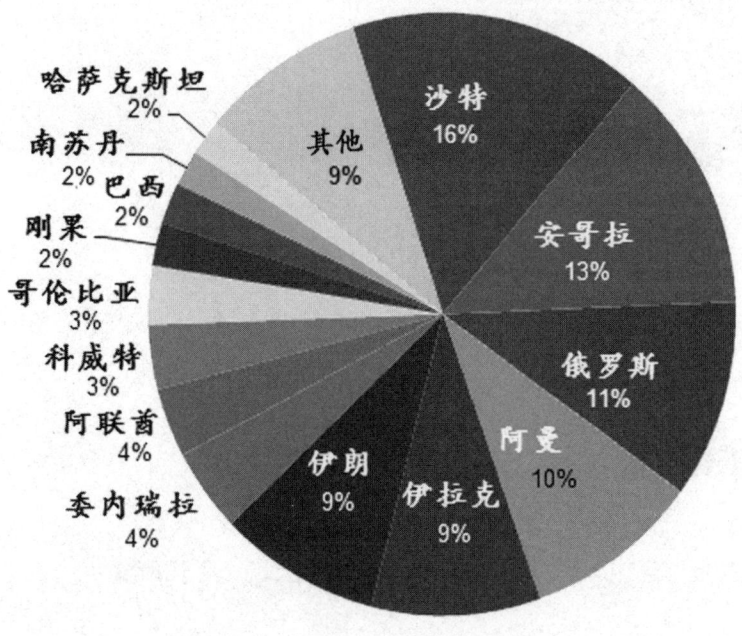

图 7-86　2014 年中国原油进口分布

数据来源：EIA

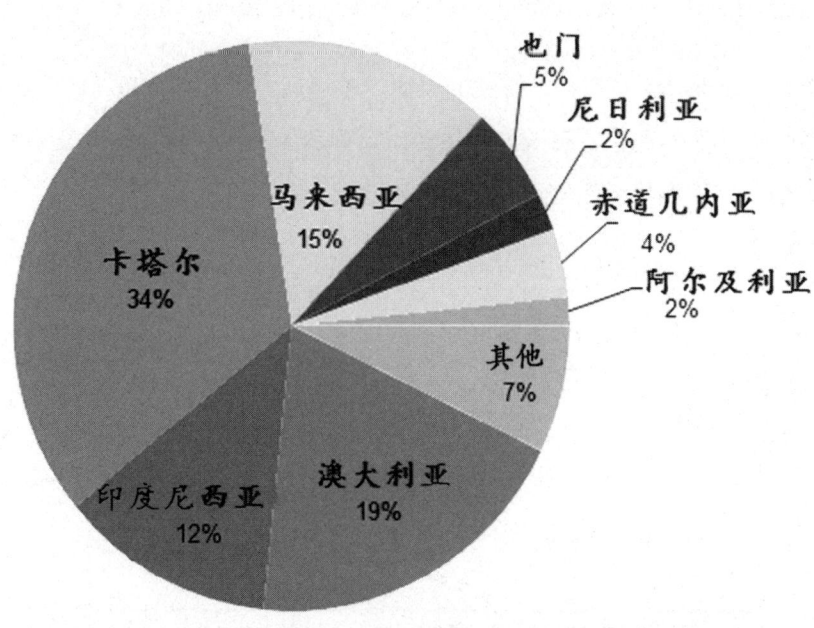

图 7-87　2014 年中国液化天然气进口分布

数据来源：EIA

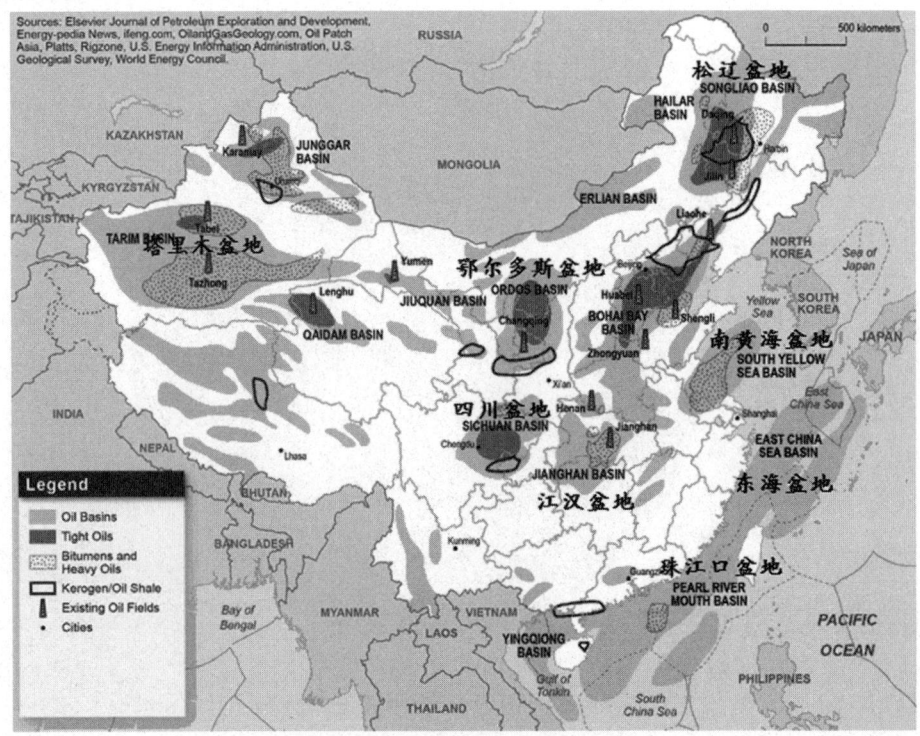

图 7-88 中国油气资源分布

数据来源：Carnegie Endowment for International Peace (Deborah Gordon, Yevgen Sautin, and Wang Tao), "China's Oil Future", May 6, 2014.

第十七个分析对象是挪威。挪威的原油产量远远大于其消费量（图 7-89），天然气也是如此（图 7-90）。挪威原油主要出口到美国、荷兰和德国以及一些北欧国家（图 7-91），而液化天然气近一半出口到欧洲（图 7-92）。

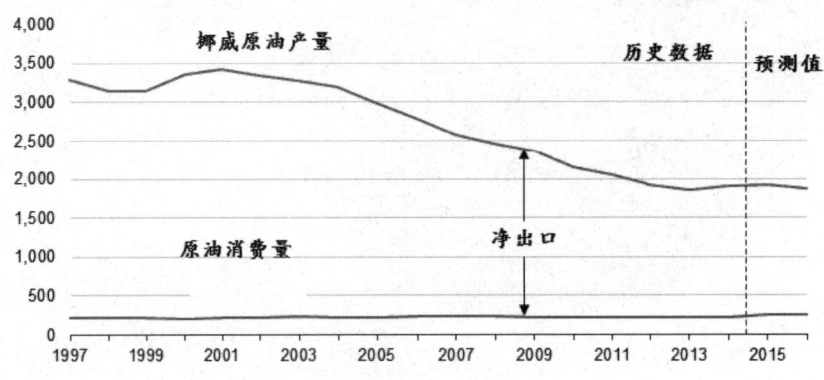

图 7-89 挪威原油产量和消费量

数据来源：EIA

第七课 原油供给的国别分析要点：基于地理和政经的角度

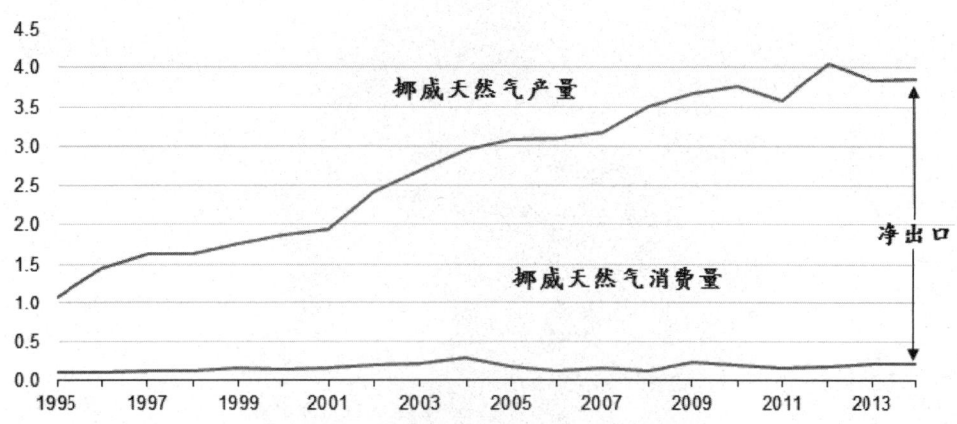

图 7-90　挪威天然气产量和消费量

数据来源：EIA

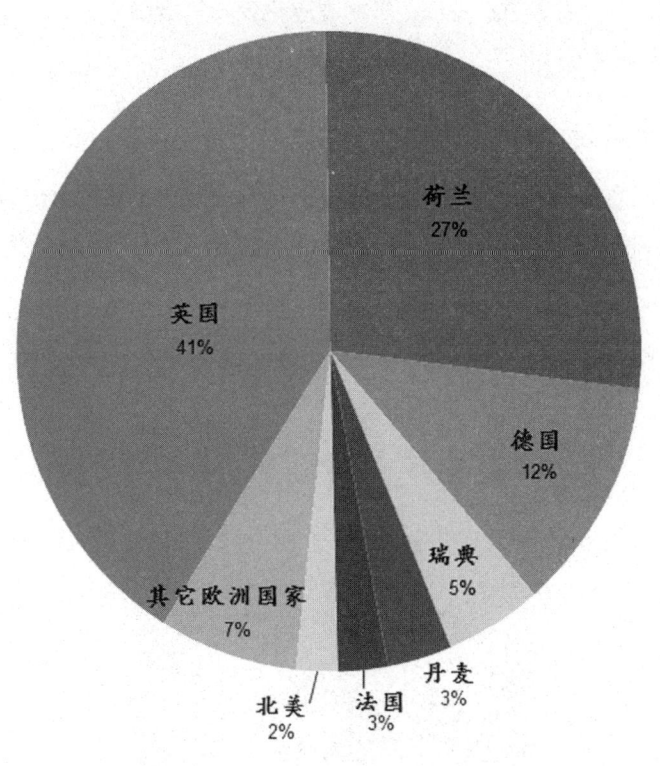

图 7-91　2014 年挪威原油出口分布

数据来源：EIA

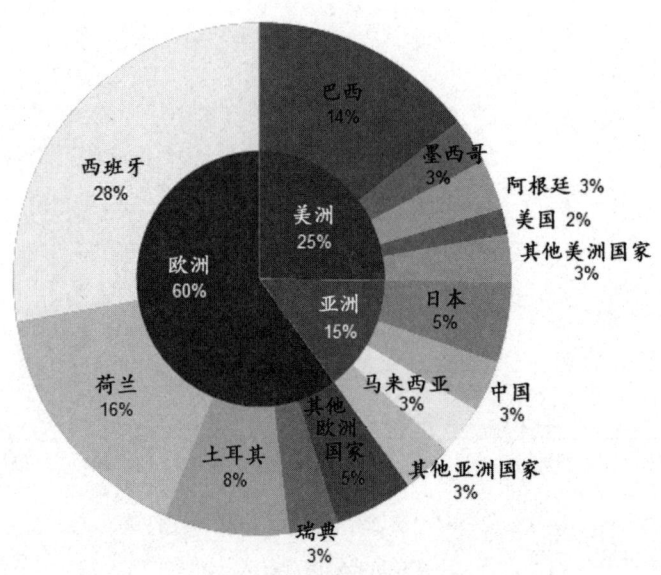

图 7-92　2014 年挪威液化天然气出口分布

数据来源：EIA

挪威位于斯堪的纳维亚半岛西部。挪威领土南北狭长，海岸线漫长曲折，沿海岛屿很多，被称为"万岛之国"，领土与瑞典、芬兰、俄罗斯接壤（图 7-93），石油工业是国民经济的重要支柱，挪威也是西欧最大的产油国，其油田主要在北海区域。

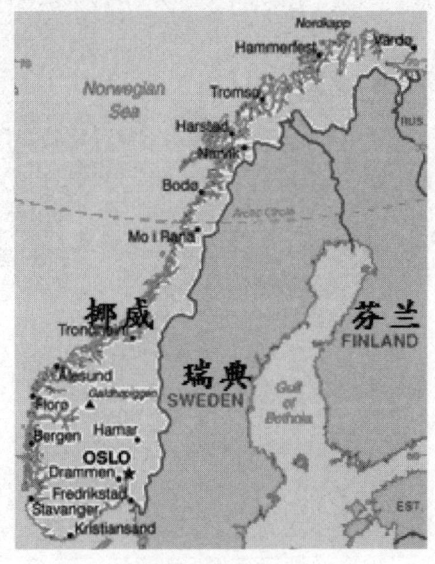

图 7-93　挪威的地理情况

数据来源：CIA

我们对于原油产业链上游主要原油生产国的情况进行了扼要的分析，当你从新闻得知上述某国有自然或者政经事件发生时，应该翻阅本课，看是否对原油生产有影响。另外，原油生产国的财政状况我们也需要不定期予以关注，因为油价会对所有国家的经济增长状况产生影响（图 7-94）。对于原油出口国而言，财政收支平衡点对应的原油价格（图 7-95）是非常重要的，因为这涉及原油生产国是否有能力维持经济正常运作和社会稳定，否则将引发社会动荡，进而影响原油生产活动本身，比如"阿拉伯之春"与原油价格其实是相互影响的，当然还有其他因素推动。

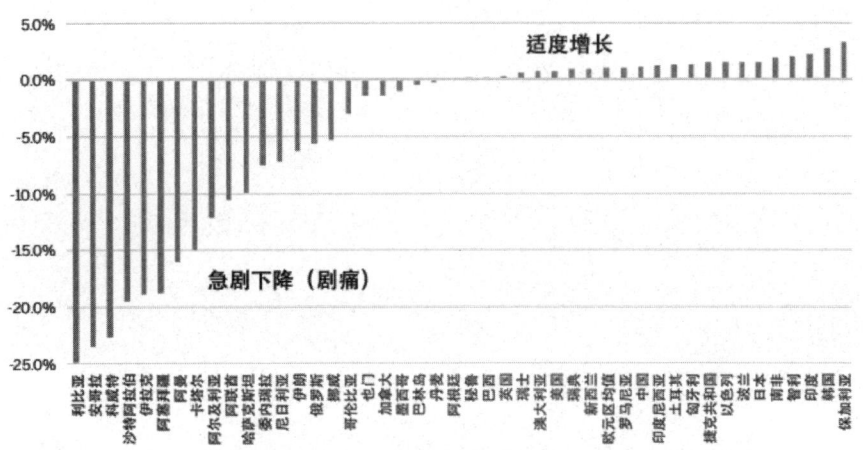

图 7-94　油价下跌对各国 GDP 的一阶影响
数据来源：CIA　EIA　CME　和讯

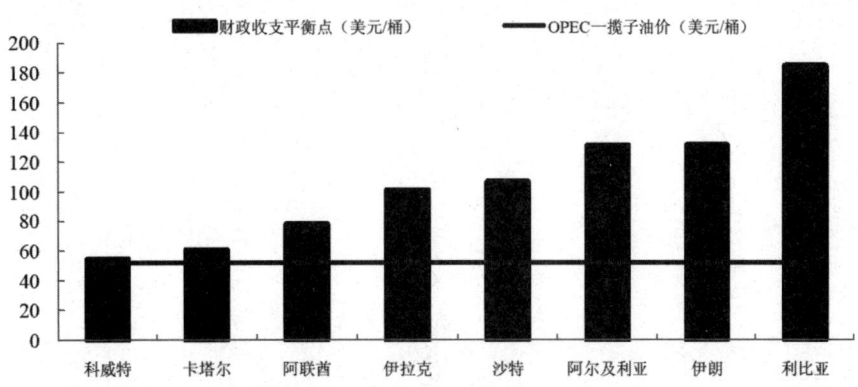

图 7-95　2015 年 OPEC 产油国油价财政预算盈亏平衡线
数据来源：Bloomberg，莫尼塔公司　王玮

第八课

页岩油气革命

  页岩气和致密油的繁荣发展所带来的美国增长及经常账户赤字的改善对于美元而言显然是一个长期利好。自2007年信贷紧缩开始以来、美国的经常账户赤字占GDP的比重已经从6%降至3%。未来十年美国国内原油及其他石油产品的产量料将增长300万桶/日,在这种情况下,其他条件不变,美国的经常账户赤字占比将再降1%左右。相反,世界其他主要石油进口地区——欧洲、日本及新兴亚洲的石油赤字同期料将大幅攀升。因此美元将是唯一获支撑的主要货币。

——曼苏尔·毛希丁(Mansoor Modiuddin)

  未来20年内,巴热诺夫可能将是俄罗斯最主要的原油产地,地位甚至高于北冰洋。它让我们对于未来50年的产出乐观。

——莱昂纳多·费顿(Leonid Fedun)

> 概念定义和指标神器，作为交易者应该敬而远之。

讲到页岩油，必须得大致说明这到底是个什么东西。所谓页岩油是指以页岩为主的页岩层系中所含的石油资源。其中包括泥页岩孔隙和裂缝中的石油，也包括泥页岩层系中的致密碳酸岩或碎屑岩邻层和夹层中的石油资源。对于一般的交易者而言，页岩油的专业技术内容没有太多的时间去了解，重要的是了结与原油交易相关的东西。

在本课我会着重讲四个方面的问题：第一个是页岩气革命对原油价格的具体影响，回顾一下这一段历史有助于我们直观地认识页岩油因素在原油交易的重要意义；第二个是页岩油为什么能够对原油价格产生如此深远的影响，这个新变量的本质到底什么；第三个是页岩油气的分布，这对于我们可以帮助我们定位页岩油气的分析对象；第四个是关于页岩油企业生产成本的问题。下面，我们就来逐一展开上述话题。

第一个涉及页岩油革命对原油价格的具体影响。首先引用一段数据：从2011年到2014年，随着北美页岩油产能的爆发性增长，美国贡献了全球同期63%的产量增长，相应也成为决定原油供给增长的最关键因素。大家可以看下美国原油产量的走势，从20世纪80年代末一直在走下坡路，直到2011年出现了井喷式的增长（图8-1）。这种爆发式的原油产量必然侵蚀OPEC的市场份额，2013年到2014年OPEC的全球份额急剧下降。2014年后，情况才发生改变，因为这个时候利比亚恢复了供应，伊朗国际制裁将解除，沙特为了捍卫市场份额大举增产。

从2014年开始，除了北美之外的非OPEC国家产量大幅增长，并且2015年OPEC中无论是沙特还是其他国家的产量都大幅增长，美国页岩油占新增产能的比重已经跌至1/3，OPEC重新赢回了市场份额（图8-2）。是不是OPEC把页岩油的打败了？非也，其实这正反映了页岩油不同于传统原油开采业的特点，那就是超强的供给弹性。

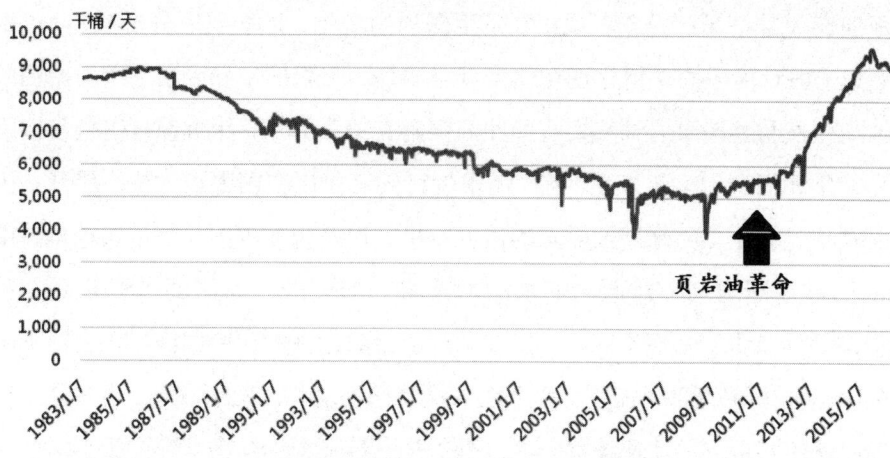

图 8-1　美国原油产量历史数据

数据来源：EIA

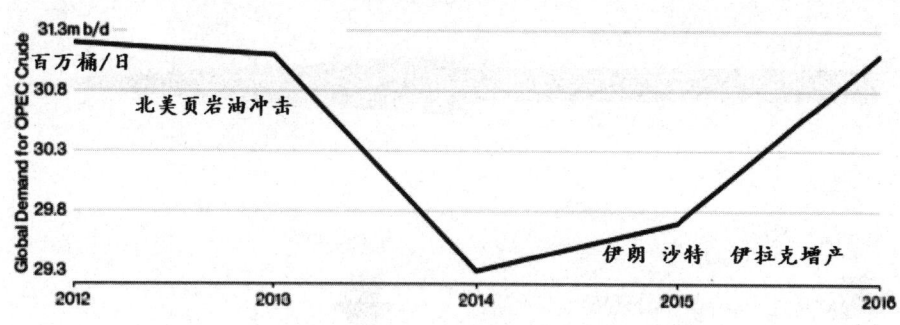

图 8-2　OPEC 在全球原油市场中的份额

数据来源：IEA

页岩油革命叠加美元走强让原油从 2014 年夏天开始暴跌到 2015 年，此后页岩油迅速减产，原油价格反弹，这表明一个新的原油定价时代已经来临，页岩油（特别是北美的页岩油）已经成了原油价格分析体系当中不可忽视的新变量。

接着我们讲第二个问题，页岩油为什么能够对原油价格产生如此深远的影响，这个新变量的本质到底什么？

分析原油价格走势必然分析产业链上游，在进行这些工作的时候，主流的思维是分析 OPEC 加上俄罗斯，但是这种思维方式放在新格局下就不适应了，因为页岩油产业作为一个更具弹性的原油供给因素改变了这个格局。

做投资用超边际分析，做投机用边际分析。

原油产业链格局已经或者说正在发生深刻的变化，以前我们分析上游/供给的时候是以 OPEC 为中心，但是现在北美页岩油是一个新的主导因素，因为原油的阶段性波动往往与北美页岩油气富有弹性的供给有关。另外一个方面这里也可以提一下，那就是我们这十多年来在下游/需求的时候总是以中国因素为核心展开。因为中国需求是过去十多年来原油需求的最大变量，但是现在中国经济结构转型，第三产业的比重逐渐增加，对原油需求的增速将长期下降。而印度尽管劳动参与率低，但是其体量大，发展空间大，因此印度因素将逐渐取代中国因素成为原油下游分析的主角。原油的商品属性有两个根本性的格局变化（图 8-3），第一是上游除了 OPEC 要还有重点关注北美页岩油；第二是下游除了中国需求还要重点关注印度需求。新一轮大宗商品的大牛市能不能来，重点看欧亚大陆中部和南亚次大陆。

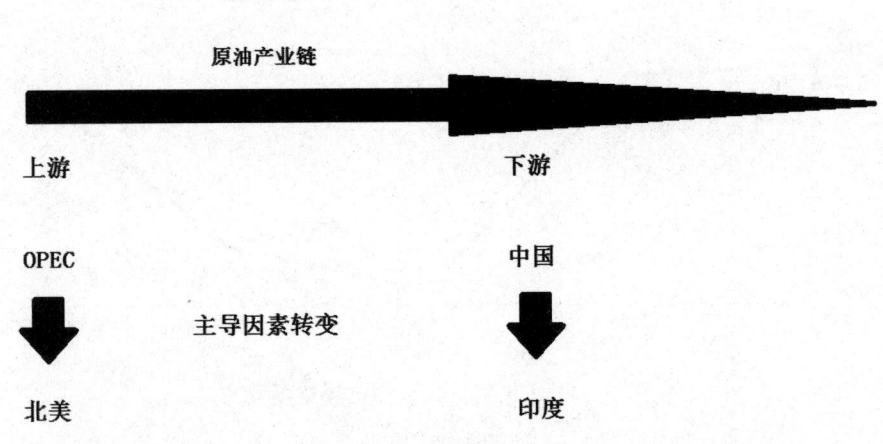

图 8-3　原油的商品属性有两个根本性的格局变化

撇开原油的资产属性，撇开美元对原油价格的影响，我们可以发现页岩油生产者的财务状况和技术革新对国际原油价格波动产生了重要影响。一方面，北美的页岩油是一个能够迅速对市场价格做出反应的边际供应者，为什么能够做出快速的反应？因为页岩油的供给弹性很高。另一方面，美国这几年内大量建设了页岩油产区与沿海地区的输油管道以及炼化设施，这就使得美国原油市场与国际原油市场更好地连通，WIT 和布伦特之间的价差逐渐缩小就是具体的表现。

有报告曾经指出：美国的页岩油从 0 开始到年产量 2 亿吨，仅仅花了 5 年时间，这个 2 亿吨是个什么概念，就是中国石油、中国石化和中海油加起来的总产量。页岩油的开采油层与传统油气不同，其潜在产量远远超过传统油气田，而且开采成本很低。页岩油的单口井开采成本远低于传统油气田开采成本。在建井周期上，传统油气井需要 3 到 5 年才能竣工，而页岩油的建设期不到半年。而 2016 年第一季度在其最新的年报中，雪弗龙阐述了其第 5 代技术可以使其页岩油建井完井时间缩短到不足一个月。也就是说，比起传统的油井技术，页岩油井可以快速生产供应市场，这就是页岩油供给的高度弹性。当原油价格低于盈亏平衡点时，页岩油气企业会进行技术革新提高效率，同时减少投资和延缓开采，甚至进行破产重组，但是一旦价格回升到合理区间，他们可以在半年甚至更短时间内恢复生产。

> 在油价低迷的周期内，页岩油企业可以采用二次压裂和延缓出油的方式来延长产量周期。

页岩油的供给弹性很高，而决定供给弹性的因素有两个：第一个是页岩油企业的财务状况，这个决定了他们的最优产量。页岩油企业的财务状况取决于原油价格和企业经营成本。后面我们会简单探讨一下页岩油企业的生产成本。第二个是页岩油技术的发展，这个领域的技术进步迅速，区域的小企业之间乐于分享新的技术和经验。

本课要介绍的第三个内容是页岩油气的分布，这对于我们可以帮助我们定位页岩油气的分析对象。页岩油气资源主要分布于美国、俄罗斯、中国和加拿大等 10 个国家（图 8-4）。

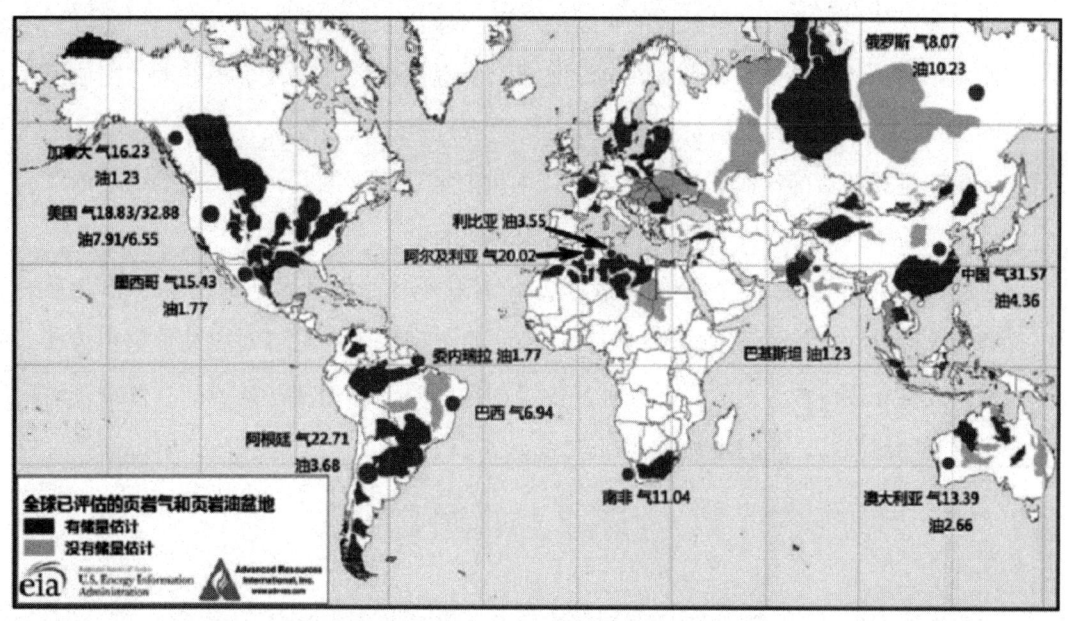

图 8-4　全球球页岩油气储量前十国家分布图

数据来源：EIA　杨双全

现在页岩油技术能够大规模商业化的还是北美，特别是美国。美国的页岩油主要分布在四个盆地—巴肯、奈厄布拉勒、二叠纪和伊格尔福特，除此之外还有一些其他的页岩油气生产地区（图8-5）。

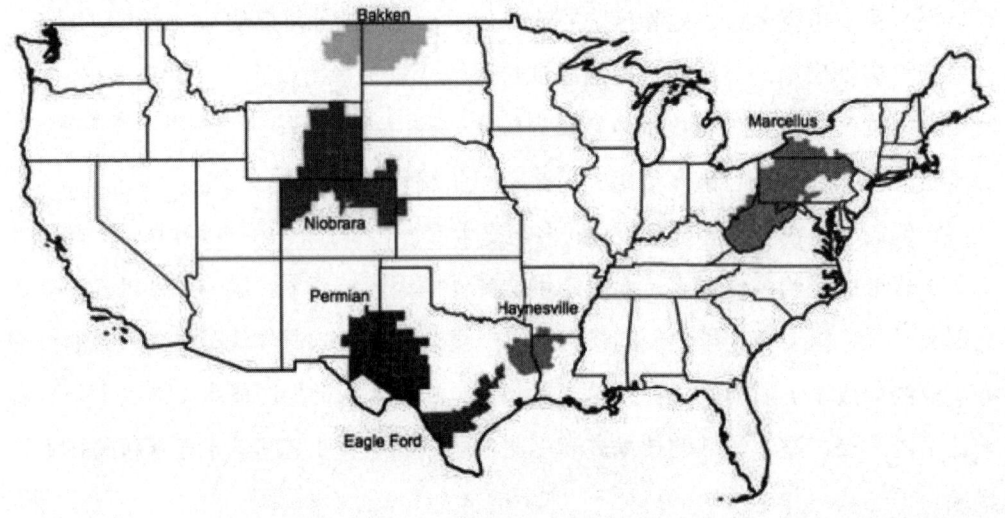

图8-5　美国页岩油气产区

资料来源：EIA

二叠纪盆地是美国产量最大的页岩油产区，这个地区也被称作西德克萨斯盆地，该盆地东西长402公里，南北宽约483公里，大盆地中还套着几个小盆地。它位于美国德克萨州西部和新墨西哥州东南部。

鹰滩是美国目前仅次于二叠纪的第二大页岩油产区。同时，也是美国页岩油气勘探开发活动从页岩气转向页岩油的最典型的地区。

美国页岩油气前四大产区的产量从2010年秋季开始飙升，但是到了2015年秋季因为国际油价低迷而迅速减产（图8-6），页岩油的生产可以对原油价格更快速地做出反应（图8-7）。油价上涨到足够高的区间时，页岩油快速增产；油价下跌到足够低的区间时，页岩油快速减产。

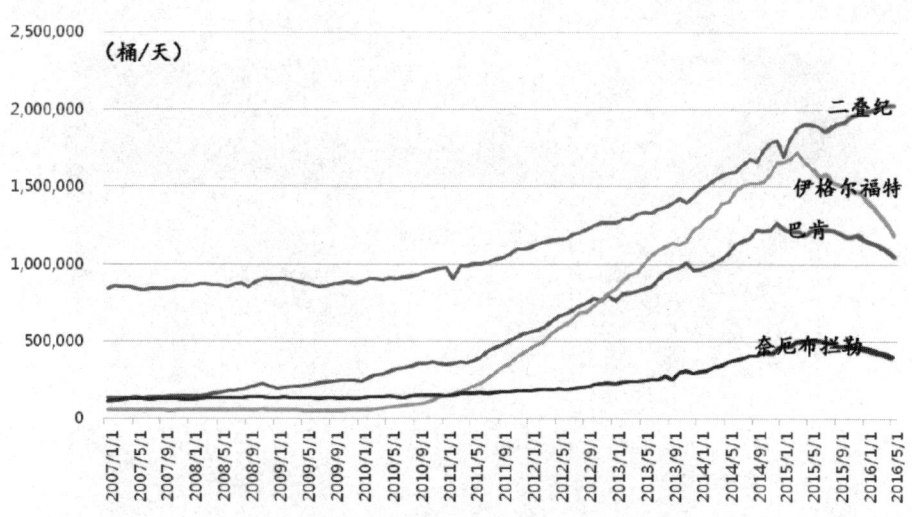

图 8-6　美国页岩油气产区产量走势

数据来源：EIA

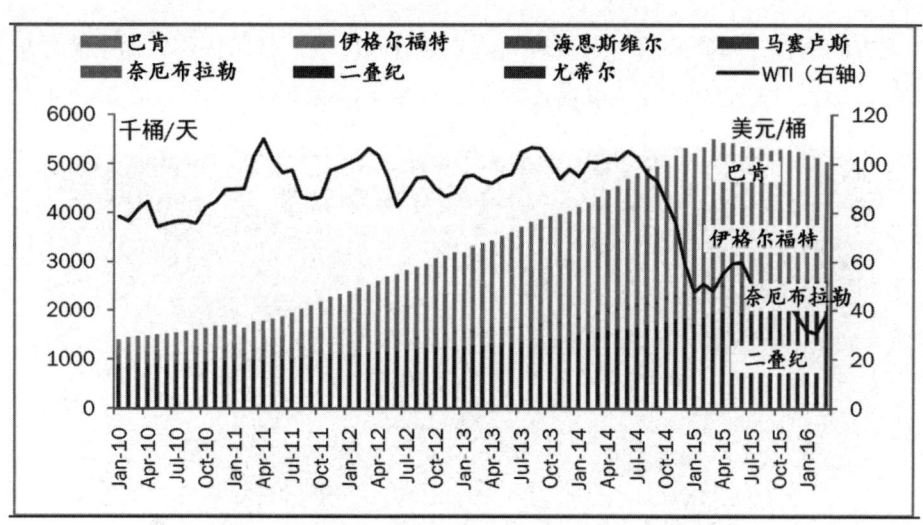

图 8-7　页岩油生产对原油价格快速地做出反应

数据来源：彭博　EIA　莫尼塔　刘晓宁　陈秋祺　林良樟

我们再看来俄罗斯的页岩油气储藏和分布情况，俄罗斯的核心页岩储备巴热诺夫油田区块，位于西伯利亚中心地带，距莫斯科以东3200公里（图8-8）。专家们认为这里全球最大页岩石油板块：有一种估算模型认为巴热诺夫页岩层的可开采量高达1000亿桶，相当于北美最大的页岩油田，北达科他州巴肯油田的5倍。

图 8-8　俄罗斯的核心页岩储备 Bazhenov 油田区块

数据来源：华尔街见闻

就中国而言，新疆和四川是页岩气的主要分布区域，且已探明。而东北、华北、山西、内蒙古、西南和湖北、湖南也有一定分布（图 8-9）。

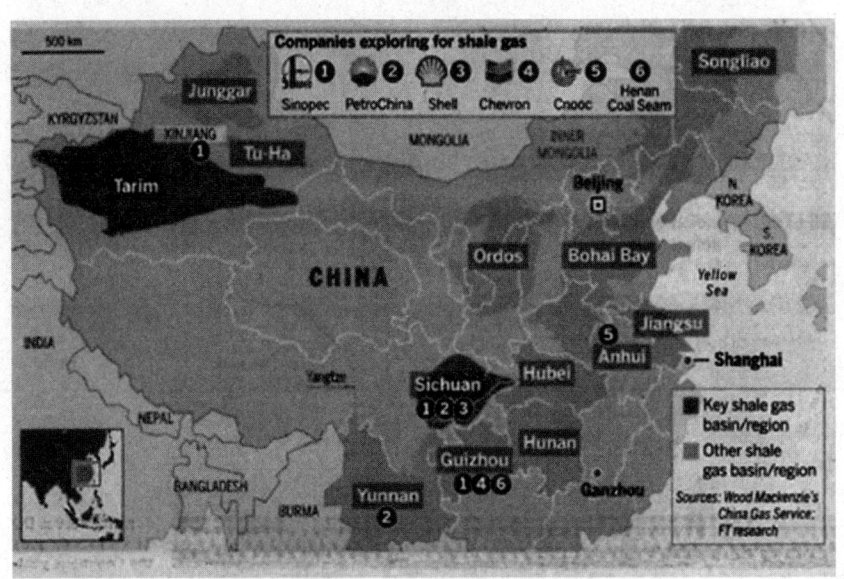

图 8-9　中国页岩油气的分布

数据来源：知乎　能豆君

第四个是关于页岩油企业生产成本的问题。美国油气生产企业作为天然的空头，一般都会采用期货、期权或互换等衍生品工具对冲油价下跌风险，页岩油生产商也不例外，因此在分析他们的盈亏平衡点和生产成本的时候需要关注套保情况。这几年，在原油价格下跌的过程中我一直很关心页岩气生产企业的成本和盈亏平衡点，看了很多报告下来觉得一头雾水，最早有说平均成本是 80 美元左右，后来国际原油价格跌得狠的时候有说 27 美元的。下面是一幅原油生产成本的数据图（图 8-10），显然从中我们并不能得出原油价格的支撑线或者阻力线，因为这样的数据存在几个问题：第一，页岩油气技术在不断进步，因此成本计算必须不断更新；第二，页岩气企业会利用各种金融手段来对冲油价的波动，这就使得纯粹的成本核算无法提供减产和停产点的准确信息；第三，国家存在平衡财政运算的需要，原油作为主要财政收入的国家在决定产量时不会单纯考虑企业的生产成本，还会考虑国家的财政平衡线，这个时候企业的盈亏点被国家财政的平衡点代替。

那么，如何解决这个问题呢？第一，关注最新的油气生产成本分析，这方面不定期有不少的各种研究报告，比如 EIA 和国内外的投资机构研报；第二，自己动手查一些美国页岩油企业的最新财报，只要这些公司在公开金融市场融资过，就不难找到其财报；第三，将上述信息与钻井数据结合起来观察，原油价格跌到上述分析说的成本线后，钻井数有没有持续下降，原油涨到上述分析说的成本线之上时，钻井数有没有持续上升。

> 最好自己能够直接查部分关键的数据，而不是完全依靠财经新闻和评论。如果你能够对比最初来源的信息与新闻评论，就会发现很多时候两者是相反的，写作的人给出结论的时候并不严谨，而是穿凿附会。

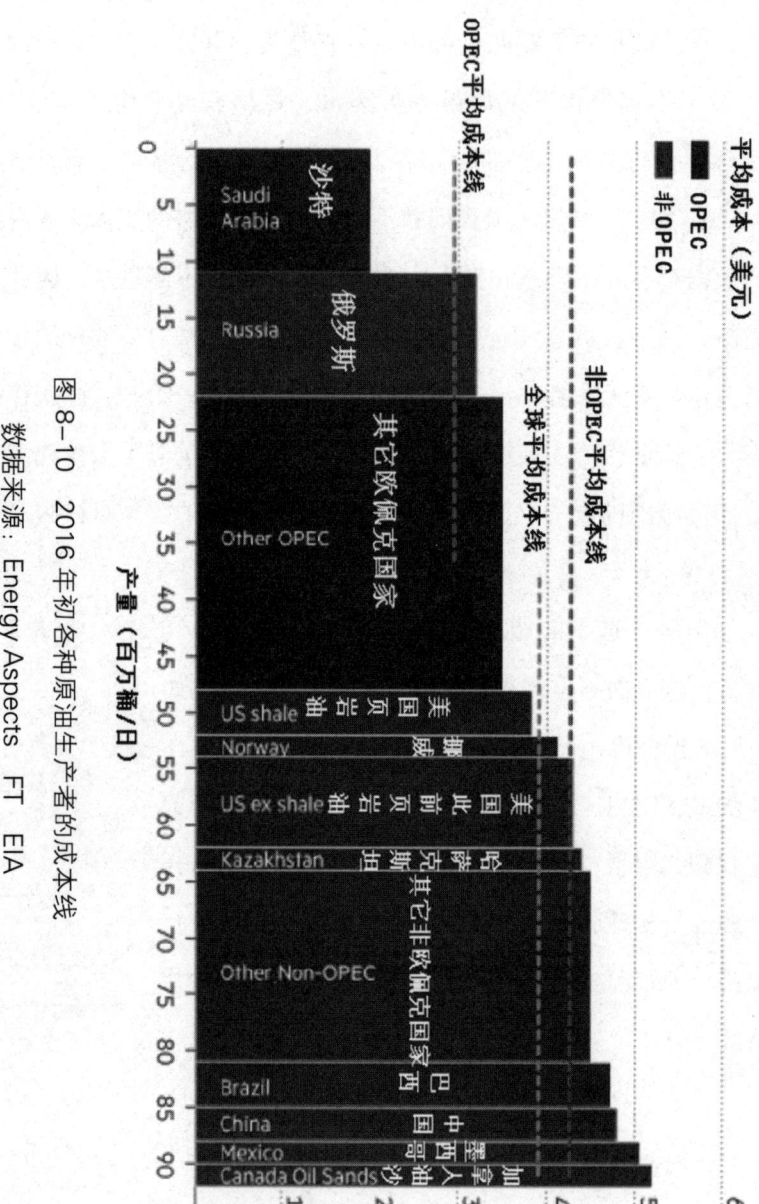

图 8-10 2016 年初各种原油生产者的成本线

数据来源：Energy Aspects FT EIA

第九课

原油题材投机的典型驱动事件：战争与罢工

  自1861年至2014年的150余年期间，高于每桶100美元的极端高油价有四次（2012年作为基准），均源于主要石油生产国战争，导致石油供给预期锐减推高油价。

——徐洪峰

  从地缘政治的角度看，对于华盛顿来说，今天对美国这个唯一超级霸权构成潜在地缘威胁的地区只有欧亚大陆，即从中国到俄罗斯、伊朗和整个盛产石油的中东地区。如果这些国家能够增进政治、经济，尤其是能源甚至防务方面的合作，那么我们将看到一个欣欣向荣的新市场，这个市场会对陷入困境的欧盟经济体以及中东和北非的投资具有巨大的吸引力。

——恩达尔（Engdahl F.W.）

原油市场有没有事件驱动？或者说有没有题材投机？只要你在这个市场待上几天就发现这个市场与其他任何金融一样，都存在题材投机，都存在事件驱动行情。原油市场中，比较典型的驱动事件和题材有战争与罢工。一般认为，战争主要影响了原油的供给，进而影响了原油的价格。其次，战争影响原油价格的途径不仅是通过产业链上游的供给端，还可以通过影响原油运输和库存以及需求端的方式影响原油价格。只不过第二次世界大战之后，大国和主要经济体都处于"非热战"状态，战争对产业链下游影响不大。另外一个方面，中东地区是二战后的战争热点地区，又是产油国聚集区，这些地方发生的战争主要影响产业链的上游。

最近几十年的战争主要通过两个方面影响原油价格（图9-1）：第一个方面是战争或许会牵涉到石油美元国家抛售美国国债，这样会导致美元贬值，如果美国牵涉其中，则会导致美国赤字上升和陷入不安全状态，由此也会导致美元贬值。上述两个情况下，战争会作用于原油的资产属性，继而影响到原油价格。第二个方面是战争会影响原油产业链上的特定环节，特别是供给，这样战争就会作用于原油的商品属性，进而影响到原油价格。

> 一国之内的统一战争往往带来繁荣，大国之间的冲突往往带来衰败。

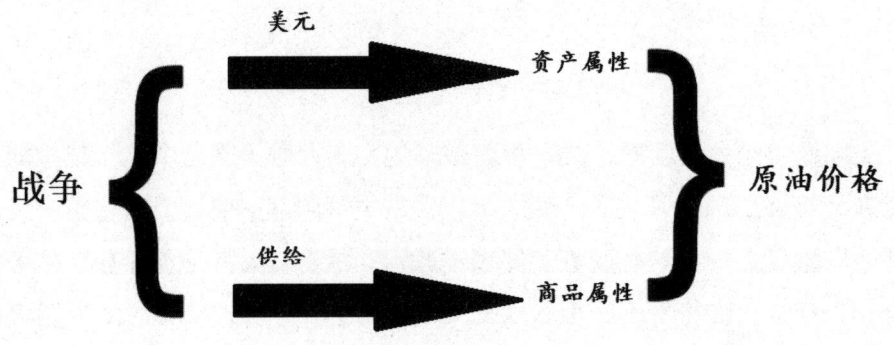

图9-1 战争影响原油价格的机制

战争影响原油的机制我已经介绍清楚了，我们来看一些战争影响原油价格的实例。原油工业化开采和使用的时间其实并不长，沈括在《梦溪笔谈》里面的记录表明原油其实很早就被人类发现了，但是直到近代才开始正式开采。从第一次世界大战开始，原油与战争结下了不解之缘，二战后中东的历次冲突也极大影响了原油的价格（图9-2）。

第九课 / 原油题材投机的典型驱动事件：战争与罢工

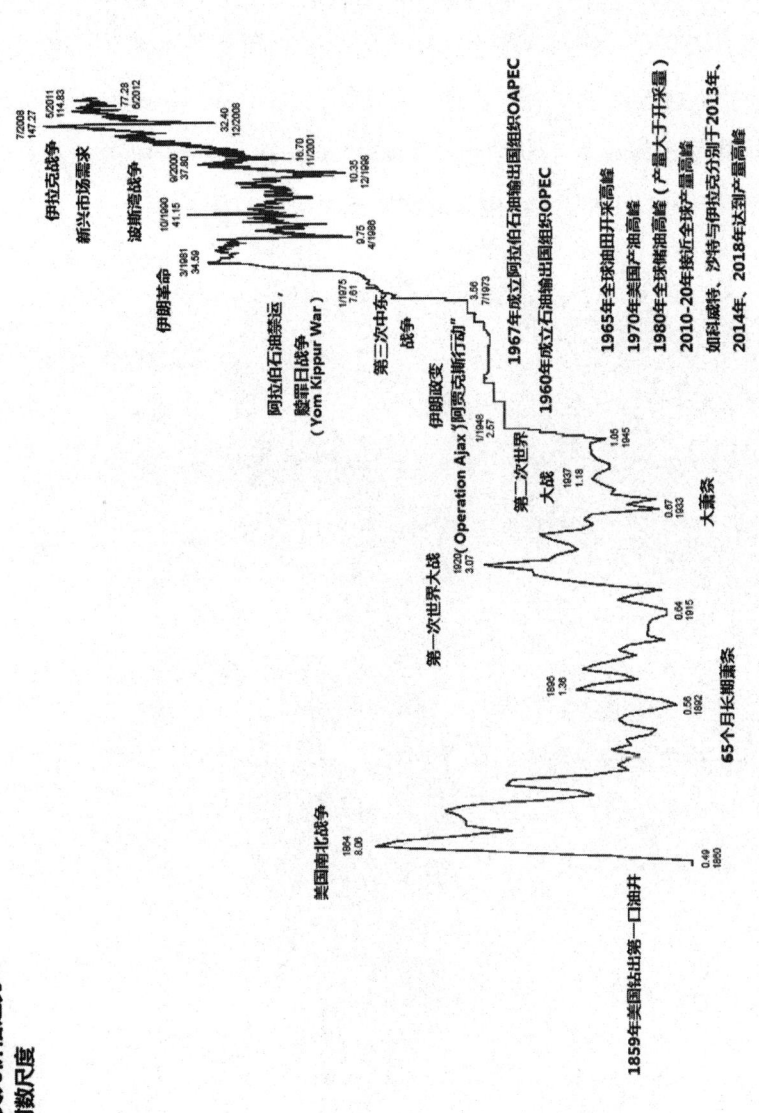

图 9-2　战争等重大事件与原油价格走势

数据来源：@Macro Tourist　华尔街见闻

173

三次原油危机都与中东爆发的战争有关,首先来看第四次中东战争与第一次原油危机。要讲清楚第四次中东战争,首先都搞清楚前几次中东战争情况。什么是中东战争?中东战争主要指的是阿拉伯国家和以色列之间发生的战争,具体而言是以色列同巴勒斯坦、叙利亚、埃及为代表的阿拉伯国家之间发生的战争,到目前为止这样的战争已经发生过五次了。

第一次中东战争也被称为巴勒斯坦战争或独立战争,开始时间是1948年5月15日,一直持续到1949年3月才结束了此次大规模战争(图9-3)。

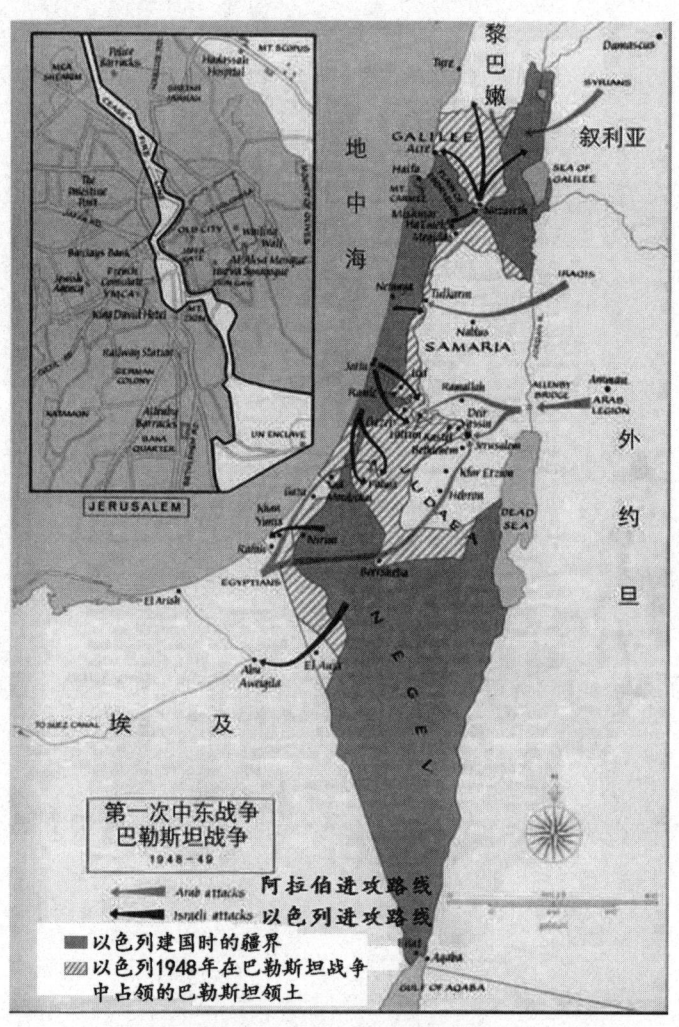

图9-3　第一次中东战争

图片来源:百度百科

战争的起因是以色列对巴勒斯坦的土地分割不公平，而且驱赶阿拉伯人原住民，这引发了阿拉伯世界的强烈不满。于是，埃及、伊拉克、叙利亚、黎巴嫩等阿拉伯国家在 5 月 15 日凌晨，调遣了 4 万士兵，此后增兵到了 6 万，对以色列展开进攻。战争初期阿拉伯国家占优势，占领耶路撒冷东城区，比尔谢巴等大片土地，逼近以色列的"临时首都"特拉维夫。但是双方停火以后，以色列迅速补充兵力，从 3 万增加到 10 万人，并且接受了美国的援助。而在另外一方，阿拉伯军团的英国指挥官却出现了战略错误，同时阿拉伯国家内部矛盾重重，缺乏统一的指挥，并且受到掣肘，阿拉伯国家联盟最终战败。以色列也不过险胜，因为以色列军队大约伤亡 6000 多人，而阿拉伯军队在此次战争大约伤亡 1 万多人。

第二次中东战争又被称为英法以侵埃战争、西奈战争、苏伊士运河战争或苏伊士运河危机（图 9-4）。

图 9-4　第二次中东战争

图片来源：百度百科

1956 年 7 月 26 日，埃及政府宣称将苏伊士运河公司收归国有，而且公司的全部财产都移交给埃及政府所拥有，且禁止以色列船只通过运河与蒂朗海峡。一方面英法想要重新获得对苏伊士运河的控制权；另外一方面以色列也想获得通行权，于是以色列联合英法两国在1956年10月29日向埃及发起进攻，想要重新夺回运河的通行权和控制权。最终在联合国斡旋下英法以三国撤军，以色列取得蒂朗海峡航行权。

第三次中东战争(图9-5)，也称为六五战争。这次战争发生在1967年6月5日。当时的地缘政治背景是美、苏对中东的争夺加剧，以色列在美国支持下进一步向外扩张。为了占领巴勒斯坦，以色列借口埃及封锁亚喀巴湾出动全部空军进行偷袭，先对伊拉克、埃及、、利亚所有的机场进行空袭，而后又派出陆军发动进攻。战争持续了10天，约、埃、叙先后被迫同意停火，最终阿拉伯国家失败，以色列获胜。

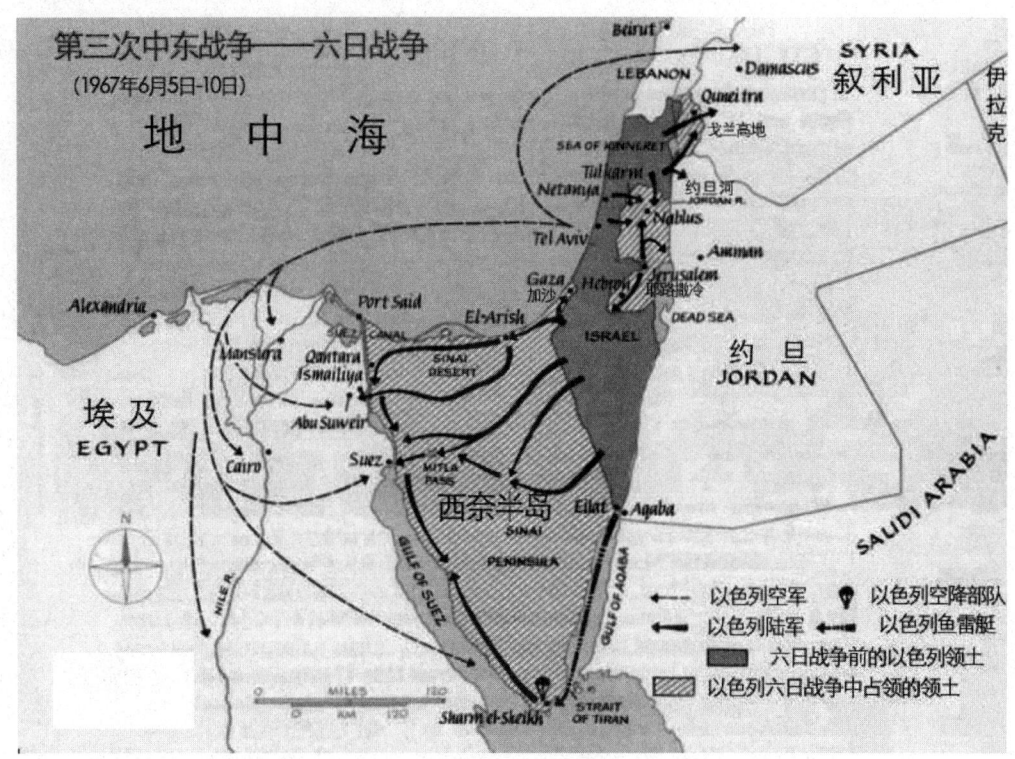

图9-5 第三次中东战争

图片来源：百度百科

第四次中东战争又称十月战争，持续时间从1973年10月6日至10月26日（图9-6）。

第九课 原油题材投机的典型驱动事件：战争与罢工

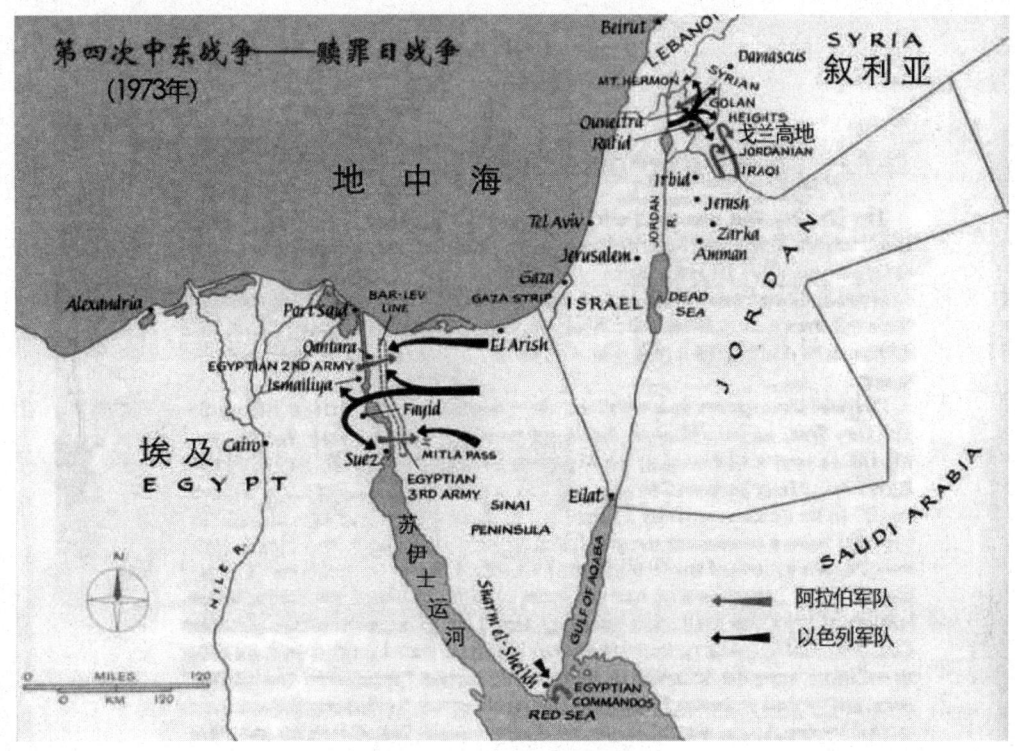

图9-6 第四次中东战争

图片来源：搜狗百科

战争的起因是以色列在第三次中东战争后将巴勒斯坦居民赶出他们曾经居住的家园，同时，叙利亚和埃及为了收复第三次中东战争中的失地，于10月6日对以色列发动的攻击。叙利亚在爆发战争当天切断了一条输油管，而黎巴嫩也关闭了输送石油的南部重要港口西顿。次日，伊拉克宣布将伊拉克石油公司所属巴士拉石油公司中美国埃克森和莫比尔两家联合拥有的股份收归国有。

阿拉伯国家先胜后败，直到联合国停火令生效，多方签订停战协议，最终叙利亚与埃及收复部分被侵占的土地资源，这场战争才终止。双方飞机损失约60%、舰艇损失达80%以上。

为了铭记这场战争的耻辱，埃及将许多战火燃烧过的地方重新命名了，另外埃及还把每年的10月6日定为假日，称为军队节。

第四次中东战争引发了第一次石油危机。为了报复美国对以色列的支持，阿拉伯产油国在沙特领导下于1973年10月17日决定每月将石油产量降低5%，将油价从每桶3.01美元提升至每桶5.11美元，并宣布停止对美国和荷兰出口石油，同时威胁进一步实施石油禁运。

事态进一步恶化，美国总统尼克松请求国会提供22亿元军火支援以色列。利比亚闻讯随即宣布实行石油禁运。接着，其他阿拉伯国家也先后加入了石油禁运行列，造成了1973年的第一次石油危机。原油价格从1973年的3美元一路飙升到了13美元的高位，涨幅高达400%。第一次原油危机造成全球经济进入滞涨状态，而作为头号经济体的美国，其通胀指标之一的CPI从1973年的3.6一路上升至年末的8.2。

第四次中东战争之后，还出现了第五次中东战争，这是阿拉伯国家和以色列之间发生最大的一次战争。第五次中东战争又称为黎巴嫩战争。起因是以色列驻英大使被巴勒斯坦武装暗杀。1982年6月6日，以色列几乎出动海陆空全部军队对黎巴嫩境内的巴勒斯坦武装组织发起攻击。在该地区的巴勒斯坦解放组织的武装力量主力遭受重创，而叙利亚驻贝卡谷地的军队也因为受到以色列空军的猛击而遭到重大损失。最终，叙利亚和以色列达成停火协议，以色列单方面撤军结束了战争。

有部电影《逃离德黑兰》讲述这段历史，当时美国驻伊朗大使馆被刚刚取得伊斯兰革命胜利的伊朗人民团团包围，6名美国外交官和平民被扣留为人质长达444天。期间，一位精通伪装技巧的中情局特工托尼·门德兹策划了一个营救方案，成功地将困在加拿大驻伊朗使馆的6名美国外交官带离伊朗。本片获得第85届奥斯卡金像奖最佳影片奖。当然，这是西方的视角。

接着，我们介绍两伊战争与第二次原油危机。第一次石油危机过了4年多就爆发了第二次石油危机，这次石油危机的直接导火索是伊朗伊斯兰革命和两伊战争。1978年底，伊朗政局发生重大变动，亲美的国王巴列维被迫下台，这就是"伊斯兰革命"。霍梅尼领导的伊斯兰革命成功后，伊朗关闭了美国设在临近苏联边境的电子情报收集站，取消同美国签订的价值近90亿美元的军火合同，废除美国军事人员雇佣法，将大批美国"军事顾问"赶走。不久之后，霍梅尼公开支持伊朗学生占领了美国驻伊朗大使馆，并且扣留美国人质，这就是德黑兰人质事件。美国方面则宣布对伊朗实行经济制裁等，此后伊美两国正式断交。伊斯兰革命期间，伊朗停止所有石油出口，全球石油供应突然下降了 500 万桶/日，国际原油价格从每桶 13 美元猛升至 34 美元。

趁着伊朗国内局势不稳定，1980 年 9 月 22 日，伊拉克入侵伊朗的西南省份。两伊战争爆发，两国的石油出口量锐减，一度曾完全中断，全球石油产量骤降，世界石油产量完全受到影响，产量剧减。据称当时全球市场上每天都有 560 万桶的缺口，再度引发国际油价飙升。这种状态持续半年多，此次危机成为 20 世纪 70 年代末欧美经济全面衰退的一个重要原因。

第二次原油危机的来龙去脉大家应该知道了，现在我们讲海湾战争与第三次原油危机（图 9-7）。海湾战争也称波斯湾战争，持续时间从 1990 年 8 月到 1991 年 2 月，是 20 世纪 90 年代最大规模的局部战争。由于伊拉克和科威特两国之间在石油政策、领土划界以及债务等方面存在的长期矛盾激化，同时萨达姆在两伊战争后再度燃起扩张野心，1990 年 8 月 2 日，伊拉克军队突然入侵科威特。5 个月后，美国发动对伊拉克的战争，由于交战地点是在产油国伊拉克，所以造成了第三次石油危机。

虽然伊拉克入侵科威特的时间点是 1990 年 8 月 2 日，但是国际原油价格从当年的 7 月下旬就开始了走预期的上涨行情了。当战争真正开打的时候，国际原油价格已经上涨了超过 30%。此后，原油价格在 10 月 21 日涨到了 40 美元的高位。伴随着美国释放 2000 万桶战略石油储备，国际原油价格开始大幅下挫。此后，原油价格在联合国军宣布对伊拉克开战之前再次出现短期飙升，不过开战预期兑现，原油价格反而转向下跌，一直跌到了停战协定签署之前，此时国际原油价格已经回到了 20 美元以下的水平。第三次原油危机的最高涨幅为 200%，但是持续时间却并不太长，原因是战争期间欧佩克大幅度增加了石油产量，以弥补伊拉克遭经济制裁后石油市场上出现的每天 300 万桶的缺口，同时美国释放了战略原油储备，这使得全球原油供应基本稳定，没有出现大的缺口。另外当时全球经济陷入温和衰退，这本身就降低了原油需求。

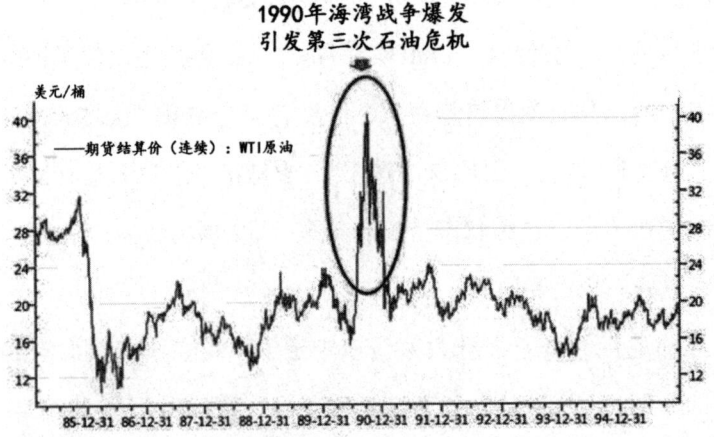

图9-7 海湾战争与第三次原油危机

数据来源：WIND

讲完三次原油危机，我们再来看此后几次中东地区发生的战争及对原油的影响。

伊拉克战争，也被称为"第二次海湾战争"。这次战争实际上是1990年海湾战争的继续，从2003年3月3日持续到5月。美国以伊拉克藏有大规模杀伤性武器并暗中支持恐怖分子为由，绕开联合国安理会，以英美军队为主的联合军队对萨达姆统治下的伊拉克实施单方面的军事打击。不过，期间原油的走势还是那个套路，先走预期行情，战争开始前原油价格大幅上涨了6美元。当战争正式开始后，国际原油价格却陷入了暴跌行情。此后，随着市场预期到混乱短期内无法结束时，虽然美国宣布伊拉克战争基本结束，而国际原油价格却出现了大幅回升行情，突破了50美元/桶（图9-8）。

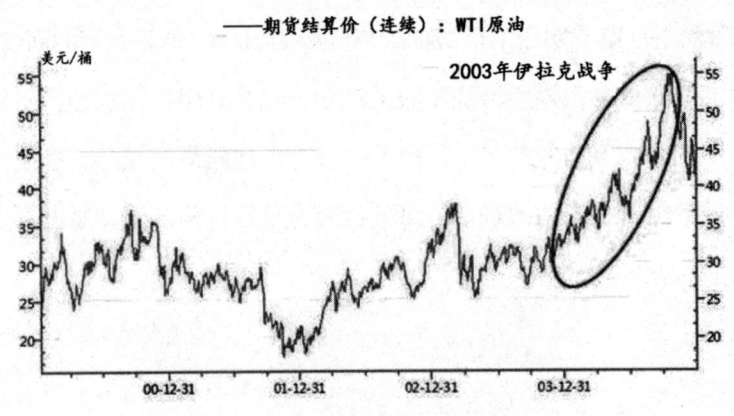

图9-8 伊拉克战争与原油价格

数据来源：WIND

接着,我们介绍一下前面课程已经提到的利比亚战争,这是一场利比亚在 2011 年发生的武装冲突,在利比亚国内常称为"2 月 17 日革命",交战双方为卡扎菲领导的政府和反抗卡扎菲的势力。虽然,利比亚并非中东国家,但是利比亚也是重要产油国和 OPEC 成员国,内战和此后的动荡导致利比亚产量大幅波动(图 9-9),继而导致了国际原油市场大幅波动。

> 卡扎菲想要非洲联合起来,这当然动了法国和美国的利益。

利比亚国内的动荡从 2011 年 2 月 15 日就开始了,国际原油价格闻风而动,从 2 月 16 日就迅速上涨,到 3 月初已经上涨了 20 美元,经过短暂回调后,因为 3 月 17 日联合国设置禁飞区,欧美直接参与到战争中,战争规模扩大,原油价格再次大幅攀升(图 9-10)。此后,国际原油价格在 5 月份已经涨到了 115 美元的高位。

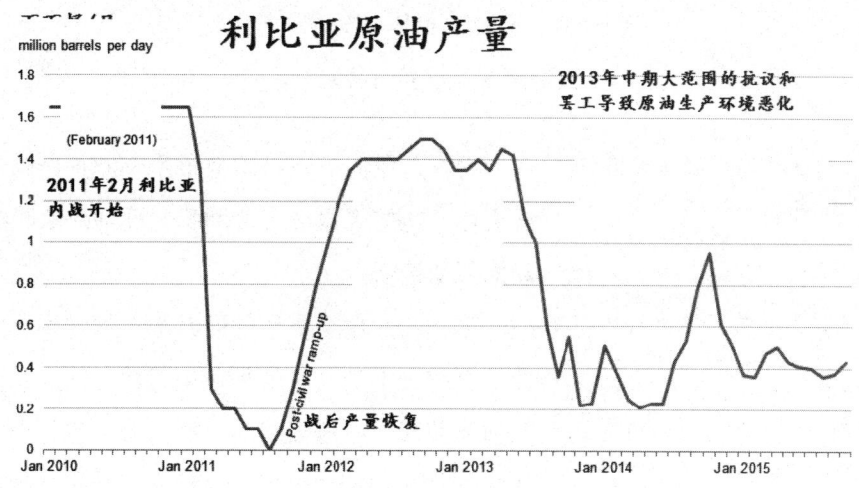

图 9-9 利比亚国内动荡与原油产量

数据来源:EIA

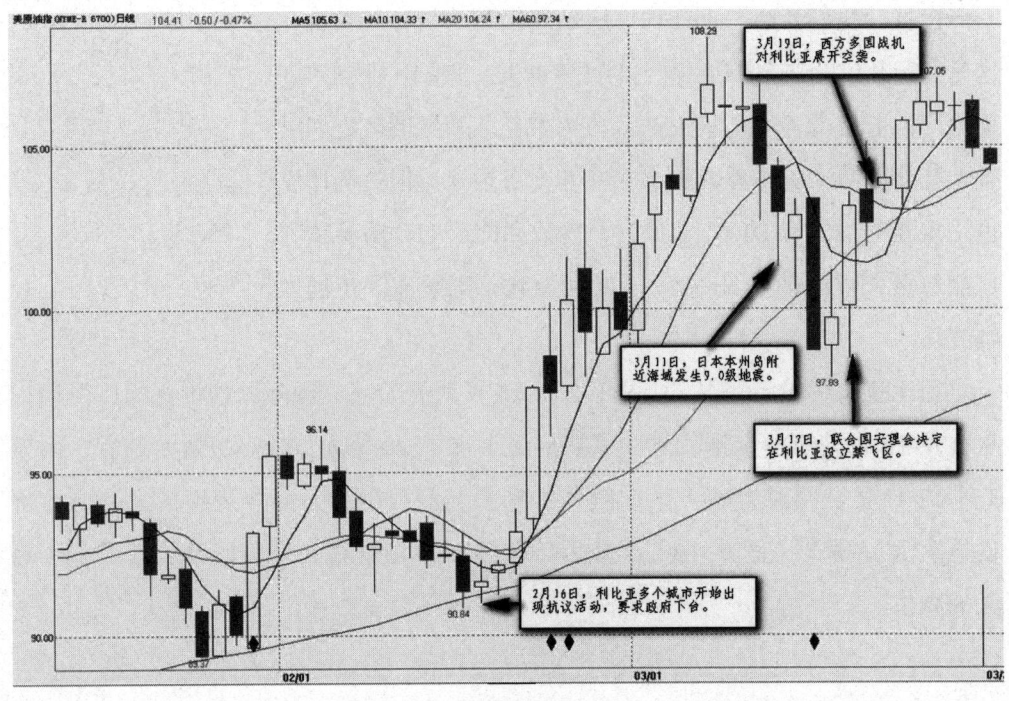

图 9-10 利比亚战争与原油市场

数据来源：证券时报网

中国社会科学院副研究员徐洪峰女士指出：以2012年美元计价，自1861年至2014年的150余年期间，高于每桶100美元的极端高油价有四次，均源于主要石油生产国战争，导致石油供给预期锐减推高油价。1861—1865年的美国内战使1864年的油价达到每桶118美元。1980—1988年的两伊战争使国际油价在1980年达到每桶103美元。2003—2010年的伊拉克战争，使国际油价一路攀升，最终在2008年达到每桶104美元。2011年的利比亚战争以及持续数年的"阿拉伯之春"使国际油价自2011年开始，连续三年每桶110美元以上（2011年、2012年、2013年国际油价分别达到114美元/桶、112美元/桶、119美元/桶）。

现在，我们应该给出战争影响原油价格的一些规律，这些规律可言帮助我们预判**战争题材驱动的原油行情**。

第一，一旦主要产油区有战争的预期，则原油价格就会上涨，这就是预期行情。第二，如果此前原油因为战争预期而出现显著上涨，那么在战争正式开始后会出现一定回调。第三，战争进行过程中，行情会而跟随预期出现波动。第四，预期战争快要结束时，国际原油价格则会明显下跌。第五，产油区发生的战争对原油商品价格造成的冲击一般并不会转变原有趋势，如果是在原油价格下跌趋势中发生的战争，那么会引起原油价格的脉冲式上涨，之后还会回到之前的下跌趋势中。如果产油区战争发生是在原油价格上涨趋势中，那么就是趋势中新一轮上涨的催化剂。第六，战争题材做多原油有一个最佳时点，即刚开始预期会发生战争。最差的时点是战争刚开始的时候会战争快要结束的时候，进入战争中后期，原油价格下跌的可能性就会越来越大。

除了战争这个题材之后，石油工人罢工也经常成为小行情的炒作题材。尼日利亚、委内瑞拉等国都发生过石油工人罢工事件（表9-1）和（图9-11），对国际油价的短期影响较大，但是无法左右原油的趋势走。比如2002年12月2日，委内瑞拉反对派进行以迫使查韦斯政府下台和立即举行大选为目标的全国性无限期总罢工，石油工业生产和出口的中断，日产量从300万桶下降到60万桶，但是原油仅仅上涨了0.53美元。

石油工人罢工事件	时间	原油市场的影响
伊朗石油工人罢工	1978年12月	伊朗停止石油出口，石油日产量从600万桶降至零，油价短期暴涨
委内瑞拉石油工人罢工	2002年12月	委内瑞拉举行全国总罢工，原油产量急剧下降，对外出口几乎停顿日产量从300万桶下降到60万桶，但是原油仅仅上涨了0.53美元
尼日利亚石油工人罢工	2004年1月	国际油价涨到54美元
英国石油工人罢工	2008年4月	英国普通原油管道关闭，国际油价一路飙升到历史新高，达到约120美元一桶
美国石油工人罢工	2015年2月	美国9个炼油厂的工人大罢工，1980年来最大规模罢工导致国际油价暴涨8%

科威特石油工人罢工	2016年4月	7000多名工人罢工,科威特国油称其产量立刻从正常的300万桶/日锐减至110万桶/日,隔夜原油价格上涨3%
法国石油工人大罢工	2016年5月	法国至少一半炼油厂停工,当日油价涨幅2%
挪威石油工人大罢工	2016年6月	七处油气田约7百多名挪威工人举行罢工,导致当日油价涨幅3%

表9-1 石油工人罢工对原油市场的影响

数据来源:新华网 广发证券

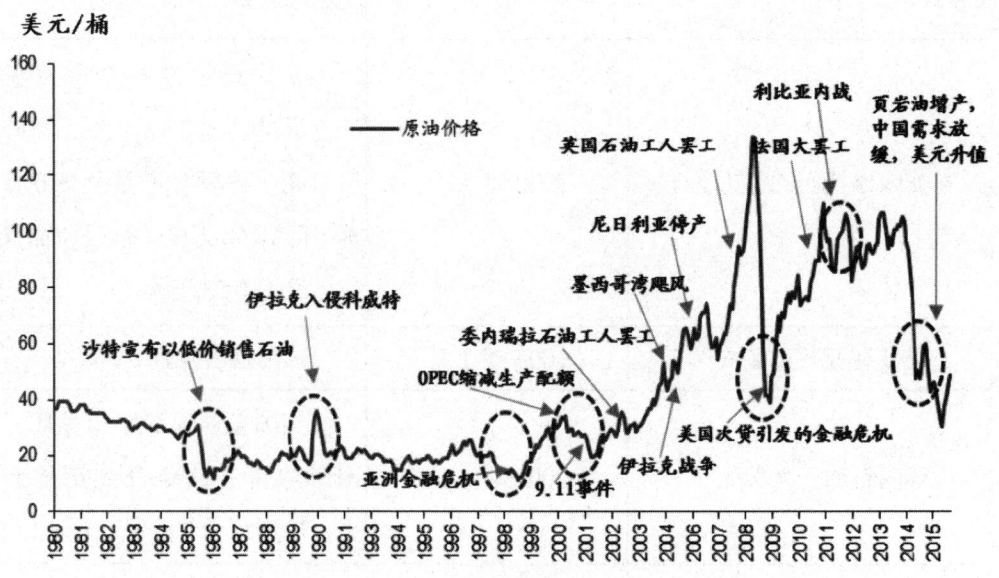

图9-11 罢工等重大事件与原油价格走势

数据来源:Bloomberg 广发证券 罗立波 刘芷君

面对罢工事件时，如果趋势上涨，那么多头应该继续持仓，如果趋势下跌，则这是一个利用一次性利好逢高了结多头头寸的时机。

对于趋势交易者而言，罢工事件重点是提供一个时机，对于短线交易者而言则是一个短线炒作的机会。

第十课

产业链与原油的商品属性（2）：
中游的分析——库存和运输

对马汉而言，北方陆地半球，那些经由巴拿马运河和苏伊士运河可以到达的广泛地区是世界权力的关键所在。

——撒乌耳·伯纳德·科恩（Saul Bernard Cohen）

美国承诺保卫波斯湾地区，把这一地区视为与欧亚大陆西部和东部的安全利益同等重要。

——兹比格纽·布热津斯基（Zibgniew Brzezinski）

统计数据显示，库欣库存减少 300 至 500 万桶，就可导致 WTI 原油价格上涨 10 至 15 美元，2015 年 4 月至 6 月的情况就是如此。换言之，库欣库存增加几百万桶，就可能令油价跌到 20 美元区间。

——oilprice.com

从第五课到第九课我们主要讲解了原油产业链的上游，也就是供给，本课和下一课我们将讲解原油产业链的中游。当然，我这里的产业链划分并非是根据原油化工产业的专业知识，而是基于一个职业交易者的角度。产业链中游是一个"骑墙的角色"，当下游需求旺盛的时候，中游往往变成一个需求的角色，而当下游需求清淡的时候，中游往往变成一个供给的角色，当然这是指商业性质的库存。

> 存货投资对经济短周期影响很大，库存作为存货投资的一部分对原油的供求关系有放大的作用。

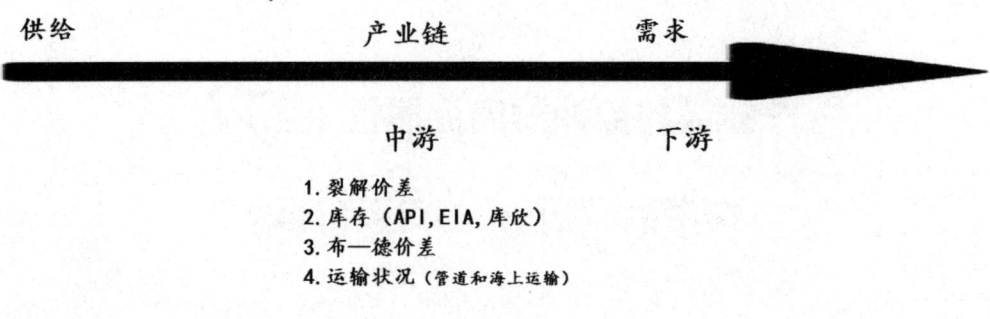

图10-1 原油产业链中游

经济有周期，而不同的周期对应着不同的库存状况（图10-2）。

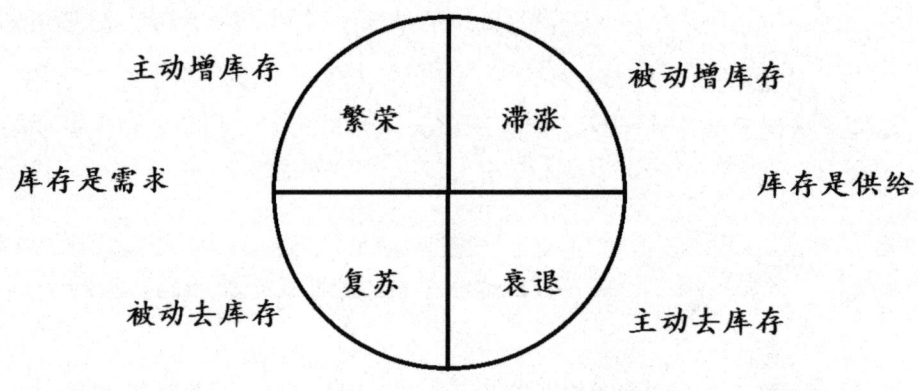

图10-2 经济周期与库存周期

经济周期可以分为四个阶段，每个阶段对应不同的库存情况，这个模型只考虑中游和下游，并未考虑上游/供给，因此上游/供给的重大变化会让这个模型失效。在经济衰退阶段，主动去库存是主要的行为；在经济复苏阶段，企业还比较谨慎，而下游需求回升使得库存下降，这是被动去库存；当经济进入繁荣阶段，则企业开始大胆激进地补充库存，这就是主动增加库存；当经济进入滞涨阶段，上游已经停不下来，而下游则开始走软，这个时候库存会被动增加。

原油库存是本课的重点，大的库存周期与经济周期密切相关，而经济周期是我们在下游分析时的重点。小的库存周期则比较复杂，一方面跟上游有关，也跟运输有关，还跟下游的经济短周期、化工行业产能和开工率等诸多因素有关。原油库存的主要数据有 EIA 原油库存数据、API 原油库存数据、OECD 原油库存数据、IEA 原油库存数据、OPEC 原油库存数据、库欣库存数据、中国原油储备数据等，这些数据是由不同的机构主体发布的，其中最为常用的是 EIA 原油库存数据、API 原油库存数据、库欣库存数据，这三个数据都是美国的相关机构发布的，对于原油市场的短期波动影响很大，也是原油交易者定期关注的数据。我们介绍原油库存，主要就是讲这三个数据。

来看一个库存数据影响油价走势的具体例子：2016年1月13日受API原油库存下滑、中国原油进口量激增以及俄罗斯减产表态三重利好提振，原油价格8个交易日以来首次走高，但是随后公布的EIA原油、汽油以及精炼油库存激增，且均创纪录新高，令一切利好消失殆尽，30美元/桶再次岌岌可危。

EIA 原油库存数据是由美国能源信息署定期发布的一个数据，EIA 是美国能源信息署的缩写。这个数据主要显示了美国当周的商业原油库存数量，对原油及相关能化市场有显著的短期影响（图 10-3）。据统计，EIA 库存数据报告公布当日，原油的历史日均波动率为 2.77%，最大日波动率高达 8.37%，是每周投资原油的绝佳良机。

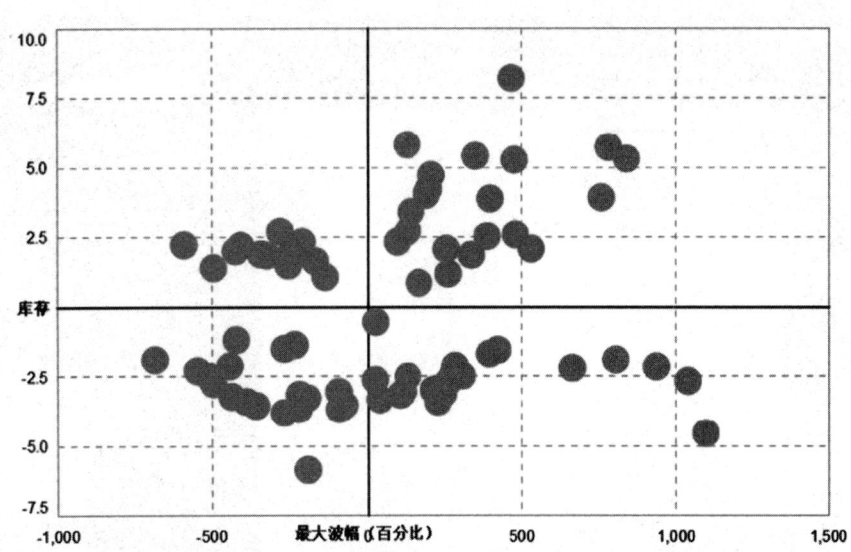

图 10-3　EIA 库存数据公布 6 小时 WTI 油价最大涨跌幅

数据来源：金十网

EIA 原油库存数据在每周三发布，如果遇到**法定的节假日则会推迟**。要查看这个数据可以在常见的财经网站上看到，特别是一些外汇网站和期货网站，国内一些不正规的原油交易平台也有附属网站，这些网站也提供这一数据。我一般是直接查看 EIA 官网的权威公布，这份数据发布在《原油周报》这份周度报告中。这个数据对原油的中短期走势有影响，你如果刚开始研究和交易原油期货，那么你可以观察该数据公布前后原油价格的变化程度和方向。但是趋势还是取决于上下游，库存数据只是一个同步或者滞后指标。如果上游产油国开始出现罢工，那么当周库存数据不会受到影响，但是原油价格则会走罢工行情的预期，而不是受限于库存数据。

> 全球原油市场的交易员和国际权威的能源咨询机构普遍采用 EIA 的库存数据。该数据每周三北京时间 22：30（冬令时 23：30）公布，此数据主要显示了美国当周原油库存数量，对于原油及原油提炼品（汽油、柴油、沥青等）有较大影响。

那么，如何查询 EIA 原油库存的数据呢？第一个途径是从 EIA 官网上查看，具体步骤是首先点击首页"Sources&Users"下拉菜单，然后点击第一项"Petroleum&Other Liquids"（图 10-4），进入后点击"Data"下拉菜单最后一项（图 10-5），进入后可以在"Regular Weekly Releases"一项下面找到"Weekly Petroleum Status Report"（图 10-6）。当然，你也可以直接输入网址 http://www.eia.gov/petroleum/supply/weekly/，并将这个网址放到收藏夹。

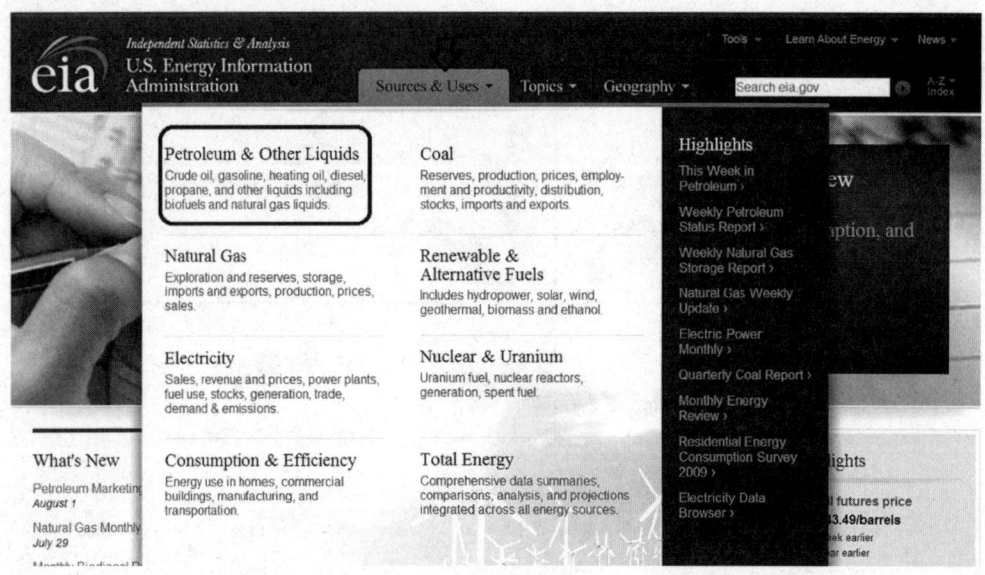

图 10-4　EIA 官网查询 EIA 原油库存（1）

第十课 / 产业链与原油的商品属性（2）：中游的分析——库存和运输

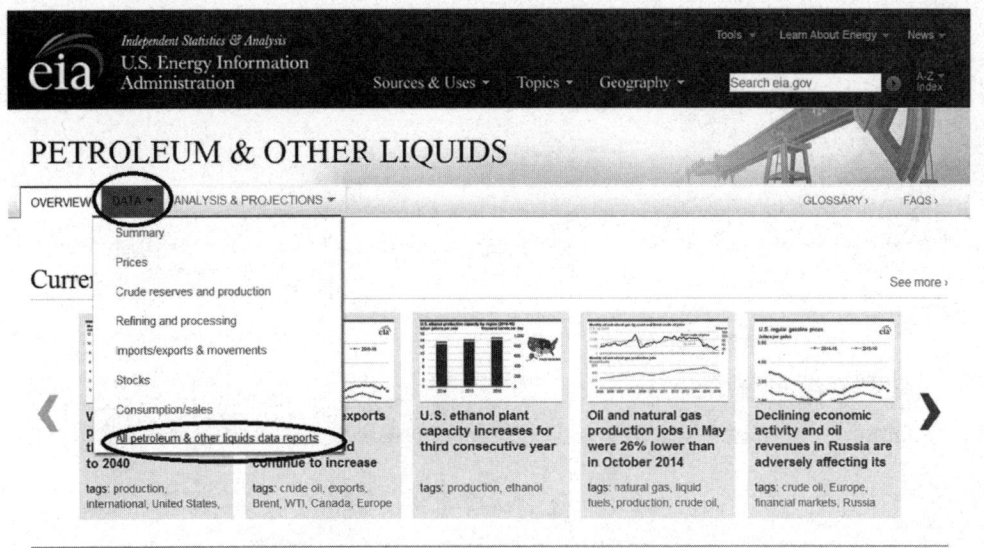

图 10-5　EIA 官网查询 EIA 原油库存（2）

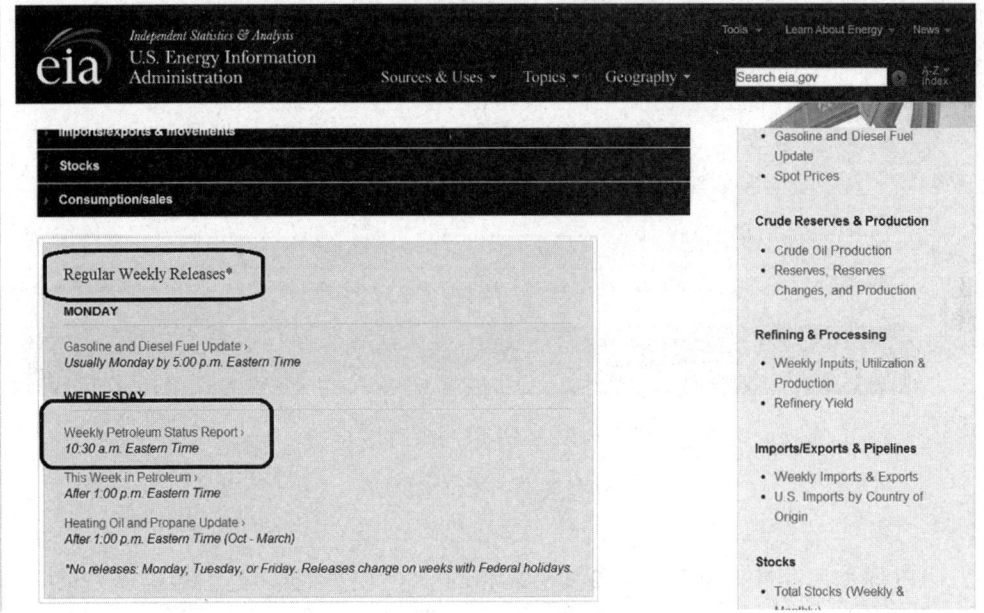

图 10-6　EIA 官网查询 EIA 原油库存（3）

第二个途径是一些财经网站，比如 http://www.kxt.com/data 就可以看到 EIA 原油库存数据（图 10-7）以及下面将要介绍的 API 原油库存数据（图 10-8）。

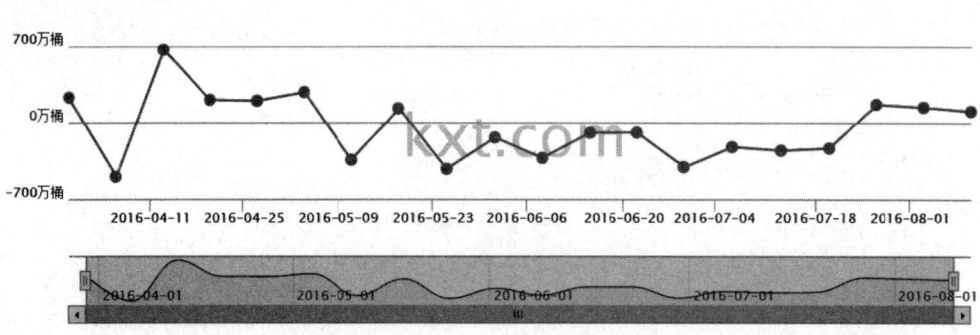

图 10-7　EIA 原油库存数据

数据来源：KXT.COM

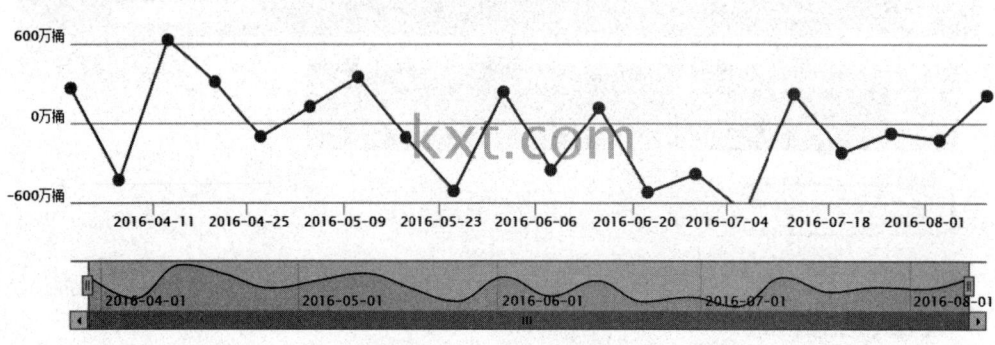

图 10-8　API 原油库存数据

数据来源：KXT.COM

API 原油库存数据是美国石油协会发布的一个库存数据，这个数据每个星期二或者星期三发布，这个数据也会引发原油价格短期波动（图10-9），影响力没有EIA 的原油库存数据大。毕竟，EIA 库存数据是一个官方数据，而 API 库存数据则是一个非官方数据。

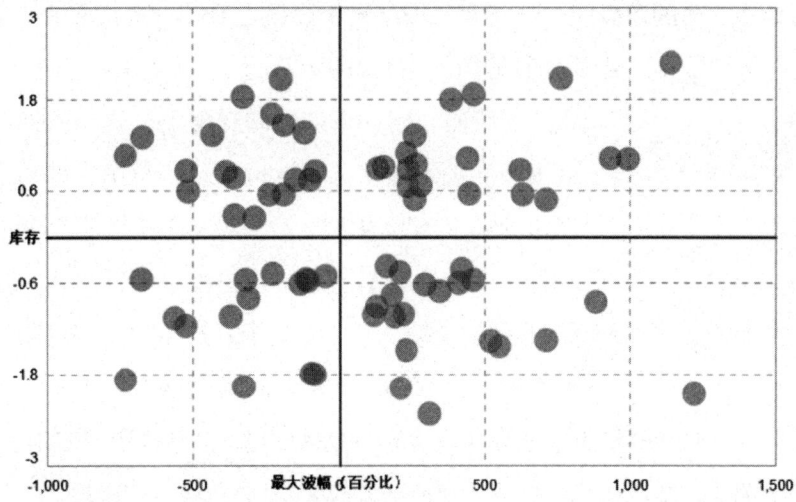

图 10-9 API 库存数据公布 6 小时 WTI 油价最大涨跌幅

数据来源：金十网

不过，因为 API 往往要较 EIA 早一日发布库存数据，因此前者可以看成是后者的指引，这种情形类似于 ADP 就业数据与非农就业数据的关系。但是，API 和 EIA 数据并未完全一致，两者只能说高度相关（图 10-10）。金十网进行的统计表明，API 和 EIA 同向概率为 75%。

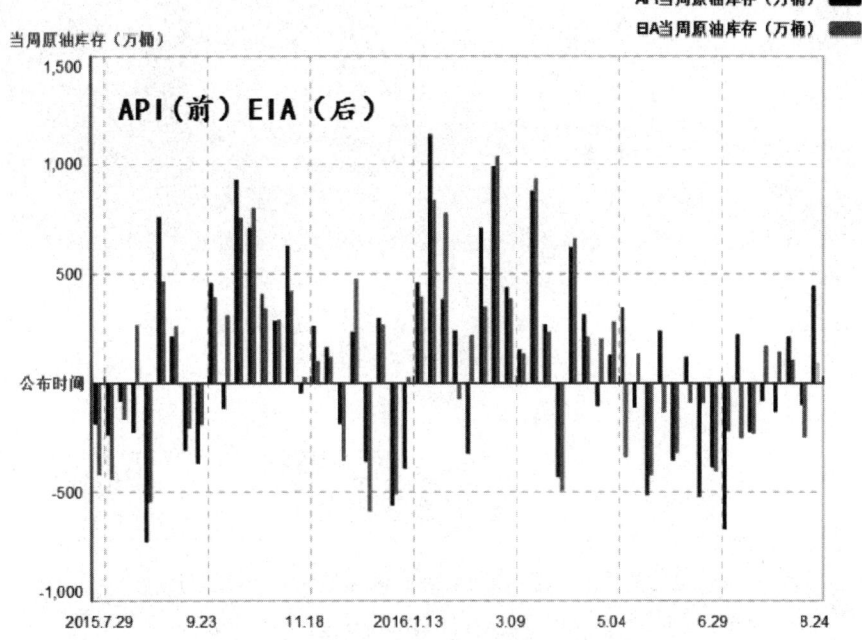

图 10-10 API 和 EIA 周库存对比图

数据来源：金十网

如何查看 API 的数据呢？API 官方网站这个数据是需要付费订阅的，不过很多财经网站，特别是外汇类网站上这个数据是定期更新的。

接着我们介绍一下**库欣库存数据**。这个原油库存数据与美国库欣关系密切。库欣地区位于美国中部，是俄克拉荷马州的一个不起眼的小镇，却是全美名副其实的"能源血库"，高耸的原油储罐是这里独特的风景线，其罐容占全美总量的 13%，虽然曾经作为石油重镇的库欣目前已经不再产油，但它的储油罐和管道却保留了下来，并逐渐成为美国最重要的原油贸易集散地和管道运输的中转枢纽，当地集中了多条重要油管，原油从生产地输往墨西哥湾的炼厂。库欣还是 WTI 原油期货的交割地，每周有超过 30 亿桶的 WTI 原油期货合约在此交易。从 2014 年 1 月到 2016 年 2 月的数据可以看出 WTI 和布伦特原油价格与库欣的原油库存规模呈负相关关系（图 10-11）。

> 美国将国内的石油资源按地理划分为 5 个石油管理区（PADD），WTI 期油交割地位于 PADD2 区域的库欣地区。

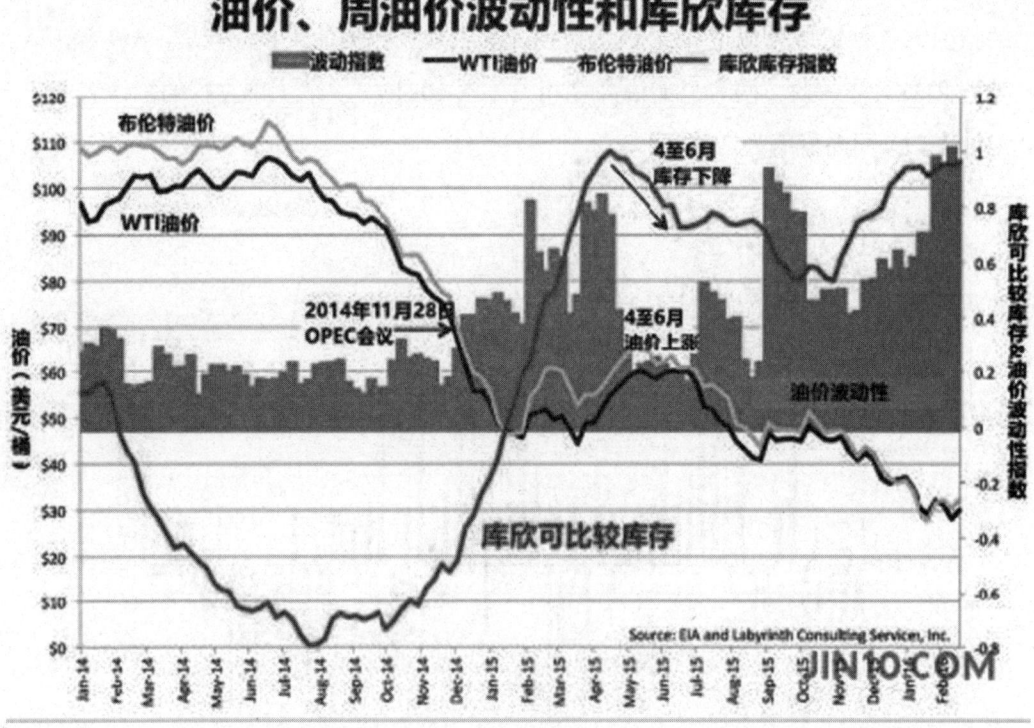

图 10-11 国际油价与库欣库存的负相关性

数据来源：EIA Oilprice.COM 金十网

第十课 / 产业链与原油的商品属性（2）：中游的分析——库存和运输

从 2014 年 2 月到 7 月底，库欣原油库存持续下跌，与此同时两种主要的国际油价分别超过 100 美元 / 桶和 110 美元 / 桶。从 2014 年 8 月份到 11 月 28 日，库欣原油库存飙升，与此同时国际油价下跌至 70 美元 / 桶下方。OPEC 会议拒绝减产的决定加剧了国际油价下跌动能。原油价格持续下跌，到 2015 年 1 月底的时候，全球油价已经下跌至 46 美元 / 桶。2015 年 2 月，因钻井数目开始下降，原油产量随之缩减，全球油价上扬，不过库欣的原油库存上升则导致油价在当年 3 月再度下跌。

> 11 月 28 日是一个关键事件点，石油输出国组织政策会议召开。前面的课程我们已经强调了这个会议的重要性，并且给出了会议时间表的查询网址。

从图中可以看出，库欣原油库存在 2015 年 4 月中旬到 6 月中旬出现了下跌，与此同时油价反弹至 60 美元 / 桶。此后，因为预期伊朗国际制裁解除，同时中国股市暴跌引发全球风险厌恶情绪高涨，而同期的库欣原油库存基本不变，到了 2015 年 8 月中旬国际油价跌到 40 美元 / 桶附近。

> 库存绝不是油价的领先指标，严格来讲应该是同步指标。领先指标是什么呢？是上游和下游！

2015 年 8 月底，库欣的原油库存再度走低，全球油价涨到了 50 美元 / 桶附近，直至当年 10 月底都基本处于这一价位附近。从 11 月份到 12 月中国股市大跌，全球风险厌恶情绪再度高涨，同时库欣原油库存再度上行，国际油价暴跌至 30 美元 / 桶以下的超低位。到了 2016 年初，可比较库存持平、页岩油减产传闻以及冻产协议，使得油价回升。

总的来说，库欣地区的原油库存是世界油价的同步指标。另外，全球经济和政治大事件有能力驱动国际油价，但是如果缺乏库欣库存水平的支持，那么这些变化就缺乏持续性。

如何查询库欣库存数据呢？第一个途径是 EIA 官方网站，你可以直接在搜索栏里面输入 Cushing stocks，选择其中相关的项目，点击进入，方框内打勾，然后点击 "Graph"（图 10-12），就有看到库欣原油库存的数据走势图了（图 10-13）。

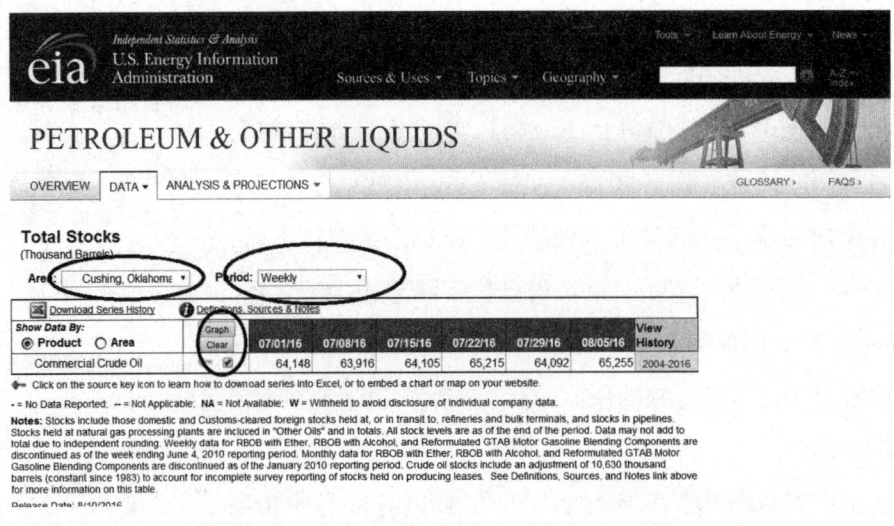

图 10-12　EIA 官方网站查询库欣库存数据

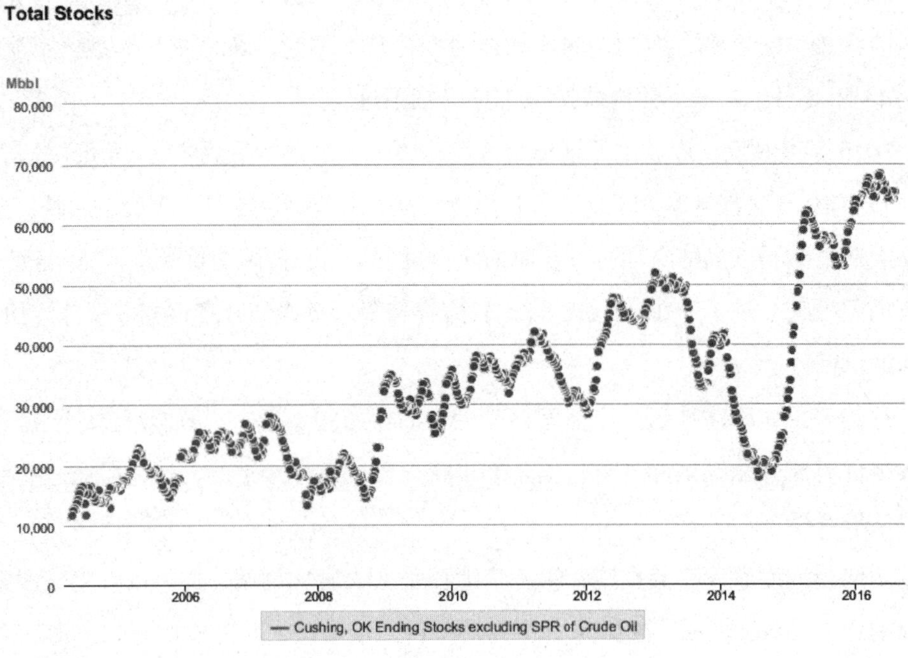

图 10-13　库欣原油库存的数据走势图

数据来源：EIA

第二个查看库欣库存数据的途径是网址 http://www.genscape.com/solutions/oil/cushing-storage-report#tabs-Overview_panel，这是一份名为《库欣库存报告》的定期报告（图 10-14），这份报告提供了 EIA 库存数据与库欣库存数据的对比走势图，其中 EIA 代表 EIA 原油库存数据，而 Genscape 则代表库欣原油库存数据（图 10-15）。此前我们曾经介绍过这个网站，因为它也提供钻井数统计。

图 10-14 《Cushing Storage Report》定期报告

数据来源：Genscape

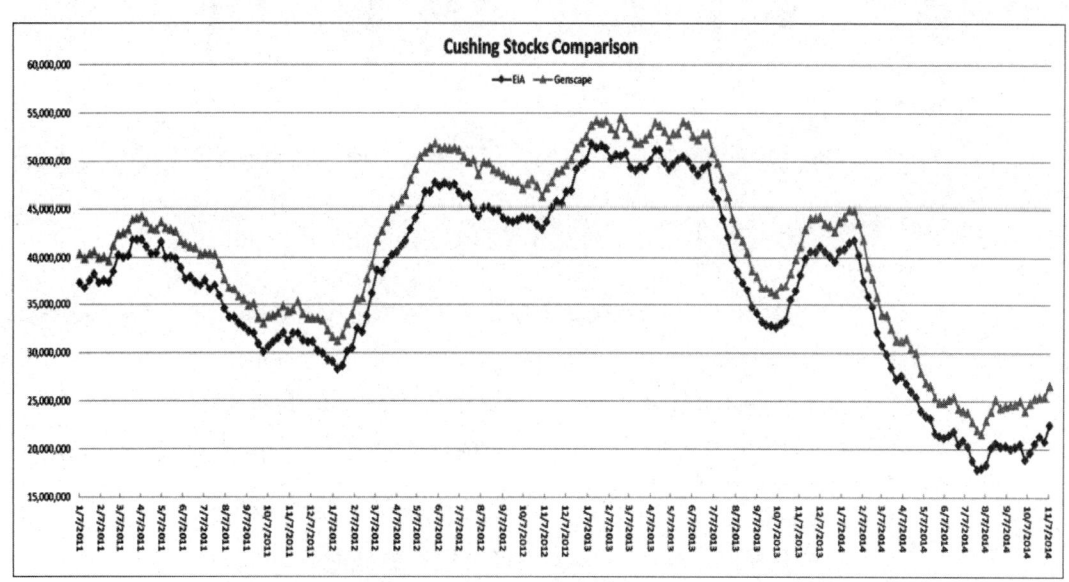

图 10-15 EIA 库存数据与库欣库存数据的对比走势图

数据来源：Genscape

第三个查询库欣库存数据的途径是网址 http://cn.investing.com/economic-calendar/eia-weekly-cushing-oil-inventories-1657，这个页面会推送库欣原油库存的最新值，并且列出历史数据（图 10-16）。

美国俄克拉荷马州库欣地区原油库存

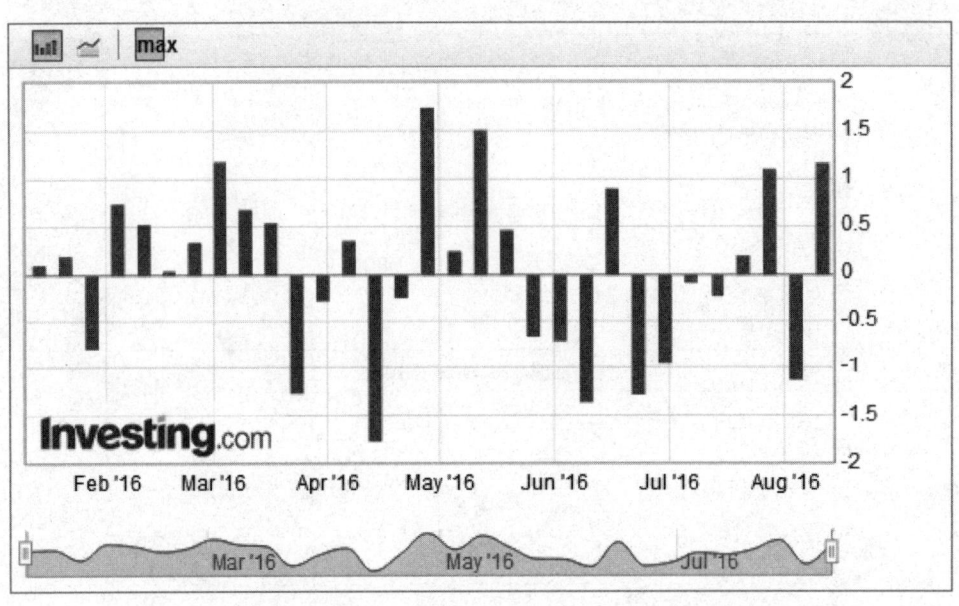

图 10-16　investing.com 提供的库欣原油库存数据

　　1975 年，美国在能源政策与保护法（EPCA）中建立战略石油储备，该法案为释放原油库存列举了各种条件，涉及军事、战略和经济等诸多方面。只有当总统认定"出现严重能源供应中断，或依照国际能源计划下美国的义务，需要动用或出售储备时"，才能释放和出售原油。总统之认定必须满足以下三项条件："(A) 出现紧急情况，供应大面积、长时间严重减少。(B) 紧急情况造成石油产品严重涨价。(C) 涨价可能对国民经济构成重大的不利冲击。"

　　原油库存的三个最新数据我们已经介绍完毕了，我再介绍下 IEA 的原油战略储备。IEA 的战略石油储备是否投放其实主要看美国。一旦决定投放战略石油储备，则原油价格短期内往往会暴跌（图 10-17）。美国投放原油战略储备有三次比较典型的例子：海湾战争释放储备（图 10-18）、卡特琳娜飓风释放储备（图 10-19）、利比亚内战释放储备。如果趋势看涨，那么释放战略储备往往提供了逢低做多的机会。

第十课 / 产业链与原油的商品属性（2）：中游的分析——库存和运输

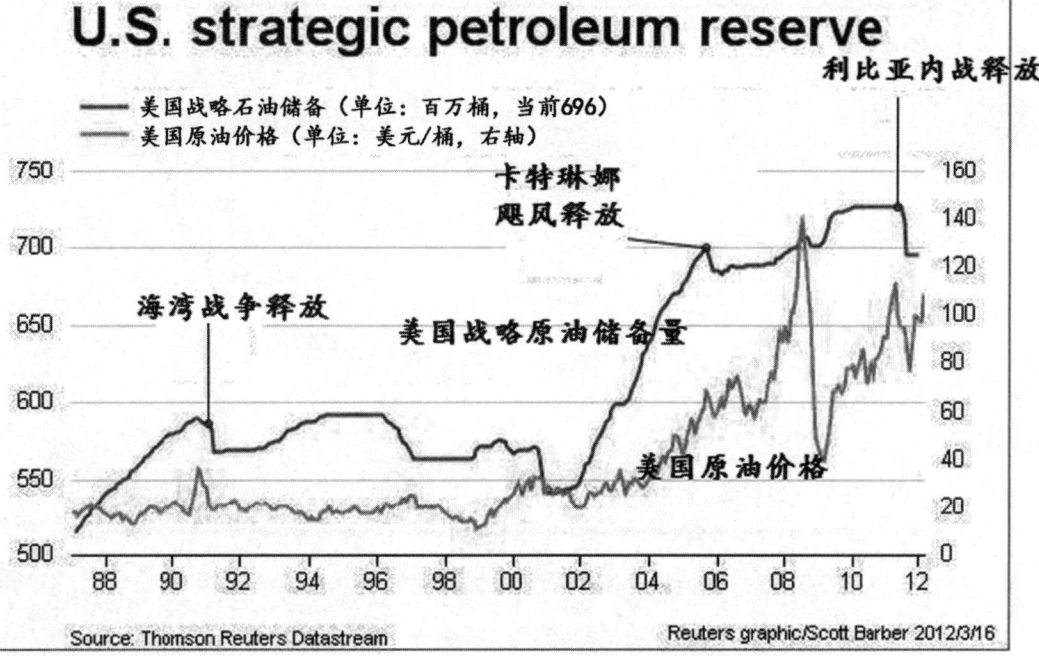

图 10-17　美国战略石油储备与美油价格

数据来源：汤姆森路透

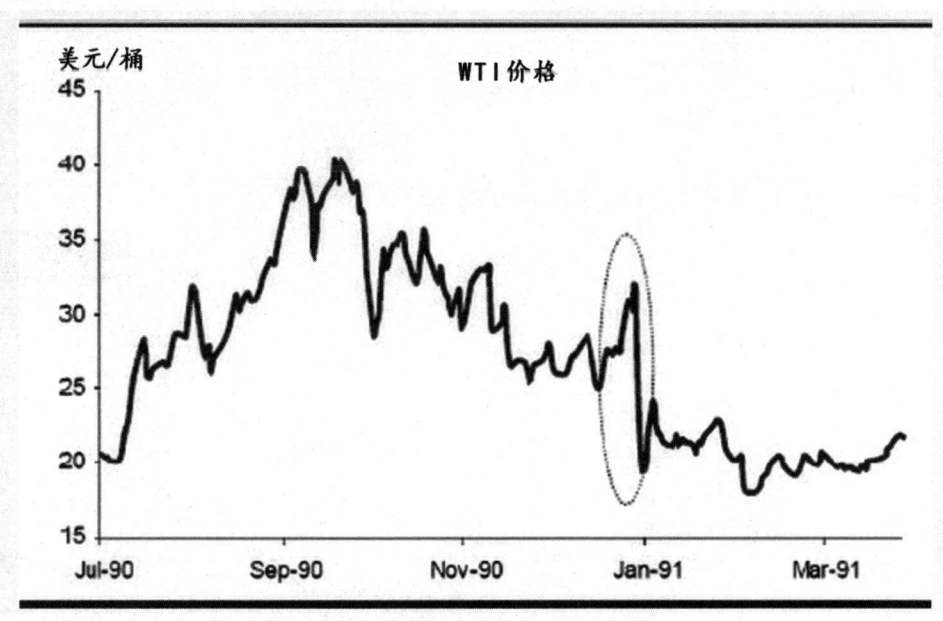

图 10-18　海湾战争释放原油战略储备对油价的影响

数据来源：广发期货

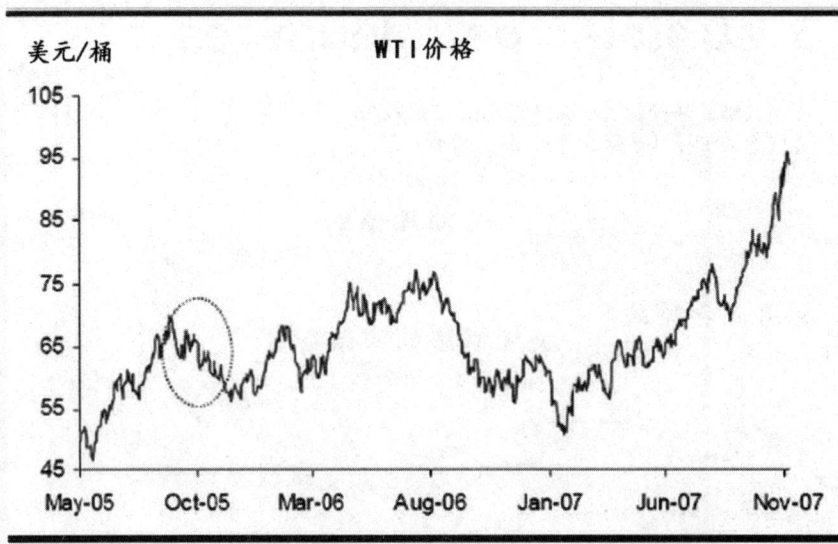

图 10-19　卡特琳娜飓风释放原油战略储备对油价的影响

数据来源：广发期货

这里再补充一个查询中国原油库存的网址 http://futures.xinhua08.com/bd/kc/，这个数据是新华社旗下中国金融信息网提供的（图 10-20），对市场影响不大，只能作为一个参考数据。

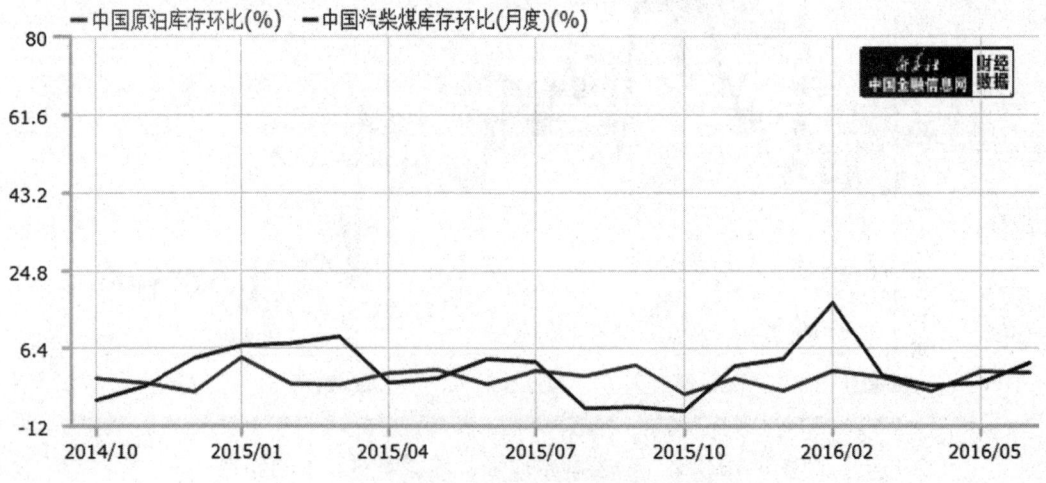

图 10-20　中国石油库存月度数据

数据来源：中国金融信息网

下面我们介绍原油运输的主要海峡。关系全球原油运输的重要海峡有 7 个（图 10-21 和图 10-22），它们是霍尔木兹海峡、马六甲海峡、苏伊士运河、曼德海峡、丹麦海峡、土耳其海峡、巴拿马运河。

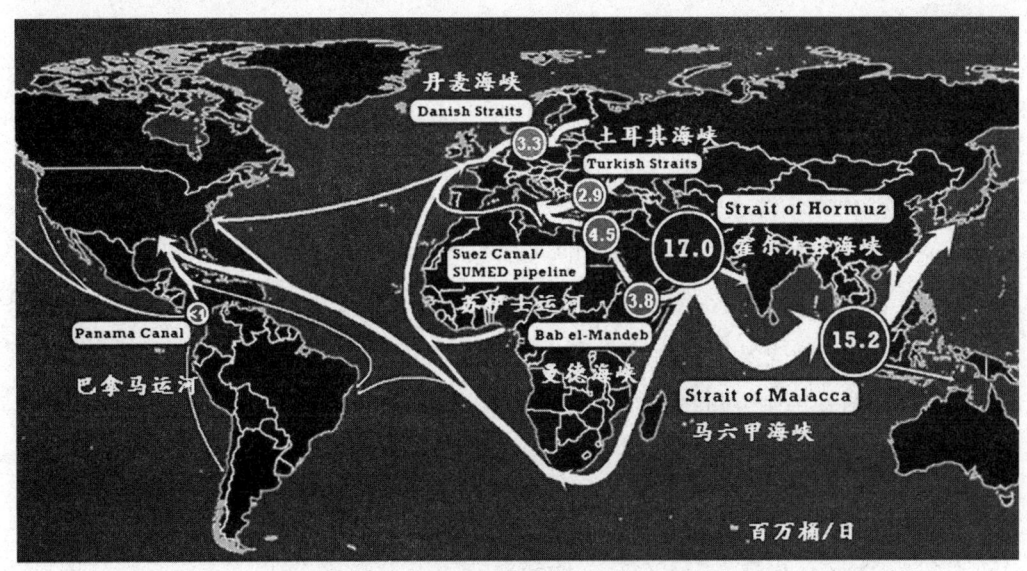

图 10-21　全球七大原油运输海峡/运河的运输量（2013 年数据）

数据来源：EIA

Location	2009	2010	2011	2012	2013
霍尔木兹海峡	15.7	15.9	17.0	16.9	17.0
马六甲海峡	13.5	14.5	14.6	15.1	15.2
苏伊士运河	3.0	3.1	3.8	4.5	4.6
曼德海峡	2.9	2.7	3.4	3.7	3.8
丹麦海峡	3.0	3.2	3.3	3.1	3.3
土耳其海峡	2.8	3.0	3.0	2.9	2.9
巴拿马运河	0.8	0.7	0.8	0.8	0.8
世界海运原油贸易	53.9	55.5	55.6	56.7	56.5
世界原油总供给	84.9	87.5	87.8	89.7	90.1

百万桶/日

图 10-22　2009 年到 2013 年主要海峡原油运输量

数据来源：EIA

霍尔木兹海峡是连接中东地区的重要石油产地波斯湾和阿曼湾的狭窄海峡，亦是阿拉伯海进入波斯湾的唯一水道（图10-23 图10-24）海峡的北岸是伊朗，有阿巴斯港，海峡的南岸是阿曼，海峡中间偏近伊朗的一边有一个大岛叫作格什姆岛，北方有霍尔木兹岛等，皆是伊朗的岛屿。南部属阿拉伯人为主体民族的阿曼国。每天通过该海峡的石油大约有1700万桶，约占全球海运石油的30%。通过该海峡的原油中，85%流向亚洲市场，其中中国、韩国、印度和日本便是最大的亚洲流入地。石油经霍尔木兹海峡运输的路线主要有三条：第一条路线是从波斯湾出发经过马六甲海峡到达亚太地区，主要是东亚；第二条路线是从波斯湾出发经过曼德海峡和苏伊士运河，再经过地中海，最后到达欧洲及美国东海岸；第三条路线是从波斯湾出发绕过好望角经过北大西洋达到西欧地区。

> 地缘局势紧张的时候，伊朗多次威胁封锁霍尔木兹海峡，引发原油市场动荡。

图10-23　霍尔木兹海峡（1）

数据来源：百度百科

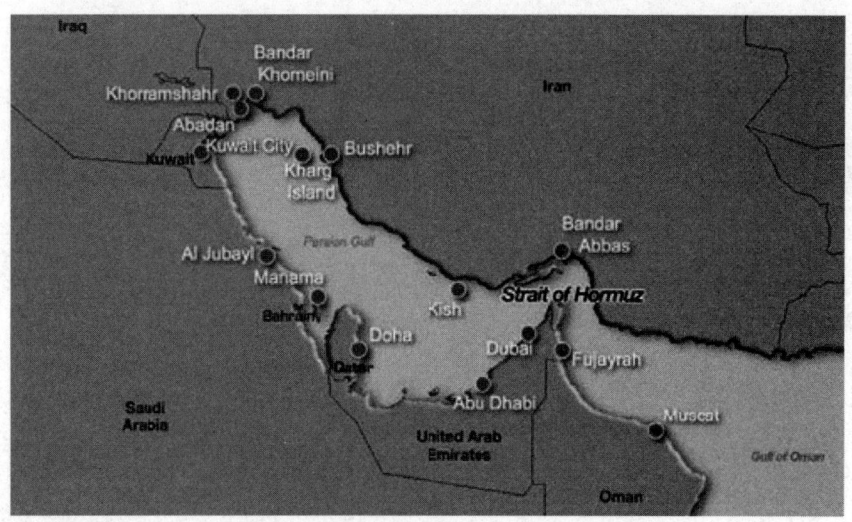

图 10-24 霍尔木兹海峡（2）

数据来源：U.S. Government

马六甲海峡是马来西亚近代一个重要的国际贸易交通港埠，国际上习惯用它称呼位于马来半岛与印度尼西亚管辖的苏门答腊岛之间的漫长海峡（图 10-25 和图 10-26）。海峡呈东南—西北走向。它属于缅甸海，东南端连接南中国海。海峡全长约 1080 千米，西北部最宽达 370 千米，东南部的新加坡海峡里最窄处只有 37 千米，是连接和沟通太平洋与印度洋的国际水道。马六甲海峡是中国和日本以及韩国最主要的能源运输通道，因此马六甲海峡还被誉为东亚的"海上生命线"。

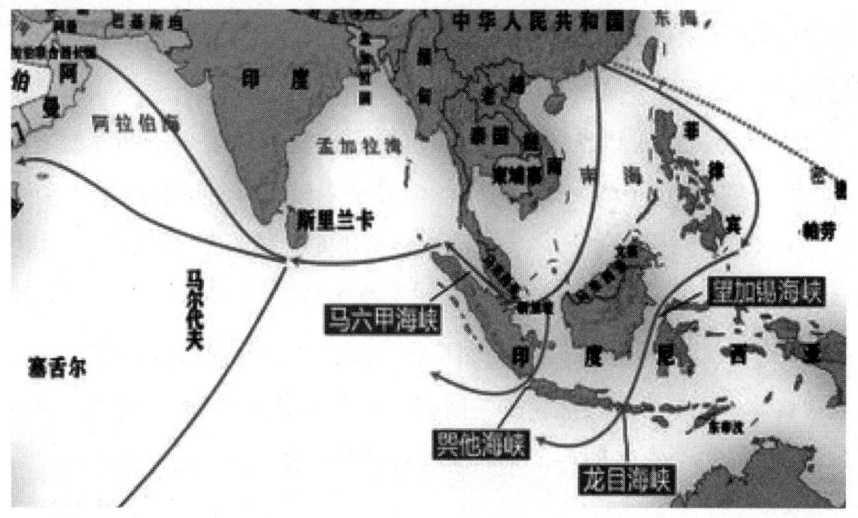

图 10-25 马六甲海峡（1）

数据来源：中国海洋食品网

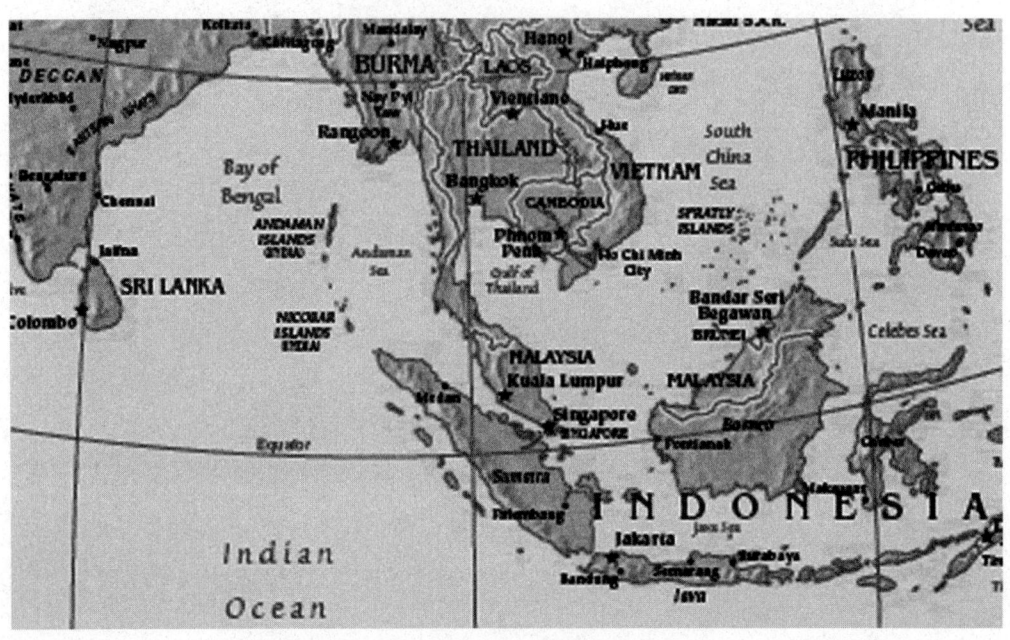

图 10-26 马六甲海峡（2）

数据来源：CIA Factbook

2015年苏伊士运河新航道航通。

苏伊士运河连接地中海与红海，提供从欧洲至印度洋和西太平洋附近土地的最近航线（图10-27）。它是世界使用最频繁的航线之一。也是亚洲与非洲的交界线，是亚洲与非洲、欧洲人民来往的主要通道。运河北起塞得港南至苏伊士城，长190千米，在塞得港北面掘道入地中海至苏伊士的南面。

除苏伊士运河之外，该地区还有一条重要石油输送管道——苏迈德输油管道。这条输油管道连接苏伊士湾的爱因苏卡纳港和地中海的西迪科瑞尔港，由两条平行管道构成，日输油量为234万桶（图10-28）。如果苏伊士运河被迫关闭，那么苏迈德管道就成了唯一可以将原油从红海输送至地中海的通道。如果运河和输油管道全部关闭，那么油轮需向南绕过非洲好望角，而此举将增加4345公里的路程，原油运输的时间和成本都会大大增加。

通过苏伊士运河的油轮在爱因苏卡纳港卸油，然后再通过萨米德管线泵送到西迪科瑞尔港

第十课 / 产业链与原油的商品属性（2）：中游的分析——库存和运输

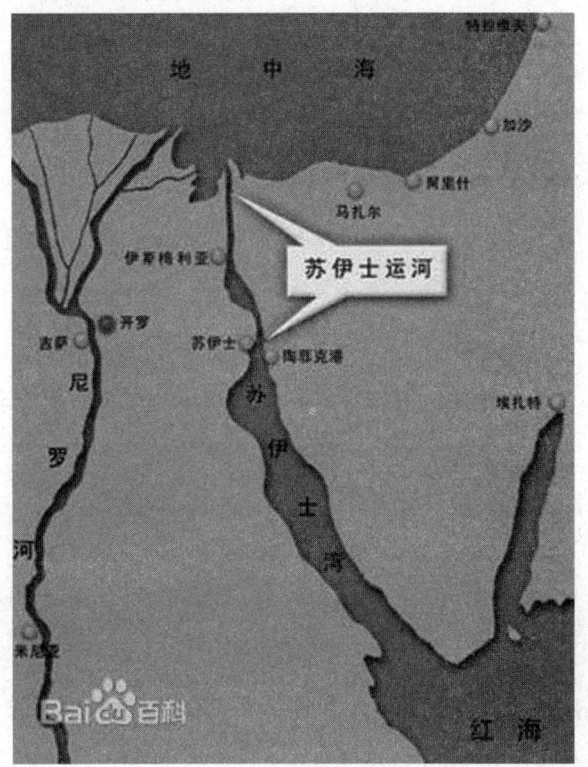

图 10-27 苏伊士运河
数据来源：百度百科

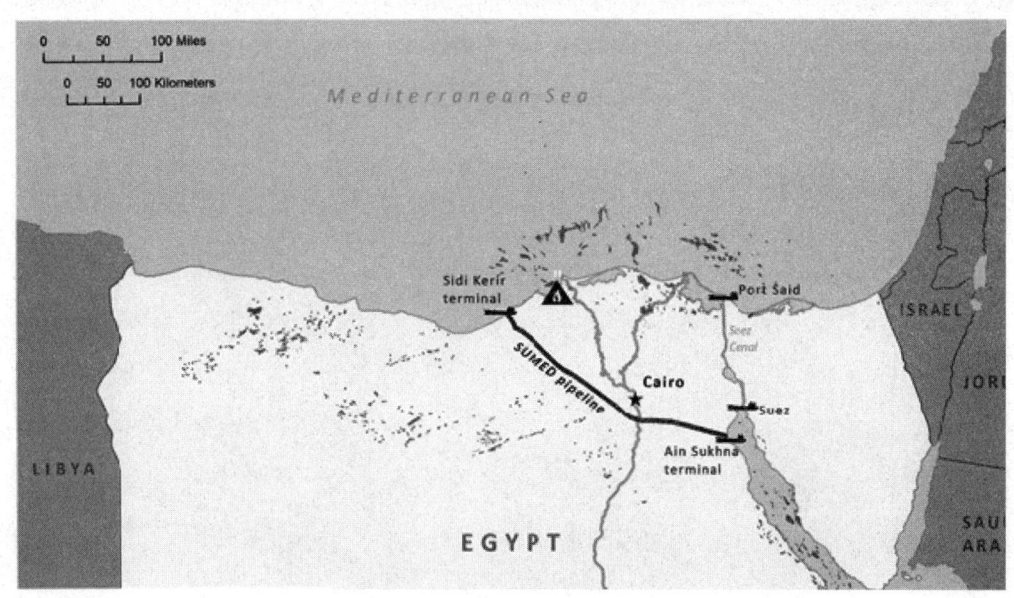

图 10-28 苏伊士运河和苏迈德输油管道（SUMED）
数据来源：EIA

1995年末，也门与厄立特里亚两国曾围绕大哈尼什岛的归属展开了一场激烈的争夺战，因为该岛位于红海东南端海域正中，临近曼德海峡，因此，得该岛者得海峡。因当时两国战事影响，途径该海峡向南运输的船只完全受阻。

曼德海峡是连接红海和亚丁湾的海峡，位于红海南端也门和吉布提之间，连接红海和亚丁湾、印度洋（图10-29和图10-30）。苏伊士运河通航后，为从大西洋进入地中海，穿过苏伊士运河、红海通印度洋的海上交通必经之地，战略地位重要。海峡宽约26—32千米，平均深150米，其间分散着一些火山岛，丕林岛将海峡分成小峡和大峡，小峡在亚洲一侧宽约3.2千米，水深30米，是曼德海峡中主要航道；大峡在非洲一侧宽约25.95千米，水深333米，多暗礁和一些小火山岛。

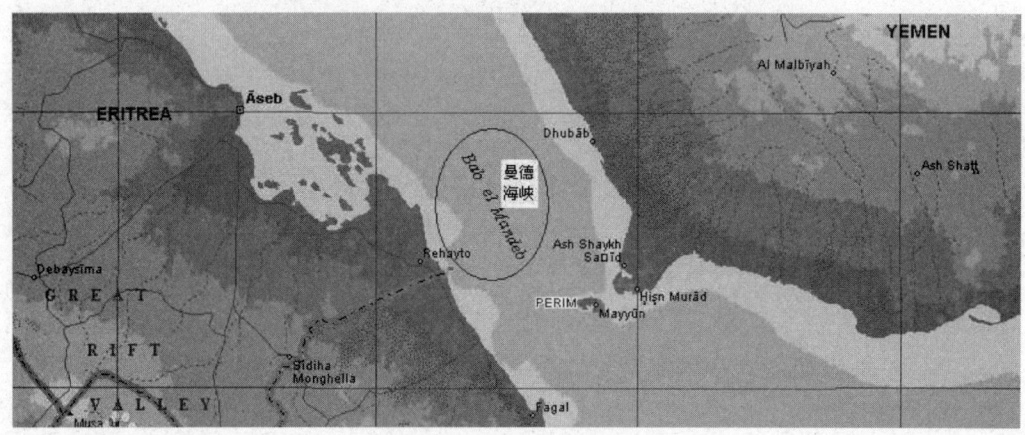

图10-29　曼德海峡（1）

数据来源：百度百科

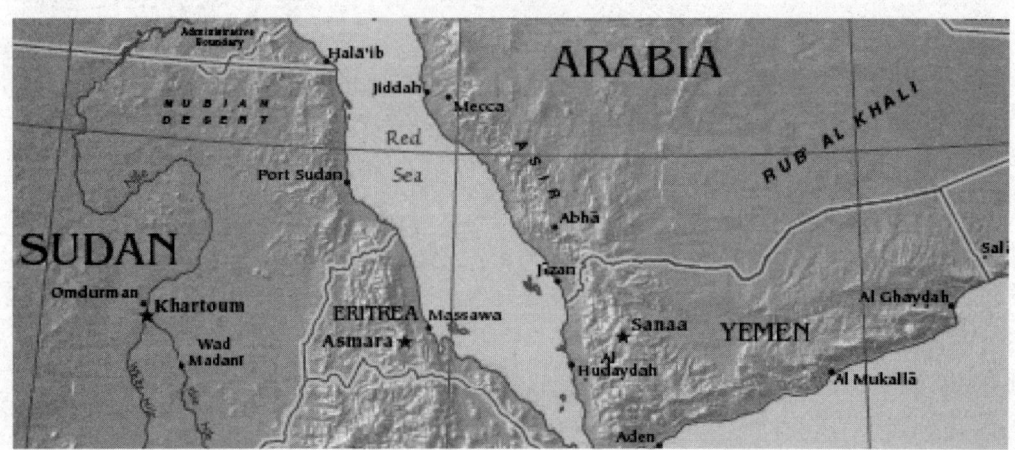

图10-30　曼德海峡（2）

数据来源：CIA Factbook

丹麦海峡由许多渠道组成，连接波罗的海和北海，是俄罗斯原油出口至欧洲地区的重要通道（图 10-31 和图 10-32）。根据 EIA 的相关报告，2013 年日均有 330 万桶的原油。普里莫尔斯克港在 2005 年运营之后，俄罗斯通过这个港口向西欧输送大量原油。2011 年，俄罗斯途径丹麦海峡出口的原油中，超过一半经过普里莫尔斯克港。此外，还有少量的挪威和英国原油经过丹麦海峡向东输送至北欧市场。

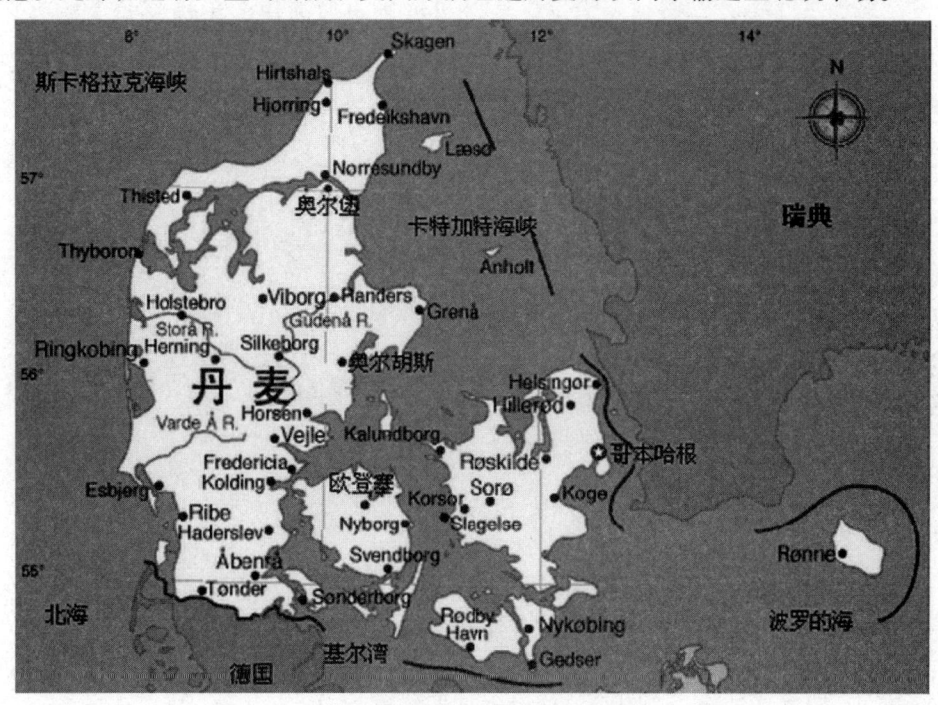

图 10-31　丹麦海峡（1）
数据来源：Geografix

图 10-32　丹麦海峡（2）
数据来源：CIA Factbook

2015年秋天我从伊斯坦布尔坐大巴,然后乘轮渡到了恰纳卡莱,特洛伊古城就在附近,我在那里小住了几天,此处也是土耳其国父凯末尔建立了赫赫战功的地方。

土耳其海峡是连接黑海与地中海的唯一通道(图10-33和图10-34),包括博斯普鲁斯海峡、马尔马拉海和达达尼尔海峡,其中达达尼尔海峡又叫恰纳卡莱海峡,古往今来皆为兵家必争之地,战略地位十分重要。这一海峡是俄罗斯和里海地区原油外输的重要通道,2013年每天约有290万桶石油流经土耳其海峡,其中70%为原油,其余为石油产品。

图 10-33 土耳其海峡(1)

数据来源:百度百科

图 10-34 土耳其海峡(2)

数据来源:U.S. Government

第十课 产业链与原油的商品属性（2）：中游的分析——库存和运输

巴拿马运河位于中美洲国家巴拿马，横穿巴拿马地峡，连接太平洋和大西洋，是重要的航运要道（图10-35和图10-36），被誉为世界七大工程奇迹之一的"世界桥梁"。巴拿马运河由巴拿马拥有和管理，属于水闸式运河。从一侧的海岸线到另一侧海岸线长度约为65公里，而由加勒比海的深水处至太平洋一侧的深水处约82公里，宽的地方达304米，最窄的地方也有152米。通过巴拿马运河的货物中，石油仅占18%。2013年全球海运石油当中，途径巴拿马运河的量仅占1.4%。

2016年6月26日，巴拿马运河拓宽工程举行竣工启用仪式。

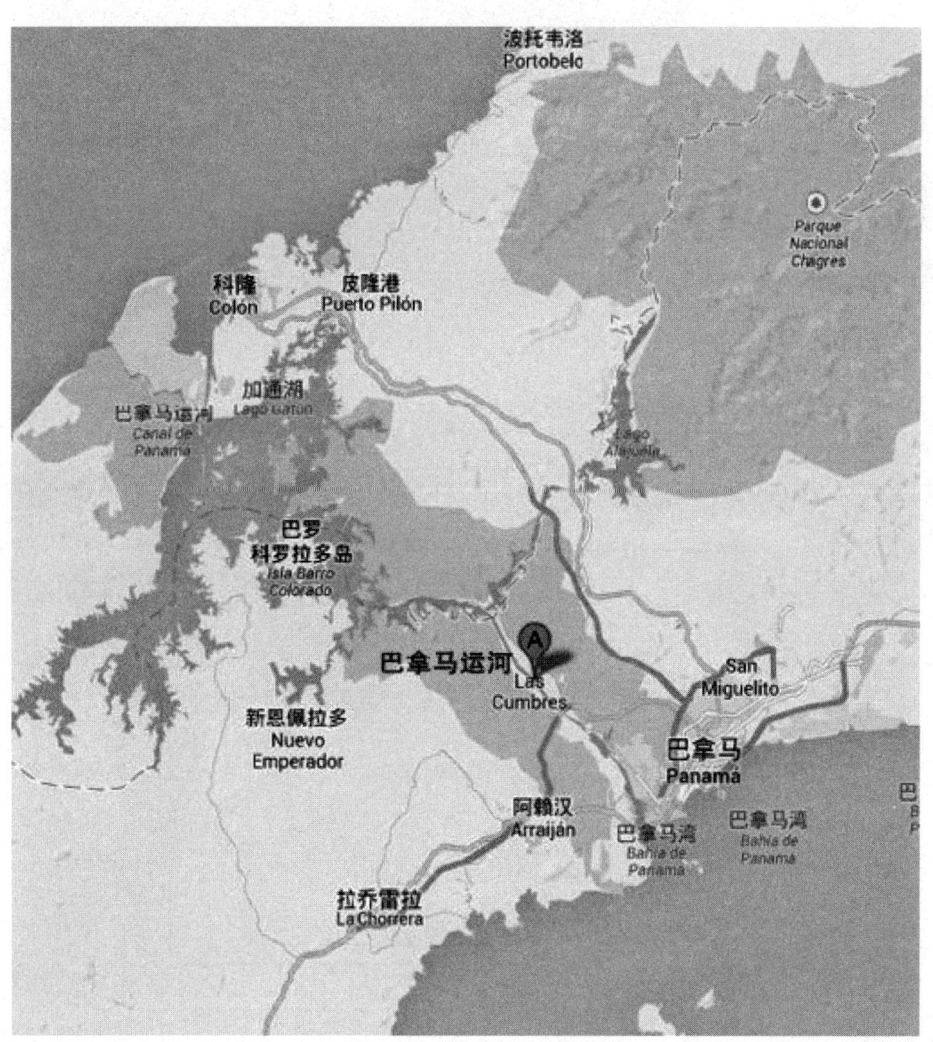

图10-35 巴拿马运河（1）

数据来源：海盛游轮网

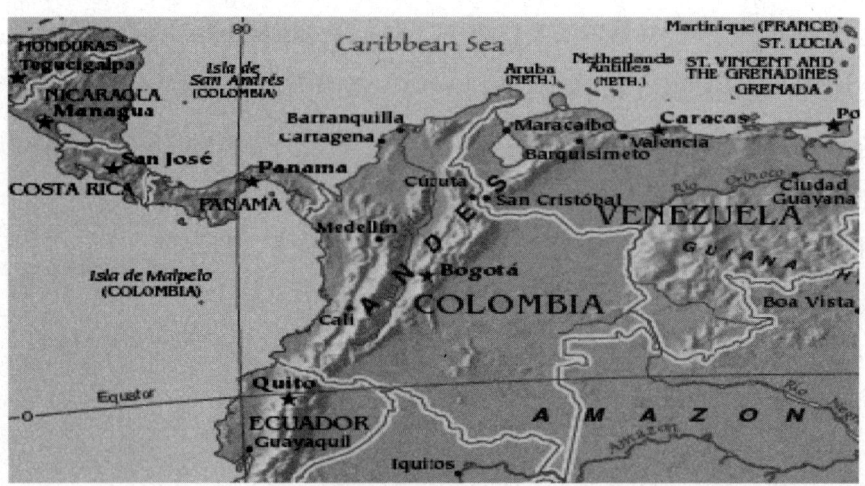

图 10-36　巴拿马运河（2）

数据来源：CIA Factbook

库存和原油海上运输海峡/运河的详细情况我们已经了解了，现在我们接着介绍一下全球主要的输油管道和输气管道。在此之前，看一张图，这是全球原油贸易流向（图 10-37）。

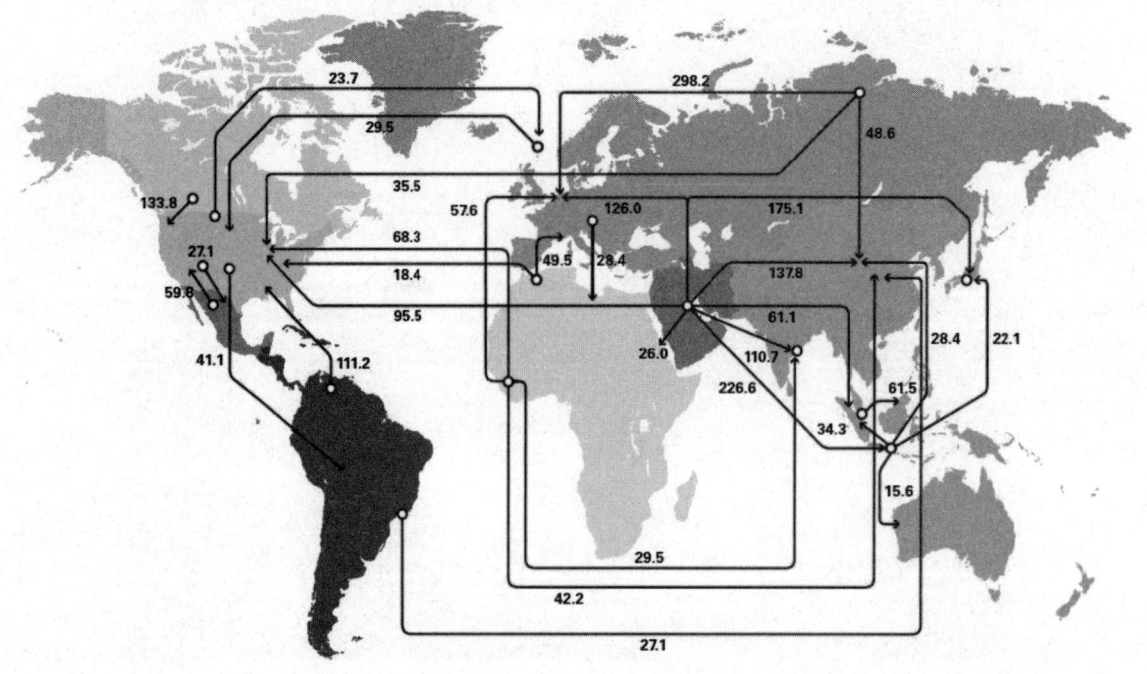

图 10-37　全球石油贸易流向

数据来源：EIA

第十课　产业链与原油的商品属性（2）：中游的分析——库存和运输

要介绍全球的重要油气管道，我们先从俄罗斯讲起。俄罗斯通往欧洲的天然气管道经常成为地缘政治博弈的工具，我们只要把这些图大致看一下（图10-38和图10-39），等有地缘政治事件或者自然灾害的时候再按图索骥即可。先在地图上定位事件发生大概位置，再查看有无重要管线经过，然后就可以推断出对油气价格的影响。俄罗斯到中国及东亚的管线较为简单（图10-40），后面涉及中国管线时还会在图上出现。

图10-38　俄罗斯通往欧洲的天然气管道
数据来源：俄罗斯天然气公司　国际在线

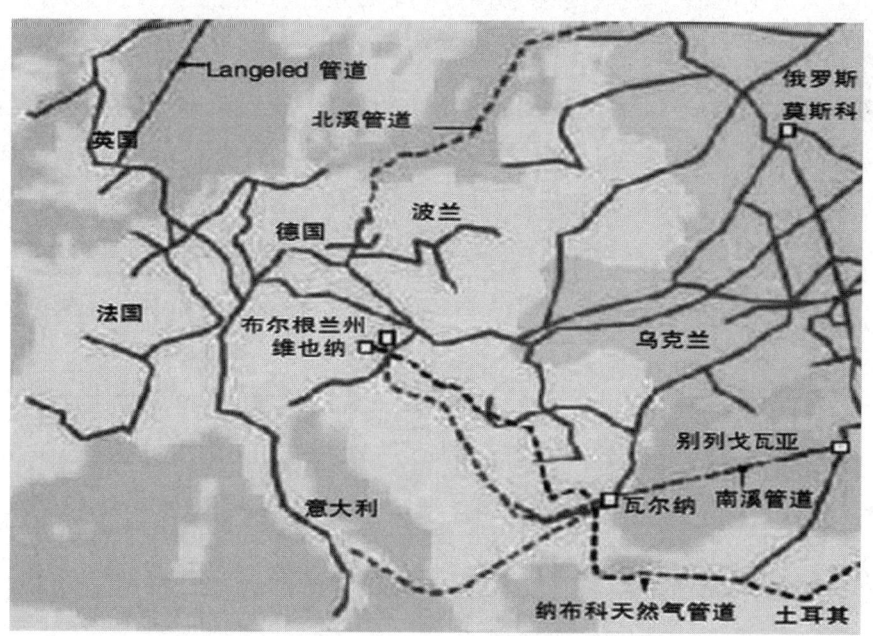

图10-39　欧洲主要天然气管道分布图
数据来源：牛股财经8

211

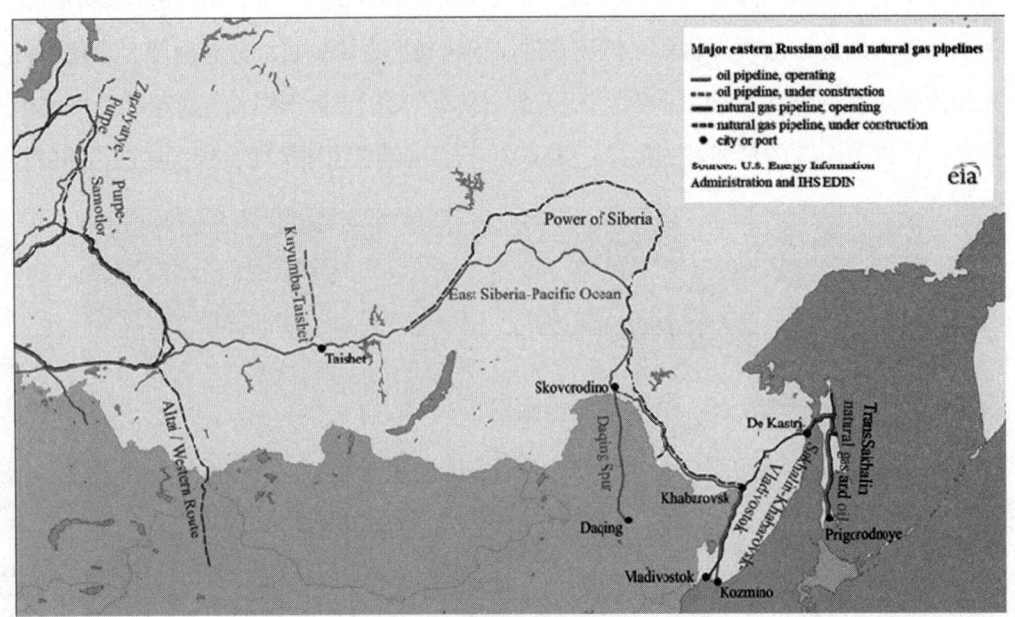

图 10-40　俄罗斯东部地区的油气管道

数据来源：EIA

欧亚大陆上的油气管线，除了俄罗斯的之外还有一个国家的管线也值得我们注意，那就是哈萨克斯坦。哈萨克斯坦往西边的管线是输油气到欧洲（图 10-41），往东边的管线是输油气到中国（图 10-42）。其中，中亚有一个巴库—第比利斯—杰伊汉输油管道（BTC 管道）值得注意（图 10-43），因为这一管道经过高加索，属于敏感地带，亚美尼亚与阿塞拜疆之前的矛盾较为尖锐，而格鲁吉亚与俄罗斯也存在矛盾。

第十课 产业链与原油的商品属性（2）：中游的分析——库存和运输

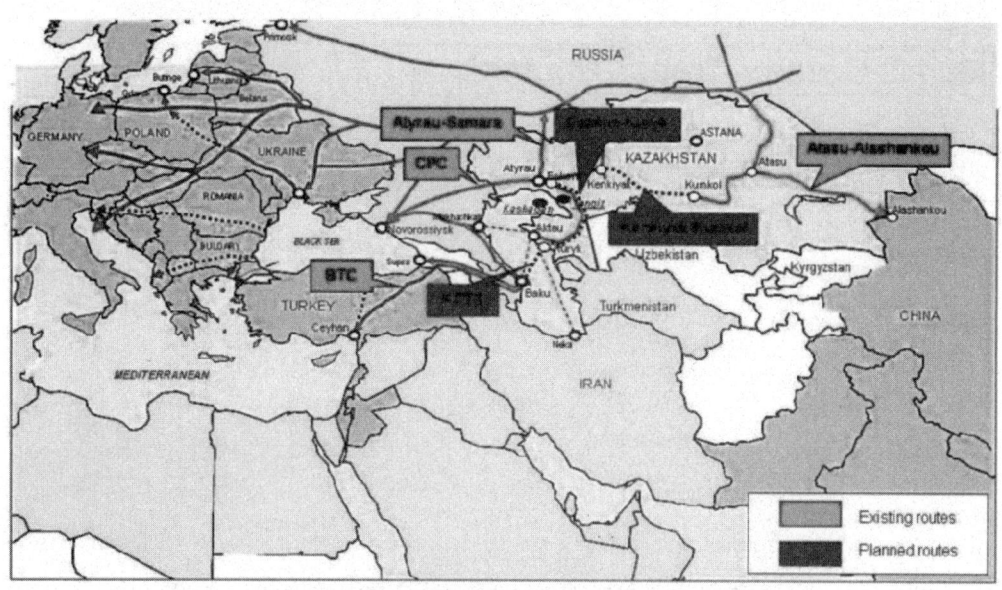

图10-41 哈萨克斯坦到欧洲的输油管道路线图
数据来源：2007KIOGE会议 baoris的博客

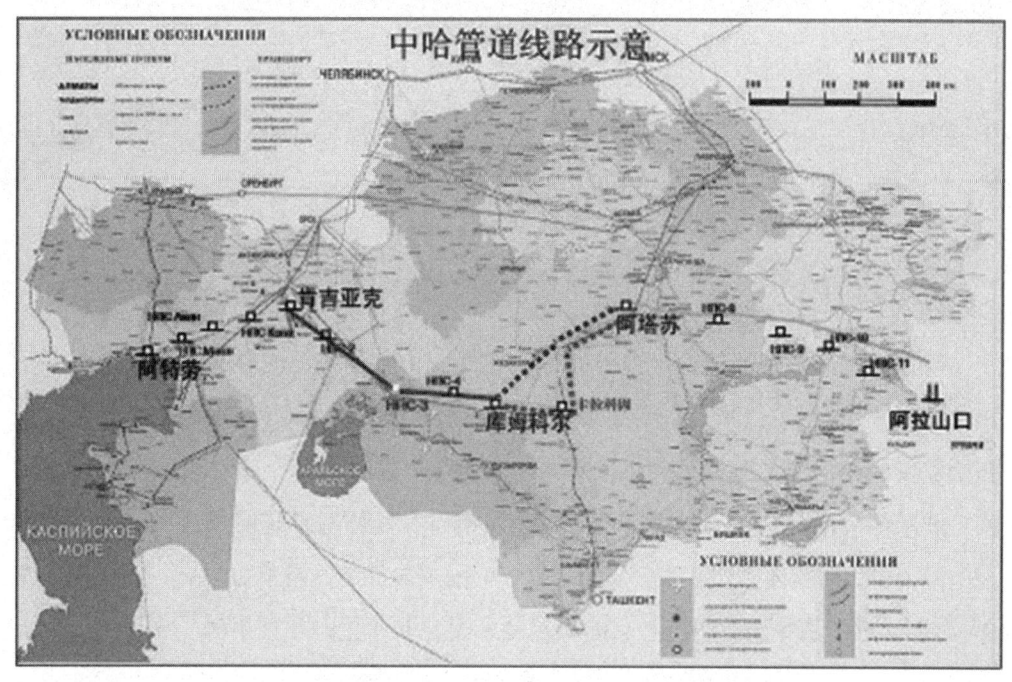

图10-42 哈萨克斯坦到中国的输油管道路线图
数据来源：俄罗斯油气网站 新浪博客佚名

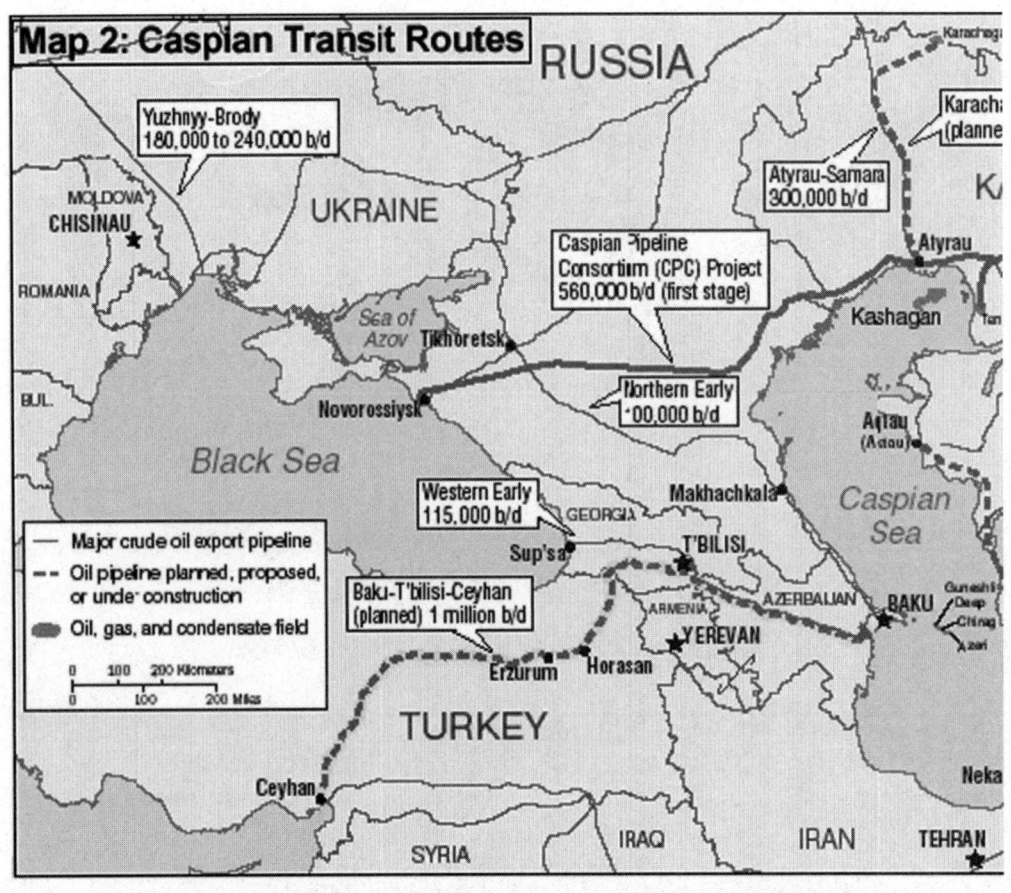

图 10-43 巴库—第比利斯—杰伊汉输油管道（BTC 管道）

数据来源：Liquid war: Welcome to Pipelineistan

现在，我们介绍油气输入中国的线路情况，一方是海上的；一方是陆上的（图 10-44 和图 10-45）。海上主要是经过马六甲海峡的路线，陆上的则是哈萨克斯坦和俄罗斯到中国的油气管道，以及中缅油气管道（图 10-46）。中缅油气管道起点位于缅甸西海岸马德岛，经缅甸若开邦、马圭省、曼德勒省和掸邦，从云南瑞丽进入中国，在缅甸境内全长 771 公里。另外，中国国内的油气管道可以做一些了解（图 10-47），对于某些能化期货产品的交易者来说比较有用，比如甲醇。

第十课 / 产业链与原油的商品属性（2）：中游的分析——库存和运输

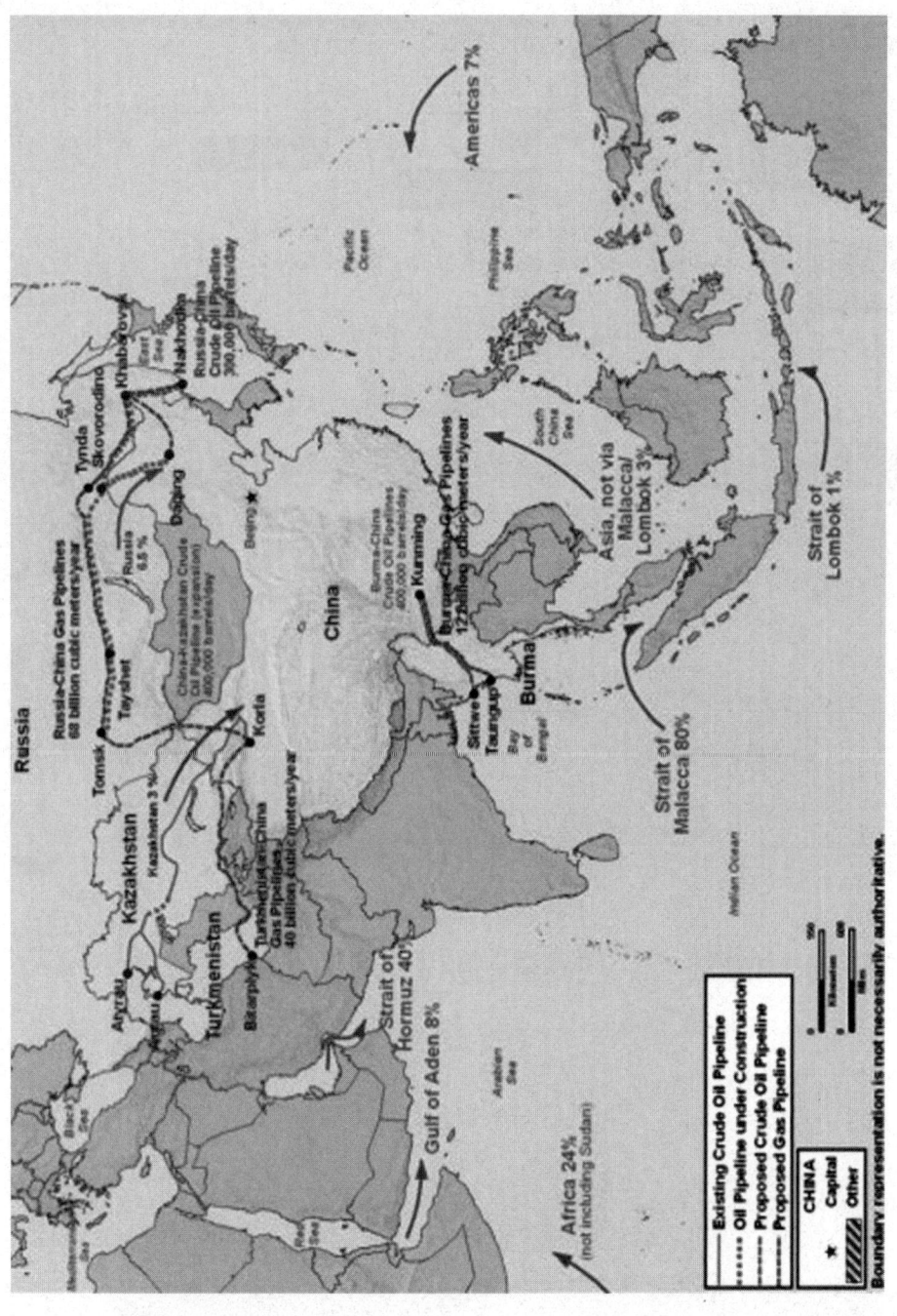

图 10-44 中国石油输入线路（1）
数据来源：美国国防部 环球时报

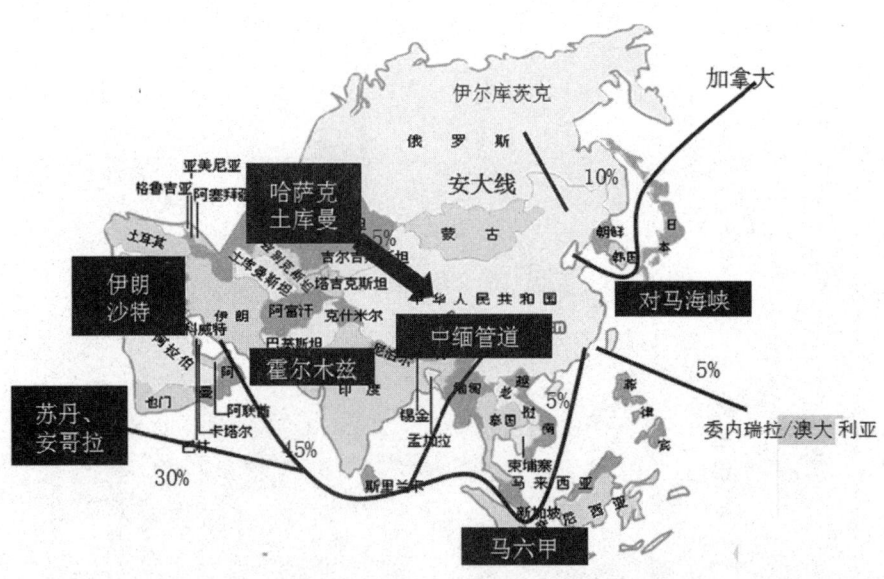

图10-45 中国石油输入线路(2)

数据来源:新浪博客佚名

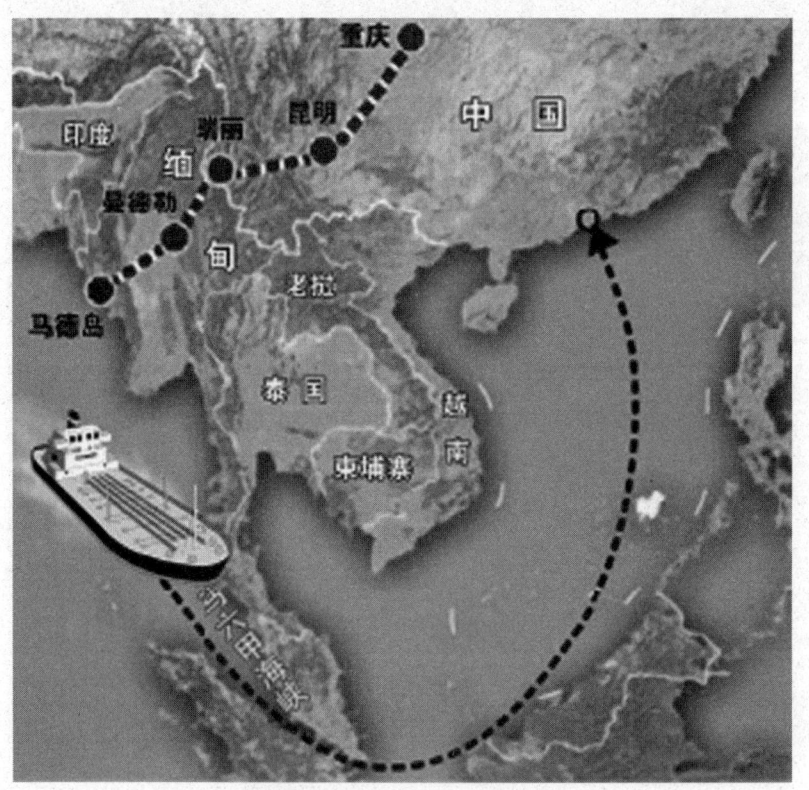

图10-46 中缅原油管道

数据来源:新华社 温州日报

第十课 产业链与原油的商品属性（2）：中游的分析——库存和运输

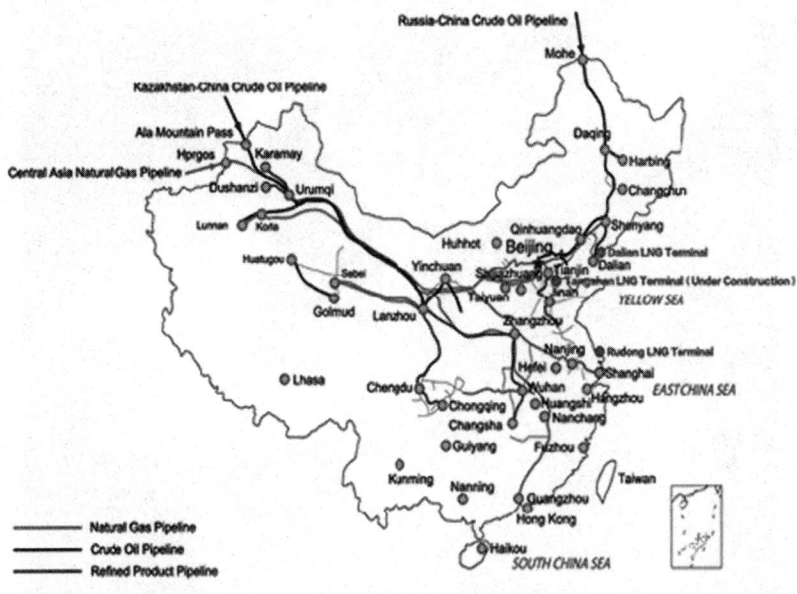

图 10-47 中国国内的油气管道

数据来源：Petro China

北美的油气管道主要涉及加拿大（图 10-48 和图 10-49）和美国（图 10-50 到图 10-54），再加上墨西哥（图 10-55）。

图 10-48 加拿大的主要输油管线

数据来源：EIA，MRI

217

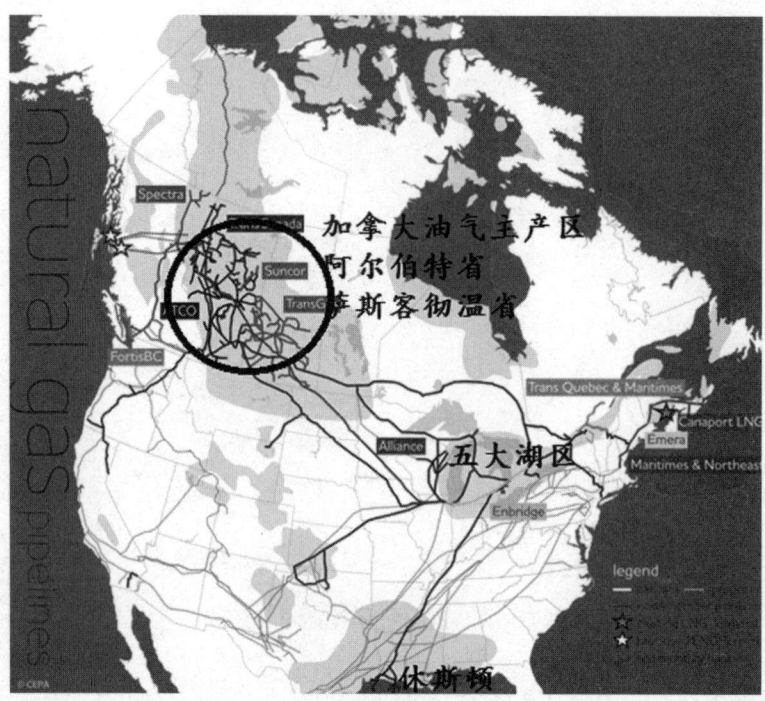

图 10-49　加拿大天然气输送管线

数据来源：Canadian Energy Pipeline Association

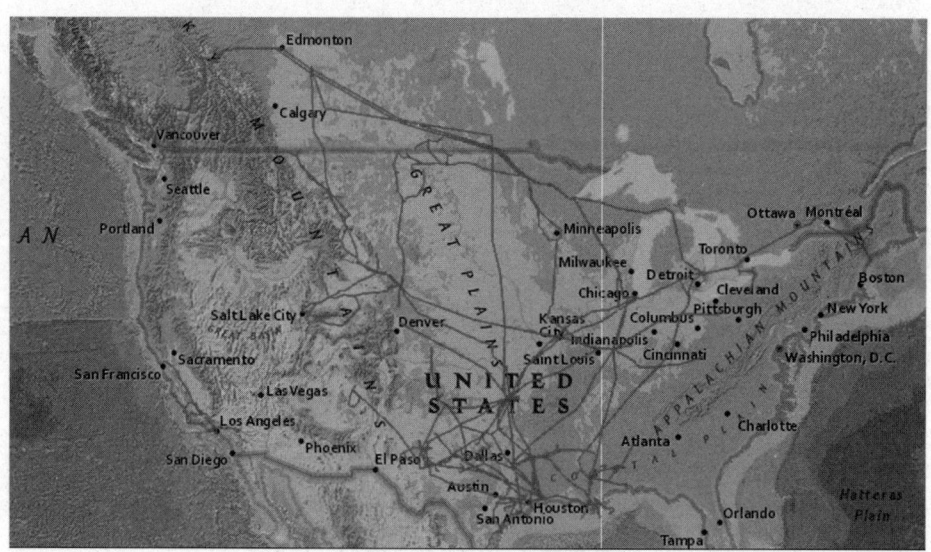

图 10-50　美国输油管线路（1）

数据来源：EIA

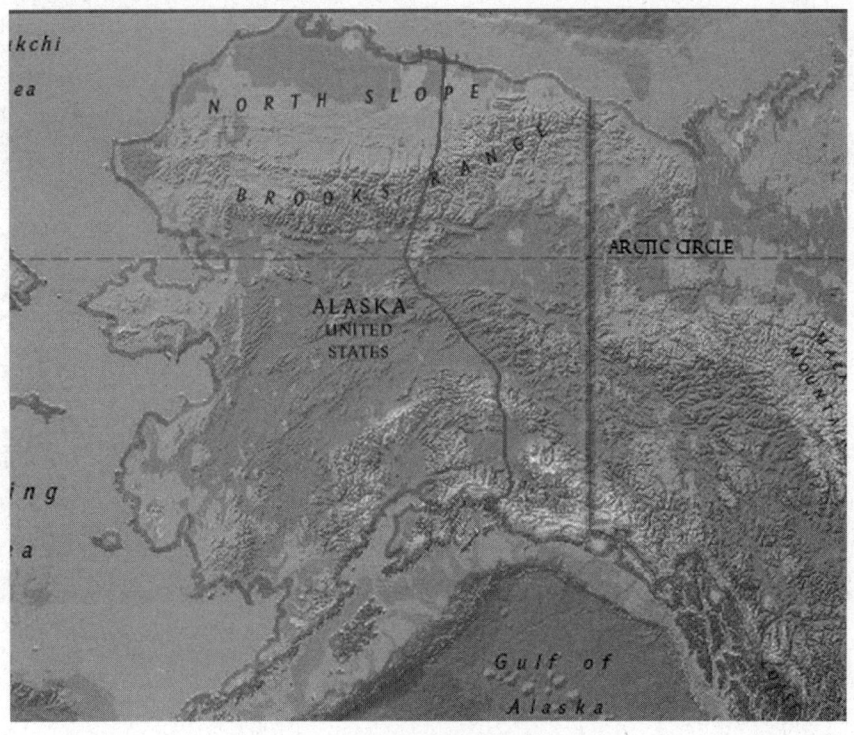

图 10-51　美国输油管线路（2）

数据来源：EIA

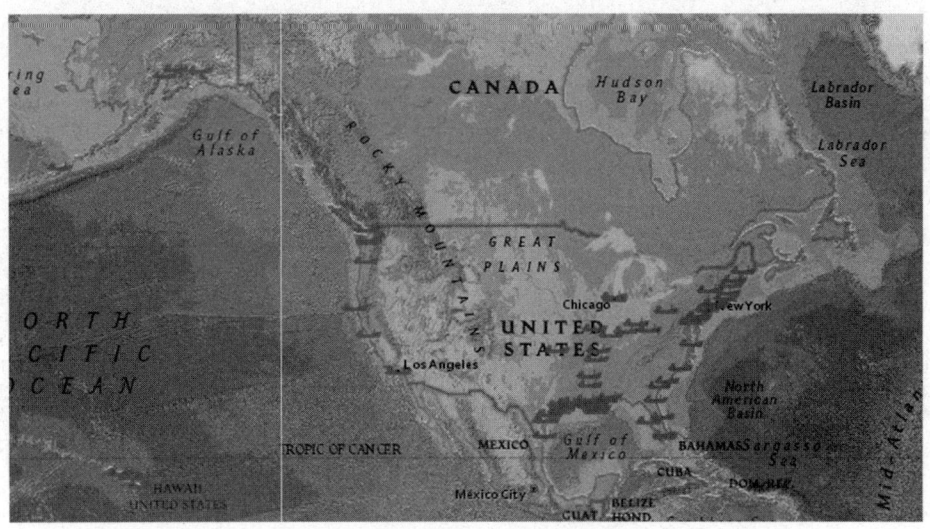

图 10-52　美国原油运输港口

数据来源：EIA

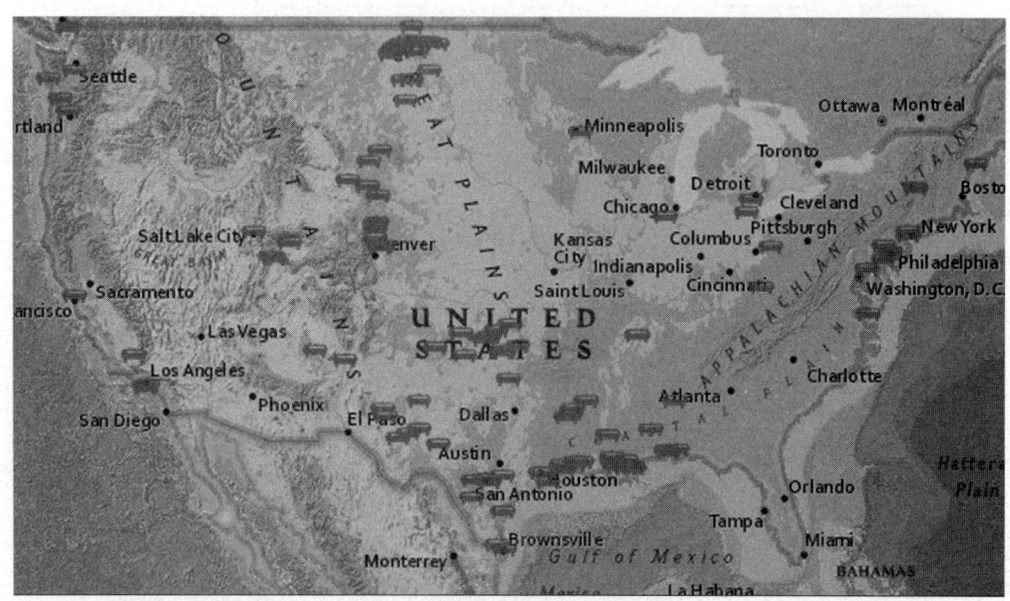

图 10-53　美国原油铁路运输终端

数据来源：EIA

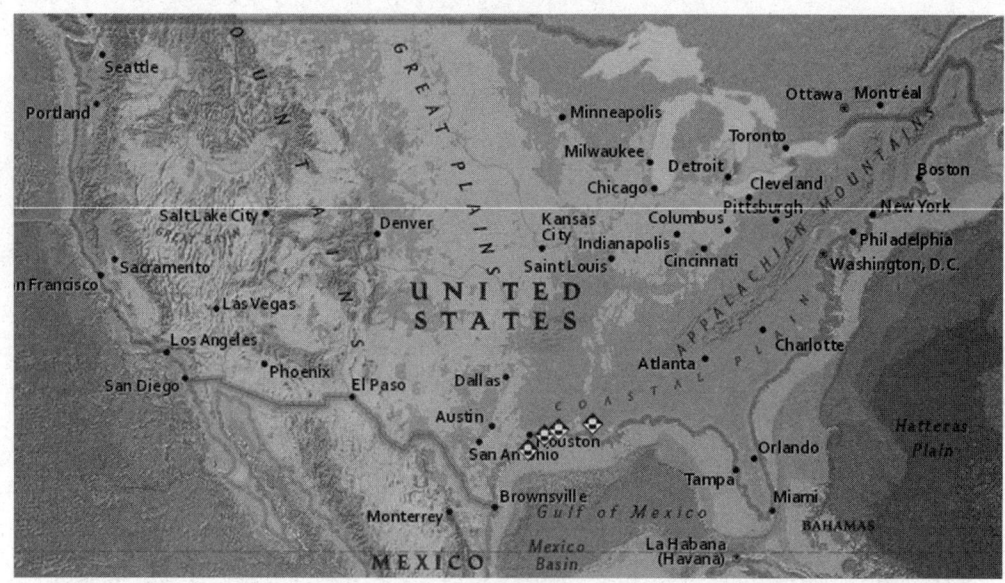

图 10-54　美国战略原油储备地点

数据来源：EIA

第十课 / 产业链与原油的商品属性（2）：中游的分析——库存和运输

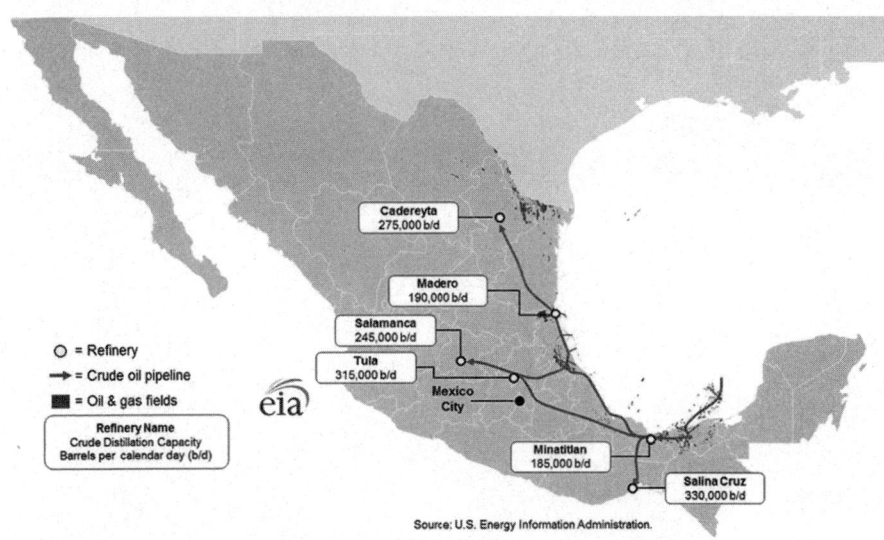

图 10-55　墨西哥原油管线

数据来源：EIA

中东主要原油出产国当中，伊朗的油气管线（图 10-56 到图 10-57）、沙特的油气管线（图 10-58）、伊拉克的油气管线（图 10-59）和阿联酋的油气管线（图 10-60）要大致清楚，特别是动荡的伊拉克。

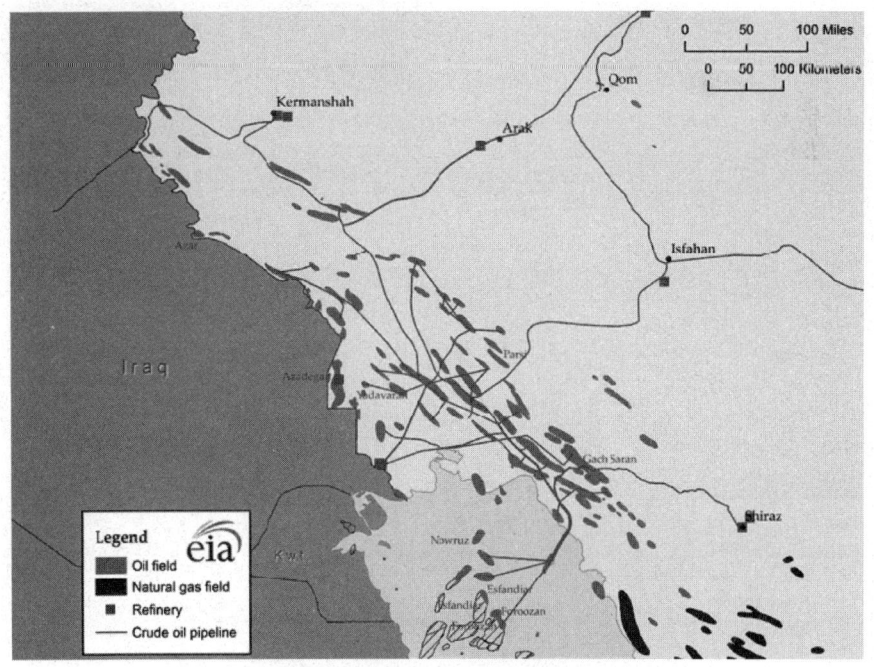

图 10-56　伊朗的原油管线

数据来源：U.S. Energy Information Administration, IHS EDIN

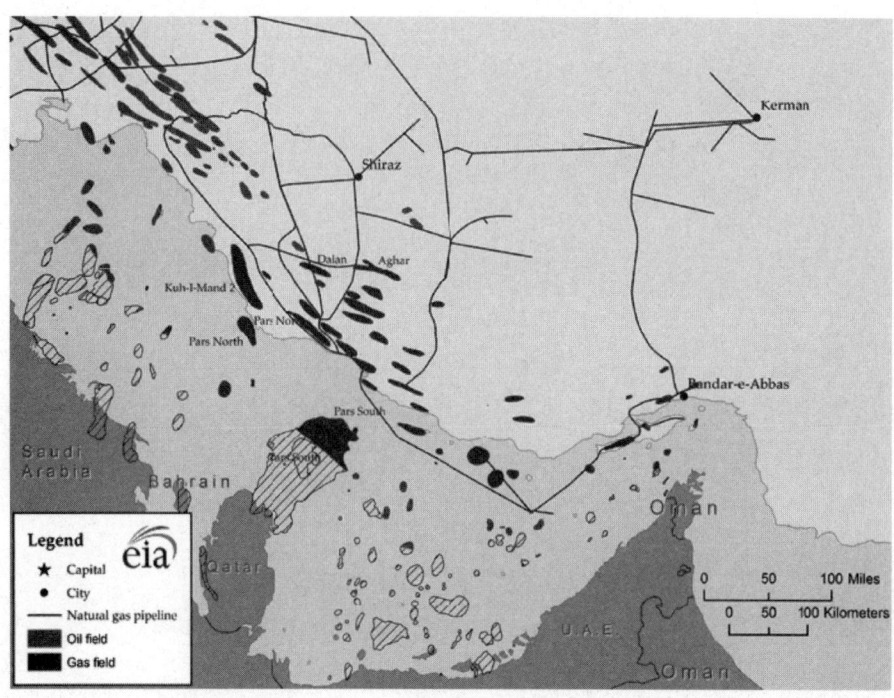

图 10-57 伊朗的天然气管线（1）

数据来源：U.S. Energy Information Administration, IHS EDIN

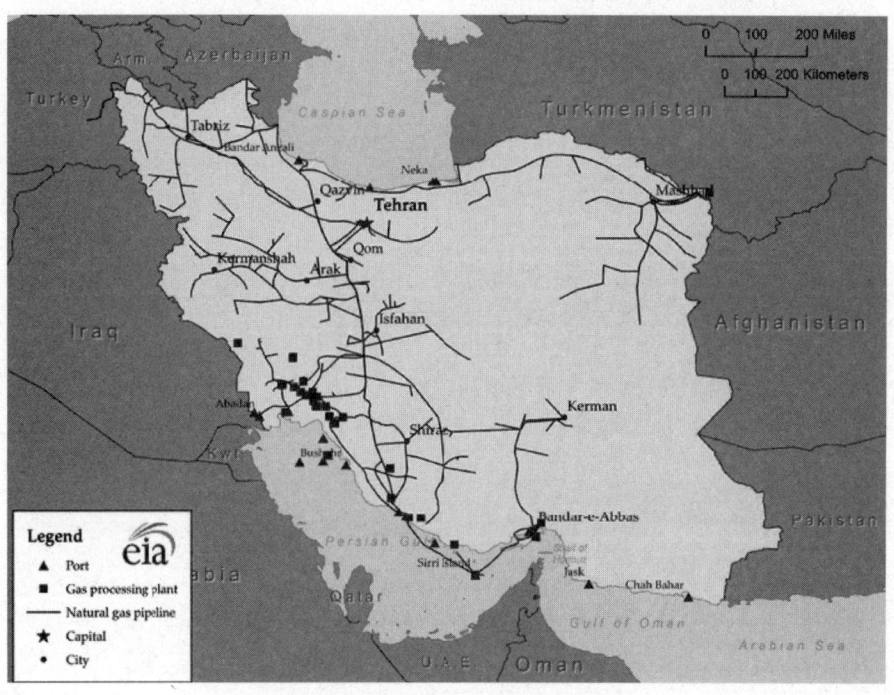

图 10-58 伊朗的天然气管线（2）

数据来源：U.S. Energy Information Administration, IHS EDIN

第十课 产业链与原油的商品属性（2）：中游的分析——库存和运输

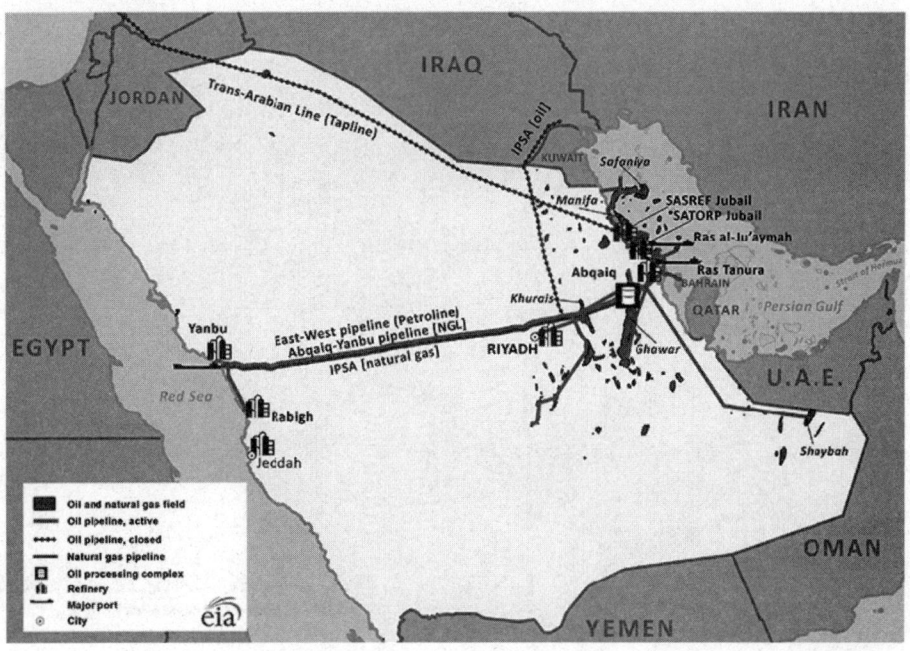

图 10-59　沙特的油气管线

数据来源：U.S. Energy Information Administration, IHS EDIN

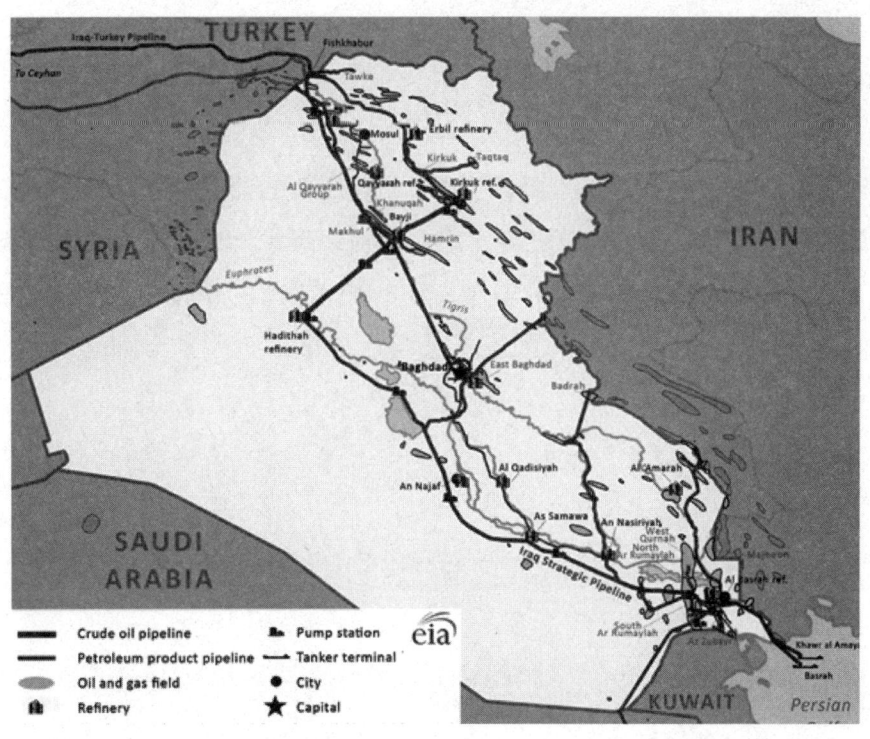

图 10-60　伊拉克的原油管线

数据来源：U.S. Energy Information Administration, IHS EDIN

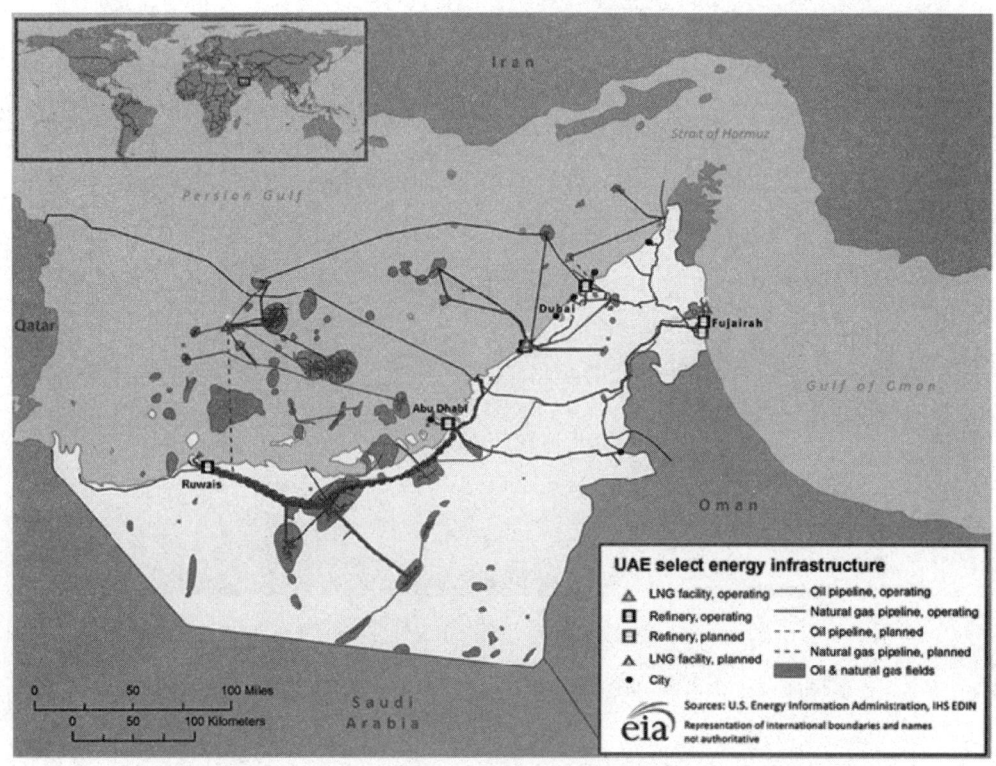

图 10-61　阿联酋的油气管线
数据来源：U.S. Energy Information Administration, IHS EDIN

另外，西非的油气管线（图 10-62）、利比亚的油气管线（图 10-63）和挪威的油气管线（图 10-64）也要熟悉，特别是西非和利比亚的油气管线，前者经常出现叛军攻击油气管道的事件，后者则因为国内政局不稳而导致原油出口受阻。

第十课 / 产业链与原油的商品属性（2）：中游的分析——库存和运输

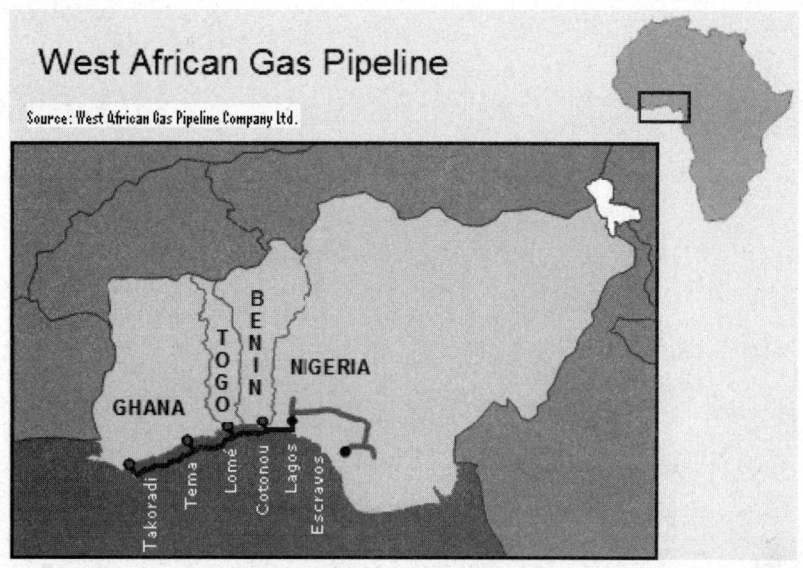

图 10-62　西非的原油管线

数据来源：U.S. Energy Information Administration, IHS EDIN

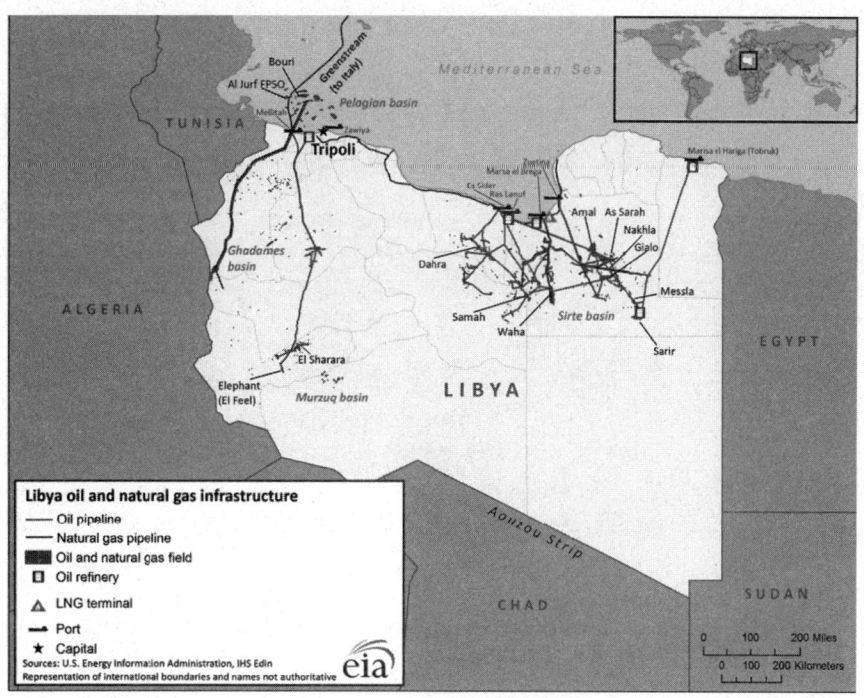

图 10-63　利比亚的原油管线

数据来源：U.S. Energy Information Administration, IHS EDIN

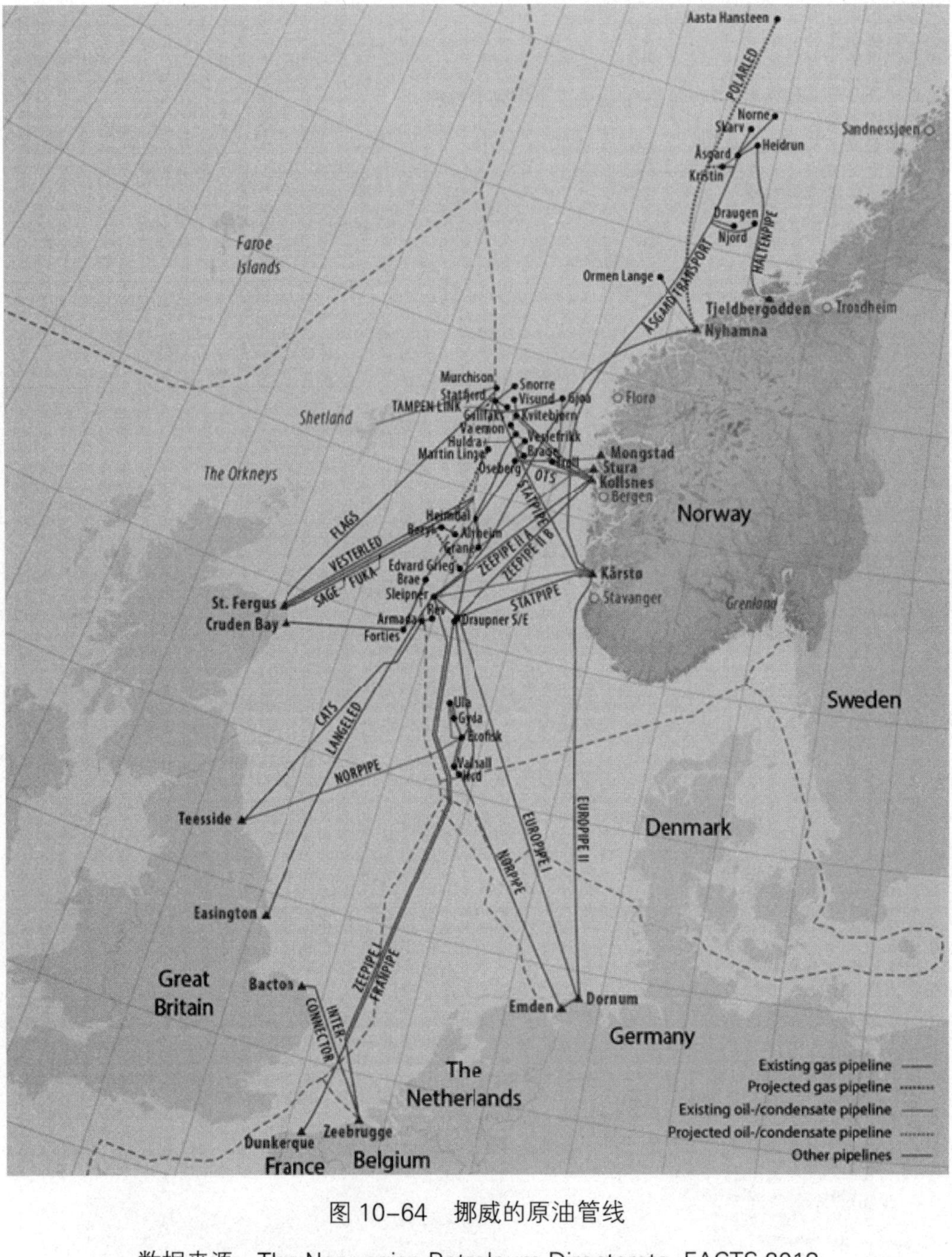

图 10-64 挪威的原油管线

数据来源：The Norwegian Petroleum Directorate, FACTS 2013

一些重要的原油港口也在上面的图中标注了出来，延伸到海边的油气管道基本对应重要的原油出口港口，这些港口可能因为国内政治或者地缘政治冲突而无法正常运转。

第十课　产业链与原油的商品属性（2）：中游的分析——库存和运输

最后，我们谈一下 VLCC 运费问题。VLCC 是超大型油轮的英文简称，一般相当于 200 万桶原油的装运量。VLCC 运价指数体现了这轮油轮的运输费用。更为常用的油轮运价指数则是油轮原油运价指数（BDTI），英文全称是 Baltic Exchange Dirty Tanker Index。这个运费指数可以从 http://www.cnss.com.cn/exponent/bdti/ 查询到（图 10-65 和图 10-66）。这个运费其实反映了原油运输紧张程度，与原油价格有什么样的关系呢？原油的需求决定原油贸易需求，进而决定油轮的需求，加上运力，这样就决定了油轮的运费。

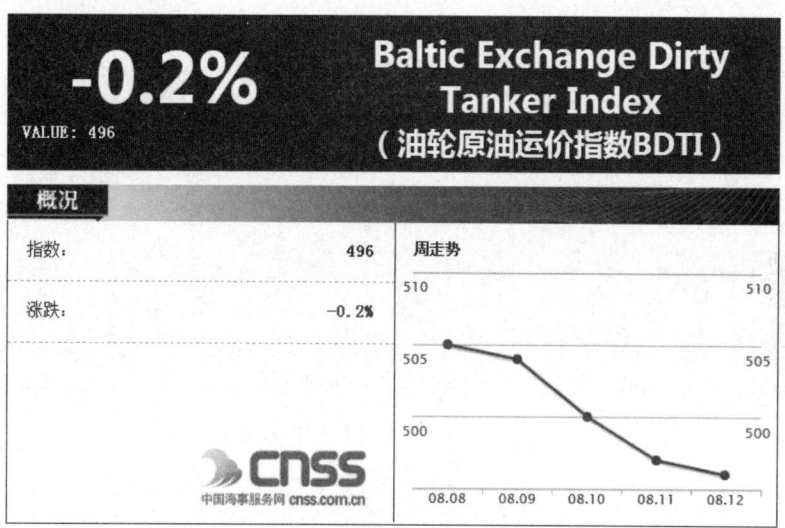

图 10-65　油轮原油运价指数（1）
数据来源：中国海事服务网

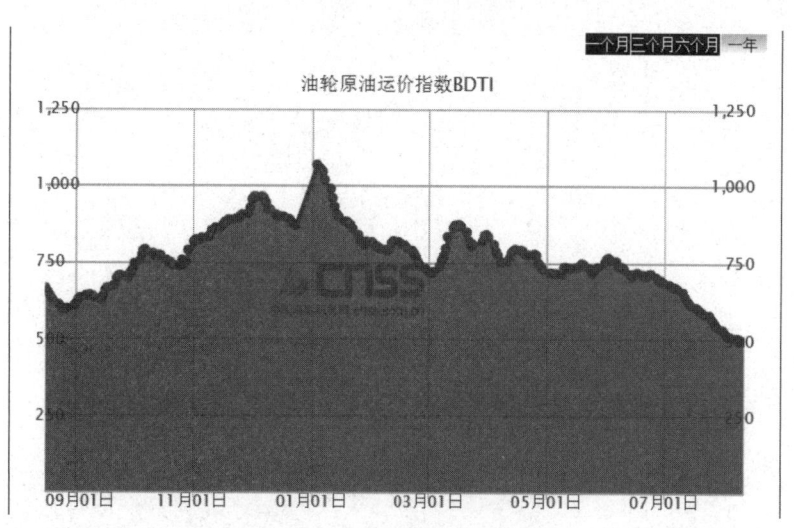

图 10-66　油轮原油运价指数（2）
数据来源：中国海事服务网

讲到航运价格，BDI 比 BDTI 的名气更大，因为 BDI 反映了大宗商品的运费情况，BDI 是干散货航运指数，与 CRB 走势关系更为密切，与油价走势关系不那么密切（图 10-67 和图 10-68）。

图 10-67　WTI 与 BDI 走势（1）

数据来源：StockCharts

图 10-68　WTI 与 BDI 走势（2）

数据来源：InvestmentTools

第十一课

产业链与原油的商品属性（2）：
中游的分析——价差

在石油产业内经常听到一项名词——"甜酸价差"（Sweet-sour Spread）指的是重原油（酸原油）和轻原油（甜原油）之间的价格差值。

——杰克·D. 施瓦格（Jack D.Schwager）

避免失败的关键在于要用系统，而不要用分量，要以整体，而不要以局部的方式进行思维。

——史蒂芬·R. 柯维（Stephen R.Covey）

中游分析除了涉及库存和运输之外，还涉及价差的分析。在本课我将介绍原油相关的三个价差：WTI-Brent 价差、裂解价差和时间价差。

首先我们介绍 WTI-Brent 价差。讲 WTI-Brent 价差就不能不先把国际原油的定价中心搞清楚，无论是 WTI 还是 Brent 都是原油的两个国际基准价格。全世界有很多大型的原油交易所，在我整理和修改这本讲义准备出版的时候，中国上海自贸区也在筹建国际原油期货交易中心。亚洲的国际金融中心往往都有原油交易所，比如日本的 TOCOM 和新加坡的 SGX，这两个交易所则是以 OMAN 原油为标的（图 11-1）。

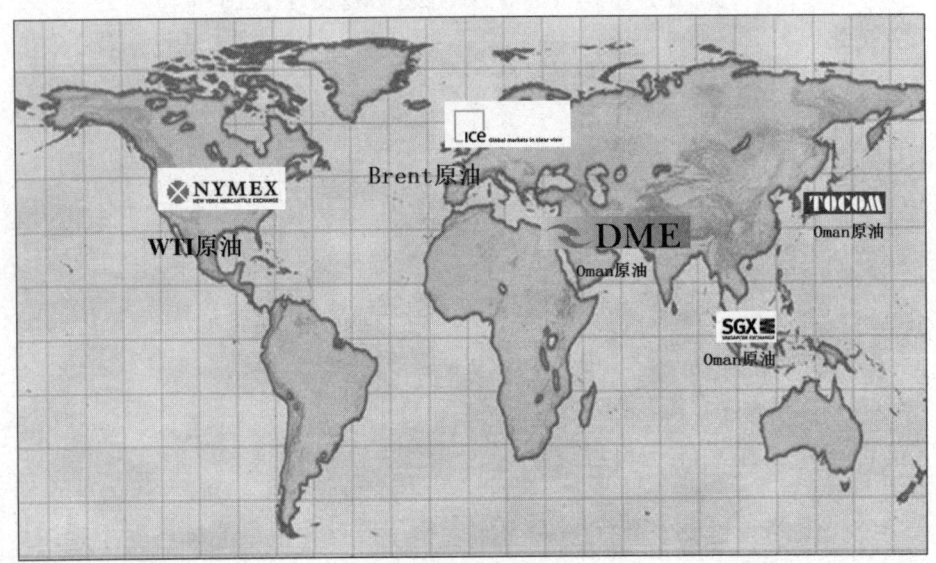

图 11-1　全球著名的原油交易所和标的

全球有四种国际性的原油基准价，分别是北美的 WTI、欧洲的 Brent、亚洲的迪拜原油和阿曼原油，其中前三种原油的地位更为重要（图 11-2）。

伦敦国际石油交易所北海轻质原油 Brent 是该地区原油交易和向该地区出口原油的基准油，其品质低于 NYMEX 的轻质低硫原油。

采用这一基准价格的地区为西北欧、北海、地中海、非洲以及部分中东国家如也门等。

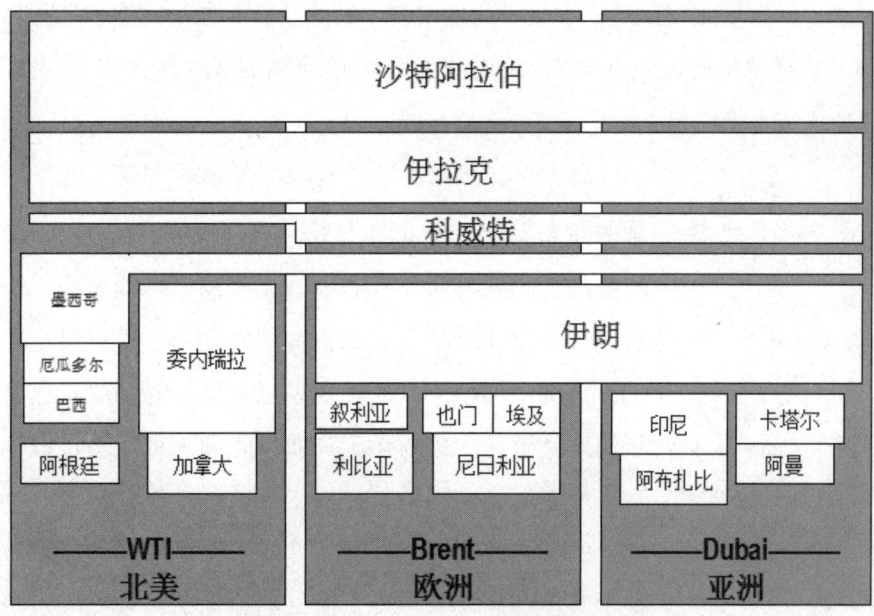

图 11-2 三大地区的原油基准价

北美原油主要以 NYMEX 交易所的 WTI 作为定价。产于美国西得克萨斯中间基原油 WIT，其油质较好。北美地区的交易或向该地区出口的部分原油定价主要参照 WTI。采用这一基准价格的地区为厄瓜多尔出口美国东部和墨西哥湾的原油、沙特阿拉伯向美国出口的阿拉伯轻油、阿拉伯中油、阿拉伯重油和贝里超轻油。

WTI（West Texas Intermediate）原油是美国德克萨斯州出产的轻质原油和中质原油的总称，是轻质低硫原油（Light Sweet Crude Oil）的代表性油种。现在，WTI 原油期货是全球商品期货中成交量最大的品种。但是，NYMEX 的原油交割必须在与德克萨斯州毗邻的克拉荷马州库欣进行，这导致 WTI 原油期货价格经常会受到交割不畅状况的影响。

迪拜原油是轻质酸性原油，产自阿联酋迪拜。海湾国家所产原油向亚洲出口时，基本采用迪拜原油价格作为基准价格。不过最近几年因为迪拜的原油产量逐步下降，使得其作为基准油价的地位开始动摇。例如，OPEC 最近新的一揽子原油基准价改为阿布扎比的 Murban 原油。而身为全球领先的普氏能源资讯也计划在迪拜原油基准价格的每日评估中包含更多新的中东原油级别，用以增加市场的流动性、定价的准确性。

除了迪拜原油，阿曼原油的月度平均价格也已成为以日本为主要对象的、面向整个亚洲的中东产原油的价格指标。阿曼原油产自中东阿曼，相对于迪拜原油，其储量更多，产出量比较稳定，不受目的地限制，因此，阿曼原油价格和迪拜原油价格一样，均是中东地区的重要原油价格指标。阿曼原油的 API 度约为 34 度，属于中质原油，硫含量约为 2%。

> 作为价格报告机构的普氏能源会收集 OTC 市场上的报价，然后根据一定的方法估算处理后，在普氏窗口上公布出当日的各油种价格。普氏窗口对所有资信良好的参与者开放，但对参与者也有严格的要求。比如参与者的所有买/卖报价必须是可交易的实盘，且必须遵守普氏交易原则，否则将失去其参与资格。

除了上述场内交易给出的定价基准之外，还有 OTC 交易的定价基准。我们以亚洲 OTC 市场为例，这个市场上的参与者主要是天然气和原油生产商、炼油公司、原油需求客户、原油交易商、综合性贸易公司、投资银行。亚洲 OTC 市场上的中东产原油贸易以掉期交易为主。这是因为原油现货贸易中极易遇到品质风险和其他运输过程中的风险，加上现货交易中禁止买卖条款的情况比较多，OTC 市场上的参与者普遍喜欢用掉期交易来规避实货交割的风险、减少甚至消除基差风险。所谓的掉期交易就是固定价格换浮动价格（将来的价格），以现金结算其差额。这个浮动价格会参照期货市场的收盘价、普氏之类的估价、JCC 价格（日本进口原油的加权平均到岸价）等。

WTI 和 Brent 原油期货价格的意义我们搞清楚，现在开始讲 WTI-Brent 价差。这个价差是全球能源研究机构和交易员都非常关注的一个指标。影响 WTI-Brent 价差的因素有原油品质差异、库欣库存变化、地缘政治变化、自然灾害、经济景气程度、美元、投机力量、非洲—欧洲与北美原油产量差异，等等。

先谈第一个因素，原油品质差异影响 WTI-Brent 价差。前面介绍的 WTI、Brent、迪拜/阿曼原油期货标的物分别为低硫轻质原油、低硫中轻质原油、高含硫中质原油。WTI 原油期货标的物较布伦特含硫低、品质轻，因而一般情况下

> 影响库欣原油库存的因素很多，比如美国的原油出口政策、页岩油的产量、炼厂的消化能力、原油运输能力，等等。永远记住，库存很难充当领先指标，而上游和下游却是很好的领先指标。

WTI 价格较 Brent 高 1.5 美元/桶左右，而 Brent 价格则比迪拜/阿曼价格高 3 美元/桶左右。但是，2010 年下半年起，WTI 与 Brent 价格出现持续倒挂，原因主要还是页岩油气革命，加上其他因素。

第二个影响 WTI-Brent 价差的因素是库欣库存变化。WTI 原油与库欣的关系密切，因为 WTI 原油主要产自前面第八课讲页岩油提到的二叠纪，二叠纪的原油产量占德州总产量的 3/4，占全美的 1/10。二叠纪的原油开采出来后先

第十一课 产业链与原油的商品属性（2）：中游的分析——价差

集中到德州的米德兰（Midland），从这个米德兰（Midland）分出去两个方向，第一个是往南输送到墨西哥湾的美国炼厂聚集区；第二个是往北的库欣，经过库欣中转后输送给更加北面的芝加哥炼厂聚集区。原油走哪条线路到炼厂，取决于运输情况和运输费用，以及炼厂的处理能力和利润率还有下游需求。当原油产量大增叠加运输不佳时，库欣库存就会猛增，这个时候WTI原油价格就会走低。

比如2011年10月中下旬到11月上旬，库欣原油库存"胀库"的问题得到逐步解决。此前，因为页岩气革命美国国内的原油产量猛增，但由于当时输油管道容量限制，大量原油被积压在库欣，导致WTI原油价格相比Brent原油价格出现明显折价。而2011年10月开始，除了解决输油管道的瓶颈问题之外，卡车、火车和水路运输等替代输油方式也采用起来，这些缓解了库欣的高库存担忧（图11-3），加上当时的美国经济数据向好，这使得WTI原油价格上涨，进而使得Brent-WTI价差缩小（图11-4）。

> 结合前面一课的美国油气管道图来阅读。
>
> 炼厂的利润率可以用后面介绍的"裂解价差"来度量。
>
> WTI原油品种比Brent原油更高，在不考虑其他因素前提下，WTI相对Brent应该享受溢价。

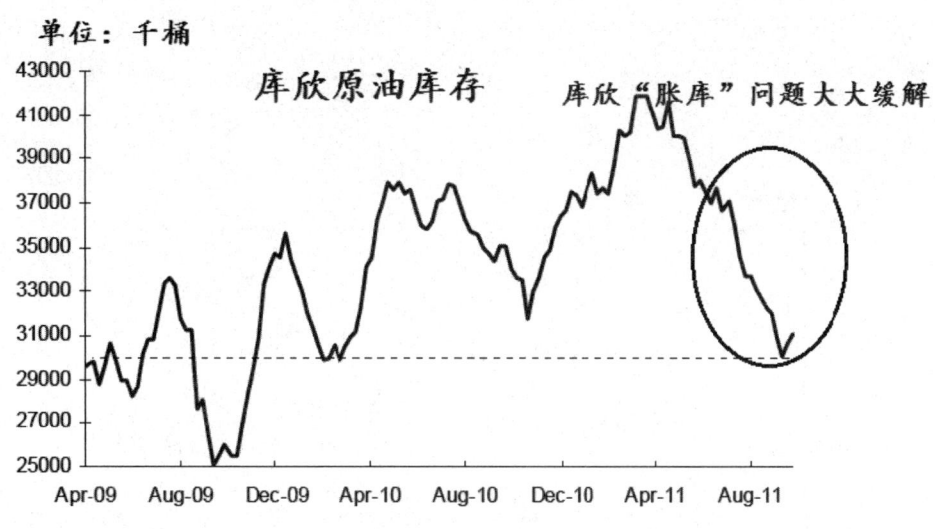

图11-3　运力提升显著缓解库欣"胀库"

数据来源：EIA

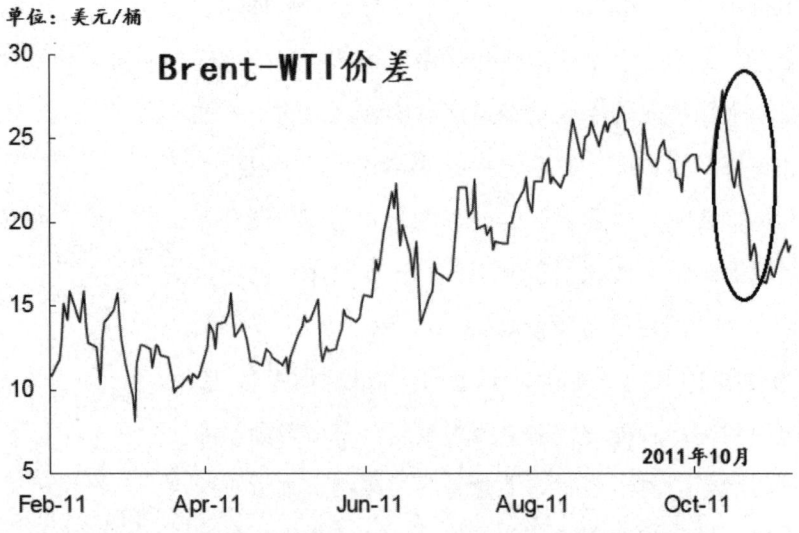

图 11-4　库欣库存下降导致 Brent-WTI 价差下降

数据来源：彭博

美国的原油出口政策也会影响库欣库存，进而影响 WTI-Brent 的价差，因为美国原油出口意味着国内原油的供给量/库存量将下降，这势必提升 WTI 原油价格，而同时国外原油的供给量/库存量将增加，这就会影响 Brent 原油价格。比如，2015年年底，美国商务部宣布出口原油不再需要申领牌照，这意味着美国原油出口大规模出口到欧洲也不存在法律障碍，这使得 WTI 价格相对于 Brent 价格上升，价差缩小（图 11-5）。

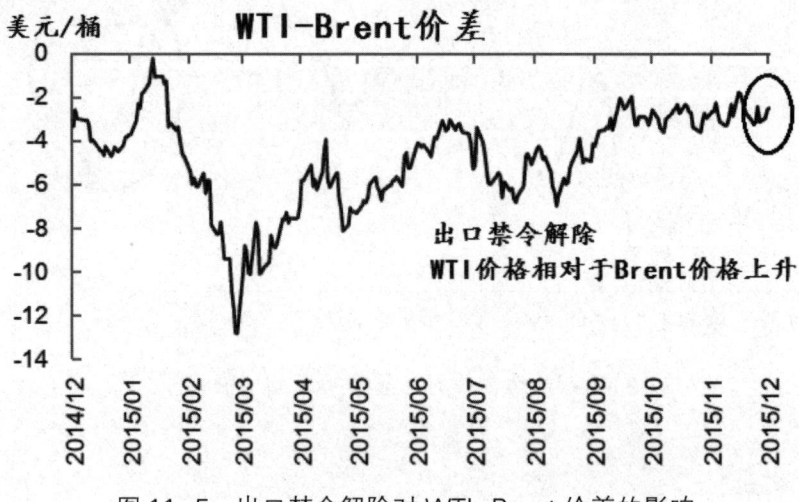

图 11-5　出口禁令解除对 WTI-Brent 价差的影响

数据来源：彭博

除了库欣库存对 WTI 价格有影响外，EIA 和 API 的原油库存数据对 WTI 也有影响，当然也会对 WTI-Brent 的价差产生影响。比如 2016 年 5 月 25 日 API 当周的库存下降了 514 万桶，创下了半年来的最大单周降幅，这使得 WTI 的价格出现了上涨，相对于 Brent 原油价格上涨了（图 11-6）。

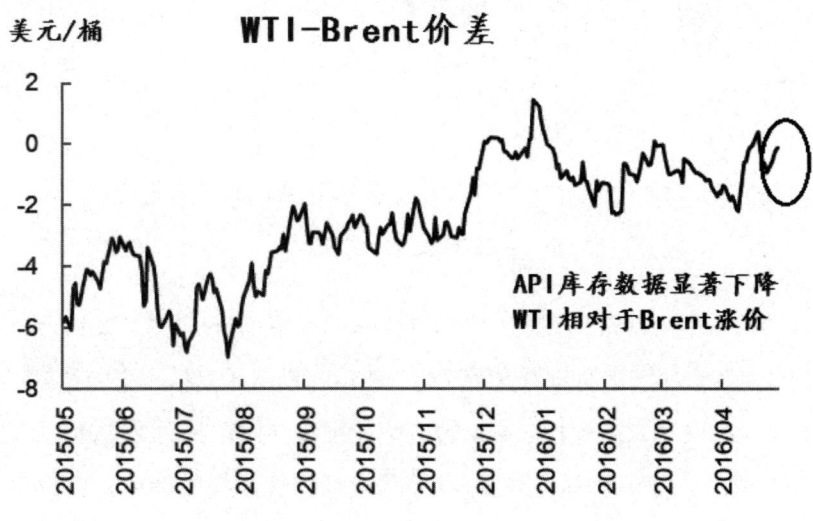

图 11-6　API 库存数据下降对 WTI-Brent 价差的影响
数据来源：彭博

第三个影响 WTI-Brent 价差的因素是地缘政治变化，例如伊拉克因为 IS 引发地缘政治动荡，进而导致原油供应显著缩减，进口伊拉克原油的欧洲国家将采购中东其他国家和主要以 Brent 计价的非洲原油作为补充，而这必然会提升 Brent 相对 WTI 的比价。

又比如 2014 年 4 月 1 日利比亚局势没有进一步升级的迹象，将重新开放东部的原油出口。而此前的 3 月份，利比亚原油产量已经因为派别冲突导致产量下降到 25 万桶/天的。反对派与政府的对立关系降温引发了利比亚复产的预期，导致 Brent 原油价格下跌 1.99% 至 105.62 美元/桶，而这使得 WTI-Brent 的价差缩小（图 11-7）。

图 11-7　利比亚局势缓和使得 WTI-Brent 的价差缩小

数据来源：彭博

再来看第二个地缘政治变化影响 WTI-Brent 的价差的实例。2014 年 4 月 24 日政府军在乌克兰东部城市斯拉维安斯克（Slaviansk）摧毁了亲俄军事力量的三个哨所，并导致 5 名反政府军人员身亡。普京警告称此举将导致严重后果。随后，俄罗斯国防部长宣布俄乌边境举行军事演习，这导致市场担忧欧洲的能源供应将出现问题，促使 Brent 原油价格上涨，这就是导致 WTI-Brent 的价差缩小（图 11-8）

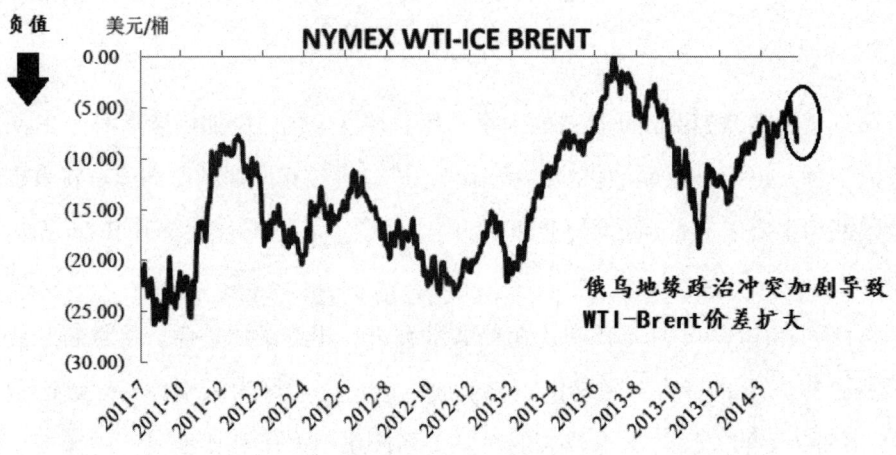

图 11-8　俄乌地缘局势紧张导致 WTI-Brent 的价差扩大

数据来源：彭博

第四个影响 WTI-Brent 价差的因素是自然灾害，比如墨西哥湾飓风会影响美国炼厂的工作，影响 WTI 原油价格，进而影响 WTI-Brent 价差。

第五个影响 WTI-Brent 价差的因素是经济景气程度。从宏观层面来讲，Brent 和 WTI 价差反映了美欧经济状况的差异，欧洲主要对来自欧洲和非洲的油气消费最多，而Brent油价反映了这些地区原油的供求情况,而WTI则反映了北美的原油供求情况,除去储量因素,那么经济景气程度就决定了原油的需求量。另外,由于亚洲加大从非洲进口原油,因此也对Brent油价产生影响,所以亚洲经济景气程度会影响到Brent油价走势。

第六个影响WTI-Brent价差的因素是美元。很多人可能不知道美元的强弱也会影响WTI-Brent价差。我们在本课程开始的部分就指出了原油的两重属性,其中最为重要的属性是资产属性,而资产属性与美元息息相关。而资产属性和美元也会对WTI-Brent价差产生影响。

国际原油是以美元计价的,这是基辛格当年实施的一个大战略,将快要崩塌的美元与原油挂钩,从而将黄金美元转变为原油美元。原油以美元计价,则意味着倘若美元走强,那么非美货币购买美元计价资产的能力就会遭到削弱。具体来讲,如果美元走强,欧元走弱,那么欧洲市场对于Brent原油的购买力就会减弱。另外一方面,WTI原油的下游买家则基本是美国国内的炼厂,因此美元强弱不会削弱他们的购买力。整体而言,美元走强会造成Brent原油的需求下降,而WTI原油的需求则不会发生明显变化。需求上的差异将导致WTI价格和Brent价格的波动幅度也出现差异,具体来讲就是Brent油价比WTI油价的跌幅更大,这就是原油的资产属性在发挥作用(图11-9)。

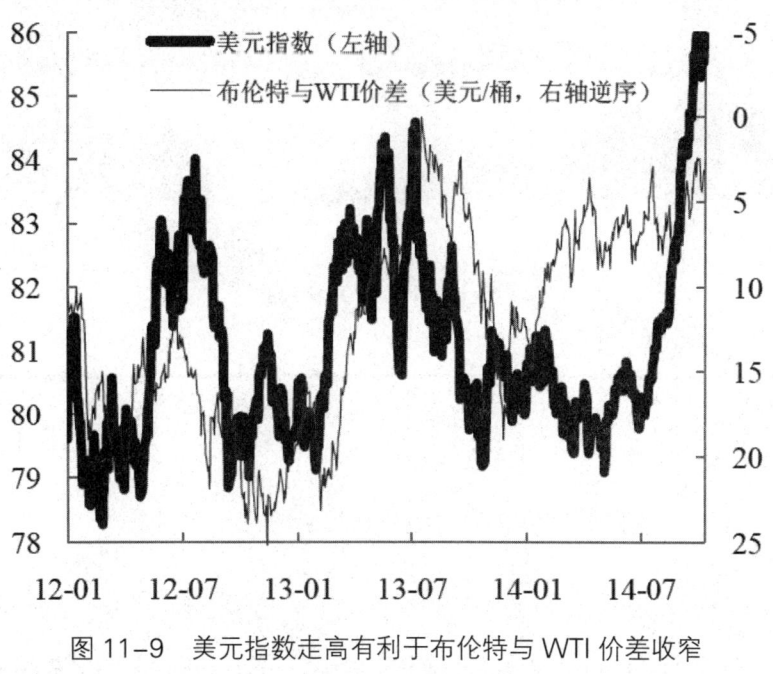

图11-9 美元指数走高有利于布伦特与WTI价差收窄

数据来源:莫尼塔 王玮

第七个影响 WTI-Brent 价差的因素是投机力量。因为原油具有资产属性，因此大量的投机资金介入其中，原油成了投机性很强的品种，由于监管上的差异必然会导致 Brent 和 WTI 两者之间的波动率差异。2008 年次贷危机后美国加强了原油投机的监管，大量投机资金从 WTI 转移到 Brent，这就使得 WTI 的波动率下降，而 Brent 的波动率上升，自然也会让 WTI-Brent 价差波动更大。

第八个影响 WTI-Brent 价差的因素是非洲—欧洲与北美原油产量差异。地区的原油产量差异也会影响 WTI-Brent 价差，北海和非洲都以 Brent 原油计价，当非洲的利比亚等国产量出现问题时，Brent 就会走强，而北海原油持续减产也是 Brent 油价走强基础。

WTI-Brent 价差可以用来寻找两地原油价格套利的机会，但是我们更倾向于结合其他因素来分析原油价格动向，因为 WTI-Brent 价差反映了全球原油市场的结构性差异，而这种差异可能成为驱动整个原油市场上涨或者下跌的动力，比如 2008 年之后页岩油气产量大增，导致 WTI-Brent 价差为负，这是一个信号，我们就要去思考背后的原因。讲到这里，我们还是来一张原油价格与 WTI-Brent 价差的叠加走势图吧（图 11-10），让大家直观地感受到原油价格与 WTI-Brent 价差的关系，虽然这种关系并不稳定，但是却可以让我们从异常中找到有价值的真相。

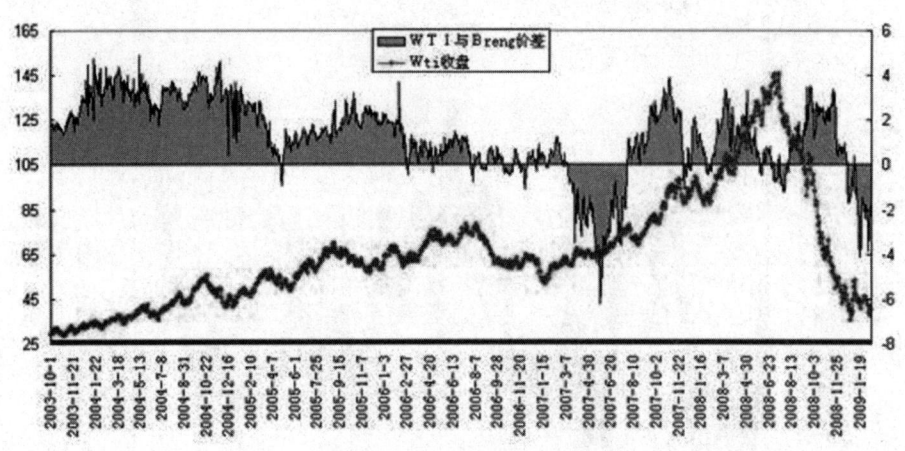

图 11-10　WTI 原油价格与 WTI-Brent 价差

数据来源：良时期货研究中心

那么在哪里可以看到 WTI-Brent 价差走势呢？可以从彭博和路透终端上查询到，但是如果你想要免费的信息来源，那么可以试下如下这个网址 https://ycharts.com/

indicators/brent_wti_spread，这个网站提供了 Brent-WTI 价差走势图（图 11-11）。

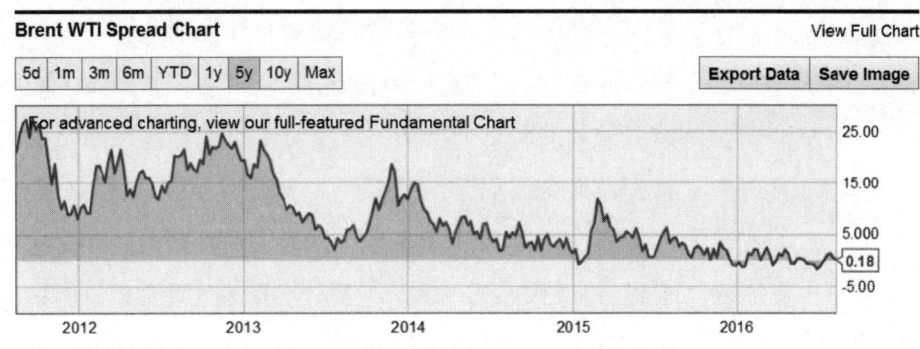

图 11-11　Brent-WTI 价差走势图

数据来源：ycharts.com

接着我们介绍裂解价差（Crack Spread）。所谓裂解价差简单来讲就是汽油价格或燃料油价格与原油价格的差值，或者说原油和原油提炼品之间的价格差异即为裂解价差，也可以认为是炼油厂预期中"裂解"原油可获得的利润空间。当汽油价格或燃料油价格相对于原油价格上涨时，裂解价差将上涨，这使得炼厂的利润增加，从而驱动原油价格进一步上涨。

尽管原油可以裂解的种类很多，但是原油交易者最为关心的还是原油与汽油之间的裂解关系，因为交通运输是原油下游的主要用途。为什么裂解价差会出现变化，简单来讲就是影响原油市场和汽油市场的因素存在差异。原油产业链上游的因素对原油市场的影响大于对汽油市场的影响，而炼厂等原油产业链中游因素对汽油的影响要更直接一些。比如，如果 OPEC 准备干预原油供给，那么原油的价格波动将比汽油大；又比如炼厂因为飓风等自然灾害暂时关闭，那么汽油价格比原油涨得更快，幅度更大。

季节性因素也会影响裂解价差，在美国春天和夏天对汽油的需求量大，因为夏季是出游高峰，进而秋天和冬天则对燃料油的需求大，因为冬天是取暖高峰。而且，每个冬季末是炼厂设备维护密集期，因此只有少数炼厂在工作，这使得汽油涨价，促使裂解价差走高。

另外一个影响裂解价差的因素是炼油厂生产各种原油炼成品的相对比例。炼油厂的产成品有汽油、煤油、柴油、燃用油、飞机燃料和沥青等。而炼油厂则会根据下游相对需求的变化适度调节各种产品的生产比例以满足地方市场的需求。

> 裂解价差是炼油业或炼油占整体业务比重较大的企业的盈利指标。如果汽油和原油的价差扩大，则炼油企业的盈利就会增加，而汽油和原油的价差变小，炼油企业的盈利很可能就会下降。

简而言之，如果裂解价差小，则炼厂利润低，这意味着对原油的需求不会增加，这个时候汽油和燃料油处于主动去库存阶段。如果裂解价差大，则炼厂利润高，这意味着对原油的需求会增加，这个时候汽油和燃料油处于主动补库存阶段。

那么，从哪里可以看到裂解价差数据呢？有些专业研究报告（图11-12）和财经媒体会提供这些数据，例如《华尔街日报》、路透等，也可以从付费的财经资讯端获得。

而我则偏好采用芝加哥商业交易所（CME）汽油裂解价差期货的每日数据来观察裂解价差的走向，栏目名称是 "RBOB Gasoline Brent Crack Spread Futures Quotes"（图11-13）网址如下：

www.cmegroup.com/trading/energy/refined-products/rbob-crack-spread-swap-futures.html

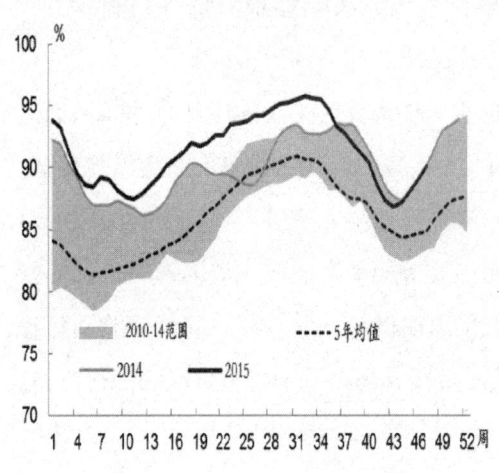
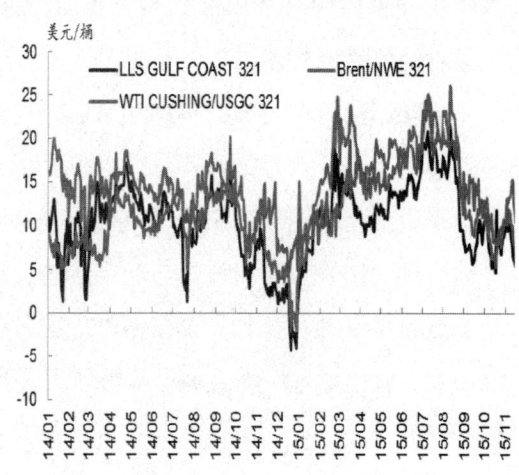

图 11-12　美国炼厂开工率和裂解价差

数据来源：DOE　东证期货　金晓

第十一课 / 产业链与原油的商品属性（2）：中游的分析——价差

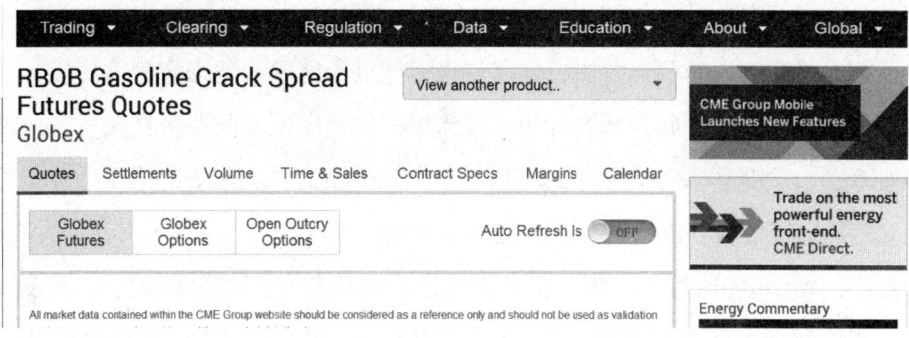

图 11-13　RBOB Gasoline Brent Crack Spread Futures Quotes
数据来源：CME

最后我们简单提一下第三种与原油有关的价差，这就是原油的时间价差，主要是基差，近远期价差可以类推。先上定义，基差是指某一特定商品在某一特定时间和地点的现货价格与该商品在期货市场的期货价格之差。简单来讲，基差＝现货价格－期货价格。原油价格与基差的关系也不是简单的线性关系（图 11-14），不是说基差增加，原油价格就涨，基差减小，甚至为负，原油价格就跌，要搞清楚是什么原因导致的，这个更为重要。做原油期货期限套利的人可能会痴迷于基差本身的历史区间，其实这也容易走入误区，因为那都是现象，都是特定背景下的数据，只有搞清楚背后的原因才能知道现在的基差合理与否。基差是价差的一种，但是它更适合作为一种市场心理预期和情绪指标，而非产业链中游衡量指标，因此我们会在后续的心理分析章节中再来探讨基差的意义和用法。

图 11-14　WTI 原油价格与基差
数据来源：良时期货研究中心

基差为正，而且扩大，要么是现货紧张，也许是地缘政治短期内导致现货走高，而中长期地缘政治的问题会解决，这就使得远期供给情况会比现在好，所以远期价格没有走高，甚至还走低。基差无非几种情况，但是即便是同一种情况，背后原因也千差万别，关键是搞清楚为什么。基差是一个市场信号，市场的语言，你能读懂是什么意思，这是最有价值的，而不是机械地照搬宣科。

好了，WTI-Brent 价差、裂解价差和基差三种价差我们都讲解完了，希望你能够结合本教程其他工具一起使用，而不是奢望价差分析就能准确预判原油趋势。

读懂投资 先知未来

大咖智慧
THE GREAT WISDOM IN TRADING

成长陪跑
THE PERMANENT SUPPORTS FROM US

复合增长
COMPOUND GROWTH IN WEALTH

一站式视频学习训练平台
WWW.DUOSHOU108.COM

期货品种精析系列讲义

原油期货交易的 24 堂精品课
顶级交易员的分析框架
（下册）

魏强斌◎著

山西出版传媒集团
山西人民出版社

图书在版编目（CIP）数据

原油期货交易的24堂精品课：顶级交易员的分析框架 / 魏强斌著. —— 太原：山西人民出版社，2017.8
ISBN 978-7-203-10016-4

Ⅰ. ①原… Ⅱ. ①魏… Ⅲ. ①原油—石油市场—期货交易—基本知识 Ⅳ. ①F746.41

中国版本图书馆CIP数据核字(2017)第129704号

原油期货交易的24堂精品课：顶级交易员的分析框架

著　　者：	魏强斌
责任编辑：	孙　琳
复　　审：	贺　权
终　　审：	员荣亮
出 版 者：	山西出版传媒集团·山西人民出版社
地　　址：	太原市建设南路21号
邮　　编：	030012
发行营销：	0351-4922220　4955996　4956039　4922127（传真）
天猫官网：	http://sxrmcbs.tmall.com　电话：0351-4922159
E-mail：	sxskcb@163.com　发行部
	sxskcb@126.com　总编室
网　　址：	www.sxskcb.com
经 销 者：	山西出版传媒集团·山西人民出版社
承 印 厂：	大厂回族自治县德诚印务有限公司
开　　本：	710mm×1000mm　1/16
印　　张：	30.5
字　　数：	655千字
印　　数：	1—5000册
版　　次：	2017年8月第1版
印　　次：	2017年8月第1次印刷
书　　号：	ISBN 978-7-203-10016-4
定　　价：	118.00元（全两册）

如有印装质量问题请与本社联系调换

导 言

成为伟大交易者的秘密

- 伟大并非偶然！
- 常人的失败在于期望用同样的方法达到不一样的效果！
- 如果辨别不正确的说法是件很容易的事，那么就不会存在这么多的伪真理了。

金融交易是全世界最自由的职业，每个交易者都可以为自己量身定做一套盈利模式。从市场中"提取"金钱的具体方式各异，而这却是金融市场最令人神往之处。但是，正如大千世界的诡异多变由少数几条定律支配一样，仅有的"圣杯"也为众多伟大的交易者所朝拜。我们就来一一细数其中的最伟大代表吧。

作为技术交易的代表性人物——理查德·丹尼斯闻名于世，他以区区 2000 美元的资本累计了高达 10 亿美元的利润，而且持续了十数年的交易时间。更令人惊奇的是他以技术分析方法进行商品期货买卖，也就是以价格作为分析的核心。但是，理查德·丹尼斯的伟大远不止于此，这就好比亚历山大的伟大远不止于建立地跨欧亚非的大帝国一样，丹尼斯的"海龟计划"使得目前世界排名前十的 CTA 基金经理有六位是其门徒。"海龟交易法"从此名扬天下，纵横环球数十载，今天中国内地也刮起了一股"海龟交易法"的超级风暴。其实，海龟交易的核心在于两点：一是"周规则"蕴含的趋势交易思想；二是资金管理和风险控制中蕴含的机械和系统交易思想。所谓"周规则"（Weeks Rules）简单而言就是价格突破 N 周内高点做多（低点做空）的简单规则，"突破而作"（Trading as Breaking）彰显的就是趋势跟踪交易（Trend following Trading）。深入下去，"周规则"其实是一个交易系统，其中首先体现了"系统交易"的原则，其次则是体现了"机械交易"的原则。对于这两个原则，我们暂不深入，让我们看看更令人惊奇的事实。

巴菲特和索罗斯是基本面交易最伟大的代表。前者2007年再次登上首富的宝座，能够时隔多年后二次登榜，实力自不待言，后者则被誉为"全世界唯一拥有独立外交政策的平民"，两位大师能够"登榜首"和"上尊号"基本上都源于他们的巨额财富。从根本上讲是卓越的金融投资才能使得他们能够"坐拥天下"。巴菲特刚踏入投资大门就被信息论巨擘认定是未来的世界首富，因为这位学界巨擘认为巴菲特对概率论的实践实在是无人能出其右，巴菲特的媳妇更是将巴菲特的投资秘诀和盘托出，其中不难看出巴菲特系统交易思维的"强悍"程度，套用一句时下流行的口头禅"很好很强大"，恐怕连那些以定量著称的技术投机客都要俯首称臣。巴菲特自称85%的思想受传于本杰明·格雷厄姆的教诲，而此君则是一个以会计精算式思维进行投资的代表，其中需要的概率性思维和系统性思维不需多言便可以看出九分！巴菲特精于桥牌，比尔·盖茨是其搭档，桥牌运动需要的是严密的概率思维，也就是系统思维，怪不得巴菲特首先在牌桌上征服了信息论巨擘，然后则征服了整个金融世界。以此看来，巴菲特在金融王国的"加冕"早在桥牌游戏中就已经显出端倪。

索罗斯的著作一大箩筐，以《金融炼金术》最为出名，其中他尝试构建一个投机的系统。他师承卡尔·波普和哈耶克，两者都认为人的认知天生存在缺陷，所以索罗斯认为情绪和有限理性导致了市场的"盛衰周期"，而要成为一个伟大的交易者则需要避免受到此种缺陷的影响，并且进而利用这些波动。索罗斯力图构建一个系统的交易框架，其中以卡尔·波普的哲学和哈耶克的经济学思想为基础，"反身性"是这个系统的核心所在。

还可以举出太多以系统交易和机械交易为原则的金融大师们，比如伯恩斯坦（短线交易大师）、比尔·威廉姆（混沌交易大师），等等，太多了实在无法一一述及。

那么，从抽象的角度来讲，我们为什么要迈向系统交易和机械交易的道路呢？请让我们给你几条显而易见的理由吧！

第一，人的认知和行为极其容易受到市场和参与群体的影响，当你处于其中超过5分钟时，你将受到环境的催眠，此后你的决策将受到非理性因素的影响，你的行为将被外界接管。而机械交易和系统交易可以极大避免这种情况的发生。

第二，任何交易都是由行情分析和仓位管理构成的，其中涉及的不仅仅是进场，

还涉及出场，而出场则涉及盈利状态下的出场和亏损下的出场，进场和出场之间还涉及加仓和减仓等问题，这些涉及多次决策，在短线交易中更是如此。复杂和高频率的决策任务使得带有情绪且精力有限的人脑无法胜任。疲惫和焦虑下的决策会导致失误，对此想必是每个外汇和黄金短线客都深有体会的。系统交易和机械交易可以流程化地反复管理这些过程，省去了不少心力成本。

第三，人的决策行为随意性较强，更为重要的是每次交易中使用的策略都有某种程度上的不一致，这使得绩效很难评价，因为不清楚N次交易中特定因素的作用到底如何。由于交易绩效很难评价，所以也就谈不上提高。这也是国内很多炒股者十年无长进的根本原因。任何交易技术和策略的评价都要基于足够多的交易样本，而随意决策下的交易则无法做到这点，因为每次交易其实都运用了存在某些差异的策略，样本实际上来自于不同的总体，无法用于统计分析。而机械交易和系统交易由于每次使用的策略一致，这样得到的样本也能用于绩效统计，所以很快就能发现问题。比如，一个交易者很可能在1、2、3……21次交易中，混杂使用了A、B、C、D四种策略，21次交易下来，他无法对四种策略的效率做出有效评价，因为这21次交易中四种策略的使用程度并不一致。而机械和系统交易则完全可以解决这一问题。所以，要想客观评价交易策略的绩效，更快提高交易水平，应该以系统交易和机械交易为原则。

第四，目前金融市场飞速发展，股票、外汇、黄金、商品期货、股指期货、利率期货，还有期权等品种不断翻出新花样，这使得交易机会大量涌现，如果仅仅依靠人的随机决策能力来把握市场机会无异于杯水车薪。而且大型基金的不断涌现，使得单靠基金经理临场判断的压力和风险大大提高。机械交易和系统交易借助编程技术"上位"已成为这个时代的既定趋势。况且，期权类衍生品根本离不开系统交易和机械交易，因为其中牵涉大量的数理模型运用，靠人工是应付不了的。

中国人相信人脑胜过电脑，这绝对没有错，但也没有完全对。毕竟人脑的功能在于创造性地解决新问题，而且人脑的特点在于容易受到情绪和最近经验的影响。在现代的金融交易中，交易者的主要作用不是盯盘和执行交易，这些都是交易系统的责任，交易者的主要作用是设计交易系统，定期统计交易系统的绩效，并做出改进。这一流程利用了人的创造性和机器的一致性。交易者的成功，离不开灵机一动，也离不开严守纪律。当交易者参与交易执行时，纪律成了最大问题；当既有交易系统，又让后来者放弃思考时，创新成了最大问题。但是，如果让交易者和交易系统各司其职，则需要的仅仅是从市场中提取利润！

（作为内地最早的机械交易和系统交易的倡导者，希望我们策划出版的书籍能够为你带来最快的进步，当然金融市场没有白拿的利润，长期的生存不可能夹杂任何的侥幸，请一定努力！）高超的技能、完善的心智、卓越的眼光、坚忍的意志、广博的知识，这些都是一个至高无上交易者应该具备的素质。请允许我们助你跻身于这个世纪最伟大交易者的行列！

Introduction

Secret to become a great trader!

● Greatness does not derive from mere luck!

● The reason that an ordinary man fails is that he hopes to achieve different outcome using the same old way!

● There would not be so plenty fake truths if it was an easy thing to distinguish correct sayings from incorrect ones.

Financial trading is the freest occupation in the world, for every trader can develop a set of profit-making methods tailored exclusively for himself. There are various specific methods of soliciting money from market; while this is the very reason that why financial market is so fascinating. However, just like the ever-changing world is indeed dictated by a few rules, the only "Holy Grail" is worshipped by numerous great traders as well. In the following, we will examine the greatest representatives among them one by one.

As a representative of Techincal Trading, Richard Dannis is known worldwide. He has accumulated a profit as staggering as 1 billion dollar while the cost was merely 2000 bucks! He has been a trader for more than a decade. The inspiring thing about him is that he conducted commodity futures trading with a technical analysis method which in essence is price acting as the core of such analysis. Nevertheless, the greatness of Richard Dannis is far beyond this which is like the greatness of Alexander was more than the great empire across both Europe and Asia built by him. Thanks to his "Turtle Plan", 6 out of the world top 10 CTA fund managers are his adherents. And the Turtle Trading Method is frantically well-known ever since for a couple of decades. Today in mainland China, a storm of "Turtle Trading Method" is sweeping across the entire country. The core of Turtle Trading Method lies in two factors: first: the philosophy of trendy trading implied in "Weeks' Rules"; second, the philosophy of mechanical trading and systematic trading implied in fund management and risk control. The so-called "Weeks' Rules" can be simplified as simples rules that going long at high and short at low within N weeks since price breakthrough. While Trading as breaking illustrates trend following trading. If we go deeper, we will find that "Weeks' Rules" is a trading system in nature. It tells us the principle of systematic trading and the principle of mechanical trading. Well, let's just put these two principles aside and look at some amazing facts in the first place.

The greatest representatives of fundamental investment and speculation are undoubtedly Warren Buffett and George Soros. The former claimed the title of richest man in the world in 2007 again. You can imagine how powerful he is; the latter is accredited as "the only civilian who has independent diplomatic policies in the world". The two masters win these glamorous titles because of their possession of enormous wealth. In essence, it is due to unparalleled financial trading that makes them admired by the whole world. fresh with his feet in the field of investment, Buffett was regarded by the guru of Information Theory as the richest man in the future world for this guru considered that the practice by Buffett of Probability Theory is unparallel by anyone; Buffett'wife even made his investment secrets public. It is not hard to see that the trading system of Buffett is really powerful that even those technical speculators famous for quantity theory have to bow before him. Buffet said himself that 85% of his ideas are inherited from Benjamin Graham who is a representative of investing in a accountant's actuarial method which requires probability and systematic thinking. The interesting thing is that Buffett is a good player of bridge and his partner is Bill Gates! Playing bridge requires mentality of strict probability which is systematic thinking, no wonder that Buffett conquered the guru of Information Theory on bridge table and then conquered the whole financial world. From these facts we can see that even in his early plays of bridge, Buffett had shown his ambition to become king of the financial world.

Soros has written a large bucket of books among which the most famous is The Alchemy of Finance. In this book he tried to build a system of speculation. His teachers are Karl

Popper and Hayek. The two thought that human perception has some inherent flaws, so their students Soros consequently deems that emotion and limited rationality lead to "Boom and Burst Cycles" of market; while if a man wants to become a great trader, he must overcome influences of such flaws and furthermore take advantage of them. Soros tried to build a systematic framework for trading based on economic ideas of Hayek and philosophic thoughts of Karl Popper. Reflexivity is the very core of this system.

I may still tell you so many financial gurus taking systematic trading and mechanical trading as their principles, for instance, Bernstein (master of short line trading), Bill Williams (master of Chaos Trading), etc. Too many. Let's just forget about them.

Well, from the abstract perspective, why shall we take the road to systematic trading and mechanical trading? Please let me show you some very obvious reasons.

First. A man's perception and action are easily affected by market and participating groups. When you are staying in market or a group for more than 5 minutes, you will be hypnotized by ambient setting and ever since that your decisions will be affected by irrational elements.

Second. Any trading is composed of situation analysis and account management. It involves not only entrance but exit which may be either exit at profit or exit at a loss, and there are problems such as selling out and buying in. all these require multiple decision-makings, particularly in short line trading. Complicated and frequent decision-making is beyond the average brain of emotional and busy people. I bet every short line player of forex or gold knows it well that decision-making in fatigue and anxiety usually leads to failure. Well, systematic trading and machanical trading are able to manage these procedures repeatedly in a process and thus can save lots of time and energy.

Third. People make decisions in a quite casual manner. A more important factor is that people use different strategies in varying degrees in trading. This makes it difficult to evaluate the performance of such trading because in that way you will not know how much a specific factor plays in the N tradings. And the player can not improve his skills consequently. This is the very reason that many domestic retail investors make no progress at all for many years. Evaluation of trading techniques and strategies shall be based on plenty enough trading samples while it's simply impossible for tradings casually made for every trading adopts a variant strategy and samples accordingly derive from a different totality which can not be used for calculating and analysis. On the contrary, systematic trading and mechanical trading adopt the same strategy every time so they have applicable samples for performance evaluation and it's easier to pinpoint problems, for instance, a player may in first, second……twenty-first tradings used strategies A,B,C,D. he himself could not make effective evaluation of each strategy for he used them in varying degrees in these tradings, but systematic trading and mechanical trading can shoot this trouble completely. Therefore, if you want to evaluate your trading strategies rationally and make quicker progress, you have to take systematic trading and mechanical trading as principles.

Fourth. Currently the financial market is developing at a staggering speed. Stock, forex, gold, commodity, index futures, interest rate futures, options, etc, everything new is coming out. So many opportunities! Well, if we just rely on human mind in grasping these opportunities, it is absolutely not enough. The emergence of large-scale funds makes the risk of personal judgment of fund managers pretty high. Take it easy, anyway, because we now have mechanical trading and systematic trading which has become an irrevocable trend of this age. Furthermore, derivatives such as options can not live without systematic trading and mechanical trading for it involves usage of large amount of mathematic and physical models which are simply beyond the reach of human strength.

Chinese people believe that human mind is superior to computer. Well, this is not wrong, but it is not completely right either. The greatness of human mind is its creativity; while its weakness is that it's vulnerable to emotion and past experiences. In modern financial trading, the main function of a trader is not looking at the board and executing deals—these are the responsibilities of the trading system—instead, his main function is to design the trading system and examine the performance of it and make according improvements. This process unifies human creativity and mechanical uniformity. The success of a trader is derived from tow factors: smart idea and discipline. When the trader is executing deals, discipline becomes a problem; when existing trading system makes newcomers give up thinking, creativity becomes dead. If, we let the trader and the trading system do their respective jobs well, what we need to do is soliciting profit from market only!

As the earliest Trading Ideas Provider who advocates mechanical trading and systematic trading in the mainland, we hope that our books will bring real progress to you. Of course, there is no free lunch. Long-term existence does not merely rely on luck. Please make some efforts! Superb skill, perfect mind, excellent eyesight, strong will, rich knowledge——all these are merits that a great trader shall have to command. Finally, please allow us to help you squeeze into the queue of the greatest traders of this century!

前　言

商品之母！一切商品交易者的起点

　　美国前国务卿基辛格与清朝的曾国藩都堪称是"中兴之臣"。越南战争从 1959 年持续到 1975 年，五任美国总统牵涉其中，美国从一个债权国变成债务国，美元霸权摇摇欲坠。基辛格通过与沙特谈判，让原油以美元贸易和结算，进而在整个石油输出国组织中扩大了美元的垄断地位。石油美元代替黄金美元，美元霸权起死回生，加上地缘战略收缩，与中国交好，美国霸权重启升势。

　　石油美元是美元霸权的根基，谁动了这个根基谁倒霉。伊朗的巴列维、伊拉克的萨达姆都是犯了美国的大忌，美国自然不肯放过他们。1977 年，伊朗的巴列维国王与德法等西欧国家签订了价格稳定的长期供油协议，并且要求伊朗将财政盈余存入欧洲大陆的银行系统，这笔钱可以作为投资基金投资于发展中国家，同时欧洲准备成立单一货币区，两个操作结合起来，相当于伊朗出口原油的收入最终会流回到这个货币区，并且以这种货币的形式进行投资，最终就会演变成伊朗直接接受这种货币为原油出口结算。这无疑是在动摇美元的地位，最终巴列维国王被美国策动的政变赶跑了。不过，政变的结果最后也大大超出了美国的控制能力，因为政变上台的霍梅尼并不想成为美国的傀儡，因此他吸取了前任的教训，利用伊朗中下层人民的支持赶走了美国人。

　　另外一个企图动摇美元的石油基础的人是萨达姆，这个人趁着伊朗政变的机会，入侵伊朗，两伊战争爆发。后来战局越来越不利于伊拉克，结束两伊战争之后，萨达姆仗着自己立了大功和此前美国的支持，入侵了科威特。但是，很快就被收拾了一番。2000 年，萨达姆宣布伊拉克原油出口将以欧元结算，这一下就捅了美国的要害，于是后来美国找了个借口把萨达姆给彻底打败了。

原油不仅仅是原油，基辛格有一句话现在被广泛引用——"倘若你控制了石油，你就控制了所有国家；倘若你控制了粮食，你就控制了所有人；倘若你控制了货币，你就控制了整个世界。"美国得天独厚的地理条件加上转基因技术，使得美国农业占据了全球主要农产品贸易的半壁江山，粮食美元让美元霸权更加坚固。

基辛格谋划了一局很大的棋，通过石油和粮食与美元绑定，加上 IMF 和 SWIFT 系统控制了全球货币体系；通过强大的军队控制了全球贸易的主要通道；互联网的中枢在美国的控制之下。资金流、贸易流和信息流都在美国的主导之下，而这一切都是基辛格的大战略奠定的，美国从摇摇欲坠中重新称霸，基辛格扭转了乾坤。

历史告诉了我们石油/原油有多么重要，金融市场则会直观地告诉我们原油有多大的影响力。从农产品、工业品到股市、债市、汇市，原油的影响无处不在。原油是现代经济的血液，因此与股市关系程度很高，况且能源股往往是指数的权重板块。原油价格与通胀关系密切，而通胀对债券价格影响很大。原油价格导致原油出口国和进口国的国际收支剧烈变化，这自然会影响到外汇市场。

原油与商品的关系那就更加密切了，农产品可以制作生物燃料，而生物燃料的产量与原油价格密切相关，农产品的生产离不开化肥和农药，而这些离不开原油。农产品的运输也离不开原油。工业品与原油的关系就不用多说了。因此，做商品交易的人必定要研究两个因素：第一是美元；第二是原油。不管你做什么商品期货，你都必须下大功夫来研究原油的走势。

原油是商品之母，黄金是货币之母。我对这两个品种的研究和交易超过 15 年，形成了自己的分析框架，不光自己基于这个框架进行研究和交易，也基于这个框架来培训原油和贵金属交易员。

本教程讲的是原油，所有的商品交易员都应该认真研究原油，因为这是一切商品交易的起点。不懂原油，就做不好商品期货交易！

原油的方方面面太多，技术面的东西我就不详细展开了，因为这些东西大家都在讲，你绝不缺乏相应的资料。技术面的东西有没有用？肯定有用。不过，你看下在原油市场上积累大笔财富的那些对冲基金和独立投资人，他们的研究对象是什么，他们的研究过程是什么，技术分析只占很小一部分，甚至根本不考虑。讲原油交易的书不少，要么是概念科普类的，要么是"技术神器"类的，但凡做过一两年原油交易的人对此只能一笑置之。要从原油市场上持续挣到利润，绝不是靠什么神奇的技术指标，如果你能用几个指标就把市场战胜了，那么战争也同样可以用几个指标就打赢了，但现实要残酷复杂得多，因为当你用指标能够打败对手时，对手也会提高，也会适应，也会进化，最终没有一个死板机械的东西可以一劳永逸地成为你的提款机。

一分耕耘，一分收获，只有你全身心地投入到原油价格影响因素的系统研究之中，你才能持续赢得大部分的胜利。我们要静下心来，专心致志地沉浸在原油的分析过程中，心无旁骛，最终定能水到渠成。成功交易是系统研究的副产品，你记住这句话，就不会那么浮躁了，就不会妄想用现象去预测现象，用几个指标和线条将市场的运动一览无余。

绝而定，静而治，安而尊，举错而不变者，圣王之道也。

魏强斌

2016 年 8 月 28 日

目 录

上 册

导　言　成为伟大交易者的秘密 ································ 1

Introduction　Secret to become a great trader! ············· 5

前　言　商品之母！一切商品交易者的起点 ···················· 1

第一课　一切交易成功的起点——客观思考的要旨和方法 ·············· 1

　　原油市场上的博弈者众多，聪明的参与者都会尽量"形人而我无形"，尽量追求信息不对称优势。聪明玩家会尽量隐藏自己的行踪和动向，因此我们只能通过众多线索来推断。

第二课　格局——原油的两重属性 ································ 21

　　要想在原油市场上获取利润，必然要具有相对优势，你比其他玩家更厉害吗？厉害在什么地方？撇开那些过于抽象和空洞的老话，就自己的经验和对周围成功交易者的观察而言，能不能从根子上吃透一个品种的方方面面是真正的关键。技术分析水平的高低绝不是区分高手与韭菜的关键，这点我可以拍着胸脯向你保证。无论是郑商所的炒单高手，还是江浙一带的趋势交易大户，都不是纯粹的技术指标粉丝。

第三课　三大驱动力量：FED、OPEC 和 G4 ···················· 35

　　虽然我们全面的分析是必要的，但是其中肯定有少数几个重点关注点。换句话说，能不能通过一两条线索将整个框架串起来，关注这一两条线索，但是可以让我的思维在整个框架上驰骋。所谓"放之则弥六合，卷之则退藏于密。"在这个基础上，我具体研究了分析框架落地的途径，那就是找到 3 个左右的关键驱动因素，每天就以关注这些因素为主，这些因素有变化就放到分析框架中去考虑，就是说将"关键棋子"放到"棋盘"中去考虑。

第四课　美元与原油的资产属性 ………………………………………… 51

商品期货属于中微观品种，而金融期货和外汇则属于宏观品种，前者更接近商品属性，而后者更接近资产属性。我们洞察原油可以先从商品属性入手，也可以先从资产属性入手，然后再兼顾另外一者。从现实的角度出发，我个人推荐先从资产属性入手，再研究商品属性。

第五课　产业链与原油的商品属性（1）：上游的分析 …………… 65

随着北美页岩油气成为原油的边际供给者，其对原油价格区间高点和低点的影响力越来越大，因此 Rig Count 成了我们分析原油供给的一个最佳入手点。分析原油供给，不是看库存，因为库存大多数情况下往往是一种主动投资或者被动投资，当原油价格上涨的时候，库存往往成为需求，补库存成了主要操作，而原油价格下跌的时候，库存则变成了供给，去库存成了主要操作，因此上游和下游是先行指标，而中游往往是一个油价的滞后指标。所以，不能将库存单纯看成是供给力量。

第六课　原油地缘政治学 ……………………………………………… 83

根据近五百年的全球地缘政治现实推导出一个理想化的地缘政治分析模型，我们称之为"地缘政治金字塔"。以这个金字塔作为推演沙盘，我们可以分析过去，现在和未来的全球重大地缘事件和背后的战略。这个金字塔是由 5 个等边三角形嵌套构成，能够熟练地运用这个地缘政治金字塔，就能够很好地把握国际地缘政治脉络和动向，从而在原油中长期投资中占得先机。

第七课　原油供给的国别分析要点：基于地理和政经的角度 ……… 105

加拿大的主要产油区在"阿尔伯特省"和"萨斯客彻温省"，这两个地区如果出现什么天灾人祸，危及原油生产，那么油价肯定会有相应的反应，比如 2016 年 5 月这个地方发生森林大火影响到了原油生产，从而同其他因素一起推升了国际油价。

第八课　页岩油气革命 ………………………………………………… 161

原油产业链格局已经或者说正在发生深刻的变化，以前我们分析上游/供给的时候是以 OPEC 为中心，但是现在北美页岩油是一个新的主导因素，因为原油的阶段性波动往往与北美页岩油气富有弹性的供给有关。原油的商品属性有两个根本性的格局变化：第一是上游除了 OPEC 要还有重点关注北美页岩油；第二是下游除了中国需求还要重点关注印度需求。新一轮大宗商品的大牛市能不能来，重点看欧亚大陆中部和南亚次大陆。

第九课 原油题材投机的典型驱动事件：战争与罢工 ……………… 171

　　最近几十年的战争主要通过两个方面影响原油价格：第一个方面是战争或许会牵涉到石油美元国家抛售美国国债，这样会导致美元贬值，如果美国牵涉其中，则会导致美国赤字上升和陷入不安全状态，由此也会导致美元贬值。第二个方面是战争会影响原油产业链上的特定环节，特别是供给，这样战争就会作用于原油的商品属性，进而影响到原油价格。在上述两个情况下，战争会作用于原油的资产属性，继而影响到原油价格。

第十课 产业链与原油的商品属性（2）：中游的分析——库存和运输 … 187

　　原油库存的主要数据有EIA原油库存数据、API原油库存数据、OECD原油库存数据、IEA原油库存数据、OPEC原油库存数据、库欣库存数据、中国原油储备数据等，这些数据是由不同的机构主体发布的，其中最为常用的是EIA原油库存数据、API原油库存数据、库欣库存数据，这三个数据都是美国的相关机构发布的，对于原油市场的短期波动影响很大，也是原油交易者定期关注的数据。我们介绍原油库存，主要就是讲这三个数据。

第十一课 产业链与原油的商品属性（2）：中游的分析——价差 ……… 229

　　WTI-Brent价差是全球能源研究机构和交易员都非常关注的一个指标。影响WTI-Brent价差的因素有原油品质差异、库欣库存变化、地缘政治变化、自然灾害、经济景气程度、美元、投机力量、非洲、欧洲与北美原油产量差异，等等。

下　册

第十二课 产业链与原油的商品属性（3）：下游的分析 ……………… 243

　　印度的发展水平与中国相比还有很大差距，即便在这种情况下它的原油进口也占了10.11%。印度是一个拥有12.5亿人口的大国，但是石油和天然气储量仅占世界储量的0.3%和0.7%。由于本土能源资源储存和产量严重不足，对海外依赖度很高。印度本国权威机构预测到2030年，印度90%的石油和天然气将来源于国外。而国际权威机构IEA则预测，从2014年到2040年印度原油需求的增量将大于中国。

第十三课　原油走势的季节性 ·· 259

　　如果价格往往反季节性，则说明有大行情，而大行情的方向就是与季节性相反。淡季走强，往往表明基本面非常强劲，趋势往上，做多机会；淡季走软，往往表明基本面非常疲弱，趋势往下，做空机会。异常值是非常重要的信号，我经常强调"异常背后必有重大真相"，反季节性走势就是异常值，是非常宝贵的信号。

第十四课　原油金融市场的心理分析（1）：持仓与共识预期 ············· 271

　　COT 数据分析的第一个要点是原油非商业净多头与原油价格走势之间存在非常强大的正相关性；第二个要点是非报告净多头往往跟随非商业净多头运动，这表明散户的投机资金往往与主力投机资产的动向一致而且前者追随后者；第三个要点是商业净多头与非商业净多头是反向变化的，因为商业头寸以套保为主，而非商业头寸以投机为主，套保和投机互为主要对手盘；第四个要点是非商业净多头的进入历史高值区域则容易构筑顶部，非商业净多头进入历史低值区域则容易构筑底部。

第十五课　原油金融市场的心理分析（2）：风险偏好与跨市场分析 ······ 285

　　如果美国是相对低息货币，那么美元走强，往往与避险需求有关，这个时候风险厌恶情绪高涨，这个风险厌恶情绪如果是经济不稳定引发的，那么意味着原油的下游也会受到负面冲击。这就是两个属性都利空原油走势：一方面，避险需求使得美元走强，进而通过资产属性使得原油走弱；另一方面，避险需求与全球或者主要经济体经济不稳定有关，这就使得下游负面冲击通过商品属性使得原油走弱。

第十六课　原油与黄金 ·· 303

　　黄金与原油都是"母亲"，黄金是货币之母，原油是商品之母，黄金与虚拟经济关系密切，原油与实体经济关系密切。不过，现在能照出虚拟经济泡沫的恰恰是黄金，能够反映出实体经济不振的恰恰是原油。用纸币来衡量资产的价格往往不准确，因为纸币本身容易超发，而纸币一旦泛滥必然引发资产价格重估，所有大类资产都会涨价。但是，如果你换做黄金作为价值尺度来衡量各类资产的价格，就会发现不会那么吓人，还是比较平稳的。简而言之，黄金是资产泡沫的"照妖镜"。

第十七课　原油与外汇市场 ·· 317

　　至于如何利用汇率来预判原油价格走势，简而言之就是将汇率看作各

国经济晴雨表，而不同国家位于原油产业链不同环节，特定汇率可以对应特定的原油产业链环节，特定的汇率表明产业链特定环节单的健康程度

第十八课　原油与商品期货 ········· 333

为什么原油可以作为判断其他大宗商品走势的基石？第一，原油也是"非美资产"，美元通过资产属性也影响了原油的价格，因此油价体现了美元走势的预期。其他大宗商品很多也是以美元计价，或者是其上游产品以美元计价。第二，其他大宗商品的生产、加工、运输过程中几乎离不开原油的提炼物。第三，某些大宗商品或者是它们的提炼物是原油的替代品，比如制造生物燃料的大豆、白糖等。第四，大宗商品特别是工业品主要受到经济周期的影响，而原油作为经济运行的基础自然也深受经济周期的影响。

第十九课　原油与证券市场 ········· 355

收益率曲线具体怎么用到研判原油走势上？第一，收益率曲线如果近乎水平状或者短期利率甚至高于长期利率，那么原油见顶可能性大增；第二，收益率曲线如果因为远端上升而变得陡峭，那么原油见底可能性大增。排名前三的原油消费国和进口国的收益率曲线反映了未来原油的下游需求端的情况。另外，美国的收益率曲线也非常重要，因为它既是原油消费大国，同时美元走势也受到收益率曲线的影响，而美元则会通过资产属性影响原油价格。

第二十课　对手盘：重量级玩家 ········· 371

当他们发表看法时，我们要问为什么他有这样的观点？背后的逻辑和证据是什么？他的意图是什么？他是想要找接盘侠？还是想要驱动市场朝着对自己头寸有利的方向继续前进，又或者是只是为了表达自己的观点？当他们采取某种行动时，我们要探究他们这样的原因是什么？要解答上述问题，光靠猜测和内幕消息是行不通的。我们要结合当时的产业链背景和美元走势去理解他们的言行。

第二十一课　原油市场行为研究（1）：宏观波动二元性 ········· 381

大家应该习惯于"技术分析"的叫法了，但是这个叫法容易让人误导，产生一种"科学技术"的幻觉，仿佛这是一门"技术含量高"的"能力"和"学问"。但是，多年交易成败得失的经验表明技术分析吧并非"技术"，而是一门混合着经验与迷信的"金融巫术"。巫术并非贬义，也不是褒义，而是实证性的描述。现代科学就来源于"巫术"，巫师是最早的知识分子和科学家。技术分析的价值和纰漏不断得到行为金融学家和交易者们的批

判和完善。为了不被"技术"二字误导,我更愿意称其为"行为分析"。"行为"只是表明市场被我所观察到的动作,所见而非所想,尽量去除主观的看法。

第二十二课 原油市场行为研究(2):点位 ……………………… 401

　　回调点位有很多,但是常用的是 0.383、0.5 和 0.618。再进一步简化则以 0.382 到 0.618 的区域作为支撑区域,看原油价格是否能够在此区域内出现看涨反转 K 线。反弹点位有很多,但是常用的是 0.383、0.5 和 0.618。再进一步简化则以 0.382 到 0.618 的区域作为阻力区域,看原油价格是否能够在此区域内出现看跌反转 K 线。

第二十三课 原油市场行为研究(3):态 ……………………… 413

　　形态分析过于纷繁复杂,单单就 K 线形态而言就存在上百种的模式,不光是初学者,即使是入行多年的老手也认不得其中的大部分模式。很多采用 K 线形态进行行情分析的交易者向我诉说了他们最为头疼的问题:由于记不清楚众多的形态,所以无法在行情走势中准确识别出它们。如何解决这一问题呢?毕竟,高效地记忆和识别形态模式对于交易者提高交易效率而言非常关键,化繁为简的同时还能够不降低效率无疑是每个交易者对新形态分析技术的希望所在。敛散模式也许可以在那某种程度上满足交易者的这一愿望。

第二十四课 原油分析的三部曲与交易的执行 ……………………… 425

　　技术分析书籍将人引入了一个"死循环",让很多人耗费多年的光阴而无法得到实质性的提高,让很多人越做交易越没有信心。因为纯技术分析如果不加上仓位管理是不可能持续获利的,而纯技术分析加上仓位管理后就面临一个"反比曲线",这个反比曲线就制约了你的高度,你沿着边际改善方向一前进一段时间后会觉得报酬率太低,以至于期望值可能为负,然后你又会沿着改善方向而去努力,一段时间后你发现胜算率实在是太低了……在一条既定的反比曲线上你就这样反反复复地努力,但是都被困在原地,这就是"轮回"。要跳出"轮回"就要"觉悟轮回",而"跃升图"给了我们工具。

第十二课

产业链与原油的商品属性（3）：

下游的分析

    1892 年、1933 年的极端低油价均由经济衰退造成。而 1915 年、1945 年和 1946 年的极端低油价则分别因为第一次世界大战和第二次世界大战导致全球经济低迷，石油需求减少。

——徐洪峰

    世间的一切，皆有兴衰周期，及时把握，终能功成名就。

——威廉·莎士比亚（William Shakespeare）

2001年之前,国际原油市场基本是看美国,2001年之后国际原油市场开始看中国了。不过,现在中国经济结构处于深刻变化之中,2016年中国房地产继续疯狂,这不是好事,成功跨越中等收入陷阱需要好几年的时间。无痛转型是不可能的,因为一些不符合未来经济发展趋势的部门必须收缩,各种要素必须重新配置。

中国经济转型进行中,意味着工业和房地产部门会调整,而转型成功后第三产业占比显著提高则意味着对原油及产品油的需求将结构性地下降(图12-1)。中国对原油的影响力将下降,正如当年美国一样。就商品属性的需求端而言,中美两国对原油价格的影响力都将下降。但是,只要国际原油仍旧以美元计价,则美国对原油价格的影响力就会最大化。简而言之,美国现阶段仍旧能够通过原油的二重属性影响国际油价,而中国基本只能通过原油的商品属性影响国际油价。

> 中国原油需求的观察窗口之一是海关总署的统计数据。

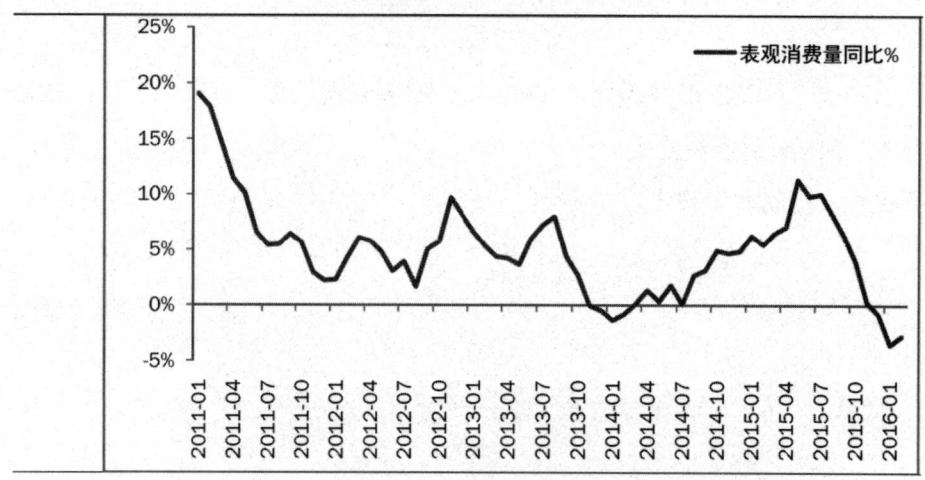

图12-1 中国成品油表观消费量同比增速(3个月平滑)

数据来源:WIND 莫尼塔 刘晓宁 陈秋祺 林良樟

中国现在肯定是有一个大战略来提升自己对全球资本市场的影响力,第一方面推行自己的全球结算系统与SWIFT为主的系统抗衡;第二方面持续构建黄金储备以及黄金的人民币计价市场;第三方面则是构建拥有定价权的国际原油市场。人民币国际化,人民币黄金化,人民币原油化,这些做法都是为了提升我们在全球资本市场的话语权,当然也使得中国未来能够通过资产属性影响原油的价格。

第十三课 产业链与原油的商品属性（3）：下游的分析

在修订这本讲义的间隙，周末有位期货界大佬来闲聊，这位老哥主要做能化，对于原油也有不少自己独特之处。闲聊了半小时，他反复强调一个观点，未来十年大宗商品主要看地中海右侧到南亚次大陆的需求怎么样。他说像土耳其、伊朗、巴基斯坦和印度这些国家人口结构年轻化，正处于快速发展的轨道上，这些国际处在欧亚大陆中部，既有海上交通的优势，又是陆地交通的枢纽，欧亚大陆整合是大趋势，美国阻挡不了，美国想要制造混乱那也是螳臂当车。随着陆地交通的劣势逐渐下降，陆权复兴是必然的，这会带来新一波的大宗商品牛市。

这位大佬旁征博引，有数据，有历史，有逻辑确实让人折服，他提出来"大宗商品新变量"这一课题，其实认真探究下去确实让人获益颇多。原油现在的增量需求在中美，未来的增量需求在中东和南亚。

我们说世界经济现在的格局是二分的，发达国家和发展中国家就是二分的范畴，发达国家构成了 OECD，而不发达国家构成了非 OECD 国家，上面讲的"大宗商品新变量"就属于非 OECD 的范畴，中东和南亚就属于这个范畴。原油产业链的下游可以这样二分，而二点论中的重要一点则是非 OECD，中国和印度（图 12-2）。

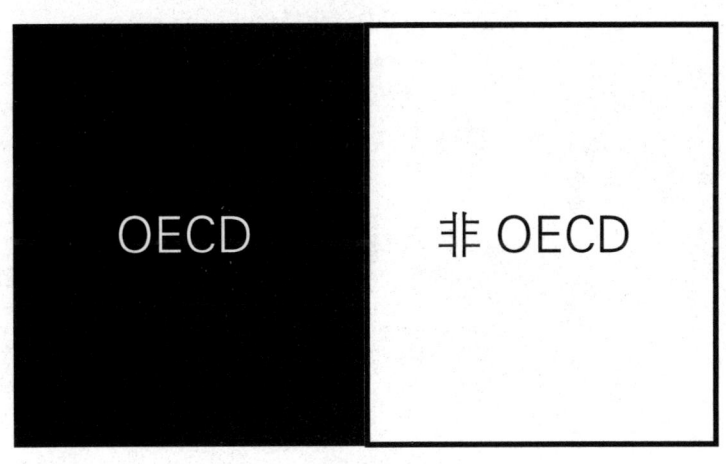

图 12-2　原油下游的二分法

中国和印度在原油下游中的分量有多重，我们来看一些数据，让数据客观而形象地告诉你真实的情况。先看 2014 年 BP 石油公司提供的数据，可以看到如果不看欧洲这个地缘综合体，那么原油进口最大的三个国家是美国、中国和印度（图 12-3）。而原油消费国排名当中中国是第二名，印度是第四名（图 12-4 和图 12-5），2016 年看来印度很有希望挤掉日本，成为第三大原油消费国。

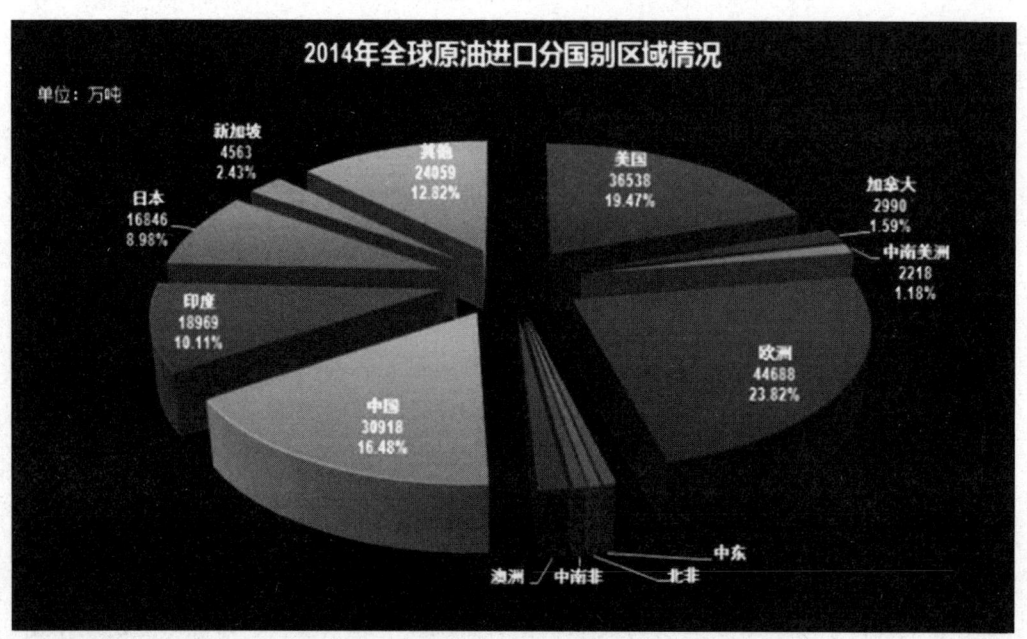

图 12-3　2014 年全球原油进口国别份额

数据来源：BP　北海居

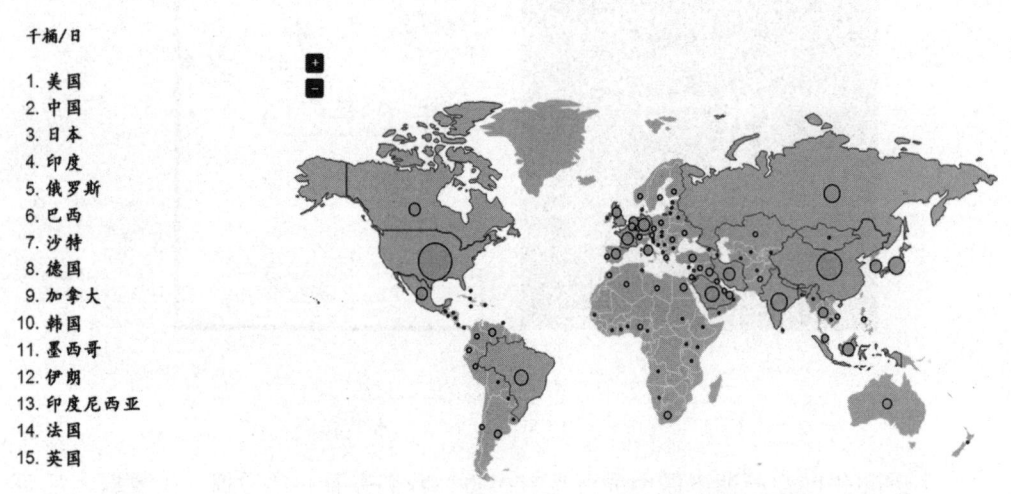

图 12-4　2013 年原油消费量排行前 15 国地理分布图

数据来源：EIA

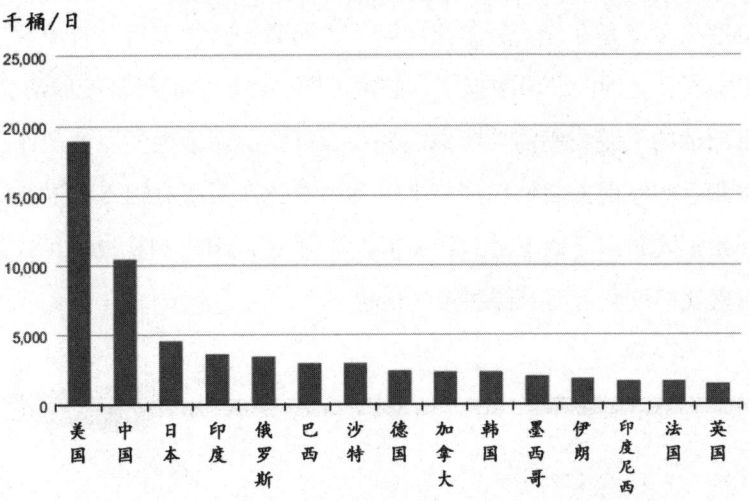

图 12-5　2013 年原油消费量排行前 15 国柱状图
数据来源：EIA

印度的发展水平与中国相比还有很大差距，即便在这种情况下它的原油进口也占了 10.11%，如果他稍微发展一下，那么这个比例是多大呢？印度是一个拥有 12.5 亿人口的大国，但是石油天然气储量仅占世界储量的 0.3% 和 0.7%。由于本土能源资源储存和产量严重不足，对海外依度很高。印度本国权威机构预测到 2030 年，印度 90% 的石油和天然气将来源于国外。而国际权威机构 IEA 则预测，从 2014 年到 2040 年印度原油需求的增量将大于中国（图 12-6）。

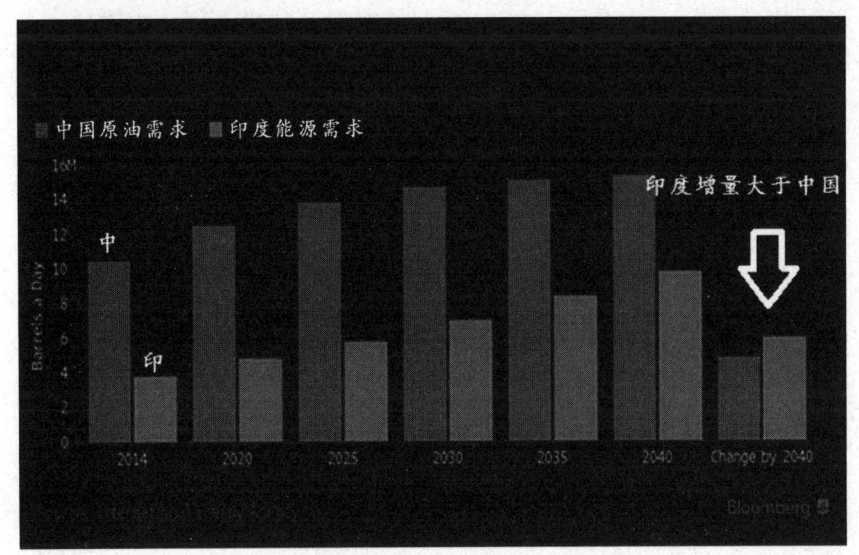

图 12-6　中国和印度原油需求展望（从 2014 年到 2040 年）
数据来源：IEA　彭博

前面讲这么多就是在让大家注意印度为主的新变量，以后分析原油的下游情况不能只盯着中国和美国的经济数据了，必须定期关注印度的经济发展情况。

要分析原油的下游我们需要考虑一些什么具体的因素呢？原油产业链下游有什么指标可以跟踪呢？前面我们已经把上游和中游的几乎所有因素都讲解了一遍，现在我们就开始正式介绍原油下游的相关因素和分析工具吧（图12-7），而原油消费的季节性因素我们放到后面一课去专门讲解。

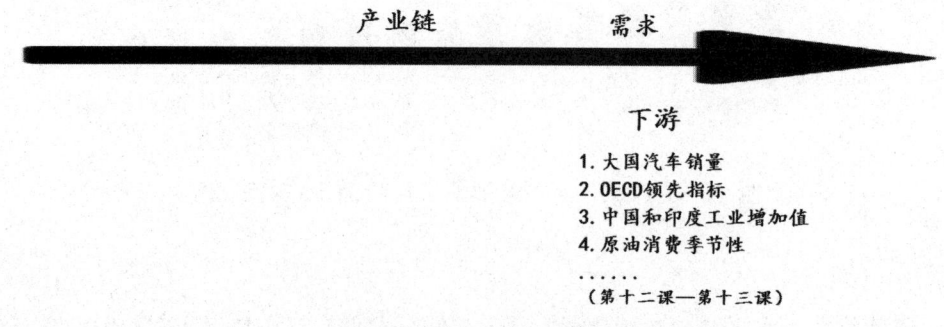

图12-7 原油产业链下游和需求的影响因素

原油的下游涉及原油主要的用途是什么？因为中国是过去十年原油消费的最大增量，因此我们以中国为例（图12-8）。显而易见，交通运输和工程机械用消耗的原油是最多的，我记得看过一本讲中美原油消费对比研究的专著，里面强调超过六成的原油是被交通运输消费的。美国运输行业使用的能源93.9%都来自原油（图12-9），而工业部门使用的能源35.7%来自原油（图12-10），这表明交通运输行业确实非常"耗油"。

交通运输和工程机械是"油老虎"。

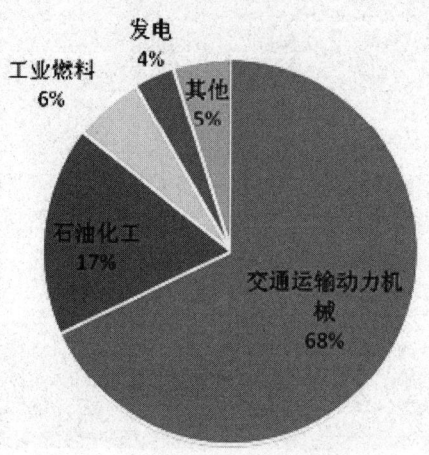

图12-8 中国原油消费用途占比

资料来源：wind 中期研究

运输行业总体能源使用情况

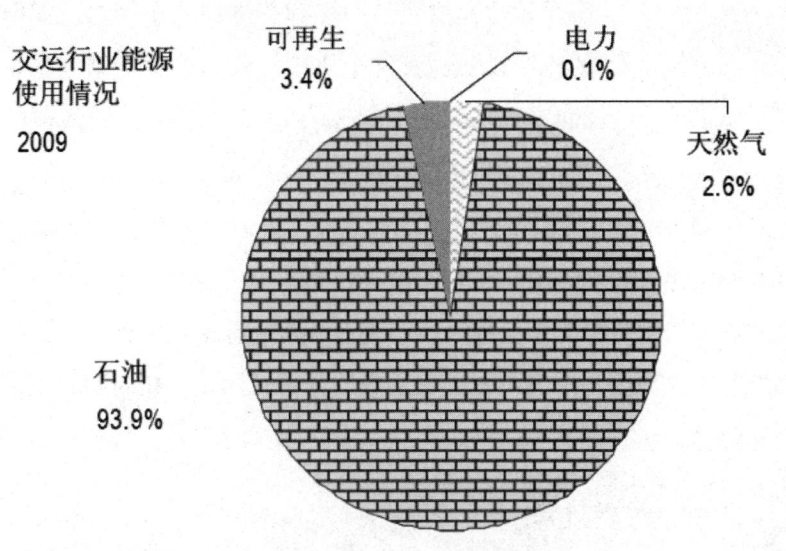

图 12-9　美国运输行业总体能源使用情况
数据来源：EIA　UBS

工业部门总体能源使用情况

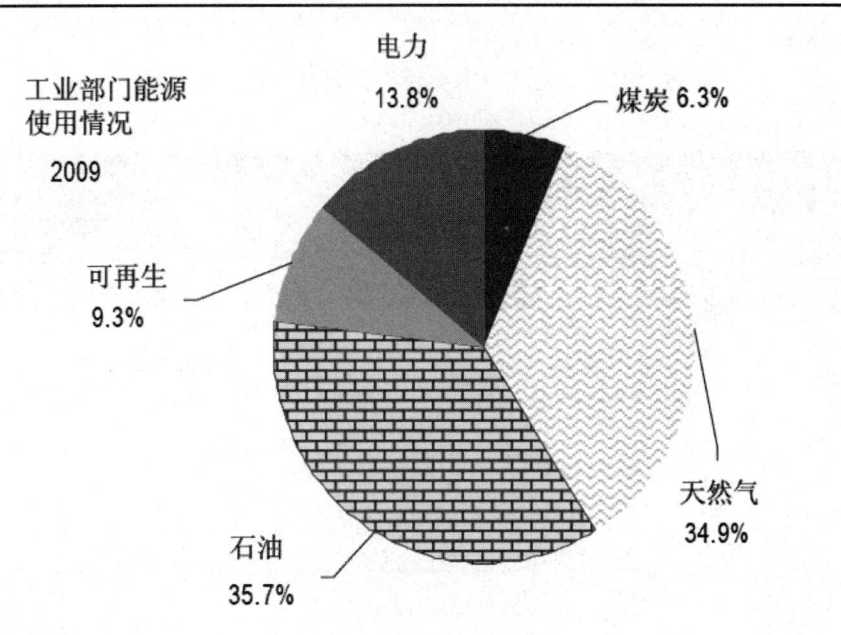

图 12-10　美国工业部门总体能源使用情况
数据来源：EIA　UBS

海上运输主要也是靠烧油，陆上运输主要也是靠烧油，而路上运输耗油量是最大的，自然而然地我们会关注汽车销量，因此第一个需要考察的下游因素是大国的汽车销量，主要是中国和美国的汽车销量。如何了解中国的汽车销量呢？一个比较权威的途径是中国汽车工业协会的官网 www.caam.org.cn 和这个机构一个附属网站——中国汽车工业协会统计信息网 www.auto-stats.org.cn。官网上有个"数据中心"栏目（图12-10），可以查阅各大洲和主要国家的汽车产量进口和注册量数据。因此，这个网站比较有用，不光是查阅中国的汽车销售情况，也可以及时知道其他主要国家和地区的销量情况。而中国汽车工业协会统计信息网则完全以提供各种统计数据和统计报告为主（中国汽车工业协会统计信息网），相对而言更适合汽车产业链的人士查看。

> 做天然橡胶期货的人也非常关注汽车销量数据，当然重卡的数据更为重要。

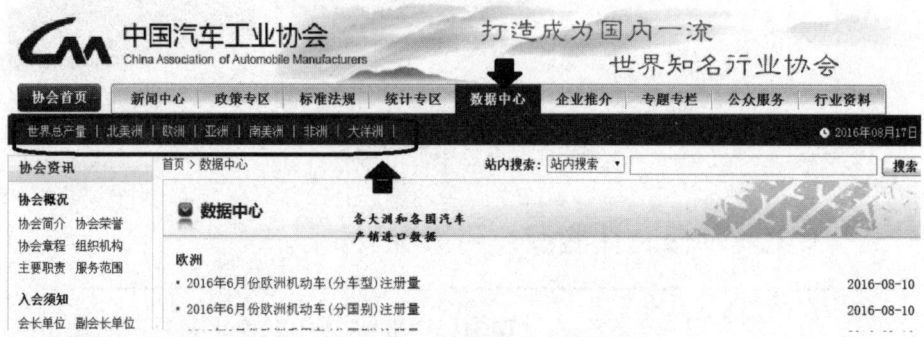

图 12-10　中国汽车工业协会官网的"数据中心"

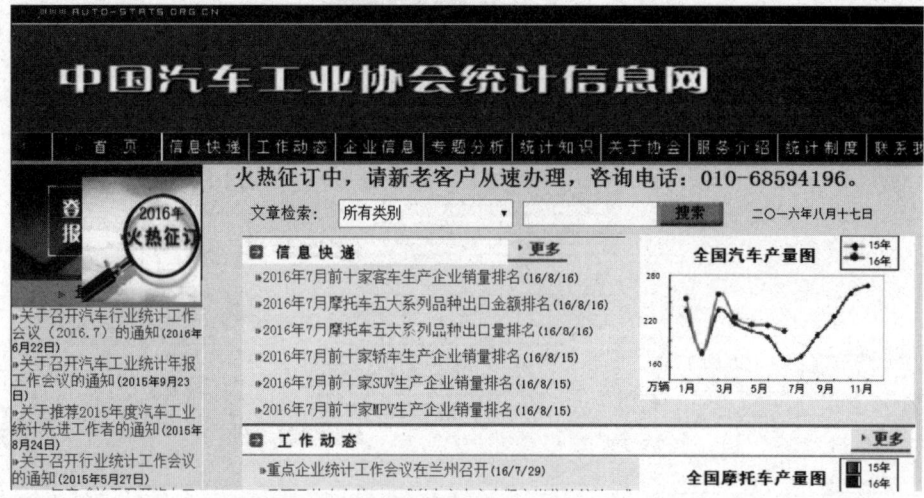

图 12-11　中国汽车工业协会统计信息网

第二个途径是中国汽车流通协会的官网 www.cada.cn，这个网站有一个特色栏目是"中国汽车经销商库存预警指数"（图 12-12），点击首页下拉菜单栏"统计数据"可以看到包括这个指数在内的众多数据（图 12-13）。

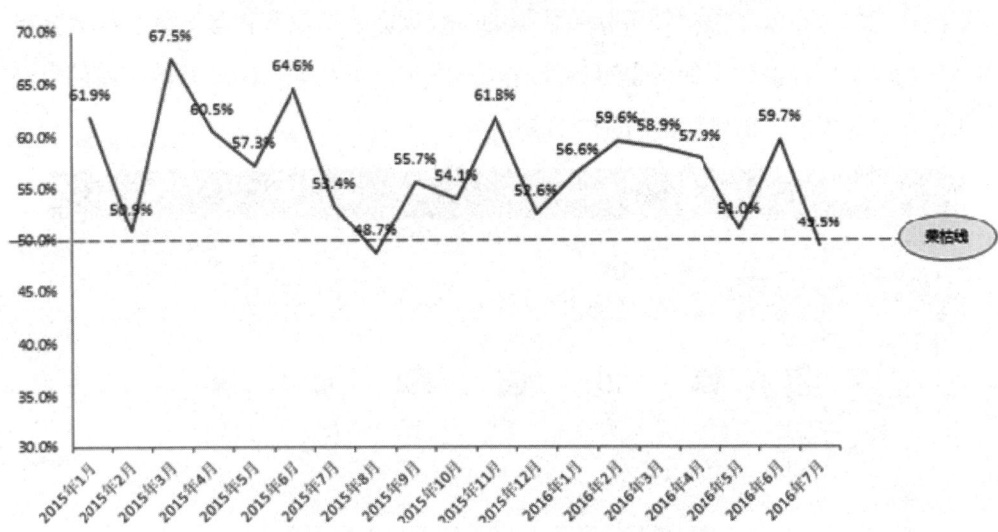

图 12-12　中国汽车经销商库存预警指数

数据来源：中国汽车流通协会

图 12-13　中国汽车流通协会官网的"统计数据"专栏

其他了解中国汽车销售量的途径包括全国汽车市场研究会的官网 www.cpca1.org、搜狐汽车频道的销量专栏 http://auto.sohu.com/cxsj/ 以及提供汽车销售信息的盖世汽车资讯 http://auto.gasgoo.com/。

如何了解美国的汽车销量呢？上述几个网站其实也提供了包括美国在内国别汽车销售数据，而美国商业部则是最权威及时的来源。进入美国商业部网站www.commerce.gov后键入"Auto Sales"即可检索最新的有关数据和报告（图12-14），而不少外汇网站在公布美国经济相关数据的时候也会公布汽车销量数据，因此如果你一直跟踪美国经济数据的话也可以及时得知汽车销量数据，某些外汇网站的财经日历会列出美国汽车销售数据的公布日期。

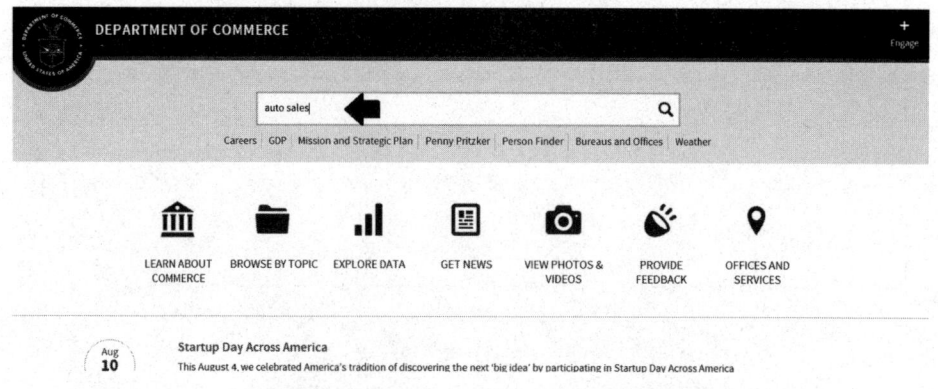

图12-14　在美国商业部网站检索汽车销量的相关数据和研报

不只是原油分析师和交易者会关注汽车销量，天然橡胶期货的分析师和交易者也会关注汽车销量。

> OECD领先指标是预测世界最大经济体商业活动的工具。

接着，我们介绍第二个需要考察的下游因素是OECD领先指标。什么是OECD我这里就不科普了，简单来讲就是发达国家的经济协商机构。在经济领域，OECD非常重视经济周期的研究，每月定期发布综合领先指标。OECD的综合领先指标是按照一定标准将国民经济各领域的指标数据合成后构建而成，是反映一个国家宏观经济发展周期的领先指标。

OECD的综合领先指标主要有6个月领先指标和趋势领先指标两种。其中OECD6个月领先指标是为了提供经济活动扩张与缓慢转折点的提前信号而设计的，对未来经济发展具有预测功能，能够较好地提前预示这些国家的经济发展情况。主要领先指标显示未来连续6个月增长的方向和幅度，尤其需要关注关于美国的指标。OECD领先指标对未来工业发展和钢铁以及基本金属需求有相当准确的预测。

第十三课 产业链与原油的商品属性（3）：下游的分析

在原油方面，CLI 数据也有精准的预测记录，业界专家杨海立先生在 2004 年对 1996 年到 2004 年间的数据研究表明：CLI 领先原油价格 10 个月见顶，且在时间上 CLI 对原油价格见顶的预示性出奇准确。他统计并绘制了纽约原油期货 1 月连续（下简写为 CLC1）与 OECD 综合领先指标（CLI）月线图（图 12-15），可以看出，原油价格在 2000 年 11 月、2002 年 2 月、2004 年 8 月最近三次的见顶回落，而 CLI 增速则恰恰在 2000 年 1 月、2002 年 4 月、2003 年 10 月刚好领先 10 个月出现峰点。

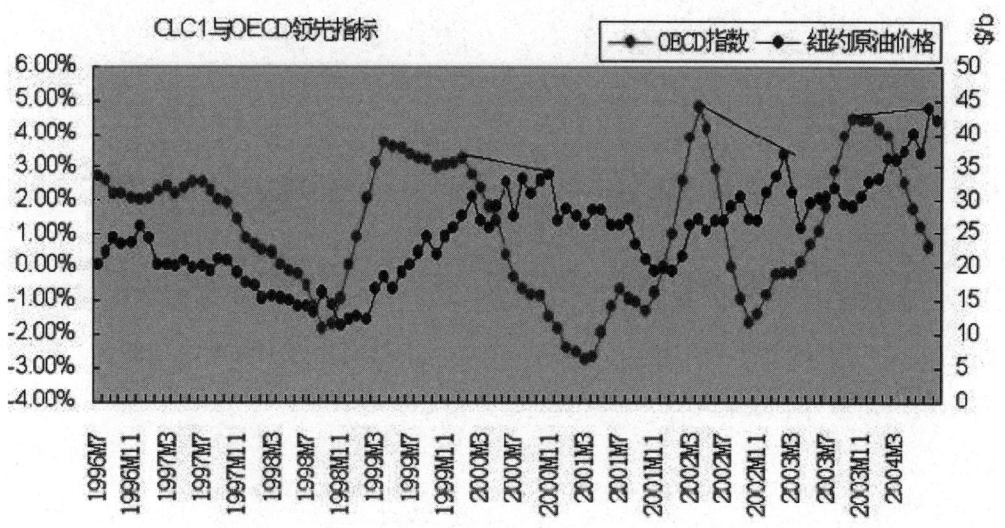

图 12-15　纽约原油期货价格与 OECD 领先指数

数据来源：杨海立

这个数据在每月第一周的星期五发布，哪里可有看到这个指标呢？在 OECD 的下列两个网址：

http://www.oecd.org/std/leading-indicators/

https://data.oecd.org/leadind/composite-leading-indicator-cli.htm

可以看到这个数据（图 12-16）。当然，不少财经网站会也会公布这个数据。

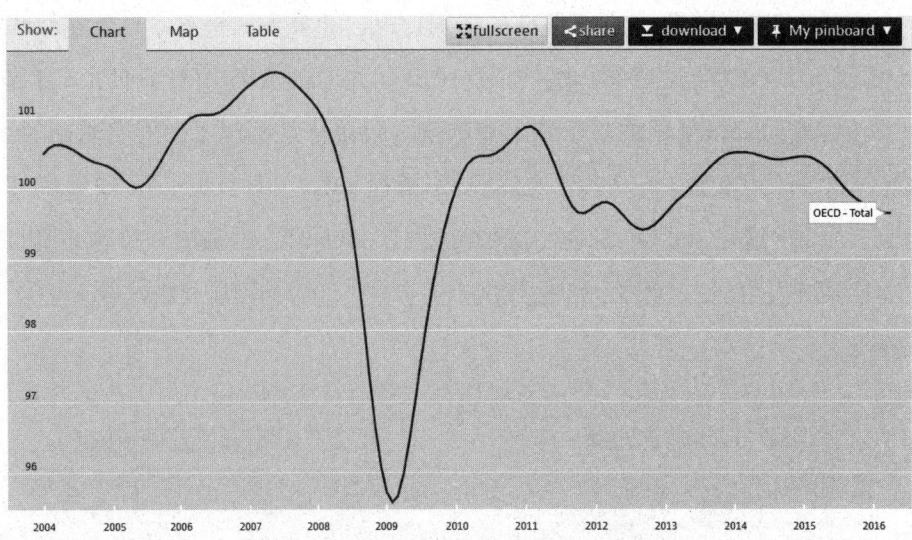

图 12-16　OECD 综合领先指标走势

数据来源：OECD

上面我们大概可以知道 OECD 综合领先指标是原油价格走势的领先指标。OECD 指标衡量了经济走势的前景，而经济走势则与原油需求密切相关，所以全球 GDP 增速与全球原油需求增速是正相关的（图 12-17）。

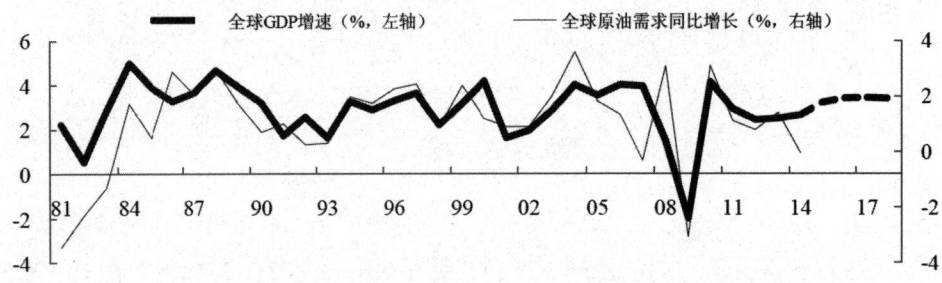

图 12-17　全球 GDP 增速与全球原油需求同比增速

数据来源：IMF，Bloomberg，莫尼塔公司　王玮

研究原油需求时第三个需要考察的下游因素是中国、美国和欧洲的经济数据，特别是工业增加值和 PMI、GDP 增速。我们可以发现中欧美的工业增加值、PMI 和 GDP 增速与原油价格高度正相关（图 12-18 和图 12-19）

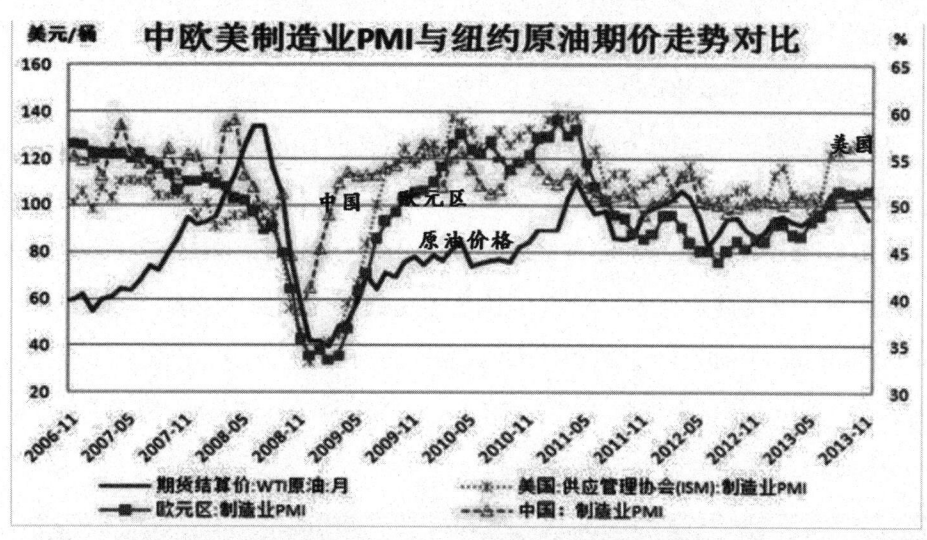

图 12-18　中欧美制造业 PMI 与 WTI 油价走势对比

数据来源：Wind　方正中期研究院

图 12-19　中欧美 GDP 增长与 WTI 油价走势对比

数据来源：Wind　方正中期研究院

哪里可以查询中欧美的工业增加值、PMI 和 GDP 呢？中国金融信息网 http://dc.xinhua08.com/ 可以查询，许多国外财经网站也可以查询，比如 http://www.tradingeconomics.com/。中国的 PMI 数据有两个，第一个是汇丰 PMI，现在冠名权改了所以叫财新 PMI，还有一个官方的 PMI，后者与原油消费关系更大。

需要注意的一点是美国经济数据一方面通过产业链下游作用于原油的商品属

性，进而影响油价；另一方面美国经济数据还通过影响美元走势，作用于原油资产属性，进而影响原油价格。

　　研究原油需求的第四个需要考察的下游因素是印度和日本的经济数据。上述几个网站也可以查询到印度和日本的经济数据，还有一些印度本地的财经网站也可以提供更加及时全面的经济信息，比如印度信息在线 http://www.indiainfoline.com/，这是一家以商业金融、股市财经类为主的网站（图 12-20）。第二个网站 MoneyControl.com 是印度的主要金融资讯来源，提供新闻、观点、和股市分析、商品、个人财务、基金、保险和贷款（图 12-21）。印度全国证券交易所 (NSE) https://www.nse-india.com/ 也值得浏览下（图 12-22）。

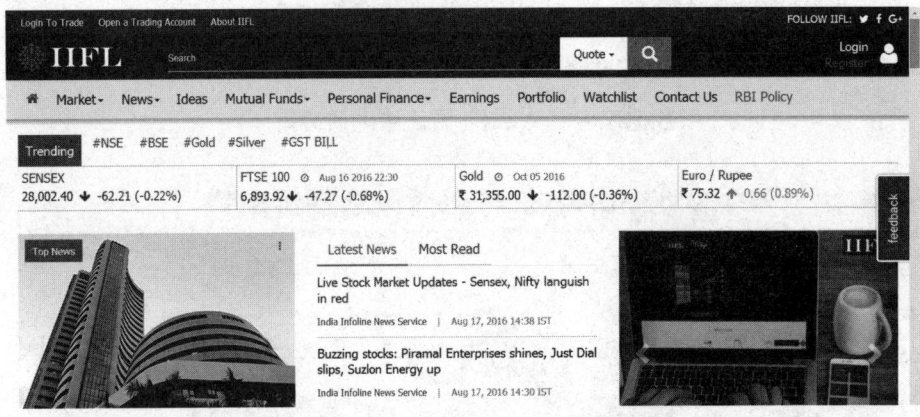

图 12-20　indiainfoline.com 首页

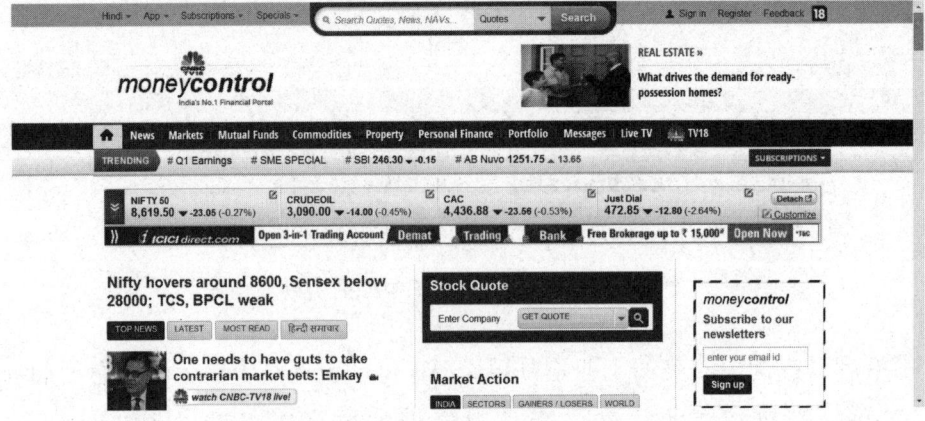

图 12-21　MoneyControl.com 首页

第十三课 产业链与原油的商品属性（3）：下游的分析

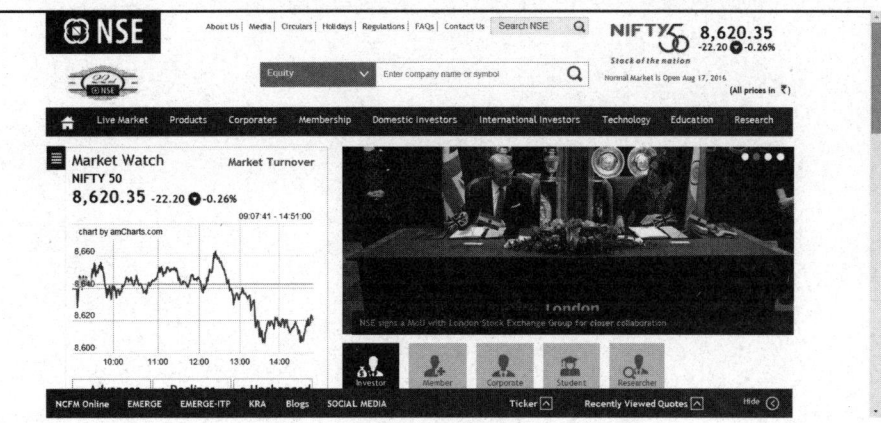

图 12-22　印度全国证券交易所首页

关于印度未来的前景有积极的因素，比如人口年龄结构和地理位置优势以及人均收入增长空间大，但是也有消极的因素，比如女性劳动参与率低、土地制度束缚以及种姓制度的流毒，等等。不过，无论如何我们不能轻视印度，否则就是盲目自大。

关于原油需求的一些数据还可以从主要的能源机构获取，EIA 和 OPEC 以及 IEA 有大量关于原油需求的研究报告和数据，我们可以选择最为重要的部分来阅读，特别是关于中国、美国和印度的部分。

第十三课

原油走势的季节性

与时逐而不责于人。故善治生者,能择人而任时。

——《史记·货殖列传》

得时无怠,时不再来,天予不取,反为之灾。

——《国语·越语》

原则上来讲,我们不应该仅仅根据季节性形态来决定交易,而应该将这方面的信息纳入到基本分析和技术分析之中。

——杰克·施瓦格(Jack Schwager)

刚开始做国际原油期货那会儿，对于季节性比较轻视，因为这个东西感觉有点马后炮，行情行进过程中分析者和交易者往往都是云里雾里的，季节性分析就像江恩的几何学一样事后让人有大彻大悟的感觉，但是**行情走出来之前却让人心中没什么底**。不过，2008年偶然间遇到一位定居长沙专做白糖的职业期货交易者，那时候他正准备发自己的第一期投资产品，他告诉我其实季节性还是很有用的。怎么有用呢？

> 商品季节性规律可以正着用，也可以反着用。

第一，季节性对趋势有助涨助跌作用。如果趋势向上，而季节性规律也向上，那么就是大胆做多的时段；如果趋势向下，而季节性规律也向下，那么就是大胆做空的时段。趋势怎么看？预判趋势看大的基本面，确认趋势看大的技术面。

第二，季节性提供了回撤进场的机会。如果趋势向上，季节性属于淡季，那么商品可能出现回调，这个时候就是逢低做多的机会；如果趋势向下，季节性属于旺季，那么商品可能出现反弹，这个时候就是逢高做空的机会。

> 季节性该走强，但却下跌，这是弱势的征兆。

第三，如果价格往往反季节性，则说明有大行情，而大行情的方向就是与季节性相反。淡季走强，往往表明基本面非常强劲，趋势往上，做多机会；淡季走软，往往表明基本面非常疲弱，趋势往下，做空机会。异常值是非常重要的信号，我经常强调"异常背后必有重大真相"，反季节性走势就是异常值，是非常宝贵的信号。

商品的季节性走势具有上述三个用处，这就是我们为什么要了解原油季节性的原因。原油季节性主要与产业链下游的需求有关，因此属于产业链下游的分析因素，也是原油商品属性的分析因素。在撰写本课的时候，我主要参考了无著先生在这方面的研究，加上自己的一些心得。

原油季节性规律究竟是怎样的呢？无著先生运用250日移动平均法，对纽约原油2000年到2008年的收盘数据进行了处理，试图提取出季节性的模式，得出了一个"原油季节性指数"（图13-1）。

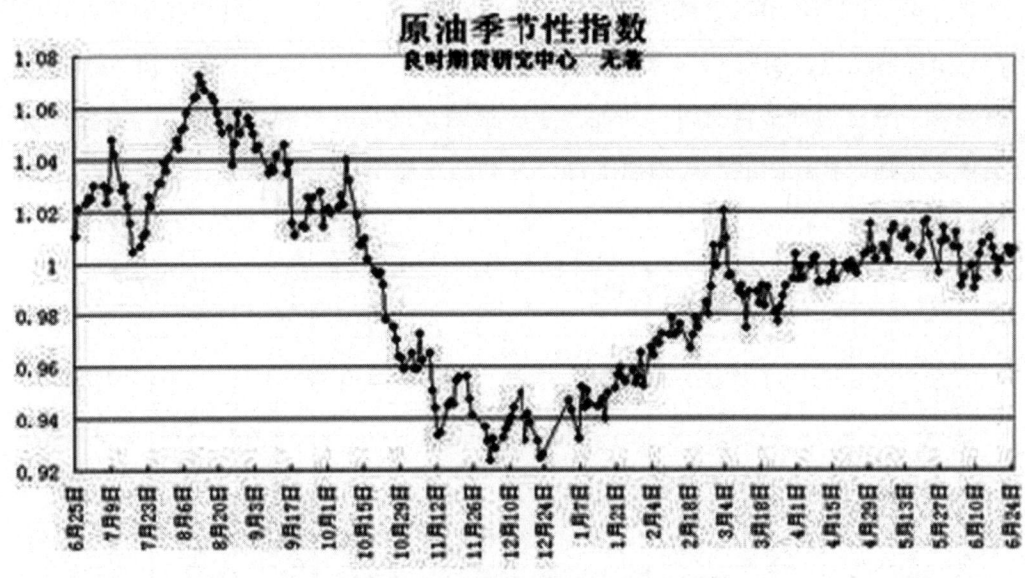

图 13-1　原油季节性指数

数据来源：文华财经　良时期货研究中心　无著

需要注意的是这个走势图是从 6 月 25 日开始的，年初位于中间。从"原油季节性指数"走势图中可以发现国际油价在第一季度和第三季度处于涨势，而第二季度则处于回落整理态势，第四季度则处于跌势。我们再来看南华期货史明珠女士给出的原油涨跌月度统计数据（表 13-1），其中 3 月、4 月、7 月、8 月、9 月上涨概率较大，而 10 月和 11 月则下跌概率和下跌平均幅度都较大。

另外，国联期货研究中心梳理了 1984 年到 2015 年的国际原油价格数据，他们指出："从上半年和下半年角度来看，最高点基本上是对半分（即上半年 16 次，下半年 15 次），但是最低点更大概率分布在上半年（即上半年 18 次，下半年 13 次）；从季度的角度来看，最高点更大概率分布在第一季度和第四季度，而最低点更大概率分布在第一季度和第四季度；从月份的角度来看，最高点更容易发生在该年内的 1 月、4 月和 12 月，最低点更容易发生在该年内的 1 月和 12 月。通过以上

国联期货研究认为，原油价格一年中上涨概率超过 50% 的有 7 个月，平均分布在上半年和下半年，而上涨概率最高的是 7 月份，高达 70.98%，其次是 3 月份，高达 68.18%；而上涨概率低于 50% 的有 4 个月，也是平均分布在上半年和下半年，但是下半年的下跌的概率要大于上半年的，即下跌概率最高的两个月是 10 月份和 11 月份，下跌概率为 58.06% 和 67.74%。另外，从原油的月度收益率均值来看，在一年中有两个上涨高峰，分别是 3 月和 9 月，分别为 2.258% 和 2.172%。而一年中也有两次下跌高峰，分别是 10 月和 11 月，分别为 -1.933% 和 -2.885%。

表述,季节性呈现出以下规律,当第一季度出现最高点时,往往当年的第四季度容易出现最低点,例如 1984 年、1991 年、1993 年、1997 年、1998 年和 2001 年;而当第一季度出现最低点时,往往当年的第四季度容易出现最高点。"另外,倪振华先生则以柱状图的形式列出了每个月的涨跌概率(图 13-2),统计样本是从 1987 年到 2010 年。

日期	年数		上涨年数	月度收益率	平均最大			平均百分率		
	上涨	下跌			涨幅	跌幅	差值	期初	期末	变动
1月	13	10	56.52%	0.600%	1.96	2.62	-0.66	49	52	3
2月	12	11	52.17%	0.366%	2.11	1.92	0.22	54	55	1
3月	16	7	69.57%	4.658%	3.11	1.52	1.59	31	61	30
4月	14	9	60.87%	2.062%	2.55	1.51	1.04	42	64	22
5月	11	12	47.83%	2.283%	2.77	1.33	1.44	45	49	4
6月	13	10	56.52%	1.335%	2.21	1.8	0.41	51	56	5
7月	17	6	73.91%	2.127%	1.84	2.08	-0.24	46	63	17
8月	12	11	52.17%	2.041%	2.03	2.01	0.02	49	52	3
9月	13	10	56.52%	3.205%	2.72	2.39	0.33	43	66	23
10月	8	15	34.78%	-3.467%	2.18	3.44	-1.26	58	38	-20
11月	8	15	34.78%	-3.361%	1.7	2.54	-0.84	62	37	-25
12月	12	11	52.17%	-0.233%	1.54	2.6	-1.06	55	60	5

表 13-1 NYMEX 原油期货季节性统计表(1987 年 1 月到 2009 年 12 月)

数据来源:南华期货 史明珠

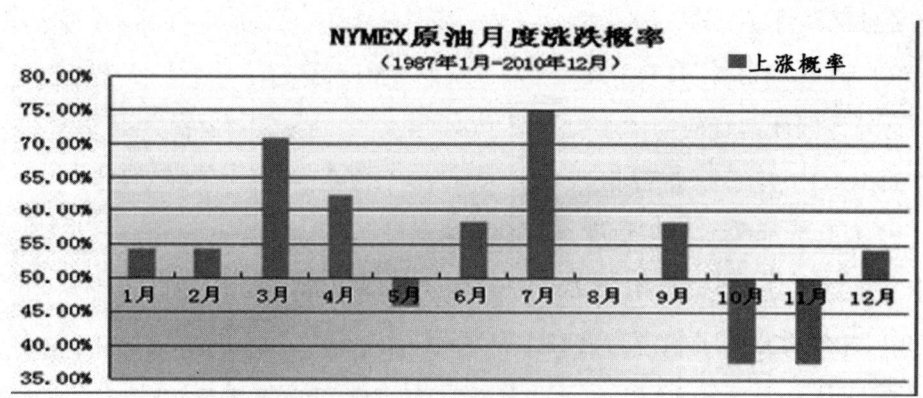

图 13-2 NYMEX 原油期货月度涨跌概率统计表

数据来源:倪振华

原油季节性规律究竟怎么来的呢?什么因素导致了原油季节性规律的出现?大宗商品都有季节性,对于农产品而言上游对季节性的影响要大些,而对于工业品而言下游对季节性的影响要大些。原油作为工业品,其季节性基本是受到了下游的影响。

原油的消费主要是三大成品油消费，所谓的三大成品油是指汽油、燃料油和柴油，它们占了成品油消费量的九成以上。

汽油是各类交通工具和农用机械的燃料，夏天是汽油消费的高峰期。柴油则主要用于大型车辆和船舶。

取暖油属于燃料油，准确来讲是一种民用燃料油，主要用途是欧美家庭取暖，在欧洲和美国成品油消费市场上占了很大的份额。美国东北部地区是全球最大的取暖油消费市场，寒冷的冬天是取暖油消费的高峰期。

三种成品油当中，取暖油和柴油对天气变化非常敏感，一是大西洋和墨西哥湾的飓风情况；二是寒潮情况。

为什么原油价格在第一季度倾向于涨势？因为这是以北美为主的北半球中高纬度地区的取暖油消费处于高峰期。

为什么第二季度原油价格倾向于回落整理态势呢？主要是取暖油高峰期过后，缺乏季节性的驱动因素，所以价格比较疲软。

为什么原油价格在第三季度倾向于涨势？因为这时以北美为主的北半球中高纬度地区的汽油消费处于高峰期，欧美家庭多选择在这个时间外出度假，学校在这个时候放暑假，伦敦和纽约等地的金融人士也会选择在这个时段外出度假。汽油消费高峰属于需求因素，另外往往还会叠加一个供给因素，这就是墨西哥湾的飓风高发期，所以往往这个季节原油比较强势。恶劣的天气条件会降低原油的运输能力，破坏炼厂设施，降低炼厂的开工率。

为什么第四季度原油价格倾向于下跌走势呢？因为汽油消费高峰过后，取暖油消费还未启动，市场缺乏驱动因素刺激。

决定原油价格走势季节性规律的因素可以简单地归结为三个因素，第一个因素是取暖油的消费周期；第二个因素是汽油的消费周期；第三个因素是天气周期。

取暖油的消费周期，我们可以从取暖油的库存走势中得到验证。我们以馏分油库存来近似地表示取暖油的库存走势，用的是美国馏分油库存数据。从走势可以看出，第一季度馏分油的库存时间少的，因为这个时候是取暖油的消费高峰，然后从4月开始库存逐步回升（图13-3）

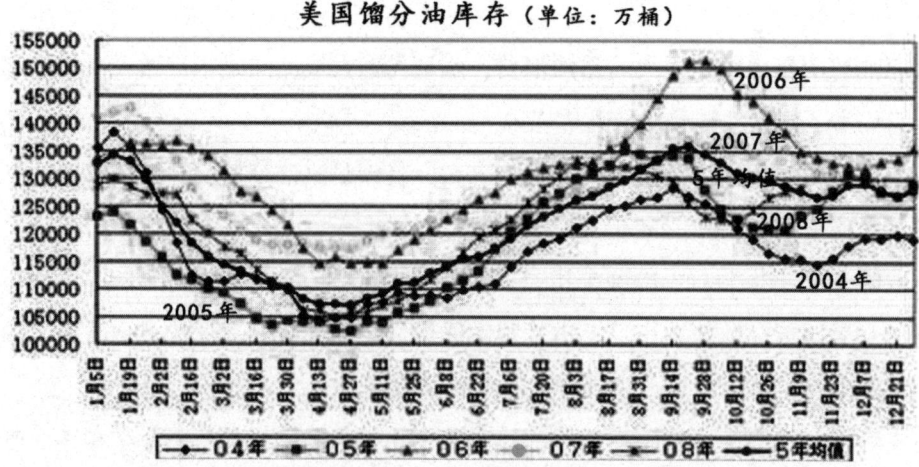

图 13-3　美国馏分油库存季节性走势（2004 年到 2008 年数据）

数据来源：EIA　良时期货研究中心　无著

汽油的消费周期，我们可以从汽油的库存走势中得到验证。从美国汽油库存走势可以看出，从第二季度末开始，汽油库存开始走低，到了秋季库存达到年内最低点，这个时候刚好是汽油消费的高峰期（图 13-4）。

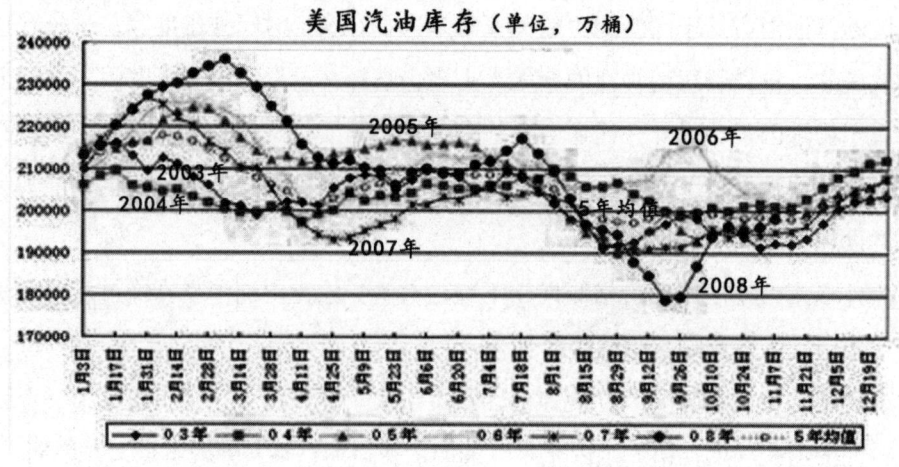

图 13-4　美国汽油库存季节性走势（2003 年到 2008 年数据）

数据来源：EIA　良时期货研究中心　无著

我们可以从美国炼厂利用率来观察天气的周期性影响，因为每年 8 月到 10 月为大西洋和墨西哥飓风的高发期，这个时候美国墨西哥湾地区的炼厂开工率/利用率会显著下降，从美国炼厂利用率走势图上可以清楚发现这一规律（图 13-5）。

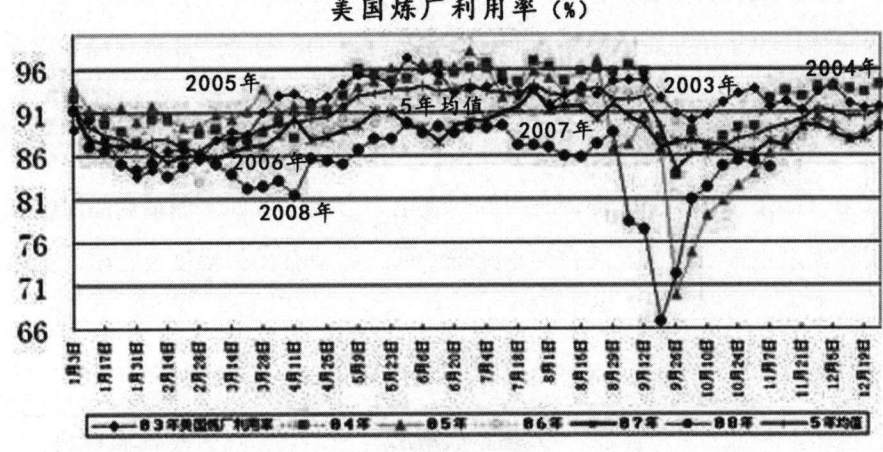

图 13-5 美国炼厂利用率走势（2003 年到 2008 年数据）

数据来源：EIA 良时期货研究中心 无著

上面都是讲美国的原油/成品油消费季节性，我们来看下欧洲的原油需求的季节性变化（图 13-6），从中也可以发现同样的规律，那就是第一季度和第三季度消费旺盛，第二季度和第四季度需求回落。

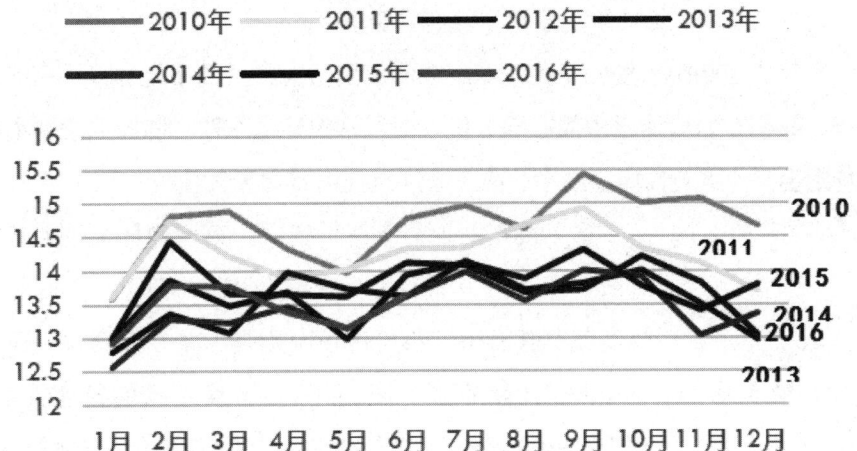

图 13-6 欧洲原油需求的季节性变化（百万桶/日）

数据来源：Bloomberg 华泰期货研究所 陈静怡

季节性的规律使得每个时段都会引导市场形成某个关注焦点，而这个关注焦点往往容易引发题材炒作。因此，事件驱动交易者，或者说题材投机客应该对原油的季节性规律烂熟于心，知道什么时候会有什么菜端上来。

265

我之前强调过,一定要将季节性因素纳入基本面大框架中去考察,季节性因素能否真正体现出来还要看大的基本面是否支持。原油的整个产业链状况和美元趋势决定了大基本面,而季节性因素决定了淡旺季。大基本面和季节性构成了一个 2×2 的矩阵,如果原油商品属性和资产属性支撑大基本面看涨,而现在处于旺季,那么上涨有力,如果处于淡季,即便有回调幅度也不会太大。如果原油商品属性和资产属性支撑大基本面看跌,而现在处于旺季,那么即便有反弹幅度也有限,如果处于淡季,则下跌会非常凶悍(表13–2)。

	大基本面看涨	大基本面看跌
旺季	上涨有力	反弹幅度有限
淡季	回调幅度有限	下跌有力

表 13–2　大基本面和季节性因素的交互作用矩阵

在上述理论框架的基础上,我们将原油的年内走势分为两段来考察:第一段是第一季度到第二季度;第二段是第三季度到第四季度。

第一段年内走势中市场先是关注取暖油的消费情况,这是市场的第一季度的焦点,也就是我们在后面课程中的心理分析里面经常提到的东西。随着取暖油高峰结束,市场则会将焦点转向库存水平、第三季度汽油消费和天气预报。

> 大的供求趋势和美元趋势决定大基本面,季节性受制于大基本面。

第一段年内走势有两种情况:第一种情况是大基本面看涨,那么第一季度的上涨较为显著,而第二季度的回调幅度就非常有限。第二种情况则是大基本面看跌,那么第一季度的上涨幅度有限,而第二季度下跌的幅度就不小。对于第一种情况,无著先生举了 2005 年的例子,他指出"当时美国包括取暖油在内的馏分油库存处于低位水平,而当时由于需求快速增长,EIA 数据显示 2005 年 1 月份全球原油供应为 8403 万桶/日,而需求为 8463 万桶/日,全球原油库存水平又较低。整体市场供求气氛偏紧,元旦过后原油价格快速上涨,从 41 美元上涨到 3 月下旬的 58 美元,上涨幅度达 41%。4 月份价格小幅回落,但 5 月份价格再度震荡走高,市场强势明显。"(图 13–7)

图 13-7　大基本面看涨前提下的第一二季度行情

数据来源：文华财经　良时期货研究中心　无著

对于第二种情况，无著先生举了2001年的例子，他指出"当时EIA数据显示，2000年全球原油日供应7776万桶，而日需求量为7666万桶，到2001年的时候全球原油日供应为7768万桶，需求为7740万桶，市场供应过剩，库存水平偏高。整体市场供求气氛宽松，2000年12月下旬到2001年2月初，原油价格小幅反弹，之后再震荡回落，二季度市场继续维持弱势整理。"（图13-8）

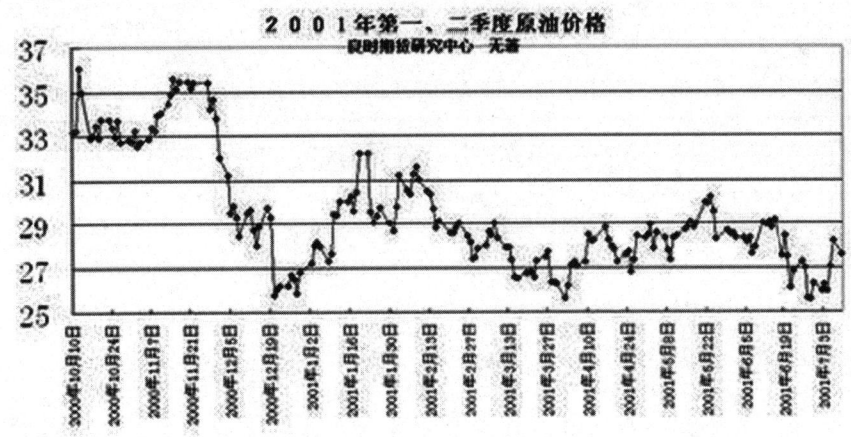

图 13-8　大基本面看跌前提下的第一、二季度行情

数据来源：文华财经　良时期货研究中心　无著

第二段年内走势中市场先是关注天气状况，特别是墨西哥湾的天气状况，同时也关注汽油消费情况。而第四季度市场则会关注库存走势、第一季度取暖油消

费预期和寒潮预期。一般而言，第四季度的原油价格调整幅度要比第二季度大，毕竟汽油的消费量要比取暖油消费量大，第二季度调整不深是因为后面汽油消费量对原油价格影响很大，而第三季度调整深是因为取暖油消费对原油价格的支撑力度不及汽油。

第二段年内走势有两种情况：第一种情况是大基本面看涨，那么第三季度的上涨较为显著，而第四季度的回调幅度就非常有限。第二种情况则是大基本面看跌，那么第三季度的上涨幅度有限，而第四季度下跌的幅度往往就很大。

对于第一种情况，无著先生举了2007年的例子，他指出"EIA数据显示，2006年全球原油日供应8460万桶，而日需求量为8477万桶，到2007年的时候全球原油日供应仍为8460万桶，但需求增加至8559万桶，另外当时汽油库存水平处于历史低位，再加上美国大幅增加战略储备库存，市场供求气氛偏紧，原油价格第三季度大幅走高，第四季度继续冲高并且维持高位强势整理。从2000年到2008年，由于全球经济的快速发展，市场供求氛围偏紧，2000年、2002年、2003年、2004年、2005年、2006年、2007年和2008年均出现类似的情况，其中2007年最强势。"（图13-9）

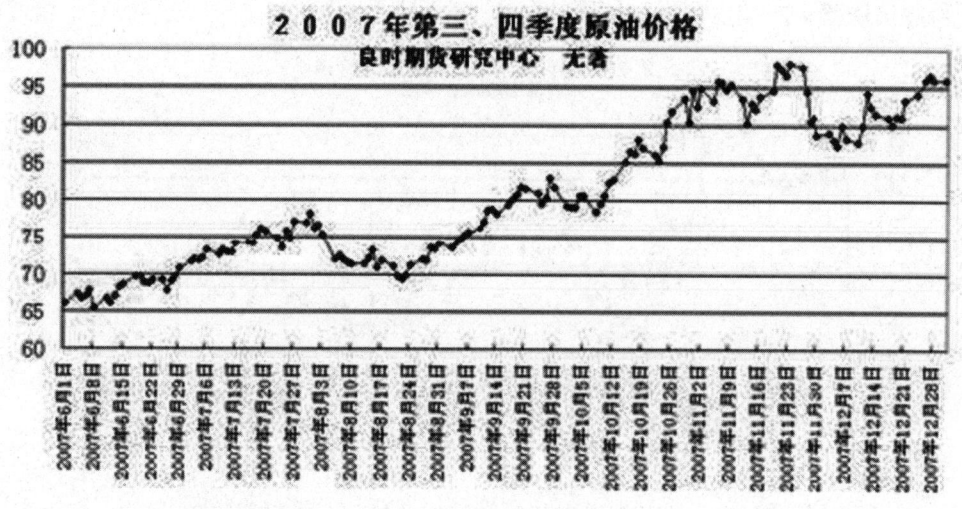

图13-9 大基本面看涨前提下的第三、四季度行情

数据来源：文华财经 良时期货研究中心 无著

对于第二种情况，无著先生举了2001年的例子，他指出"当时市场的供求氛围宽松，而且汽油库存处于高位水平，第三季度原油价格呈现震荡格局，进入第四

季度价格开始大幅回落。从 2000 年到 2008 年，只有 2001 年一年出现这种走势，但在这之前的商品熊市中这种走势比较常见。"（图 13-10）

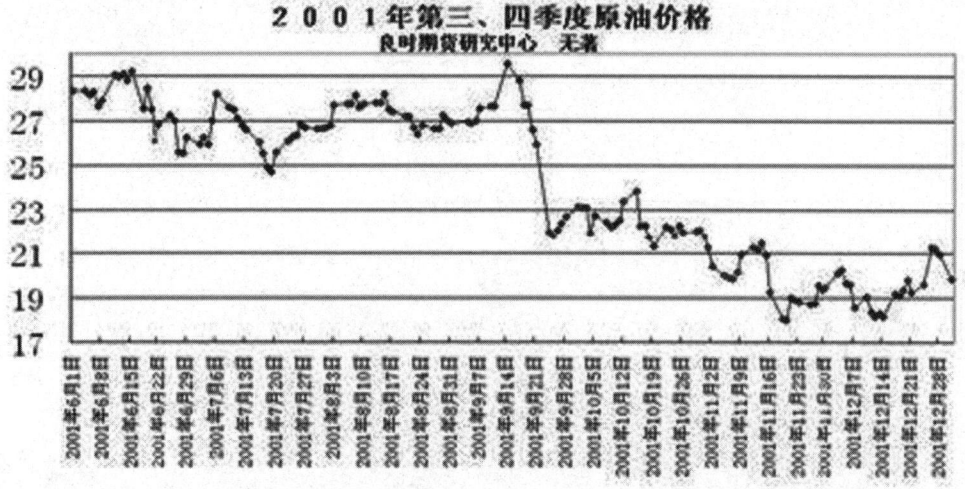

图 13-10　大基本面看跌前提下的第三、四季度行情

数据来源：文华财经　良时期货研究中心　无著

本课没有提及的大量原油季节性统计数据表明时间框架越大，则季节性因素的影响越小，而趋势因素的影响越大。

另外，交割因素也会对原油价格产生周期性的影响。原油期货主力合约一般为 3 月、5 月、7 月、9 月和 12 月，交割期限是在交割月的 15 号之后的五个工作日，遇假期顺延。合约的最后交易期限为交割月前的三个交易日。例如 2016 年的原油期货 3 月合约，3 月 15 日、16 日是周六假日，3 月 17 日至 3 月 21 日五个工作日为最后交割期限，原油期货 3 月合约最后交易期为 2 月 26 日、2 月 27 和 2 月 28 日三个交易日。主力机构通常会在交割日调仓换期或在交易日平掉头寸，临近最后的交割期限或最后的交易期限，行情波幅比较大，原油交易者需要特别关注这些敏感的"时间之窗"。

第十四课

原油金融市场的心理分析（1）：

持仓与共识预期

预测原油价格是一种动态的过程，需要持续分析 OPEC 的决策心态、供求均衡和地缘政治以及市场对于这些因素的观点与预期。

——杰克·施瓦格（Jack D.Schwager）

大家都知道的东西通常来说在最好的情况下没什么用，而在最坏的情况下则是错误的。

——霍华德·马克斯（Howard Marks）

美元汇率对油价的影响程度最大，其系数为 −1.7154，负号表明美元汇率对油价影响是一种反向关系，如果美元汇率波动 1 个单位，则油价反向波动 1.7154 个单位；其次是供求缺口，影响系数是 1.3681，供求缺口扩大将使得油价上涨；投机因素在三者之中对于油价的影响虽然最小，但是 0.61 的系数值表明投机因素对原油价格形成有重要作用，系数为正意味着非商业交易者净多头头寸增加将使原油价格上涨。

——王书平

原油的驱动分析我已经介绍完毕了，驱动分析从两个属性衍生开去，资产属性是最为重要的，与美元相关。但是由于我个人又有诸多外汇专著，并且有一本美元周期的专门讲义整理后会出版，所以就没有在本书大费笔墨来谈美元了，只是在第四课提纲挈领地讲了一下。原油驱动分析的第二块内容是商品属性，从第五课到第十三课都在讲，从上游讲到中游，再讲到下游。我知道大部分刚进入这个市场的读者都热衷于技术分析的东西，但是市面上这方面的东西实在太多了，而且我个人在《外汇交易三部曲》和《黄金短线交易的24堂精品课》当中讲解的技术分析体系已经非常系统了，因此懒得再去反复大谈技术分析，而是将重点放在驱动分析和心理分析上，我知道这书出版后，有人会认为缺乏技术分析这类"看起来更加具有可操作性"的内容，对此我只能一笑置之，要不了两年你就会发现什么是你和对手都相当缺乏的素质。但是，为了原油分析和交易流程的完整起见，我会用三课将技术分析的精髓——"势位态"结合原油这个品种提纲挈领地讲一遍。

说这么多，就是想告诉你，分析中最难的，最少人去钻研的，最有价值的部分是驱动分析，其次是心理分析，至于行为/技术分析你看看身边有多少人、多少书在讲，就明白这里面到底有多少有价值的东西了。技术分析易学，所以大众热衷于此，但是金融市场是少数人赚多数人的钱，多数人在干什么，少数人在干什么，大众的盲点就是你利润的源泉。技术分析的利润因为学习者和使用者众多早已不断下降，你还执迷不悟，偏执于此？

> 孙子兵法中的"攻城为下，攻心为上"，就体现了心理分析的重要性。

我用了超过一半的篇幅讲原油驱动分析的各种工具，这部分讲义仍旧感觉意犹未尽，只能等待以后不断完善。从本课开始一直到二十课，我都会讲心理分析，其中包括用来验证资金流向的跨市场分析（图14-1）。

那么，本课讲些什么呢？原油的COT报告，这个是最重要的，其次是共识预期的周期模型，这个模型我在外汇交易和股票投机的相关讲义当中都有涉及，这里专门结合原油讲一下，因为你未必会去读其他讲义的相关部份。另外，还会大致谈到其他一些具体的心理分析工具，比如原油期权和基差，后者使用的时间不多，但是市场处于极端情绪状态时这些工具会给出提醒信号，进而确认趋势潜在的反转点。

第十四课 原油金融市场的心理分析（1）：持仓与共识预期

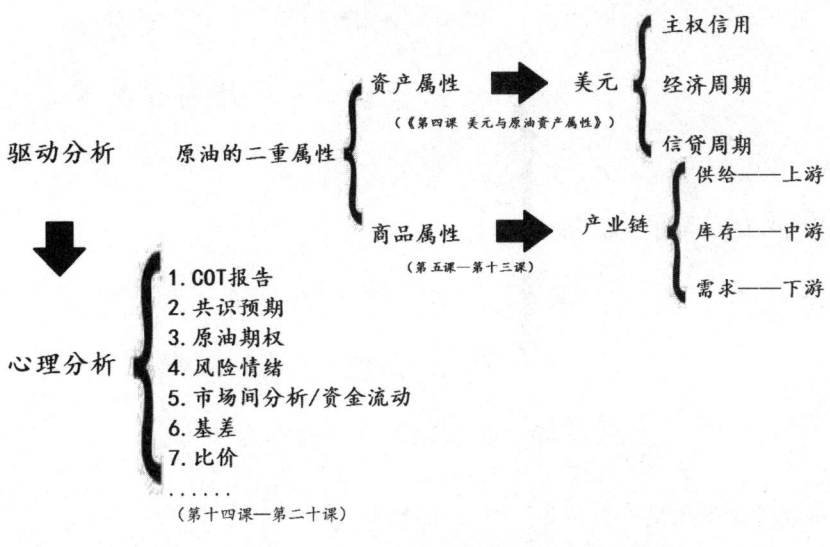

图 14-1 原油的心理分析对象和工具

本课的主角之一要上场了，这就是原油 COT 报告。外汇和大宗商品只要在美国期货会场挂牌交易，那么就可以获得这个品种的 COT 报告，这个报告反映了玩家们的动向和情绪，所以是原油心理分析的杀手级运用，需要自己下来多加揣摩，而不是依赖于我这里讲到的部分过往经验。

COT 报告的英文全称是 "Commitments of Traders Report"，本书专讲原油的 COT 报告。这个报告是美国商品期货交易委员会（CFTC）定期发布的一个交易者持仓报告。

COT 报告是怎么构成的呢？持仓报告主要分两个部分，一部分是报告持仓（Reportable），另外一个部分是非报告持仓（Non Reportable），前者是超过规定数量的持仓，是必须向监管当局申明的持仓，一般认为是机构持仓，而后者则属于不需要向监管当局申明的持仓，一般认为是散户持仓。

非报告持仓又分为两个部分，一类是商业持仓（Commercial），一类是非商业持仓（Non Commercial）。一般认为商业持仓是产业链上游的生产者、中游的贸易商和下游的消费商建立的，这部分可以与原油的商品属性对应。同时，非商业持仓则被看作是资产管理机构建立的，这部分可以与原油的资产属性对应（图 14-2）。

CFTC 每周五 15：30（夏令时北京时间每周六凌晨 4：30，冬令时每周六凌晨 5：30）发布一份持仓报告，报告数据来自芝加哥、纽约、堪萨斯城和明尼安纳波利斯的期货或期权交易所。这份报告（分为"期货"和"期货与期权"两种，通常所说的持仓报告是指期货）将市场内的交易者在当周周二收盘时的仓位公布，揭示了基金等投资者在美国期货市场上持仓数量及方向的变化，反映了不同市场主体对市场行情的看法。

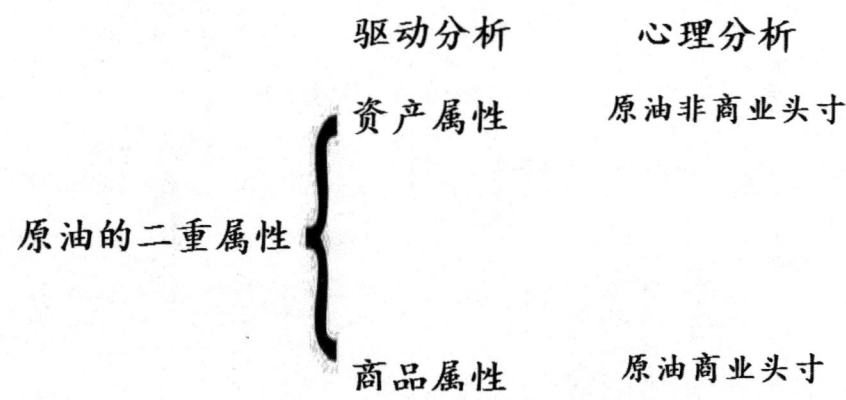

图 14-2　原油二重属性与原油头寸

非商业持仓下面又分为多头、空头和套利三个类型。

COT 报告只是给出了一些统计数据，报告持仓和非报告持仓只反映了头寸大小，而商业头寸和非商业头寸则未必能够完全区隔开来，某些大投行也涉足了原油的运输和库存业务，甚至也涉及生产业务，这样就使得他们的资产管理头寸可以当做套保头寸来申报。因为资产交易和投机面临更高的税收。

> 非商业头寸可能被低估，但是不会被高估。

当然，次贷危机后美国监管发现了部分资产管理/投机类仓位伪装成了商业头寸，而一些互换/掉期交易也被不恰当地当做了商业持仓，因此新的 COT 报告会将互换和掉期交易单列出来，同时加大了监管力度，这就使得使得很多投机资金流向了其他原油期货市场。

那么如何解读 COT 报告提供的数据呢？如何解读原油 COT 报告中各种持仓数据的意义呢？这些持仓数据对于我们预判原油期货价格走势有什么作用呢？

我会给出一些 COT 数据的分析要点，知道这些要点之后你真正的工作就是基于这些要点打开 COT 数据的相关网站然后自己动手去分析，并且将分析的结论置于原油分析框架去理解，而不是简单地认为出现了 A，就会出现 B。世界并不这么简单，出现了 A 之所以必须出现 B，是因为具备了条件 C 和条件 D，而后面这两个条件只有你用系统的框架去判断才能发现。

COT 数据分析的第一个要点是原油非商业净多头与原油价格走势之间存在非常强大的正相关性（图 14-3）。非商业净多头具体是指非商业多头减去非商业空头，当非商业净多头上涨的时候，油价上涨；当非商业净多头下跌的时候，油价下跌。

第十四课 原油金融市场的心理分析（I）：持仓与共识预期

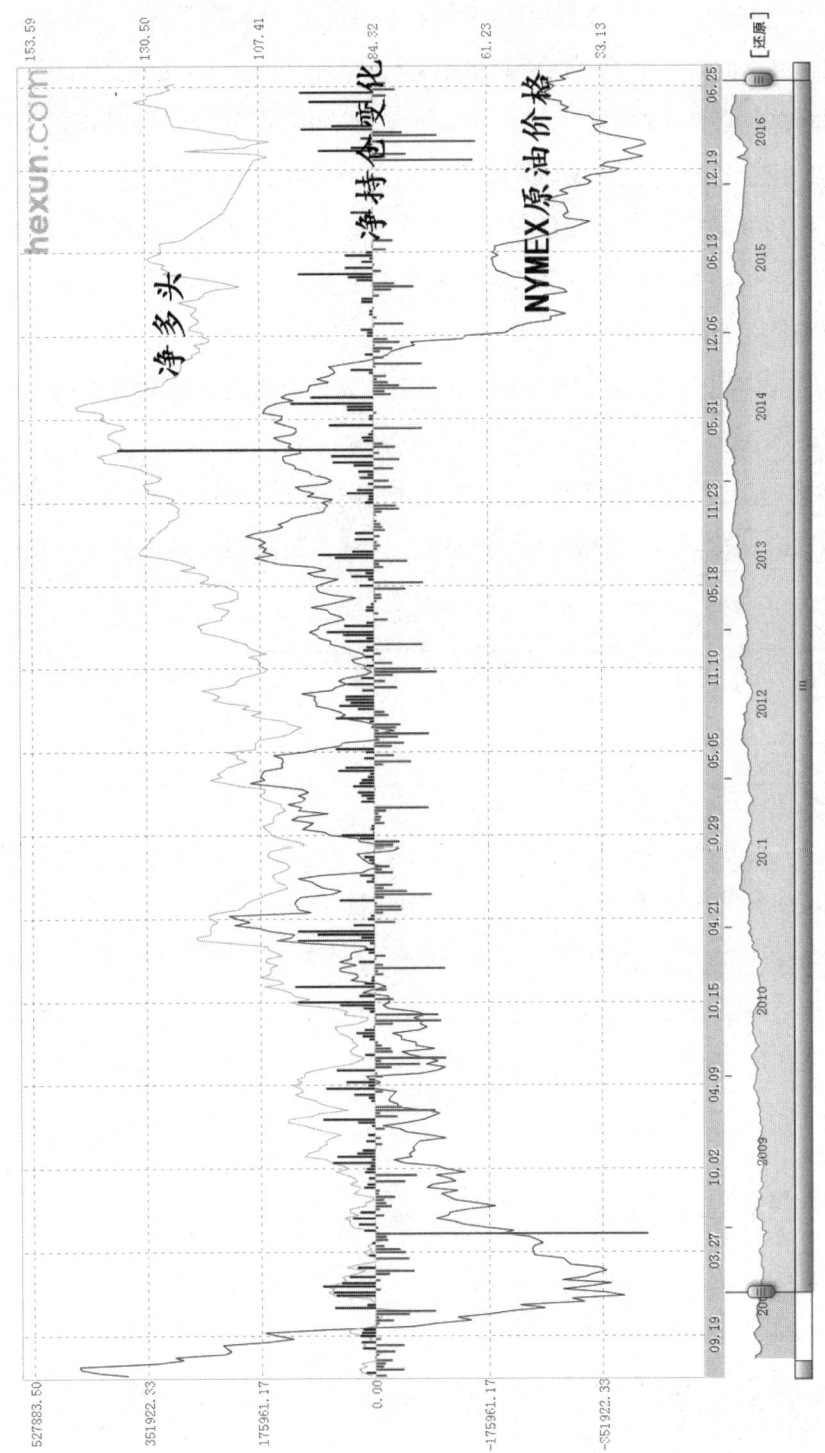

图 14-3 原油期货持仓净多头与价格
数据来源：和讯期货

COT数据分析的第二个要点是非报告净多头往往跟随非商业净多头运动,这表明散户的投机资金往往与主力投机资产的动向一致而且前者追随后者。

COT数据分析的第三个要点是商业净多头与非商业净多头是反向变化的,互为镜像关系,因为商业头寸以套保为主,而非商业头寸以投机为主,套保和投机互为主要对手盘。当然,商业头寸当中也有多头和空头,非商业头寸中也有多头和空头。

COT数据分析的第四个要点是非商业净多头进入历史高值区域则容易构筑顶部,非商业净多头进入历史低值区域则容易构筑底部。而商业净多头进入历史高值区域则容易构筑底部,商业净多头进入历史低值区域则容易构筑顶部(表14-1)。为什么会出现上述情况呢?因为投机资金持仓的峰值出现意味着在这个方向上很难继续流入资金,因此趋势会反转。而商业头寸是以套保为目的,因此对于生产商而言,一旦涨到利润最大区域,则他们的做空套保数量往往也倾向于最大,对于下游需求商而言,一旦价格跌到利润最大区域,则他们的做多套保数量往往也是最大的。

原油价格	原油非商业净多头	原油商业净多头
高点	高点	低点
低点	低点	高点

表14-1 原油价格与净多头的高低点

如何确定净多头的高低点呢?一个办法是分别找出1年、2年、3年、4年和长期的净多头高点和低点,看现在的COT净多头持仓是否靠近这些范围,另外一个办法则是确定原油价格中长期高低点,然后标注出当时对应的持仓高低点。这些高低点就是参照系,用来观察现在持仓是否临近甚至超过这些参照点,进而从心理和资金层面判断行情会出现修正甚至反转。

> COT数据非常有用,特别是做趋势交易的时候,这个可不是什么花拳绣腿。

COT数据的最大作用在于判断潜在的反转点,所以上述第四个分析要点最有价值。原油价格的趋势性反转点往往与商业净多头或者非商业净多头的极端值有关。

那么,从哪里可以看到COT数据呢?CFTC的官网可以看到,首先登录www.cftc.gov,点击首页下拉菜单"Market Reports",然后选择"Commitments of Traders Report"(图14-4)。

第十四课 原油金融市场的心理分析（1）：持仓与共识预期

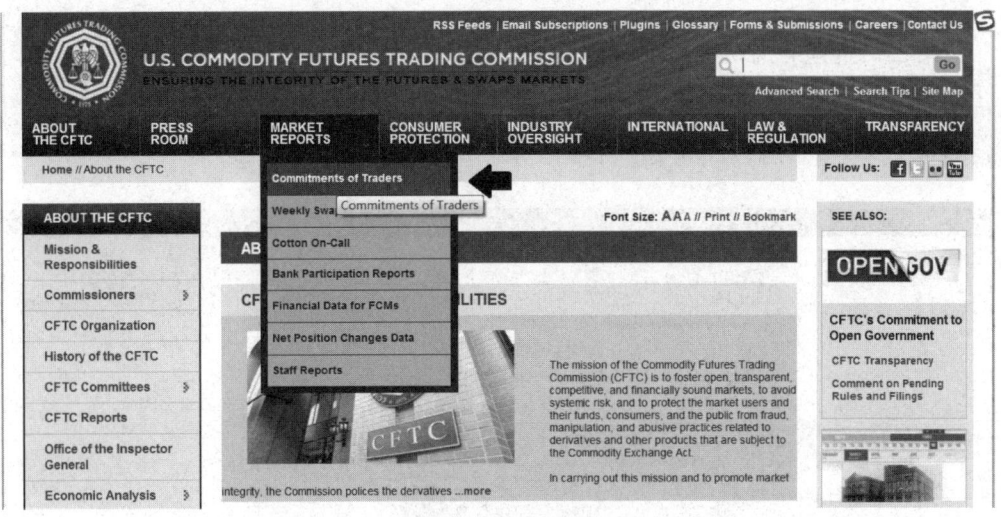

图 14-4　CFTC 的官网查看 COT 数据

但是，我个人更加偏好一些做成走势图的网站，第一个是和讯期货。首先，登录 http://futures.hexun.com/，寻找到"CFTC 期货持仓查询"点击进入（图 14-5），此后你可以选择品种、净多头头寸类型和时段。和讯 COT 数据走势图有一个优势就是将价格线放在上面，这样可以便于观察持仓和价格之间的关系。

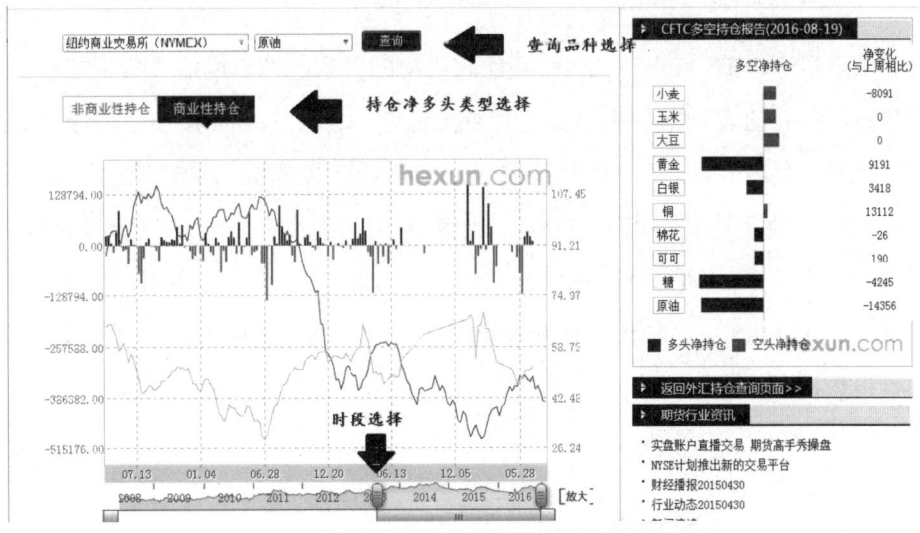

图 14-5　和讯期货查看 COT 数据

第二个查询的网站是原油 COT 数据的是 99 期货网。首先进入 www.99qh.com，首页上有"CFTC 持仓"和"CFTC 持仓（新）"两个栏目，都可以点击进去（图 14-6）。

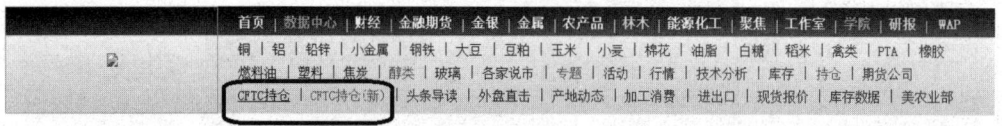

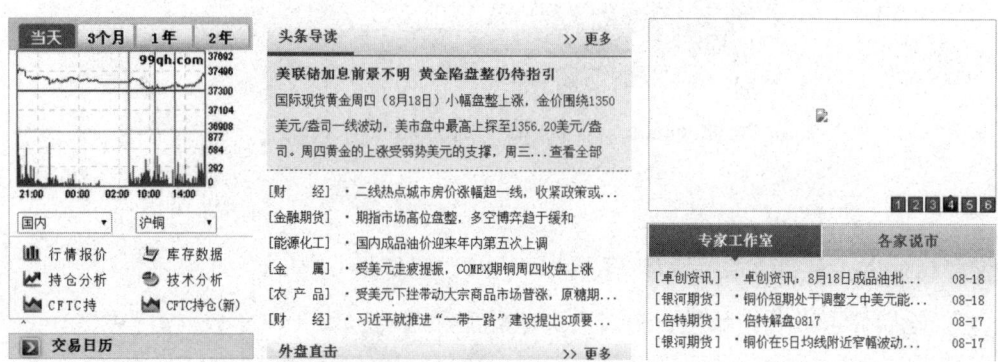

图 14-6　99 期货网查看 COT 数据

如果点进"CFTC 持仓"，这就是比较简单的持仓统计，包括"商业持仓图表"和"非商业持仓图表"等（图 14-7），如果点进"CFTC 持仓（新）"则分类更细，其中"生产 / 贸易 / 加工 / 用户持仓图表"和"资产管理机构持仓图表"是重点，前者相当于"商业持仓图表"，对应于原油的商品属性，后者相当于"非商业持仓图表"，对应于原油的资产属性。另外，"非报告头寸总持仓图表"则显示了散户持仓（图 14-8）。这个数据源的特点是持仓数据特别详细，但劣势在于没有叠加价格数据。

第十四课 原油金融市场的心理分析（1）：持仓与共识预期

图 14-7 CFTC 持仓数据旧版

数据来源：99 期货网

图 14-8 CFTC 持仓数据新版

数据来源：99 期货网

第三个信息源是财库网,这个网站提供的原油 COT 数据也叠加了价格数据。进入财库网主页 www.caiku.com,点击菜单栏中的"外汇"(图 14-9),进入后选择"纽约原油",拉到这个页面的下方就看到原油持仓和价格变化(图 14-10),图中的"汇率周线"其实是原油期货价格周线。

图 14-9 财库网查看 COT 数据(1)

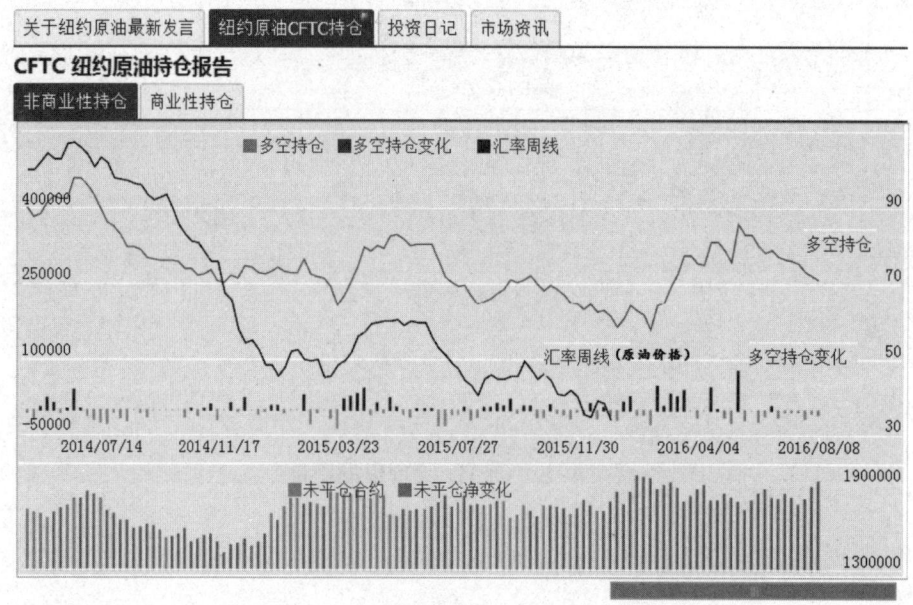

图 14-10 财库网查看 COT 数据(2)

第十四课 原油金融市场的心理分析（1）：持仓与共识预期

怎么利用 COT 数据来判断油价转折点，以及从哪里寻找 COT 数据我都已经详细给出了，下面讲共识预期，也就是市场焦点。

很多读者可能会说技术分析包含一切，技术走势本来就包含了心理信息，其实我们从另外一个事实就知道技术分析其实不能很好地促进我们对市场心理的把握。现有的机械交易系统基本都是基于技术分析的，它们不考虑驱动因素和心理因素，所以长期很难获得暴利，毕竟市场有周期性的变化和结构性的变化，周期性变化源于心理因素，它使得震荡和单边交替，而结构性变化源于驱动因素，这两种变化会让基于纯技术分析的交易者回吐大部分利润，甚至失效。

既然分析这么重要，而心理分析的要素我们也大概了解了，那么究竟心理分析的框架是怎么样的呢？请看图 14-11，这就是我采用的"心理分析示意图"。

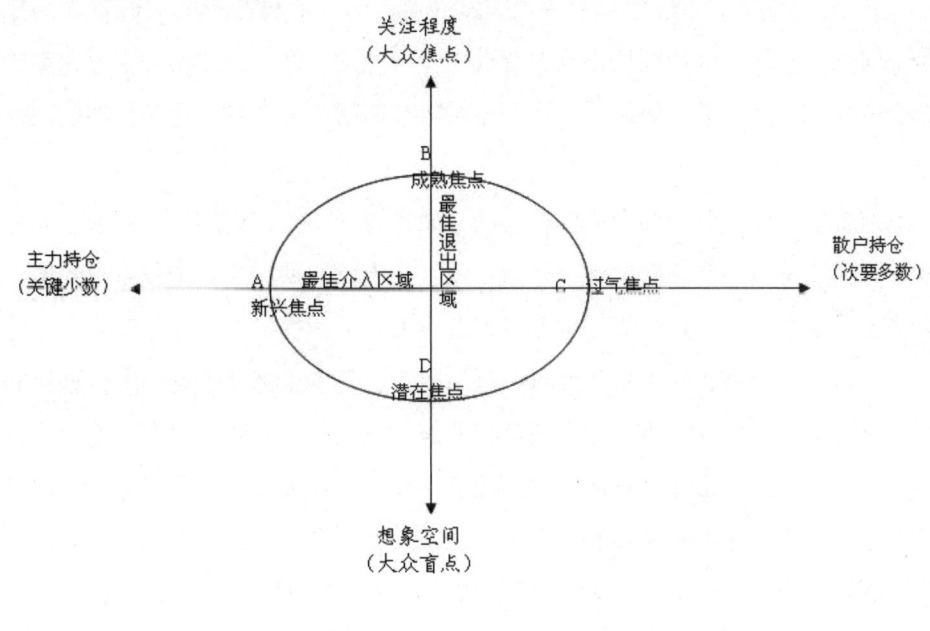

图 14-11 心理分析的框架

来源：2010 年版《外汇交易三部曲》 魏强斌

这里面有四个问题需要了解，第一就是一个市场观点的想象空间还有多少，越大说明能走的预期行情越大，如果一则新闻带出的信息都是铁板钉钉，未来进一步发展的可能性非常小，进一步炒作的空间很小，这样就是缺乏想象空间的焦点，自然也就不会引发机构交易者注意，当然也不太可能发展成为趋势。如果一个观点还没有被绝大多数散户所注意，但是未来进一步发展的可能性很大，则很可能成为主力的建仓理由，这就是潜在焦点 D。如果这个焦点逐步浮出水平，少部分散户也开始注意了，主力也基本完成建仓了，市场此前的热点还在聚光灯下，则这个市场观点就是新兴焦点 A，这时候主力开始顺势而为，行情也开始发动了，这也是我们最佳的介入起点。此后，随着市场不断地炒作和市场新兴焦点的不断扩散和渗透，大家都开始注意到了，关注程度逐步达到最高，这个市场焦点就成了成熟焦点 B，这时候我们就也应该退出了。AD 是这个阶段主力力图把握的阶段，而 BC 是散户着力的阶段。想象空间是第一个关键问题，主力持仓是第二关键问题，关注程度是第三个关键问题，散户持仓是第四个关键问题，进行心理分析的时候就需要把握

> 一些极端价位被市场广泛认可的时候，往往意味着成熟焦点。比如，2007 年，牛市 1 万点。比如高盛在原油上涨的时候喊 200 美元一桶，下跌的时候喊 20 美元一桶。

这是个问题：一问"这个题材还有没有进一步发展的空间"？二问"主力如呢看待这个题材"？三问"散户如何看待这个题材"？四问"大众对这个题材的关注程度如何"？

参与者们总是围绕一两个主题在行动，而且市场主题在周期性的转换，如果我们能够每天浏览市场新闻则能够很好地紧贴市场焦点转换。当一个焦点得到绝大部分人高度重视的时候，这个操作机会也就处于无利可图的状态了，这就是大众的焦点了，一旦一个题材成为大众的焦点，那么散户也基本全部加入其中了，这样的行情马上就要结束了。我们要找到市场存在的新兴焦点，同时还要明白目前的成熟焦点，所谓新兴焦点就是那些想象空间还足够，同时市场关注程度还有进一步发展空间的焦点，而成熟焦点则是那些众所周知，人人都想根据这一热点进行正向操作的热点。如果说新兴焦点是正向操作机会，那么成熟焦点则是反向操作机会。

心理分析的关键是找出市场的新兴焦点，并确认市场对这一焦点的关注程度正在不断增强。其实市场的新兴焦点和成熟焦点往往都在头条之类的专栏中出现，第一次出现则往往是新兴焦点，如果反复出现而且又缺乏想象空间，同时关注程度极其高（以至于没有进一步提升的空间），则不属于新兴焦点，而是成熟焦点。

市场焦点为什么这么重要呢？我们再来回顾一下上述我建立的心理分析的框架，关键的少数是机构交易者，他们往往是赢家，次要的所属是散户交易者，他们往往是输家。赢家的着眼点在潜在焦点到新兴焦点这个发展阶段，而输家的着眼点

第十四课 原油金融市场的心理分析（I）：持仓与共识预期

则是从成熟焦点到过气焦点这个发展阶段。不论是潜在焦点、新兴焦点还是成熟焦点，或者是过气焦点，他们都涉及焦点、一个题材，一个被大众心理上可能认可、已经认可、将要认可、过去认可的题材。驱动分析的目标可能还是侧重于大的趋势，或者是找出一波单边走势，也可以看成是找出潜在焦点，而心理分析的目标则是揣摩市场对这些驱动因素的偏好。毕竟，市场心理决定了驱动因素发酵的程度和顺序！

> 报告头寸属于主力，非报告头寸属于散户。

那么，原油的共识预期/市场焦点我们如何获得呢？看看原油相关的媒体和论坛/群组的交易者们都在谈论什么，都在关注什么。

另外，花两句话谈一下原油期权，2015年2月，NYMEX原油期权日均交易量超过230000份合约，其中超过60%的基准WTI期权（LO）交易以电子方式在CME Globex进行。交易者正越来越多地将能源期权策略纳入其投资组合中，并可在NYMEX利用电子流动性的优势。原油期权也会出现一些多空的极端比率，而这些比率往往反映了市场的极端情绪和成熟的市场焦点，因此意味着原油价格的转折点或者是波段结束点。原油期权也可以从CME官网上查询到相关信息，但是比起COT报告，市场驱动力要差很多，可以作为参考。

> 高盛首席分析师 John Marshall 与 Katherine Fogertey 对 WTI 价格、美国石油指数基金走势和能源指数基金走势进行统计，计算它们的隐形波动率和期权买卖偏度（put-call skew），以此追踪原油交易者的情绪变化。当隐性波动率和卖权偏度上升时，该指标意味着交易者愿意"以任何价格对冲"，石油超卖。

关于原油现货与期货的基差，以及远期合约与近期合约的差值有很多似是而非的说法，现货相对期货溢价你既可以认为是现货需求坚挺，因此期货价格也会得到支撑，做空危险，但是你也可以认为是原油价格预期将走弱，因此期货价格将会继续下跌。就我多年的实际交易经验而言，基差和期限差值的正负并没有机械单一的意义，相反你应该搞清楚期货溢价/现货溢价、远期溢价/近期溢价的具体基本面背景是什么，市场情绪是什么。基差和期限价差的极端值更加有意义，这些极端值有较大概率与价格趋势或者波段转折点有关。

第十五课

原油金融市场的心理分析（2）：

风险偏好与跨市场分析

天下熙熙，皆为利来；天下攘攘，皆为利往。

——《史记·货殖列传》

就算再不淡定，如果能够对市场情绪在市场波动时所创造的风险和机会有所了解，你就能掌握其他人所不具备的投资优势。交易者只能在评估指标的帮助下，才能判断出市场中的大幅波动是由参与者情绪还是其他因素引起的。

——苏珊·迈吉（Suzanne McGee）

做外汇和黄金交易很多年了，2008年在北京的时候自己参与高赛尔金条投资，也推荐了少数密友购买，正是长期浸淫在外汇和黄金市场使得我对于"风险偏好"这个词时刻铭记于心，后来参与了金融期货和商品期货的交易，获得了不少的经验和教训，同时也让我更加重视"风险偏好"这个因素。在利用空闲时间，将多年交易和分析的笔记整理和完善成《外汇短线交易的24堂精品课》（2009年版）和《顺势而为：外汇交易中的道氏理论》（2012年版）两书正式出版时，我对"风险偏好"的理解变得越发深刻系统，这就是教学相长的过程。

做原油为什么也要讲"风险偏好"？风险偏好对于原油市场有多大的影响呢？原油算得上是大宗商品之母，很多农产品都已经作为重要的生物能源的上游，同时农产品成长过程所必需的农药和化肥大多源于石化过程，农产品的运输成本与原油关系密切。工业品的开采和运输成本与原油关系密切，化工品就更不用说了。简单几句就可以看出来原油确实与其他大宗商品关系密切，其本身也算得上最为重要的大宗商品了。而大宗商品处于"风险—收益"矩阵的高端，因此对于风险情绪非常敏感，具体怎么个敏感法，并不像通常认为的那样风险情绪上涨原油就会下跌。

要搞懂原油与风险情绪的关系，就必须搞懂"风险—收益"矩阵，搞懂不同交易品种在这个矩阵中的相对位置，因为相对位置决定了它们之间的联系（图15-1）。

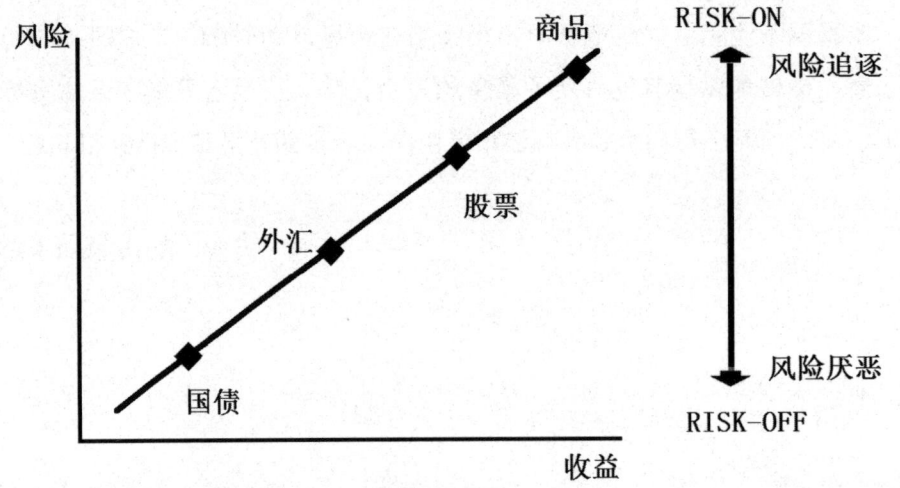

帝娜"风险—收益"矩阵

图15-1 "风险—收益"矩阵与风险偏好

来源：《黄金短线交易交易的24堂精品课》（2016年版）

第十五课　原油金融市场的心理分析（2）：风险偏好与跨市场分析

整体而言，金融标的风险与收益是正相关的，也就是说提高收益就要承担更大的风险，这是一个整体的风险和收益匹配问题。因为更高的收益来自于更高的波动性，而更高的波动率同时意味着更高的风险。这个风险和收益是就波动性而言，没有考虑我们持仓方向准确性的问题，也没有考虑我们的仓位管理问题。

单个人可能具有判断市场波动方向的能力，但是对于整个参与群体而言可以假定是难以准确判断市场方向的，因此对于整个参与群体而言，风险和收益主要涉及波动率，而无法用自己的判断能力来提高收益和降低风险。

我们以较为典型的几大金融市场/标的作为代表"入驻"风险—收益矩阵，它们分别是国债、外汇、股票和商品。这里需要注意的是参与外汇市场的大多数重量级交易机构倾向于低杠杆甚至无杠杆，而且主要赚取的是息差和汇兑收益，而不是短线价差。市场上的大型主流玩家在外汇市场上取得的年均利润率要显著低于股票市场，基本上低于15%。只有高杠杆的零售外汇玩家可能超越这一收益，而对于索罗斯这样的玩家而言，只有在某些特殊时期才会采用杠杆获得非常高的收益，比如欧洲货币机制出现危机的时候、东南亚经济危机的时候、日本超级量化宽松的时候。所以，在不考虑杠杆的情况下外汇的风险和收益要低于股票。

在这个"风险—收益"矩阵中，风险和收益最低的是国债，往上走则依次是外汇、股票、商品。当然，还有一些其他金融标的，比如信用债、金融期货、期权，等等。这些大家可以根据其"风险—收益"特征放到相应的位置上。情绪主导市场，情绪好的时候大家就会追逐高收益的标的，因为这个时候忽略了风险，这个就是"RISK-ON"。情绪差的时候大家就会非常在意风险，这个时候就会规避风险，要规避风险就只能选择那些收益率较低的标的，因为只有收益率低的资产标的，其风险才会相对较低。中长期来看，一个特定资产的收益率是较为恒定的，是有大致区间的，是能够预期的。比如，很多学者统计过英国、美国乃至A股的上市公司的长期收益率，在几十年甚至上百年都有一个比较明确的相对区域。所以决定大家整体配置的原因往往不是因为收益率变化，而是因为风险情绪变化，也就是对风险的承受能力发生了变化。风险承受能力为什么发生变化？第一跟整体宏观经济的周期阶段有关，经济好的时候，大家认为还会好，这就是直线预期；第二跟融资难易程度有关，如果可以零成本甚至负成本获得大量资金，大多数人的风险偏好都会上升。除此之外，还有一些其他因素，我们这里就不占用篇幅了。

那么，原油在这个"风险—收益"矩阵中究竟处于什么位置呢？我们在分析原油价格的时候应该如何看待风险偏好呢？原油的二重属性是我们进行原油驱动分析的核心，我们前面的课程已经清晰地讲解了其中的各种要素：对于资产属性而言，美元对于原油价格的影响最大，而美元属于外汇市场的重要标的；对于商品属性而言，产业链对于原油价格的影响最深远，而产业链的情况比较复杂，简单地可以分为上中下游三个环节研究，更简单地分法是供给和需求两个方面。原油的二重属性使得原油相对于一般商品而言，受到风险情绪作用的机制更加复杂（图15-2）。

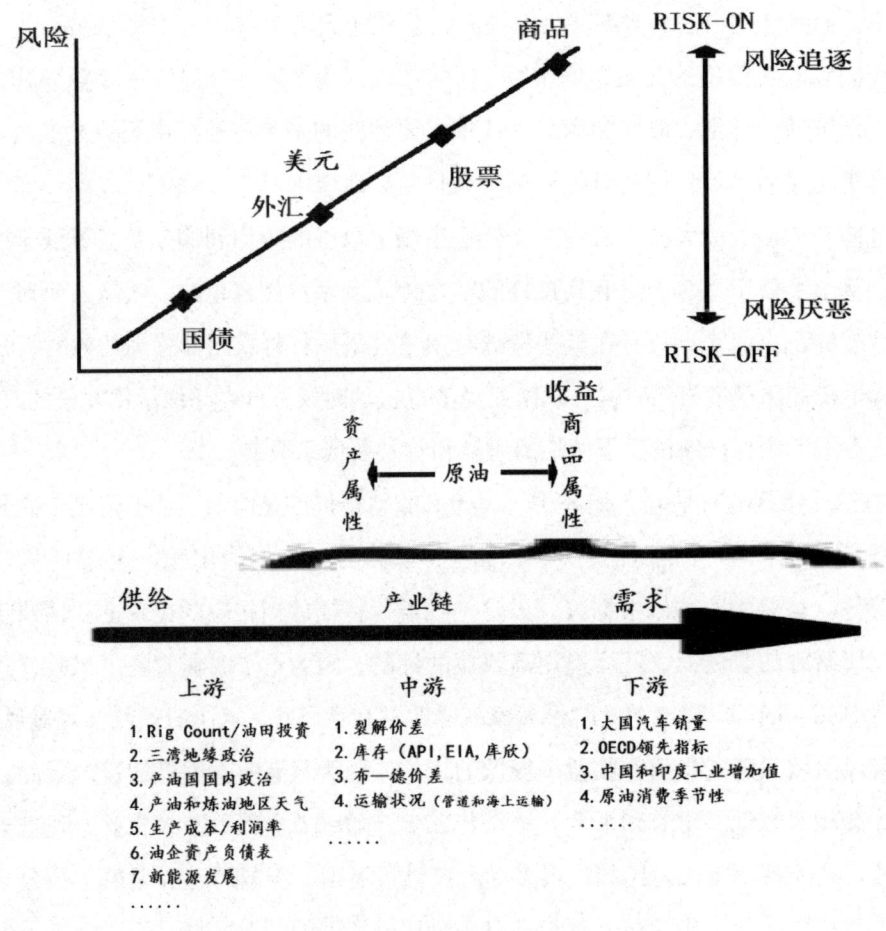

图15-2 原油的二重属性与"风险—收益"矩阵

如果单考虑原油的资产属性，美元强，则原油弱；美元弱，则原油强，而美元与外汇市场关系密切。如果美国是相对低息货币，那么美元走强，往往与避险需求有关，这个时候风险厌恶情绪高涨，这个风险厌恶情绪如果是经济不稳定引发的，那么意味着原油的下游也会受到负面冲击。这就是两个属性都利空原油走势：一方面，避险需求使得美元走强，进而通过资产属性使得原油走弱；另一方面，避险需求与全球或者主要经济体经济不稳定有关，这就使得下游负面冲击通过商品属性使得原油走弱。

但是，如果避险需求是因为地缘政治动荡，准确来讲是因为产油大国地缘政治动荡引起的呢？而且欧元区牵涉其中，这导致对美元的避险需求增加，另一方面上游的减产冲击使得油价坚挺。这就是另外一种情形了，一方面美元走强通过资产属性压制油价；另一方面上游冲击通过商品属性提振油价。两个力量孰大孰小，可以通过查看产业链下游的需求情况再做权衡，如果中印经济繁荣，那么又多了一个利多因素，这种情况下会出现美元和原油同时上涨的景象。

大家发现一个问题没有，原油的资产属性与美元有关，而美元往往是避险资产，因此风险厌恶上升时，美元走强，原油走弱。但是，原油的商品属性则具体可以体现在上中下游，而上游较容易因为地缘政治动荡而紧缩，而这有利于油价，这个时候风险厌恶情绪居于主导；下游则容易因为经济繁荣而提振，而这也有利于油价，这个时候风险追逐情绪居于主导。因此，风险厌恶未必能够损害油价，关键看引发风险厌恶的事件是否也导致了原油供给的收缩；风险追逐则一定能够提振油价，因为风险追逐的情况下，要么以美元为主的全球流动性过剩，这个时候所有资产重估，具有资产属性的原油也因此受益；要么经济繁荣，预期良好，这个时候下游需求旺盛，具有商品属性的原油也因此受益。

我再简单归纳一下：情况一，引发风险厌恶情绪的事件如果不与上中游负面冲击有关，供给不受损害，则原油以跌为主，因为这个时候商品属性与资产属性都不利于原油价格；情况二，引发风险厌恶情绪的事件如果与上中游负面冲击有关，供给和运输受到损害，则原油可涨可跌，因为这个时候资产属性促跌，商品属性促涨，需要考虑下游情况；情况三，引发风险追逐的事件往往促进原油上涨，这类事件往往与全球或者美元大宽松，以及新兴市场经济繁荣有关。所以，全球性的风险厌恶未必让原油跌，全球性的风险追逐往往让原油涨。如果进一步简化，那么全球性的风险厌恶一般会让原油跌，全球性的风险追逐往往让原油涨。也就是说，大多数情况下全球乐观情绪与原油价格是正相关的。

那么，如何衡量风险偏好呢？第一种方法是观察债券、外汇、股票和商品等几大市场的涨跌情况，风险厌恶情绪高，则国债容易涨，股票和商品容易跌；风险追逐情绪高，则国债容易跌，股票和商品容易涨。

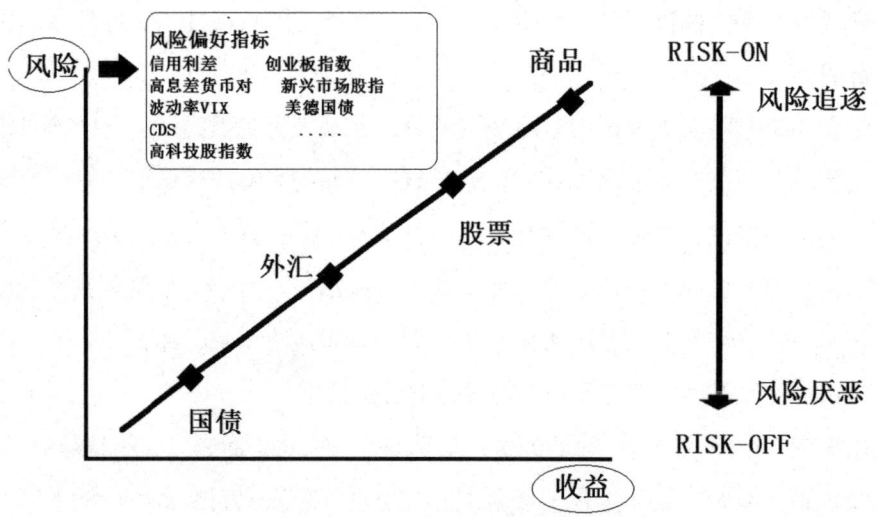

图 15-3　风险情绪衡量指标

通过进行跨市场观察，我们可以推断市场情绪，第二种方法则是直接观察一些现成的风险情绪指标（图 15-3），这些指标反映的是所有资产市场在整体上受到的情绪影响，而不是对原油价格的乐观或者悲观看法。观察风险情绪的指标有很多，比如葡萄酒价格指数、泰德价差、风险厌恶基金和风险追逐基金的比值、股指波动率指数、国债违约掉期、高息差货币走势、债券信用价差，等等。在分析风险偏好的时候，快速浏览一下这些指标可以给你提供一些较为客观的风险感受，然后再结合最近一个最重要的事件来推断未来的风险情绪，后面这步其实就延伸到了前面一课讲的共识预期和市场焦点的内容了。

本课我们只介绍三个风险情绪衡量指标，第一个要介绍的风险偏好指标是国际上最为常用的一个，这就是波动率指数 VIX，全称是芝加哥期权交易所波动率指数（Chicago Board Options Exchange Volatility Index）。这个指标是 1993 问世的（VIX 由

> 资产价格波动率反映了风险偏好水平，波动率越大说明风险厌恶情绪越高，波动率越低则说明风险追逐情绪越高。股票本身作为风险水平较高的资产，其波动率更是与风险偏好密切相关。

范德堡大学教授罗伯特·威利在 1993 年创立，因此威利又被称为 "VIX 之父"。这个指数是利用标普指数的看涨期权与看跌期权的隐含波动率加权得到的，该方法兼顾了投资者对看涨期权和看跌期权的波动率预期需求。VIX 指数用以反映 S&P 500 指数期货的波动程度，测量未来 30 天市场预期的波动程度，通常用来评估未来风险，因此也有人称作恐慌指数（图 15-3）。

图 15-3　芝加哥期权交易所波动率指数

VIX 指数虽然是反映未来 30 天的波动程度，却是以年化百分比表示，并且以正态分布的概率出现。它反映了美国股市的波动状态，从诞生那天开始一直作为全球风险偏好的风向标。毕竟，美国资本市场是全球资本的中心，美国股市是全球最为发达的国际股市，全球的重大政经动向都会反映在美国股市上。因此，VIX 的起伏反映了全球资本市场风险情绪的变化。VIX 上涨时，风险厌恶情绪高涨，如果对原油中上游没有负面影响，则原油价格往往下跌，也就是说 VIX 与原油价格往往是负相关的（图 15-4 和图 15-5）。

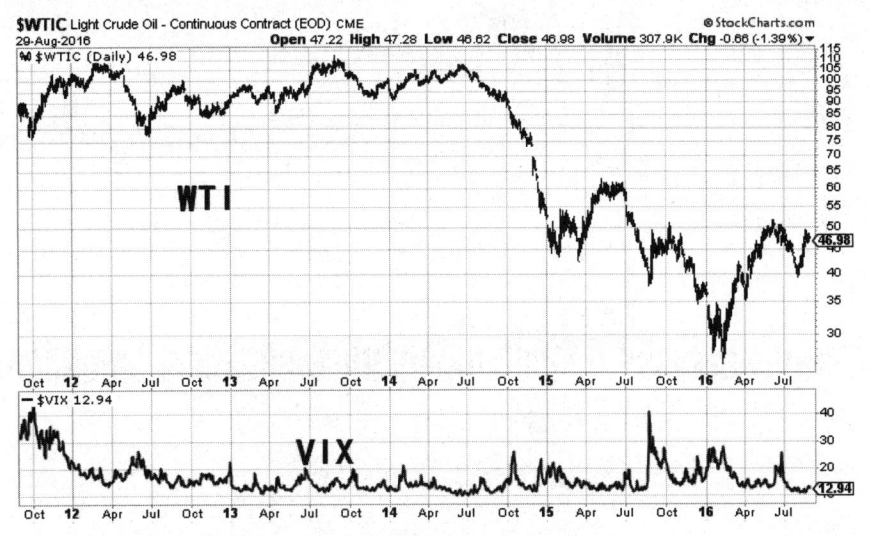

图 15-4　WTI 油价与 VIX（1）

数据来源：StockCharts

图 15-5　WTI 油价与 VIX（2）

数据来源：StockCharts

VIX 指数本身是不能交易的。但是有 VIX 期权和 VIX 期货可供交易员使用。ETF 兴起后，便出现了 VXX（图 15-6）和 UVXY（图 15-7）两个看多 VIX 的 ETF。那么做空 VIX 的 ETF 则是 XIV（图 15-8）。

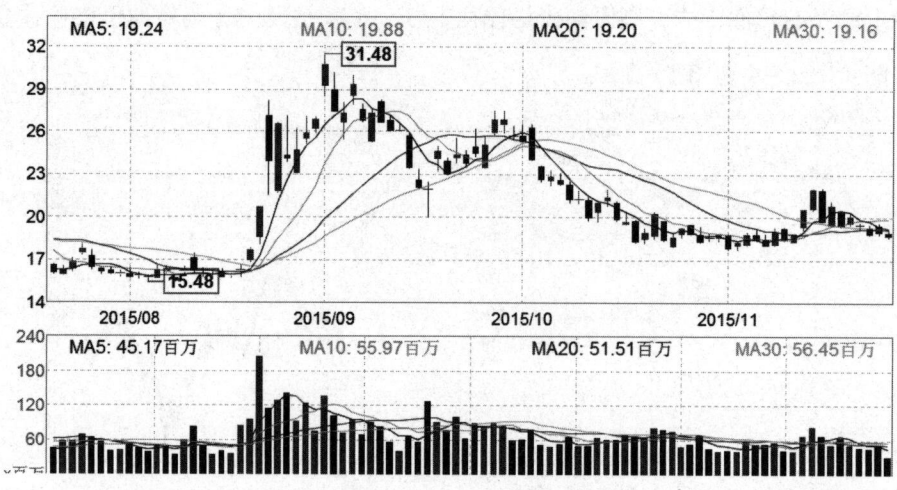

图 15-6　VXX 走势

数据来源：新浪财经

图 15-7　UVXY 走势

数据来源：新浪财经

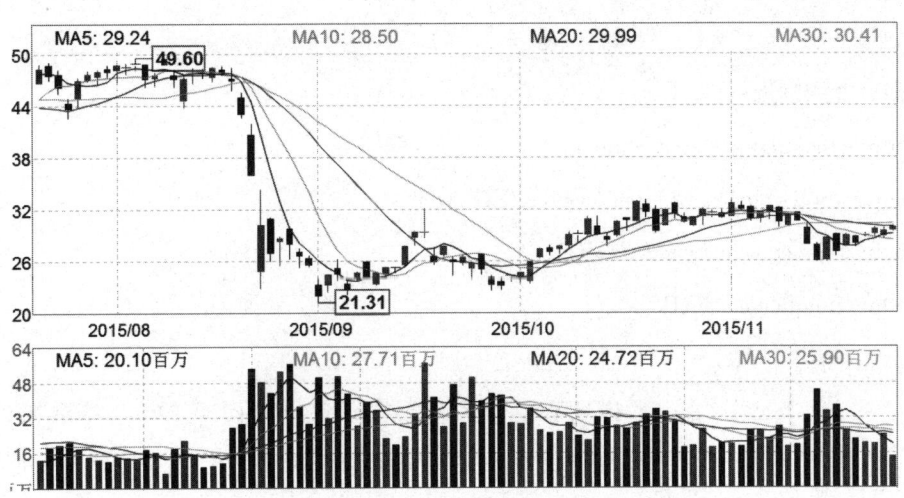

图 15-8　XIV 走势

数据来源：新浪财经

看多 VIX 的基金价格上涨时，表明参与者认为风险厌恶情绪上升，看多 VIX 的基金价格下跌时，表明参与者认为风险厌恶情绪下降。看跌 VIX 的基金价格上涨时，表明参与者认为风险厌恶情绪将下降，看跌 VIX 的基金价格下跌时，表明参与者风险厌恶情绪将上升。

下面分别给出三个基金走势查询网址，可以用来协同观察 VIX 的走势。

VXX 查询网址：

http://stock.finance.sina.com.cn/usstock/quotes/VXX.html

http://quotes.money.163.com/usstock/VXX.html

http://xueqiu.com/S/VXX

http://finance.yahoo.com/q?s=VXX

UVXY 查询网址：

http://stock.finance.sina.com.cn/usstock/quotes/UVXY.html

http://quotes.money.163.com/usstock/UVXY.html

http://finance.yahoo.com/q?s=UVXY

http://xueqiu.com/S/UVXY

XIV 查询网址：

http://stock.finance.sina.com.cn/usstock/quotes/XIV.htm

http://quotes.money.163.com/usstock/XIV.html

http://finance.yahoo.com/q?s=XIV

http://xueqiu.com/S/XIV

> 恐慌指数大于60，原油在底部区域，恐慌指数小于20，原油在顶部区域附近。

讲到 VIX，就不能不提 OVX。原油市场波动性指数(OVX)是衡量市场对未来几个月油价将有多大波动的情况，原油波动性指数与股市 VIX 的功能一样，可以反映市场的风险情绪。正如 VIX 与股价表现相反一样，当 OVX 倾向于上涨，油价下跌；当 OVX 倾向于下跌，油价上涨（图 15-9）。如果我们将 VIX 和 OVX 放在一起看，会发现两者基本同向运动（图 15-10）。

第十五课 / 原油金融市场的心理分析（2）：风险偏好与跨市场分析

图 15-9　WTI 油价与 OVX

数据来源：StockCharts

图 15-10　OVX 和 VIX

数据来源：StockCharts

哪里可以看到 OVX 的走势呢？登入下面网址，即可看到 OVX 走势图（图 15-11）：

http://www.barchart.com/charts/stocks/$OVX

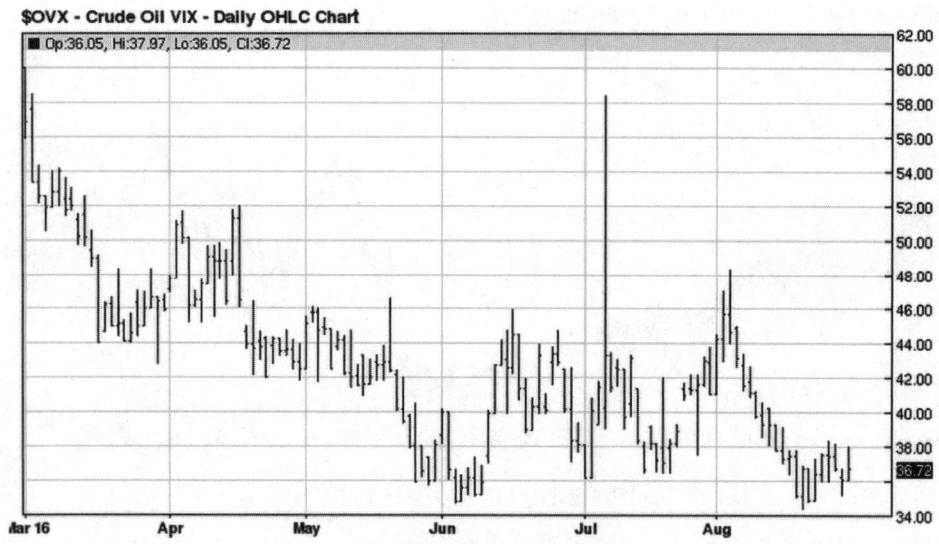

图 15-11 OVX 走势图

数据来源：Barchart

第二个衡量风险情绪的指标是国债 CDS。国债 CDS 是信用违约掉期合约的一种，当某国的国债 CDS 价格升高，这表示市场认为该国未来信用违约的可能性增加。比如，自欧债危机爆发以来，葡萄牙、意大利、爱尔兰、希腊、西班牙的国债 CDS 价格呈直线上升的走势（图 15-12 和图 15-13），它充分反映出市场对于这些国家未来违约的担心程度。

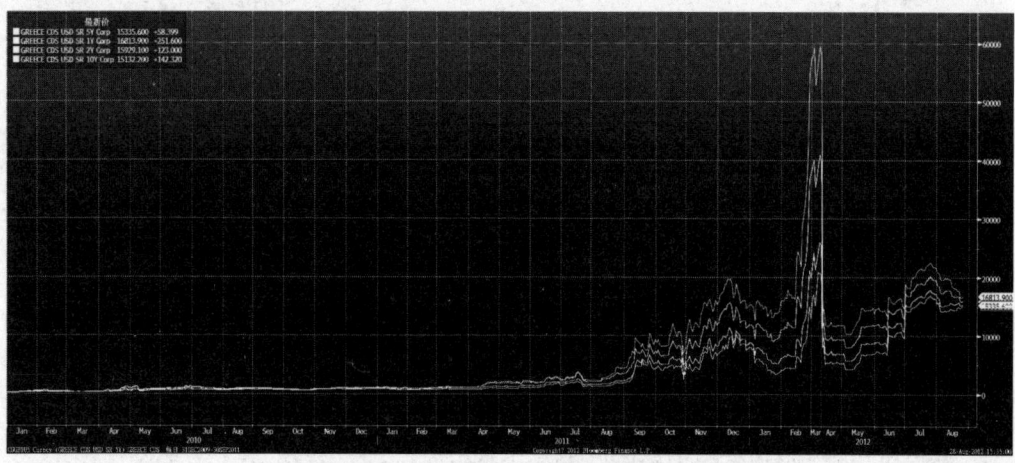

图 15-12 各期限希腊国债 CDS 走势图

数据来源：Bloomberg

第十五课 原油金融市场的心理分析（2）：风险偏好与跨市场分析

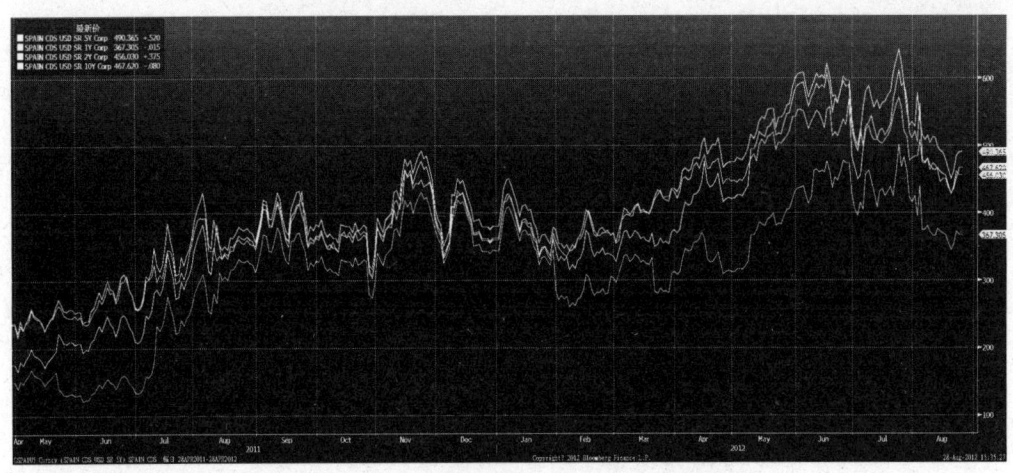

图 15-13　各期限西班牙国债 CDS 走势图

数据来源：Bloomberg

　　国债 CDS 的价格显著上升，意味着该国国债违约的可能性显著上升，比如 2015 年俄罗斯被经济制裁之后其国债 CDS 价格大幅走高，这就意味着很多购买俄罗斯国债的人急于为自己的头寸建立保护，当然还有一些宏观对冲基金本来就是在下注其违约，因此购买国债 CDS 本来就是一种交易投机行为。如果美国国债 CDS 价格显著飙升，那么整体对于美元的信用有很大的负面冲击，资产属性上是利多原油的，但是如果美国经济有大问题，那么商品属性上则是利空原油的。因此美国国债的信用出现问题的话，除非美国不再是重要经济体，否则对于原油价格的影响是较为复杂的。当然，除了美国之外的其他主要经济体如果国债违约可能性上升，国债 CDS 的价格飙升，则对全球资本市场的风险偏好也会有不同程度的影响。

　　一般而言，我们关注的是五年期国债 CDS，如何查询主要经济体的五年期 CDS 价格走势，我们一般从彭博上查找，下面是主要经济体国债 CDS 的查询网址：

中国 CCHIN1U5:IND　　http://www.bloomberg.com/apps/quote?ticker=CCHIN1U5:IND

美国 CT786896:IND　　http://www.bloomberg.com/apps/quote?ticker=CT786896:IND

英国 CUKT1U5:IND　　http://www.bloomberg.com/apps/quote?ticker=CUKT1U5:IND

德国 CDBR1U5:IND　　http://www.bloomberg.com/apps/quote?ticker=CDBR1U5:IND

法国 CFRTR1U5:IND　　http://www.bloomberg.com/apps/quote?ticker=CFRTR1U5:IND

希腊 CGGB1U5:IND　　http://www.bloomberg.com/apps/quote?ticker=CGGB1U5:IND

爱尔兰 CT777651:IND　　http://www.bloomberg.com/apps/quote?ticker=CT777651:IND
西班牙 CSPA1U5:IND　　http://www.bloomberg.com/apps/quote?ticker=CSPA1U5:IND
葡萄牙 CPGB1U5:IND　　http://www.bloomberg.com/apps/quote?ticker=CPGB1U5:IND
意大利 CITLY1U5:IND　　http://www.bloomberg.com/apps/quote?ticker=CITLY1U5:IND

奥地利 CAUT1U5:IND　　http://www.bloomberg.com/apps/quote?ticker=CAUT1U5:IND
瑞典 CT777839:IND　　http://www.bloomberg.com/apps/quote?ticker=CT777839:IND
匈牙利 CHUN1U5:IND　　http://www.bloomberg.com/apps/quote?ticker=CHUN1U5:IND
保加利亚 CBULG1U5:IND　　http://www.bloomberg.com/apps/quote?ticker=CBULG1U5:IND
拉脱维亚 CT404983:IND　　http://www.bloomberg.com/apps/quote?ticker=CT404983:IND
土耳其 CTURK1U5:IND　　http://www.bloomberg.com/apps/quote?ticker=CTURK1U5:IND
俄罗斯 CRUSS1U5:IND　　http://www.bloomberg.com/apps/quote?ticker=CRUSS1U5:IND
南非 CSOAF1U5:IND　　http://www.bloomberg.com/apps/quote?ticker=CSOAF1U5:IND
巴西 CBRZ1U5:IND　　http://www.bloomberg.com/apps/quote?ticker=CBRZ1U5:IND
阿根廷 CT350188:IND　　http://www.bloomberg.com/apps/quote?ticker=CT350188:IND
委内瑞拉 CVENZ1U5:IND　　http://www.bloomberg.com/apps/quote?ticker=CVENZ1U5:IND

国债 CDS 反映了主权的信用状况，当然也反映了市场的情绪，而市场情绪会影响黄金不同属性的显现。除了国债 CDS 可以反映一国的政经稳定情况之外，国债利差也可以起到相同的指标作用。一般而言，美国和德国的主权信用是最高的，所以市场会关注其他国家与美德两国的国债利差变化。由于美德两国的主权信用通常较高，因此其国债利率常常处于最低水平，可以看作是全球资本市场的无风险利率水平，或者说基准利率水平。其他经济体国债利率则加上某个风险溢价，这就是风险溢价近似于这些经济体国债利率与美德国债利率的利差。所以，国债利差也在某种程度上体现了主权信用情况，当然会影响全球的风险情绪。因此，国债利差与国债 CDS 都可以作为主权信用和风险情绪的及时指标。

最常用的利差比较时间框架是 10 年国债利差，也就是目标国与德国或者美国 10 年期国债的利差（图 15-14）。这个利差的及时变动可以从下列网址查询到：

http://www.investing.com/rates-bonds/government-bond-spreads

第十五课 / 原油金融市场的心理分析（2）：风险偏好与跨市场分析

10-Year Government Bond Spreads

与德国国债利差 → Vs. Bund
与美国国债利差 → Vs. T-Note

Country	Yield	High	Low	Chg.	Chg. %	Vs. Bund	Vs. T-Note	Time
Argentina	2.090	2.090	2.090	0.000	0.00%	177.2	17.4	29/01
Australia	2.620	2.641	2.600	+0.005	+0.19%	230.3	70.5	08:00:21
Austria	0.567	0.586	0.550	-0.019	-3.21%	24.9	-134.8	08:01:49
Belgium	0.593	0.600	0.592	-0.023	-3.70%	27.5	-132.2	08:01:42
Botswana	5.000	5.000	5.000	0.000	0.00%	468.2	308.4	00:08:24
Brazil	16.000	16.060	15.980	-0.295	0.00%	1,568.2	1,408.4	29/01
Bulgaria	2.650	2.650	2.600	0.000	0.00%	233.2	73.4	08:01:51
Canada	1.235	1.240	1.235	+0.012	+0.98%	91.7	-68.1	08:01:23
Chile	4.540	4.550	4.540	-0.060	-1.30%	422.2	262.4	30/01
China	2.869	2.920	2.830	-0.042	-1.44%	255.1	95.3	07:15:36
Colombia	8.600	8.640	8.554	-0.013	-0.15%	828.2	668.4	30/01
Croatia	4.080	4.080	3.858	+0.175	+4.51%	376.2	216.4	08:01:31

图 15-14　10 年国债利差列表

数据来源：investing.com

　　我们介绍了国债 CDS，介绍了国债利差，大家应该明白根本的目的是为了衡量市场风险情绪。当然，除了国债 CDS 之外，几乎所有的 CDS 都是风险情绪的衡量指标，只不过范围不一而已，主权风险是最大的风险情绪来源。除了国债利差之外，几乎所有的利差都体现了一定程度的信用区别，也就是一定的风险升贴水，只不过主权债务的利差体现了最大的信用区别而已。后面你了解其他类型的信用利差，那时你就会明白风险情绪的衡量指标其实是无处不在的，只不过我们没有那个意识去观察，更没有那个意识去运用。

　　上面是用得比较多的风险情绪观察指标，另外还有 TED 利差、国债利差、信用债利差、苏富比股价、外汇市场高息差货币对走势、黄金价格、艺术品市场走势、新兴市场股票指数、高科技股票指数等指标也可以用来衡量全球的风险情绪，大家可以稍微留意一下，如果想要详细了解的话，可以参考另外一本拙著《黄金短线交易的 24 堂精品课》的"第十六课 最关键的指标：风险偏好"里面介绍了几乎所有的风险度量指标，很多你闻所未闻，比如葡萄酒指数。

　　最后，为了让大家直观体会一下风险偏好对于原油价格的影响，我们来个稍微复杂点的案例，首先看一则简讯：

　　2015 年 9 月 3 日，美国 NYMEX 原油期货一度涨至 48 美元上方，布伦特原油期货也站上 52 美元。欧洲央行今日公布利率决议，维持央行基准利率不变。同时央行行长德拉基表示，将会保持货币政策宽松，并准备在必要时实施一切可能有效的政策。原油价格在德拉基讲话后继续大幅攀升。另外，美国经济数据向好，美国股市近期出现回暖迹象，抵消了此前原油库存意外增加的影响。但随着美元指数走强，原油回吐了部分涨幅（图15-15）。

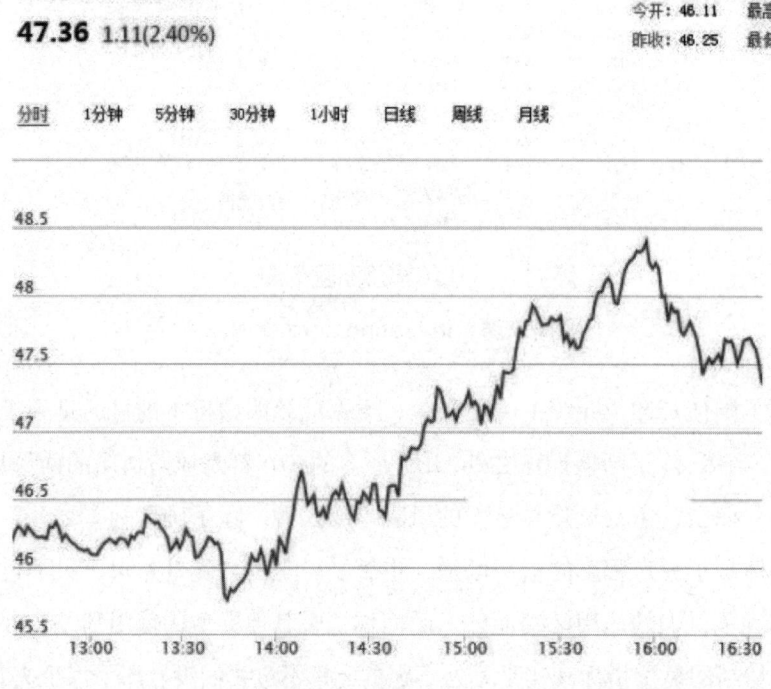

图 15-15　2015年9月3日 NYMEX 原油价格走势

数据来源：FX168

我们先梳理上述简讯里面的信息：

第一，欧洲央行继续宽松，这会提升风险偏好，为全球资产向上重估带来新的力量，但是原油是美元标价，而欧元走软会使得美元走强，所以从资产属性的角度来讲，不利于油价，但市场风险情绪有利于原油。

第二，美国经济不错，从商品属性角度来讲，有利于原油价格。

第三，美国股市走强，风险追逐情绪高涨，有利于油价。

第四，库存意外增加，从商品属性角度来讲，不利于原油走强。

大家可以看出，虽然有种种不利因素，但是风险情绪主导了短期的走势，短期内心理因素的影响是很大的。不过，虽然原油整体上涨，但是尾盘也明显回撤，这就是因为美元走强和库存意外增加的因素限制了原油的涨幅。

从这个例子可以看出，风险情绪对于短期市场影响很大，因此我们需要"见风使舵"。同时资产属性和商品属性决定了趋势，因此无论市场情绪如何多变，我们不能逆势而行。风险情绪决定了资金在市场间的配置，而这势必影响各大类资产之间的涨跌情况，反过来通过分析各大类资产的涨跌情况，也让我们有线索去把握内在的驱动因素和市场情绪，便于我们把握原油价格的脉动。

第十六课

原油与黄金

　　如同历史上所有其他帝国一样，罗马人认为自己可以不受经济学基本原理的束缚，但事实证明并非如此，通过稀释货币来支付公共建设、社会福利和战争开支这类模式，将会不断在历史中重演。而每次类似事件的收场都是以非常难堪的形式。

——麦克·马隆尼（Mike Maloney）

　　市场对QE3的反应与对QE1和QE2的如出一辙，非美货币兑美元上涨，美元指数跌到了4个月以来的新低，黄金则带领商品涨到了6个月以来的新高。

——约翰·墨菲（John J.Murhpy）

近代以来，主要经济体的货币往往与贵金属挂钩，不是金本位就是银本位。第二次世界大战之后，美元先是跟黄金挂钩，但是因为越南战争使得美国政府赤字急剧扩大，维持美元兑换黄金的固定比率变得日益困难，多番折腾之后不得不放弃美元挂钩黄金。大战略家基辛格说服了沙特将原油以美元计价，此后众多原油出口国跟随，原油代替黄金成了美元的支撑。这段历史表明了原油与美元的某一共同特点，乃是曾经充当了某种纸币的抵押品，布雷顿森林体系下美元可以换成黄金，黄金为美元背书，后来美元与黄金脱钩了，但是拿着美元去OPEC国家买原油他们是接受的，这相当于原油为美元背书了。现在，随着美国农业在世界的地位越来越强大，拉美的转基因作物种子也是来诸如孟山都这样的美国公司，所以大宗农产品也在为美元背书了。

现在美国和欧洲一些主要经济体，一方面说黄金没有用；另一方面也大量持有黄金储备（表16-1），这不是自相矛盾吗？其实，他们只不过将黄金放到了后台，以防万一，如果纸币信用崩溃了，那么可以让黄金站到前台，而美国是不希望其他货币包括黄金代替美元的。格林斯潘没有任职美联储之前总是强调黄金本位制的好处，但上任后口风快速转变。其实，所有有点头脑的银行家心底都认可黄金是"货币之母"。

> 黄金可以对抗通货膨胀和纸币滥发，但是黄金不像股权一样可以享受经济增长的红利。

全球官方黄金储备

	国家	黄金储备	黄金占外汇储备
1	美国	8133.5吨	71.90%
2	德国	3384.2吨	68.40%
3	意大利	2451.8吨	67%
4	法国	2435.4吨	65.10%
5	中国	1658吨	1.70%
6	俄罗斯	1094.7吨	9.70%
7	瑞士	1040吨	8%
8	日本	765.2吨	2.50%
9	荷兰	612.5吨	54.30%
10	印度	557.7吨	7.30%

表16-1 全球黄金储备排名（2016年第一季度）
数据来源：世界黄金协会

黄金与原油都是"母亲",黄金是货币之母,原油是商品之母,黄金与虚拟经济关系密切,原油与实体经济关系密切(图16-1)。不过,现在能照出虚拟经济泡沫的恰恰是黄金,能够反映出实体经济不振的恰恰是原油。用纸币来衡量资产的价格往往不准确,因为纸币本身容易超发,而纸币一旦泛滥必然引发资产价格重估,所有大类资产都会涨价。但是,如果你换做黄金作为价值尺度来衡量各类资产的价格,就会发现不会那么吓人,还是比较平稳的。简而言之,黄金是资产泡沫的"照妖镜"。

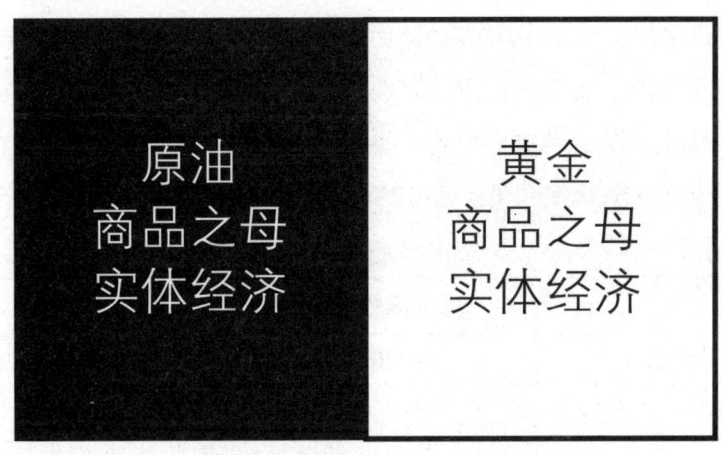

图 16-1 黄金和原油的太极图

原油是商品之母,因为实体经济的健康运行基本建立在原油正常供应的基础上,美国次贷危机后能够快速修复资产负债表,一方面是美联储提供了紧急流动性,避免金融危机传染,稳住了金融结构的正常信贷;另一方面则是页岩油气革命大大降低了美国经济的运行成本。靠QE解决不了根本问题,这是事实,说这个话的经济学家不少,大部分是奥地利学派或者凯恩斯主义者,前者认为应该让市场自动出清,产能和资源重新配置,后者认为应该大搞财政刺激。

不过,让这些预言家们大跌眼镜的是美国经济复苏形势还是全球名列前茅的,其就业增长屡屡创出新高。货币主义者认为这是QE的功劳,其实安倍经济学也搞QE,但是效果非常短命,势头远逊于美国。上述三派经济学家之所以看走眼都是因为忽略了页岩油气革命的影响,因为这场革命极大地提高了美元能源的自给率和财政平衡能力。由于油价降低使得美国家庭的实际可支配收入上升了,花在油品上的钱减少了，可以用在其他地方的钱更多了。页岩油气革命带来的好处从侧面体现了原油作为商品之母的地位。同时，页岩油气革命使得美国在能源上的定价权和话语权进一步增强，美元的原油本位制得到巩固。

简而言之，无论是作为货币之母的黄金，还是作为商品之母的原油都曾经或者正在为美元背书，这是两者关系中最值得探究的地方。下面，我们就从如下六个方面讲解原油与黄金的关系。

分析原油与黄金关系的第一个方面是两者属性。黄金具有三重属性：商品属性、投资属性和货币属性（表16-2）。货币属性主导黄金长期走势，投资属性主导黄金中期走势，商品属性主导黄金短期走势。而原油具有两重属性：商品属性与资产属性。两者都具有商品属性，而原油的资产属性与黄金的投资属性和货币属性关系较为密切。因此，就属性而言，两者会受到一些共同宏观冲击的影响。下面两个方面我们会具体讲一下商品属性因素和美元因素对两者的影响。

黄金属性与研判矩阵		
时间周期	属性	分析要点
黄金价格的长期走势	货币属性	注意信用本位的稳定性
黄金价格的中期走势	投资属性	注意股票为主的金融市场的走势，关注游资的流向
黄金价格的短期走势	商品属性	注意印度为主的黄金消费的趋势，特别是季节性

表16-2 黄金属性与研判要点

来源：《黄金短线交易的24堂精品课》（2016年版）

分析原油与黄金关系的第二个方面是通胀率/商品属性对两者的影响。黄金是商品，除了金饰品之外，工业用金也体现了黄金的商品属性。而原油是商品这毋庸置疑。

商品的投资收益是通胀率，对商品的投资类型主要是存货头寸，有经济学家发现国内农民屯粮的时候往往是通胀厉害的时候，具体而言就是实际利率为负的时候。实际利率等于名义利率减去预期通胀率，名义利率相当于纸币存款的收益率，而预期通胀率往往是直线预期的，也就是根据前一段时间的通胀率水平往未来推，这个预期通胀率是存货头寸的收益率。那么实际利率可以看作是持有纸币的收益减去持有商品的收益率，当实际利率为负的时候，持有纸币的收益率就低于持有商品等实物资产的收益率了。

原油和黄金都是实物资产，因此当通胀预期高涨时，特别是实际利率为负时，原油和黄金是很好的抗通胀资产，两者容易出现同时上涨的格局。

分析原油与黄金关系的第三个方面是美元对两者的影响。国际原油无论是金融市场上的合约还是贸易市场上的结算货币，都是以美元计价的。伊拉克和伊朗都尝试过改弦易辙，都功败垂成，而俄罗斯因为没有国际结算系统的支持，因此也无法推行非美元结算。美国控制了国际结算系统，国际资金流动绝大部分要靠美国控制的这套系统，而俄罗斯与他国进行原油交易不可能现金进行。中国现在搞了自己的全球结算系统，这对美国也算釜底抽薪的大招，美国不会善罢甘休，未来还会有更多不见硝烟的战争。美国拥有最大的黄金官方储备，美国与英国握有国际黄金的定价权，伦敦和纽约作为全球性的黄金定价中心，其地位短期内难以撼动，虽然上海期货交易所的黄金期货和上海黄金交易所的黄金现货延期交割在亚太地区有一定影响力，但是与欧美的黄金市场相比还难以望其项背。至于，中国香港地区的黄金市场则基本跟随欧美定价。总之，原油和黄金都是以美元计价的。

原油的资产属性与美元计价关系密切，黄金的货币属性和投资属性与美元计价关系密切。美元计价意味着美元的流通数额的大变化将引发相关大类资产价格的变化，这就是所谓的"资产价格重估"。美联储次贷危机后搞 QE，引发了原油和黄金的资产价格重估，美国股市、债市和大宗商品市场普遍上涨，这就是全面的资产重估。加入 WTO 后，中国出口导致外汇储备急剧增加，盯住汇率制度下，中国人民银行不得不入市用人民币换美元，美元成了人民币发行的抵押品，美元储备越多人民币发行量越大，最终导致国内流动性泛滥，一场房地产为主的资产价格重估开启了。

什么是资产？中短期内供给缺乏弹性，且具有题材的事物就是资产。说到资产，就不能不提资产泡沫。作为职业交易者，对于经济学领域有不少自己的看法，写下了不少笔记，与主流经济学的区别在于我希望经济学能够帮助自己预判经济形势，而不是作为政策辩护和历史阐释。十多年来，这方面有点个人见解，准备以"泡沫经济学：资产的危与机"为题集结成册，这本书的目的是预判泡沫的出现和破灭。虽然理想远大，现实比较骨感，但绝对能够对大家把握资产泡沫起到或多或少的作用。

原油和黄金都是资产，美元的流通变化将会引发原油和黄金的资产重估，因此美联储的资产负债表扩展幅度是关注的重点，如果美联储的资产负债表迅速扩展，那么原油和黄金容易出现快速飙升。下面两个网址，第一个可以看到美联储资产负债表规模（图16-2）；第二个可以看到美联储资产负债表：

http://www.federalreserve.gov/monetarypolicy/bst_recenttrends.htm

http://www.federalreserve.gov/releases/h41/Current/

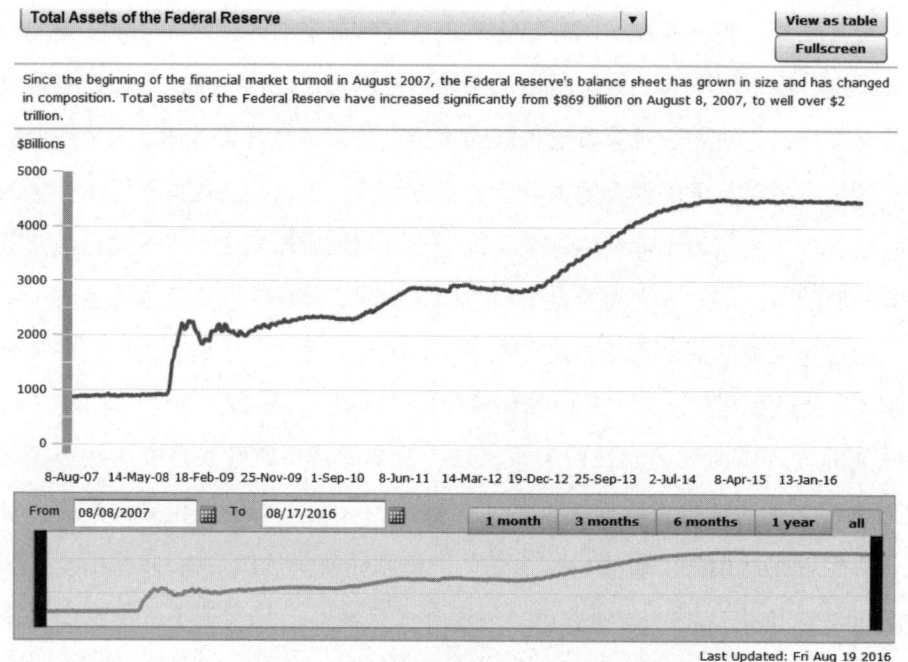

图16-2 美联储资产负债表规模

数据来源：FED

分析原油与黄金关系的第四个方面是地缘政治冲突对两者的影响。俄罗斯与美国，一个代表陆权，一个代表海权。西方的地缘政治里，这两者的关系是水火不容，永远斗争的。这种观点已经上升到了意识形态领域，美国的遏制理论就受到这些东西的深刻影响，布热津斯基这些美国战略家不遗余力地鼓吹遏制欧亚大陆一体化的政策，说白了就是不允许欧亚大陆出现高度分工和经济一体化。

第十六课 / 原油与黄金

古希腊与波斯（大概在今天伊朗的位置）的伯罗奔尼撒战争被视为海权与陆权争夺世界霸权的起点，此后英国与沙俄在中亚的苦斗，美国与苏联的两极争霸都是这类图式的延续。现在代表陆权的俄罗斯与代表海权的美国仍旧全方位角力，而这两个国家都是能源重要产出国，美国还是重要的能源消费国。另外，中东是欧亚大陆的枢纽，自然也是大国博弈的重要舞台，而中东又是原油主要出口地区。再看其他几个原油出口地区与地缘政治的密切关系：北非的马格里布以及西非向来被法国视为传统势力，但是美国也在积极布局非洲，他们都对中国在非洲的开发和合作并不高兴，而北非和西非也是重要的原油出口地。加勒比海和墨西哥湾有大量石油资源，委内瑞拉有反美的习惯。南中国海油气资源丰富，马来西亚和越南的原油出口成了经济支柱之一，印尼也依靠自产的原油来发展经济，日韩原油交通线经过此处，世界最为重要的航道马六甲位于此处，澳大利亚，英国，美国和日本等海权国家的海洋霸权与此相关，南海虽然属于中国但对方势力想要插手其中。伊拉克、叙利亚和科威特所处的美索不达米亚平原是中东的战略中枢，历史上阿拉伯人、土耳其人和波斯人都在这里争夺，这是我所谓中东三角形的中心位置。

从上面的文字可以看出原油蕴藏丰富的地区往往也是文明和地缘政治冲突聚集的地方，因此原油与地缘政治关系密切。一旦地缘政治冲突影响到原油生产和运输，甚至原油的消费，那么原油价格必然受此影响发生变化。

而黄金当然也与地缘政治关系密切，国际黄金以美元计价，但在某国内的黄金本地价格则显示了该国货币的稳定程度，1998年东南亚经济危机波及韩国时，黄金的韩元价格显著上升，其他东南亚国家的黄金本币价格也飙升。在拉丁美洲，国内政局和币值长期不稳定，大豆、黄金和美元都成了硬通货。倘若某次国际冲突有美国介入，一旦预期会刺激美国财政赤字增加，则黄金的美元价格将显著上涨。

原油与地缘政治关系密切，同时石油还是现代经济的血液，石油价格动荡会引发恶性通胀和经济停滞，这会影响黄金价格。总体而言，石油价格变动之所以会与金价同向波动，主要有两个原因：第一，石油和黄金都受地缘政治的影响；第二，石油价格影响经济发展和通胀水平，而经济稳定与物价稳定影响金价走势。

因此，一旦某项地缘政治事件同时引发了原油产业链问题和美国财政问题，那么黄金和原油就会出现同时上涨的情况。

分析原油与黄金关系的第五个方面是经济周期因素对两者的影响。首先来看经济周期对原油价格的影响（图16-3），身处市场中的交易中应该记得次贷危机后原油并未快速下跌，而是晚于其他商品见顶，而且在冲顶的过程中上涨幅度非常大，那个阶段相当于是滞涨阶段。由此可见，原油涨幅最大的一段是滞涨阶段，其次是繁荣阶段，而在衰退阶段的跌幅最大。在复苏阶段，特别是新兴经济体复苏阶段，由于经济增长对于原材料和能源的需求增加，这个时候原油的商品属性主导，如果同时美元冲高回落，那么原油上涨更加确定无疑。在繁荣阶段，经济热火朝天，通胀率持续上升，存货投资有利可图，纸币贬值，实物资产升值，这个时候原油价格上涨。滞涨阶段，其他商品现行见顶，而原油却加大力度上行。衰退阶段，全球经济萧条，特别是新兴经济体，下游需求锐减，原油价格暴跌。当然上述规律只考虑了经济周期，而原油产业链上游情况，地缘政治冲突和美元走势则会干扰上述规律的运行。

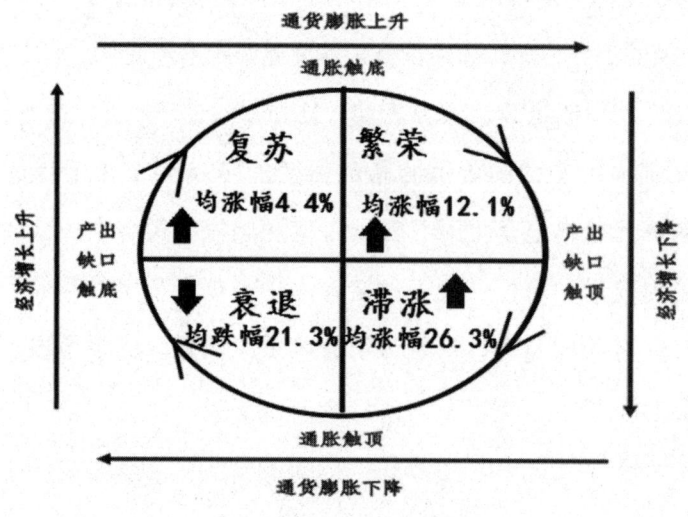

原油与经济周期

图16-3 经济周期对原油价格的影响

第十六课 原油与黄金

接着来看，经济周期对黄金价格的影响（图16-4）。金价在衰退阶段是上涨的，比如大萧条和次贷危机中后期是上涨的，但是危机初期或者说滞涨阶段金价也会小幅下跌，2008年次贷危机时，金价先回探了一次，那次是金价大佬张卫星的黄金期货多头爆仓，然后快速进入主升浪，一直涨到2000美元下方（图16-5）。

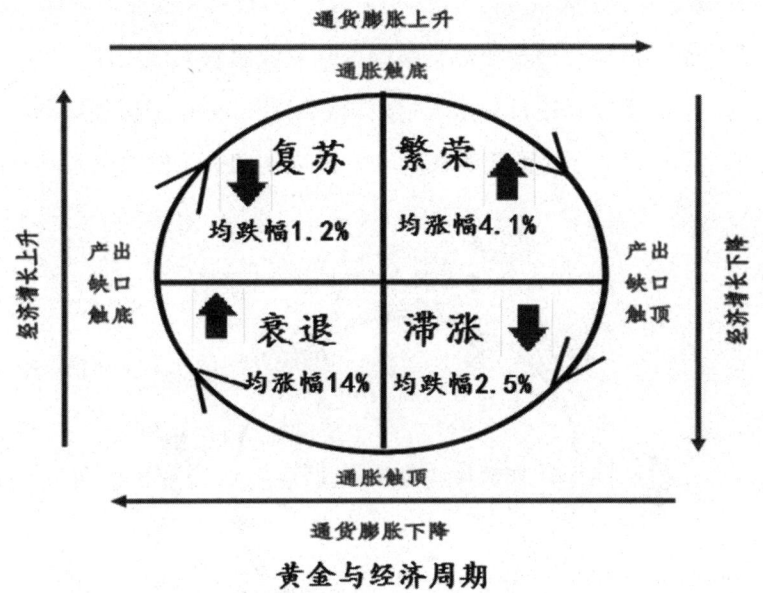

图 16-4　经济周期对黄金价格的影响

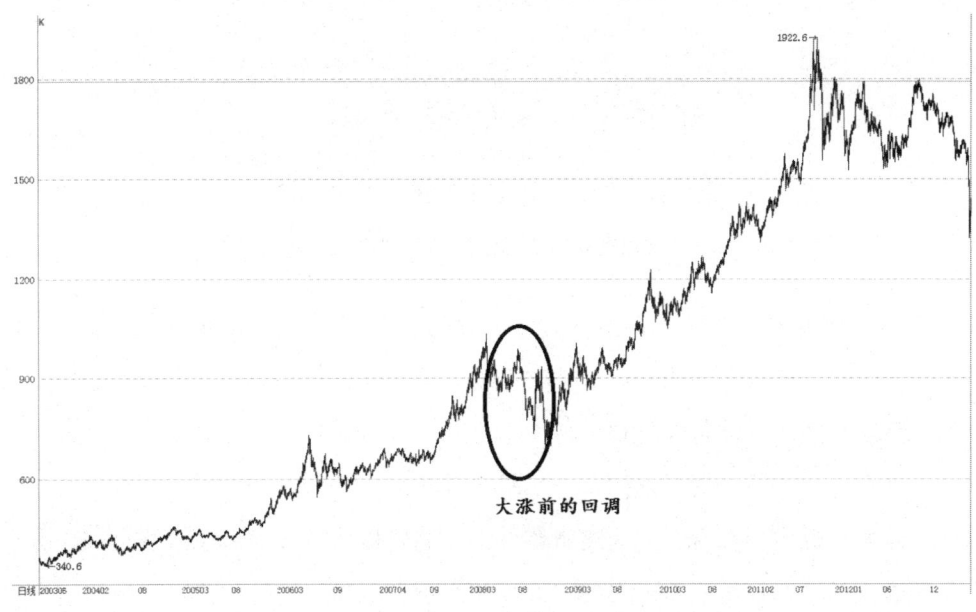

图 16-5　危机初期/滞涨阶段的金价回调

复苏阶段为什么金价跌？这个时候股票市场机会很大，做实业也有潜在丰厚利润，黄金不像股票有股息，债券有利息，这个时候投资属性主导黄金，而黄金投资收益低于股票，因此复苏阶段黄金的吸引力低。繁荣阶段，通胀上升，黄金的商品属性主导，黄金与其他实物资产一样享有抗通胀的优势，这一阶段黄金价格是上涨的。滞涨阶段，通胀见顶，大宗商品开始见顶，这个时候黄金的商品属性主导，另外，由于资产负债表传染效应使得黄金也会被抛售来获取紧缺的流动性，自然跟随其他商品价格下跌。衰退阶段，银行和国家信用出现问题，央行主动降息，黄金货币属性主导，金价大涨阶段。黄金属三种属性与经济周期四个阶段的关系可以用一张图来让大家明白（图16-6）。

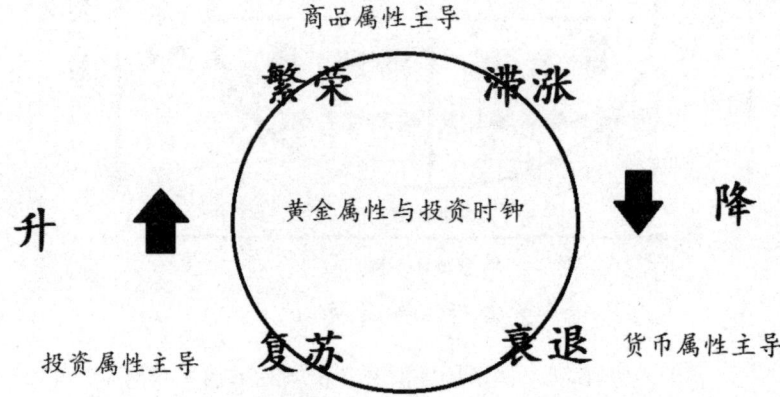

经济的一气周流图

图 16-6　经济四季中的黄金主导属性

来源：《黄金短线交易的 24 堂精品课》（2016 年版）

从上面的见解大家可以归纳下黄金和原油在经济周期中的重叠表现和相反表现：第一，繁荣阶段，原油和金价一同上涨，但是原油均涨幅高于黄金；第二，其他三个阶段，两者是反向运行的。

上面只考虑了经济周期的因素，如果有其他因素的干扰，那么上述规律可能就会隐藏起来。假设现在全球主要经济体处于复苏阶段，如果只考虑经济周期，那么金价是微跌的，原油价格是上涨的，但是如果现在地缘政治冲突出现在伊拉克，美国出动地面部队，那么金价和原油都会上涨，虽然现在是复苏阶段。

分析原油与黄金关系的第六方面是黄金与原油的价格比。在过去三十多年里，黄金与石油按美金计价的价格波动相对平稳，黄金平均价格约为300美元/盎司，石油的平均价格为20美元/桶左右。黄金与黑金的兑换关系平均为1盎司黄金兑换约16桶石油。在20世纪70年代初期，1盎司黄金兑换约10桶原油，在布雷顿森林体系解体后，黄金与石油曾达到在了1盎司黄金兑换30桶以上的石油，随后，在整个70年代中期到80年代中期，尽管中间黄金与石油的价格都出现过大幅的上涨，但二者关系仍保持在10到20倍之间。80年代中期以后，石油价格骤跌，一度又达到1盎司黄金兑换约30桶原油的水平。按2005年的石油平均价格56美元/桶和国际黄金价格均价445美元/盎司计算，这个比例大约维持在1盎司黄金兑换约8桶石油的水平。

第二次世界大战以后到20世纪70年代，油价和金价之间的比率几乎保持不变，基本上维持1∶6的稳定关系，即大约1盎司黄金兑换6桶石油。当时官方规定的黄金兑换价格为每盎司35美元，石油为每桶5美元到7美元。黄金价格与美元挂钩，不受供需变化影响，维持固定价格，缺乏波动调整效应。而石油价格也处于较低的水平，属于廉价石油时代。下图（图16-7）显示了1976年1月到2006年1月原油价格/黄金价格的比率，接着的一张图（图16-8）则显示了黄金价格/原油价格的比率。

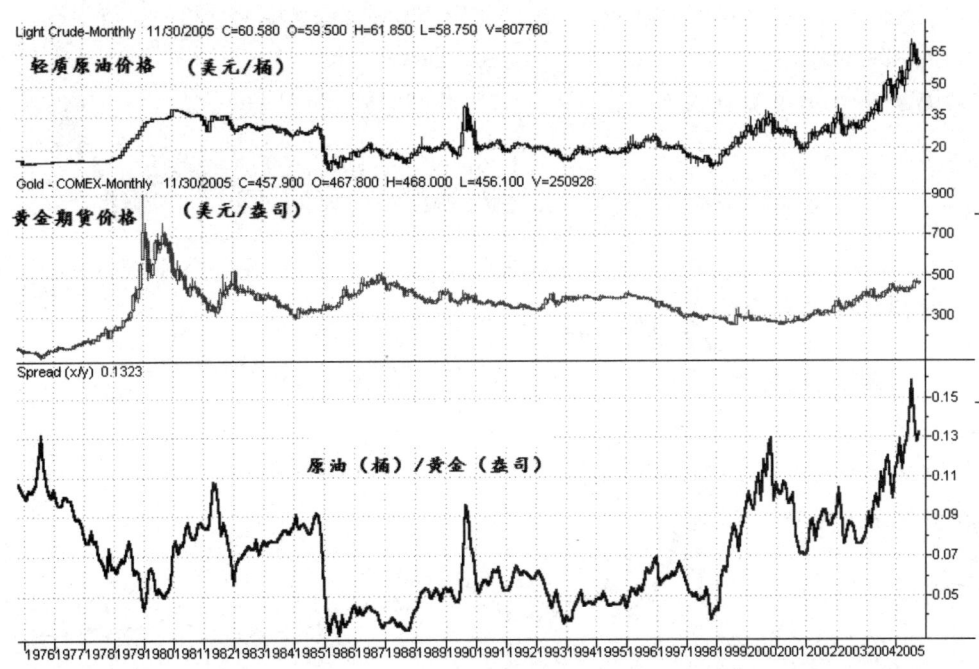

图16-7　原油与黄金的长期比率关系（单位：桶原油/盎司黄金）

来源：sharelynx

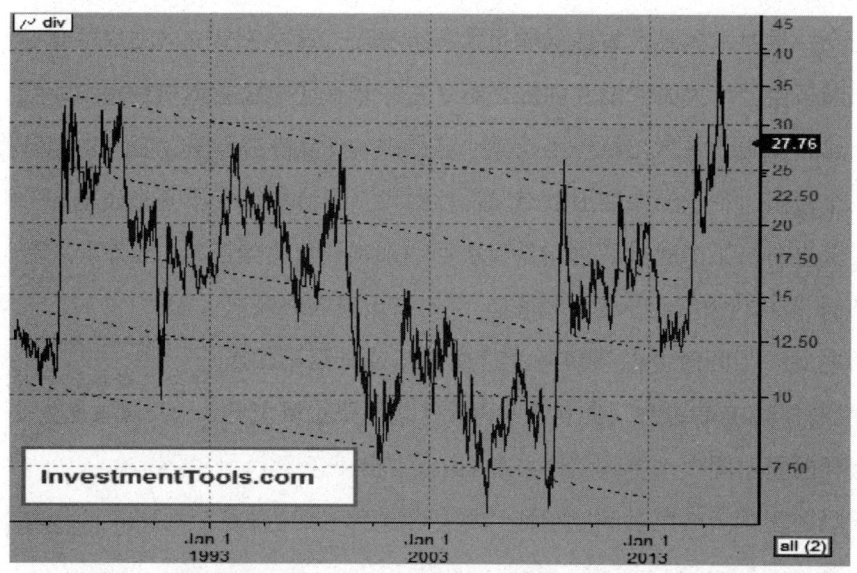

图 16-8 黄金与原油的长期比率关系（单位：盎司黄金/桶原油）
来源：InvestmentTools

最后，我们看两幅图（图 16-9 和图 16-10），分别是 WTI 原油价格，CRB 指数与黄金价格的低点循环图和高点循环图，你从中可以发现什么规律呢？金价往往领先于 CRB 指数，CRB 领先原油价格，理想情况下金价是原油价格的先行指标。

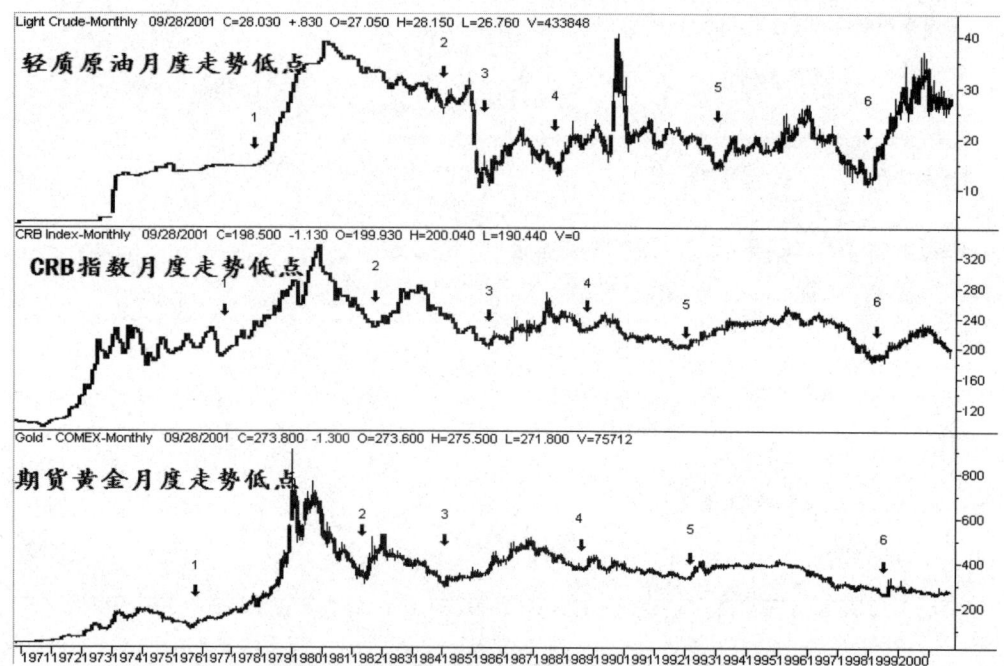

图 16-9 商品指数和黄金走势的低点循环
来源：《黄金短线交易的 24 堂精品课》（2016 年版）

第十六课 原油与黄金

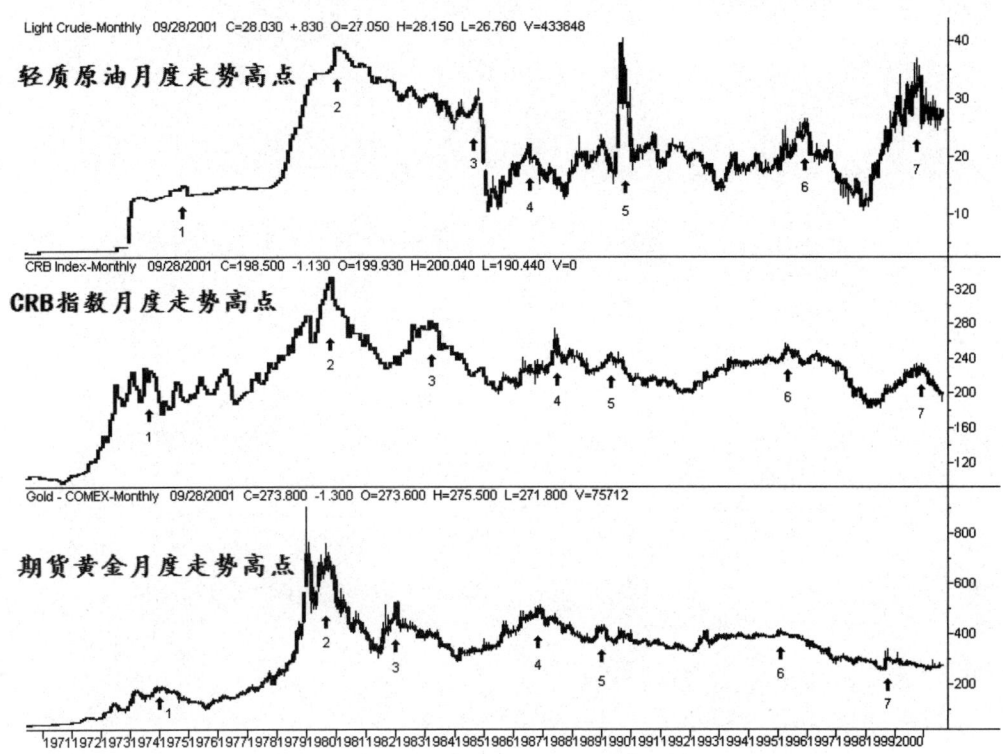

图 16-10　商品指数和黄金走势的高点循环

来源：《黄金短线交易的 24 堂精品课》（2016 年版）

第十七课

原油与外汇市场

　　1975年，石油输出国组织决定出售石油时只收取美元，令美元顿时成了全球储备货币，也巩固了石油的重要地位。如果说20世纪五六十年代的布雷顿森林体系是金本位当道，20世纪七八十年代便是油本位的年代。

——阿什拉夫·莱迪（Ashraf Laidi）

　　在任何经济体中，汇率是最重要的价格指标，因为它影响到所有其他价格。

——杰弗里·弗里登（Jeffry Frieden）

任何一个经济体都与原油相关，即便像斐济和马尔代夫这样以旅游业为经济支柱的国家也离不开原油，至少交通工具离不开各种成品油。不过，原油却是以美元计价的，因此各国进口原油的时候往往需要将本币兑换成美元，这是原油市场与外汇市场发生联动的途径之一。原油进口国的经济状况会影响原油的需求，也会影响本国货币与美元汇率。

经过这条途径互动的外汇有日元、韩元和印度卢比。比如，安倍经济学之后因为货币幻觉和日元贬值使得日本消费和出口增加，而这使得日本经济向好，进而加大了对原油的需求，这个时候就需要兑换更多的美元来满足对原油的进口需要，叠加日元自己的贬值效应，就使得日元兑美元贬值，而另外一方面原油的需求得到少许提振，剔除其他因素自然有利于原油价格获得提振。

由于缺乏新兴产业和竞争优势，日本国内投资一直不振，又由于老龄化和国内市场已经饱和，因此日本国内需求也一直不振。投资和消费两驾马车拉不动怎么办？只能靠出口，而对日本出口影响最大的还是日元汇率，因此日元贬值往往能够拉动日本出口，日元贬值后旅游业也形势大好。这就使得日元贬值对日本经济有正向作用。另外，由于日本经济资源匮乏，原油需要大量进口，日元贬值又会导致进口成本增加。所以，对日本经济最有利的组合是原油下跌或者维持在低位，而日元汇率也处于贬值或者低谷状态。

另外，由于日元是超低息货币，所以有时候也作为避险货币或者套息交易的融资货币。只要东亚没有地缘政治动荡，日本经济稳定，则中东、欧洲和美国政治经济出现动荡时，日元都是较好避险资产，会升值。

从上述几个机制可以发现日元与原油的一些微妙关系：第一，因为日本经济靠出口拉动，因此日元主动贬值时会促进经济发展，继而提升对于原油的需求，这个时候是日元汇率经由日本经济影响了原油价格。这种情况下，日元汇率是油价的先行指标。第二，当原油价格走低时，可以减轻日本的财政压力，这会促使日元走强。但是，除非原油价格走低是因为供给增加，而非全球经济不振，否则原油价格走低不会导致日元汇率走强。这种情况下，原油价格是日元汇率的先行指标。第三，如果因为中东等产油地区动荡引发原油价格走高和日元走强，那油价和日元汇率的波动则是同时被第三个因素引发的，两者是同步关系。第四，如果产油国、原油运输和中转地区、东亚、美国、重要原油消费国之外的地区发生地缘政治和经济动荡，那么日元和美元都会升值，而美元升值可以通过资产属性压制油价，这样就会出现日元升值与油价下跌的组合，两者也是受第三因素发生同步波动。我们来看日元指数与 WTI 油价的对比走势图（图 17-1），可以看出两者关系比较复杂，并不单一，在分析的时候必须找出阶段主导因素，而不能单纯看相关性。

图 17-1　日元指数与 WTI 油价

数据来源：StockCharts

上述分析已经讲解清楚了日元汇率与原油的关系，那么在哪里可以看到日元汇率走势呢？如下网址提供了美元兑日元的汇率走势（图 17-2）：

http://cn.investing.com/currencies/usd-jpy

图 17-2　美元兑日元汇率走势

数据来源：Investing.com

又比如韩国也是原油的重要进口国，同时韩国是贸易大国，出口量很大。因此，很多经济学家都视韩国经济状况和贸易状况为世界贸易的风向标。2011年后世界经济不温不火，欧元区和中东相继爆发危机，贸易保护主义抬头，中国经济不振，这使得全球贸易萎缩。韩国作为贸易大国，自然也深受负面冲击。朴槿惠上台后想了很多办法，但是大势不饶人，自贸区之类的措施远水救不了近火，所以韩国经济也不好。由于出口和国内消费以及造船业、航运业都不振，因此韩国对原油的需求是下降的，这使得韩国对原油的需求降低了。剔除其他因素，原油的价格会受负面影响，按理因为进口减少，那么韩元应该坚挺才对啊。但是，世界是一个系统，因素是复杂多变的：第一，韩国消费原油数量的增加对原油价格的影响较小；第二，韩国不仅进口下降，出口也下降，加上原油进口只是进口中的一项。因此，原油价格与韩元汇率的关系应该是原油价格影响韩元汇率为主，基本上是单向的，韩元汇率无法显著影响原油价格。

那么，如何利用韩元汇率来预判原油价格呢？韩元汇率反映了韩国经济情况，甚至反映了全球贸易情况，因此韩元汇率波动其实反映了原油产业链中下游的情况。韩元贬值往往说明世界贸易和各国内需不足，因此表明原油产业链下游疲软，原油需求走低。

上述分析已经讲解清楚了韩元汇率与原油的关系，那么在哪里可以看到韩元汇率走势呢？如下网址提供了美元兑韩元的汇率走势（图17-3）：

http://cn.investing.com/currencies/usd-krw

图17-3　美元兑韩元汇率走势

数据来源：Investing.com

中国是过去十年最能影响油价的进口国之一，人民币汇率浮动区间越来越大，大陆房地产和 A 股走势对于人民币汇率的影响越来越大。人民币汇率有在岸与离岸两种，央行通过控制离岸市场能够借到的人民币数量可以影响离岸人民币汇率。经济学家从 2015 年开始一度争论房地产稳定和人民币稳定到底孰轻孰重，由此可见人民币汇率的影响力有多大。人民币汇率在短期和局部体现了国家的意志，在长期和全局体现了经济规律的意志，因此查看人民币，找出波动背后的原因是国家意志的体现还是经济规律的体现就显得非常重要了。

除去国家意志的成分，如果人民币汇率波动体现了经济规律，那么人民币汇率就是原油下游/需求的晴雨表，人民币汇率是原油价格的先行指标。

上述分析已经讲解清楚了人民币汇率与原油的关系，那么在哪里可以看到人民币汇率走势呢？如下网址提供了美元兑人民币的汇率走势（图 17-4）：

http://cn.investing.com/currencies/usd-cny

图 17-4　美元兑人民币汇率走势

数据来源：Investing.com

未来的大宗商品，特别是原油走势不能不看印度。印度虽然地理位置优越，人口年龄结构和规模优势明显，但是其原油还是主要依靠进口，自给率远低于中国，而且未来这种情况还会进一步加剧。

印度的原油进口需要很大，同时黄金进口需要也很大，当印度卢比因为赤字过大而快速下跌时，为了捍卫汇率，印度政府和央行往往会限制黄金进口，这样做的目的主要是为了减少对美元的需求，保证进口原油所需要的美元。

印度卢比汇率整体上反映了印度经济健康程度，而印度经济健康程度决定了其对原油的需求。印度卢布汇率在未来会成为国际油价的领先指标。

上述分析已经讲解清楚了印度卢比汇率与原油的关系，那么在哪里可以看到印度卢比汇率走势呢？如下网址提供了印度卢比兑美元的汇率走势（图17-5）：

http://cn.investing.com/currencies/inr-usd

图17-5 印度卢比兑美元走势

数据来源：Investing.com

欧元区的原油基本全靠进口，而欧元区的经济数据和预期都被欧元走势所吸收和体现。因此，欧元走势是原油需求和价格的先行指标之一（图17-6）。

图17-6 WTI油价和欧元指数

数据来源：StockCharts

王凤华和汪玉龙通过统计 2005 年 2 月到 2009 年 2 月的数据，得出一个公式：WTI 油价 =1.080+0.003* 欧元兑美元汇率。那么在哪里可以看到欧元汇率走势呢？如下网址提供了欧元兑美元的汇率走势（图 17-7）：

http://cn.investing.com/currencies/eur-usd

图 17-7　欧元兑美元汇率走势

数据来源：Investing.com

另外，以美元计价的资产都是美元对手资产，我们都可以称之为"非美资产"。"非美货币"这个词做外汇的都非常熟悉，非美货币就是除了美元之外的货币，而所谓的"直盘汇率"则是指非美货币与美元的汇率，而"交叉盘汇率"就是两种非美货币之间的汇率，这种汇率大都经由这两货币的直盘汇率换算得来。

大宗商品基本也是非美资产，原油自然也是如此，因此原油与众多非美货币一样都是"非美资产"。当美元发生变化时，其实就意味着所有非美资产的美元价格基本在朝着同一个方向前进。比如美联储加息预期导致美元上涨时，那么欧元兑美元的汇率会下跌，而原油的美元价格也会下跌；相反，当美联储降息预期导致美元下跌时，那么欧元兑美元的汇率会上涨，而原油兑美元价格也会上涨。

美元币值的变化会导致所有非美资产出现联动，因此原油与所有非美货币往往都有同向的联动关系。最显著的联动关系就是原油与欧元的联动关系。

上面我们讲了，由于原油以美元计价和交易，各经济体对原油都存在很大的需求，原油进口需要先购买美元，因此本币的美元价值与原油贸易有关系；再者，所有美元计价资产都是美元的对手资产，非美元资产兑美元的走势存在同向联动关系。现在讲第三点，美元是主要避险货币，因此当全球经济和政治出现动荡时，美国具有相对的安全性，这个时候美元指数会上涨，进而会导致所有非美资产下跌，当然如果排除了地缘政治危及原油产业链中上游，那么原油会和其他非美资产一样下跌。

为什么美元是避险货币呢？第一，欧亚大陆大国众多，国家众多，地缘政治冲突容易爆发，历史上的两次世界大战主要发生在欧亚大陆，美国地理位置优越，一国独大，地缘政治的安全性较高，适合资金避险；第二，美国法制对资本保护较为有力，法律体现健全，产权明晰；第三，美国金融市场规模大，诸如美国国债之类的产品信用评级高，市场容量大，交易活跃；第四，美元本身是国际货币，无论国际贸易还是国际投资都是最具流动性的货币，绝大多数国家都储备了美元，许多国家的商家也欢迎美元支付；第五，美国军力世界第一，控制了世界贸易通道；第六，美国控制了全球金融体系；第七，虽然日元也是避险货币，但是因为欧元在美元指数中占了大部分权重，因此美元指数仍旧体现出避险的特性。

石油美元的存在导致了原油与外汇的第四种联动途径。原油出口国在美国的软硬兼施下不得不采用美元计价和贸易，这使得原油出口国获得了美元储备。但是，全球对原油的消费随着经济周期的变化而变化，而这会影响原油出口国的出口量和收入。

另外一些政治因素也会干扰原油出口量，比如美国领导国际社会制裁伊朗，使得伊朗无法进行正常的原油贸易，出口量大幅下降。

原油出口是很多原油出口国的经济支柱，比如委内瑞拉就非常依赖原油出口。一些主要原油出口国的汇率会折射出这些国家的政治稳定和经济增长预期，通过观察这些国家的汇率可以预判原油生产和出口的前景。需要关注其汇率的原油出口国有沙特里亚尔（图17-8）、伊朗里亚尔（图17-9）、伊拉克第纳尔（图17-10）、委内瑞拉玻利瓦尔（图17-11）、尼日利亚奈拉（图17-12）、利比亚第纳尔（图17-13）和俄罗斯卢布（图17-14）。但是需要注意的是诸如委内瑞拉等国可能存在黑市汇率和官方汇率的差别，而前者是更好的经济晴雨表。查询上述各国汇率的网址依次为：

http://cn.investing.com/currencies/usd-sar 沙特里亚尔

http://cn.investing.com/currencies/usd-irr 伊朗里亚尔

http://cn.investing.com/currencies/usd-iqd 伊拉克第纳尔

　http://cn.investing.com/currencies/usd-vef 委内瑞拉玻利瓦尔

http://cn.investing.com/currencies/usd-ngn 尼日利亚奈拉

http://cn.investing.com/currencies/usd-lyd 利比亚第纳尔

http://cn.investing.com/currencies/usd-rub 俄罗斯卢布

图 17-8　美元兑沙特里亚尔日线走势

数据来源：Investing.com

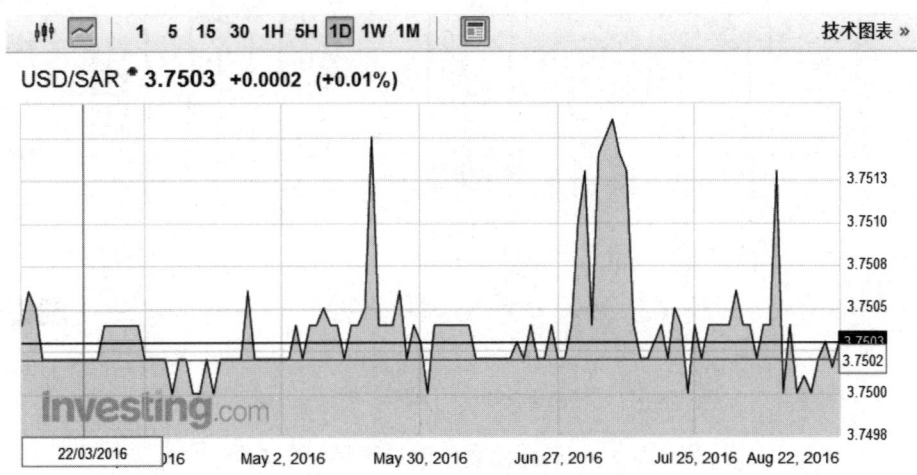

图 17-9　美元兑伊朗里亚尔日线走势

数据来源：Investing.com

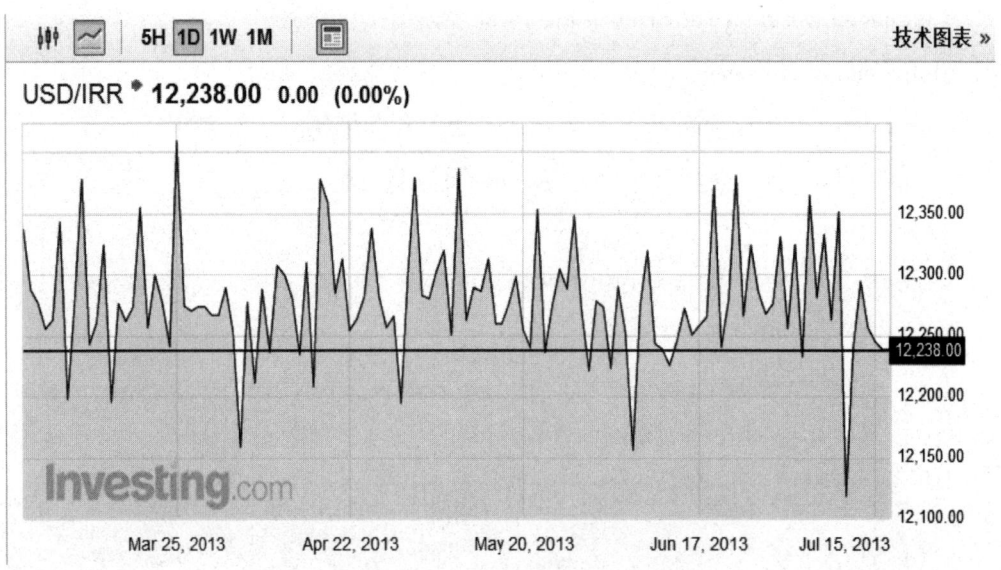

图 17-10　美元兑伊拉克第纳尔走势

数据来源：Investing.com

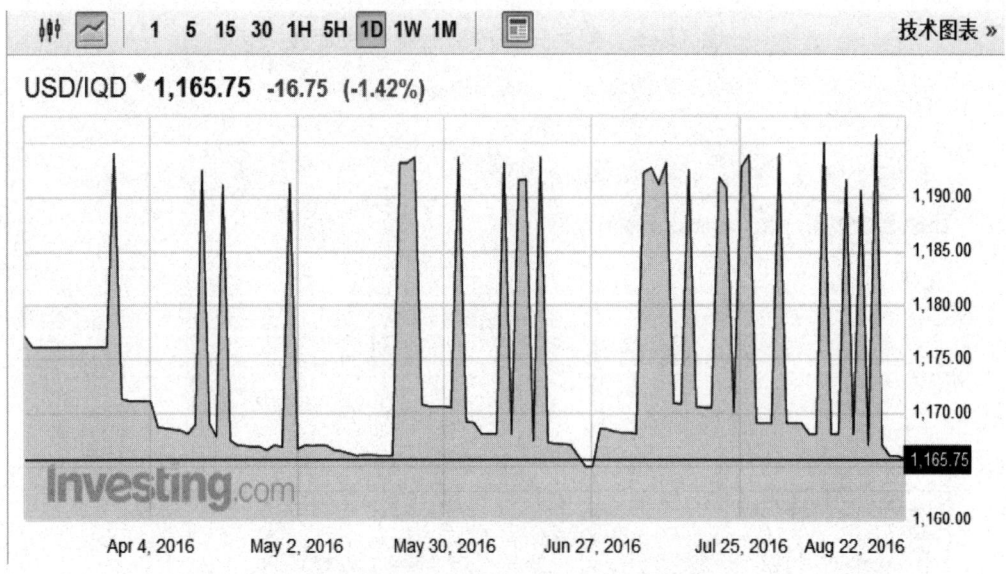

图 17-11　美元兑委内瑞拉玻利瓦尔走势

数据来源：Investing.com

图 17-12　美元兑尼日利亚奈拉走势

数据来源：Investing.com

图 17-13　美元兑利比亚第纳尔走势

数据来源：Investing.com

图 17-14　美元兑俄罗斯卢布走势

数据来源：Investing.com

总之，原油与外汇市场的互动主要是由四个途径：第一个途径是原油进口需要美元支付，这就引发本币与美元汇率的变化；第二个途径是原油以美元计价，直盘汇率也以美元计价，当美元币值发生变化时，原油和直盘汇率会联动；第三个途径是美元的避险功能，当欧亚大陆的情况相对美国情况更糟糕的时候，美元成为避险资产，美国成为避险天堂，这个时候大多数非美货币都会下跌，特别是新兴市场货币，同时原油往往也会下跌；第四个途径是原油出口国因为原油消费出口情况和油价变化会获得大量美元储备，储备的多寡影响到该国的财政平衡和经济稳定性，而这会对该国货币的直盘汇率产生影响，另外美元储备投到国外什么资产上也会对美元和第三国汇率产生影响，这就是石油美元积累和配置引发的联动。

至于如何利用汇率来预判原油价格走势，简而言之就是将汇率看作各国经济晴雨表，而不同国家位于原油产业链不同环节，经济对原油的依赖程度不同（图 17-15），特定汇率可以对应特定的原油产业链环节，特定的汇率表明产业链特定环节的健康程度（图 17-16）。

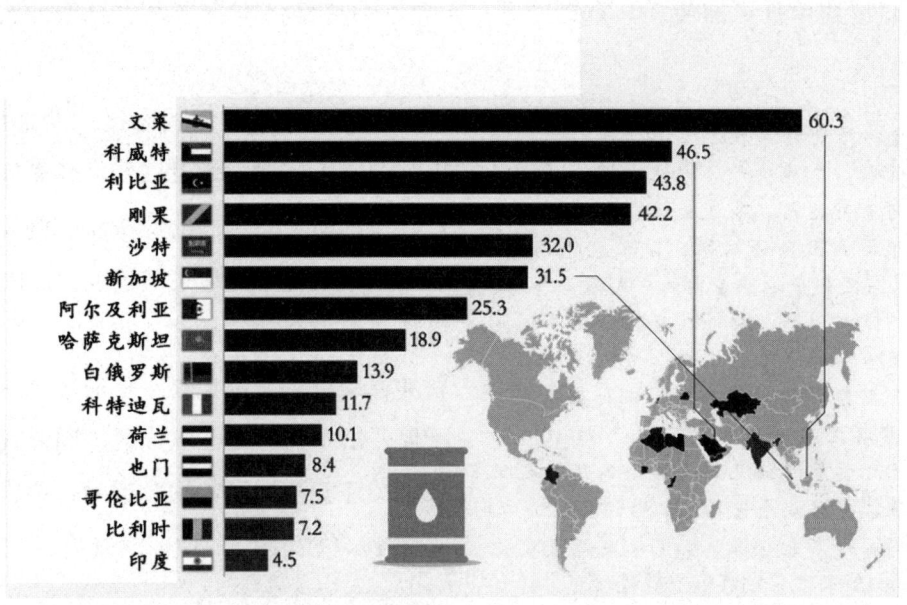

图 17-15 经济对原油出口的依赖度（基于 2018 年 GDP）

数据来源：statista

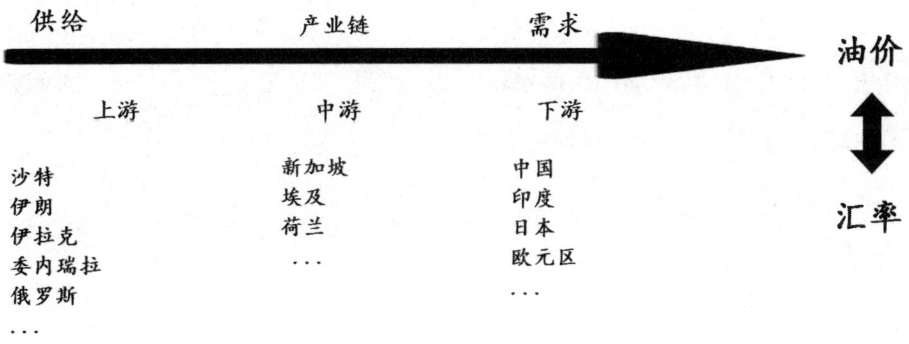

图 17-16 汇率与原油产业链、油价

比如，原油出口国汇率可以用来预判原油产业链上游的情况，原油出口国汇率贬值则要求我们找出贬值的原因，是不是会影响该国在原油的行业再投资，会不会影响该国的社会稳定进而危及原油生产和出口。原油出口国汇率贬值的原因也许是因为政治动荡，也许是因为原油价格下跌和出口减少引发的，关键是找出原因并推断事态进一步发展的方向会不会影响原油产量和出口。而原油进口国的汇率则可以用来预判原油产业链下游的情况，进口国汇率升值一般是经济走好的特征，或者是因为避险资金涌入，又或者是热钱涌入，本币升值使得进口原油单价更加便宜,会提振进口需要,另外经济本身走好也会增加对原油的需要。

鹿特丹处北海航运要冲,扼西欧内陆出海咽喉,自鹿特丹可方便出海,并经莱茵河与有关运河、高速公路、铁路、石油管线连接西欧陆运输网,通往包括西欧、中欧、东欧部分地区在内的广大欧洲腹地,素有"欧洲门户"称号。鹿特丹化工园是世界最重要的石油化工中心之一,与新加坡和休斯敦并称为世界三大炼油基地,鹿特丹港港区有6个原油码头,约40%的土地用于发展炼油业和污染小的石油化工业。港区拥有4个世界级的精炼厂、逾40家化学品和石化企业、4家工业煤气制造企业和13家罐装贮存和配送企业。

而位于马六甲海峡旁边的新加坡、控制苏伊士运河的埃及以及经营着鹿特丹港口的荷兰,它们的经济状况则反映了原油产业链中游的景气程度。2012年之后,中国和韩国经济持续低迷,导致新加坡经济也持续低迷,新加坡元持续贬值。由于荷兰属于欧元区,因此我们只能关注新加坡元和埃及镑的汇率走势(图17-17和图17-18),查询两者汇率走势的网址依次为:

http://cn.investing.com/currencies/usd-sgd 新加坡元

http://cn.investing.com/currencies/usd-egp 埃及镑

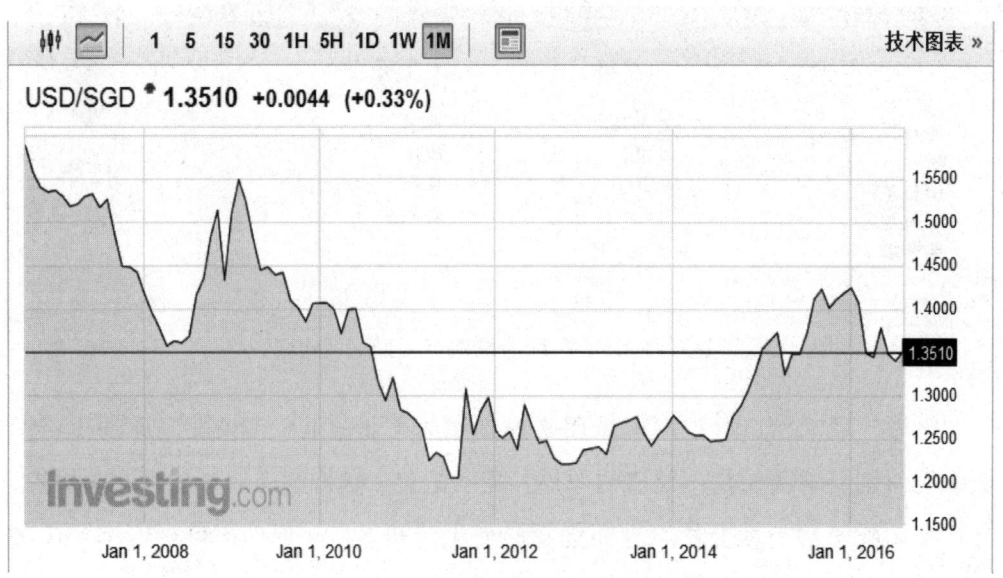

图 17-17 美元兑新加坡元汇率走势

数据来源:Investing.com

图 17-18　美元兑埃及镑汇率走势

数据来源：Investing.com

特定汇率代表了原油产业链特定环节的健康状况，因此非美货币汇率体现商品属性，而美元汇率则体现了资产属性，本课就不再赘述美元与原油的关系了（图17-19）。

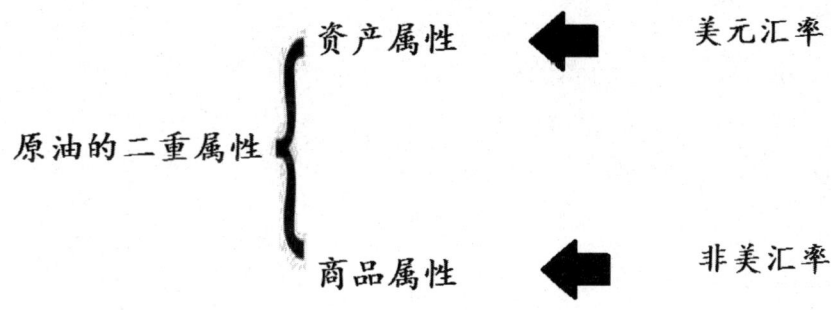

图 17-19　原油二重属性与汇率

第十八课

原油与商品期货

原油是商品之母,搞清楚了原油,商品期货就懂了一大半了。

——魏强斌

全体金融市场是紧密联系在一起的,如果你不了解其他市场的情况,那么你哪个市场也分析不明白。

——约翰·墨菲(John J. Murphy)

商品期货的基本面分析非常耗时，如果你坚持分析两个以上品种的话，那么几乎可以榨干你的精力，很多独立交易者都深感精力不够用，结果就是三种演化方向：第一个方向是放弃期货交易；第二个方向是采用纯粹的技术分析；第三个方向是专注于一两个品种的全方位研究。前面两个方向十多年前我都亲自尝试过很长一段时间，最终选择了第三个方向。又过了两三年，我发现如果能够将原油分析清楚，那么绝大部分商品都懂了一大半。

从那以后，我称原油是"商品之母"，而黄金是"货币之母"。在黄金中长期趋势上，我判断非常到位，得益于我对黄金三重属性的深入了解，并且围绕其建立了系统的分析框架。随着我在原油上逐步建立起系统的分析框架，对原油的趋势也了然于心，只要给我几天时间静下心来琢磨原油，就能得到有价值的洞察。研究和交易的过程中，我发现了通过研究原油可以在某种程度上起到举一反三的作用。

为什么原油是"商品之母"？为什么原油可以作为判断其他大宗商品走势的基石？第一，原油也是"非美资产"，美元通过资产属性也影响了原油的价格，因此油价体现了美元走势的预期。其他大宗商品很多也是以美元计价，或者是其上游产品以美元计价。考察原油的时候，其实也就是考察美元，而美元是大宗商品的共同驱动因素。第二，其他大宗商品的生产、加工、运输过程中几乎离不开原油的提炼物。第三，某些大宗商品或者是它们的提炼物是原油的替代品，比如制造生物燃料的大豆、白糖等。第四，大宗商品特别是工业品主要受到经济周期的影响，而原油作为经济运行的基础自然也深受经济周期的影响。原油价格会体现经济周期的预期，分析原油走势自然也有分析经济周期动向，而经济周期是所有大宗商品的共同驱动因素。

> 研究好原油，你的商品交易就成功一半了。

综上所述，分析原油走势往往相当于完成了其他特定大宗商品分析工作的一半多，个人经验是65%。大家应该都听过一个讲烂了的80/20法则，意思是要把80%的精力投入到最具生产力的20%的努力中。如果将这个法则套用到商品期货市场，我认为关键20%就是原油走势的分析工作。花80%的精力把原油分析好了，剩下20%精力去研究某个具体的品种足够了。当然，我这个是趋势交易者的做法，如果你是做日内的T+0交易，那么心理分析和关键点位以及仓位管理是最重要的。

反过来，某些品种的走势也能帮助我们判断原油的动向，特别是工业品期货，比如有色金属等。当某些商品期货与原油走势背离的时候，我们可以从这个背离信号追问出一些对判断原油未来走势有价值的信息。

下面，我就逐一介绍主要商品期货品种与原油的关系吧。首先从原油与农产品展开，因为农产品的蛛网周期一直为大众所关注，业内有几个大佬都是凭着对这一周期长年累月的了解完成了本垒打。

糖这个商品期货品种在国内非常受短线炒客的青睐，因为这个品种在郑商所上市，而郑商所周围以前都是炒客的大本营，同时因为白糖期货历史上与国内现货商瓜葛颇深，自然有一些"妖气"，便于"运作"。白糖的上游是甘蔗，甘蔗除了蔗糖之外还有一个主要用途是提炼燃料乙醇。燃料乙醇可以在某种程度上替代成品油，因此燃料乙醇和原油的相对价格，以及新能源政策会影响白糖和燃料乙醇的相对生产比例。

在燃料乙醇大规模商业化生产之前，甘蔗主要用来榨糖，原油与白糖的最大联系在于农药和化肥，以及制糖和运输过程中的能耗。但是，现在情况彻底改变了，因为燃料乙醇的关系，白糖与原油的联系更加紧密。那么，谁决定谁呢？或者放松一点条件，谁影响谁更多一些？谁是主导呢？在网上看过一篇统计文章，因为没有署名，所以作者也不可考了，这篇文章的结论是："原油是白糖的GRANGER原因，也就是说，原油期货价格对白糖期货价格有引导关系，而白糖的期货价格对原油期货价格没有引导关系。而且原油期货价格对白糖期货价格的引导最佳结果是滞后5阶。"一线交易者几乎也是这样认为的，从WTI原油价格与美11号原糖价格走势（图18-1）以及WTI原油价格与国内白糖期货指数走势（图18-2）来看，明显可以看出原油走势大部分时间领先于白糖。

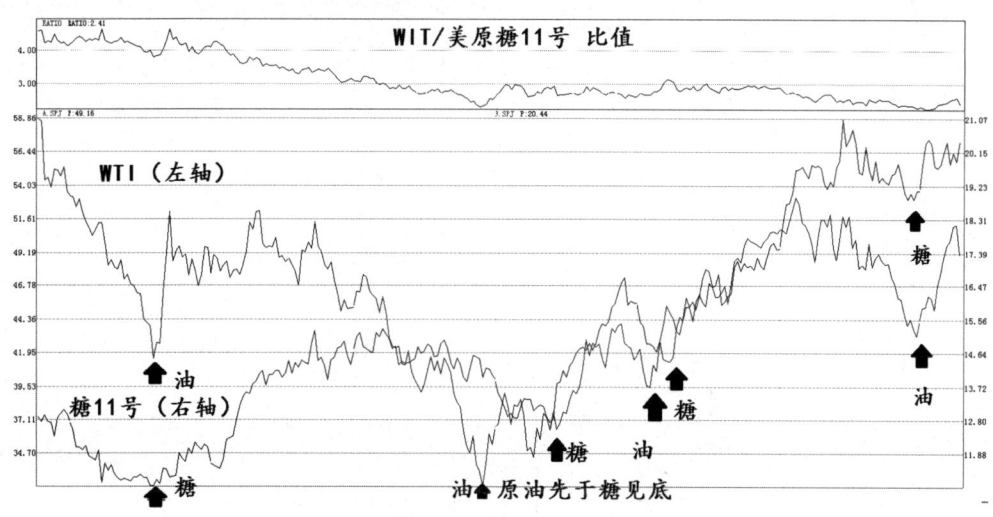

图18-1　WTI油价与美11号原糖价格走势

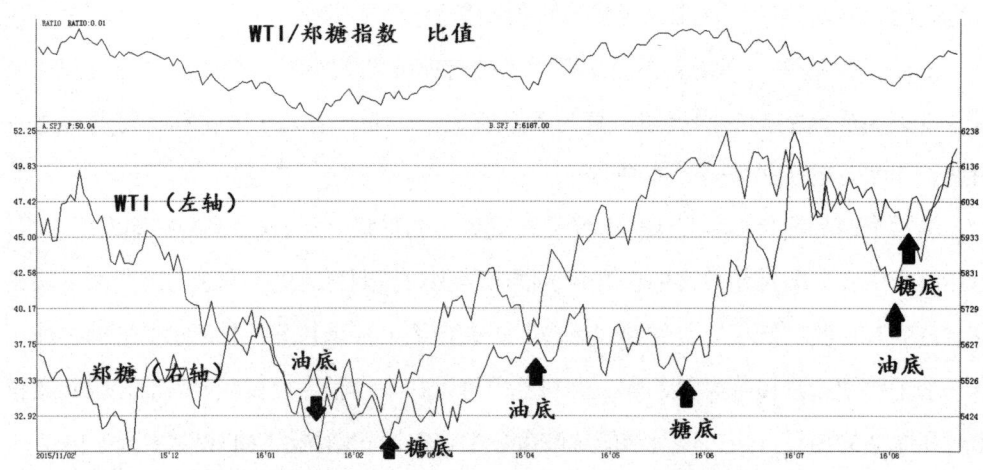

图 18-2　WTI 油价郑糖与价格走势

棉花与原油是正相关的，但是相关度明显要低于白糖与原油。有人统计过 2004 年到 2012 年的数据，发现棉花期货与原油的相关系数为 0.4956。在这段数据统计期内，棉花都是先于原油见顶，但是在见底过程中却两者交互领先。

棉花的种植和收割需要农业机械，同时也需要化肥和农药，在运输过程中需要消耗成品油。棉花的下游用途与化纤产品存在互补性也存在替代性，因此棉花整体上与原油在产业链上各环节都有一定的关系。另外，两者也受到宏观景气程度的影响。

WTI 油价和美棉指数（图 18-3），以及 WTI 油价与国内棉花期货（图 18-4）之间还是体现出了一定程度的正相关性。

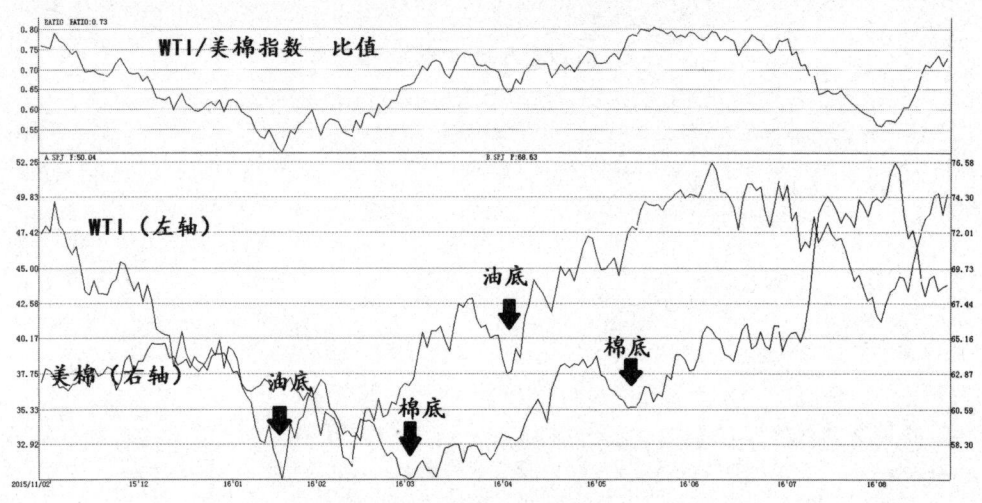

图 18-3　WTI 油价与美棉价格走势

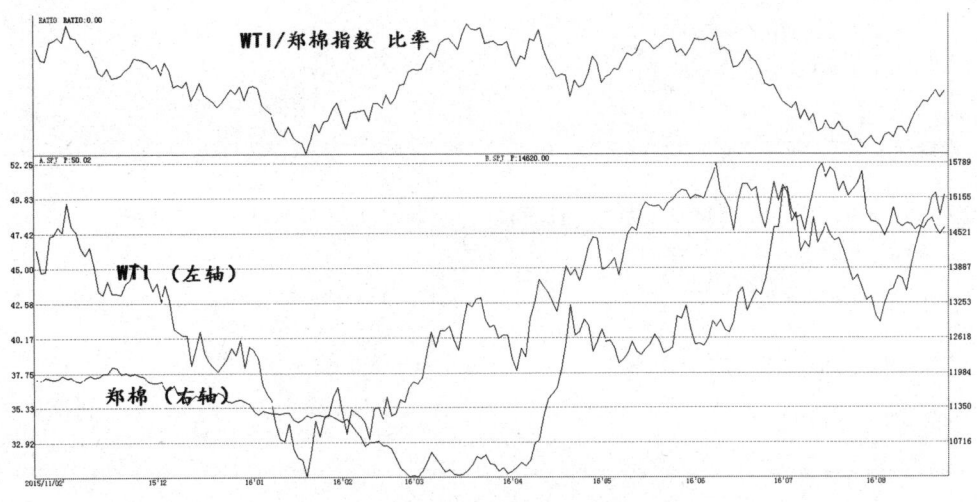

图 18-4 WTI 油价与郑棉价格走势

国内外学者利用各种统计模型对大豆与原油的价格关系进行了分析，得出的结论是原油价格会影响大豆的价格。归纳一下其实跟白糖一样，还是两条途径：第一途径，大豆生产和运输过程需要消耗一些基于原油的产品，比如化肥、农药、汽油和柴油等；第二条途径还是因为大豆是生物柴油的主要来源之一，原油价格上涨会促进生物柴油的消费，原油价格下跌会削弱生物柴油的消费。

因为现在大豆提取生物柴油的成本比较高，因此相比燃料乙醇而言，生物柴油的普及率要低一些，后面谈到的棕榈油也被主产国用于降低对原油的依赖度。

> 生物柴油是一种较为洁净的合成油，普遍用于拖拉机、卡车、船舶等。它是指以油料作物如大豆、油菜、棉、棕榈等，野生油料植物和工程微藻等水生植物油脂以及动物油脂、餐饮垃圾油等为原料油通过酯交换或热化学工艺制成的可代替石化柴油的再生性柴油燃料。

从下列图表中可以发现 WTI 油价与美豆指数（图 18-5）、国内大豆期货（图 18-6）的走势具有较为显著的同向性，蒋雪婷女士领衔的一个研究课题表明原油价格与美豆价格之间的相关系数为 0.914。就实际运用而言，原油价格是大豆走势的预测指标，但是大豆价格却很难成为原油价格走势的预测指标。当然，大豆的产量周期对于大豆价格影响也很大，不能只看原油价格。

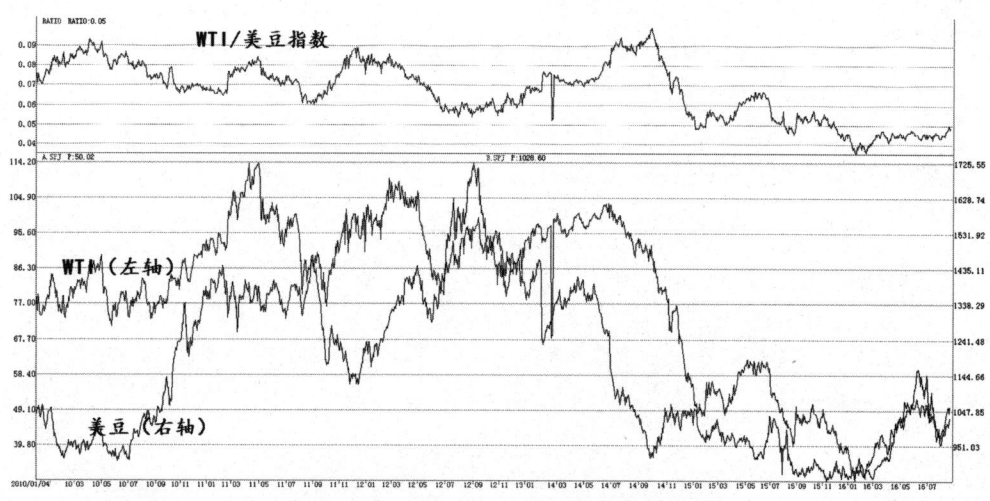

图 18-5　WTI 油价与美豆期货价格走势

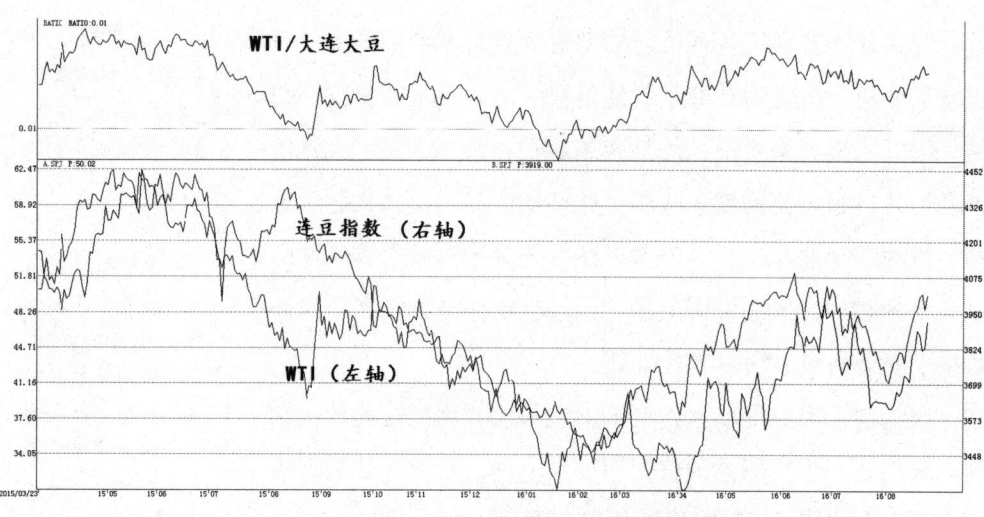

图 18-6　WTI 油价与大连大豆期货价格走势

玉米与大豆在饲料方面有很大的替代性，同时两者都是生物柴油的重要来源，另外玉米淀粉还可以制作燃料乙醇。玉米价格也是通过上述两条途径被原油价格影响，蒋雪婷女士的相关研究表明玉米与原油的相关系数为 0.854，稍微低于大豆。从 WTI 油价与美玉米价格走势图（图 18-7），以及 WTI 与大连玉米期货价格的走势图（图 18-8）可以看出，原油价格往往还是领先于玉米价格变化的，特别是在国际油价与国内玉米期货价格的走势上更体现出这一点来。

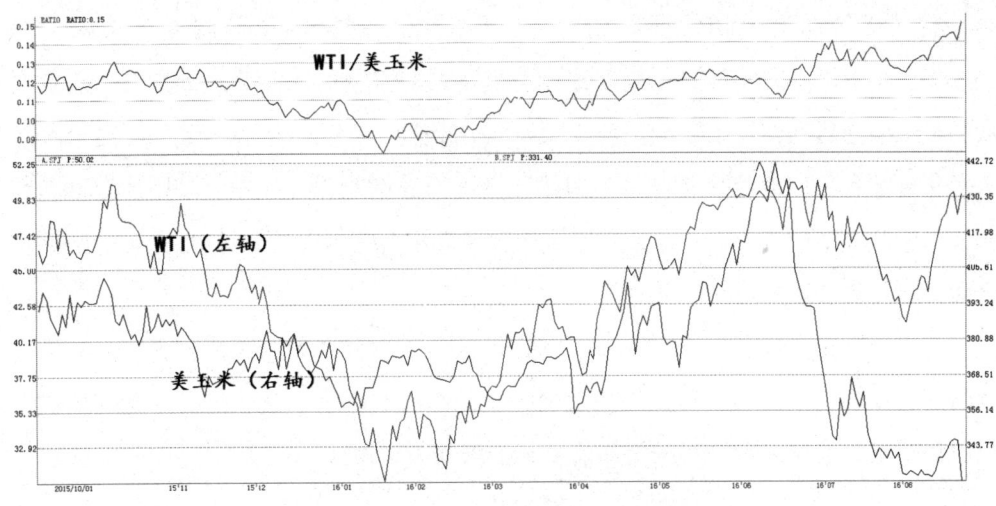

图 18-7　WTI 油价与美玉米价格走势

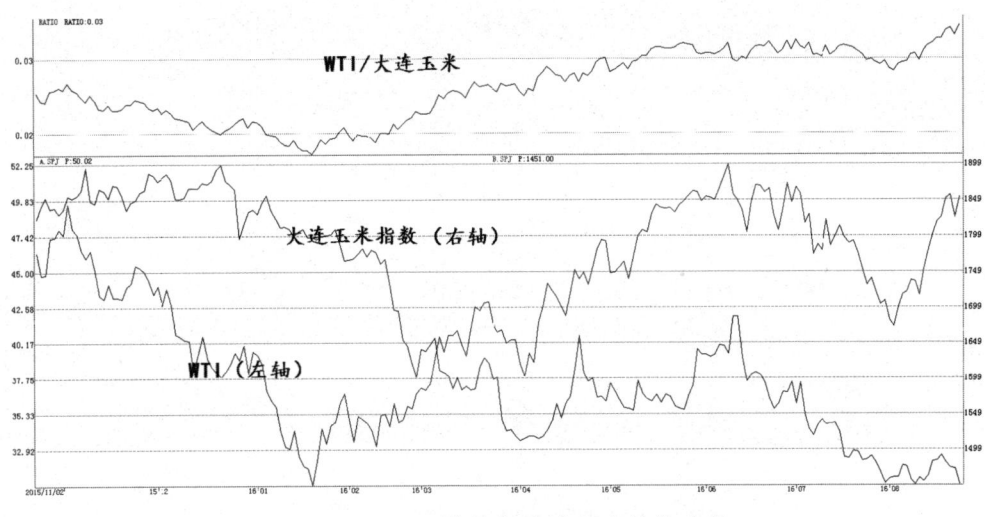

图 18-8　WTI 油价与大连玉米价格走势

油脂与原油的关系更为密切，因为生物柴油的直接来源就是油脂。豆油、棕榈油和菜籽油被我称为"油脂三剑客"，是在国内期货市场上市的三个油脂品种。

> 油脂主要受到大豆产量周期和原油走势的影响。

豆油是生物柴油的重要来源，美国 2015 年 8 月份生物柴油生产中的原料用量为 9.09 亿磅，其中豆油仍是最大的原料，用量为 4.64 亿磅。

印尼和马来西亚是利用棕榈油生产生物柴油的主要经济体，2013 年两国的棕榈油生物柴油年度总消费量在 500 万吨左右，但是两国的棕榈油年度产量在 5000 万吨左右。因此，棕榈油生物柴油转化量为两国总产量的 1/10。

湘财祈年期货的相关研究指出：豆油指数和棕榈油指数的相关系数高达0.9899，说明它们的价格属于高度正相关关系；棕榈油指数和美原油指数、豆油指数和美原油指数的相关系数分别为0.8294、0.8557。

菜籽油也可以制作生物柴油，但是经济可行性更差，因此主要是因为豆油和棕榈油的联动关系而被影响，也就是说原油价格变化影响了豆油和棕榈油的工业消费，进而影响作为油脂替代品的菜籽油。

从下列图中可以看出（图18-9到图18-13），国际油价与国内外油脂品种具有较高的联动性，而且有些时候油脂价格先于原油见底，这不是意味着油脂的重要参与者们对某些宏观因素的看法更加前瞻和准确呢？

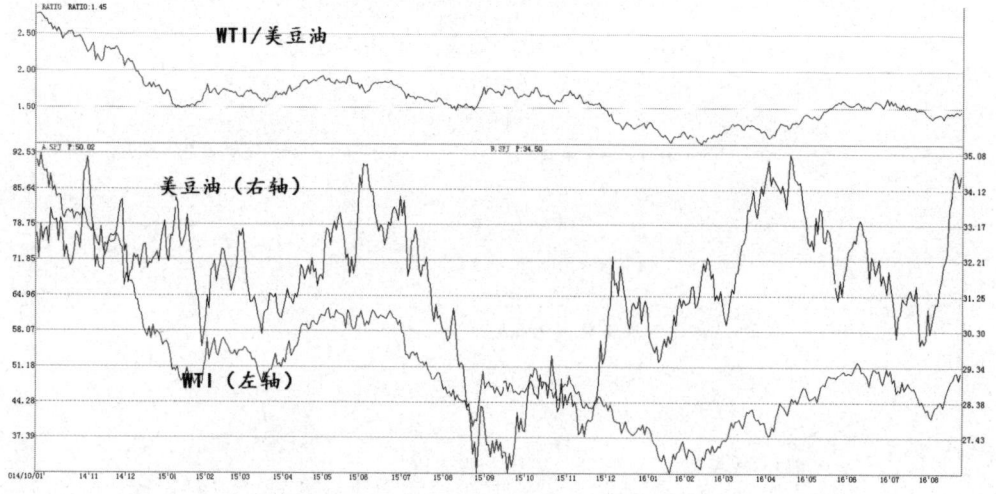

图18-9　WTI油价与美豆油价格走势

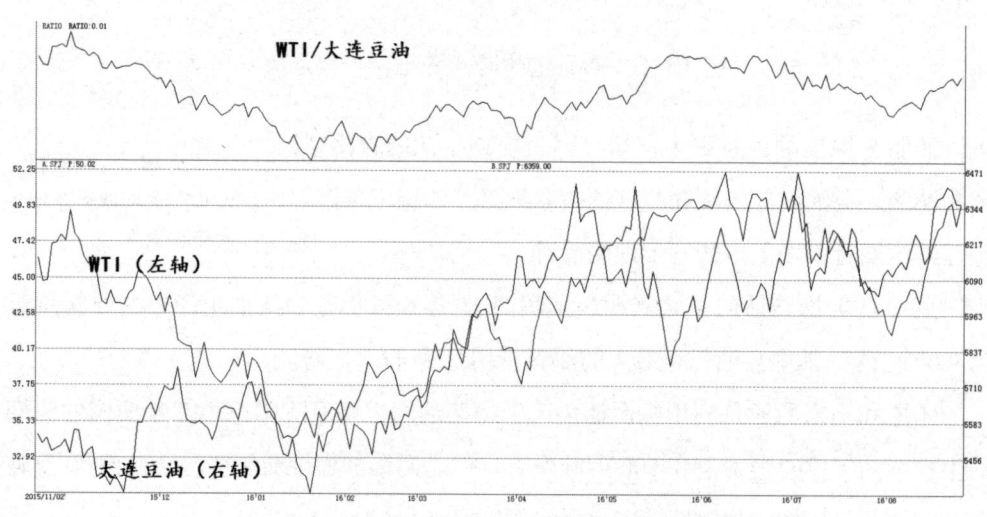

图18-10　WTI油价与大连豆油价格走势

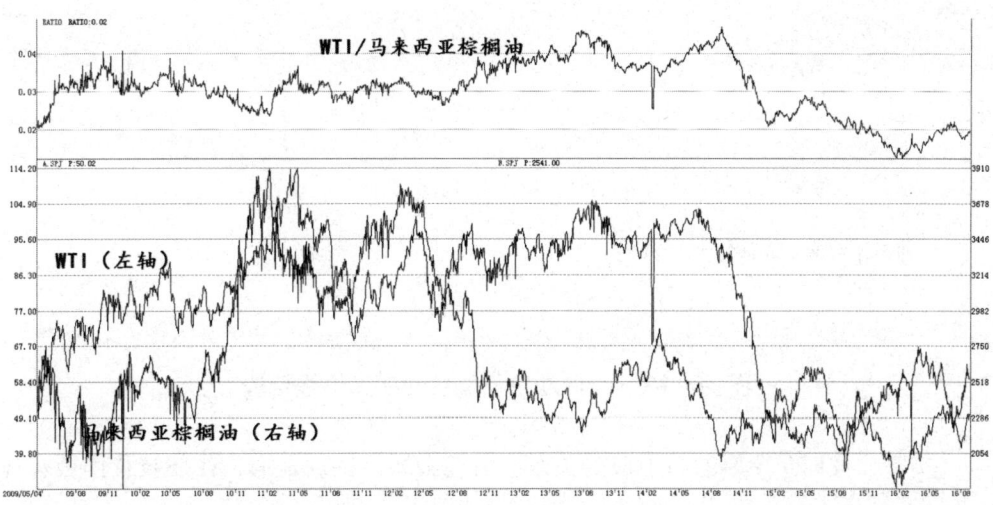

图 18-11　WTI 油价与马来西亚棕榈油价格走势

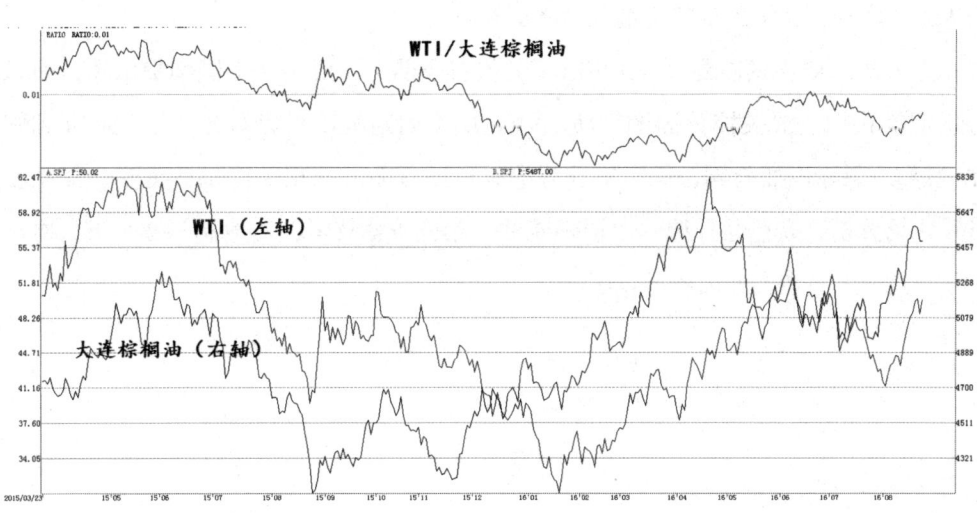

图 18-12　WTI 油价与大连棕榈油价格走势

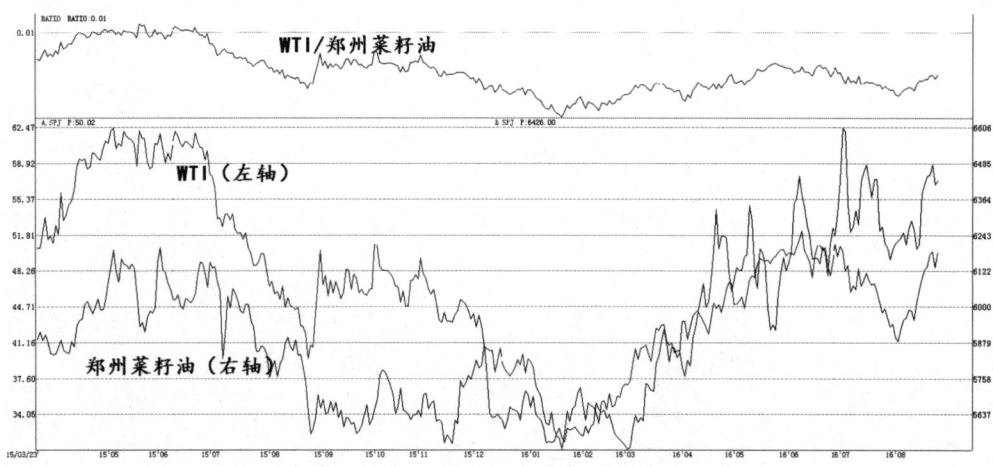

图 18-13 WTI 油价与菜籽油期货价格走势

接着，我们介绍原油与金属的关系。有色金属，特别是铜，往往被看作是宏观经济的晴雨表，因此做有色期货的交易者们往往也会像原油交易者们一样非常关注宏观经济数据，比如 OECD 领先指标就是非常好的经济领先指标，不同的研究者分别指出 OECD 领先指标是铜和原油价格的领先指标。这表明原油和有色往往被同一组因素所驱动，这组因素就是世界经济周期。

做农产品期货我们要关注 USDA（美国农业部），要关注美国期货市场，而做有色期货我们主要关注英国的期货市场。从下列走势图可以看出（图 18-14 到图 18-21），国际原油与铜、铝、锌、镍等有色期货品种的相关度都非常高。如果要做跨市场分析，有色品种选一个铜跟原油一起分析就行了，其他偶尔看一下，对比一下，找一下背离的原因就可以了。

图 18-14 WTI 油价与伦铜价格走势

图 18-15　WTI 油价与沪铜价格走势

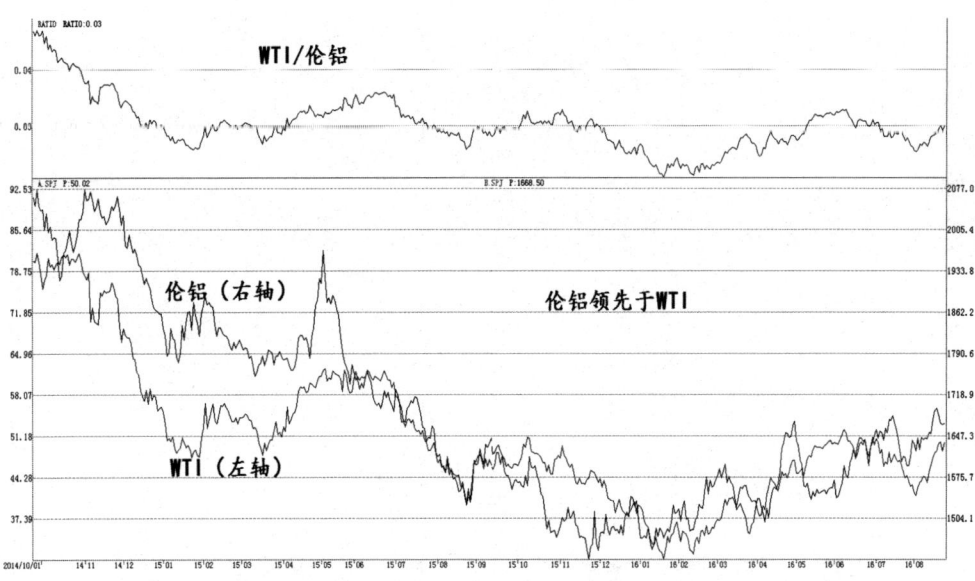

图 18-16　WTI 油价与伦铝价格走势

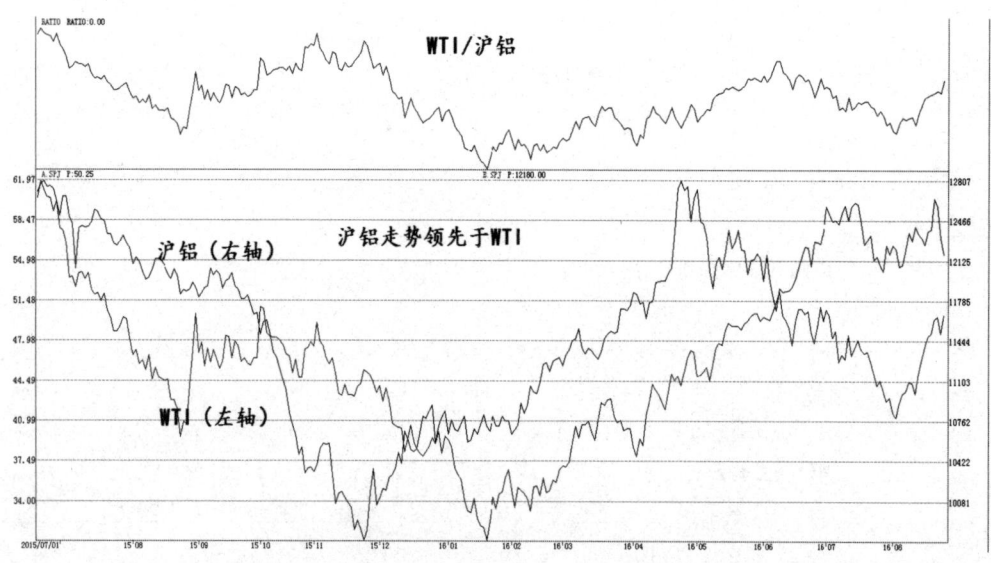

图 18-17 WTI 油价与沪铝价格走势

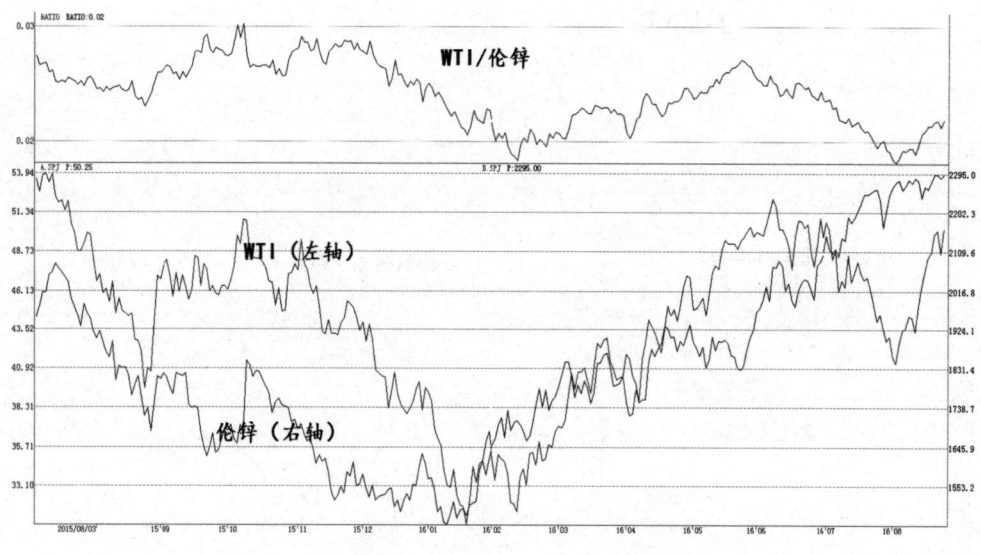

图 18-18 WTI 油价与伦锌价格走势

图 18-19　WTI 油价与沪锌价格走势

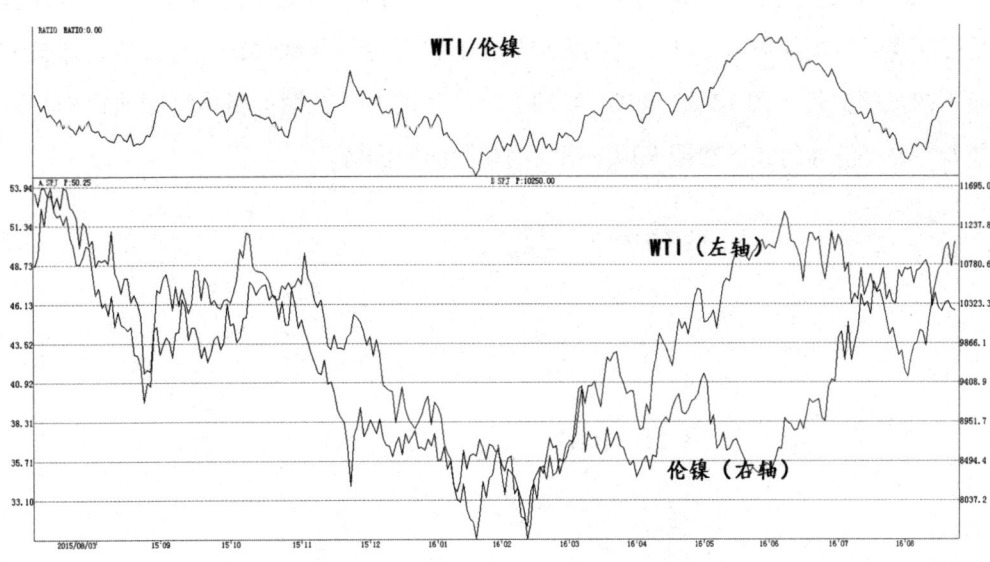

图 18-20　WTI 油价与伦镍价格走势

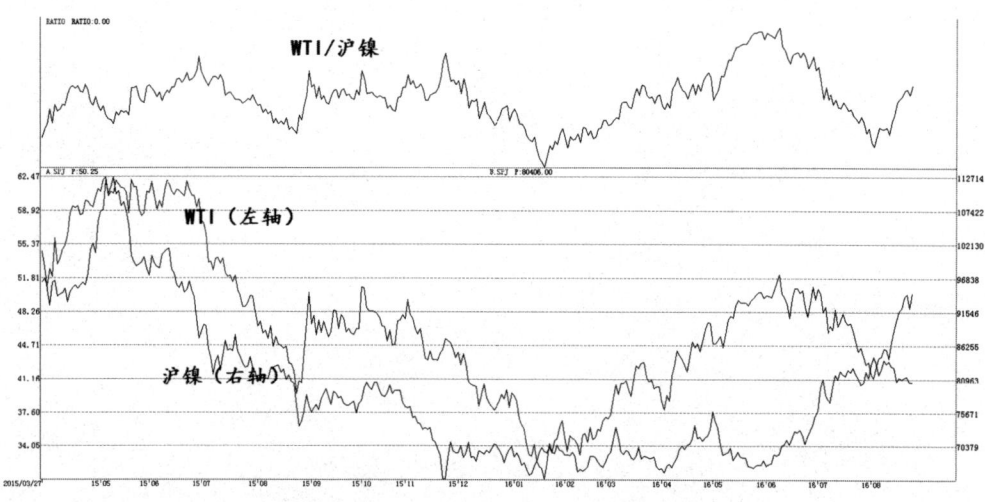

图 18-21　WTI 油价与沪镍价格走势

螺纹钢和铁矿石与原油有多大的关系呢？螺纹钢的上游是铁矿石，铁矿石的开采和运输要消耗化石能源，因此铁矿石与原油关系是密切的。另外，铁矿石也是美元计价，所以与原油同时受到美元走势影响。螺纹钢与原油的直接关系不大，主要还是螺纹钢与工业增加关系大，而原油与工业增加值关系也很大，整体上讲两者都是受宏观经济周期影响。从下列图可以看出来国际油价与螺纹钢还有铁矿石都属于显著的正相关性（图 18-22 和图 18-23）。与其通过螺纹钢价格预测原油价格，不如看主要经济体的经济数据来预测螺纹钢和原油的价格。

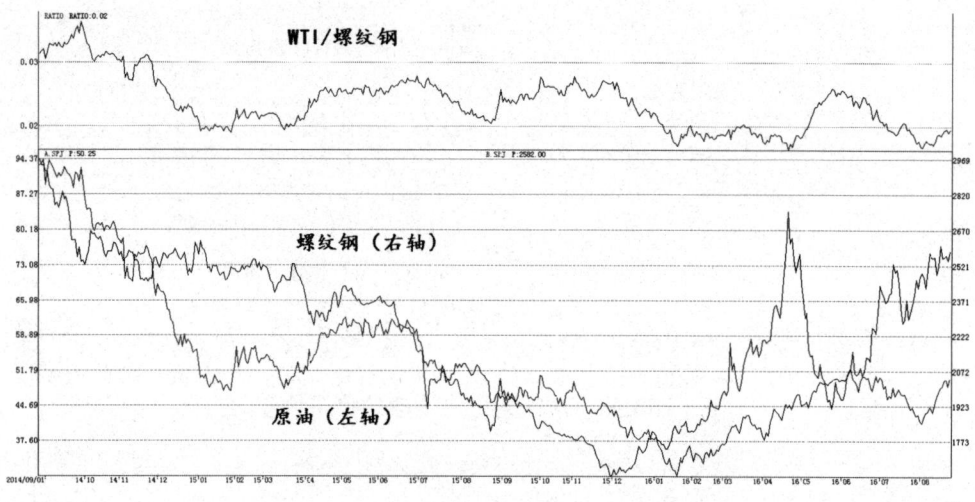

图 18-22　WTI 油价与螺纹钢价格走势

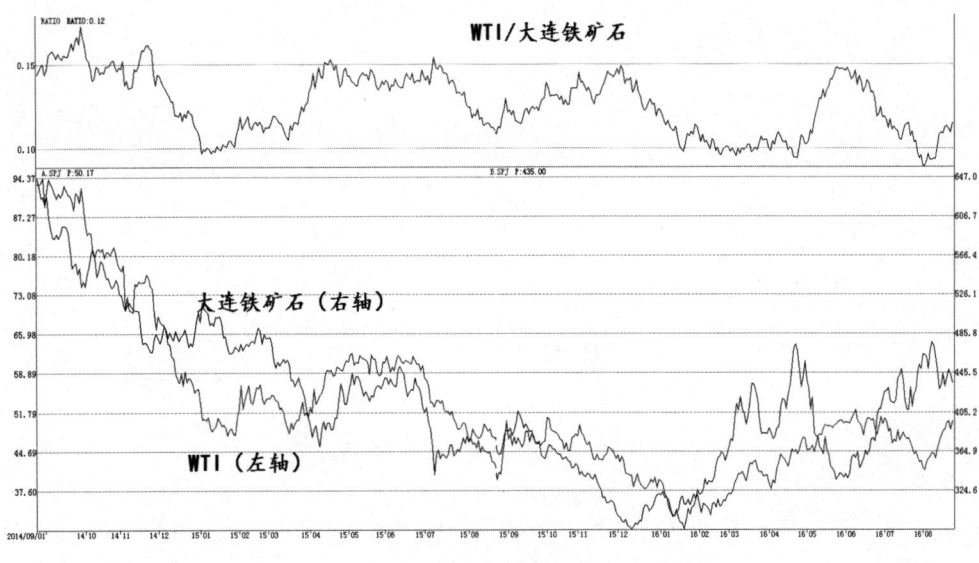

图 18-23　WTI 油价与大连铁矿石价格走势

最后，我讲下原油与能化期货的关系。能源和化工方面的期货与原油关系非常密切，基本上就是看两个因素：第一个因素就是原油价格趋势；第二个因素就是经济情况。由于塑料类的产品存在寡头生产者的情形，因此厂商短期内提振价格也会影响期货走势。

一些化工品的上游并非原油，而是煤炭或者天然气，但是因为能源之间存在替代性，而且一些化工品可以同时用多种上游能源制成，因此这些化工品其实也会紧跟原油价格波动。

另外，天然橡胶与原油的关系密切，主要还是因为人工橡胶与化工行业关系密切，天然橡胶与原油都受宏观经济的影响。

至于产品油，比如取暖油和柴油与原油的关系，其实主要体现在产业链上的利润空间问题。

下面一系列图表列出了国际油价与能化类期货的对比走势（图 18-24 到图 18-34），从中只不过加强我在本课开始时强调的一个结论——原油是商品之母！

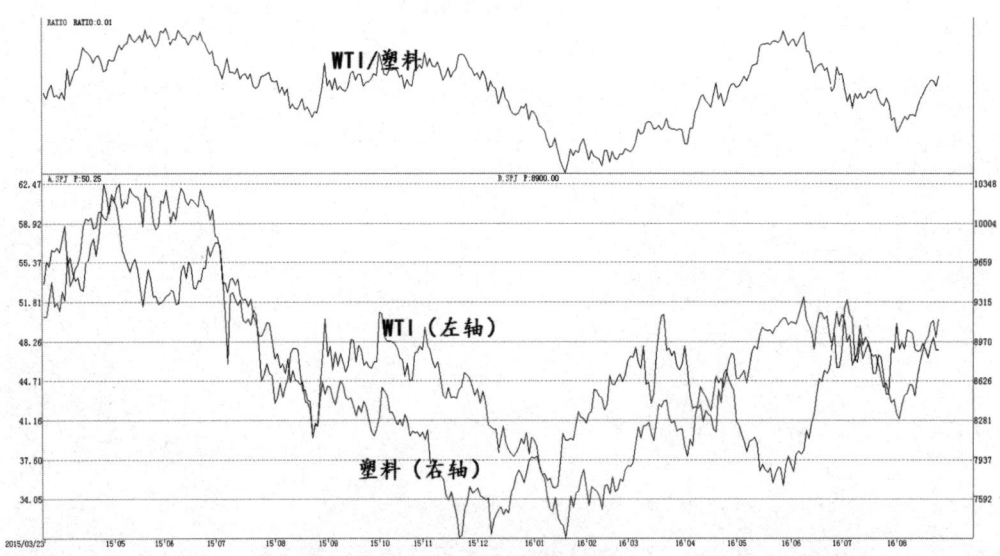

图 18-24　WTI 油价与塑料期货价格走势

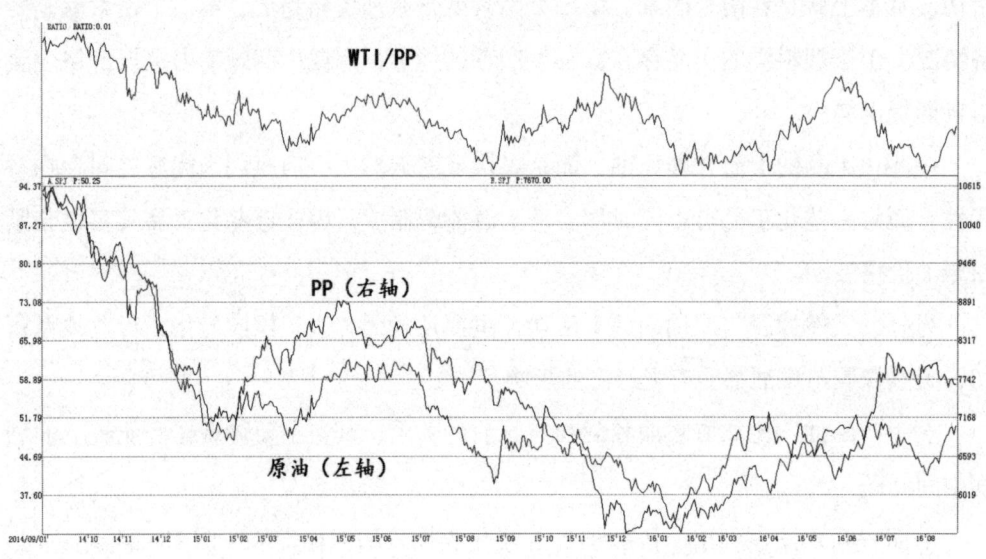

图 18-25　WTI 油价与 PP 期货价格走势

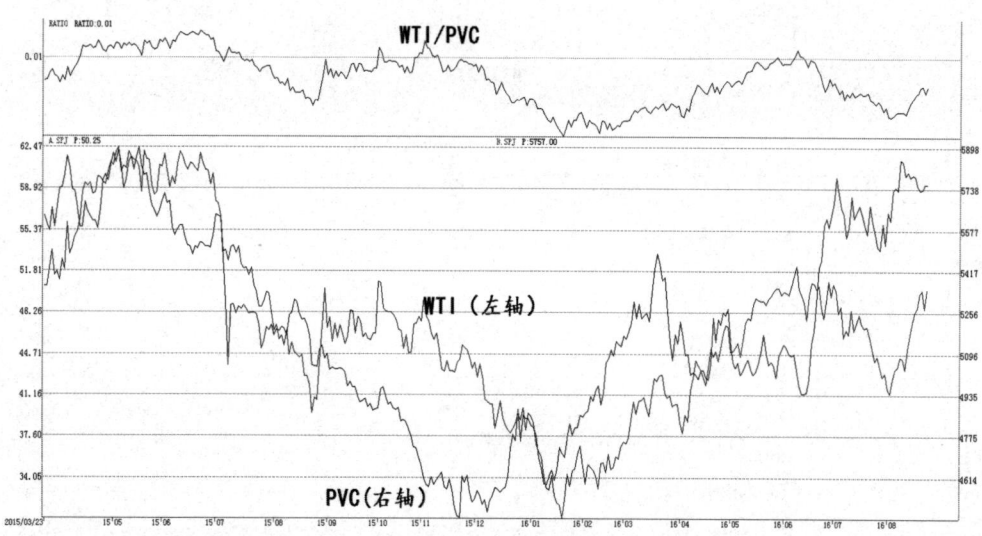

图 18-26 WTI 油价与 PVC 期货价格走势

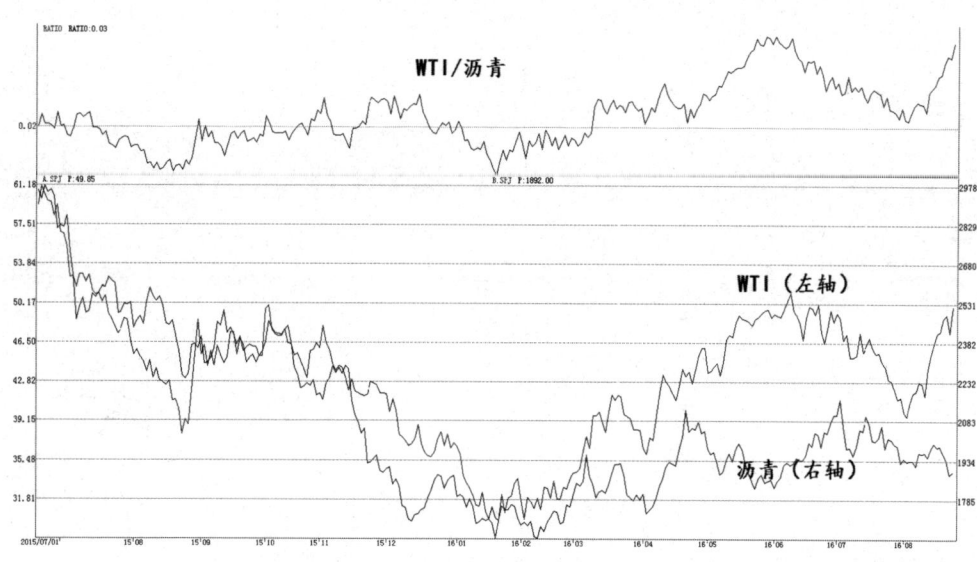

图 18-27 WTI 油价与沥青价格走势

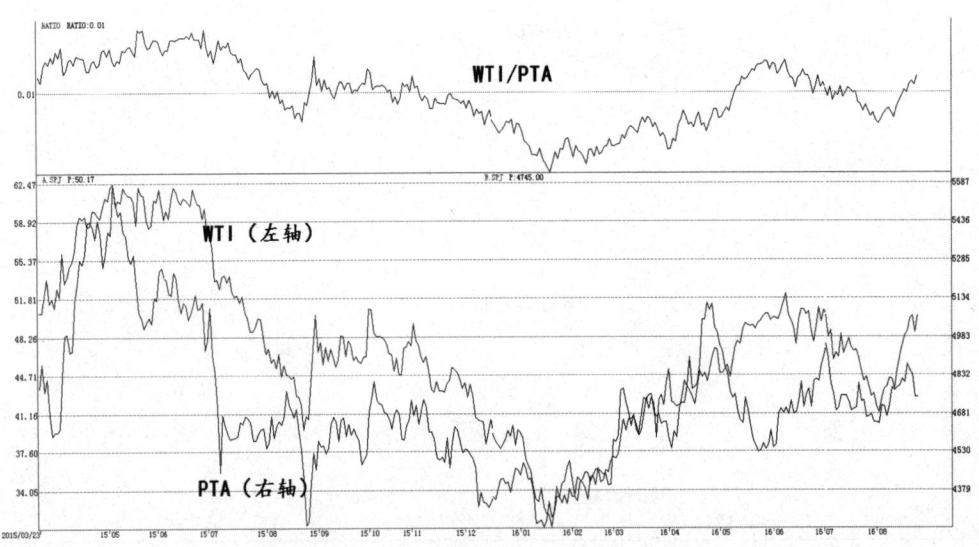

图 18-28　WTI 油价与 PTA 期货价格走势

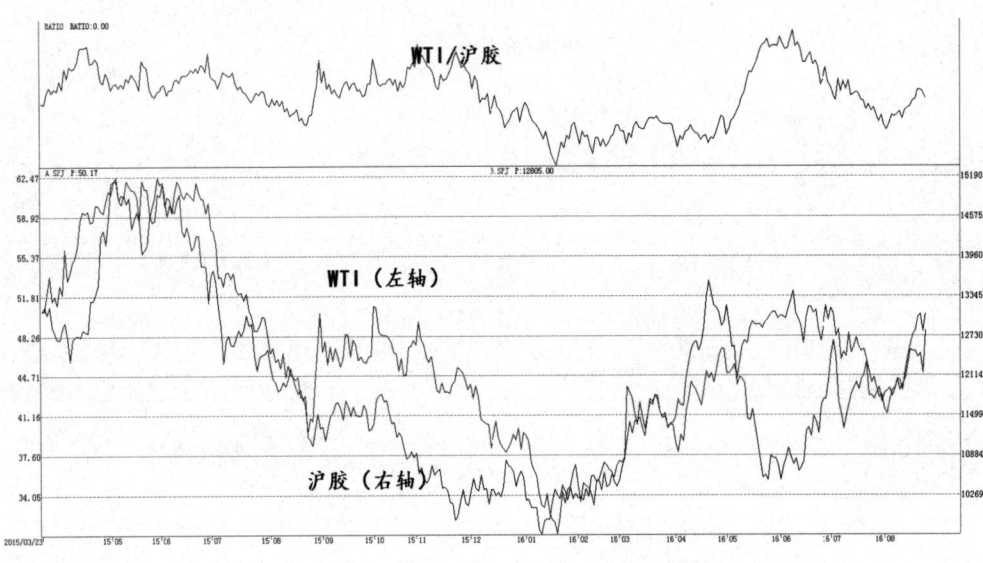

图 18-29　WTI 油价与沪胶期货价格走势

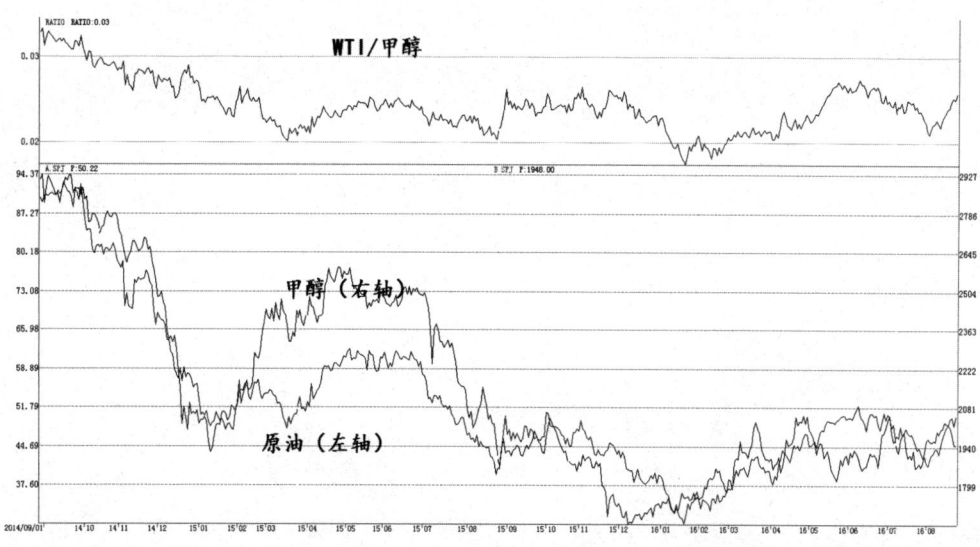

图 18-30 WTI 油价与甲醇期货价格走势

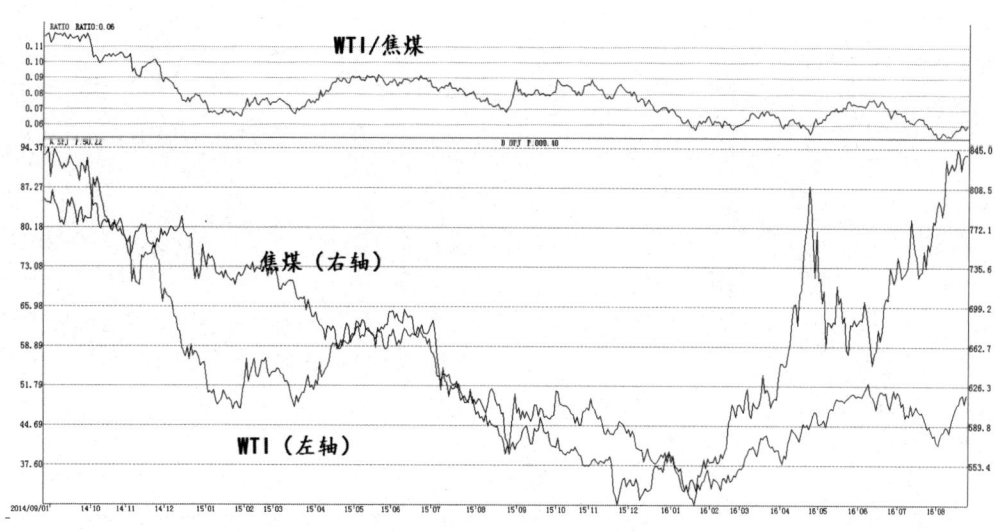

图 18-31 WTI 油价与国内焦煤期货价格走势

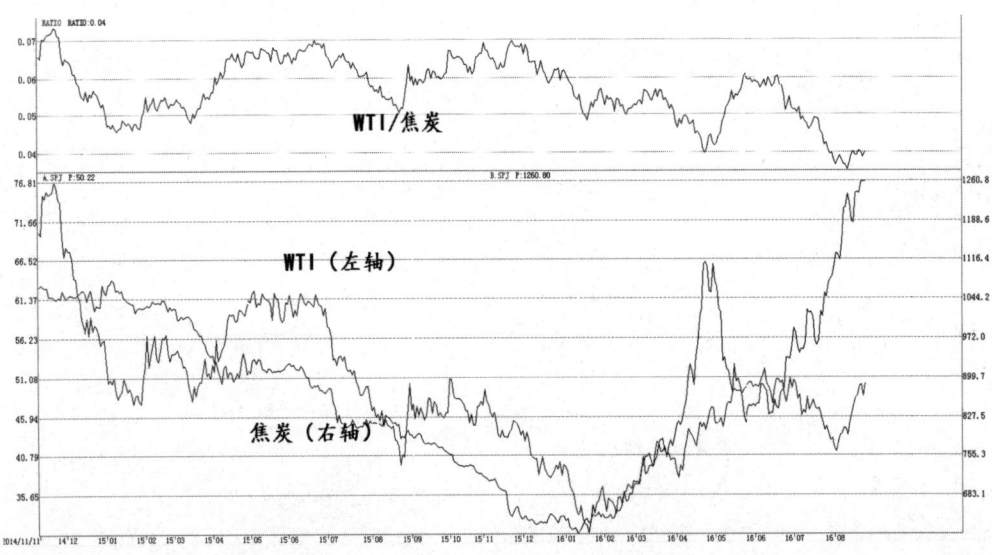

图 18-32　WTI 油价与国内焦炭期货价格走势

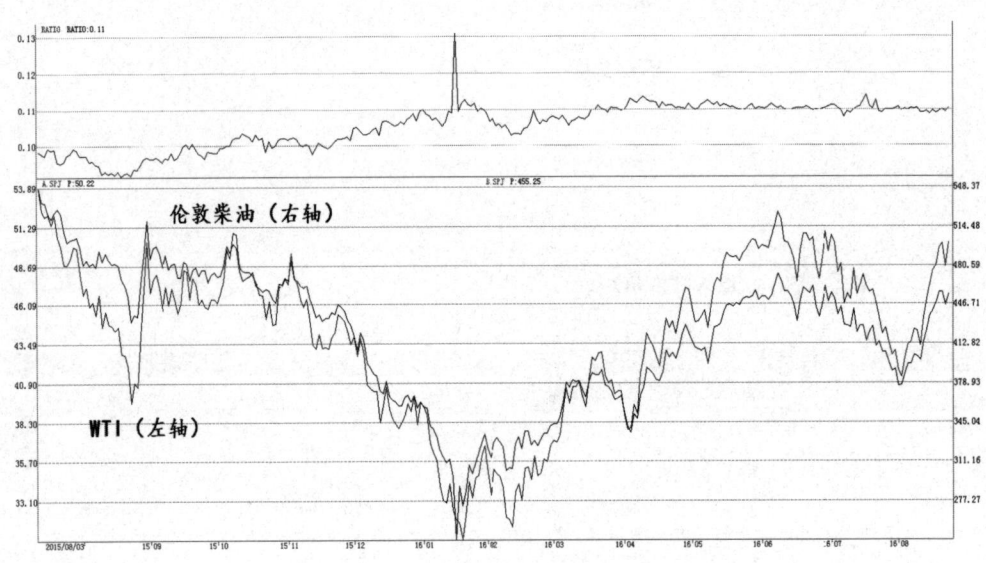

图 18-33　WTI 油价与伦敦柴油价格走势

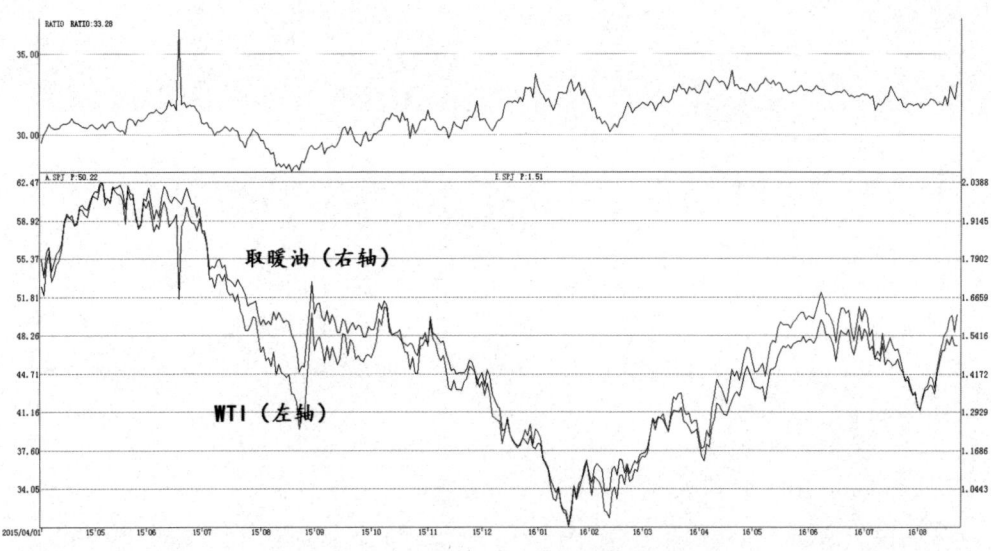

图 18-34　WTI 油价与美国取暖油价格走势

了解了原油与主要大宗商品价格之间的关系之后,大家应该明白这课的主要目的在于提醒你明白原油对于任何特定期货品种的交易者而言都是最为重要的研究对象!不懂原油,不能做商品期货!我们很难从其他商品身上找出原油未来的动向,但是却可以从原油身上找出其他商品未来的动向!

第十九课

原油与证券市场

当能源股成为龙头股的时候,这对于股市而言则是一个非常危险的信号,大多数股票见顶之前,你都能看到原油价格飙升的影子。

——约翰·墨菲(John J.Murphy)

原油价格会影响通胀预期,而通胀预期会主导利率预期,进而影响到债券的走势。

——魏强斌

广义的证券包括股票和债券。债券受通胀率影响很大，特别是久期较长的债券。而通胀率与原油的关系密切，当然中国的通胀率与猪周期关系也非常密切。本课我们讲原油与证券的关系，具体就是讲原油与债券的关系，以及原油与股票的关系。

原油是商品之母，是众多大宗商品走势的强大引擎之一，因此大部分情况下可以用原油来推测其他商品的走势，但是却很难用其他商品的走势推测原油的走势。

跨市场分析可以作为驱动分析的范畴，也可以作为心理分析的范畴，当然我在这本教程当中将其作为心理分析的范畴，因为它可以帮助我们看清楚全球资本流动的逻辑和方向。要分析清楚原油的走向，要做好原油交易，肯定会用到跨市场分析工具，大宗商品可以作为一个确认工具，比如用CRB指数来确认对原油的一些分析和判断，而证券市场则是一个很好的提醒指标。

债券市场的分析工具和模型相对成熟，涉及的因素要比股票市场少很多。债券分析师，特别是国债分析师对于宏观经济的运行往往把握得要更加到位一些，因为他们对于通胀和增长的关注远远超过了一般人。券商研究所里面的宏观分析师、债券分析师和银行业分析师其实有很多共同的工作，他们对经济的把握往往要比行业分析师以及期货品种分析师更加全面和深刻。而行业分析师作为中观层面的研究者则可以更快得到某些经济信号，从而对宏观进行验证。

狭义的原油产业链是石化分析师的工作领域，但是我在本书定义的原油产业链显然是广义的，因为这条广义产业链的下游是整个宏观经济。因为我定义的原油产业链属于广义，因此我们对原油下游的掌握更多是与经济周期关联，而经济周期又是债券分析师们所专注的，因此讲原油与证券市场的联系，我更加侧重从债券市场的角度来讲。

本课中我要讲的第一个主题是经济周期中原油价格与债券价格（图19-1）。经济周期是本书反复出现的一个话题，因为它与原油产业链下游紧密相连，是决定性的因素。一般而言，大宗商品的高点出现在经济周期的滞涨阶段，而原油价格是大宗商品之中较晚见顶的，因为原油的产业链很长，所以上游调整起来存在很长的时滞。"哈耶克三角"其实就探讨了这种时滞对于经济周期的意义，产业链越长，下游需求调整传导到上游的时间就越长，这就会导致整个系统大幅波动。"哈耶克三角"讲的东西其实系统论里面早就讲了，只不过两个学科的人交流太少而已。

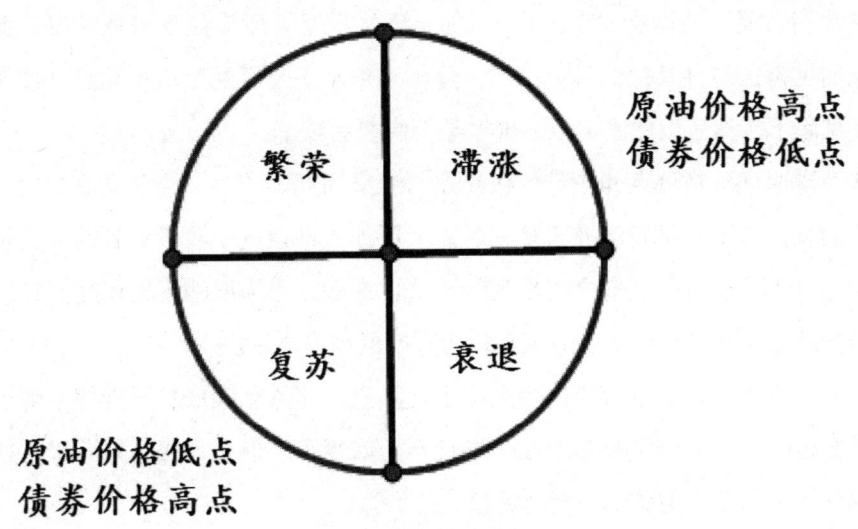

图 19-1　经济周期中的油价与债券价格

回到正题中，原油往往也会在滞涨阶段的末期见顶，所以如何判断原油的顶部呢？可以利用这个规律去定位，滞涨阶段是通胀上升而增长下降的阶段，因此增长高点确认之后就是大概率进入滞涨阶段了，一旦你确认增长见顶之后，那么就是油价飙升冲顶的时候了。

我们再来说债券的底部。我们这里先以国债和利率债为例来讲，信用债还有考虑信用利差的问题。国债价格主要受到通胀预期和增长预期的影响。在滞涨阶段，增长已经见顶了，而通胀也处在顶部附近，因此债券价格往往也在滞涨阶段见底。

我们来看一段历史。中国需求在过去十年是原油下游的最大增量，因此以中国的经济周期为主举例。2007 年四季度中国经济增长在高位，通胀水平也继续上行。大宗商品表现最强，而原油价格不断上行，当然原油更大的涨幅在后面的滞胀阶段，也就是 2008 年一季度到二季度，原油创下历史高点 147 美元 / 桶的记录，原油在滞涨阶段见顶，此后一路下跌，跌到 2015 年才有点企稳迹象，可见周期的力量有多大。也就是在 2008 年这个滞涨年，债券价格开始见底走牛。2008 年三季度、四季度，中国经济增长率大幅下滑，通胀压力缓解，中国人民银行为了稳住经济不断降息，这一阶段债券是最好的投资资产，债券价格从 2008 年 8 月份开始显著上涨。

总结一下，原油价格的高点和债券价格的低点往往在滞涨阶段出现。这个规律在判断油价的时候怎么用？第一，看能不能确认经济周期的阶段，这个主要看经济增长数据和通胀数据。经济增长数据有 PMI 和工业增加值等，这些是比较及时的经济增长数据。通胀数据有 PPI 和 CPI。如果经济周期大概率处于滞涨阶段，那么主要看原油见顶的各种其他信号。第二，分析利率水平是否处于历史高点，债券价格是不是见底了，然后以此确定原油价格是否快要见顶了。

接着讲原油价格低点和债券价格高点与经济周期的关系。经济见底之后，通胀还没有起来，这个时候经济处于复苏阶段。原油价格在这个阶段见到底部，是不是原油的底部都是经济的底部之后出现的？这也未必，因为原油不仅仅受到经济需求一个因素的影响，只是说经济需求是最为重要的因素之一。

另外一方面，在衰退阶段因为央行主动降息，而通胀和增长预期都下降了，所以债券会走牛市。等到了复苏阶段，增长开始恢复了，但是通胀还未起来，这个阶段利率已经见底了，债券价格则会见顶。

国债利率高点对应国债价格低点，国债利率低点对应国债价格高点。

因此，在经济复苏阶段，债券价格见顶，而原油价格见底，你可以通过定位经济周期阶段来获得原油处于底部附近的信号，也可以通过将债券利率水平与历史低点比较来推测原油是否大概率处于底部附近。我们看一下 WTI 原油价格走势与美国 10 年国债利率走势的对比就可以明显发现两者是高度一致的（图 19-2）。

图 19-2　WTI 油价与美国 10 年期国债期货利率走势对比

数据来源 StockCharts.com

从上面的讲解我们知道债券和原油都受到通胀的影响，债券的收益率是实际利率，而实际利率如果低于通胀率就会自动调整以便抵补通胀损失，通胀会影响原油的存货投资需要，进而影响原油价格。因此，在结束第一个主题之前，我们看下美国通胀率指标之一 PPI 与 WTI 油价的直观关系（图 19-3），两者基本是同步关系，高低点对应。

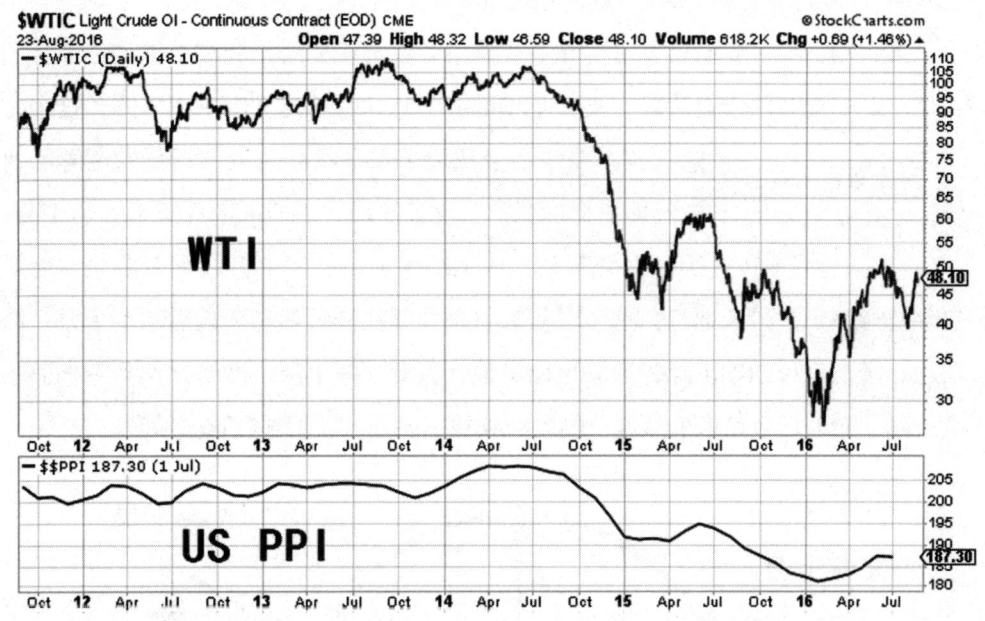

图 19-3　WTI 油价走势与美国 PPI 走势

数据来源：StockCharts.com

我本课要讲的第二个主题是"收益率曲线与原油"。经济学家与能做出大致准确的经济预测很难画等号，大多数经济学家的任务是规划和解释，而不是预测。当年对经济学比较失望，所以非常留意哪些工具能够真正预测经济走势。"铜博士"据说比经济学家更擅长预测经济，除了它之外还有一位也非常擅长预测经济，那就是"收益率曲线"。虽然这位"经济学家"也会出错，不过它的正确率应该远远超过了全球经济学家的平均预测水平。

收益率曲线其实可以看成是增长率预测曲线，金融市场体现了一切信息，相当于将一切有关宏观经济的信息输入一台超级计算机，然后得出从现在到未来的一系列经济增长率预期。

> 收益率曲线的纵轴代表收益率，横轴则是距离到期的时间。收益率曲线有很多种，如国债的基准收益率曲线、存款收益率曲线、利率互换收益率曲线及信贷收益率曲线等。

那收益率曲线与原油有什么关系没有？当然有！收益率曲线体现了经济增长以及通胀预期，而原油的中下游与经济增长和通胀预期有密切关系。先说增长吧，经济增长了，对原油的需求就增加了，经济增长同比下降了，甚至萎缩了，那么对原油的需求就下降了。那通胀呢？通胀预期高，则存货投资热火朝天，中游变成需求端，原油需求进一步增加。通胀预期低，则存货投资冷清，中游变成供给，原油需求进一步萎缩。因此，收益率曲线对预测原油价格绝对有用处。

既然有用，那么我们就有必要花工夫搞清楚收益率曲线与经济周期的关系（图19-4）。经济周期的衰退阶段，央行基本都会降息，也就是短期利率下降，这个时候收益率曲线的会从近乎水平状甚至近高远低的倒置状变成近期更低的状态。复苏阶段，预期未来经济增长会走强，通胀也会起来，这个时候远期利率上升。繁荣阶段，为了抑制经济过热，央行会加息，这个时候收益率曲线代表短期利率的近端会上升。滞涨阶段，经济增长预期下降，通胀也已见顶，远期利率下降，因为预期到未来通胀都会下降，而央行会在未来降息。倒置的收益率曲线往往出现在这个阶段。

> 倒置的收益率曲线通常表示经济即将下行。

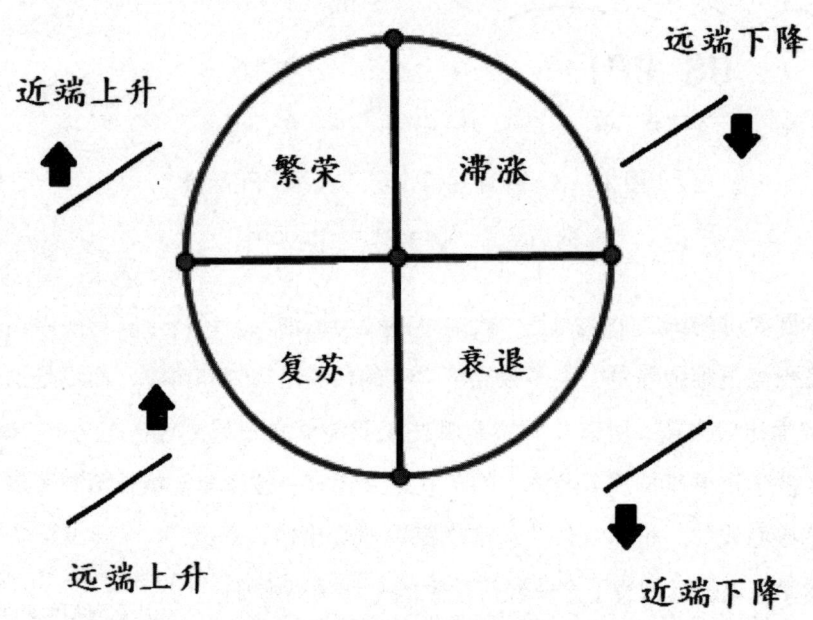

图19-4　经济周期中的收益率曲线

收益率曲线具体怎么用到研判原油走势上？第一，收益率曲线如果近乎水平状或者短期利率甚至高于长期利率，那么原油见顶可能性大增；第二，收益率曲线如果因为远端上升而变得陡峭，那么原油见底可能性大增。

排名前三名的原油消费国和进口国的收益率曲线可以到彭博或者 Wind 上面看，因为这些收益率曲线反映了未来原油下游需求端的情况。另外，美国的收益率曲线也非常重要，因为它既是原油消费大国，同时美元走势也受到收益率曲线的影响，而美元则会通过资产属性影响原油价格。

好了，如何基于收益率曲线分析原油价格走势，我大致已经跟大家说明了，那么具体从哪里可以查询到这一数据呢？我一般关注中国和美国的收益率曲线，除了一些付费的财经资讯数据终端之外，还可以从如下公开来源查询两国的收益率曲线。查询美国的收益率曲线有三个公开来源：第一个是美国财政部提供的收益率曲线（图19-5），具体的收益率曲线查看网址如下：

https://www.treasury.gov/resource-center/data-chart-center/interest-rates/Pages/Historic-Yield-Data-Visualization.aspx

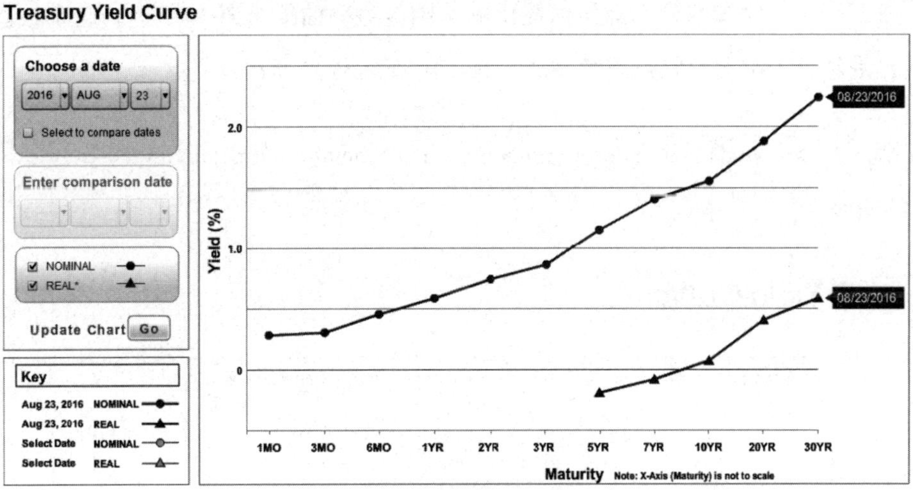

图 19-5　美国国债收益率曲线（1）

数据来源：美国财政部

第二个是美国一个投资顾问公司提供的美国收益率曲线（图19-6），这个收益率曲线也是根据不同期限美国国债收益率绘制的，具体的查询网址如下：

http://www.martincapital.com/index.php?page=graph&view=yieldcurve

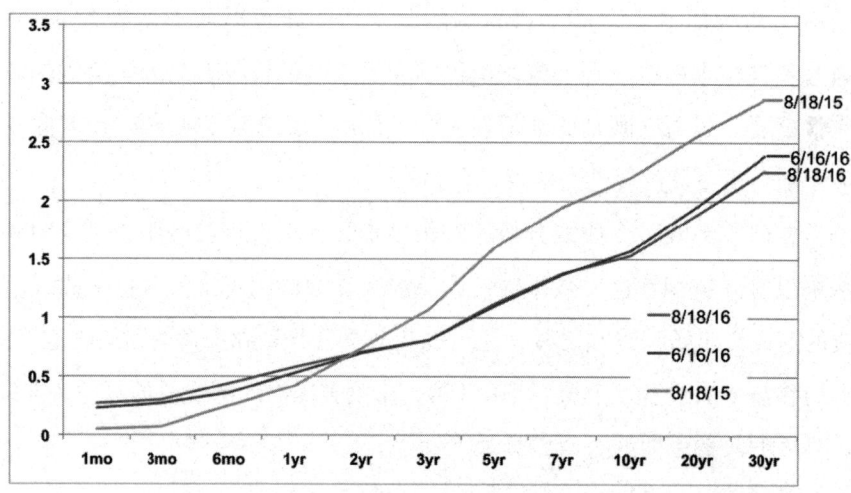

图 19-6　美国国债收益率曲线（2）

数据来源：Martin Capital Advisors

第三个是一家知名外汇经纪商提供的美国收益率曲线（图 19-7），这个收益率曲线也是基于美国国债收益率绘制的，具体的查询网址如下：

https://www.oanda.com/forex-trading/analysis/economic-indicators/united-states/rates/yield-curve

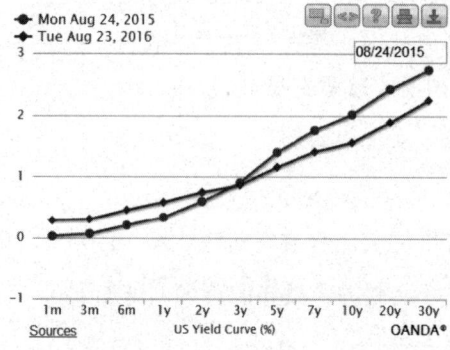

图 19-7　美国国债收益率曲线（3）

数据来源：OANDA

中国的收益率曲线则可以从中国债券信息网查询（图19-8），除了国债收益率曲线之外，还有其他类型的收益率曲线，具体网址如下：

http://yield.chinabond.com.cn/cbweb-mn/yield_main

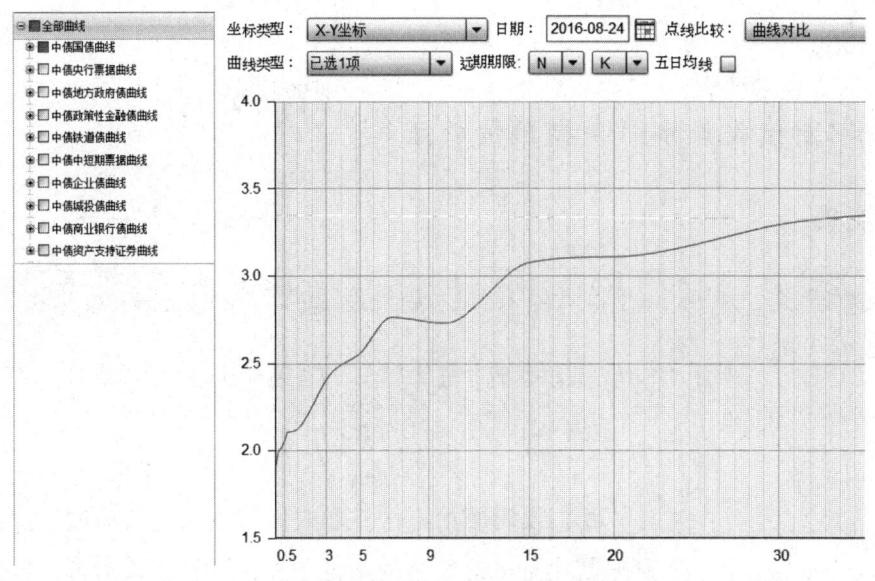

图 19-8　中国国债收益率

数据来源：中国债券信息网查询

其实，收益率差反映了经济增长和通胀的预期，从美国国债收益率差与WTI油价走势的对比可以看出两者关系密切（图19-9）。

图 19-9 美国国债收益率差与 WTI 油价走势

数据来源：StockCharts.com

我们要讲的第三个主题是"信用利差与原油"。信用利差其实是风险情绪的衡量工具，与我们在本教程第十五讲的内容密切相关，同时信用利差与债券关系也非常密切。信用利差在经济周期的不同阶段，在不同风险偏好下呈现出周期性和阶段性的扩张和收缩状态。在风险追逐情绪高涨的时候，大家会对高风险高收益的资产趋之若鹜，这个时候信用利差会下降。在风险厌恶情绪高涨的时候，大家会对低风险低收益的资产趋之若鹜，这个时候信用利差会上升。

> 信用利差反映了风险升水，进而反映了资产市场的风险情绪。

为什么风险追逐的时候，信用利差会下降呢？风险偏好强的时候，市场上的资金会去追逐那些高利息的资产，需求上升导致资产价格上涨，对于债券而言，这意味着利息下降。与此同时，市场资金会冷落那些低收益的安全资产，对于债券而言，意味着利息上升。一方面，高信用等级的债券由于被抛售而利息上升；另一方面低信用等级的债券由于被追捧而利息下降，这样信用利差就缩小了。

在风险厌恶情绪上升的时候，信用利差为什么会上升呢？这个时候市场上的资金会追逐那些拥有较高等级信用的资产，如果是债券的话则其利息会下降，而低信用等级的资产则会遭到抛售，其利息将上升。所以，信用利差在风险厌恶情绪上升的时候会扩大。总之，信用利差度量风险情绪，信用利差是资产市场情绪的风向标。

简而言之，信用利差就是低等级债券收益率与高等级债券收益率的差值，比如 AAA 债券与 BBB 债券的收益率差值、希腊国债与德国国债的差值、信用债与国债的收益率差值、新兴市场国债收益率与美国国债的差值等等。

> T-Bill 是美国政府发行的短期债务证券。短期国库债券通常只持有一段短时间（通常为 3 个月至 1 年），很容易转换作现金。短期国库债券一般折价出售，并可获豁免州及地方税。

较为专业的交易员会关注泰德利差（图 16-22）。泰德利差就是美国 T-BILL 三个月的利率与欧洲美元三个月利率的差值（一般是三个月期 LIBOR），是反映国际金融市场的最重要的风险衡量指标。简而言之：泰德利差是 3 个月伦敦银行间市场利率与 3 个月美国国债利率之差。

当泰德利差上行，则显示全球资本市场风险扩大，市场资金趋紧，银行借贷成本提高，也连带提高企业的借贷成本，代表信用状况紧缩。因此，交易者可以从泰德利差的走向上来观察目前市场上信用的状况。由于 T-Bill 期限短风险接近于零，所以是短期资金最佳的避险途径，而欧洲美元的价格变动更大一些，投资者可以利用买进欧洲美元并卖出 T-Bill 来做利差交易。通常情况下，两者之间的利率波动不致太大。但是如果资本市场信用出现状况，或交易者预期会有大幅波动，交易者为了安全起见，会偏向于买进更安全的 T-Bill，但是收益会比欧洲美元低很多。另一方面，银行在同业拆借市场上会更加谨慎地操作，银行间的资金成本也会随之增加，所以最终 LIBOR 上行，两者间利差变大。如果泰德利差下降，反映市场认为银行体系风险大幅下降，银行间借贷成本降低，也连带降低企业借贷成本水平，大量流动性会不断充斥市场。

TED 利差变大表明全球市场风险增加，原油价格倾向于下跌。相反情况下，即 TED 利差变小，则表明全球风险减小，原油价格倾向于上涨（图 19-10）。

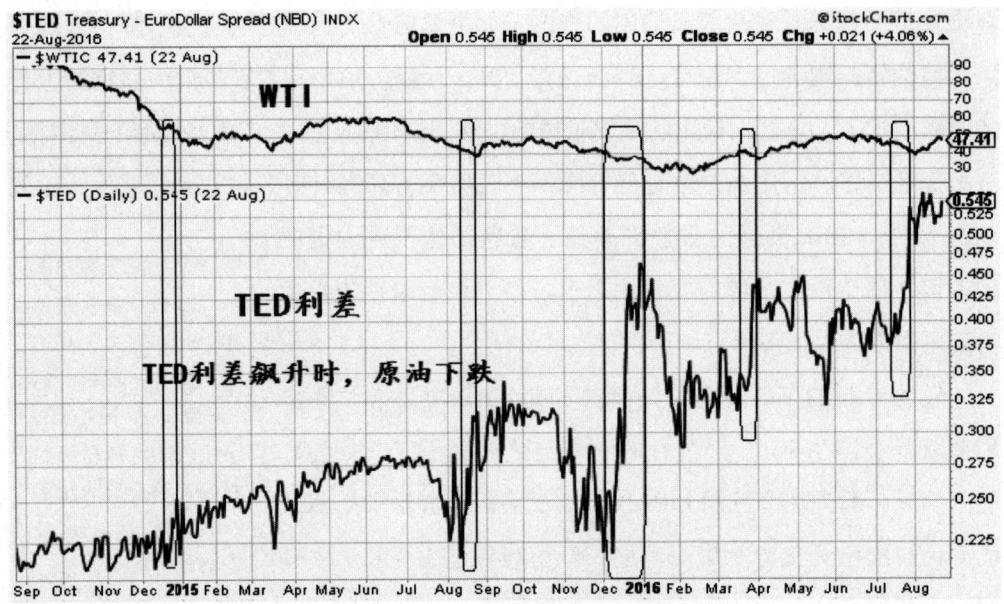

图 19-10　TED 利差与 WTI 油价

数据来源：StockCharts.com

我经常用的泰德利差的信息来源有两个，一个是 StockCharts（图 19-11），另外一个是 OANDA（图 19-12），具体网址如下：

http://stockcharts.com/h-sc/ui?s=$TED

http://fxtrade.oanda.com/analysis/economic-indicators/united-states/rates/ted-spread

图 19-11　泰德利差走势（1）

数据来源：StockCharts.com

图 19-12　泰德利差走势（2）

数据来源：OANDA

不同信用的存在，导致了信用利差的存在，导致了信用溢价的存在，而通过观察这些溢价水平的变化，我们就知道了资产市场风险情绪的变化。

我要讲的第四个主题是"原油与股票指数"。还是放在经济周期里面来讲（图19-13），股市的高点先于原油的高点出现，一般股指的高点出现在繁荣阶段，而原油的高点出现在滞涨阶段。不过，中美股市存在差异，A股中产业链上游类股票占比很高，有不少大宗商品类个股，周期性很强，这使得A股的高点更靠近繁荣后期甚至滞涨早期。能源股疯狂上涨往往出现在股市见顶阶段，这是一个典型的特征。

股市的低点往往也先于原油价格低点出现。股市低点往往在衰退阶段，原油低点往往在复苏阶段出现。

图 19-13　经济周期中的股指与油价

从上面的规律大概可以知道如何运用股市来判断原油价格走势了。股市长期下跌后企稳上涨，而原油价格下跌，则原油可能见底；股市长期上涨后滞涨下跌，而原油价格继续上涨，则原油可能见顶。看看道·琼斯指数与WTI走势就可以发现，道·琼斯指数的底部大多数早于WTI的顶部，当然也有一些例外（图19-14）。

图 19-14　WTI 油价走势与道·琼斯指数

数据来源：StockCharts.com

股指主要看美国和中国的，比如道·琼斯指数、沪深300指数、上证指数（图19-15），等等。2016年以后做原油的话，印度的股指（图19-16）也要关注了。印度被广泛使用的股票指数是SENSEX指数(又称孟买敏感30指数、BSESENSEX)，它是投资印度股市的重要参考指标，这个指数由孟买证券交易所发行。各类财经媒体提到的"印度股市"实际上都是指孟买股票交易所，因此，该交易所的SENSEX-30指数几乎成了印度股市的代名词。另外，俄罗斯的股市与原油价格关系密切（图19-17），本教程开头我已经提到过，也要时不时查看一下，俄罗斯股市主要看RTS股票指数。

印度全国共有23个股票交易体系，最主要的是孟买股票交易所（BSE）和印度国家股票交易所（NSE）。孟买证券交易所成立于1875年，是亚洲最古老的证券交易所。孟买股票交易所作为印度的第二大市场，2005年的成交量在全球排名第五位。有6000多家公司在孟买股票交易所上市，交易活跃的公司达2500家，这使孟买股票交易所堪称印度资本市场的门户。印度国家证券交易所在2005年的交易量，仅次于美国纽约股票交易所和纳斯达克交易所。

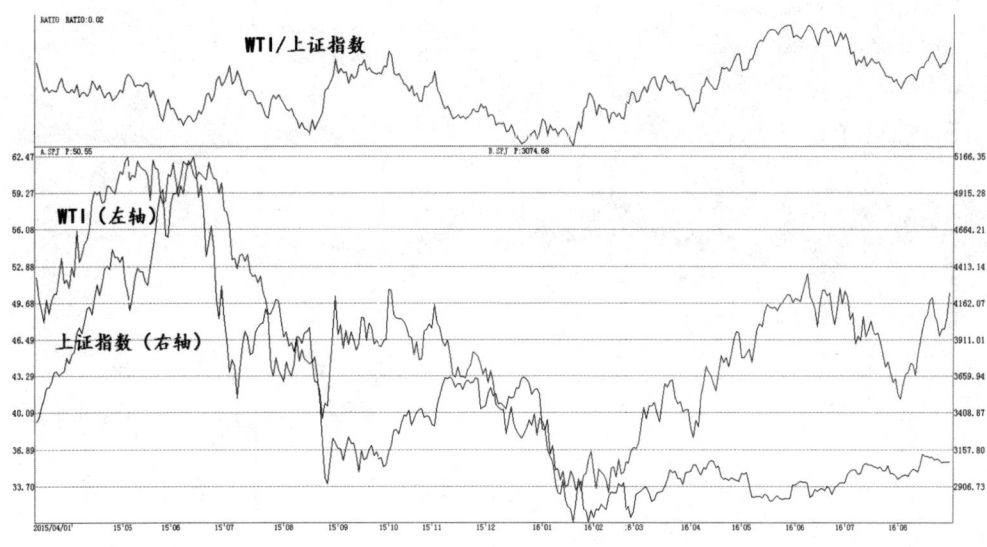

图19-15　WTI油价与上证指数

图 19-16　WTI 油价和孟买敏感 30 股票指数

数据来源：StockCharts.com

图 19-17　俄罗斯 RTS 股票指数与 WTI 油价

数据来源：StockCharts.com

好了，学完本课大家应该明白如何通过证券市场去分析原油走势了，同时掌握了不少新工具。

第二十课

对手盘：重量级玩家

通过仔细研究影响主要原油生产国和消费国的宏观因素来建立自己的市场判断。在商品交易市场当中，具有全球影响力的公司屈指可数，如果你知道他们在做什么，就等同于知道了赚钱的秘方。

——凯特·凯利（Kate Kelly）

问题的关键不是要认同合作伙伴或敌人，而是要站到对方的角度去透彻地看世界，从而明智地预测他们下一步会怎么做以及未来的形势变化，在此过程中你已经克服了一些不确定性因素，进而减小了一些风险，你的博弈因此被改善了。

——埃伦·夏皮罗（Eillenn C.Shapiro）

梅威瑟和他的教练研究过哈顿的比赛录像，摸清楚了他的习惯，比如在出左勾拳的时候，哈顿喜欢把右手放下，梅威瑟必须在拳击场上熟悉哈顿的这些习惯。

——加里·克莱因（Gary Klein）

在本课我们将介绍一些原油交易界的重量级参与者，这些玩家对原油市场的走势有着举足轻重的影响，在介绍这些大玩家之前，我先从博弈论的角度证明一下与大玩家在大多数时候保持一致的重要性。

对于投机交易而言，交易者得到的结果不仅仅取决于他自己的行为，因为结果都是有代表性交易者（有影响力）共同决定的，所以一场交易的获利与否需要考虑到所有代表性参与者的行为。请看表20-1，这是一个忽略了很多细节的模型，但是基本可以模拟交易这个博弈过程，当然这里主要针对是投机交易，也就是零和博弈。表20-1中，A代表我，B代表机构交易者，C代表散户交易者。如果机构交易者和散户交易者都做空，则市场上基本上缺乏进一步做空的力量，所以如果我加入到空方阵营，则很遭遇大逆转走势，亏损自然也很大，简单计为–3。如果机构交易者做空，而散户交易者做多，则表明市场上还存在很多散户力量可以转为空头，而且机构交易者一般在趋势的前段和中段持仓，则表明下跌趋势还未结束，所以这时候我们加入到机构交易者一边，可以赚信息和资金上处于劣势的散户交易者们的钱，简单计为2。当市场上机构交易者们做多，而散户交易者做空，我们应该同此理，站在机构交易者一边，但是如果我们站在散户一边，则亏钱，简单计为–2。当机构交易者们和散户交易者们都做多的时候，市场肯定是缺乏进一步上涨的动量，此时做空则可以获利不少，简单计为3。这是对表格8-2"A做空"一行的介绍，"A做多"一行也是类似的。

	B做空，C做空	B做空，C做多	B做多，C做空	B做多，C做多
A做空	–3	2	–2	+3
A做多	+3	–2	2	–3

表20-1　交易这个博弈过程

表20-1很好地模拟了真实短线交易中面临的博弈情景，如果仔细去揣摩其中的意义，可以对大家的交易起到不小的促进作用。即使只掌握最浅一层的含义，也能对你的交易思路有不好启发：你交易行为的绩效取决于其他参与者的行为！

原油期货市场当中活跃着一些大玩家，我们要独立分析影响原油价格的各种客观因素，同时也要注意关注大玩家们的动向和言论。

下面，我就逐一介绍原油市场的大玩家们，他们是各种各样的对冲基金，常年活跃在原油期货和衍生品市场上,他们的一举一动备受关注。当他们发表看法时,我们要问为什么他有这样的观点?背后的逻辑和证据是什么?他的意图是什么?他是想要找接盘侠?还是想要驱动市场朝着对自己头寸有利的方向继续前进,又或者是只是为了表达自己的观点?当他们采取某种行动时,我们要探究他们这样的原因是什么?要解答上述问题,光靠猜测和内幕消息是行不通的。我们要结合当时的产业链背景和美元走势去理解他们的言行。

我要介绍的第一个大玩家是安度兰德资本(Andurand Capital),这家对冲基金最近十几年在原油市场上叱咤风云,虽然也曾经失败过,但是其成功次数更多。这家公司的官网是www.andurandcapital.com,可以说官网上空无一物,很难从中找到对我们有用的信息。或许以后他们的官网会刊登一些有价值的研究报告,所以大家不妨经常关注一下。

安度兰德资本(Andurand Capital)是由皮埃尔·安度兰德(Pierre Andurand)创立的,此君在高盛任职过,后来又在一家石油集团当交易员,那时候绝大多数同事都专注于对冲现货各个环节的风险,而他在喜欢去研究其他交易员的可能行动。

图 20-1　皮埃尔·安度兰德
来源:Business Insider

他认为掌握能源市场的基本驱动因素和心理因素同样重要。在研究过程中,他坚持将所有因素放在一起衡量,并在此基础上制定原油交易策略,按照这个方法交易下去,没用多久他的资金就开始每年翻倍了。2008 年 2 月他与人合伙开始了自己的对冲基金事业，他认为原油每年都有几个较好的交易机会，因此他的主要精力集中在能源类金融产品的交易上。要追踪皮埃尔·安度兰德在原油市场上的言行只能通过搜索引擎，中文财经网站（图20-2）和英文财经网站（图20-3）都会有关于他的报道和访谈。

【油市崩溃预测者：牛市行情启动】伦敦对冲基金Andurand资本管理首席投资官兼经理Pierre Andurand：原油正启动"多年牛市行情"——因为低油价已经遏制供应，油价料在2016年反弹至60～……

文 / luojun615　　2016年03月30日 22:59:26　　💬 0

【油市崩溃预测者：牛市行情启动】伦敦对冲基金Andurand资本管理首席投资官兼经理Pierre Andurand：原油正启动"多年牛市行情"——因为低油价已经遏制供应，油价料在2016年反弹至60～70美元/桶、并在2017年反弹至80美元/桶。

图 20-2　互联网上有关 皮埃尔·安度兰德的信息（1）

来源：华尔街见闻

Andurand returning after BlueGold to cut risks at new hedge fund

Learned his lesson?

By Matthew Brown

January 23, 2013 • Reprints

FROM THE ARCHIVES

Pierre Andurand, the trader who shut his BlueGold energy hedge fund after it lost 34 percent in 2011, seeks to cut volatility of returns by more than half when he opens a new fund next week.

Swings in performance will be 10 to 15 percent a year at Andurand Capital Management LLP, compared with 40 percent

图 20-3　互联网上有关 皮埃尔·安度兰德的信息（2）

来源：futuresmag

第二十课 对手盘：重量级玩家

第二个大玩家是高盛。2006 年预测油价将突破 200 美元，从而误导了不少航空公司的对冲交易和套保交易。1869 年成立，全世界历史最悠久及规模最大的投资银行之一，拥有丰富的现货市场知识和国际金融产品运作能力，被视为原油市场最大玩家之一。

第三个大玩家是摩根士丹利。这家公司在中国也是闻名遐迩，是能源市场的大玩家之一，广泛参与原油期货和现货市场。摩根士丹利本来是 JP 摩根大通公司中的投资部门，1933 年美国经历了大萧条，国会通过《格拉斯－斯蒂格尔法》，禁止银行混业经营，于是摩根士丹利作为一家投资银行于 1935 年 9 月 5 日在纽约成立，而 JP 摩根则转为一家纯商业银行。这个原油市场大玩家几乎隔三岔五地公开发表对原油的看法，所以你经常可以在各大财经媒体看见它对原油市场的言论。你可以在搜索引擎介入关键词来检索相关信息，然后点击"最新相关信息"，获得最新报道（图 20-4）。另外，也可以从如下官方网址获取及时的市场观点：

> 摩根士丹利石油市场研究主管为 Adam Longson，你也可以同时检索这个人的言论。

http://www.morganstanley.com/ideas/

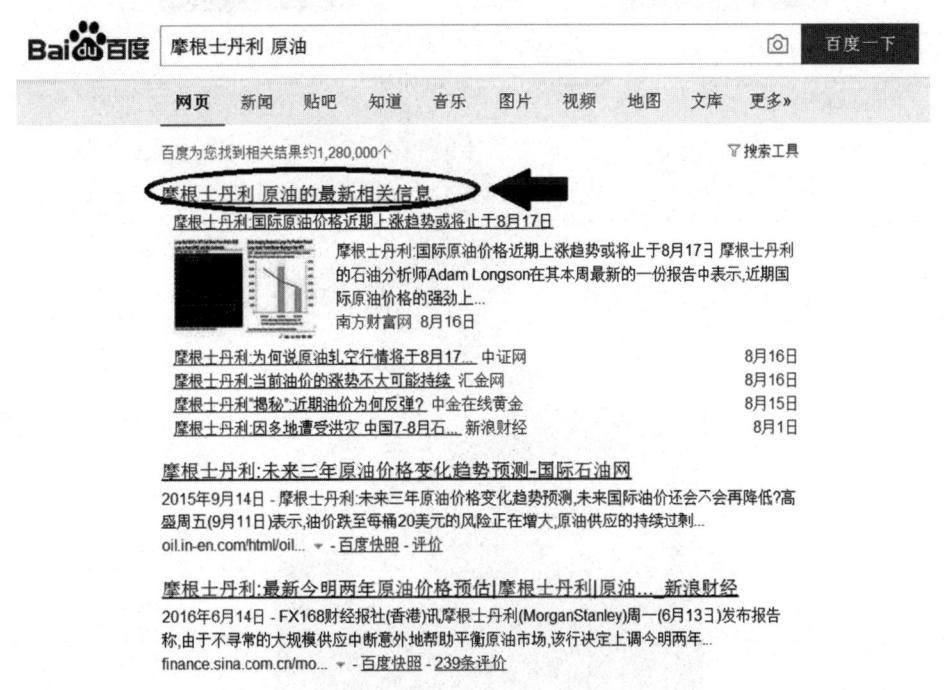

图 20-4　摩根士丹利有关原油的最新言论

来源：百度

第四个大玩家是嘉能可国际，全球最大的商品交易商，嘉能的前身是马克·里奇（Mark Rich）（图20-5）缔造的。他的名言是"不卖石油给祖国的敌人，就不是真正的石油商。"这个人一直被美国通缉，直到克林顿卸任之前才被赦免，但终究没能回到美国。这个原油大佬的一生颇具传奇色彩，有本名为《石油之王》的传记（图20-6）描写了他跌宕起伏的一生，这本书好像也有中文版。做原油的人可以看一下，因为这个人物的一生可以看到原油价格的中长期走势与历史事件的相互影响。

图20-5 马克里高
来源：扑克投资家

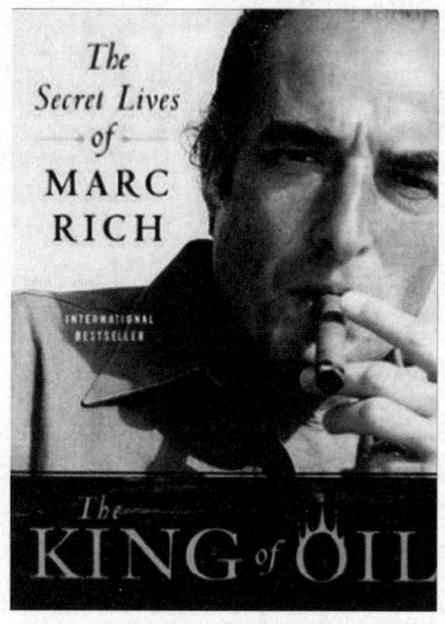

图20-6 石油之王
来源：Amazon

第五个大玩家是 Trafigura，中文名为托克。这家公司是全球第三大独立石油贸易公司和全球第二大独立有色金属精矿贸易公司，每日实物石油交易量超过 250 万桶，在全球独立贸易公司中位居第三。托克的石油贸易量在全球"自由市场"所占的份额估计达 6%。这家公司的官网是 http://www.trafigura.com/，有个"FINANCIALS"栏目，里面的半年报可以看下（图 20-7）。

作为和嘉能可及维多（VitoL）齐名的顶级大宗商品和矿业交易商，托克是在 1993 是由克劳德·多芬（Claude Dauphin）和埃瑞克·德·蒂尔凯姆（Eric de Turckheim）建立。当时两人选择从原油之王马克·里奇的集团中走出并自立门户。

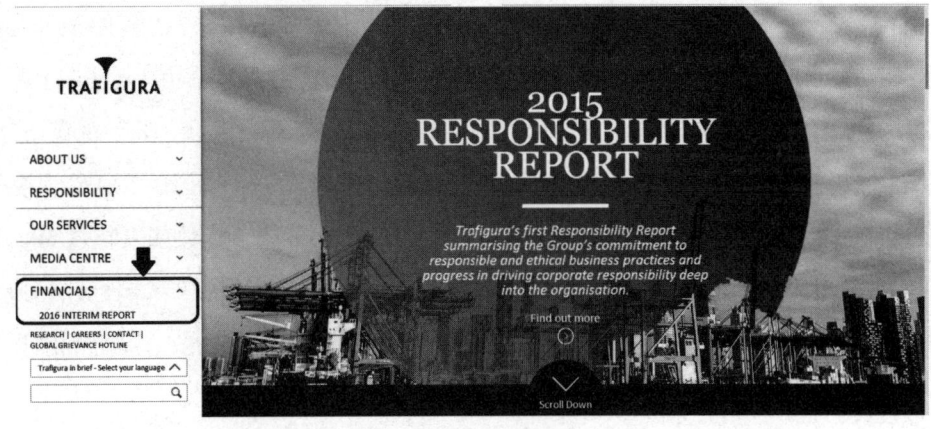

图 20-7　托克官网的"FINANCIALS"栏目
来源：Trafigura

国际原油现/期货及衍生品市场除了上述几个大玩家之外，还有一些对冲基金在原油市场上洞察力非凡，2015 年原油市场上收益名列前茅的几家对冲基金（图 20-8）都有一定本事，因为当年原油走势波动较大，行情很难把握。这几家对冲基金的网站和相关报道也可以留意，其中 Landsdowne 值得重点关注，可以通过谷歌检索相关新闻。

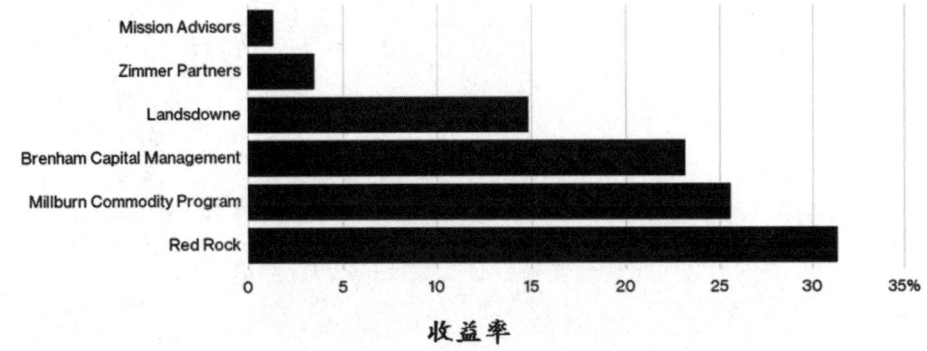

图 20-8　2015 年原油市场上收益名列前茅的对冲基金
数据来源：Bloomberg

大玩家们的观点和行动要与 COT 持仓、共识预期、产业链动态、美元走势结合起来看。如果 COT 非商业净多头位于极端高位，媒体和"专家"一边倒地看涨，这个时候有个别大玩家出来唱多，那就值得警惕了，这个需要反着看。相反，如果媒体和"专家"比较悲观，产业链上游的钻井数持续下降，COT 非商业净多头位于极端低位，这个时候大玩家有做多举动，那么就是大胆干的机会了。

国外还存在一些通过跟踪各类原油基金表现来推断聪明资金动向的策略，比如跟踪做空原油基金价格表现来推断原油价格走势（图 20-9 和图 20-10），跟踪原油基金价格表现来推断原油价格走势（图 20-11）、跟踪 3 倍做空 / 做多原油基金的表现来推断原油价格走势，等等。但是这些效果其实并不好，因为两者基本上是镜像关系，只有极少数时候出现背离信号时可以提供有价值的机会。多年观察下来，我比较偏好一个指标——"选定能源股票新高新低百分比"（图 20-12），其实就是看新高股票数据减去新低股票数据所占总数的百分比，这个指数如果超过 50，则见顶部，如果低于 –50，则见底部，这个指标其实是"愚蠢玩家"风向标，当最愚蠢的那些玩家最后进场时，行情就到头了，这个指标也可以看成是一个情绪指标。

图 20-9　做空原油基金 DTO 表现与 WTI 油价（1）

数据来源：StockCharts.com

图 20-10　做空原油基金 DTO 表现与 WTI 油价（2）

数据来源：StockCharts.com

图 20-11　美国原油基金表现与 WTI 油价

数据来源：StockCharts.com

图 20-12　能源股票新高新低比率与 WTI 油价走势

数据来源：StockCharts.com

当你不能跟踪聪明的大玩家时，可以跟踪愚蠢的大众玩家，后者的效果往往比前者更加稳定。2012 年在杭州见了一位后来移民德国的期货大佬，他可谓白手起家，营业部经理希望他看在多年交情的份上写一点经验之谈给大家，他写了七八条，其中有一条就是看看周围大多数的人的看法和头寸是什么，然后避免跟大多数人的头寸相同，特别是情绪化的人。这不是故能玄虚，过来人都知道。

第二十一课

原油市场行为研究（1）：

宏观波动二元性

任何关于原油价格行为的分析都可以归结为三个要素——势、位、态。任何技术分析指标的运用都是针对这三个要素之一展开的。

——魏强斌

一阴一阳之谓道，继之者善也，成之者性也。

——《易经·系辞上》

关于技术分析，其实讲来讲去都是那些东西，花样可以变化出很多来，但是无非就是几年一个周期的"技术时尚"而已。资金做大了以后，越发感受到技术分析的局限性。而且市场也在不断进化，单靠技术分析在市场中过得滋润的人真的是"稀有动物"。但是，技术分析没用吗？也不是，我的经验是综合起来用，与驱动分析和心理分析结合起来用，这才是真正的交易正途。

从本课连续三课都讲行为分析/技术分析，按照"势、位、态"的顺序来讲。多年来，我一直不遗余力地将技术分析简化为"势、位、态"三要素，目的在于化繁为简，实在没有必要搞那么多技术指标和工具，否则只能是作茧自缚。本课讲"势"这个要素，但是在讲这个要素之前，我想先给原油交易者们谈谈"行为分析/技术分析"的一些"命门"。

大家应该习惯于"技术分析"的叫法了，但是这个叫法容易让人误导，产生一种"科学技术"的幻觉，仿佛这是一门"技术含量高"的"能力"和"学问"。但是，多年交易成败得失的经验表明技术分析并非"技术"，而是一门混合着经验与迷信的"金融巫术"。巫术并非贬义，也不是褒义，而是实证性的描述。现代科学就来源于"巫术"，巫师是最早的知识分子和科学家。技术分析的价值和纰漏不断得到行为金融学家和交易者们的批判和完善。为了不被"技术"二字误导，我更愿意称其为"行为分析"。"行为"只是表明市场被我所观察到的动作，所见而非所想，尽量去除主观的看法。

如果要给我的做法镀一层金，也可以认为行为分析属于技术分析的一个发展阶段，一个总括技术分析基本要点和工具的阶段。技术分析的圣杯归结为一点就是：区分单边走势和震荡走势。但是，这个圣杯却是技术分析本身所不能追求到的，所以说"技术分析的最高功夫在技术分析之外"。但是，要做到较好地控制和管理风险，同时最大化利润，则必须在技术分析上下功夫。行为分析是一个十分庞大的体系，无论怎么样我们要掌握这个体系都必须有所重点，同时把握住最根本的要素。

驱动分析可以告诉你大行情出现的概率和大致的主流趋势方向，但是驱动分析离开行为分析之后，交易者就很难最小化风险和最大化利润，很难赢足行情控制亏损。驱动分析找出了一段时期的最大驱动因素之后，还不能马上料定市场会对此驱动因素展开适当的注意。驱动因素要最终形成行情，必然要通过参与者的心理决策，只有通过心理分析这个环节才能真正把握到"大行情的实现"。行为分析为具体的仓位管理提供了前提，没有阻力支撑线，我们根本无法进行所谓的交易进出。由此来看，行为分析是整个交易的枢纽，而心理分析则是整个行情分析的枢纽。

第二十一课 / 原油市场行为研究（1）：宏观波动二元性

趋势分析的关键是围绕着单边走势还是震荡走势这个问题。行为分析可以告诉你过去的走势是什么，但是对于未来的走势更多是一种试探和估测，甚至连概率都谈不上，这就是行为分析本身的限制之处。"顺势而为"就行为分析而言，更多地可以理解为对把握趋势的无可奈何，不能主动去把握，只能被动去跟从。我们将着重运用的趋势分析工具放在了工具一栏下（表21-1），后面会有部分涉及，其他没有涉及的技术工具可以从我们的系列丛书中去寻找。

> 逻辑搞清楚了，工具可以信手拈来，所谓"运用之妙，存乎一心"，心法才是关键，而非具体的工具。

要素	工具	分析要素
势	三N法则（N字，N%，N期） 两跨（跨时间分析，跨空间分析） 螺旋历法＋波浪理论	单边 VS 震荡
位	菲波纳奇水平线 中线（前日波幅中点） 波幅（日均波幅和离差）	支撑 VS 阻力
态	K线（价态） 成交量（量态）	收敛 VS 发散

表21-1　行为分析的三要素和相应的工具

"位"主要是指阻力和支撑水平位置，当交易者知道了趋势之后，必然对操作方向有了具体的意见，接下来寻找的是进场位置，当然隐含的出场位置也在初步评估之中，这时候位置分析就显得非常重要了。在第二十二课我们会专门讲这个要素。

> 很多做高频炒单的超短线交易者根本不顾什么技术分析，当然基本分析也没用，重要的是仓位管理。

找到了持仓方向和潜在的进场点，接下来就需要确认这些进场点（顺带也就确认了持仓方向）的有效性，于是"态"就发挥作用了，这里面用得比较多的形态分析工具是蜡烛图，也就是通常所谓的K线。我会在第二十三课专门讲这个要素。

任何技术分析工具都属于"势、位、态"三要素分析的特定领域。如果你明白了一个工具的用处当然也就知道了它在行为分析中的具体价值了，这样你就不会为无数的技术指标和工具所迷惑，你也不会不遗余力地追求更多的指标，因为你会发现只要能构建一个全面分析势、位、态三要素的策略就能取得较好的交易绩效。

> 趋势分析的技术工具可以确认趋势，不能预测趋势。

如果你采用了几十个指标，但是却没有涵盖住势、位、态三要素的分析，则你的交易策略效率必然是很低的。如果你采用了两个技术指标，但是却能够涵盖住势、位、态三要素分析，那么你这个交易策略的效率必然非常高。

本课的主题是"势"，也就是趋势。趋势具有持续性，更具有稀缺性，这是趋势的两种基本特征。单边和震荡则是趋势的两种基本类型。

技术分析的三大前提建立在趋势持续性的基础上，但是却忽略了更为重要的稀缺性，这也是绝大多数交易者永远亏损的根源之一。传统的技术分析和我们发展出来的行为分析都面临一个困境：技术分析（行为分析）的圣杯在技术分析（行为分析）之内是找不到的，技术分析（行为分析）的最大梦想无法单靠自己实现。

技术分析的最大目标是区分单边走势和震荡走势，单边走势被认为是存在狭义趋势的走势，而震荡走势则被认为是不存在狭义趋势的走势。当一个交易者能够只能下一段走势的类型时，他就可以立于不败之地，如果是单边走势，则采用"设定止损，不设止盈"的策略，采用趋势技术指标分析和操作；如果是震荡走势，则采用"设定止盈，不设止损"的策略，采用震荡技术指标分析和操作。但是，技术分

> 宏观波动的二元性就是单边与震荡。

析恰恰发展不出一种手段（指标）可以区分当下走势属于单边还是震荡，所以技术分析的最大梦想是技术分析本身永远无法实现的，这就是纯技术分析者的最大悲哀所在。

很多交易者都忽视了技术分析的局限性，他们总是假设技术分析可以满足他们的所有要求，而这导致了他们误认了技术分析的能力范围。

巴菲特的搭档查理·芒格相当注重"能力范围"对自己的限制，当你在能力范围之内活动的时候，你可以恰当地运用自己的能力和资源，更有效率地达成你的目标；当你超出你的能力范围进行活动的时候，你将犯下致命的错误，当然也

> 高手往往通过不断追问"为什么"来质疑前提，从而超越一般人。

很难达成你的目标了。技术分析这种手段本身具有很大的局限性，它的三大前提表明了具体的局限所在，很多人不知道这些前提是局限的界碑，反而将前提认作不证自明的公理。

走势具有惯性也是技术分析的重要前提，如果走势没有惯性，技术分析的主流分析策略和操作思路将无用武之地，毕竟如何抓住单边走势是传统技术分析和主流技术分析的主要任务和目标。但是，走势的惯性其实只在单边走势中得到体现，单

边走势相对于震荡走势而言是稀缺的，难题还不在这里。

真正困难的地方在于技术分析很难区分出当下的走势是震荡走势还是单边走势。如果是单边走势，那么走势的惯性就很大，如果是震荡走势就谈不上惯性了，最多只能说"继续震荡的惯性很大"。为什么我们学了这么多技术分析之后还是亏钱，其中一个重要的原因在于我们利用了基于单边走势的传统技术分析去把握不只有单边走势的非传统行情。

价格吸收了一切信息，这并不必然是技术分析的要求，但却是所谓的传统技术分析的重要前提条件之一。用"价格终将吸收一切信息"代替"价格吸收一切信息"更为符合实际，价格对于信息的反应在局部和短期内总是处于偏离理性的状态，这是日内交易者必须明白的一个道理，而这种偏离却是为了更好地贴近实际的价值中枢。简而言之，偏离是为了更好地接近。

原油价格的走势必然包含了基本面或者说驱动面的预期成分，这个预期是市场情绪和心理对于基本面吸收过后形成的。为什么人们会如此关注价格而忽视了价格形成的因素呢？这是因为大家认为"价格吸收一切信息"是绝对正确的，而技术分析不能与基本分析并存也是不争的事实，其实这个观点根本就是迷信，是一个未经自己反复验证的错误观点。正是因为这一观点的广泛传播和流布使得绝对多数人从来都是纯粹技术分析的信徒。

但是，他们忽略了一个不争的趋势：像杰西·利弗莫尔和理查德·丹尼斯这样的纯技术交易者逐渐衰落，一些混合交易者取得了非凡的成功。价格不能及时吸收所有信息，它只是吸收那些当下被市场参与者意识到的信息。当市场中不具分量的人意识到某些信息的时候，价格并不会有显著的走势出现，所以我们要观察价格吸收的对象以及由此而引发的走势就必须跟踪那些机构交易者的观点和动向。

纯粹的技术分析不能告诉我们如何判断历史是否会重演，因为价位重现的基础更多是基于驱动—心理因素的同等程度的再现；纯粹的技术分析不能告诉我们如何判断走势是否会持续，因为价格走势的持续更多是依赖于驱动—心理因素的持续发展空间；纯粹的技术分析不能告诉我们价格吸收了哪些信息，但是结合驱动—心理分析我们可以知道价格究竟为哪些因素所推动，即将为哪些因素所推动。总而言之，纯粹的技术分析很难告诉我们趋势的性质，这就是技术分析的短处所在，不过技术分析可以为我们提供其他的东西，这些东西对于交易而言也是必不可少的。

在一个时间段内的涨跌走势基本不会像直线一样的发生，因为市场普遍以曲折

> 拙著《斐波那契高级交易法》专门讲了"驱动—调整"这种根本结构的运用，可以从图书馆借阅参考一下。

的方式来运动，所谓的趋势也就是一个主要移动方向而已，市场以"驱动—调整"的方式朝着趋势方向前进。趋势不同于方向，但是趋势与方向有关，趋势是整体的特征，市场以较大幅度的驱动浪与较小幅度的调整浪结合起来表达趋势。

从驱动—心理层面来分析预测趋势比从行为—技术层面预测趋势要有效得多，但是我们仍旧不能忽略了从行为层面展开的趋势分析。如果你不能为自己的持仓确定一个方向，那么你就无法持仓。持仓方向必须考虑到最优的风险报酬率和胜算率，在单边走势中，也就是狭义顺势走势中，行情的回调幅度与前进幅度相比较更小（更高的风险报酬率或者说盈亏比），同时特定价位回调的可能性低于继续前进的可能性（更高的胜算率）。在震荡走势中，风险报酬率比单边走势更低，所以对于交易者而言宁愿操作单边走势也不要操作震荡走势。但是问题的关键却是我们依靠技术分析无法甄别单边走势和震荡走势，我们只能在走势走出来之后才能对趋势的性质进行判断。

评估接下来的趋势我们往往需要将驱动—心理分析与行为分析结合起来，如果单单采纳驱动—心理分析，不看价格走势，就容易忽略市场已经吸收的信息，极有可能在一个已经展开行情的末段才入场；如果单单采纳行为分析，就谈不上预估接下来的趋势，当然也很难主动把握大行情，规避大部分调整行情了。

不同的市场走势涉及操作上的占优策略，也就是一个类型的市场走势有一个相应的最优策略，但是一个适应所有类型的市场走势的策略才是占优策略，也就是说不管市场走势如何，采取这种策略能够赚取最高的总收益。为什么采取最优策略，还采取占优策略呢？最为关键的原因在于我们很难在走势完成之前确认趋势的性质。采取驱动—心理分析可以识别出一些特别强劲的单边走势和特别疲软的区间市场和收缩市场，但是依旧不能高胜率地识别出趋势的性质。

趋势的性质是策略建立和有效的基础，对特定趋势性质最有效的策略并不是对所有趋势性质整体有效的策略，前者是最优策略，后者是占优策略。在交易这种博弈行动中，占优策略比最优策略更符合长期取胜的原则。

下面我们就分别介绍四种性质的趋势：单边市、区间市、收缩市和扩展市，更为重要的是给出它们的最优策略，最优策略只能在你能事先识别出该类型趋势的前提下使用，否则你就应该偏重采用占优策略。

第二十一课 原油市场行为研究（1）：宏观波动二元性

单边市场是玩家的梦幻时刻，幸运的玩家和优秀的玩家可以在其中迅速积累起梦幻般的财富，而倒霉和拙劣的玩家则往往赚不了什么钱甚至还赔光了老本。在2006年到2007年的中国A股大牛市中，我见到了好几个超级幸运的玩家和非同一般优秀的玩家，他们把握住了超级单边走势带来的梦幻机会。而在2014年到2015年的原油暴跌中，超级单边又造就了少数几个业界大佬。

单边走势分为两种子类型，第一种是向上单边走势，如图21-1和图21-2所示，第二种向下单边走势，如图21-3和图21-4所示。

向上单边走势的特点是向上的波段以相对更大的幅度发展，而向下的波段则以相对更小的波幅向下发展，这类走势中典型的波浪是向上N模式。这类走势的最优策略是利用跟进止损（也就是我们定义的后位出场）来控制出场，而进场方式上更多地应该采取见位进场和破位进场。见位进场就是调整段进场，而破位进场则是在突破前高的时候进场。

向上单边走势在进场和出场上的讲究大概就是这些，更为重要的是仓位管理，向上单边走势中恰当地加仓是非常必要的。仓位管理要通过具体的进场和出场来实施，同时仓位管理也可以帮助交易者更好地应对纯技术分析和交易的困境：不能区分单边和震荡走势。在采取跟进止损的前提下，潜在风险是极其有限的，而潜在利润则是非常丰厚的，自然其潜在回报率非常高，由于单边走势不存在连续数次做错方向的可能性，回调幅度也相对较小（触及跟进止损的可能性相对较小）所以胜算率也很高，所以单边向上走势的风险报酬率和胜算率都相对较高，自然就应该持有较大的总仓位。

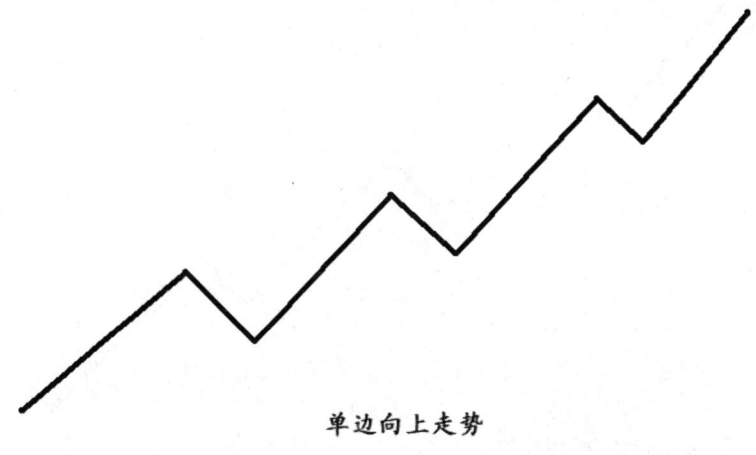

图21-1 单边向上走势模型

如果不采取止损措施,而只采取止盈措施,则单边走势也不适合交易,如果既不采取止损措施,也不采取止盈措施,则最后的随机出场使得交易结果非常不确定。单边向下走势涉及的交易策略也同上述道理。后面我们将会看到在采取最优交易策略的前提下,单边走势较震荡走势更适合交易,准确地说是更应该采用相对较重的仓位来交易。单边走势的最优策略是设定跟进止损出场,采用见位或者破位策略进场,在这个最优策略下单边走势可以为我们提供期望值极高的交易机会(期望值由风险报酬比和胜算率计算得到)。

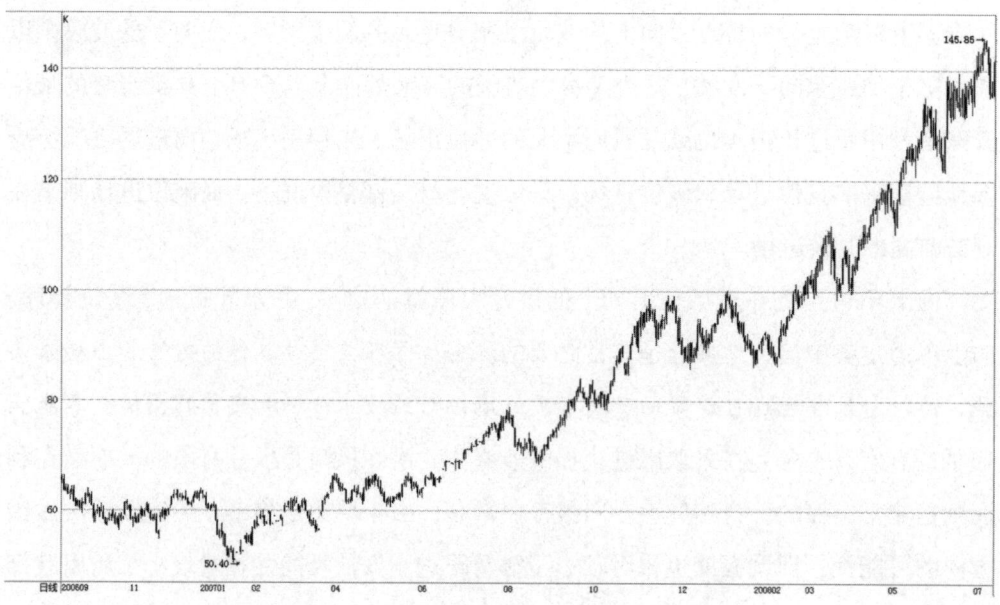

图 21-2　美原油期货单边向上走势实例

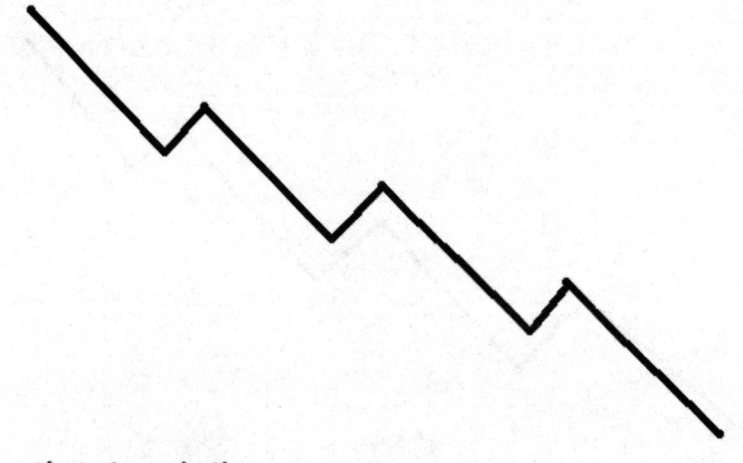

图 21-3　单边向下走势模型

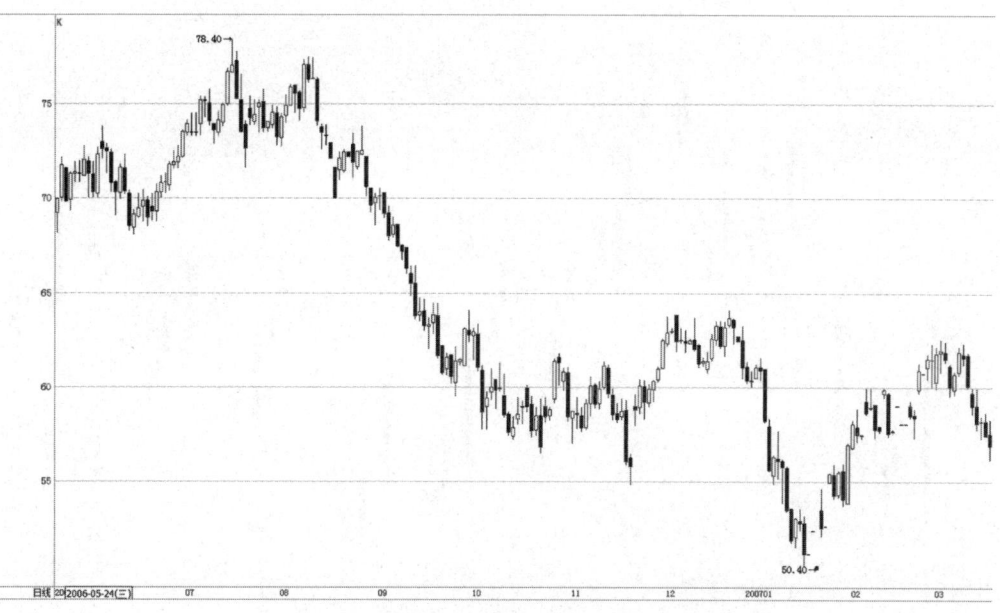

图 21-4　美原油期货单边向下走势实例

区间走势是非常"勾引"人犯错的一种走势，它为你提供了看似胜算率很高的交易，但是一旦它出乎意料地转向单边走势，则你的损失将变得相当严重，此前丰厚的利润将瞬间回吐，打爆账户也是经常有的事情。区间走势类似于西方技术分析中的箱体形态或者说矩形，如图 21-5 和图 21-6 所示。

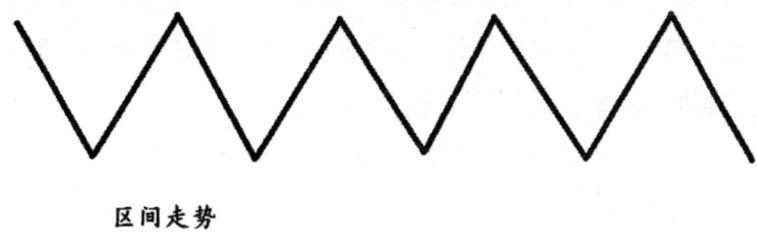

图 21-5　区间走势模型

图 21-6 美原油期货区间走势实例

区间走势的最优交易策略是设定止盈,同时设定止损,规则和理性的区间走势较难见到,比单边走势更稀缺,区间走势往往与收缩走势和扩展走势夹杂出现,形成不规则的震荡走势,这种走势非常要命,因为风险报酬率和胜算率都极差。

如果交易者能够预先判别走势属于区间走势,则止盈是必须设定的,而止损则是可有可无的,当然这里的前提必须记住预先判别。在实际情形中,要做到预先判别走势属于区间走势基本上不可能高概率地做到,因为震荡走势的确定性远远低于单边走势,而区间走势属于震荡走势。如果区间走势与单边走势都可能出现,而且你不能预先分辨出它们来,就面临几种选择了。

假如市场只有两种可能走势:单边走势和区间走势,而进出场策略分为四种,如表21-2所示,那么对于单边走势而言,"设定止损,不设定止盈"为最优策略。而对于区间走势而言,"不设定止损,设定止盈"为最优策略。如果你能预先区分出这两种走势,则最佳的做法就是采用相应的最优策略,不过更为实际的情况是绝大多数时候,特别是采用纯技术分析策略进行交易的时候我们无法预先区分两种走势,那么只能寻求占优策略,也就是整体上能够取得最高期望值的策略,这就是"设定止损,不设定止盈"的策略。如果加上"试探-加仓"策略,则可以进一步提高期望值,所以"跟进止损(后位出场)+试探加仓"策略是非常经典的一个古典策略。这个古典策略是投机大师杰西·利弗莫尔正式确立的。一般而言,区间走势运动幅度较小,所以通过突破幅度可以过滤区间走势,进而在单边走势可能性更高的走势上加仓,这就是随着风险报酬率升高相应增加仓位的理性做法。

	单边走势	区间走势	策略累计分数
不设定止损, 不设定止盈	很难做到持续盈利 (0分)	略微盈利 (1分)	1分
设定止损, 不设定止盈	大赚小亏,长期盈利丰厚 (5分)	小额亏损和大量的手续费(-1分)	4分
设定止损, 设定止盈	小赚小亏 (0分)	小赚小亏 (0分)	0分
不设定止损, 设定止盈	小赚大亏 (-5分)	只赚不亏 (4分)	-1分

表 21-2 最优策略和占优策略

区间走势相对于不规则的震荡走势确定性更高,所以其胜算率更高,风险报酬率至少持平,一般情况下区间走势要相对更高些。而单边走势的确定性较所有走势的确定性都高,胜算率和风险报酬率自然也是最高的,当然也应该持有较重的仓位。由此来看,四种走势其实蕴含了四种不同组合的胜算率和风险报酬率,大家应该仔细看看表 21-3 所示的概率组合水平。

	胜算率	风险报酬率	期望值	持仓水平
单边走势	高	高	高正值	重
区间走势	高	平	低正值	轻
收缩走势	高	低	接近0	空
发散走势	低	低	负值	空

表 21-3 趋势性质与期望值和持仓水平

从表 21-3 中可以很明显地看出单边走势提供了较高的期望值水平,自然应该以相对较重的仓位进行交易,而属于震荡走势的区间走势、收缩走势和发散走势则应该尽量持有空仓。

震荡走势的特点是运行幅度有限,所以"试探进场—运行一定幅度加仓"的策略可以较好地筛选震荡走势和单边走势，用试探—加仓策略来区隔单边走势和震荡走势的一种次优策略。为什么收缩走势是和发散走势具有趋负的期望值，我们下面详细地加以分析。

西方技术形态中的水平三角形是收缩走势的代表，收缩走势是高点越来越低、低点越来越高的走势，反映了市场的越发缺乏驱动因素或者是市场的交易多空双方面临重大的不确定因素，如图 21-7 和图 21-8 所示。这类走势中的最优策略是不介入，因为几乎没有盈利空间，虽然风险也逐步走低，没有盈利空间，风险也大幅下降，但是交易者持仓却面临资金的时间成本和手续费。

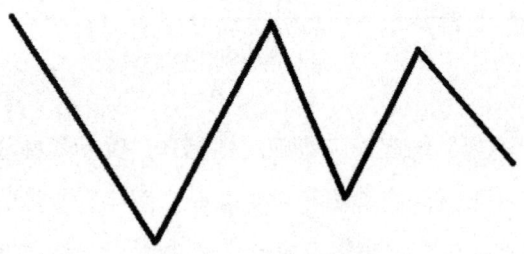

图 21-7　收缩走势模型

图 21-8　美国原油期货收缩走势实例

第二十一课 / 原油市场行为研究（1）：宏观波动二元性

假如市场存在三种走势，如表21-4所示，而交易者不能预先区分三种走势，则占优策略是"设定止损，不设定止盈"。

	单边走势	区间走势	收缩走势	策略累计分数
不设定止损，不设定止盈	很难做到持续盈利（0分）	略微盈利（1分）	亏手续费（-1分）	0分
设定止损，不设定止盈	大赚小亏，长期盈利丰厚（5分）	小额亏损和大量的手续费（-1分）	亏手续费（-1分）	3分
设定止损，设定止盈	小赚小亏（0分）	小赚小亏（0分）	亏手续费（-1分）	-1分
不设定止损，设定止盈	小赚大亏（-5分）	只赚不亏（4分）	亏手续费（-1分）	-2分
不介入	不亏不赚（0分）	不亏不赚（0分）	不亏不赚（0分）	0分

表 21-4　最优策略和占有策略

一个市场处于收缩状态中，则肯定存在处于单边走势中的另外一个市场，资金放在前面一个市场就失去了在后一个市场赚钱的机会，这就是资金的机会成本，收缩状态中如果可能，你能赚些小钱或者是不亏手续费，但是你失去了本应该赚大钱的机会。

发散走势的典型代表是西方技术形态扩散三角，对于这类走势的最佳做法肯定是"设定止盈，不设定止损"，但是如果交易者不能预先区分扩散走势和单边走势，那么这样操作的风险可以达到无限大（在某些品种中甚至不仅仅是爆仓）。发散走势的特点如图21-9和图21-10所示，低点越来越低，高点越来越高，但是波幅的中枢一直在一个水平上，每次行情都像要突破了，但是很快就折返了回来，设定止损的人将遭受极大的损失，在外汇日内市场中，发散走势进场与其他震荡走势夹杂出现，使得今日的交易非常难做。

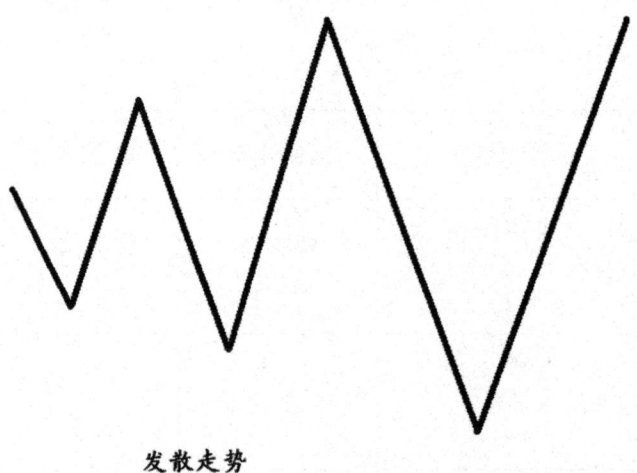

图 21-9 发散走势模型

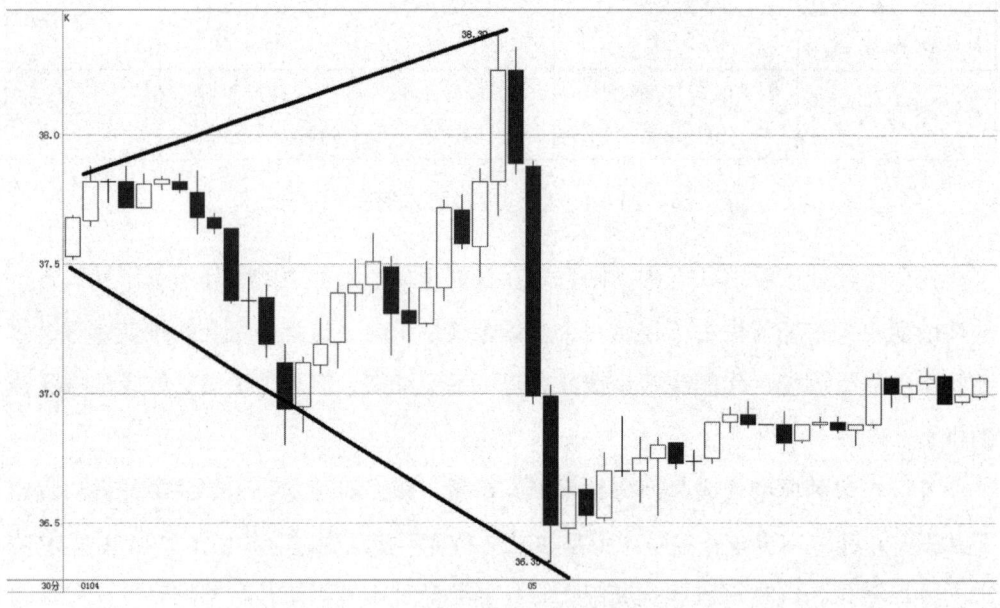

图 21-10 美国原油期货发散走势实例

请表 21-5，市场可能出现的趋势类型都囊括进来了，可以看到"设定止损，不设定止盈"是占优策略，这个策略就是在交易者不能预先却分趋势类型的时候采用的策略。

	单边走势	区间走势	收缩走势	发散走势	策略累计分数
不设定止损，不设定止盈	很难做到持续盈利（0分）	略微盈利（1分）	亏手续费（-1分）	很难做到持续盈利（0分）	0分
设定止损，不设定止盈	大赚小亏，长期盈利丰厚（5分）	小额亏损和大量的手续费（-1分）	亏手续费（-1分）	小亏损（-2分）	1分
设定止损，设定止盈	小赚小亏（0分）	小赚小亏（0分）	亏手续费（-1分）	小赚小亏（0分）	-1分
不设定止损，设定止盈	小赚大亏（-5分）	只赚不亏（4分）	亏手续费（-1分）	小赚（1分）	-1分
不介入	不亏不赚（0分）	不亏不赚（0分）	不亏不赚（0分）	不亏不赚（0分）	0分

表 21-5 策略和占优策略

纯技术交易者应该严格按照表21-5的占优策略，同时在仓位管理上采用"试探-加仓"策略，也就是说纯技术交易者应该采用"跟进止损＋试探加仓"策略作为唯一策略。

如果原油交易者能够引进驱动—心理分析，那么可以较高的可靠性区分单边走势和震荡走势，但是对于震荡走势内部的三种具体走势（区间走势、收缩走势和发散走势）却无法进一步区分。驱动—心理—行为分析者不仅仅采用跟进"止损＋试探加仓"策略，而是符合时宜地在震荡走势可能性更大的时候采用"不设定止损，设定止盈"策略，因为这是震荡走势的占有策略，

如表21-6所示。不过，更为恰当的做法是将资金尽量放在发动了单边走势的品种和市场上，驱动—心理分析的最大效能是寻找最强劲的单边走势市场和品种，然后利用行为分析和仓位管理进行把握。如果你真想交易震荡走势，那么还是应该采取一个比平时更加宽的止损，"以防万一"，因为没有人能够百分之百预先区别单边和震荡。

	区间走势	收缩走势	发散走势	策略累计分数
不设定止损，不设定止盈	略微盈利（1分）	亏手续费（-1分）	很难做到持续盈利（0分）	0分
设定止损，不设定止盈	小额亏损和大量的手续费（-1分）	亏手续费（-1分）	小亏损（-2分）	-4分
设定止损，设定止盈	小赚小亏（0分）	亏手续费（-1分）	小赚小亏（0分）	-1分
不设定止损，设定止盈	只赚不亏（4分）	亏手续费（-1分）	小赚（1分）	4分
不介入	不亏不赚（0分）	不亏不赚（0分）	不亏不赚（0分）	0分

表 21-6　震荡走势中的最优策略和占优策略

如何认识和运用趋势分析，其中的"命门"我已经在上面讲清楚了。在本课剩下部分，我讲 3N 法则这个趋势确认的具体工具。

先讲 N 字法则，N 字法则其实并不是简单的"推动浪 + 调整浪 + 推动浪"，这只是我们用来识别单边趋势的一种 N 字而已，除了这种 N 字之外，还存在着其他一些经常出现的 N 字结构，了解这些 N 字结构对于实际交易也存在不少益处。

N 字结构分为三种类型，如图 21-11 所示，第一种是单向突破 N 字结构，也就是两浪推动中间夹杂着一浪调整；第二种是未突破 N 字结构，也就是一浪推动跟着两浪调整；第三种是双向突破 N 字结构，也就是一浪推动接着两浪都是伪推动浪的情况，类似于趋势中的发散类型。

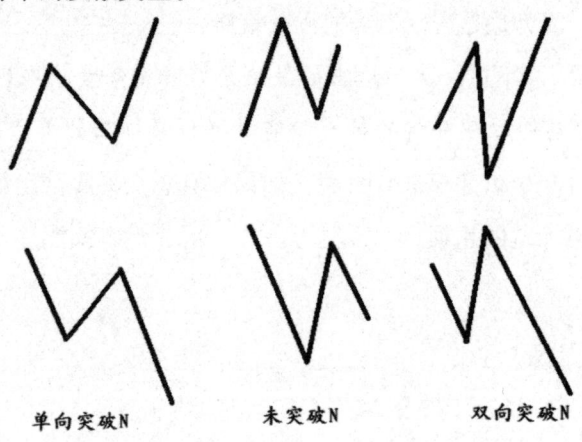

图 21-11　三种 N 字结构

单向突破 N 字结构是确认原油价格单边走势的有效标志，但是一旦遇到类似双向突破的结构则会令严格止损的交易者面临不断的损失。双向突破 N 和未突破 N 一般出现在震荡走势中，未突破 N 在主流交易策略中比较容易对付，而双向突破 N 对于纯技术交易者而言只能靠"试探性仓位（轻仓）"以及放宽止损幅度（这个理论上可以做到，实际上面临两难选择）来对付了。

驱动—心理分析评估了最可能的趋势之后，我们一般就要密切关注多个时间框架的原油走势上是否出现了符合的单向突破 N 字结构，如果出现了，那么接下来就涉及进场点确定和确认的问题。

在进场点问题上，单向突破 N 字也具有重要的地位，请看图 21-12。对于上升单向突破 N 字，前期高点被突破处的 B 点就是破位进场点，而前期低点获得支撑处 A 点就是见位进场点。当然在此情况中，B 点突破阻力的有效性涉及持续上升 K 线形态的确认，A 点获得支撑的有效性涉及看涨反转 K 线形态的确认。对于下跌单向突破 N 字，前期低点被跌破处的 B 点就是破位进场点，而前期高点获得阻力处的 A 点就是见位进场点。同理，在此情况中，B 点跌破支撑的有效性涉及持续下跌 K 线形态的确认，A 点受到阻力的有效性涉及看跌反转 K 线形态的确认。

单向突破N字的进场

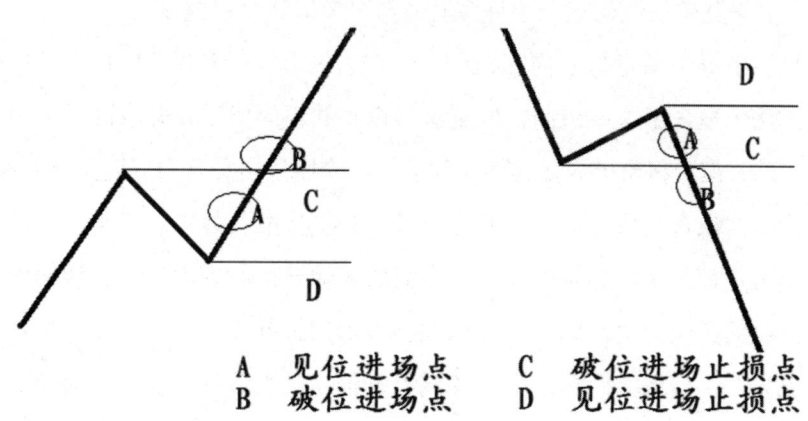

A　见位进场点　　C　破位进场止损点
B　破位进场点　　D　见位进场止损点

图 21-12　单向突破 N 字结构和两种常见进场点

调整中进场是见位进场，突破中进场是破位进场，这是最基本的两种进场方式，而这两种方式特别是破位进场方式要依赖于单向突破 N 字结构。而对于未突破 N 和双向突破 N，无论是见位进场还是破位进场都很难对付，只能靠轻仓来对付，也就是在行情发展一定幅度和时间之后才加仓，此前一直采用试探性仓位，这样就可以减轻未突破 N 和双向突破 N 的危害了。

N 字确认趋势的方法我已经讲明白了，接着说一下 N% 法则。这个法则与波幅突破基本等同，原油交易者可以设定 N% 等于 4%。也就是价格累计下跌 4% 则向下趋势确认，累计上涨 4% 则向上趋势确认。

> J.L 就是采用类似的方法确认趋势。

波幅突破是很古老的话题，除了波幅比例突破之外，还存在固定波幅突破，比如可以将原油价格的趋势门槛波幅设定为 5 美元，则一个方向上原油价格发展超过了 5 美元点则确认趋势向上。

除了上述这些我们介绍到的方法，还存在 TPO 市场轮廓理论的开盘区间突破交易法以及杰克·伯恩斯坦的开盘半小时区间突破交易法，这些大家可以参考相关的材料，我们要谈到的是这些策略背后隐藏的思想。

这些策略都存在一个内在一致的结构，这就是市场走势被划分为了两个部分，即盘整和单边。其实，许多成功的交易策略都是基于此种模型，比如大名鼎鼎的周规则。波幅突破隐藏的模型是什么呢？我们称之为"市场敛散走势的内在机制"，在《黄金高胜算交易》中我们谈到了"敛散"，但是没有透露这一模型。由于本次课程针对资深原油交易者，因此大家在以前知识和经验的基础上搞懂这一"普遍的交易结构"，毕竟这一结构是当今许多有效交易策略建立的基础。

什么是"市场敛散走势的内在机制"？请看图 21-13 和图 21-14，虽然开盘区间突破交易法中蕴含了这一机制，但是这一机制并不局限于在开盘区间突破走势中发挥作用。这一模型将市场划分为两个阶段，两个阶段是相互对立，又相互统一的。第一个阶段是"散户时段"：市场筹码分散，仓位分散，处于震荡走势，缺乏活跃氛围，买卖力量都处于弱势状态，这一走势的末端开始有主力介入，他们的目的是测试上下价位的买卖力量，同时通过触发止损来试图制造走势冲力，这个过程我们称之为"试力"，好比太极和意拳中的试力过程，试力是为了发力。为什么要"试力"？这是因为主力要寻找"阻力最小路径"，与用兵之道相合——"避实击虚"。找到顺应力道之处，则全力推进，然后突破开始，趋势成形，这就是主力时段。从散户时段到主力时段有波幅异动点，这就是"节点"，原油市场中的这个节点还是有一些规律的，跟欧美经济和原油重要经济数据的公布和会议的召开有关。

第二十一课 原油市场行为研究（I）：宏观波动二元性

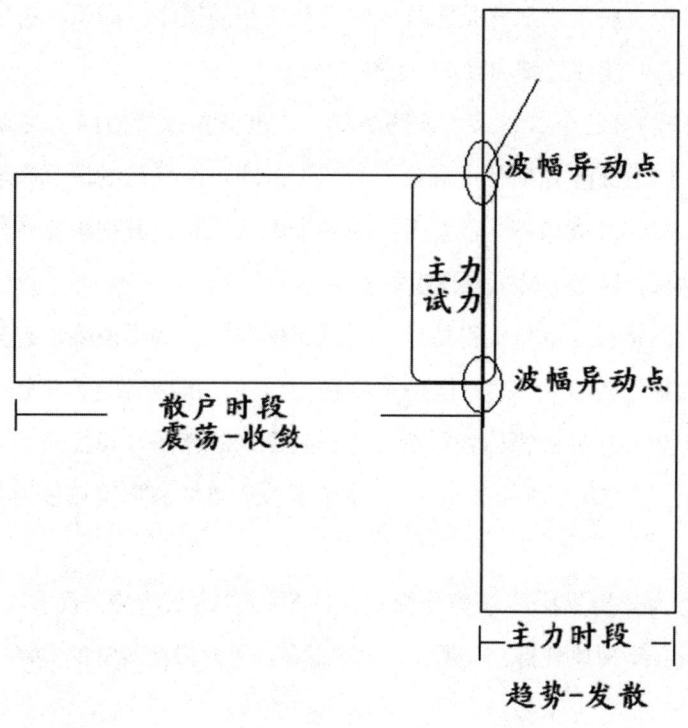

市场敛散走势的内在机制图

图 21-13　市场敛散走势机制图

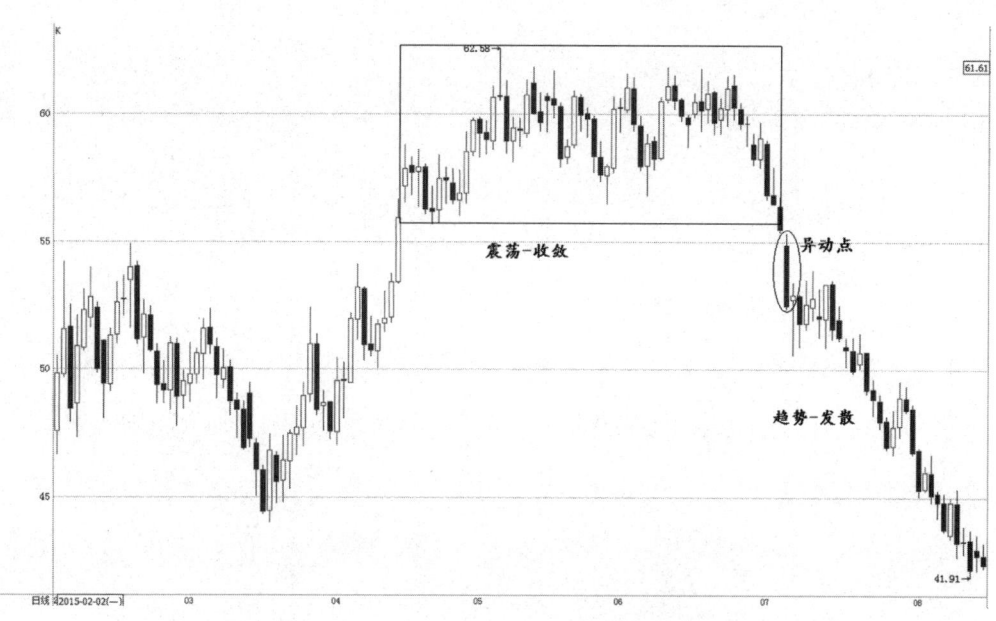

图 21-14　原油市场敛散走势与波幅异动点
数据来源：博易大师

最好的波幅突破策略最好是隐藏上述模型思想的策略，如果死扣固定波幅或者比例波幅未必真的能够过滤和确认市场的趋势。

3N法则中的第三个N代表"N期法则"，也就是以价格向上突破N期高点确认趋势向上，向下突破N期低点确认趋势向下。海龟交易法的周规则就属此类趋势确认技术。均线和直边趋势线也是常用的趋势确认工具，其用法比较简单，每本讲技术分析的书都会详细讲解，我这里就不赘述了。

交易的时间越长，我越觉得技术分析越简单越好，如果说确认趋势的技术方法最精简的形式是什么的话？那肯定是N字结构，一旦市场出现了一个N字结构确认此前驱动分析和心理分析的趋势判断，那么剩下来的就是寻找恰当的点位进场，而N与斐波那契点位交易法真是天生一对，下节课我们以斐波那契点位为主来介绍"位"的分析。

注意，行为分析里面的趋势分析我往往都用"确认趋势"而非"预测趋势"，因为行为分析只是现象分析，用现象去预测现象，你觉得在科学的立场上说得通吗？

第二十二课

原油市场行为研究（2）：点位

来而不可失者时也，蹈而不可失者机也。

——苏轼

时来天地皆同力，运去英雄不自由。

——罗隐

激水之疾，至于漂石者，势也，鸷鸟之击，至于毁折者，节也。是故善战者，其势险，其节短。势如彍弩，节如发机。

——《孙子兵法》

原油交易者首先进行驱动分析和心理分析，得出一个初步的结论，然后通过上述的趋势分析确认这个结论，操作的方向就有了。然后等待进场时机，这个需要"位"和"态"两要素的分析来完成。

位置分析为什么重要，这是因为市场走势运用都不是直线式发展的，市场体现出一定的随机扰动特性，这就要求交易者需要应对噪音风险，同时交易者还要防止交易方向与趋势不符合，这两点要求交易者必须控制风险，设定交易的持仓临界点，或者说证伪点，而这需要借助于一系列关键位置。要找出关键位置，就必须进行位置分析。

位置分析的手段很多，但是绝对没有趋势分析的手段多，所以掌握起来非常快，而且位置分析比较明确，不像趋势分析那样大而不当。最为重要的是位置分析得出的结论比较可靠，可靠性比趋势分析更高，与形态分析的可靠性相比也不逊色。我自己较为常用的工具是前期高点和低点、斐波那契水平线、中线和日均真实波幅（ATR）等（表22-1）。

要素	工具	分析要素
位	斐波那契水平线	支撑 VS 阻力
	中线（前日波幅中点）	
	波幅（日均波幅和离差）	

表22-1 位置分析的工具和要素

位置分析主要围绕支撑阻力展开，支撑以S代表，阻力以R代表，由于支撑和阻力是可以相互转化的，所以我们以R/S同时指代支撑和阻力。R/S模式是位置分析的主要手段，围绕R/S我们可以找出可能的进场点和可能出场点，从而确定出潜在交易的风险报酬率结构，进而计算出合理仓位。

阻力位置是指那些限制价格涨势的位置，比如前期高点价位作为阻力位置R。支撑位置是对行情下跌走势起限制作用的价位，比如前期低点就容易成为一个关键支撑位置。

阻力位置与支撑位置一样，好比市场温度计的刻度，可以衡量市场驱动因素的强度。驱动—心理分析是要把握烧水壶下的火候大小，而行为分析则是直接利用温度计衡量水壶中水的温度，驱动—心理分析具有前瞻性，而行为分析则具有跟随性。

在技术分析发展的历史过程中，位置分析主要借助于所谓的"价位极点和密集区分析法"，也就是寻找那些显著的价格高点和低点以及价格成交密集区。前期低点表明了驱动—心理因素的某种极端状态，这个极端状态成了某种市场温度的刻度，一旦驱动—心理因素，甚至单纯的行为因素推动价格再次来到这个位置的时候，此前的极端状态往往成了某种度量基准。

极点包括低点和高点，价格近期的波段高点和低点一般是显著的 R/S 位置，因为这是供求关系改变的边缘位置，是某种临界点，此后再次充当临界点的可能性较大。

价格的极点代表了市场的驱动—心理—行为的综合极端状态，而与此相对应的则是近期成交密集区代表的驱动—心理—行为的平衡状态。前期成交密集区涉及一个"对称原理"，也就是说一段上升走势中的价格疏密程度与之后一段下跌走势中的价格疏密程度是对应的，而一段下降走势中的价格疏密程度与之后一段上升走势中的价格疏密程度是对应的。价格的稀疏代表发散状态，代表买卖双方意见相差很大，力量对比相差很大，价格的紧凑代表收敛状态，代表买卖双方意见比较一致，力量对比接近。

如果是价格的极点意味着反弹位置，那么价格的成交密集区意味着引力位置，不过反弹位置和引力位置也是可以相互转换的，正如反弹位置中支撑位置和阻力位置之间可以相互转换一样。

前期高点和低点以及成交密集区是我们寻找"点位"的常用手段，由于比较简单，所以没有必要演示，我重点讲一下斐波那契点位的确定方法。当然，点位谱系确定之后，还要经由"态"来筛选和确认唯一有效的点位。

斐波那契点位技术是西方技术分析的巅峰表现之一。西方技术分析的精髓在于善于利用数理关系，古希腊和阿拉伯文化是西方文明的根基之一，西方人注重数理关系，这体现在定量分析上，黄金分割率和斐波那契数字就是这种传统的体现；道家文化是东方文明的根基之一，东方人注重道象关系，这体现在定性分析上，阴阳哲学和五行生克是这种传统的体现。东方和西方各自沿着数量和道象的传统衍生出了自己的金融交易方法。

西方交易方法的核心在于黄金分割率及其衍生比率，无论是斐波那契交易方法，还是伽利（Gartley）交易方法和艾略特波浪理论，甚至江恩理论、螺旋历法都与黄金比率密切联系，这些西方交易技术的精华都集中体现于黄金率（斐波那契比率）

的具体运用。我们接触了不少国内的黄金、外汇和股票、期货交易者，这些成功的交易者有一个共同的特点，那就是相当注意利用支撑阻力线管理交易，他们将支撑阻力线看作是自己交易生涯的生命线，他们认为只有准确地把握支撑阻力线才能提高报酬率和胜率。对于如何把握支撑阻力线，不同的短线交易者有不同的支撑阻力确认技术，那么什么是最好的支撑阻力识别技术呢？蜡烛线本身彰显了一些动态发展中的支撑阻力位置，而黄金率，也就是我们通常所说的斐波那契比率，具体而言是斐波那契线谱则能预先给出一些潜在的支撑阻力位置，然后再用蜡烛线或者K线来确认唯一的有效位置。本课主要讲油价斐波那契点位线谱的获得，下一课主要讲油价K线确认唯一有效的点位。

斐波那契线谱有很多种，常用的是斐波那契回撤线谱和扩展线谱，前者比较符合顺势而为的技术跟随思路，因此是重点。在讲斐波那契点位线谱之前，先要搞清楚两种进场方式，一是破位进场，回撤线谱的1或者0轴（最近一个高点或者低点）是待破的关键点位，而扩展线谱则可以作为突破后的价位目标。第二种进场方式是见位进场，回撤线谱的主要点位可以作为待确认的关键点位，一旦被K线确认则可以经常。

破位进场法是顺势而为的最主要方法，也是最被人诟病的方法。J.L非常推崇这个方法，海龟交易者也推崇这个方法，但是这个方法是有命门的，那就是要么像J.L一样注重驱动分析，要么像理查德·丹尼斯一样注重仓位管理和资产组合。

如图22-1所示，E点是进场点，左图是上升趋势中的破位进场，粗线是价格走势，细线是前期高点构成的阻力位置，而小圆圈则是破位进场做多的大致区域。右图是下降趋势中的破位进场，粗线是价格走势，细线是前期低点构成的支撑位置，而小圆圈则是破位进场做空的大致区域。破位进场之后，做多交易的初始止损放在被突破的阻力线（现在转化为支撑线）之下，做空交易的初始止损放置在被突破的支撑线（现在转化为阻力线）之上。当然，真正的破位进场并不说关键位置被突破就可以进场了，最好还是加入形态分析，做多突破需要持续向上的形态突破此阻力，做空突破需要持续向下的形态突破此支撑。

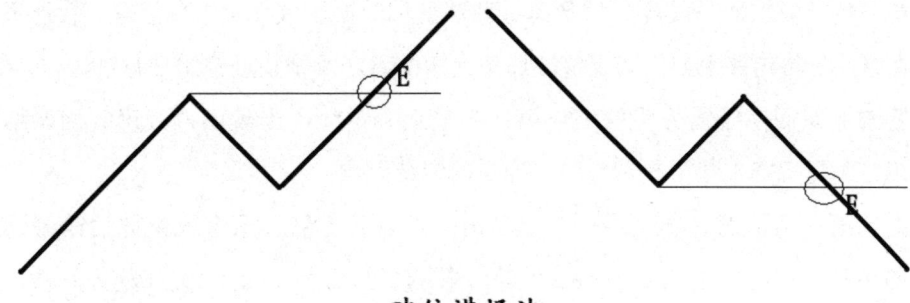

破位进场法

图 22-1　破位进场点模型

见位进场法比较容易为大众接受，A股市场上做强势股主升浪的炒家习惯于这种进场方法。如图 22-2 所示。E点是进场点，左图是上升趋势中的见位进场，粗线是价格走势，而小圆圈则是见位进场做多的大致区域。右图是下降趋势中的见位进场，粗线是价格走势，而小圆圈则是见位进场做空的大致区域。见位进场之后，做多交易的初始止损放在最近低点之下，做空交易的初始止损放置在最近高点之上。当然，真正的见位进场最好还是加入形态分析，做多之前需要看到看涨反转形态，做空之前需要需要看到看跌反转形态，后面一课我们会具体展开这些。

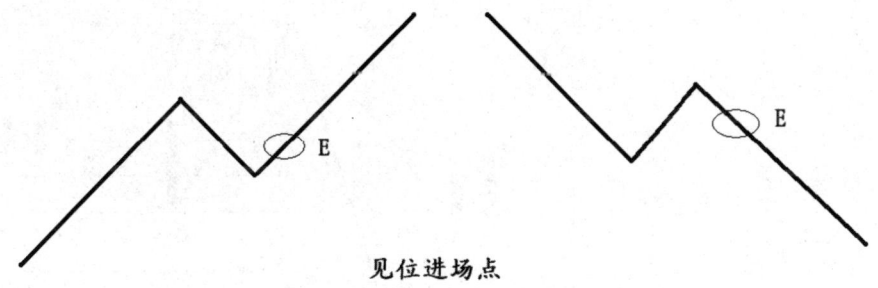

见位进场点

图 22-2　见位进场点模型

破位进场主要看最近高点和低点附近的价格是否突破，当然如果经过前面的驱动—心理分析和趋势分析，你认为原油价格趋势向上，那么你要等待价格突破最近高点才做多；如果经过前面的驱动—心理分析和趋势分析，你认为原油价格趋势向下，则你要等待价格跌破最近低点才做多。这就是破位进场的本意，破位进场绝不是跌破低点就做空，突破高点就做多。点位突破和跌破都是现象，只有符合你判断的现象出现才能作为进场信号。

见位进场主要看斐波那契回撤线谱，当然你也可以综合如下因素：震荡指标极端状态、基差极端值、反转K线形态、新消息和数据、成交量极端值等。我这里只介绍在原油价格走势上如何确定斐波那契回撤线谱以及哪些点位比较有效。

斐波那契回撤线谱分为两类：第一类是上升走势中出现回调，确定回调结束点；第二类是下降走势中出现反弹，确定反弹结束点。

先看第一类情况（图22-3）。AB是一段显著上涨，这个就是此后绘制回撤线谱的单位1。正常走势下，是AB走出来了，然后在B点出现了显著下跌，比如连续两个阴线，则可以考虑绘制回撤线谱。这个线谱以AB为两点绘制，B点是回调起点。回调点位有很多，但是常用的是0.383、0.5和0.618。再进一步简化则以0.382到0.618的区域作为支撑区域，看原油价格是否能够在此区域内出现看涨反转K线。

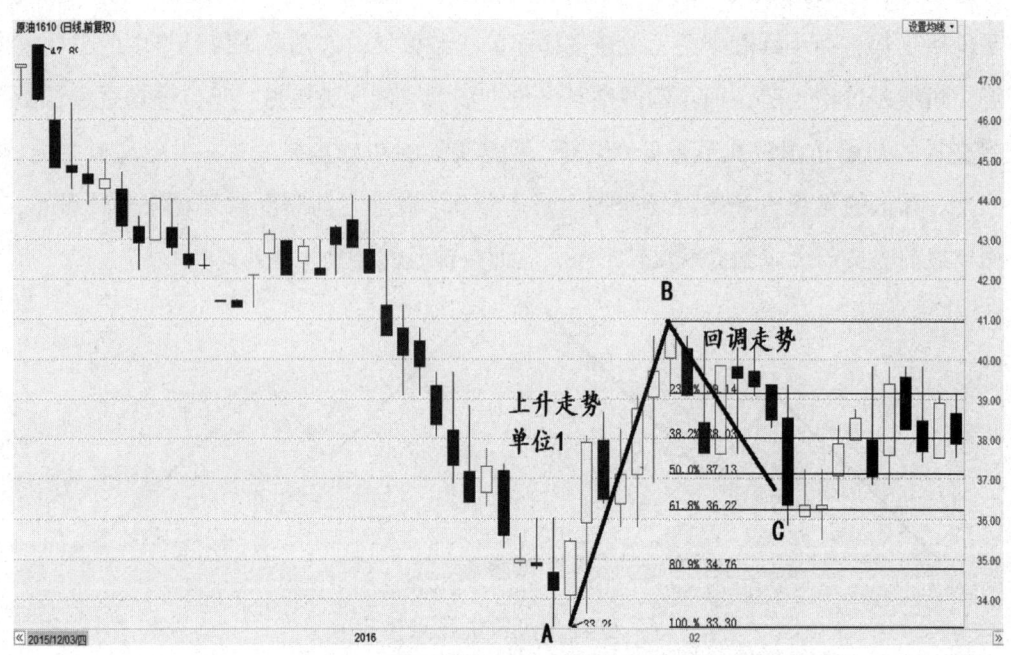

图22-3 美原油期货上涨波段后的斐波那契回撤线谱确定

数据来源：东方财富通

再看第二类情况（图22-4）。AB是一段显著下跌，这个就是此后绘制回撤线谱的单位1。正常走势下，是AB走出来了，然后在B点出现了显著上涨，比如连续两个阳线，则可以考虑绘制回撤线谱。这个线谱以AB为两点绘制，B点是反弹起点。反弹点位有很多，但是常用的是0.383、0.5和0.618。再进一步简化则以0.382到0.618的区域作为阻力区域，看原油价格是否能够在此区域内出现看跌反转K线。

第二十二课 原油市场行为研究（2）：点位

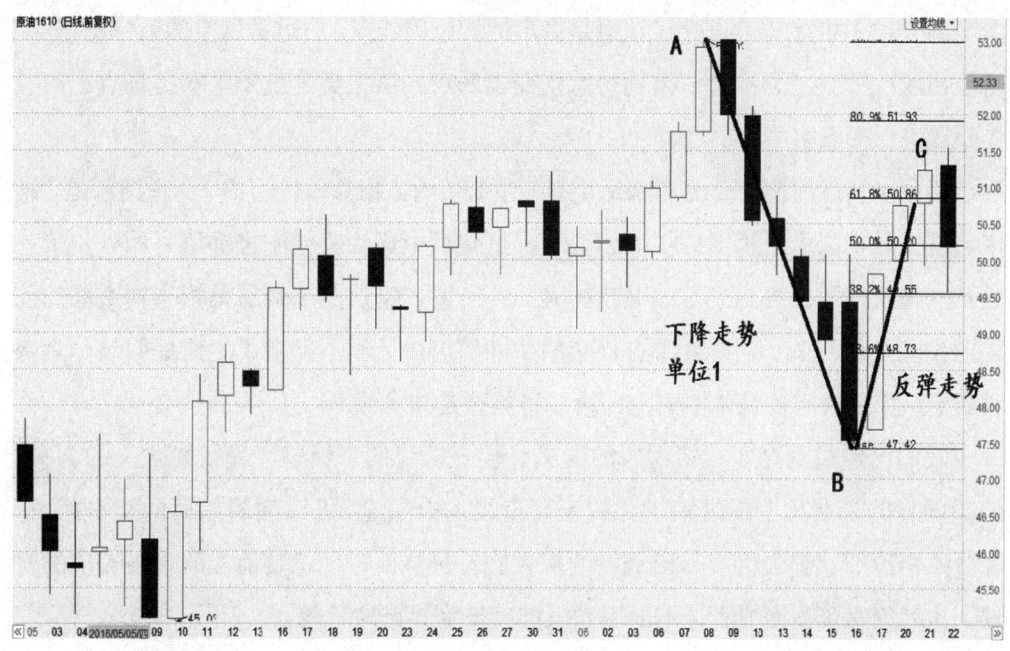

图 22-4　美原油期货下跌波段后的斐波那契回撤线谱确定

数据来源：东方财富通

可以绘制斐波那契回撤线谱的软件很多，国内期货交易者常用的软件基本都是都可以绘制，比如博弈大师、赢顺等，你找到它们的"画图"功能，在标题栏或者鼠标右键菜单栏有这个选项，进去后找到相应的工具，实验两次就会了。

点位不仅与进场有关，也有出场密切相关。一套完成的交易方法必然涉及进场和出场。我们接着讲一下出场与点位的关系。出场最重要的点位是后位出场点（图 22-5）。后位出场点放置在现价的后面，如果你是做多交易，那么后位出场点被触及前就在现价的下方，如果你是做空交易，那么后位出场点被触及前就在现价的上方。

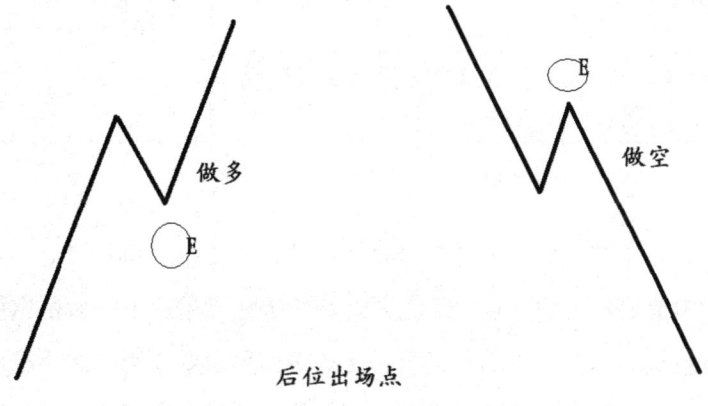

图 22-5　后位出场点模型

图 22-5 中的 E 是出场点，左边是做多的后位出场点，右边是做空的后位出场点。后位出场点分为三类：第一类是初始止损出场点；第二类是盈亏平衡出场点；第三类是跟进止损点。

后位出场点的最主要运用就是止损（包括初始止损和跟进止损）。止损就是"结束错误交易带来的亏损继续扩大态势"。这句话中最为关键的修饰语有两处：第一处是"错误的"；第二处是"继续扩大"。所谓"错误的"交易是指当初交易的前提假设已经被否决了，继续持有该交易头寸的理由已经不存在了。前提假设分为两种类型，第一种类型是基本面型；第二种类型是技术面型。

我们已经搞清楚了"错误"的含义，接下来我们来谈谈"继续扩大"的含义。停损的目的是制止亏损继续扩大以至于危及本金安全，进而削弱以后的交易能力。在什么情况下，损失会容易出现继续扩大呢？具体而言，就是前提假设被否决的时候，也就说是基本面或者技术面因素反向突破临界点的时候。

上面讲了止损认错的含义，那么什么是止损的科学成分呢？止损的设置充满了科学的成分，通常而言，止损，更准确地说是后位出场点位的设置需要考虑到四个关键因素（表 22-2）。

	后位出场法 4 要点（初始止损和跟进止损）	主要作用
1	第一，关键水平外侧（做空止损放置在阻力线之上，做多止损放置在支撑线之下）；	设定最小疆界，或者说止损的最小幅度；放大利润
2	第二，布林带一侧外（做空止损放置在布林带上轨之上；做多止损放置在布林带下轨之下）	
3	第三，符合资金管理比率要求；（一般是 2% 到 8% 之内）	设定最大疆界，也就是说止损的最大幅度；截短亏损
4	第四，给予市场一定的回旋空间（一般只允许行情回撤前一波段的 1/2）	

表 22-2 后位出场法要点

后位出场是每个交易都必须具备的出场要件，而前位出场和同位出场则是可选要件，这是大家要搞清楚的一点。无论是震荡走势还是单边走势后位出场基本都是必要的，只是设置的幅度大小而已，震荡走势中如果想要获利往往要求设定恰当的前位出场点和同位出场点。前位出场点一般是将出场目标定在价格尚未发展到的水平，如图 22-6 所示，图中的 E 就是前位出场点。

如左图所示，在做多交易中，我们设定一个预先的出场点，当原油价格达到这一价位我们就迅速了结多头头寸。再来看做空的前位出场，如右图所示，在做空交易中，我们设定一个预先的出场点，当原油价格跌至这一目标时我们立即了结空头头寸。由于出场点在现价发展的前方，所以被称为"前位出场点"。

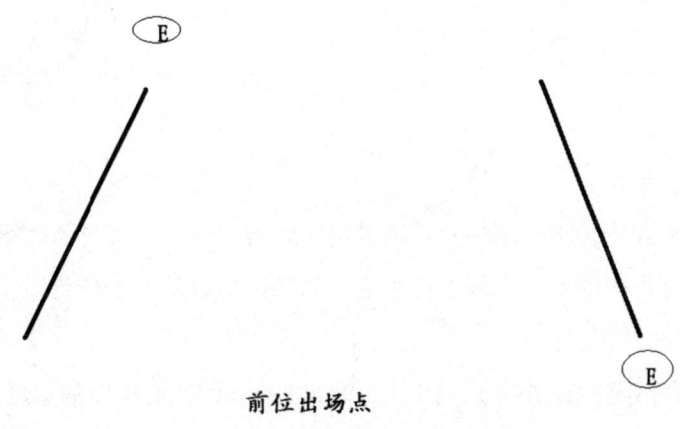

前位出场点

图 22-6　前位出场点模型

前位出场点和后位出场点的适用情况如表 22-3，特别要注意的是市场趋势性质不同时在采用出场点上的倾向。

后位出场			
长	单边走势	大	大
交易的时间结构	市场趋势性质	账户规模	能承受浮动损失
短	震荡走势	小	小
前位出场（同位出场）			

表 22-3　后位出场和前位出场的选择

同位出场反映了交易者最美好的愿望：在最高点了结多仓，在最低点了结空仓，如图 22-7 所示，E 点表明了出场点。同位出场点不是预先设定的，而是当价格发展到某一非既定水平时才确认的出场点，一般而言同位出场点需要借助于特殊的手段，比如成交量确认。在原油交易中经过改进的前位出场点可以成为很好的同位出场点，比如将 R/S 位置与反转 K 线形态结合起来，就可以做到"准同位出场"，在震荡市场中这种出场方法应该得到重视。

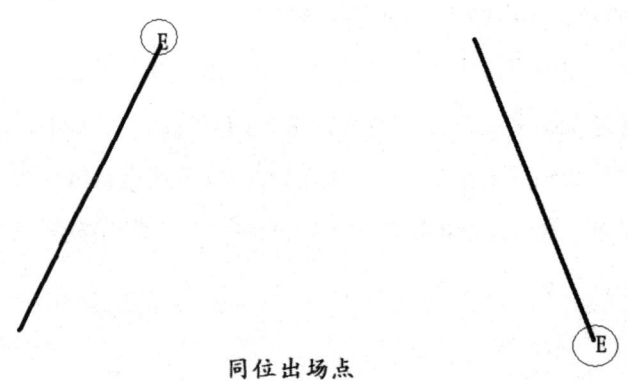

图 22-7 同位出场点模型

我们讲一下如何运用斐波那契扩展线谱确定潜在的前位出场点。第一种类型是原油期货做多过程中的潜在出场点位确定。第二种类型是原油期货做空过程中的潜在出场点位确定。

先看第一种情况（图22-8），AB段上涨，也是我们此后绘图的单位1，BC回调，假设我们在C点附近见位进场做多原油期货（前提是我们判断趋势向上，而且利用斐波那契回撤线谱及其他方法确认时机做多），那么多头头寸的潜在出场点位D怎么确定呢？以AB段为单位1，C点为起点，向上投射出斐波那契扩展线谱，就得到几个潜在的出场点，然后我们可以借助K线看跌反转形态或者基本面消息来确认其中一个有效点位。

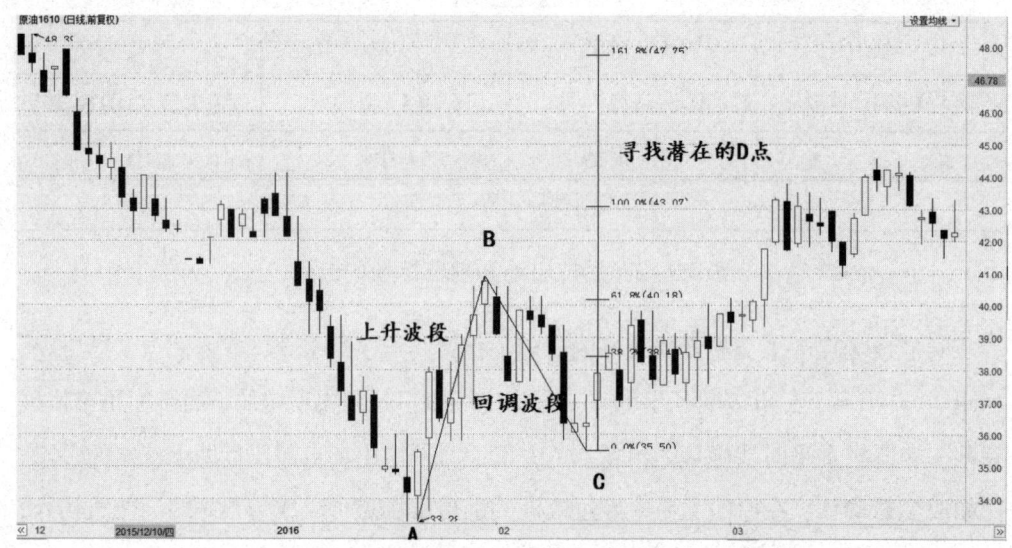

图 22-8 美原油期货再度上涨的斐波那契扩展线谱确定

数据来源：东方财富通

再看第二种情况（图22-9）。AB段下跌，也是我们此后绘图的单位1，BC反弹，假设我们在C点附近见位进场做空原油期货（前提是我们判断趋势下行，而且利用斐波那契回撤线谱及其他方法确认时机做空），那么空头头寸的潜在出场点位D怎么确定呢？以AB段为单位1，C点为起点，向下投射出斐波那契扩展线谱，就得到几个潜在的出场点，然后我们可以借助K线看涨反转形态或者基本面消息来确认其中一个有效点位。

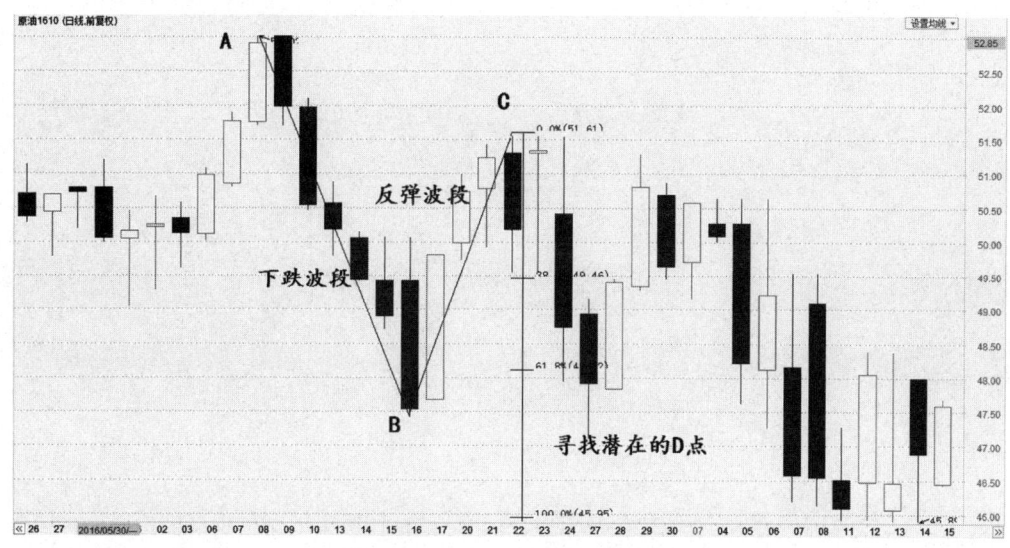

图 22-9　美原油期货再度下跌的斐波那契扩展线谱确定

数据来源：东方财富通

关于点位我已经大概介绍清楚了，根据经验我认为一个原油交易员应将大部分时间用于驱动—心理分析，行为/技术层面的东西其实不用那么复杂，利用N字结构确认趋势，利用斐波那契技术得到点位，再利用下一课K线技术确认唯一点位就可以为仓位的"进出加减"提供坚实的基础了。本书着重讲原油的驱动—心理分析，如果你想要对技术分析有更多全面的了解，市面上这类书数量是最多的，占了整个交易类书籍的85%，里面充斥着各种技术指标和形态，这类东西很受欢迎，这类书研究的是什么？现象！成天沉迷于现象，结果是什么？你懂的！必须清楚一点：用本质来洞悉现象，才能不迷失在现象中。

第二十三课

原油市场行为研究（3）：态

  趋势确认了，你就要寻找具体的进场时机了。具体进场时机的确定首先选位置，然后等待市场告诉你这个位置是不是该进，这就是"态"。简而言之，当我们进行原油交易的时候，触发进场的是"态"确认了"点位"。

——魏强斌

通过驱动分析和心理分析，我们会有一个关于市场大势的看法，不过这只是一个主观的判断。然后，我会去查看此前行情是怎么走的，什么因素主导，我现在的主观判断在行情中是否得到体现，体现了多少，也就是说价格吸收了多少。如果行情并未完全走完预期，那么我就会看行情是不是已经开始体现，这就是趋势的确认，也就是趋势分析的工作。趋势确认了，你就要寻找具体的进场时机了。具体进场时机的确定首先选位置，然后等待市场告诉你这个位置是不是该进，这就是"态"。简而言之，当我们进行原油交易的时候，触发进场的是"态"确认了"点位"。

很多日内波动交易者或许对"点位"和"态"的关注更多一些，前面一些步骤花的力气要少得多。交易和复盘多年以后，我觉得如果你不是精力没地方花的话，还是应该尽量往更长的时间上挪。因此，我在本课程中传达的立场是尽可能多地在前端上花时间，也就是在驱动分析和心理分析上花时间，然后用行为/技术手段来确认信号和管理仓位。

"态"包括一切西方技术形态和K线形态，甚至点数图和其他一些奇奇怪怪的图表形态也包括在这里面。以前做美国期货和美股以及外汇的时候习惯于用竹节线，后来慢慢习惯于用K线，多年下来觉得K线稍微有点优势，而且也是咱们东方哲学和文化在金融界为数不多的遗产，因此后来基本上都习惯于用K线。因此，本课讲"态"就主要以K线/蜡烛线为对象来展开了。下面的讲解我以根本结构为主，至于千变万化的、名称各异的各种组合没有必要去贪多求全，决定输赢的不是你背熟了多少种K线组合，而是你是否能够举一反三，做到万变不离其宗。本质是一，现象过万，我告诉你现象的话大家都是无功而返，告诉你本质，你回头就可以自己推演万千。

形态分析过于纷繁复杂，单单就K线形态而言就存在上百种的模式，不单是初学者，即使是入行多年的老手也认不得其中的大部分模式。很多采用K线形态进行行情分析的交易者向我诉说了他们最为头疼的问题：由于记不清楚众多的形态，所以无法在行情走势中准确识别出它们。如何解决这一问题呢？毕竟，高效地记忆和识别形态模式对于交易者提高交易效率而言非常关键，化繁为简的同时还能够不降低效率无疑是每个交易者对新形态分析技术的希望所在。敛散模式也许可以在那某种程度上满足交易者的这一愿望。

原油市场走势具有二元性，也就是单边（发散）和震荡（收敛）交替夹杂出现，同时一段走势中成交密集和稀疏状态也交替出现，更为微观地看还可以发现蜡烛线呈现出大实体和小实体两种类型，小实体意味着收敛状态（图23-1），大实体意味着发散状态（图23-2）。

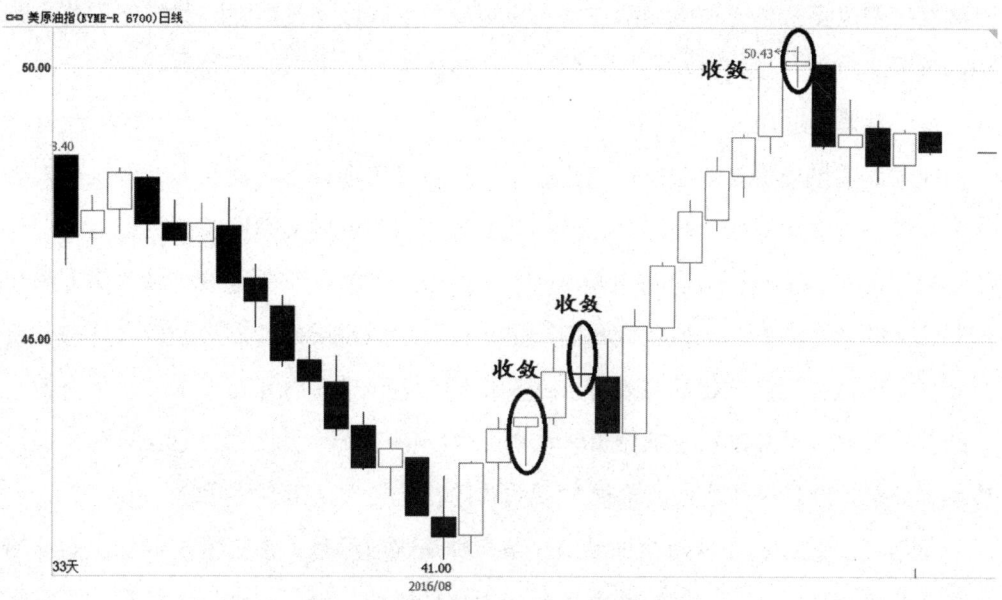

图 23-1　美原油期货走势中的收敛

数据来源：文华赢顺

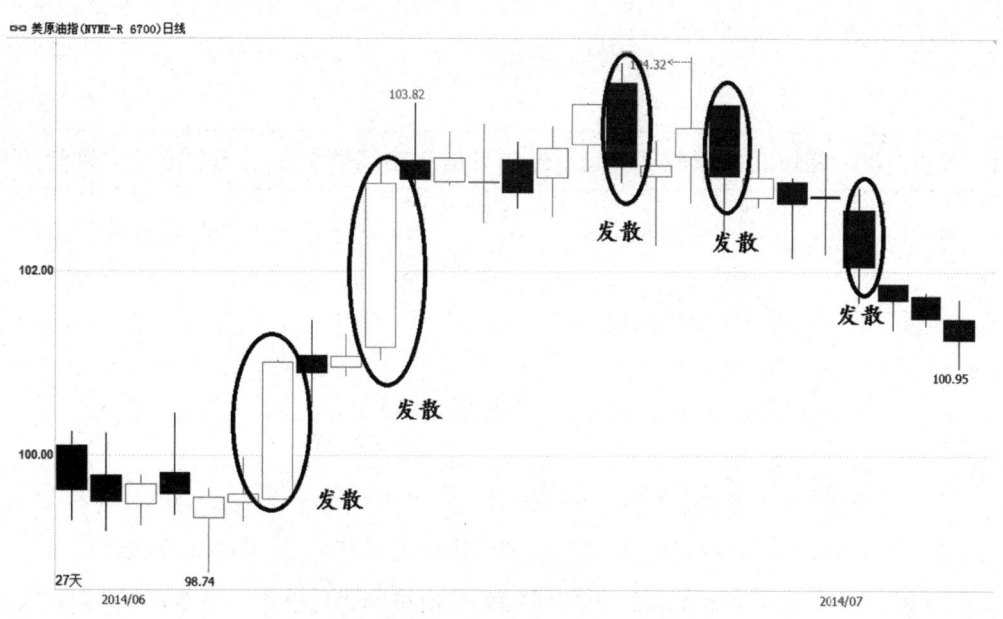

图 23-2　美原油期货走势中的发散

数据来源：文华赢顺

市场在所有方面都体现出二元性，最根本的二元性是收敛和发散，如表23-1所示。微观层次的收敛和发散意味着小实体K线和大实体K线，中观层面的收敛和发散意味着成交密集区和成交稀疏区，宏观层面的收敛和发散意味着区间震荡走势和趋势单边市场。收敛和发散是一种形态范畴的因素，形态背后隐藏着参与者的群体心理以及博弈过程。

收敛表明市场参与者在此区域达成了一致性，市场处于均衡状态，而发散则表明市场参与者在此区域分歧很大，市场处于失衡状态。广义的形态分析可以是宏观的（相当于是趋势分析），也可以是中观的（相当于位置分析），当然也是微观的（相当于狭义的形态分析）。但是，我们这里主要介绍微观层面的形态分析，这种分析主要用于确认方向和位置的有效性。一种反转形态可能确认了某个R/S水平有效，一个持续形态则可能确认了某个R/S水平无效。一个反转形态往往是由两根K线组成的，一个持续形态往往是由单根K线组成的，这是大家需要注意的。

价格线，包括K线分为两种形态，第一种是收敛形态（小实体K线），意味着市场在此价位达成均衡，意味着市场参与者比较犹豫，这是一种提醒信号，提醒交易者注意趋势处于停顿状态，接下来的市场如果开始发散（大实体K线），则表明市场给出了确认信号，确认了某一运动方向是市场新的方向（这个方向可能与停顿之前的方向相同，也可能相反）。

敛散性	蜡烛线	价格密集度	走向特征	市场情绪	市场状态	交易含义
收敛	小实体蜡烛线	成交密集区	区间震荡市场	犹豫	均衡	提醒信号
发散	大实体蜡烛线	成交稀疏区	趋势单边市场	坚决	失衡	确认信号

表23-1 敛散二元性

比较常用的K线形态有好几十种，这也是大家比较重视的形态，如图23-3所示。从这个图中可以发现，经典的K线组合都体现出了敛散性，一旦你从敛散性去把握这些K线形态，则可以更好地理解和掌握原油价格的走势，更为重要的是利用它们去把握有效的进出场位置和市场方向。

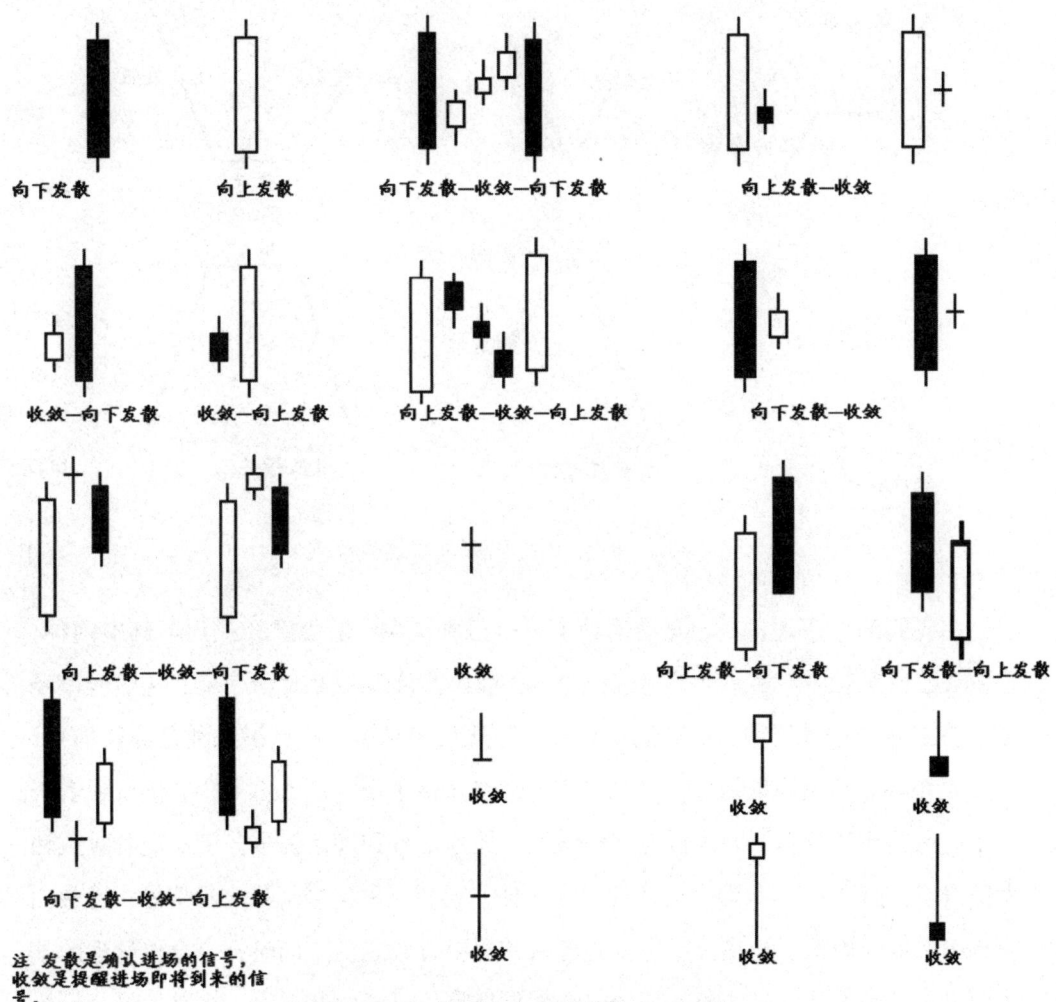

经典K线形态体现的敛散二元性

图 23-3　经典K线形态的敛散性

数据来源：《外汇交易三部曲》（2010年版）

　　市场会一般会给出一个提醒信号，然后再给出一个确认信号，但是也可能在一个确认信号之后直接给出一个相反的确认信号。所以，我们可以得到基本的三种敛散模式：第一种是"发散—收敛—反向发散"；第二种是"发散—收敛—同向发散"；第三种是"发散—反向发散"，如图23-4所示。敛散模式一的典型代表之一是下降三法和上升三法。敛散模式二的典型代表之一是刺透形态和乌云盖顶。敛散模式三的典型代表之一是早晨之星和黄昏之星。在下面的详细讲解中，我们将结合具体的实例来阐述这些理论和相应的操作技巧。

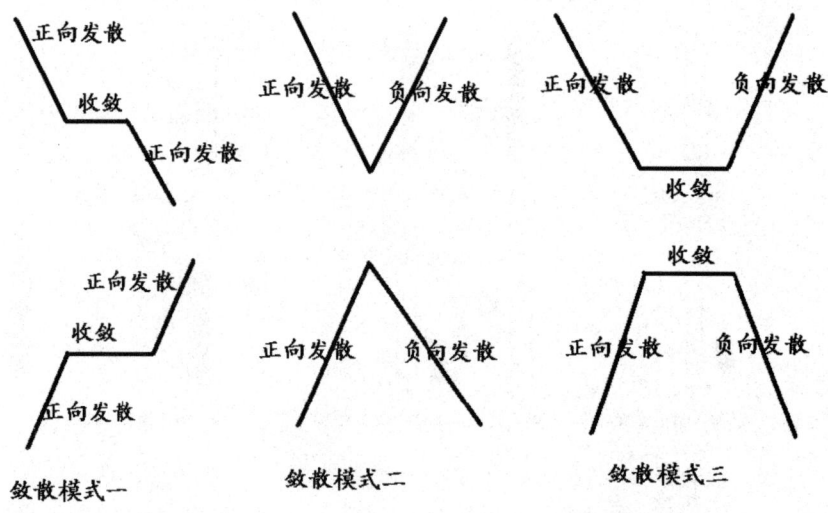

图 23-4　价态中的三种基本敛散模式

在我们的形态理论中，交易信号主要有三种类型，上面已经提到了其中两种，它们敛散形态对应。第一种是提醒信号，一般小实体 K 线是提醒信号，这时候市场处于新方向的选择当中，它提醒交易者注意此后市场的走向；第二种是确认信号，一般大实体 K 线是确认信号，这时候市场已经选择了一个新的方向，它确认或者否定了此前趋势分析和位置分析得到的假设。提醒信号和确认信号分别对应着收敛和发散形态（表 23-2），除了这两种信号之外，还有一种信号就是交易信号，通常而言当确认信号确认了趋势分析和位置分析的假设有效之后（同时符合仓位管理的基本要求），则确认信号的第一根价格线就是交易信号。由此看来，交易信号与价格线的形态没有什么关系，如果其它条件具备，确认信号之后的第一根价格线就是交易信号。

敛散性	蜡烛线	市场情绪	交易含义
收敛	小实体蜡烛线	犹豫	提醒信号
发散	大实体蜡烛线	坚决	确认信号

表 23-2　敛散性和信号类型

第二十三课 原油市场行为研究（3）：态

讲了这么多感觉虚头巴脑的东西，很多初学者可能觉得还不如来几个"神奇指标"和"必胜形态"有用。功夫高的人从来不是因为一来就练某个绝招，然后就天下无敌了，所谓得意技那是建立在长年累月全面深入学习和实践基础上的。围棋有没有具体的绝招？

如果我们判断并且确认了趋势向上——当然，这是概率性的判断，因此仓位管理很重要——而且利用斐波那契技术找到几个潜在的点位可以介入，接下来的事情就是让市场告诉我们该怎么操作。

来看一些例子，假设我们已经通过驱动分析和心理分析决定做多原油期货，而现在油价第三次来到 49.94 这个点位，前面两次都止跌了（图 23-5）。前期低点构成一个关键点位，我们观察市场给我们在这里发出什么信号。最终，市场在关键点位这里形成了一个看涨吞没，这是一个收敛—发散组合，加上前面一根阴线就属于"敛散模式三"。好了，天时地利人和全有了，可以进场做多了。

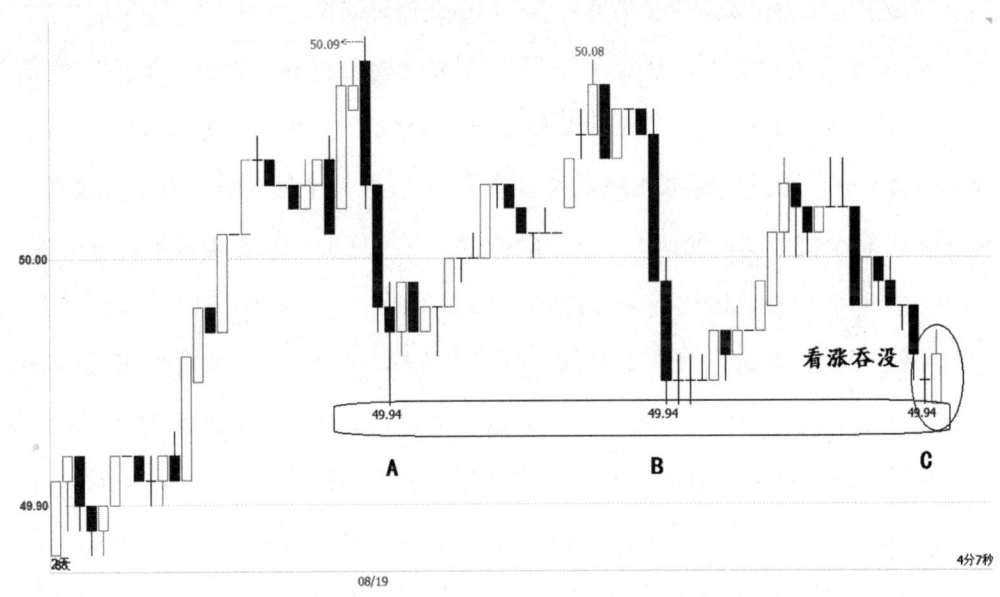

图 23-5 看涨吞没确认油价前期低点构成的支撑有效
数据来源：文华赢顺

什么是天时？驱动—心理分析给出了趋势向上的结论，而且趋势分析确认了这一结论，这是天时。什么是地利？地利就是点位。什么是人和？市场发出一个信号——看涨吞没来确认点位，这就是人和。

上面这个例子是利用前期低点来作为待确认的关键点位的，举一反三就是你可以用前期高点来作为待确认的关键点位。前期低点可以作为支撑点位确认，也可以作为阻力点位确认，前期高点也是如此，也就是说支撑阻力是可以相互转化的。

我想着重讲一下斐波那契回撤点位在见位进场时的运用。回撤点位有很多，从0.191到0.808都有分布，但我都是化繁为简，采用0.382到0.618作为"观察窗口"。如果我盘前经过深思熟虑决定做多，那么就会在画出这个"观察窗口"，然后看市场在这个窗口中给我传递什么信号。那么就有几种可能了：第一种可能，市场根本没有来到这个窗口，那么我只能观察市场在其他窗口的表现，比如前期高点构成的窗口，是不是阳线突破等等；第二种可能，市场来到这个窗口，但是并未发出让我读懂的信号，这个时候我只能继续等待了；第三种可能，市场发出了我读懂的信号，并且是做多信号，比如出现了早晨之星，那么我就可以抖动扳机了。

我们来看几个实例，让你从本质世界来到现象世界，让你有落地的感觉。第一个例子（图23-6），当时我从驱动面上分析了一番，大概有几条，伊朗有加入OPEC冻产联盟的意向、EIA库存大幅下降、美国几个经济数据都比较靓丽等，心理面上有个优势就是前期CFTC上的大空头开始回补。技术走势上也有突破近期高点来确认趋势，因此我趁着原油价格回调画出了斐波那契回调线线谱。以AB为单位1，以B为起点向下分割，得到了0.382和0.618两条线。两线之间就是我定义的"观察窗口"，如果油价在这个窗口内出现看涨信号，也就是看涨K线组合，我就会入场。后来，油价在此窗口出现了"看涨孕线"，这正向发散—收敛的形态，接着出现了一根中阳线，这是发散形态，这就是"敛散模式三"。市场在窗口向我招手，表明做多时机成熟，阳线确认看涨孕线之后，我立即进场做多（图23-7），市场此后也比较给面子。出场的话，我一般以跟进止损为主。以前日内做得多，所以也采用ATR和菲波纳奇扩展线谱等方法，结合分批出场的仓位管理模式。

图 23-6　看涨孕线在观察窗口出现确认做多时机

数据来源：文华赢顺

图 23-7　阳线收盘确认看涨孕线后进场做多

数据来源：文华赢顺

再来看第二个例子（图23-8），当时的驱动面是钻井数在油价持续上涨后连续攀升，而且我查了下当时的页岩油气厂商财务状况，油价已经让大多数厂商处于盈亏线上，而且日线上出现了价格与动量指标的背离走势，此后价格一路走低，然后回升。很显然，当时我已经决定做空，接下来就要看市场是否"向我招手"了。以 AB 段为单位 1，以 B 点位起点向上做出斐波那契回撤线谱，只画出 0.382 和 0.618。市场后来在这个区域出现了乌云盖顶，这是"敛散模式二"，市场在窗口与我对话，他的语言是"现在是做空时机了"，于是我进场做空（图 23-9）。

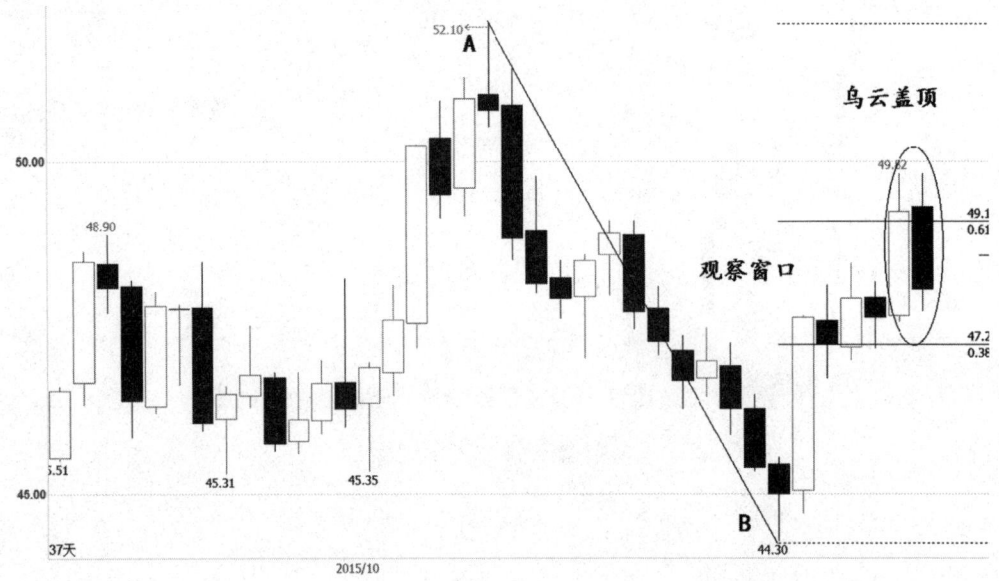

图 23-8　乌云盖顶在观察窗口出现确认做空时机

数据来源：文华赢顺

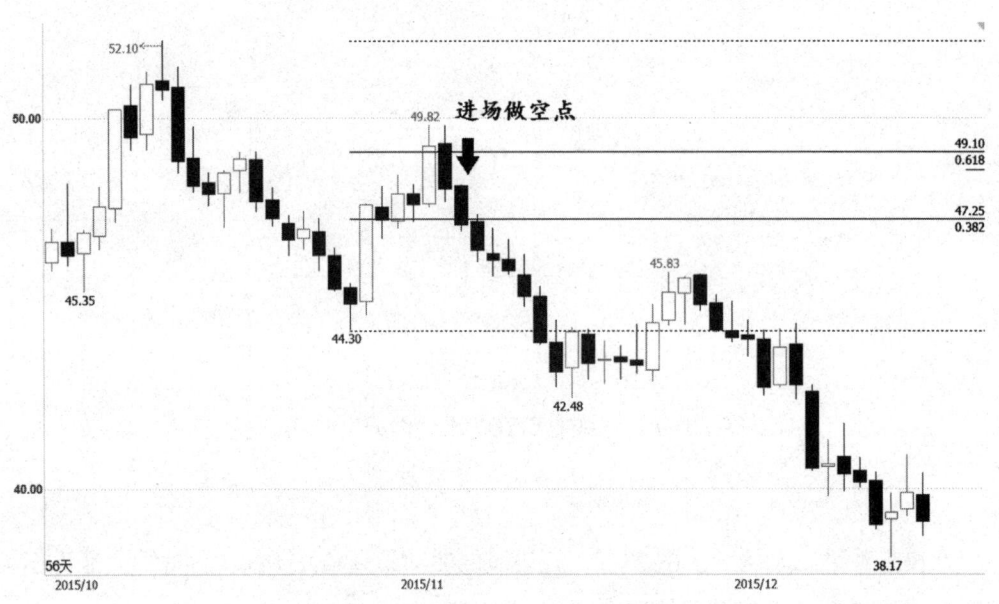

图 23-9　乌云盖顶收盘后进场做空

数据来源：文华赢顺

市场在观察窗口的哪些信号很有价值呢？看涨趋势中，回调观察窗口中出现看涨吞没、早晨之星等形态；看跌趋势涨，反弹观察窗口中出现看跌吞没、黄昏之星等形态。要增加观察窗口信号的可靠性，还可以结合震荡指标，比如看涨趋势中回调窗口出现看涨吞没，同时KD指标出现超卖金叉。

好了，原油交易的课程我们已经上了23堂课了，原油分析的三部曲我已经讲完了，驱动分析和心理分析是其他书很少讲、甚至不讲的部分，我试着在有限的时间内尽量做展开，为了节约篇幅省却了不少例子，有机会会在自媒体上做进一步的展开，大家也可以将自己的心得和实例拿出来分享。本课是分析技巧方面的最后一课，也是行为分析的最后一课（图23-10）。趋势分析方法纷繁复杂，一般人喜欢用均线和趋势线，不过行情突变时这些指标效果不好，我推荐使用N字结构这一简单工具。位置分析方法上我推荐斐波那契和前期高低点，至于形态分析我觉得搞清楚K线背后的含义即可，不变拘泥于具体名称和形势。

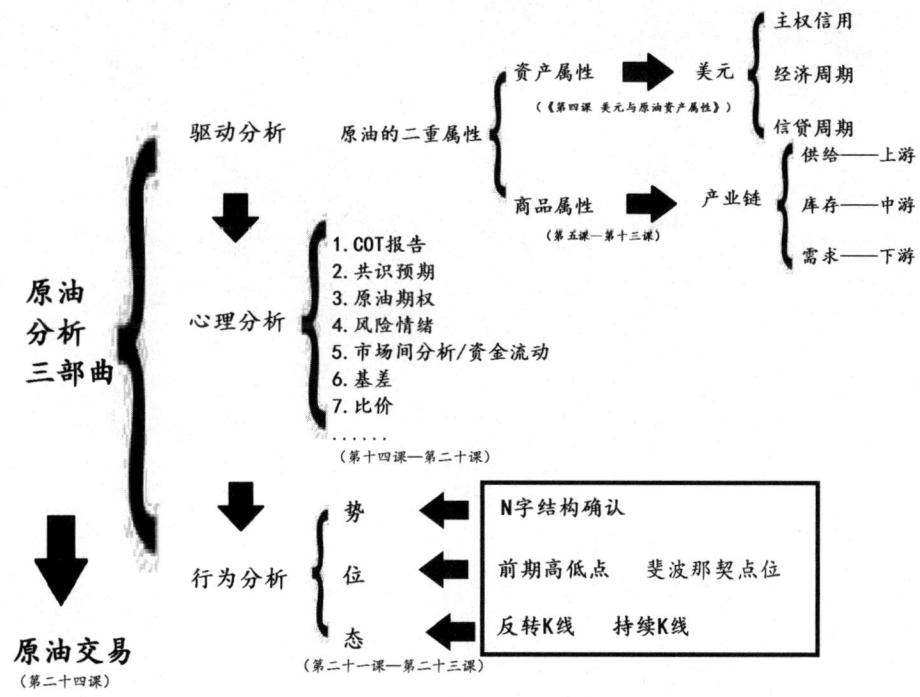

图23-10 行为分析在整个原油分析和交易框架中的位置

第二十四课

原油分析的三部曲与交易的执行

如果理解了世界是怎样运转的，就可以知道金钱是怎样流动的。

——魏强斌

绝而定，静而治，安而尊，举措而不变者，圣王之道也。

——《管子·法禁》

原油交易有时需要一个长期的视角，需要同时分析各种因素，比如各国央行的政策以及其对实体经济的影响，还有市场参与者的心理价位等。

——凯特·凯利（Kate Kelly）

我们的课程就快要结束了，作为一个原油交易员，系统思维是我们需要一直坚守和完善的。在本课我会重点讲四个主题：第一，原油交易和分析的完整步骤；第二，从情景规划的角度出发寻找原油交易的占优策略；第三，原油交易时仓位管理的三个要素；第四，原油交易中仓位管理如何落地。

先展开第一个主题——"原油期货分析和交易的完整步骤"。任何金融交易的完整步骤其实包括四个有机的部分（图24-1），原油交易也不例外：第一个步骤是行情分析；第二步骤是计划交易；第三个步骤是交易计划；第四个步骤是交易总结。其中，行情分析又分为三个部分：驱动分析、心理分析和行为分析。行为分析进一步细分为：势、位、态三要素分析。

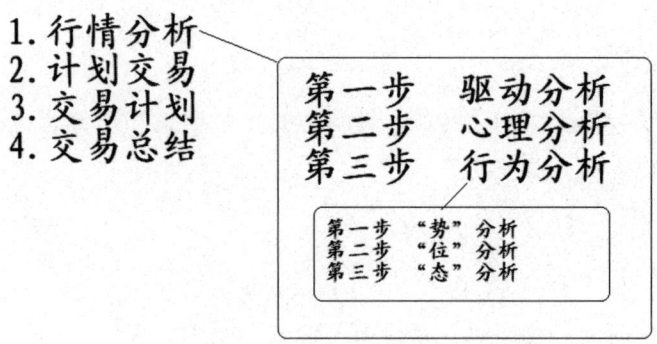

图 24-1 交易的完整流程

来源：《外汇交易三部曲》（2010年版）

那么，本课程传授的内容和技巧是如何与上述步骤对应的呢？从本书的框架就可以看出来（图24-2），交易总结这个步骤主要是交易日志和交易绩效统计，每个人可以形成一套自己的东西，坚持记录交易日志比寻找最好的交易方法更能带来进步。记录交易日志的方式是高度个性化的，重点是可以为你带来持续一致的及时反馈，这是进步的关键。交易计划和计划交易主要建立在大概率预判行情和科学仓位管理方法的基础上，前者基于行情分析，后者我们会放到本课后半部分来讲。

本书第一课重点讲了行情分析和交易的心法，这个心法贯穿整个原油分析和交易过程。第二课到第十三课都在讲驱动分析，两条主线，一条是美元，一条是产业链。原油驱动分析中，美元走势是非常关键的，再者是下游，最后是上游。心理分析在第十四课到二十课展开，比较关键的是COT报告、风险情绪和共识预期。COT报告中非商业头寸出现极端值就要进一步分析是不是存在反转或者大幅修正的可能。风险情绪在短期内主导市场，原油短线交易者要高度关注，这点与外汇交易者和黄金交易者非常类似，现在做A股也需要关注短期的风险情绪变化。共识预期很少为交易者所关注，理论上谈得多，实际运用得少，但是就我个人经验而言，要时刻提防那些高度热门的金融话题，这往往是反转的标志。原油新闻和评论当中，高度一致的看法往往是错误的，这在浏览原油新闻和操作建议的时候要注意。不要去新闻和评论中为自己的头寸寻找安慰，应该将新闻和评论本身当做一个情绪指标。真正的趋势方向不应该从新闻和评论中去寻找，而应该根据我给的双重属性框架，从美元和产业链两个维度系统地去分析。不能一听新闻说钻井数下降就追涨，也不能一听非农数据导致美元走强就杀跌，要瞻前顾后，全局观察。

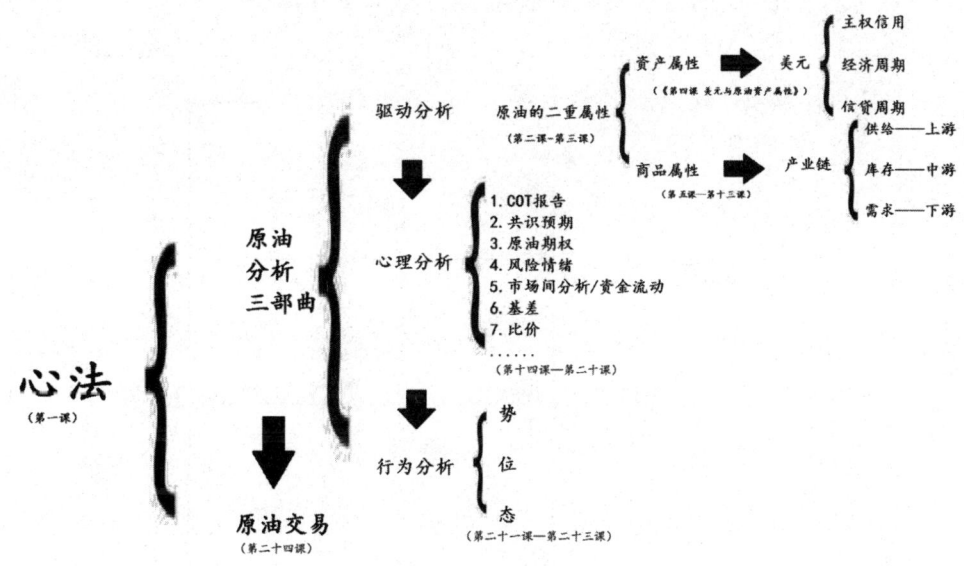

图24-2 本书的整体框架与原油分析交易流程

行为分析我不愿意花太多篇幅，因为多年前出版的系列书籍当中对此有较为系统和全面的介绍，而且这套讲义主要围绕商品的驱动面和心理面展开，应读者、专业交易员和学生的要求，多讲基本面和心理面分析，促进这方面能力的提高，填补该领域教材的空白。因此本讲义只花了1/8的篇幅来讲，也就是从第二十一课到第二十三课。"势"的分析重

《黄金短线交易的24堂精品课》和《斐波那契高级交易法》以及《外汇交易三部曲》对于技术分析的介绍已经相当完备了。

在确认前两大分析的结论，确认趋势，而不是预测趋势，这是趋势分析的原则。"态"和"点位"的分析重在捕捉进出场的时机。而关于一些行情分析之外的东西还有一

些涉及整体流程的东西我放在了本课。

如何将本教程传授的技巧落地？你可以参考本书的框架图与流程图，相应的章节都对应相应的操作环节，这样你就容易落地实践了。比如，你看了第十课，讲了库存几个指标，具体怎么落地到运用中，你做驱动分析时就可以运用。这个部分如何与其他部门衔接和综合观察？因为库存属于中游，因此你要同时观察上游的供给，下游的需求，这样才能客观看待中游。库存有被动增加的，有主动增加的，两者意义完全不同，只有结合上下游观察才能搞清楚性质，进而才能判断出原油的真正涨跌方向。

前面主要讲了行情分析的策略，除开行情分析的其他几个环节，我还有补充一点，那就是后面几个环节应该遵循的原则，或者说公式（图24-3）。

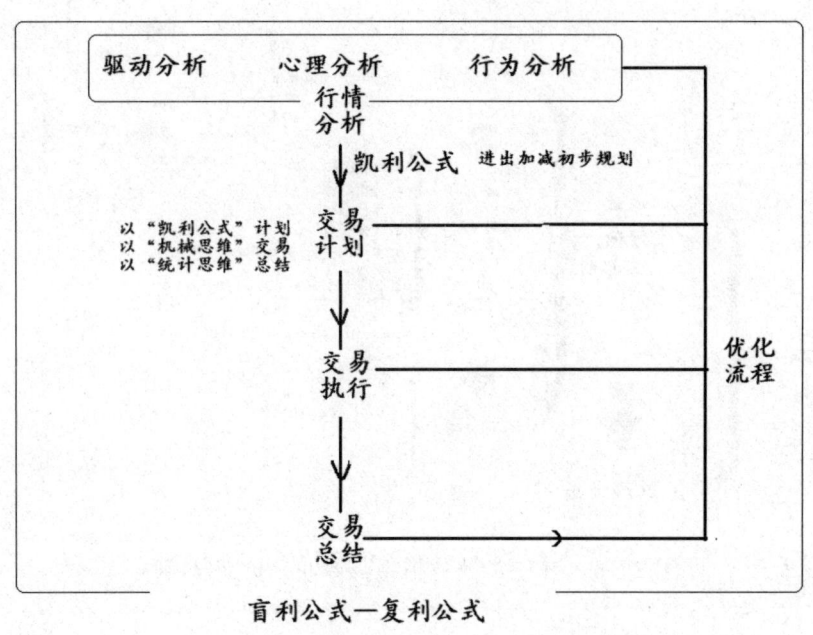

图24-3　交易流程个环节的主导原则

来源：《外汇交易三部曲》（2010年版）

行情分析的收尾阶段，我们会得出一个关于市场趋势和行情结构走向的大致结论，其实就是未来行情的风险报酬分布函数，也许我们不能用精确的公式来描述这一函数，但实质正是如此。经过行情分析，我们的得出了"胜算率—风险报酬率"分布情况，然后我们就要做交易计划了，这个时候就是基于凯利公式展开的，简单讲就是胜算率越高，则仓位越重，风险报酬率越高，则仓位越重，最轻的仓位就是空仓。因此，凯利公式主导了交易计划的制订。制订了交易计划，接着就是执行交易计划了，这个时候机械思维主导这个环节，情绪因素是大忌。另外，除非盘前确定了观察窗口，等待特定的信号，否则不应该根据盘中的变化更改交易计划。最后，当交易彻底执行完毕后，也就是出场之后，就需要对交易进行总结和统计，并根据统计结果优化前面的流程，这个时候统计思维主导。如果只做原油一个品种上述环节和原则不难坚持。整个流程要有效必须遵循"盲利公式"，这个公式是我提出来的，也就是大众的盲点是利润的源泉，行情分析中，制订和执行交易计划中，大众忽略的地方往往是利润的源泉，大众一致高度关注的地方往往潜藏风险，因为持仓很难增加，大众一致采用的方法和技巧，比如主流技术分析往往容易成为陷阱。

整个流程高效运转起来之后，就可以利用复利公式，使用的时间越长，则策略带来的收益越高。不要小看上述原则和公式，如果你在特定环节不坚持相应的公式，那么想要持续盈利根本不可能。制订交易计划的时候，你不按照凯利公式的原则去配置仓位，那么肯定无法在这个市场长期立足，一个月也难。

我经常强调交易是博弈，那么具体从哪些地方可以看出交易的博弈性质呢？如何将博弈论的要素代入原油交易中，让博弈论指导我们做原油交易呢？一个博弈有三个构成要素：支付矩阵、参与博弈的主体、主体们的行为，通过这三个要素可以推导出可能的我方占优策略（表24-1）。原油驱动分析分析的是什么？分析的就是原油博弈的大背景，这个大背景往往决定了行情的格局，而重要因素的结构性变化如果具有持续性，那么原油价格的趋势就会走出来。心理分析主要是搞清楚参与者们对油价走势的共识预期，新兴的市场焦点往往是此后一段时间题材炒作的导火索。行为分析，重点在于驱动关键点位和区域，这些点位就市场向我们露出重要"马脚"的窗口。所谓市场告诉我们该怎么操作就怎么操作，其实就是讲"观察窗口"。市场在关键点位附近的表现相当于温度计的读数，驱动面都多热络，通过行为面这个温度计来确认。

第一步	第二步	第三步	第四步
驱动分析	心理分析	行为分析	仓位管理
重要因素确定性结构变化	市场新兴焦点	分形和 R/S	凯利公式
博弈的支付矩阵	博弈主体	博弈的行为分析	寻找占优策略

表 24-1　交易环节与博弈论要素

来源：《外汇交易三部曲》（2010 年版）

讲到占优策略，我们接着讲第二个主题——"从情景规划的角度出发寻找原油交易的占优策略"。情景规划（Scenario Planning）是理清扑朔迷离的未来的一种重要方法。情景规划要求先设计几种未来可能发生的情形，接着再去想象会有哪些出人意料的事发生。这种分析方法使你可以开展充分客观的讨论，使得战略更具弹性。

高明的棋手总是能清晰地想象下一步和下几步棋的多种可能的"情景"。而"情景规划"能提供预防机制，让管理者"处变不惊"——对突变既不阵脚大乱，也不无动于衷。它更接近于一种虚拟性身临其境的博弈游戏，在问题没有发生之前，想象性地进入到可能的情景中预演，当想象过的情景真正出现时，我们将能从容和周密地加以应对了。

情景规划最早出现在第二次世界大战之后不久，当时是一种军事规划方法。美国空军试图想象出它的竞争对手可能会采取哪些措施，然后准备相应的战略。

荷兰皇家壳牌石油公司运用情景规划成功地预测到发生于 1973 年的石油危机。1973 年至 1974 年冬季，当 OPEC 宣布石油禁运政策时，壳牌石油公司有良好的准备，成为唯一一家能够抵挡这次危机的大石油公司。从此，壳牌公司从"七姐妹（指世界七大石油公司）中最小最丑的一个"，一跃成为世界第二大石油公司。

在 1986 年石油价格崩落前夕，壳牌情景规划小组又一次预见到了这种可能性，因而壳牌并没有跟其他石油公司一样在价格崩溃之前进行并购，而是在价格崩落之后，仅仅投资了 35 亿美金购买了大量油田，这一举措为壳牌锁定了 20 余年的价格优势。

第二十四课 原油分析的三部曲与交易的执行

2002年2月,美国《商业2.0》杂志推出了一个关于风险管理的封面专题,其中特别提到了壳牌传奇式的情景规划:"没有一个行业比石油行业对危机的理解更深刻,而石油行业里也没有一个公司具有比荷兰皇家壳牌石油传奇式的情景规划小组更长远的眼光。"

情景与通常的战略规划最大的不同,就是不以牺牲复杂性为代价来换取决策的速度。它不是从原则和信念出发,而是从对商业图景的敏锐、切身的感知出发。正如我们已说过的,它更像是一个博弈游戏,在游戏开始时,谁也不知道也不假定一个结果,在游戏别开生面的展开中,一种或几种意想不到的结果出现了。玩过"啤酒游戏"的人都能体会到这一点。因此,情景规划绝对不只是为了"好玩"或"游戏",而是看到事物演进的趋势、形态以及影响变化趋势的系统结构。

情景规划是什么我们已经了解了,不过大家可能觉得情景规划与原油交易没啥关系,其实很多交易者之所以失败就是因为缺少情景规划思维。我们以前一直强调概率思维,其实概率思维还是对比较初级的交易者使用的术语,当你真正步入交易者的成功大门时,你才发现"情境规划思维"的重大实践价值。当下的市场在此后特定一段时间的发展可能性有两种以上,其中最有可能的是两种,比如我们首先查看了明天(以及接下来几天)要公布的重要信息,以及市场当前的反应和价格走势,然后我们据此对明天走势做各种推测,然后从支持和反对两个角度对各种走势假定进行概率上的排定,并为每种走势做出交易上的规划,然后选出能够适合大多数走势的占优策略。

对于交易者而言,掌握最基本的情景模型是最为重要的,下面我们从交易机理的角度展开最基本的情景模型吧。请看图24-4,这是交易机理图。

交易技能提高的陷阱在哪里?交易绩效提高的关键在哪里?交易的要点在哪里?交易中最基本的情景分为哪两种?在这张图中都有深入的揭示,这张图可以让你看到整个交易的机理,获取交易成功的无上密钥。如果把这张图搞懂了并加以持续实践,不成为交易高手是不可能的。

下面,我们进行分步骤解析。在整个交易中涉及市场和交易者两个主体,交易之所以很难成功是因为市场的随机强化特性以及交易者的倾向性效应。市场会交替进行震荡走势和单边走势，而震荡走势和单边走势对应的交替策略基本是相反的，至少在是否设定止盈上两种走势的要求是相反的。

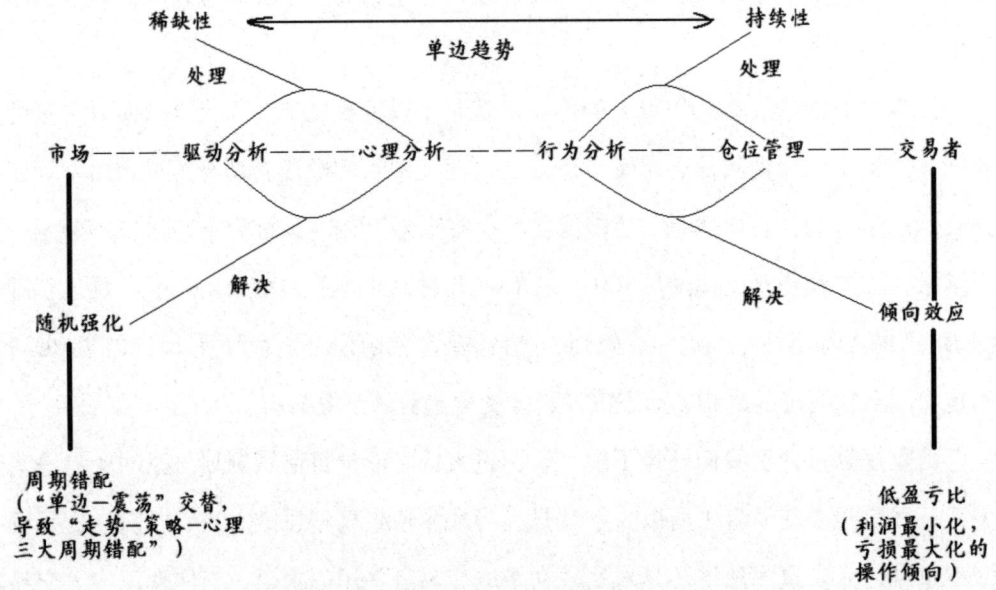

图 24-4　金融交易机理图

来源：《外汇交易三部曲》（2010 年版）

人很难学习到具有随机强化特性的技能，另外人本身的天性也使得人在金融市场上的表现违背了期望值理论。人倾向于扩大损失同时缩小利润，这就是倾向效应，这种倾向会使得交易者得到一个非常差的风险报酬率，也就是很低的盈亏比，最终会影响到期望值。

交易者一直在追逐着单边走势，因为相比震荡走势而言，单边走势的盈亏比更高，胜算率也高，所以最符合利润最大化原则和亏损最小化原则。但是，单边走势具备了两大基本特征，这就是稀缺性和持续性。

持续性是所有技术分析书籍着墨最大的部分，正是因为单边趋势的持续性才使得我们能够符合利润最大化原则和亏损最小化原则。虽然，单边趋势对于交易者这么重要，但是关键的问题是单边趋势的稀缺性，由于震荡走势和单边走势交替出现，而且震荡走势，特别是不规则震荡走势一般会占到 70% 的比重，这样就使得单边走势显得非常稀缺，而这正是绝大多数趋势跟踪交易者面临的最大难题。所以，交易者面临的主要问题是四个：第一是市场的随机强化特性；第二个是交易者的倾向效应；第三个是单边趋势的稀缺性；第四个是单边趋势的持续性。要解决市场随机强化带来的问题，需要依靠驱动分析和心理分析来预测单边和震荡的概率；要解决交易者自身的倾向性效应则需要依靠行为分析和仓位管理来克服"最大化亏损，最小化利润"的习惯；要对付单边走势的稀缺性特点，则必须利用驱动分析和心理分析来确认最可能出现单边走势的市场和品种；要把握好单边走势的持续性特点，则必须利用行为分析和仓位管理来最大化实现单边走势带来的潜在利润。

如果单就市场来讲，最基本的情景就是单边和震荡，而由此引发了交易者的两种策略和心理，这就是单边交易策略和震荡交易策略，但是由于市场周期交替的特征不容易为交易者把握，所以交易者经常在单边走势中采用震荡交易策略，在震荡走势中采用单边交易策略，这就是周期错配。要想解决"周期错配"问题，就必须基于驱动分析和心理分析运用情景规划思维。将市场情景区分为单边和震荡两种，单边里如何操作，震荡如何操作，然后找出占优策略，如表24-2所示。

	单边走势	区间走势	收缩走势	发散走势	策略累计分数
不设定止损，不设定止盈	很难做到持续盈利（0分）	略微盈利（1分）	亏手续费（-1分）	很难做到持续盈利（0分）	0分
设定止损，不设定止盈	大赚小亏，长期盈利丰厚（5分）	小额亏损和大量的手续费（-1分）	亏手续费（-1分）	小亏损（-2分）	1分
设定止损，设定止盈	小赚小亏（0分）	小赚小亏（0分）	亏手续费（-1分）	小赚小亏（0分）	-1分
不设定止损，设定止盈	小赚大亏（-5分）	只赚不亏（4分）	亏手续费（-1分）	小赚（1分）	-1分
不介入	不亏不赚（0分）	不亏不赚（0分）	不亏不赚（0分）	不亏不赚（0分）	0分

表24-2 情景规划下的最优策略和占优策略

来源：《外汇交易三部曲》（2010年版）

仓位管理中存在单位仓和加减仓两种，而我们常用的加、减仓是金字塔加仓和金字塔减仓。决定采用单位仓还是加减仓是基于情景规划，如果是震荡行情的话就应该采用单位仓，如果是单边行情的话就应该采用加减仓。在不能预先区别单边和震荡行情的前提下运用行为分析和仓位管理来应付随机强化该怎么办呢？这是绝大多数交易者面临的问题，解决办法其实一直秘密地在交易界高手间存在，这个方法很多书都没有讲明白，更多的情况是没有讲，解决的办法如图24-5所示。杰西·利弗莫尔其实一直在介绍这种方法，不过说得很含糊，他和后来一些大师们的说法会让读者将"突破而作"等同于"趋势跟踪"，单边走势肯定以不断突破的方式发展，但是突破并不意味着单边走势，所以我们不能以是否创出新高和新低来判断单边走势是否发动。单边走势的特点是持续性，所以我们预留一个空间幅度作为观察窗口，真正的趋势一般会通过这个窗口，而不是半路折返，而这个窗口是一个固定的价格幅度，这个需要统计该交易品种尽可能多的数据，以便找到一个恰当的"观察窗口"。当行情没有通过观察窗口时（比如窗口A附近的行情走势），则交易者应该继续采用单位仓交易，同时设定止损和止盈；当行情通过观察窗口时（比如窗口B附近的行情走势），则交易者应该转而采用金字塔仓位管理方法，这种方法也是我们在几本专著中反复提到的仓位管理方法，这时候就应该采用跟进止损（后位出场法）管理出场，而不采用止盈法（前位出场法）。

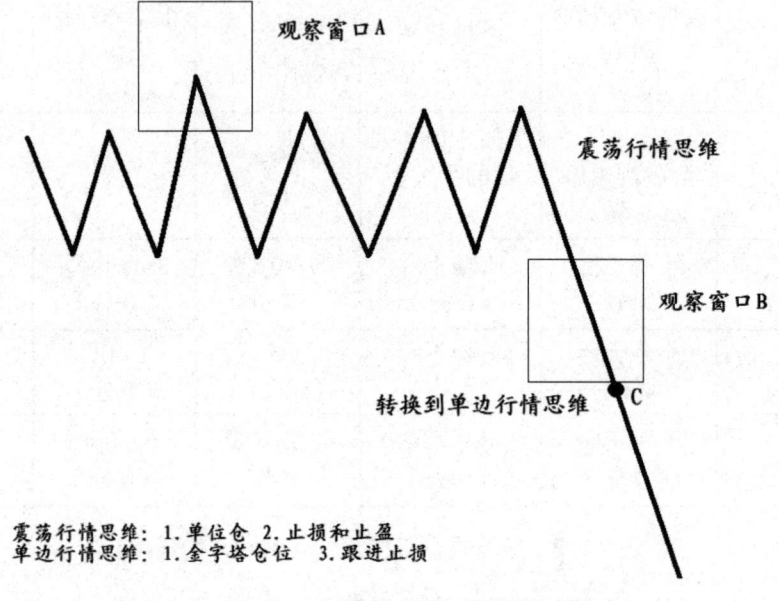

图24-5 双情景下的交易策略规划

市场最基本的情景是震荡行情和单边行情，单就仓位管理而言，我们利用"观察窗口"来甄别这两种走势，当走势处于震荡时采用单位仓和止损叠加止盈，当走势处于单边时采用金字塔仓和跟进止损。

现在我开始讲第三个主题——"原油交易时仓位管理的三个要素"。仓位管理的三个要素是胜算率、风险报酬率和周转率。短线交易的优势是周转率高，但是如果缺乏具有优势的胜算率和风险报酬率则弄巧成拙。所以，周转率是排在最后一位的。根据我们前面介绍的知识，大家应该明白风险报酬率是第一位的，而胜算率是第二位的。从这一点来看，要做好仓位管理首先就应该获得一个较高的风险报酬率，其次是获得一个较高的胜算率，再次才是一个较高的周转率。仓位管理的最低目标是将破产风险降到最低，最高目标是实现资产增值的最大化。

决定仓位管理的三要素中，胜算率和报酬率之间的关系容易让交易者陷入泥沼。对纯技术分析的坚守，需要我们采用跟随为主的思路，这就是不去预判趋势性质，只是"守株待兔"，做好自己的风险管控和资金调配等待恰当的盈利机会出现。"截短亏损，做足利润"是最为原则性的要求，无论你是跟进止损，还是高抛低吸，但是交易者在选择具体的进出场点时就面临所谓的"胜算率—风险报酬率反比曲线"。

如果你不对市场性质进行选择，当你采用趋势跟踪技术系统时，你的胜算率会较低，而风险报酬率会就高。而当你采用高抛低吸技术系统时，你的胜算率会较高，而风险报酬率会较低。

市场性质是二元的，技术指标是二元的，技术指标分为震荡指标和趋势指标，所谓综合指标也只是将两类指标叠加一起而已，还是无法预判市场性质。当你采用纯技术分析—交易系统的时候，你就面临这种"胜算率—风险报酬率反比曲线"魔咒：你通过调高盈利目标提高了风险报酬率，但却会显著降低胜算率，反之你通过调低盈利目标提高了胜算率，但却会显著降低风险报酬率（图24-6）。

纯技术手段就像一条反比曲线，无论我们怎么进行边际改善结果无非就是"鱼和熊掌不可兼得"。那么，如何超越这种困局呢？这就需要在技术分析（行为分析）的前端加上驱动分析和心理分析。这样才能从较低层次的反比曲线"跃升"到较高层次的反比曲线上（图24-7）。

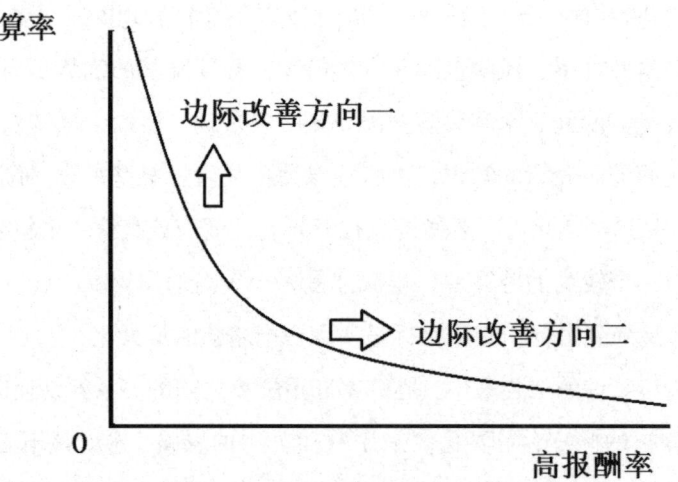

图 24-6　胜算率和风险报酬率的边际替代性

来源：《黄金短线交易的 24 堂精品课》（2016 年版）

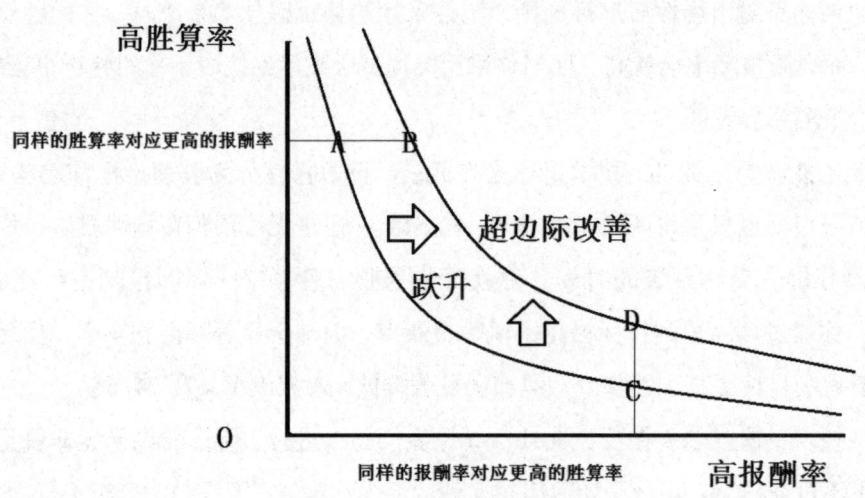

图 24-7　反比曲线的跃升

来源：《黄金短线交易的 24 堂精品课》（2016 年版）

技术分析书籍将人引入了一个"死循环"，让很多人耗费多年的光阴而无法得到实质性的提高，让很多人越做交易越没有信心。因为纯技术分析如果不加上仓位管理是不可能持续获利的，而纯技术分析加上仓位管理后就面临一个"反比曲线"，这个反比曲线就制约了你的高度，你沿着边际改善方向一前进一段时间后会觉得报酬率太低，以至于期望值可能为负，然后你又会沿着改善方向二去努力，一段时间后你发现胜算率实在是太低了。在一条既定的反比曲线上你就这样反反复复地努力，但是都被困在原地，这就是"轮回"。要跳出"轮回"就要"觉悟轮回"，而"跃升图"给了我们工具。

技术分析没用吗？当然有用！如果能够加上驱动分析和心理分析，则如虎添翼。

对于主导仓位管理的三个要素，大家应该知道如何避开其中最大的陷阱了，最后我讲一下原油交易中仓位管理如何落地。

仓位管理是围绕两率（胜算率和风险报酬率）展开的，而位置分析的根本对象就是两率，表面上看起来位置分析就是在找 R/S，其实是在找恰当的风险报酬率和胜算率结构。胜算率和风险报酬率构成了交易的期望值，这个期望值可以说统帅了整个交易流程。交易流程和手段中什么可以废除，什么要保留，都是期望值说了算。

在主流的仓位管理理论中，期权这种产品本身就体现了一种高效率的期望值实现思路，这就是"截短亏损，让利润奔腾"（其实，在震荡走势中"利润最大化"的提法比"让利润奔腾"更具指导性）。请看图 24-8，利润最大化和风险最小化应该是其中的两大主题，R/S 提供了实现这两大主题的基础，这个图中的进场方式是见位进场，如果换成破位进场，道理还是一样的。仓位管理的目的是通过进场和出场（减仓、平仓和移动后位出场点）来调整仓位的总体风险和潜在收益以便于市场当下走势提供的风险报酬率和胜算率水平一致。这里需要注意的是仓位管理的手段不光是"加减进出"，还包括"移动出场点和进场点"。

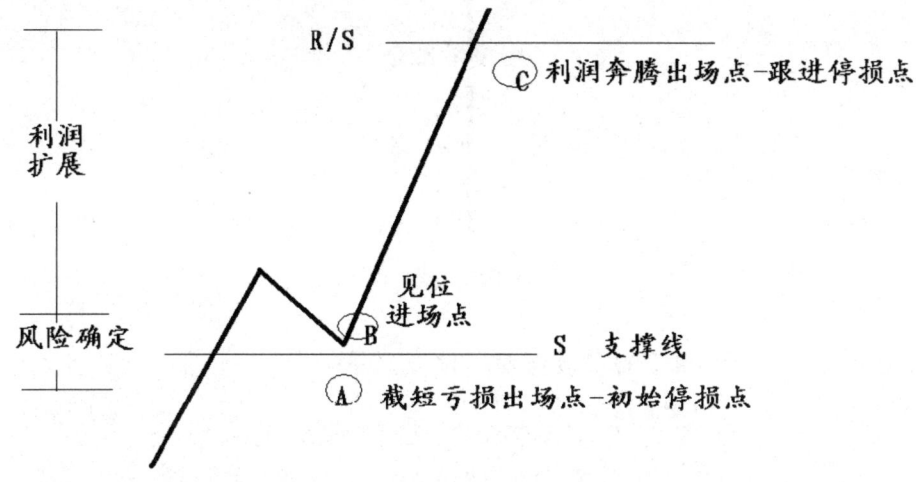

图 24-8 主流的仓位管理思路和关键位置

来源：《外汇交易三部曲》（2010 年版）

微调仓位，这是仓位管理中需要注意的一个原则，因为微调仓位既符合市场发展的特点，也符合人类的心理特点。行情的发展不光是我们眼睛中看到的价格变化，更重要的是深层的期望值结构变化，也就是两率变化，这种变化在一个时间段内不可能发生180度的变化，如果我们全仓进出则违背了这一特点，复合式头寸减轻了我们犯错的成本。另外，人类的心理特点也很难适应仓位的重大变化，一个广为人知的现实是股票被套的人很难接受全仓卖出，但是对分仓卖出却容易接受得多。下面我们看下一个合理的仓位管理模型，这就是帝娜仓位管理模型，这个模型暗含了主流假设（单边趋势），所以随着原油价格上升，胜算率和风险报酬率并不下降，反而上升了，所以随着行情的发展应该金字塔加仓，当汇价跌破支撑线的时候就应该进行金字塔减仓。

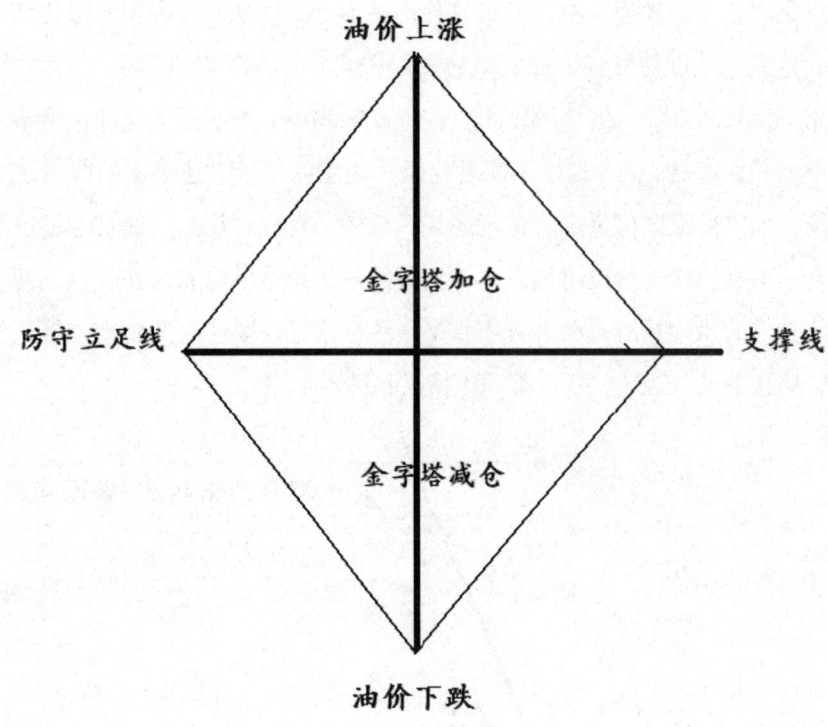

DINA仓位管理模型（做多交易）

图 24-9　DINA 做多交易仓位管理模型和支撑线

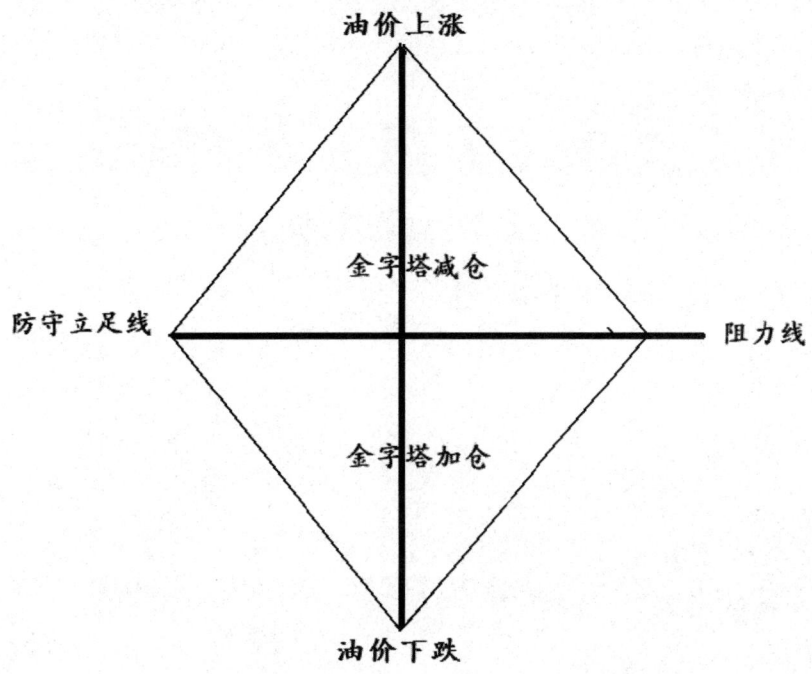

DINA仓位管理模型（做空交易）

图 24-10　DINA 做空交易仓位管理模型和阻力线

关于仓位管理的基本诀窍，我们在上面做了一些总结，希望大家在接下来的原油交易实践作"体悟"。

交易的过程就是修炼的过程，我们也处在这个过程中，所以伴随着自身水平的不断提高，我们会及时将更加接近"真理"的东西补充到这系列书中去，让这套书不断更新和提升。由于篇幅受限我会在公众号上不定期公布一些具体的运用案例。通过不断地修订和补充最新实例，与交易者一齐提高。

期货图书延伸阅读

用1.8万赚100万美元的期货大师
斯坦利·克罗期货经典4件套

◎ 斯坦利·克罗,全球九大基金经理之一。

◎ 1960年,进入华尔街从事商品期货交易,在此后的33年里,取得了辉煌战绩和巨额财富。在交易市场赚足了钱后,克罗从交易市场隐退,潜心研究投资理论和交易策略,出版了4部经典专著:

◎《期货交易策略》是克罗对自己投资策略的精炼总结,通过客观陈述自己的投资经历,向读者阐述他的交易策略、资金管理策略、风险控制等投资思想,希望以此来启发读者对期货交易的理解和认识。

◎ 在《职业期货交易者》中,克罗与交易者一起分享他在交易中的思考过程、交易技术和决策过程。

◎《巨龙和公牛》展示了克罗33年交易生涯中的思想深度和超强洞察力。

◎《克罗期货技术分析新指南》结合传统的风险控制和资金管理策略,构建了全新的动态价格风险控制指标,对技术形态识别、指标调整和价格预测提供了一系列的解决方案。

微信扫码
了解详情

从 1 万美元到 200 万美元
期货交易世界杯总冠军
超短线之父拉瑞·威廉姆斯的获利形态和指标

◎ 拉瑞·威廉姆斯,全球最受敬仰的短线交易者之一。在罗宾斯世界杯期货交易锦标赛上,拉瑞用不到 12 个月的时间,将账户资金从 1 万美元经营到 110 万美元,成为冠军,至今无人超越。他还将女儿也培养成了罗宾斯期货世界杯冠军。

◎《期货交易终极指南》和《期货交易准则》告诉交易者要持续研发更完美的交易系统并持续运行当前最优秀的系统。

◎《选股密码》讲述了威廉姆斯个人选股的技术,基于识别控盘买卖成功预测趋势。

◎《短线交易天才:我如何在去年商品期货市场赚到 100 万》这本书可以看到威廉姆斯用来 10 倍盈利机会的工具。

微信扫码
了解详情

价格行为学(PA)鼻祖
阿尔·布鲁克斯4件套

◦ 阿尔·布鲁克斯,PA交易的鼻祖级人物,华尔街最受敬仰的技术分析大师之一。他最擅长价格行为(裸K)分析,并在此领域做出了开创性贡献,在美国期货交易界拥有极大的影响力。

◦ 他的理论的厉害之处在于:系统性地讲明白了市场参与者构成、价格波动原理、价格运动状态分类、演变及规律。

◦《高级趋势技术分析》是写给严肃的交易者看的,本书的价值在于,阐述了理解价格行为以及逐根K线分析走势图有助于追踪通常由机构所推动的形态,通过小止损、早入场,让机构为个人投资者"抬轿"并获利。

◦ 每个交易者都应该阅读《高级波段技术分析》。在各个层面上,布鲁克斯都让交易变得简单、直接、易懂。通过分享"交易中没有固定法则而只有指导原则"的理念,布鲁克斯让交易者更好地利用基本常识应对市场。

◦《高级反转技术分析》揭示了当前市场上各类反转的类型,详细讨论每一种类型的特点,便于读者能够在日常交易中进行运用。本书是运用价格行为技术分析进行趋势反转交易的详细指导手册。

微信扫码
了解详情

华尔街追捧的威科夫交易分析法
如何让你也能赚到钱

《量价分析》

◎量价分析——交易分析的基石！看穿市场内部、确认价格变动是否真实、揭示市场未来的运动方向。读完此书，你将成为一名量价分析专家，破译局内人的伎俩与信号，然后跟随他们的脚步。

《擒庄秘籍精解版》

◎通过这套教程，威科夫先生为我们奉献了华尔街成功驾驭市场的交易理念、交易计划、交易方法和交易技巧。能否成功领悟并应用这一教程，取决于您花的时间、精力和您的资金能力，您所要达到的目标以及您为获取理想利润的努力过程。

《威科夫操盘法》

◎华尔街大师成功驾驭市场超过 95 年的秘技。系统化分析大资金操作逻辑，堪称解读市场关键细节的经典范例，广泛适用于证券与期货市场。

《新威科夫操盘法》

◎这是一套基于市场运行的基本原理——供给和需求，研判价格与交易量关系来识别主力行情的技术分析工具，具有实用性。掌握了这套秘诀，大资金主力的每一个操作意图和操纵手法在您面前都将表露无遗，紧跟他们的步伐，做出更好的精明决策。

微信扫码
了解详情